일제강점기 지방의회 회의록 번역·해제집 6

1930년대 전라·충청·평안 편

동국대학교 대외교류연구원·인간과미래연구소 번역해제집 016

일제강점기 지방의회 회의록 번역·해제집 6

1930년대 전라·충청·평안 편

초판 1쇄 발행 2024년 3월 31일

편역자 | 천지명
펴낸이 | 윤관백
펴낸곳 | 선인

등 록 | 제5-77호(1998.11.4)
주 소 | 서울시 양천구 남부순환로 48길 1
전 화 | 02) 718-6252 / 6257
팩 스 | 02) 718-6253
E-mail | sunin72@chol.com

정가 31,000원

ISBN 979-11-6068-801-6 94910
ISBN 979-11-6068-795-8 (세트)

· 잘못된 책은 바꿔 드립니다.

이 저서는 2017년 대한민국 교육부와 한국학중앙연구원(한국학진흥사업단)을
통해 한국학 분야 토대연구지원사업의 지원을 받아 수행된 연구임
(AKS-2017-KFR-1230007).

동국대학교 대외교류연구원
인간과미래연구소 번역해제집 016

일제강점기 지방의회 회의록 번역·해제집 6

1930년대 전라·충청·평안 편

천 지 명 편역

 선인

▌ 발간사 ▐

    이 책은 동국대학교 대외교류연구원이 한국학중앙연구원의 지원을 받아 2017년 9월부터 2020년 8월까지 진행한 〈일제강점기 '지방의회 회의록'의 수집·번역·해제·DB화〉 사업의 결과물을 간행한 것이다.

    우리나라에서 지방자치제도가 본격적으로 도입된 것은 1948년 대한민국 헌법에서 지방자치를 명시하고, 이듬해인 1949년 최초의 「지방자치법」이 제정되면서부터였다. 그러나 6·25전쟁의 발발로 1952년에 와서 비로소 최초의 지방의회가 구성되었다. 이후 1960년 4·19혁명과 함께 제2공화국이 수립되면서 장면 정부(1960~1961년)는 「지방자치법」을 개정하여 지방자치제를 실시하였으나, 1961년 군사 쿠데타로 집권한 박정희 군사정부는 지방의회를 해산하고 「지방자치에 관한 임시조치법」을 제정하여 「지방자치법」의 효력을 정지시켰다. 1972년 유신헌법은 지방의회의 구성을 조국의 통일 때까지 유예한다는 부칙 규정을 두었고, 1980년 헌법도 지방의회의 구성을 지방 자치 단체의 재정자립도를 감안하여 순차적으로 하되, 그 구성 시기는 법률로 정한다는 부칙조항을 두었다. 그러다 1987년 6월 항쟁으로 개헌이 이루어지면서 1987년 헌법에서야 비로소 지방의회의 구성에 관한 유예 규정이 삭제되었고, 1988년에는 「지방자치법」이 전면 개정되었다. 이에 따라 1991년 상반기 각급 지방의회가 구성되었고, 1995년 광역 및 기초단체장과 광역 및 기초의회 의원선거를 실시하게 되었다.

그러나 우리나라에 지방자치의 전신제도가 싹트기 시작한 것은 1895년 「향회조규」 및 「향약판무규정」이 시행되면서부터라고 할 수 있다. 이 조규와 규정은 지방 공공사무를 처리할 때 주민의 참정권·발언권을 인정한 획기적인 것이었으나, 1910년 이후 모두 소멸되었다.

근대적 의미의 지방자치제도가 불완전하나마 실시된 것은 일제가 식민지정책의 일환으로 1913년 10월에 제령(制令) 제7호로 부에 「부제(府制)」를, 제령 제8호로 재한 일본인의 교육을 위한 「학교조합령」을 제정하고, 1917년에 제령 제1호로서 「면제(面制)」를 공포·시행하면서부터였다. 또한 일제는 1920년 제령 제15호로 「도지방비령(道地方費令)」, 제령 제14호로 「학교비령(學校費令)」을 제정·시행하였는데, 학교조합을 제외하고 의회는 없었고, 자문기관만이 있었으나, 그 심의사항도 극히 제한되었다.

그 후 1931년 「부제」·「읍면제」·「학교비령」의 개정 및 「학교조합령」의 개정이 있었고, 「도제(道制)」 등이 제령 제13호 내지 제15호로 공포되어 「부제」와 「읍면제」는 1931년 4월부터, 「도제」는 1933년 4월부터 시행되었다.

도·부·읍의 조직은 의결기관과 집행기관으로 구분되었는데, 의결기관으로는 도회(道會)·부회(府會)·읍회가 있었고, 그 의장은 각각 도지사·부윤(府尹)·읍장이 맡았다. 의결기관이라고는 하나 자문기관의 지위를 겨우 면한 정도였고, 권한도 도정 전반이 아니라 법령에 열거된 사항에 한정되었다.

식민지 시기에 실시된 '지방의원'의 선거는 일정액 이상의 세금을 납부한 자에 대해서만 투표권을 부여하였기에 그 요건을 충족하는 부유층, 일본인, 지역 유지만 참가할 수 있는 불공평한 선거였다. 그나마 식민지 시기의 종식과 함께 일제 강점기의 지방의회제도는 역사에서 삭제되었고, 국민으로부터도 외면당하였다. 일제에 의하여 도입·시행된 지방의회제도에 어떤 식으로든 참여하였다는 것은 일제 통치에 '협력'하였음을 의미할 수 있으므로, 드러낼 수 없는 수치스러운 과거로 인식되었기 때문이다. 이로 인하여 상당 기간 이 분야의 연구는 진척되지 못하였고, 역사의 공백기로 방치되어 있었다.

그러나 식민지기 '지방의회' 연구는 다음과 같은 이유로 볼 때 학문적 가치가 높다 할 것이다. 첫째, 일제 강점기 지방의회에 참여한 '지역 엘리트'는 해방 후에도 지방의회에 참여하여 일제 시대의 지방의회제도를 상당 부분 계승하였기에, 일제 강점기 지방의회 제도의 연구는 해방 전후 지역사를 탐색하기 위한 필수적인 작업이 될 수밖에 없다. 둘째, 일제 시대의 '지방의회'는 '식민지적 근대'가 집약되고 농축되어 있는 대표적 영역 중의 하나다. 전근대부터 형성된 사회관계의 동태적인 지속과, 근대의 불균등성 및 모순과 대립이 고스란히 '지방의회'를 둘러싼 지방 정치에 녹아있기 때문이다. 셋째, 회의록에 담긴 내용은 그 시기 그 지역 주민들의 삶을 고스란히 보여주고 있다는 점에서 일제 강점기 '민초'들의 일상을 엿볼 수 있는 귀중한 자료가 된다.

특히 지방의회 회의록은 지방행정 실태와 지역 권력 구조의 실상을 밝히는 데 필수적 자료라고 할 수 있다. 지방의회는 그 지역의 산업·경제, 문화, 환경, 관습, 제도, 지역민의 욕구, 취향 등 지역민의 생활과 직결된 다양한 영역이 총체적으로 동원된 네트워크였다. 지방의회는 그 지역의 역사적 고유성과 차별성이 빚어낸 집단적 사고방식, 생활습관 등에 따라 매우 다양하게 운영되었는데, 지역의 역동성을 가장 실체적으로 드러내는 자료는 지방의회 회의록이다. 그럼에도 불구하고 그동안 이 귀중한 문헌이 제대로 활용되지 못한 이유는, 회의록이 국가기록원의 방대한 자료 속에 산재해있어 접근이 용이하지 못했기 때문이다.

본 연구팀은 이에 착안하여 국가기록원 문서군에 흩어져있는 지방 의회 회의록 약 5천 건을 추출하여 연도별, 지역별, 행정단위별 등 여 러 범주에 따라 분류 가능하도록 체계화하였다. 그리고 회의에서 다 룬 의안과 회의 참석 의원, 결석 의원, 참여직원, 서명자, 키워드 등을 DB화하였다. 또한 회의록 중 지역사회에 파장을 가져오거나 이슈가 되었던 사안과, 그 지역의 장소성을 잘 보여주는 회의록, 일제의 지방 정책의 특성이 잘 나타나는 회의록 등을 선별하여 번역·해제하였다. 이로써 기존 연구에서 부분적으로 활용되던 지방의회 회의록을 종합 하여, 지역의 정치·경제·문화·사회운동·일상 등 모든 분야에 걸친 식 민지 사회 연구의 토대 조성에 일조하고자 하였다.

연구대상의 시기는 일제 통치방식의 변화가 지방의회에 미친 영향을 고려하여 1920년대(1기), 1930~1937년 중일전쟁 이전까지(2기), 1937~ 1945년 해방까지(3기)의 기간으로 구분하였다. 1시기는 1920년 부제와 면제시행규칙 등 지방제도가 개정된 후 도평의회가 설치되고 부협의회 와 면협의회 선거를 실시하기 시작한 시기이다. 2시기는 1930년 개정된 지방제도로 도평의회가 도회로 개정되고 부회와 읍회가 자문기관이 아 닌 의결기관이 된 시기이다. 3시기는 중일전쟁 이후 사회 각 전반에서 통제정책이 시행되고 지역 사회의 공론장이 위축되며 지방 참정권이 극도로 제한된 시기를 포괄한다. 총 9권으로 이루어진 이 총서의 1~3권 은 1시기에 해당하며, 4~6권은 2시기, 7~9권은 3시기에 해당한다.

이 총서는 연구팀이 수행한 번역과 해제를 선별하여 경기·함경, 강 원·경상·황해, 전라·충청·평안 등 지역별로 나누어 각 권을 배치하였 다. 물론 방대한 회의록 중 이 총서가 포괄하는 분량은 매우 적다 할 수 있다. 그러나 가능한 도·부·읍·면 등 행정단위와 지리적·산업적 특 성, 민족적·계층별 분포에 따라 다양한 범주를 설정하여 회의록의 선택과 집중에 힘썼기에, 각 도와 도 사이의 비교나 도의 하위에 포괄되는 여러 행정단위의 공통점과 차이점을 간파하는 데 도움이 될 것으로 기대한다. 특히 지역의 다층적 구조 속에서 '근대적'이고 '식민주의적'인 요소가 동시대에 어떻게 병존하는지, 그 관계성의 양상이 지역의 역사지리적 특성에 따라 어떻게 다르게 전승되는지를 파악하는 데 도움이 될 것이라 생각한다. 총서뿐 아니라 지방의회 회의록을 체계적으로 분류하고 집대성한 성과는 앞으로 식민지시기에 대해 보다 폭넓고 심도깊은 연구를 추동할 수 있으리라 믿는다.

이 총서가 간행되기까지 많은 분들이 도움을 주셨다. 먼저 지방의회 회의록 번역과 해제 작업이 전면적으로 이루어질 수 있도록 연구비를 지원해준 한국학중앙연구원과, 연구팀을 항상 격려해주신 동국대학교 전 대외교류연구원 고재석 원장님과 현 박명호 원장님께 감사드린다. 연구팀의 출발이 가능하도록 지원해주신 하원호 부원장님께 특히 감사의 마음을 전하고 싶다. 그리고 연구의 방향성 설정과 자료의 선택에 아낌없는 자문을 해주신 국민대학교 김동명 교수님, 동아대학교 전성현 교수님, 공주교육대학교 최병택 교수님께 감사드린다. 또한 연구팀의 원활한 운영을 위해 최선을 다해주신 국사편찬위원회 박광명 박사님과 독립운동사연구소 김항기 박사님, 그리고 동북아역사재단 박정애 박사님께도 감사드린다. 시장성이 적음에도 흔쾌히 출판에 응해주신 선인출판사 여러분께도 감사드리고 싶다. 끝으로 지리한 작업을 묵묵히 진행한 총서 간행위원회에 몸담은 모든 연구자 여러분께 우정의 마음을 전한다.

2024년 3월
연구책임자 동국대학교 조성혜

❚ 머리말 ❚

　일제강점기 지방의회 회의록 번역·해제집 시리즈(1~9권)은 한국학중앙연구원의 2017년도 한국학분야 토대연구지원사업의 일환으로 진행된 「일제강점기 '지방의회 회의록'의 수집·번역·해제·DB화」사업의 결과물을 단행본으로 발간한 것이다. 이 책에는 위 사업의 2년차 작업물의 일부로 1930년대 전라도·충청도·평안도 지역의 지방의회 회의록 중 그 시기 지방의회의 특징을 잘 보여주는 회의록들을 선별하여 수록하였다. 도평의회·도회 6건, 부협의회·부회 7건, 면협의회(지정면)·읍회 11건으로 총 24건의 지방의회 회의록을 수록하였다.

　1930년대 지방의회는 1930년 12월 발포된 도제(道制)[1]와 읍면제(邑面制)[2], 개정 부제(府制)[3]를 근간으로 운영되었다. 이를 통해 1920년대 도평의회, 부협의회, 면협의회는 각각 도회, 부회, 읍회로 변경되었다. 1920년대의 지정면은 읍으로 바뀌었고, 이 시기 확인되는 면협의회는 보통면협의회이다. 이 시기 지방의회의 가장 큰 특징은 1920년대의 자문기관이었던 것이 의결권을 갖게 되었다는 것이다. 1930년대 지방의회 회의록은 이 개정된 지방제도가 실질적으로 어떻게 반영되었는지를 확인할 수 있다는 측면에서 자료적으로 의의가 있다.

---

[1] 「道制(制令第15號)」, 『朝鮮總督府官報』 제1174호, 1930.12.1.
[2] 「邑面制(制令第12號)」, 『朝鮮總督府官報』 제1174호, 1930.12.1.
[3] 「府制中改正ノ件(制令第11號)」, 『朝鮮總督府官報』 제1174호, 1930.12.1.

이에 본서에는 1930년대 지방제도 개정의 상황을 1920년대 지방제도와 비교하여 살펴보기 위해 개정 직전의 지방의회 회의록을 함께 수록하였다. 1930년 발포된 개정지방제도가 실제 적용된 것은 부회, 읍회의 경우 1931년 5월 선거 이후라 할 수 있겠고, 특히 도제는 실시가 연기되어 도회가 확인되는 것은 1933년 이후이다. 1930년대 초반은 사실상 이러한 제도의 변화에 적응해야 하는 혼란한 시기였고, 이러한 양상이 또 실지에서는 어떻게 적용되어 나타나는지는 사실상 회의록이 아니면 확인하기 어려운 측면이 있다. 1930년대 지방제도 개정의 핵심으로 소위 '자치기관'인 된 지방의회에 얼마나 큰 변화가 있었는지는 사실상 실제 그들의 회의 상황을 확인하지 않으면 단언하기 어려운 측면이 있다. 회의록 내용만을 가지고 해당 시기 이 기구를 단적으로 평가하는 것도 무리가 있지만, 이를 확인하지 않고 속단하는 것도 문제가 있는 것이다. 회의의 진행 방식과 회의 내용 및 새롭게 주어진 의결권 등이 회의에 어떻게 활용되는지 등 개정 지방제도가 지방의회에 어떠한 변화를 가져왔는지를 당시 회의록을 살펴보는 것을 통해 부족하나마 당시 지방의회의 실상에 한발 더 가까이 접근하는 것이 가능하지 않을까 싶다.

지금까지 이 시기 지방의회에 대한 평가는 일제가 조선에 형식적인 '자치'를 실시하면서, 지방정책에 협력할 세력을 포섭하기 위한 것이었다는 것이다. 또한 이에 참여한 의원들도 중앙 정치가 막혀있는 상황에서 지방에서라도 정치 참여를 원하는 세력으로, 명예직에 불과하기 때문에 역할에 있어서도 지역사회에서 어떠한 실질적인 역할을 기대하는 것도 어려웠다고 보았다. 그러나 실제 회의록 자료를 보면, 이러한 단적인 평가가 어렵다는 사실을 확인할 수 있다. 지방의회에 대한 평가가 어려운 부분은 이것이 조선 전 지역에서 행해졌다는 것이고,

같은 기관이지만 지역적 특성에 따라 상당히 다른 모습을 보여준다는 것이다. 본서에는 전라도, 충청도, 평안도를 담고 있는데, 전라도, 충청도, 평안도를 각각 통틀어서 이야기하는 것도 어렵다. 사실상 설치된 해당 지역 특성에 따라 다른 면모가 드러나고, 이러한 점이 또 제도를 운용하는 일제에게는 우려가 되었을 수 있었을 것이다. 그리고 시기상으로는 바로 의결권이 주어진 해당 시기라 할 수 있다. 방향성 측면에서 일제의 정책에 해가 되는 것이 아니었기에 가능하였을지도 모르지만 부당국에서 제시한 내용과 달리 의원들의 의결을 통해 새로운 수정안으로 의결까지 마치는 신의주부 부회 회의록(제1일, 1932년 3월 12일)도 주목할 만하다. 직물검사규칙(織物檢査規則)[4]에 반발하는 조신인 의원들에게 발언을 제지하고 가부, 의결까지 확인되지 않는 제8회 평안남도평의회 회의록 발췌(1930년 1월 16일) 당시의 상황과는 상당히 다른 면모를 엿볼 수 있다.

　1920년대 회의록에도 해당되는 이야기이지만, 이 시기 회의록이 또 중요한 의미를 갖는 것은 일제의 지방정책이 담겨 있는 각종 사업에 대한 상세한 설명이 들어있고, 그에 대한 찬반 논의 등을 통해 사업 정책의 실체를 확인하는데 유의미한 내용들이 많이 확인되는 것이다. 조선간이생명보험 자금 운용 정책이 확인되는 제13회 평안북도평의회 회의록(1932년 12월 20일), 1920년대 후반 경제공황과 소작쟁의의 무마책으로 나온 1930년대 '자작농지설정'사업에 대한 논의가 확인되는 제3회 전라북도회 회의록(제1일, 1935년 3월 2일), 궁미구제사업과 조선인 부역문제가 확인되는 제3회 전라북도회 회의록(제3일, 1935년 3월 4일), 농량대부 사업의 문제점이 확인되는 제1회 충청북도회 회의록

---

[4] 「織物檢査規則左ノ通定ム(1930.2.15)」, 『조선총독부관보』 제941호, 1930.2.24.

발췌(제2일, 1933년 6월 23일) 등은 당시의 일제의 지방정책을 확인할
수 있는 중요한 자료로 할 것이다.

또한 이 시기 지방의회 회의록의 논의에서 중요한 부분을 차지하는
것은 일제의 재원 확보와 관련된 세금에 대한 내용이라고 할 수 있다.
사실상 세금에 대한 논의는 예산 논의의 핵심이기 때문에 거의 모든
회의록에서 확인된다고 할 수 있다. 조선의 운영자금을 조선에서 걷
어들이는 세금을 통해 확보하려고 했던 일제는 1934년 2차 세제정리
를 하였고, 해당 시기 실지 이의 적용이 확인되는 것이 또 지방의회
회의록 자료라 할 수 있다. 일제가 지방에 부과하려고 하는 각종 세금
에 대한 당국과 의원들의 견해를 확인할 수 있어 이를 통해 일제의 세
금 정책의 이해를 돕는다. 각종 세금에 대한 논의는 실생활과 관련되
기 때문에 의원들도 다른 어떤 사안보다도 민감하게 논의한 사실이
확인된다. 현재의 법인세에 해당하는 '제1종소득세'의 증징과 세민들
에게 영향을 미치는 자전차세와 같은 것은 폐지할 것을 논의하고 있
는 제3회 전라북도회 회의록(제6일, 1935년 3월 7일)과 같은 것도 당시
지방의회의 역할론과 관련하여 살펴볼 만 하다 판단하여 수록하였다.

한편 일제는 당시 자신들의 필요에 따라 해당 지역을 성장시키거나
쇠퇴시키는 정책을 사용하기도 하였다. 이러한 정책으로 조선의 전통
적인 도시가 쇠퇴하고, 일본인들이 많이 거주하는 일제가 전략적으로
만들어가는 도시가 발전하게 되었다. 이 공식이 모든 도시들에 다 적
용되는 것은 아니지만 일반적으로 이러한 양상으로 지역발전의 구도
가 변경되어 가고 있었다. 1935년 12월 광주, 전주, 대전은 읍에서 부
로 승격을 하였다. 그 발전구도와 관련된 내용은 아니지만 이들이 읍
을 해체하면서 동 시기 이와 관련된 같은 사안을 논의한 사실이 확인
된다. 서로 다른 지역에서 같은 사안을 어떻게 논의하는지를 확인하

고자 하는 측면에서 해당 지역의 마지막 회의록인 (광주읍회) 회의록
(1935년 9월 29일), 전주읍회 회의록(1935년 9월 25일), 대전읍회 회의
록(1935년 9월 21일)을 수록하였다. 많은 내용은 아니지만 동일 사안
이 지역에 따라 어떻게 다르게 논의되는지를 확인할 수 있는 자료라
할 수 있겠다.

▌목차 ▌

발간사 / 5
머리말 / 11

I. 도평의회·도회 회의록

1) 제8회 평안남도평의회 회의록 발췌   21
2) 제13회 평안북도평의회 회의록   29
3) 제3회 전라북도회 회의록(제1일)   43
4) 제3회 전라북도회 회의록(제3일)   59
5) 제3회 전라북도회 회의록(제6일)   78
6) 제1회 충청북도회 회의록 발췌 제2일   100

II. 부협의회·부회 회의록

1) (군산) 부협의회 회의록(제3일)   123
2) 제5회 군산부회 회의록(제1일)   144
3) 제40회 군산부회 회의록 발췌(제1일)   153

4) 제9회 전주부회 회의록 158

5) 제5회 대전부회 회의록(사본) 163

6) 제8회 평양부회 회의록(제1일) 172

7) 신의주부 부회 회의록(제1일) 211

Ⅲ. 면협의회 · 읍회 회의록

1) 1930년 제4회 광주면협의회 회의록 243

2) (광주읍회) 회의록 257

3) (광주읍회) 회의록 268

4) 전주면협의회 회의록 272

5) 전주읍회 회의록 281

6) (공주면협의회) 회의록(제1일) 287

7) (공주면협의회) 회의록(제2일) 298

8) (공주면협의회) 회의록(제3일) 305

9) 대전읍회 회의록 314

10) 의주읍 제1회 회의록(제2일) 321

11) 1935년 제9회 정주읍회 회의록 336

I
도평의회·도회 회의록

1) 제8회 평안남도평의회 회의록 발췌

항 목	내 용
문 서 제 목	第8回 平安南道評議會 會議錄 拔萃
회 의 일	19300116
의 장	靑木戒三(도지사)
출 석 의 원	徐丙勳(1번), 孫道厚(3번), 李善郁(5번), 內田錄雄(24번) 등 23명
결 석 의 원	
참 여 직 원	金時權(도이사관)
회 의 서 기	
회 의 서 명 자 (검 수 자)	
의 안	자문 제6호 직물검사수수료징수의 건
문 서 번 호 (I D)	CJA0002752
철 명	도지방비예산편성자료철
건 명	도지방비학교사용료및입학시험수수료변경의건(회의록첨부)-평안남도
면 수	7
회의록시작페이지	979
회의록끝페이지	985
설 명 문	국가기록원 소장 '도지방비예산편성자료철'의 '도지방비학교사용료및입학시험수수료변경의건(회의록첨부)-평안남도'에 포함된 1930년 1월 23일 평안남도평의회 회의록

해 제

본 회의록(총 7면)은 국가기록원 소장 '도지방비예산편성자료철'의 '도지방비학교사용료및입학시험수수료변경의건(회의록첨부)-평안남도'에 포함된 1930년 1월 23일 개최된 제8회 평안남도평의회의 회의록 발췌본이다.

평안남도는 1930년 2월 15일자 도령(道令) 제2호로 직물검사규칙(織物檢查規則)을 발포하였다.[1] 발포된 평남 직물검사규칙은 순천(順川), 양덕(陽德), 성천(成川), 덕천(德川)에 적용되었고, 도지방비(道地方費)에서 행하는 검사는 도지사가 지정하는 시장에서 장날마다 행하는 것으로 하였다. 해당 지정시장은 성천군은 신창(新倉), 사인(舍人), 양덕군은 석탕(石湯), 신읍(新邑), 성천군은 요파(了波), 덕천군은 송정(松亭) 등이었다.[2] 이 직물검사규칙으로 ① 품질의 양부(良否) ② 직반(織斑), 직비(織庇)의 유무 ③ 정련(精練), 표백(漂白), 마무리의 적부, 염직포에 있어서는 그 염색의 양부 ④ 생주(生紬), 숙주(熟紬), 항라(亢羅), 마포(麻布), 각종 교직포[3](交織布) 등의 촌법(寸法)을 갖는지 여부 등을 통과해야 수이출 혹은 다른 지역으로 반출하고자 하는 경우에는 해당 법령에 따른 검사를 받아야만 취급이 가능하게 되었다. 이 회의록은 직물검사규칙이 발포되기 전에 이와 관련하여 직물검사수수료를 징수할 것인지에 대한 도당국의 자문과 의원들의 이에 대한 의견을 담고 있다.

평안남도는 양잠업의 발달에 수반하여 직물업을 주요 산업으로 하고 있었는데, 직물업이 성장하고 있는 반면 도는 관련 수입이나 해당 산업에 대한 취체권은 갖지 못한 상황이었다. 즉 도당국에서 직물검사규칙을 발령하기 이전에는 개별 직물조합에서 관련 업무를 취급하고 있었는데, 직물업 발달에 수반하여 도에서는 이를 도지방비가 취급하는 것으로 하여 직물에 대한 관리권을 갖고자 했던 것이었다. 이

---

1) 「織物檢查規則左ノ通定ム(1930.2.15)」, 『조선총독부관보』 제941호, 1930.2.24.

2) 「織物檢查規則:十五日道令で發布 四郡に施行さる」, 『西鮮日報』(新聞切拔 : 朝鮮關係), 1930.2.16;「平南 織物檢查規則 發布」, 『매일신보』 1930.2.20.

3) 두 가지 이상의 서로 다른 실로 짠 피륙.

에 더하여 도에서는 그 검사 수수료를 징수하고자 하였는데, 본 회의록은 직물검사에 대한 수수료 징수 관련 자문안을 논의한 내용을 담고 있다. 도 당국에서는 직물 품질의 개량을 위해 수수료 징수를 하여 검사를 하고자 한다고 밝히고 있지만, 주요 산지의 의원인 양덕의 손도후(孫道厚), 덕천의 서병훈(徐丙勳) 등은 경제 불황과 생산자 이익의 극소 등을 사유로 수수료 징수에 반대하였다. 장려를 위해서라면 수수료가 아닌 다른 방책을 강구하기를 희망하였으나, 도 당국도 재정 상황 때문에 어쩔 수 없다는 입장을 표명하였다. 회의록상에는 조선인 의원들의 반대 정황만 확인되지만, 결국 도 당국은 의원들의 반대에 개의치 않고 계획을 실행하였던 것으로 확인된다. 직물검사규칙 제8조에 보면, 본령에 의해 검사를 받고자 하는 자는 소정의 용지에 연월일, 주소, 씨명 및 수검(受檢) 수량을 기재하고 각 면직물 구분에 따른 검사 수수료를 붙여 검사원에게 제출하도록 하고 있다.[4]

평안남도를 시작으로 1931년 함경남도[5], 1935년도 평안북도,[6] 경상남도[7] 등도 직물검사규칙을 발포하였다. 이상으로 볼 때, 본 회의록은 1930년대 일제의 직물 관리 관련 정책과 이에 대한 조선인 민간 측의 의견을 확인할 수 있는 자료로써 주목할 만하다. 회의록상 가부 의결도 확인되지 않고, 발언을 제지하는 의장의 고압적인 태도 등은 당시 도평의회의 현실 확인에도 도움이 된다.

---

[4] 「織物檢查規則左ノ通定ム(1930.2.15)」, 『조선총독부관보』 제941호, 1930.2.24.
[5] 「織物檢查 規則制定」, 『매일신보』 1931.10.23.
[6] 「平北道 生産의 織物檢查 實施 檢查規則을 發布」, 『매일신보』 1935.10.31.
[7] 「慶南織物檢查 今月中規則公布」, 『매일신보』 1935.11.22.

내 용

1월 16일 오후 1시 45분 회의를 시작함. 출석의원 23명

(상략-원문)

의장 : 다음은 자제(諮第) 6호 직물검사수수료(織物檢査手數料) 징수
의 건을 부의합니다. 제1독회 낭독을 생략합니다.

번외(도이사관 金時權) : 예산 심의의 때 약속한 것으로 본안에 대해
설명합니다.

본도의 견포(絹布), 마포(麻布)에 대해 개량 발달을 도모한 것은 좋
다고 생각합니다. 이들의 직물 중에 부정(不正)의 물건이 나와서 그
평판을 떨어뜨리는 일이 왕왕 있습니다.

그래서 검사를 시행하여 우량한 물건을 생산하고자 합니다. 선진지
(先進地)인 함경북도는 1개년 마포 18만 필(疋)을 생산하고 있어서
그 도의 특산물이라 칭하는 것인데, 본도도 마찬가지이나 근래 제
품이 좋지 않아서 겉은 좋은 물건인데 내부가 허술한 물건이 있어
서 폭 길이가 서로 같지 않아 눈을 속여서 팔았다고 하는 상황으로
신용이 약해지고 있으므로 동계(洞契)[8]를 조직하여 공동의 힘으로
제재를 하여 왔는데 임의 기관이므로 그 성적은 그다지 좋지 않았
던 것입니다. 명천(明川)에서는 1912년부터 1921년까지 10여 년간 계
속하여 실행하였는데 그다지 충분 목적을 달성하지 못하였습니다.
이에 곡물검사와 마찬가지로 관의 규칙으로 검사를 시행하는 것으
로 하여서 2년간 실시하였던 바, 그 결과가 자못 양호하여 명천 마
포(麻布)라고 경성의 시장에서 금일의 평판을 얻게 되었습니다.

---

8) 원문 洞稧.

본도의 견포, 마포의 생산액은 1개년 15, 6만 필을 헤아리고 있는데
위 이야기했던 경험상 현재의 상태로 맡겨둘 수 없는 것입니다. 가
능한 검사를 하고자 하는데 경비와 사람과의 관계도 있으므로 금일
법령에 의해 할 수 있는 조합에 대해서 실시한다라 하는 것입니다.
이 실행 방법으로써는 덕천(德川) 산업조합에서는 현재 조합의 정
관(定款)에 의해서 검사를 실시 중입니다. 조합에서 수수료도 징수
하고 있는 것은 오직 그 검사의 기관을 변경한 것에 지나지 않는 것
입니다. 본안은 도내에 일제히 검사를 실시할 이유는 없고 이를 서
서히 실시할 방침이므로 먼저 제1로 덕천부터 시작하여 산업조합령
(産業組合令)에 의해 조합의 성립과 함께 점차 이에 실시하고자 생
각합니다.

부담의 점에 대해서는 현재 덕천의 조합에서 검사수수료를 걷고 있
는 것을 도지방비로 해야 할 것이란 것이므로 종래와 달리 변경된
것은 없습니다.

24번(內田錄雄) : 본 의안은 이미 가결, 결정되었던 예산에 부대하는
것으로 번외로부터 간독(懇篤)⁹⁾한 설명도 있었으므로 독회를 생략
하고 결정하였으면 합니다.

3번(孫道厚) : 마포에 대해서 한마디 하겠습니다. 마포는 주로 산간부
의 생산이므로 극히 이익이 적은 것으로 1필을 제작하는데 3가지
원료 경비가 보통 1원 80전, 이를 다른 데에서 돈을 빌려서 한 경우
는 2원 50전 정도인 것으로 마를 쪄서 옷감을 짜기까지에는 부녀의
손에서 2주간 이상을 필요로 합니다. 그리고 시장의 가격이 저렴한
경우는 거의 이익을 볼 수 없는 정도입니다. 이에 대해서 수수료를

---

⁹⁾ 친절하고 정이 두터움.

걷는 일은 가히 슬픈 것입니다. 그 중에는 시장에 팔러 가는데 검사를 받을 돈이 없어서 파는 것을 할 수 없어 곤란한 경우도 있다고 생각하므로 수수료를 내리는 것은 어떠합니까?

번외(도이사관 金時權) : 검사는 앞서 이야기했던 것과 같이 제품의 향상을 위한 것입니다. 시장 가격은 물론 품질의 향상에 의해서 수수료의 금액 이상으로 등귀할 것입니다. 수수료의 금액에 대해서는 다른 도의 예도 참작하여서 기술원의 실비(實費)만을 징수하는 것입니다.

3번(孫道厚) : 검사는 경비의 관계에 어쩔 수 없는 일이 아닙니다. 그러므로 양덕(陽德)에서는 마, 아마(亞麻)의 교직포(交織布)를 장려하였는데 이는 처음에는 성적이 양호하였지만 요즈음에는 판매가 행해지기 어려워서 곤란해져 있는 것입니다.

장려한 이상에는 제품의 판매에 대해서도 알선되었으면 합니다. 이에 대한 방침도 묻고자 합니다.

의장(靑木戒三) : 의제(議題) 외이므로 뒤부터 설명하여 주십시오.

1번(徐丙勳) : 본 의안에 대해서는 직물의 검사가 산업조합의 소재지, 나의 거주지인 덕천군에서 시작되었으므로 의견을 이야기하고자 합니다. 덕천(德川)의 명산(名産)인 항라(亢羅)는 1년 생산액이 약 1만 5천 필로 거래는 왕성한데 시장에 출품은 덕천군의 생산품만이 아니라 인접 군(郡)과 인접 도(道)에서도 내놓고 있어서 대저 2만 5천 필 정도라고 생각합니다. 덕천에서는 작년 산업조합이 조직되어 자금(資金)의 대부(貸付)도 한다라 하여 기뻐했습니다. 그리고 조합이 성립되었으므로 조합에서는 신청 순서로 원료 견(繭)을 재배하던 중에 품질이 나쁜 것도 있었는데 신청순으로 매입하지 않으면 안되었으므로 나쁜 것에 해당된 자는 어쩔 수 없이 또 이것을 판매한다라 하는 것이었습니다. 그래서 이익을 내는 것이 곤란해졌습니다. 그러므로 항라 1필의 원료 견은 3두(斗)로 이에 견의 판매수수료가 1원 20전, 검사수수료 10전, 제품판매의 수수료 20전 합계 1원 50전을 공제하는 것이므로 산업조합이 조직되어 처음에는 기뻤는데 조합이 조직되어도 수수료 때문에 생산자의 이익이 없게 되어 후회하고 있습니다. 참고로 말씀드리는데 이에 대해서 장래의 방침을 듣고자 합니다.

번외(도이사관 金時權) : 지금의 이야기는 본 의안과는 관계가 없는데 오해하는 점이 있으므로 이 점에 대해서 말씀드리겠습니다.

견(繭) 3두(斗)에 판매수수료 1원 20전이라는 것은 틀립니다. 15전이 정당하다고 생각합니다. 생산품의 판매수수료가 높다는 이야기인데 종래의 례에 의하면 중개인의 중개수수료가 원래부터 그렇게 높았기 때문입니다. 조합 설립의 때 판매수수료의 20전에 대해서는 이상적인 판매가 이루어지면 별도로 비싸다 싸다라 하는 것은 말할 것도 없는 것입니다. 수수료는 결국 45전뿐입니다. 제사(製絲) 원료에 대해 말씀드렸는데 이는 저리 자금을 차입해서 일정의 시기에 매입하고 있고 물론 품질도 마찬가지의 것을 매입할 방침이나 작년은 매입 시기를 달리했기 때문에 최초의 물건과 어느 정도 달랐던 것입니다. 또 자금 관계 신청의 약 반수에 이르지 않았던 것으로 이 점은 유감이나 이야기할 사실이 없지 않다고 믿는 것입니다.

1번(徐丙勳) : 나는 검사수수료가 높다라 생각합니다. 견포는 보통 10원, 마포는 3원 정도인데 견포가 10전, 마포가 7전이므로 견포에 비해 마포의 수수료는 높은 것입니다. 덕천에서는 이로 인해 마포의 생산은 부진에 빠질 우려가 있으므로 수수료를 거두지 않기를 바랍니다.

번외(도이사관 金時權) : 앞서 설명한 것 같이 검사의 목적은 품질의 향상을 도모하여 수익을 높이는데 있다는 것입니다. 수수료의 부담만 면하려고 하는 것은 결국 전체의 품질을 악화시키는 것입니다. 또 항라, 견포의 가격에 비교하여 마포의 수수료가 높다라고 이야기하는데 견포는 이에 부대하여 수수료를 요구하는 것으로 결국 마포의 쪽이 저렴한 것입니다. 그러한 점 알아두시길 바랍니다.

5번(李善郁) : 직물은 지금 장려의 시기입니다. 현재 중북 방면에서 온 물건과 인견(人絹) 등으로 직물 등은 경영이 곤란한 시기이므로 수수료는 당분간 유보하여 줄 것을 희망합니다. 또 검사가 장려의 의미라면 다른 장려비를 받았으면 합니다.

번외(도이사관 金時權) : 지금까지 거듭 설명하였던 것 같이 재정의 상황상 어쩔 수 없는 것입니다. 말씀하시는 것은 좋지만 이에는 원래부터 재력이 수반해야 하여서 여유가 없습니다. 평양에도 직물의 공장 많이 있어서 인견문제의 해결에 대해서는 본부(本府)로 누차 교섭하고 있으므로 이를 알고 계시길 바랍니다.

2) 제13회 평안북도평의회 회의록

항 목	내 용
문 서 제 목	第13回 平安北道平議會 會議錄
회 의 일	19321220
의 장	佐佐木忠右衛門(도지사대리 도사무관)
출 석 의 원	池田信(1번), 鄭潤玉(3번), 姜利璜(5번), 金鍊植(6번), 崔昌朝(7번), 車弘均(8번), 韓殷燮(9번), 李昌錫(10번), 白鍾成(11번), 劉昌漢(12번), 崔鳳參(13번), 柳世鐸(14번), 多田榮吉(16번), 洪淳龍(17번), 洪箕疇(18번), 金榮錫(19번), 朴觀丰(22번), 張驥植(23번), 金練植(24번), 全聖根(25번), 飯島榮太郎(26번), 金昌洽(27번), 孫應範(28번), 朴觀手(29번), 吉田雅一(30번)
결 석 의 원	劉基貞(2번), 橫江重助(4번), 和氣義矩(21번) (姜鳳瑞(15번) 解免, 崔鳳俊(20번) 死亡)
참 여 직 원	崔志煥(도참여관), 白石光治郎(도사무관), 朝倉昇(도사무관), 小笠淺次(도이사관), 細見正義(도이사관), 金永祥(도이사관), 佐藤久吉(도경시), 佐藤久吉(도경시), 金貞基(도경시), 熊崎喜一郎(도기사), 多田英治(도기사), 庄田眞次郎(도기사), 高橋喜七郎(도기사), 津田正道(도기사), 滿田賢三(토목주사), 星正己(토목기사), 土田盛(산업기사), 小金丸汎愛(산업기사), 松平勝彦(산업기사), 明和善友(산업기사), 佐藤規矩爾(산업기사), 関朝雄(도속), 宮武彦一(도속), 服部正貫(도속), 田中俊一(도속)
회 의 서 기	木佐貫浩藏(도속)
회 의 서 명 자 (검 수 자)	佐佐木忠右衛門(도지사대리 도사무관), 姜利璜(5번), 多田榮吉(16번), 洪箕疇(18번)
의 안	자문 제1호 1932년도 평안북도지방비 및 동 은급 특별회계 세입세출 추가예산, 자문 제2호 평안북도 지방비 기채의 건, 게시 제1호 조선 도지방비령 제11조 단서의 규정에 의해 처리한 건, 게시 제2호 1931년도 평안북도 지방비 및 동 특별회계 세입세출 결산의 건
문서번호(ID)	CJA0002885
철 명	도지방비예산서류철
건 명	소화7년도평안북도지방비은급특별회계세입세출추가예산(회의록첨부)
면 수	10

회의록시작페이지	1028
회의록끝페이지	1037
설　명　문	국가기록원 소장 '도지방비예산서류철'의 '소화7년도평안북도지방비은급특별회계세입세출추가예산(회의록첨부)'건에 수록된 1932년 12월 20일 개회 제13회 평안북도평의회 회의록

해 제

본 회의록(총 10면)은 국가기록원 소장 '도지방비예산서류철'의 '소화7년도평안북도지방비은급특별회계세입세출추가예산(회의록첨부)' 건에 수록된 1932년 12월 20일 개최된 제13회 평안북도평의회의 회의록이다.

이날의 회의는 "자문 제1호 1932년도 평안북도지방비 및 동 은급 특별회계 세입세출 추가예산, 자문 제2호 평안북도 지방비 기채의 건, 게시 제1호 조선 도지방비령 제11조 단서의 규정에 의해 처리한 건, 게시 제2호 1931년도 평안북도 지방비 및 동 특별회계 세입세출 결산의 건" 등을 주요 안건으로 하고 있지만, 사실상 상세히 취급하고 있는 것은 자문 제1호 1932년도 평안북도지방비 및 동 은급 특별회계 세입세출 추가예산 중에서도 지방비 추가예산이다. 조선간이생명보험(朝鮮簡易生命保險)의 적립금을 차입하여 선천읍(宣川邑) 외 13개 면 진흥 자금으로 대출하고자 한다는 내용으로, 도 당국에서 이 사업을 추진하게 된 과정 및 그 내용 대해 상세하게 설명하고 있는 것이 회의록의 주된 내용이다. 조선간이생명보험은 조선총독부 산하 체신국에서 직접 운영했던 국영보험이었다. 일제는 1929년 5월 제령(制令) 제5호로 「조선간이생명보험령」[10], 동 9월 조선총독부령 제78호로 「조선간이생명보험규칙(朝鮮簡易生命保險規則)」을 발포하고, 동 10월 1일부터 실시하였다.[11] 조선총독부 관리하에 체신국에서 관련 사무를 담당하는 것으로 하여, 당시 조선 680여 개의 우편국소(郵便局所)에서 판매를 하였다. 1916년부터 실시를 계획하고 있었지만, 계속 실시하지 못하고 있었다.[12] 우편 저금과 함께 상당히 국민 복지 증진에 도움이 될 것이라는 평이었지만 실시는 계속 미뤄졌다.[13] 일반 조선인의 보험에 대한 사상이 보급되지 않았다는 이유에서였다.[14] 조선 간이생명보험안은 1926년 체신국위원회에서 가결되어 국고보조금 14만 원, 사업수입에서 7만 원 총 21만 원 예산으로 1927년 10월 1일자로 실시하기로 하였다.[15] 그러나 독립회계 문제로 통과가 지연되어 1929년 10월 1일자로 실시되게 된 것이었다. 조선간이보험법은 1929년 2월 13일 일본 중의원에 제출되어[16] 16일 동 본회의에서 위원부탁으로 결정되어 특별위원회가 조직되었다.[17] 조선간이생명보험 특별회계법안은 1929년 2월 28일 본 회의에서 가결되었다.[18] 국민의 복리 증진을 표방하였지만, 이것이 중산계급 이상에게만 적용될 것이라는 것과 보험료의 운용은 문제로 제기되었다.[19] 실시된 조선간이생명보험은 호황을 거듭하여 1931년까지의 적립금이 4백만 원에 달하였다.[20] 1932년에는 이

10) 「朝鮮簡易生命保險令」, 『조선총독부 관보』 699호, 1929.5.4.

11) 「朝鮮簡易生命保險規則」, 『조선총독부 관보』 호외1, 1929.9.25.

12) 「조선간이생명보험안」, 『매일신보』 1916.9.9.

13) 「간이생명보험, 조선에는 특수청정호」, 『매일신보』 1917.9.2.

14) 「간이생명보험 실시의 필요, 제6회 조선상업회의소연합회」, 『매일신보』 1923.4.15.

15) 「簡易生命保險 關係各局意見一致 來年度豫算二十一萬圓」, 『시대일보』 1926.7.16.

16) 「朝鮮簡易保險法 十三日 衆議院에 提出」, 『매일신보』 1929.2.15.

17) 「衆議院本會議 十六日 新黨修正案과 共히 帝都治維案否決 朝鮮簡易保險案은 委員附」, 『매일신보』 1929.2.18.

18) 「조선간이생명보험 특별회계법안, 우편물에 관한 법률안」, 『부산일보』 1929.3.2.

19) 「社說 : 簡易保險과 貯蓄銀行 우리의 關心은 무엇」, 『중외일보』 1929.3.2.

적립금을 조선 내 공공사업에 사용한다는 명목하 칙령(勅令) 제15호로 조선간이생명보험적립금운용규칙(朝鮮簡易生命保險積立金運用規則)이 발포되었다.[21] 이로써 조선 총독은 대장대신과 협의하여 간이생명보험의 적립금을 출납할 수 있는 권한을 갖게 되었다.[22]

이 회의록은 조선간이생명보험 적립금의 운용과 관련하여 논의가 도당국과 의원 간의 논의가 적극적으로 이루어진 회의 내용을 담고 있지는 않지만, 도지사를 대리하여 회의를 주재했던 도사무관 내무부장 사사끼 추에이몬(佐佐木忠右衛門)의 조선간이생명보험 적립금 사용에 대한 상세한 설명은 조선총독부의 조선간이생명보험 자금 운용 관련 정책을 이해하는데 크게 도움이 되는 내용으로써 주목할 만하다.

내 용

(1) 개회의 장소 : 평안북도청 회의실

(2) 개회의 일시 : 1932년 12월 20일(중략-편자)

(3) 회의의 전말

서기(木佐貫浩藏) : 지금부터 출석의원의 보고를 드립니다. 본도 평의원 정수 30명 중 출석의원 25명, 결석의원 3명, 결원(缺員) 2명입니다.

---

[20] 「簡保積立金 朝鮮內서 運用 大藏省과의 諒解成立」, 『중앙일보』 1932.2.11.

[21] 「朝鮮簡易生命保險積立金運用規則(1932.2.16.)」, 『조선총독부관보』 1932.2.22.

[22] 제3조 조선총독은 부하(部下)의 관리에게 명하여 적립금의 출납을 집행시킬 수 있음
제4조 적립금의 출납에 관한 수속은 조선총독대장대신과 협의하여 이를 정함
「朝鮮簡易生命保險積立金運用規則(1932.2.16.)」, 『조선총독부관보』 1932.2.22.

도지사(대리 내무부장) : 이로부터 제13회 평안북도평의회를 개회합
　니다.

(도지사대리 내무부장 의장석에 착석, 시간 오전 11시 55분)

의장 : 출석 의원인 정족수에 도달하였으므로 지금부터 회의를 열겠
　습니다. 의사에 들어가기에 앞서 서기가 도평의원의 이동과 참여원
　을 보고드리겠습니다.

서기(木佐貫浩藏) : 도평의원회의 이동을 보고드립니다. 15번 의원인
　강봉서(姜鳳瑞) 군은 1932년 12월 10일자로써 조선도지방비령(朝鮮
　道地方費令) 제14조23)의 규정에 의해 도평의원을 해면(解免)시켰습
　니다. 20번 최봉준(崔鳳俊) 군은 1932년 8월 31일 사망하였습니다.

　(중략-편자)

의장 : 이번 자문사항은 1932년도 평안북도지방비 및 동 은급 특별회계
　세입세출 추가예산의 외 1건으로 게시사항은 도지방비령 제11조24)
　단서의 규정에 의해 처리한 사항 외 1건입니다. 지금 서기가 배부
　하였습니다.

(서기 다음의 의안을 배부함)

자문사항 2건

---

23) 제14조 도평의회원이 직무를 게을리 하거나 또는 체면(體面)을 오손(汚損)하는 행
　위가 있을 때는 도지사는 조선총독의 인가를 받아 그것을 해임할 수 있음.
　「朝鮮道地方費令(制令第十五號)」, 『朝鮮總督府官報』 號外, 1920.07.29.

24) 제11조 도지사는 다음의 사건을 도평의회에 자문해야 함. 단 급시(急施)를 요구하
　여 도평의회에 자문할 겨를이 없다라 인정될 때는 이에 해당하지 않음.
　1. 세입출예산을 정하는 일. 단 예산의 추가경정(追加更正)으로 지방세, 사용료
　　또는 수수료에 증감, 변경이 없는 것을 제외함.
　2. 지방세, 사용료, 수수료 또는 부역현품의 부과징수에 관한 일.
　3. 기채에 관한 일.
　4. 세입출예산으로써 정하는 것을 제외한 이외 새로 의무의 부담을 하고 또는 권
　　리의 포기를 한 일.
　「朝鮮道地方費令(制令第十五號)」, 『朝鮮總督府官報』 號外, 1920.07.29.

자문 제1호 1932년도 평안북도지방비 및 동 은급 특별회계 세입세출
　　　　　추가예산
자문 제2호 평안북도 지방비 기채의 건
게시사항 2건
게시 제1호 조선 도지방비령 제11조 단서의 규정에 의해 처리한 건
게시 제2호 1931년도 평안북도 지방비 및 동 특별회계 세입세출 결산
　　　　　의 건
의장 : 다음으로 본회 회의록의 서명 의원은 전례에 의해 의장이 지명
　　하는 것으로 하고자 하는데 이의 없습니까?
('이의 없다'라 하는 자 있음)
　　그럼 이의 없는 것이라 인정하여 지명하는 것으로 하겠습니다.
　　　　　5번 의원 강이황(姜利璜) 군
　　　　　16번 의원 타다 이키치(多田榮吉) 군
　　　　　18번 의원 홍기주(洪箕疇) 군
　　이상의 3명에게 서명을 부탁드리는 것으로 합니다.
도지사(대리 내무부장) : 지금부터 도지사로써 연설하겠습니다.
　　아시는 대로 이시카와(石川) 전(前) 지사 각하는 퇴관하고 후임의
　　판관 지사는 아직 착임하지 않았으므로 관제(官制)의 명령하는 바
　　에 의해 저 내무부장이 도지사의 대리의 임무를 맡게 되었는데 아
　　무래도 부족한 점이 있으므로 잘 부탁드리겠습니다.
　　이에 제13회 도평의회를 초집하여서 지사의 대리로써 친히 여러분
　　과 함께 할 기회를 얻는 것은 저의 가장 큰 기쁨으로 하는 바입니다.
　　이번 여러분의 심의를 번거롭게 하는 안건은 1932년도 도지방비 및
　　동 은급 특별회계 세입세출 추가예산 외 1건으로 도지방비령시행규
　　칙(道地方費令施行規則) 제41조의 2[25])의 규정에 의해서 게시한 안

건은 1932년도 도지방비 세입세출 추가예산 외 6건인데 이 심의에 들어가기에 앞서 그 주요한 점에 대해서 대략적인 설명을 드리고자 합니다.

자문 제1호의 도지방비 세입세출 추가예산은 조선간이생명보험(朝鮮簡易生命保險) 적립금의 예입에 의한 예금부 자금 중 4만 4,800원을 도지방비로 차입(借入)하여 이를 선천읍(宣川邑) 외 13개 면에 대해 전대(轉貸)하고자 하는 사업에 수반하여 예산의 추가를 주로 하는 것입니다.

아시는 바와 같이 현재 경제계의 불황은 날로 심각함을 더하여서 지금 또 호전의 재료가 없어 도시나 농촌을 불문하고 마찬가지 이 불황에 신음하여 민심의 불안, 초조가 심하여 진실로 우려해야 하는 세상을 현출하고 있는 것으로 이러한 궁핍한 상황을 타개하기 위한 길은 관민 모두 극히 내외의 정세와 세국(世局)의 실상을 이해하여 자성(自省), 자분(自奮), 자력(自力)으로써 갱생할 길을 강구할 필요가 있음을 물론인데 국(國), 지방비(地方費) 기타 각종 공공단체의 경비를 가급적 절감(節減)함으로써 주민의 부담 경감을 도모함과 함께 한편으로는 수입의 증가를 기약할 필요가 있는 것은 여기서 다시 말할 것도 없는 것입니다. 이 의미에서 총독부 및 본도에서는 일찍이 행정 재정의 정리를 단행함과 함께 극력 산업의 개발에 힘쓰고 또 지방에 적응할 응급의 궁민구제사업(窮民救濟事業)을

---

25) 제41조 도지방비의 출납은 다음 연도 6월 30일으로써 이를 폐쇄함.
　　도지사는 출납 폐쇄 후 3개월 이내에 결산을 조제(調製)하여 이를 조선총독에게 보고하고 또 그 요령을 고시해야 함.
　　결산은 예산과 동일한 구분에 의해 이를 조제하고 예산에 대한 과부족의 설명을 첨부해야 함.
　　「朝鮮道地方費令施行規則左ノ通正ス(朝鮮總督府令第百五號)」, 『朝鮮總督府官報』 號外, 1920.07.29.

실시하여 왔던 것인데 총독부에서는 또 본년 8월 조선간이생명보험 적립금의 지방 융통을 도모하여 각종의 공익사업에 요하는 자금은 도지방비를 통해 저리로 이를 융통하는 길을 열었던 것으로 우리 도에서는 고리채(高利債)가 있는 선천읍에 대해 그 상환 자금으로써 1만 3,600원을 전대하여 주민의 부담 경감을 도모하고 또 자성군(慈城郡) 이평면(梨坪面) 외 12개 면에 대해서는 생업 보도(輔導)에 필요한 자금을 전대함으로써 농가의 수입 증가를 도모하고자 하는 계획을 수립했던 것입니다.

앞서도 말씀드렸던 것 같이 본 사업의 취지는 완전 주민의 부담을 경감하여 농가의 수입을 증가시켜서 현재의 궁핍한 상황을 구제하는 수단의 하나로써 실시하고자 하는 관계상 도지방비에서 읍면(邑面)에 대부하는 경우의 실제 이율은 자문 제2호 중에 설명을 하고 있는 대로 도지방비의 차입 이율과 동률(同率)로 하는 것으로 계획을 정하고 있습니다. 따라서 도지방비는 본 사업의 실시에 따라서 어떠한 수입을 얻지 않고 단지 의무만을 부담하는 결과가 되는 것인데 본 사업 실시의 취지는 앞서도 말씀드렸던 대로이므로 극히 이의 취지를 양지의 후 심의를 부탁드리는 바입니다.

본 사업과 관련하여 제시 안건 중 자작농지 설정, 시설의 실시에 수반한 기채에 관해 한 말씀 설명을 더하고자 합니다.

농촌의 피폐를 구제하는 방법에 대해서는 농법(農法)의 개선, 토지 개량의 촉진, 부업의 장려 기타 각반의 장려시설에 의해 주로 농가의 수입 증가를 힘써 왔었던 것이나 이들의 시설과 서로 보완하여 지방농촌의 소작농으로써 상당의 토지를 소유시켜서 일반 농가의 모범이 될 농가를 만들어 농촌의 중견으로 하여 이를 중핵(中核)이로 하여 가장 유효 적절한 시설의 하나가 되게 하고 이 실시에 대해서는 총독부에서 신중, 고구(考究)를 마치고 그 결과 수립되어진 방침임에 따라 각도 모두 이를 실시하게 되어 우리 도에서도 올해 이래 10년간 매년도 100호씩의 자작농가를 수립하는 것으로 하여 올해에 있어서는 앞서도 말씀드렸던 조선간이생명보험 적립금에서 연이율 6푼으로 자작농지 구입 대부 자금 6만 6,000원을 차입하는 것으로 하였던 것인데 본 대부 자금의 이율은 가능한 한 이를 저율로 하기 어렵다면 소기의 목적을 달성하는 것이 용이하지 않다라 인정하여 연이율을 3푼 5리로 하여 24개년 원리균등(元利均等) 연부상황(年賦償還)의 방법으로 상환시키는 것으로 하여 이미 그 자금 대부를 개시하였던 것입니다.

그리고 본 자금의 대부 이율을 연리 3푼 5리로 하였던 관계상 도지방비의 차입 이율 연리 6푼과의 간에 2푼 5리의 차이가 발생하는데 이에 대해서는 매년도 국고에서 연리 6푼 5리로써 산출하였던 24개년 원리균등 상환액과 연리 3푼 5리 즉 도지방비에서의 대부이율로써 산출하였던 24개년 원리균등 상환액과의 차액에 상당하는 금액을 보조금으로써 교부할 예정이므로 어떠한 누(累)를 도지방비 장래의 재정에 미치는 것 없고 또 가령 대부금의 회수를 불능이다라 하는 사정이 발생하여도 이러한 경우를 예상하여 자금 대부의 때 그 구입 토지의 위에 첫 번째 저당권(抵當權)을 설정시켜서 채권의 확보를 기약하는 수단을 강구하는 것으로 하고 있는 것입니다.

다음으로 은급 특별회계의 추가예산은 본년 10월 1일부터 곡물가마니 검사 사업을 국영(國營)으로 이관시킨 관계상 위 사업 이관과 동시에 퇴직한 도지방비 이원(吏員)에 대해서 본도 지방비 이원퇴은료(吏員退隱料), 퇴직급여금(退職給與金), 사망급여금(死亡給與金), 유족부조료규칙(遺族扶助料規則)에 의해 퇴직급여금을 지급하지 않으면 안 되는 것으로 이에 필요한 예산 2,640원 및 원 본도에 재직하고 있었던 대우 직원의 퇴직에 수반하여 은급법(恩給法)의 규정에 의한 부담금 납부액 예상 이상의 액수에 도달하여 기정 예산으로써는 이를 지불하는 것이 불가능하게 되었으므로 그 소요액 1,860원을 추가하고자 하는 것입니다.

이상은 자문안건에 대해 극히 개요를 이야기한 것인데 조선간이생명보험적립금의 전대사업 실시에 관련한 사항 및 기타 자문안건의 내용에 관해서는 질문에 응하여 참여원으로부터 상세하게 답변하겠으므로 신중 심의의 후 만장일치 찬성하여 주시기를 희망하는 바입니다.

또 마지막으로 본 석상에서 현재 농촌, 어촌의 피폐를 구제할 수 있는 방책에 대해 잠시 한 말씀 드리고자 합니다.

현재 농촌, 어촌의 피폐를 구제할 방책에 대해서는 이미 아시는 바와 같이 여러 시설을 해왔던 것이나 이 난국에 직면하였던 원인은 그 나온 바 이미 오래여 단지 일시적으로 돌발한 것이 아닙니다. 따라서 응급적인 관청 등의 시설만으로 이를 구제하는 것은 도저히 불가능한 것으로 어떻게 해서라도 관민 일체가 되어 자력으로 이 난국을 타개할 길을 강구하지 않으면 안 되는 것은 이에 다시 말할 것도 없는 것인데 이러한 것은 말하기는 쉬워도 행하기는 어려워 도(道), 부군(府郡), 읍면(邑面) 직원의 활동에 의해서 만으로는 도저 그 목적을 달성하는 것은 불가능한 것으로 일반 민심의 자각을 환기하는 것을 가장 필요로 하는 것이므로 지방에 있어서 선각자인 여러분에 있어서는 기회가 있을 때마다 민의 선도에 힘쓰고 헛되이 다른 힘의 구원에만 의뢰하는 것 없이 근로호애(勤勞好愛), 근검저축(勤儉貯蓄)의 미풍을 진작시키는 것에 격단의 노력을 부탁드리는 바입니다.

26번 의원(飯島榮太郎 군) : 의사에 앞서 질문하고자 하는데 의사의 진행은 회의규정 제9조의 규정에 의해 제1독회, 제2독회, 제3독회의 순서에 의하는 것인데 그렇지 않고 일괄하여 의사로 진행할 수 없는 것인지 묻고자 합니다.

의장(도지사 대리 내무부장) : 이는 평의회원의 찬동을 얻어 결정하고자 생각합니다. 아울러 이는 자문안의 내용으로 들어가서 결정하는 것이 어떻겠습니까?

26번 의원(飯島榮太郎 군) : 본원은 자문안이 극히 간단하므로 회의규정 제9조에 의한 독회를 생략하고 바로 재결하는 것에 동의합니다.

('이의 없다'라 하는 자 있음)

의장 : 그럼 자문안 제1호 및 제2호를 일괄하여 상정하는데 지금의 26번 의원으로부터의 동의에 의해 독회를 생략하고 바로 재결하는 것에 이의 없습니까?

('이의 없다'라 하는 자 있음)

자문제1호 및 제2호안에 대해 찬성의 분은 기립을 부탁드립니다.

(전원 기립)

그럼 자문제1호 및 제2호안은 만장일치로 이를 가결 확정하겠습니다.

5번 의원(姜利璜 군) : 26번 의원의 동의는 독회에 의하지 않고 바로 결의를 한다라 했던 것입니까?

('확정했던 것이므로 좋지 않은가'라 하는 자 있음)

26번 의원의 동의는 순서에 의하지 않는다라 하는 것은 아니었습니까?

('착각해서 결정했던 것은 어쩔 수 없다'라 하는 자 있음)

의장 : 또 이미 가결 확정했던 것이므로 지장 없습니다.

5번 의원 : 26번 의원에게 묻고자 하는데 당신의 동의는 역시 그대로

입니까?

26번 의원(飯島榮太郎 군) : 5번 의원에게 답해도 지장 없겠습니까?

의장 : 26번 의원에게 발언을 허락합니다.

26번 의원(飯島榮太郎 군) : 이미 저의 동의에 찬성을 얻어 자문 제1호 및 제2호 모두 가결하였으므로 만약 자문안에 대해 질문 의견 등이 있다면 오후에 간담회를 열어서 개진하는 것이 어떻습니까?

5번 의원(姜利璜 군) : 26번 의원은 의사 진행에 대해서 독회를 생략한 다라 말했던 것이라 생각하여 의장이 말했던 것과 26번 의원의 동의는 차이가 있다고 생각합니다.

번외(細見 지방과장) : 먼저 26번 의원의 동의에 대해 의장은 모두에게 물어서 찬성을 얻어 재결했던 것이므로 이는 여기서 중단하고 만약 질문이 있으시다면 오후에 간담의 형식으로 그때에 설명드리는 것이 좋겠다고 생각합니다.

5번 의원(姜利璜 군) : 저는 긴급 동의를 하겠습니다. 제국 군대는 1년 유여에 걸쳐 만주의 황야에 출동하여 혹은 우리 권익 확장에 혹은 동포 보호에 임하고 있어서 그 노고는 심히 크다고 생각합니다. 이에 대해 우리의 평의회에서 감사 전보를 치는 것이 좋겠다고 생각하는데 어떻습니까?

16번(多田榮吉 군) : 방금 5번 의원의 동의에 저는 절대적으로 찬성합니다. 저는 이들에 대해 가슴 가득 성의를 피력해야 한다고 생각합니다. 또 이와 동시에 만주사건 발발 이후 국경 경비를 담당하는 경찰관을 주야로 자지도 쉬지도 않고 활동하고 있고, 그 덕으로 국경은 완전 무사 평온합니다. 이들 경찰관의 노고는 지금 다시 개시된 것은 아니나 특히 최근에는 그 노고도 심한 것 같으므로 이들에 대해서도 감사의 전보를 쳤으면 합니다.

의장 : 잠시 휴식합니다.

(시간 오후 0시 45분)

의장 : 다시 회의를 시작하겠습니다. 오전 중은 이 정도로 하고, 오후
는 2시 반부터 시작하고자 합니다.

(오후 1시 10분)

의장 : 지금부터 오전에 이어 회의를 시작합니다.

(시간 오후 3시 55분)

　자문 제1호 및 제2호는 각각 가결되었으나 의견이 있는 것 같으므
로 이는 간담회에서 듣는 것으로 하겠습니다.

18번(洪箕疇 군) : 각군의 삼립조합(森林組合)을 해산하고 그 사업을
도지방비로 계승하려고 하는 것으로 듣고 있는데……

의장 : 잠시 기다려 주십시오. 의견으로 생각되는데 의견이 있다면 간
담회에서 말씀하여 주십시오. 특별히 이견이 없으므로 여기서 폐회
하고자 합니다.

도지사(대리 내무부장) : 제13회 평안북도평의회의 폐회에 이르러 한마
디 하겠습니다. 이번 회의의 회기는 1일이었지만 의원 여러분은 때
마침 연말을 맞이하여 바쁘신 와중에 많이 출석하여 주셔서 매우 감
사합니다. 회의의 처음에 연술하였던 대로 현재의 농어촌 진흥에 대
해서는 방도로써도 극력 노력하고 있는데 특히 지방의 선각자인 여
러분에게 일단 힘을 더하여 주시기를 지금 바라는 것입니다. 또 이
번의 회의에서는 사무가 서툴러 저의 통재(統裁)가 철저하지 않았던
것 같이 생각되는데 이는 여러분에 대해 거듭 용서를 구합니다.

　다음으로 이 회의장에 임석하여 주셨던 신문기자 여러분에게 한 말
씀 드립니다.

오늘 회사 업무가 바쁘신 연말임에도 불구하고 출석하여 열심히 의사를 방청하여 주셔서 감사의 말씀을 드립니다.

또 의원 여러분은 여러 의견도 있을 것이라 생각하므로 참여원은 여기서 그치고 여러분의 의견과 희망에 답변하는 것으로 하겠습니다. 이상 심심한 감사를 표함과 함께 이에 제13회 도평의회를 폐회하겠습니다.

(시간 오후 4시 2분)

3) 제3회 전라북도회 회의록(제1일)

항 목	내 용
문 서 제 목	第三回 全羅北道會 會議錄(第1日)
회 의 일	19350302
의 장	高元勳(도지사)
출 석 의 원	久永麟一(1번), 姜東曦(2번), 文袞泰(3번), 金英武(4번), 洪鍾轍(5번), 嚴仁涉(6번), 辻護一郎(7번), 申基準(8번), 朴明奎(9번), 林鳳周(10번), 寺井政次郎(11번), 佐竹龜(12번), 朴智根(13번), 樋口虎三(14번), 徐慶吉(15번), 姜完善(16번), 趙在敦(17번), 牛尾正一(18번), 靑田竹治(19번), 鄭準模(20번), 全承洙(21번), 朴贊勉(22번), 李大奎(23번), 金相訓(24번), 片桐和三(25번), 山本悅藏(26번), 柳鎭爀(27번), 川野長久(28번), 板井信藏(29번), 檜垣孫三郎(30번)
결 석 의 원	
참 여 직 원	李鍾殷(참여관), 阿部明治太郎(내무부장), 井坂圭一郎(경무부장), 古川賢(관방주사), 橋瓜恭一(지방과장), 山田直記(학무과장), 金應基(산업과장), 岡田義宏(농무과장), 西岡貞喜(토목과장), 武居軍次郎(치수사업소장), 橋本一男(회계과장), 淸水精一(위생과장), 石川宗四郎(보안과장), 齋藤宗一(도기사), 乾重二(도기사), 富山政雄(소작관), 伊藤忠次(산업기사), 平野徹(산업기사), 安倍幾藏(산업기사), 八卷芳夫(토목기사), 佐藤芳彌(사회주사)
회 의 서 기	坂口(도속)
회 의 서 명 자 (검 수 자)	
의 안	제1호 의안 1934년도 전라북도 세입출 추가예산, 제2호의안 1934년도 자작농지 설정조성자금 기채의 건
문서번호(ID)	19
철 명	1326
건 명	1344
면 수	CJA0003123
회의록시작페이지	도행정에관한철
회의록끝페이지	제3회도회회의록송부의 건(전라북도)

설 명 문	국가기록원 소장 '도행정에관한철'의 '제3회도회회의록송부의 건(전라북도)'건에 수록된 1934년 3월 2일 개회 전라북도회 회 의록 관계 부분 발췌(제1일)

해 제

　본 회의록(총 19면)은 국가기록원 소장 '도행정에관한철'의 '제3회도회회의록송부의건(전라북도)'건에 수록된 1935년 3월 2일 개회된 제3회 전라북도회 제1일(1일차) 회의록이다. 2일 의안 심리로 휴회한 것을 제하고 9일까지 행해진 제3회 전라북도회의 1일차 회의록이다. 이 회의에서는 1935년도 세입출 예산 중 세출 회의비, 선거비, 사무비 및 궁민구제사를 포함한 토목비의 경상부, 임시부에 대해 심의, 의결한 내용이 확인된다. 본 회의록은 1935년도 전라북도의 주요 사업과 세입출 예산의 대요를 알 수 있는 회의록이다. 도지사가 이번 회차 회의와 관련하여 신규사업을 비롯 전반적인 예산 설명을 하였다.

　이날 논의된 주요 의안은 제1호 의안 1934년도 전라북도 세입출 추가예산과 제2호 의안 1934년도 자작농지 설정조성자금 기채의 건이다. 제1호 의안은 1934년 여름 삼남지역이 대홍수로 큰 피해를 입은 데에 대한 복구작업에 필요한 예산에 대한 내용으로 전주, 남원, 순창, 정읍, 익산, 금산의 6개 군 복구작업에 대한 예산 내용을 담고 있고 비교적 간단한 내용으로 많은 논의가 있지는 않았다. 사실상 이날 논의사항 중 주목할 만한 것은 자작농지설정에 대한 내용이다.

　일제는 1920년대 후반 세계 경제공황 이후 농촌경제의 붕괴와 3·1운동 이후 시작되어 본격화된 소작쟁의를 무마하기 위한 방법으로 1927년 '자작농지창정'을 계획하였고, 이것이 예산 문제를 난황을 겪자

1932년 이를 대신하여 '자작농지설정' 사업을 실시하였으며, 1934년 소작권을 기만적으로 보장하는 농지령을 발표하였다.

　　본 회의록에서는 1935년 당시 전라북도의 '자작농지설정' 내용과 의원들의 이 사업에 대한 견해가 확인된다. 특히 문제가 된 것은 당시 지가가 폭등하여 일제가 계획한 대부금액으로는 토지 구매가 가능하지 않아 사업이 근본적으로 어려웠다는 사실이다. 또한 이들의 논의를 통해 이들이 지주제를 근간으로 한 자작농 설정이라는 근본적인 문제점을 내포하고 있었던 '자작농지설정' 사업이 실제 어떻게 계획되고 실행되고 있었는지를 확인할 수 있다는 측면에서 본 자료는 주목할 만 하다고 하겠다.

내 용

(상략-편자)

(도지사 연술(演述))

　　이에 제3회 통상 도회를 개최하여 도정(道政)에 대한 각위의 고견을 삼가 들음과 함께 도치(道治)의 방침에 대해서 소회의 일단을 이야기할 기회를 얻은 것은 저의 가장 광영으로 하는 것입니다.

　　작년 여름 수차에 걸쳐서 본도를 엄습했던 연속적 호우는 도내 각지에 격심한 재해를 끼치고 가옥, 경작지는 물론, 도로 기타의 시설에 매우 큰 손해를 미쳐 15여 명의 인명을 빼앗아 가고 과다한 이재민을 만들었던 것은 일대 통한의 일으로써 각위와 함께 유감으로 하는 것입니다.

　　이를 왕께서도 듣기에 이르러 황공 하옵게도 천황, 황후 양 폐하께서는 고통을 몸소 근심하여 특히 시종을 보내시어 친히 재해지를 시찰, 위문의 말을 내리셨을 뿐만 아니라 구휼의 관심으로 내탕금의 하사가 있었던 계속된 수재에 대해 거듭 진휼의 기별을 하여 성은이 넓고 커서 한없음 참으로 황공하여 감격으로 견딜 수 없는 것입니다.

당시 도에서는 사태에 따라 시의 적절한 조치를 채택하여, 밥을 지어 주고, 작은 집을 지을 수 있도록 비용의 지급, 사상자(死傷者)의 조문, 문안 혹은 순회 진료에 의해 재난 후의 시료 방역을 돕는 등 직접 구조에 유감없기를 기약함과 함께 격심지에 대해서는 이재민의 생업 부조의 의미로써 대용 작물 종자, 맥종자의 배급, 부업의 장려 등 대저 도비의 허락하는 한의 지출을 하는 한편 국고보조 기타 각지에서 보내왔던 의연금을 더하여서 구제에 도움이 되게 하고 크게 진휼을 행하였던 것인데, 이재민에 있어서도 심히 성지(聖旨)를 느끼고 각기의 부흥에 현명(懸命)의 노력을 하여 갱생에로의 길을 가고자 했던 것입니다. (중략-편자)

위생 시설의 개선, 충실, 일반적 사회 사업 시설, 각종 단체 조성 및 기존 계획 사업의 수행 등에 대해서도 그 완비 확충에 최선을 다하려고 하지만, 이하 편의상 본 연도 신규 사업의 주요한 것을 들면 다음과 같습니다.

① 남원(南原)농업전수학교 신설

② 전주(全州)농업학교 증개축

③ 전주여자고등보통학교 강당 신축

④ 농사시험장 확장

⑤ 뉘 건조 장려

⑥ 특용작물 장려

⑦ 농용림(農用林) 설치

⑧ 견(繭) 검정(檢定)의 실시

⑨ 동진강 상류 개수비(改修費) 보조

⑩ 농민훈련소 신설

⑪ 농촌진흥심사회(農村振興審査會) 시행

⑫ 도공의(道公醫) 신설

그리고 1935년도 예산액은 409만 8,770원으로 전년에 비해 90만 5천여 원이 감소하였고, 그 주로 궁민구제 사업의 축소, 뉘 장기(長期) 저장창고 건축비 보조의 중단, 마약류 중독자 치료소비의 감소 등에 연유하는 것이다. 예산안 기타의 이 안에 대해서는 별도로 내무부장 기타 참여원으로서 설명 혹은 답변하는 것인데 신중하게 심의의 후 협찬할 것을 희망합니다.

16번(姜完善) : 긴급동의를 제출합니다. 작년 본회 희유의 수해를 만나서 외람되게도 천황, 황후 양 폐하께서 친히 시종을 이끌고 본도에 오셔서 수해 이재민을 돕고 다액의 내탕금을 하사할 것을 명한 것은 도민으로써 진실로 감격하지 않을 수 없는 것이었습니다. 또 조선사회사업협회 본부 및 각도 지부에서 이재민 구조의 자원으로 다액의 금품을 보내신 것을 받은 것은 진실로 감사를 느끼지 않을 수 없습니다. 본 도회는 궁내 대신 및 조선사회사업협회 본부 및 각 도지부 앞 대저 감사의 전보를 발하였으면 합니다. 그리고 전문의 기초는 의장에 일임하고자 합니다.

의장(高元勳) : 지금 16번 의원으로부터 동의가 있었는데 그 동의에 찬성하는 쪽은 기립하여 주시길 바랍니다.

(전원 기립) (중략·편자)

내무부장(阿部明治太郎) : 1935년도 예산의 설명을 드립니다.

제3회 통상 도회를 맞이하여 1935년도 세입세출 총예산안의 대요를 설명드리는 것은 나의 가장 큰 영광입니다.

본도 재정의 일반적 상태에 대해서는 일찍이 지사 각하로부터 연시(演示)되어진 대로인데, 경상적 세입은 겨우 자연 증수를 희망하는 외 달리 항구적 자원으로써 새로 인정할 수 있는 것은 없습니다. 그후 수년래의 재계 불황에 의한 영향 아울러 계속적으로 있었던 가뭄, 수해는 본도 재정의 여력을 현저하게 감쇄하였으므로 탄력성을 잃고 있었다 해도 과언이 아닙니다. 그리고 세출에 있어서는 궁민 구제 기타 도사업자금 충당을 위해서 일으켰던 도채는 1935년도 예정의 것을 더하면 실로 438만 4천여 원으로 그 중 국고보조 아울러 지원 부담의 분을 제한 순도비의 부담에 속하는 액은 약 107만 6천 원에 달하고 그 상환기에 들어가면 매년 약 10만 원씩의 지출을 요하는 것으로 기존 계획 사업 수행에 수반한 경비 아울러 인건비의 자연 증가 기타 도민 복리 증진을 위해 긴급하게 하지 않으면 안 되는 사업은 갈수록 증가된 것으로 이번 가을로써 재정 계획에 충분 고려를 지불하지 않음에 있어서는 마침내는 세입출의 균형을 잃고 우려할 재정 상태에 빠지게 될 것을 담보하기 어려운 것입니다. 이에 본년도 예산 편성에 대해서는

① 신규사업은 긴급, 그대로 두기 어려운 것으로써 특수 재원 혹은 기존사업비 기타의 경비 절감에 의해서 그 사업에 유용할 수 있는 것이란 것

② 산업장려 보조로써 기왕 5년 이상 경비 보조한 것으로써 소기의 성적을 거두었던 것은 일단 이를 중단하고, 그 성적 상당으로써 아직 보조 중단의 상태에 도달하지 않은 것은 점차 감소의 방침을 취할 것

③ 일반 청비(廳費) 아울러 여비(旅費)는 3분 내지 1할을 절감할 것

의 3원칙에 따르는 것입니다. 아울러 본도 예산은 최근 여러 해 동안 긴축에 긴축을 거듭하였던 관계상 오늘에 있어서는 거의 정리, 감축의 여지가 없는 것이나, 일반적 감축은 직원의 자제(自制)와 정려(精勵)에 의해 보충할 수 있는 경비에 그치고, 나머지는 그 실정에 따라 긴급하다고 생각되는 것을 취사, 안배하였던 것입니다. 이상의 방침에 의해 편성된 1935년도 예산은 세입경상부 193만 9,395원, 임시부 215만 9,375원 합계 409만 9,790원이고, 전년도 500만 3,996원에 비교하여 90만 5,226원 감소하였는데, 그 주요한 이유는 도세 기타에 있어서 약간의 자연 증가를 예상하였지만 세외 수입에 있어서 마약류 중독자치료소에 있어서 본 연도는 오로지 시료(施療)할 관계상 7만 3,500여 원의 감액을 하였으므로 차액 3만 1,002원을 감소하고 임시부에 있어서 이월금에 있어서 3만 7,151원 국고보조에서 전년의 뉘 장기저장 창고 건축비 보조가 본 연도에 없어졌던 것과 궁민구제 사업 등의 축소에 수반한 도사업비채에 있어서 78만 6천 원의 감소를 초래했던 등의 관계에서 기부금 부담금 납부금 등에 있어서 약간의 증가가 있어 모두 임시부 총체에 있어서는 87만 4,124원이 감소되어 합계 90만 5,226원이 감소되었습니다.

세입에 있어서 특이의 것은 연술의 외 기부금의 증액인데, 남원농업전수학교 설치에 대한 기부금 3만 5천 원, 농사시험장 종축부(種畜部) 신설에 대한 지정기부 1만 원, 농민훈련소 설치에 대한 지정기부 1만 4,300원, 뉘 건조장려비에 대한 지정기부 5천 원 이상 합계로 6만 4,300원의 지정기부금을 받았습니다.

세출에 있어서는 경상부 125만 4,378원, 임시부 284만 4,392원 합계 409만 8,770원이고, 세입 총계와 동액입니다. 세출 감소를 초래로써 주요한 것은 마약류 중독자 침료소비의 4만 7,578원, 궁민구제 토목사업비의 56만 5천 원 사방사업비의 5만 원 및 보조비에 있어서 뉘장기저장창고비 보조액 약 30만 원의 감소 등에 연유하는 것인데 각 과목별로 계수적 증감 이유에 대해서는 별도 인쇄로 배포하였으므로 생략하고 년도의 주요한 사업에 대해서 개략 설명하겠습니다. 우선 토목(土木) 방면에 있어서 1931년도 이래 계속적으로 시행해 왔던 궁민구제 토목사업은 도로 25만 원, 하천 9만 원, 치수사업 5만 원 합계 39만으로써 전년도 95만 5천 원에 비해 56만 5천 원의 감소가 되었는데, 본 사업 중단에로의 계제로서 점차 감소의 방침으로 국고 보조의 할당이 감액되었던 관계입니다. 다음은 동진강(東津江) 상류부의 개수입니다 본 공사는 오로지 동진수리조합에서 공사비 24만 원으로 동진강 낙양리(洛陽里) 상류부 약 3,300미터를 개수함으로써 해마다의 재해를 방지하고 겸하여 막대한 복구비의 지출을 면하고자 하는 것으로 도에서는 총공사비의 3할을 보조하는 것으로 하고 있습니다. 그리고 본 사업비는 동 조합에서 전부 기채에 의한 것으로 도는 보조액 7만 5천 원에 대한 상환비를 보조하는 것으로 하고 별도 예산 외 의무부담의 건에 대해 심의를 원하고 있습니다. 보조비에 있어서 일반 등외 도로의 외 군산부 도로포장공사에 5천 원, 김제읍 도로측구 개량공사에 3,500원을 신규 계상하였습니다.

산업 방면에서 전년까지 궁민구제사업으로써 시행하였던 사방사업은 본 연도부터 궁민구제사업이라 칭하지 않고 일반적 도사업으로써 시행하게 되었고, 국고보조는 마찬가지 8할을 받고 총액 16만 원으로써 시행하게 되었지만 실질은 의연 치산의 목적을 달성하는 외 농산촌의 갱생 촉진상 상당 효과를 거둘 수 있을 것을 확신하고 있습니다. 마찬가지 임업의 방면에서 총독부의 방침에 의해 본 연도부터 농용림을 설치하기 위해 상당 경비를 계상하였던 것인데 그것은 산을 소유한 농가에 대해 1호당 1정보 정도의 임야를 관리시키고 녹비채취 기타 연료 등 보급의 방도를 얻지 못한 외 애림(愛林) 사상의 함양을 기르고자 하는 것으로 그 지도를 위해 산업기수 1명을 배치하게 되었습니다. 그 시설에 대해서는 임야의 차지료에 대해 1정보(町步)당 40전(錢)의 국고보조가 있을 예정인데 본년은 우선 1개 군에 시험적으로 설치하여서 그 성적의 여하에 의해 점차 확장할 방침입니다.

농사방면에 있어서는 농사시험장을 확장하여서 전작(田作) 시험 확충, 구릉지 개착시험을 행함으로써 전작 개량을 하고자 함과 함께 새로 종축부(種畜部)를 설치하여서 우량 종축을 생산함으로써 이업의 향상 발달을 기도하고자 했던 것입니다.

다음으로 최근 미곡시장에 있어서 '히시쿠(菱ク)'26)쌀, 나아가 본도 산미의 건조 불량 용량 부족이라 하는 점에 있어서 불허를 하기에 이르렀던 현상은 진실로 유감으로(중략-편자) 본 연도는 경비 1만 3천 원을 지출하여 '히시쿠'쌀협회 기타 지주 제군과 협력하여 철저하게 뉘건조의 지도 장려를 함으로써 본도 산미의 성가의 만회 향상을 기약하고 있습니다. 또 농가의 영농법을 다각형화하려고 하는 것은 농가 경제의 향상 확립하고자 하는 것이 큰 것임에 비추어서 그 일책으로써 본 연도부터 새로 저마(苧麻)의 장려를 행하고자 하고 도에 산업기수 1명 및 농회에 대해 그 경비 보조로써 5,136원을 계상하였던 것입니다.

다음으로 견의 검정입니다. 그것은 이제 본 연도부터 실시하는 것

---

26) 마름모꼴.

으로 그 경비 3,320원을 계상하였는데, 본도 양잠의 품질 향상을 도모하고 양잠가로서 정량 취인에 대해 자신을 부여함으로써 이 업의 진작, 향상을 기도하고 있습니다. 또 본 연도부터 산업 기사 1명을 배치하고 잠업의 지도 장려의 만전을 기도하고자 하였습니다.

다음은 교육 방면에 대해서 말씀드립니다. 다년 각위에서 간절하게 바래왔던 남원농업전수학교(南原農業專修學校) 설립의 건은 경비, 기타의 상황에 의해 실현의 기운에 이르지 않으면 안 되게 되었는데, 연구의 결과 그 유지 경영에 대해서도 대략 성안을 얻었던 것으로 그것을 남원에 설립하는 것으로 하고 본 연도는 주요한 건축비 4만 1,592원, 설비비 1,800원을 계상하고 교명(校名)은 남원농업전수학교로 하여 대체 3학년제로 하고 실습을 본위로 하여 오로지 농민 정신을 훈련하고 합리적 영농법을 체득시켜 바로 농촌개발의 지도자가 될 인물의 양성을 주안으로 하는 기관으로 하려고 생각하여 그 구체안에 대해서는 다시 한층 신중한 연구를 계속하고 있습니다. 또 본건에 대해서는 남원 유지로부터 현금 3만 5천 원 토지 약 8만 4천 평의 기부 신청을 받았습니다. 전주농업학교는 작년 학년을 3년제에서 5년제로 연장하였는데 본 연도로써 완성하는 것입니다. 그것을 위해 교유(敎諭)를 1명 증원하고 또 교사 증축 등 대저 경비를 계상하고 있습니다.

보통교육 방면에 있어서는 1929년도 이후 실행하여 참가했던 1면(面) 1교(校) 계획은 순조롭게 진행되고 있어서 1934년도의 현재에 있어서 진안, 금산, 무주, 장수, 남원, 부안, 익산의 6군(郡)은 이미 1면 1교를 완성하고 1935년도에 있어서 9교 신설의 예정으로써 그 보조를 계상하였으므로 예정 계획에 의하면, 1936년도에 2교, 1937년도에 2교의(면폐합에 의해 3교 감소) 신설로써 본 계획을 전부 완성할

것입니다. 다음으로 전년도래 학령 아동의 취학 기회 균등을 목적
으로 하여 설립하였던 간이학교(簡易學校)는 그 성적 양호한 것으
로 본 연도는 다시 14교를 증설하는 것으로 하고 대저 보조를 계상
하고 있습니다.

또 보통학교비 부담 경감 및 수업료 감액비 보조는 전년은 세무기
관 특설 연도의 중반이 되었던 관계상 반년분을 계상하였는데, 본
연도는 그 1년분을 계상하고 있습니다. 그에 의해서 부제 2부 경제
및 학교비에 있어서 1호 평균 20전의 부담 체감을 하고, 보통학교
아동 4학년생 이하의 아동 수업료도 1인에 대해 20전의 감액을 할
수 있을 것 같습니다.

또 학교 신영(新營)으로써 계상했던 것은 전술 전주농업학교의 외
전주공립여자고등보통학교 강당 신축비 1만 2천 원, 군산중학교 총
기고 신축비 1,800원 등입니다.

사회사업 방면에 있어서는 전년도부터 중견 청년의 양성을 목적으
로 개설했던 지방개량훈련소에 있어서 제1회 훈련생으로서 40여 명
을 10개월간 훈련하였는데 그 성적 양호하여 모두 귀향 이후는 그
부락의 중견 인물로서 활약하고 농촌의 진흥에 기여하여 장래 본도
농촌 중견 농민인 자를 양성하는 것으로 하여 총경비 1만 8,500원을
계상하였습니다.

또 농촌진흥부락으로써 특별지도를 하여왔던 부락은 현재 395부락
인데 모두 상당의 성적을 거두고 있습니다. 또 이번 새로운 방침으
로써 향후 10개년을 기해서 전면적으로 갱생부락을 확충할 계획을
수립하고 있는데 그것을 위해서 본 연도는 국비 직원을 약간 증원
할 예정으로 도비에서도 고원 7명을 증원하고 더욱이 1936년에 지
정할 갱생부락의 중심인물로 할 자의 양성강습회를 각 군에서 개최

하는 것으로 하고 그 경비 3,213원, 현황 조사용지 기타 인쇄물 대금으로써 3,320원을 계상하는 등 중심인물 양성과 상의하여 본 계획의 수행상 만전을 기하고 있습니다.

기타 농촌진흥의 성적을 올리는데 필요한 심사 표창비 4,200원 마찬가지 군시행에 대한 보조 2,800원, 군산직업소개소 신설비 보조 2천원, 향약조성을 위해 1천 원의 농촌탁아소 보조로써 5백 원 등을 계상하였습니다.

또 이외 도공의(道公醫)의 도청에 신설, 무선전화(無線電話) 개설조성, 보조국세조사비, 도세 개정에 수반한 준비·조사비, 징세직원의 증원, 부군(府郡) 사무비 배당 등 대저 필요액을 계상하였습니다. (중략·편자)

의장(高元勳) : 본일의 일정을 보고드립니다.

제1호 의안 및 제2호 의안을 제안합니다. 의사의 진행에 대해서는 전례에 의해 1독회, 2독회를 병행하도록 하겠습니다. 참여원이 설명드리겠습니다.

번외(岡田 농무과장) : 제1호 의안 1934년도 전라북도 세입출 추가예산(중략) 작년 수해의 때에 경지 재해가 격심하여 전주, 남원, 순창(淳昌), 정읍(井邑), 익산(益山), 금산(錦山)의 6개군의 경지(耕地) 유실(流失) 또는 매설지로써 한 지방 3정보 이상의 집단지의 복구에 대해 그것을 조성하고자 하는 것으로써 그 복구 계획 면적은 답(畓) 477정(町) 5반(畔) 2무(畝), 전(田) 51정 8반 8무 및 복구예상액 16만 2,330원에 대해 그 1/4 이내를 국고에서 보조하는 것으로 그것을 추가예산으로써 계상하였고, 종래 자작농지 설정자금은 조선간이생명보험 적립금에서 매년 13만 2천 원을 연리 6푼으로 차입하고 있는 것 저번 본 자금의 이자 인하에 의해서 연리 4푼 5리가 되었으므로 종래 국고에서 이자에 대한 1/3의 보조가 있었는데 이자 인하에 수반하여 소액을 충분하게 되었으므로 그 이자의 차액 감소로써 자금을 증액 차입하여 설정 호수 50호를 증가시켰으므로 그 소요액을 추가예산으로 3만 3천 원을 계상했던 것입니다.

번외(橋瓜 지방과장) : 제2호 의안 1934년도 자작농지 설정조성자금 기채의 건을 설명드립니다. 본안의 목적은 제1호 의안에서 번외로부터 설명이 있었던 대로 이율 기타에 대해서 의안에 기재되어져 있습니다. (중략-편자)

4번(金英武) : 1호당 평균 660원씩 토지를 구입하는 것으로 하고 있는데 1932년도, 1933년도의 실적은 어떠했습니까?

번외(岡田 농무과장) : 1932, 1933년도 모두 660원입니다.

4번(金英武) : 요즈음 경제계의 호황으로 토지의 시가가 등귀하고 있는 관계상 1932, 1933년도와 같이 1호당 660원으로는 도저 소정의 토지를 매수하는 것은 곤란하다고 생각되므로, 1호당 평균을 조금 높여 견적하지 않으면 본 사업 수행상 지장을 초래할 우려가 있다고 생각하는데 당국의 의견은 어떻습니까?

번외(岡田 농무과장) : 말씀하신 대로 본 사업 수행상 상당 곤란을 초래하고 있는데 그것은 본부의 방침입니다. 고로 현재 지방적으로 원조를 받아 가능한 싼 가격에 매수하고 또 전과 답의 매수 할합(割合)을 고려하여 적당하게 감안하여 매수하고 있습니다. 또 조선은 내지와 달리 자작농지의 설정이 있음을 부언해둡니다. (중략-편자)

13번(朴智根) : 경지 재해 복구의 장소와 보조율은 어떻습니까?

번외(岡田 농무과장) : 전에 의안에 설명해둔 대로 수해가 가장 심했던 전주, 남원, 순창, 정읍, 익산 금산의 6개 군으로 복구비에 대해 국고에서 그 1/4 이내로 보조하고 있습니다.

13번(朴智根) : 익산군 관내의 복구 면적은 몇 반보(反步)로 되어 있습니까?

번외(岡田 농무과장) : 익산군 관내의 복구 면적은 45정 45반 7무입니다. (중략-편자)

12번(佐竹龜) : 저는 본 문제에 관해 다음의 2가지 점에 대해 질문하고자 합니다. 즉 첫째로는 자작농지 설정은 도 이외의 기관에서 실시하고 있다라 하는데 그 상황은 어떠하며, 또 익산군 황등(黃登)의 임익(臨益) 수리조합의 저수지터를 이용하여 자작농지 설정을 하려고 하는 것 같은 생각은 없습니까?

번외(岡田 농무과장) : 첫 번째 질문에 대해서는 지금 조사하여 답변드리겠습니다. 제2의 질문에 대해서는 조합 당사자 및 도에서 성안을 급하게 하여서 아직 그 발표할 단계에 이르지 않았음을 심히 유감으로 생각합니다.

7번(辻護一郎) : 자작농지의 창정(創定)이라 하는 것과 자작 농지의 설정(設定)이라 하는 것이 상당히 애매한 감이 있는데 명쾌한 해답을 바랍니다. 또 작년 가을 농지령(農地令)이 발포되었던 관계상 토지의 구입에 곤란함을 수반한 것이라 생각합니다. 즉 알선 토지에 대한 소작권의 관계, 기타 종종 지난한 문제가 수없이 많은데 이 점에 관해 당국은 어떻게 처리하고 있습니까?

번외(岡田 농무과장) : 자작농의 창정이란 순수한 자작 농가를 만드는 것으로 일본에서 실시하고 있는 방법입니다. 그리고 자작농의 설정이란 그 농가의 경작지의 일부 혹은 그 대부분을 자기 소유의 토지로 한다라 하는 뜻으로 필경 자작농지 설정 농가는 그 경작지의 일부 혹은 대부분이 소작지일 수 있는 것입니다. 또 뒤의 질문에 관해서는 도로써도 가능한 지방 지주의 성의 있는 원조에 의하고자 합니다.

번외(阿部 내무부장) : 앞서 12번 의원의 질문에 답하겠습니다. 금융 조합에서는 현재 1,044호의 농가에 대해 자작농지의 설정을 하고 있 습니다. 이 금액 31만 4,226원입니다. 일찍이 이 자금으로써 할당되 어 있었던 35만 원 및 이번 새로 할당된 16만 5천 원의 중에서 지금 말했던 31만 4,226원을 가져와도 아직 21만 874원의 자금입니다. 고 로 이후 또 상당의 자작농지를 설정할 수 있는 것입니다. 그리고 이 1,044호의 자가 구입했던 토지는 157만 평으로 되어 있습니다.

3번(文袁泰) : 자작농지 설정 농가를 어떻게 지도해야 할 것인가 하는 것은 가장 중대한 문제이므로 이의 점에서 충분의 고려를 하기를 바랍니다. 또 종래의 예를 보면 평 40전 정도의 토지를 자작농지로 써 매수할 때 60전 정도로도 매각하지 않는 것 같은 유쾌하지 않은 현상이 있다라고 들었습니다. 고로 이러한 것이 없도록 토지매수령 (土地買收令)을 제정하는 것이 좋다고 생각합니다.

20번(鄭準模) : 경제계의 호전에 의해 토지의 가격이 등귀하고 농지령 발포에 수반하여 소작권의 관계, 기타의 사정에 의해 토지의 구입 알선이 비상하게 곤란을 초래하고 또 가령 구입하였어도 토지의 면 적 적어서 농가의 수지에 균형을 지킬 수 없는 것 같은 실정인 것으 로 이 점 고려하여 농민이 자력으로 유리할 수 있도록 토지 즉 황무 지 또는 밭 등을 매수, 알선하였으면 합니다.

의장(高元勳) : 외에 의견은 없습니까? 특별히 의견이 없다면 제3독회 에 들어가겠습니다. 자구의 수정 등이 없다면 채결하겠습니다.

('찬성'이라 하는 자 다수 있음)

의장(高元勳) : 제1호 의안 및 제2의안에 찬성하는 쪽은 거수를 바랍 니다.

(전원 거수)

의장(高元勳) : 제12호 의안 및 제2호 의안에 찬성하는 쪽은 거수하여
　주십시오.

(전원 거수)

의장(高元勳) : 제1호 및 제2호 의안은 만장일치 가결 확정되었습니다.
　관례에 의해 내일은 의안 심리를 위해 휴회하고, 내일 모레부터 독
　회하고자 합니다. 의견은 없습니까?

(전원 '찬성'이라 함)

의장(高元勳) : 전원 찬성이므로 내일(제2일)은 휴회하는 것으로 하겠
　습니다. 다음으로 제3일의 의사일정을 보고드립니다. 23일은 제3호
　의안 1935년도 세입세출의 중 세출 회의비, 선거비, 사무비 및 궁민
　구제사(窮民救濟事)를 포함하여 토목비의 경상부 임시부의 1, 2독회
　입니다.

의장(高元勳) : 본일은 이로써 폐회합니다.

(오후 1시 20분)

4) 제3회 전라북도회 회의록(제3일)

항 목	내 용
문 서 제 목	第三回 全羅北道會 會議錄(第3日)
회 의 일	19350304
의 장	高元勳(도지사)
출 석 의 원	久永麟一(1번), 姜東曦(2번), 文袁泰(3번), 金英武(4번), 嚴仁涉(6번), 辻護一郎(7번), 申基準(8번), 朴明奎(9번), 林鳳周(10번), 寺井政次郎(11번), 佐竹龜(12번), 朴智根(13번), 徐慶吉(15번), 姜完善(16번), 趙在敦(17번), 牛尾正一(18번), 靑田竹治(19번), 鄭準模(20번), 全承洙(21번), 朴賛勉(22번), 李大奎(23번), 片桐和三(25번), 柳鎭赫(27번), 川野長久(28번), 板井信藏(29번)
결 석 의 원	洪鍾轍(5번), 樋口虎三(14번), 金相訓(24번), 山本悅藏(26번), 檜垣孫三郎(30번)
참 여 직 원	李鍾殷(참여관), 阿部明治太郎(내무부장), 井坂圭一郎(경무부장), 古川賢(관방주사), 橋瓜恭一(지방과장), 山田直記(학무과장), 金悳基(산업과장), 岡田義宏(농무과장), 西岡貞喜(토목과장), 武居軍次郎(치수사업소장), 橋本一男(회계과장), 淸水精一(위생과장), 石川宗四郎(보안과장), 齋藤宗一(도기사), 乾重二(도기사), 富山政雄(소작관), 伊藤忠次(산업기사), 平野徹(산업기사), 安倍幾藏(산업기사), 八卷芳夫(토목기사), 佐藤芳彌(사회주사)
회 의 서 기	坂口(도속)
회 의 서 명 자 (검 수 자)	
의 안	제3호의안 1935년도 세입출예산 중 세출 회의비, 선거비, 사무비 및 궁민구제사를 포함한 토목비의 경상부, 임시부의 1, 2독회
문 서 번 호 (ID)	28
철 명	1345
건 명	1372
면 수	CJA0003123
회의록시작페이지	도행정에관한철
회의록끝페이지	제3회도회회의록송부의건(전라북도)

| 설 명 문 | 국가기록원 소장 '도행정에관한철'의 '제3회도회회의록송부의건 (전라북도)'건에 수록된 1935년 3월 4일 개회 제3회전라북도회 회의록(제3일) |

해 제

본 회의록(총 28면)은 국가기록원 소장 '도행정에관한철'의 '제3회도 회회의록송부의건(전라북도)'건에 수록된 1935년 3월 4일 개회 전라북 도회의 '제3일'의 회의록이다. 회의 일차로 보면 2일 회의 후 두 번째 로 2일차에 해당하는데 회의를 처음 시작한 날부터 회의 일수를 정하 고 있다. 따라서 3일에 해당하는 '제2일' 회의록은 존재하지 않고, 제1 일의 회의록에 따르면 이날은 의안 심리를 위해 휴회한 것으로 확인 된다.

이날은 1935년 전라북도의 세입출 예산과 관련 세출회의비, 선거비, 사무비 및 궁민구제사를 포함한 토목비의 경상부, 임시부의 1, 2독회 가 이루어졌고, 특히 궁민구제사업과 관련하여 구체적인 논의가 이루 어졌다. 1930년대 지방의회 회의록에서 이 궁민구제사업관 관련된 내 용이 많이 확인되는데 궁민구제사업은 1930년대 전반기 총독부의 노 동정책을 가장 잘 보여주는 것으로 일제가 궁민구제를 명분으로 유효 수요를 창출하여 대공황기의 사회적, 경제적 위기를 타개하려고 하였 던 것이었다.[27] 이 회의에서는 값싼 노동력으로 도시 인프라를 구축 하려고 하였던 총독부의 궁민구제사업이 어떻게 일반 민들에게 고통 이 되고 문제가 되는지 거론되고 있다. 총독부측에서는 궁민구제사업

---

27) 이상의, 「1930년대 일제의 노동정책과 노동력 수탈」, 『한국사연구』 94, 1996, 166쪽.

이라고 하였지만, 실제로는 노동력 동원으로 이로 인해 실제는 민이 고통을 받게 되고 관계 당국에서도 이에 대해 고민하고 있는 상황이 확인된다.

이날 회의에서 의원들이 토목사업과 관련하여 가장 문제 삼았던 것은 부역제도였다. 부역제도가 형평성이 어긋날 뿐만 아니라, 이에 해당하는 도민들의 생활이 도탄에 빠져 있으므로 이를 완전히 철폐하여야 한다는 것이었다. 도당국에서도 부역제도의 문제점을 인지하고 있었지만, 부족한 사업비를 부역을 동원하여 작업 충당할 수밖에 없었던 것인데 의원들은 이 문제를 본격적으로 지적하고 나섰다.

부역문제는 단순히 이 시기에 국한된 문제는 아니었다. 부역 동원이 문제가 된 부분은 특히 도로사업 부분이라고 할 수 있다. 1910년대부터 부역문제가 시작되었는데 이는 1911년 발포된 도로규칙(道路規則)과 관련이 있었다. 일제는 군수물자의 수송과 관련하여 병탄 이전부터도 도로망 구축에 힘을 쏟았고, 병탄 이후 바로 도로규칙을 공식 발포하여 이 사업에 인민을 동원하였다. 그러나 1910년대 무제한적으로 행해지던 부역은 1919년 3·1운동을 계기로 1·2등 도로의 축조에 대하여는 부역을 폐지하였다. 그러나 1·2등 도로의 유지, 수선, 3등 ·등외도로의 수축, 유지 및 수선에는 여전히 부역을 부과할 수 있었다. 그러나 이 정도의 부역으로는 일제의 도로망 구축 사업에 차질을 빚을 수밖에 없었다.[28]

본 회의에서는 1930년대 중반 부역 동원 문제의 구체적 내용을 확인할 수 있으며, 특히 앞서 말한 것과 같이 도당국에서도 이 부역 문

---

[28] 이를 극복하기 위한 방법으로 '도로품평회' 제도를 도입하여 부역을 동원하였다고 한다. 고바야시 타쿠야(小林拓矢), 일제하 도로사업과 노동력 동원, 『한국사론』 56, 2010, 282~310쪽.

제가 형평성에 문제가 있다고 인정하고 있었던 사실 등은 주목할 만
하다.

내 용

(상략-편자)

의장(高元勳) : 지금부터 개회합니다.

　본일의 일정은 그제 보고한 대로 제3호 의안 1935년도 세입출 예산
의 중 세출 회의비, 선거비, 사무비 및 토목비(궁민구제사업을 포
함)의 경상부, 임시부의 1, 2독회입니다. (중략-편자)

6번(嚴仁涉) : 본회에 들어가기 전에 예산안의 배부에 대해 한 말씀 드
리고자 합니다. 작년의 도회에서 27번 의원으로부터 회의의 1주일
전에 배부해주었으면 하는 희망이 있었고, 또 26번 의원으로부터
예산의 이유를 지금 조금 상세하게 기재하여 예산에 대해 충분하게
연구할 여유를 주었으면 하는 희망이 있었던 것으로 생각하는데,
이번도 또한 회의의 3일 전에 이유서도 첨부하지 않고 예산안만 배
부하였던 것은 의원의 희망 의견을 너무 등한시 하는 것 같은 일이
라 생각합니다. 고로 이후는 빨리 예산안을 이유서와 함께 배부하
여 주어서 충분 연구할 틈을 줄 것을 간절히 희망합니다. 또 한 가
지 속기에 대해서도 말하고자 합니다. 작년의 회의록을 보면 본 의
원이 말했던 것에 대해 틀리게 쓰거나 빠트린 것이 대부분이었던
것으로 이번은 제가 말한 대로 기록하여 주시길 바랍니다. 다음으로
작년은 도로 수선을 위해 농민이 퇴비를 채취하지 않으면 안 되었
습니다. 때로 20일 혹은 1월 이상이나 부역을 나가서 매우 곤란해
하고 있는 것인데 1935년도에는 세출 토목비 경상부 중 도로교량수

선비의 중 1, 2, 3등 도로수선비 3만 1,930원 및 임시부의 재해복구비 2만 6,000원 또 보조비 중 도로교량비보조 4만 7,500원 계산 10만 5,430원을 계상하였으므로 그 예산으로 수선할 수 있을 것인지, 만약 예산의 부족을 초래하는 경우는 증액을 하여서라도 부역은 출동시키지 않았으면 하는데 부역에 대해서는 민간에서 여러 불평이 있습니다. 어제 우리 의원들의 간담회의 석상에서도 들었는데 부역을 나가는 것이 지방들에 따라서 각각 차이가 있는 것 같습니다. 의원의 말에 따르면 특종 계급의 사람들에게는 부역을 시키지 않는 것 같은데 이 부역으로 빈민 계급은 날로 곤궁에 빠져 가련한 상태를 드리우고 있습니다. 고로 본원은 부역의 철폐를 절규함과 동시에 도당국의 이에 대한 의견을 듣고자 합니다. 다음으로 도로수선비를 자동차영업자에게 부담시키고자 합니다. 조선의 도로유지수선은 완전 인민의 부역에 의하고 있어서 저들에 대해서는 실로 존귀한 희생이라 하지 않을 수 없는데 이 파손되어진 것은 자동차가 가장 심하게 하고 있으므로 차륜세(車輪稅)의 증수, 기타 방법에 의해서 도로유지비를 부담시키는 것이 가장 필요하다고 생각합니다. 다음으로 도로의 시설에 관한 것인데 임실군(任實郡)은 관민 모두 도로에 대해서는 관심이 많이 앞서 개최되었던 도로경진회(道路競進會)에서도 단연 우등의 영예를 획득했던 것인데 아직 관내에는 차마의 통행조차 가능하지 않은 지역이 3개 면(面)이나 있는 것입니다. 관촌운암선(館村雲岩線)에 대해서는 작년부터 바라고 있는데 지방 발전상 지역 원주민도 가장 열심히 요망하고 있으므로 모쪼록 속히 실시되어질 것을 희망하는 것입니다. 또 임실, 진안(鎭安)선 및 오수(獒樹), 순창선에 대해서는 이미 당국에서도 충분 그 필요를 인정하나 등한시하고 있는 것이라 하는 것은 알고 있지만 속히 실시할 것을 희망하는 것입니다. 다음으로 전주, 순창선의 운암도선장의 가교에 대해서 바라고자 하는 것이 있습니다. 이곳에 다리를 가설하면 전주, 순창 간의 교통에 아주 큰 편익을 부여할 것이라 생각합니다. 본건도 지역 원 주민이 열심히 요망하고 있으므로 지급 실시되어질 것은 요망합니다. 다음으로 임시부의 제3차 궁민구제사업비의 중 도로개수비의 공사비 22만 7,500원 계상되어 있는데 이 공사할 개소 및 그 방법에 대해 상세한 설명을 바랍니다.

번외(阿部 내무과장) : 지금의 질문에 대해 답변드리겠습니다. 예산안의 배부는 매년 그 요망이 있었으므로 가능한 한 작제를 서둘러 주야 수행하고 있는데 예산이 완성되어도 수정을 필요로 하는 것이 있거나 또는 국고 보조의 내시가 늦어지고, 기타 지방 문제로 완성된 안이 인쇄에 부쳐지는 것이 가능하지 않았던 것으로 올해는 희망에 부응하도록 노력했지만 이상의 사유로 결국 기대에 부응하는 것이 가능하지 않았던 것입니다. 이후는 충분 힘쓸 예정이므로 여러분의 양해를 바랍니다. 또 속기자에게도 충분 주의를 시키겠습니다. 또 예산의 이유서에 대해서 가능한 한 희망에 부응하도록 하고자 생각합니다. 기타 도로 및 부역문제에 대해서는 다른 참여원이 답변하겠습니다.

번외(西岡 토목과장) : 부역문제에 대해 답을 합니다. 기설 도로의 부역에 대한 각 관계 부락민의 고통의 정도는 충분 살피고 있습니다. 따라서 부역의 출동 독려에 대해서도 각 지방에 있어서 번한(繁閑)을 충분히 고려하여 지방의 임무에 지장이 없게 하려고 하고 있습니다. 그런데 때와 상황에 따라 농사와 경합하는 경우가 없지 않으므로 현재의 경우 부역의 제도가 있는 이상은 유감이지만 다소의 폐해는 어쩔 수 없는 것은 양해를 바랍니다. 도(道)로써는 종래에도 어떻게 해서라도 양자의 불편을 피하고자 생각하고 있는데, 아시는 대로 교통기관의 충실에 수반하여 파손의 정도가 현저하여 어쩔 수 없이 출역의 수도 많아지고 있는 것입니다. 기왕의 예를 말하자면 1930, 31, 32, 33의 4개년의 평균 부역수는 본도 16만 5천 호에 대해 56만인으로 1호 평균 3.5인 정도의 비율이 좋은 것인데, 작년은 도로경진회 개최의 관계상 221만여 인을 출역하여 1호 평균 13인 9푼 (分)으로 되어 있습니다. 이는 상당히 큰 숫자인데 아시는 대로 어떠한 방법에 의하지 않으면 교통의 원활을 기약할 수 없으므로 눈물을 머금고 출역을 명하고 있는데 도로경진회와 같은 것은 매년 있는 것이 아니고 전회 도로 경진회를 하여서 이미 6, 7년을 경과하여 다시 이러한 다수의 부역을 사용할 일은 없을 것이라 생각합니다. 그러면서 그 결과 도로의 노면은 비상하게 좋아져서 당분은 종래와 같이 1호당 3인 정도의 부역이면 될 것이라 생각하고 있습니다. 다음으로 장래 부역을 폐하고 도로수선비, 재해복구비 등으로 변통하려고 한다는 설이 있는데 이들의 비목들은 다 그 용도가 있으므로 지출, 불가능이라 생각합니다. 우리도 부역을 전폐하고 금납제도로 하는 것에 대해서도 생각하지 않는 것은 아닌데 바로 그 목적을 달성하는 것은 용이하지 않습니다. 본부에서도 연구 중에 있습니다. 다만 당분간은 현재 이 도로규칙이 개정되어지지 않는 이상 수선부역 출동은 관계 부락의 의무인 이상 어쩔 수 없다라 생각합니다. 이 점은 각 군면 경찰 방면에 대해 평소 주의하고 있어서 걱정할 것은 없다라 생각합니다. 도로의 수선비를 자동사업자에 부담시키려 하는 것인데 도로 손상 상에서 보면 중요한 일이라 생각하는데 단지 자동차 영업자만이 도로를 사용하는 것이 아니라 그것을 전부 부담시키는 것은 여하한가라 생각되어져 상당 고려를 필요로 하는 것이라 생각합니다. 다음으로 운암의 가교는 아시는 대로 현장이 호수와 같이 넓은 곳으로써 교통량도 비교적 적지 않아 가까운 장래에는 실현 용이하지 않은가라 생각합니다. 궁민구제사업에 의한 교량·가교 개소에 대해서는 설명서를 작제하여 배부할 예정인데 내용의 개요를 말씀드리자면 우선 도로 개소로서는 영동, 전주선이 있고 그것은 1931년도부터 공사에 착수하여 1935년도로써 완성합니다. 교량 개량으로서는 그제 지사 각하의 연설에서 말씀하신대로 기성 도로의 중에 세월(洗越), 지반고르기 등으로 평소는 그러한 것이 없어 출사의 때마다 교통이 차단되어 운수, 교통상 불편을 견딜 수 없는 개소 중 각 군청 또는 도내 주요지 연락상 필요한 곳의 교량을 가설하고자 하는 것이고, 또 도로 개량으로서 금산, 대전(大田)선 2선의 노면 확장 및 개량을 하고자 하고 그 경비를 계상하고자 합니다. 그러므로 하천의 쪽은 고비천의 개수공사를 작년 제2차 궁민구제사업에 계속하여 시행하려고 하고 있습니다. 이외 두포천(斗浦川), 무주천(茂朱川), 정읍천(井邑川), 장수천(長水川), 순창천(淳昌川), 전주천(全州川) 등 모두 계속하여 시행하고 본년도로써 완성할 예정입니다. 이상으로 답변드립니다.

10번(林鳳周) : 토목비에 대해 한 말씀드립니다. 작년부터 리간(里間) 도로의 개수에 대해 소리를 높여 말했는데 도로경진회의 결과, 도내 1, 2, 3등 도로만은 불평 없이 개선되어져서 당분간 이들에 대해서는 그다지 노력하지 않아도 될 것이라 생각되므로 작년 문제가 되었던 리간 도로에 이후 전력 주의를 기울이고자 합니다. 올해의 예산에는 리간 도로는 보이지 않는데 이는 안타까움으로 견딜 수 없는 것입니다. 작년 농민의 희생으로 훌륭하게 1, 2, 3등 도로는 농민에게 직접 이익을 부여하였는데 리간 도로는 뉘 1석, 장작 1동을 보내는 데에도 필요하므로 1935년도 예산에서는 어떠한 일이 있어도 리간 도로의 완성에 힘쓰고자 합니다. 다음은 지방적 문제로 2, 3가지를 이야기하고자 합니다. 순창의 경천(鏡川) 개수공사에 대해서는 유난히 이야기가 되는데 일부 공사는 안심이 되지 않는다고 말하기 충분하다고 하므로 1935년도에는 전반적으로 공사를 하려고 합니다. 순창읍내의 앞에 있는 경천은 1935년도의 예산으로써 시행되어질 것이라 생각하는데 전반적으로 실시를 원합니다. 다음은 남원, 순창간은 적성교 가교로 비상하게 편리하게 되었는데, 남원의 섬진강교 때문에 갑자기 적성교가 교통 불능이 되었으므로 1935년도의 예산에서 가교 실시방편을 원합니다. 다음은 6번 의원이 말했던 대로, 순창, 오수선의 도로는 순창의 인계면(仁溪面), 남원의 대산면(大山面)의 일부를 통하여 가능하지 않았는데 면폐합의 결과 대산면의 일부가 순창으로 합해지게 되었으므로 1934년, 1935년에 완성하게 되었지만, 그러나 교량공작물의 설비가 없다면 효과를 거두기 어려운 것이므로 공작물, 기타에 대해 1935년도에 보조를 하였으면 합니다. 다음으로 순창교차선은 1930년도에 실측을 마쳤던 것으로 이후 누차 도에 바라였던 것이 아직 실현에 이르지 않았던 것입니다. 이 노선은 아시는 대로 한편은 정읍군의 산내면(山內面)에로, 한편은 신태인(新泰仁)에로 통하는 중요선이므로 1935년도에는 모쪼록 모두 실현하도록 희망합니다. 다음으로 순창과 전남의 옥과(玉果) 간은 그 교통량으로 보아도 순창, 담양(潭陽), 순창, 남원에 장차 필요한 선으로 이 점은 도당국에서도 충분 아실 것이라 생각하므로 1935년도에는 실현하여 주시길 바랍니다.

번외(西岡 토목과장) : 리간 도로의 개수는 예산면에서 문자로는 나타나고 있지 않은데 임시부의 도로교량비 보조의 중에 포함되어져 있

습니다. 충분한 금액이 계상될 수 없는 것은 유감이지만 가장 유효
적절하게 경리할 것이라 생각하고 있습니다. 그리고 주로 등외 도
로 중 극히 단거리의 것을 가능한 공사비를 필요로 하지 않은 것으
로 행할 것이라 생각하고 있습니다. 당분은 다액의 보조를 계상하
는 것이 곤란한 상태이므로 돈을 들이지 않고 실시하고자 생각합니
다. 다음으로 요천(蓼川)29)의 문제인데, 이는 희망에 부응하도록 하
고자 생각하고 있습니다. 경천(鏡川)도 남원, 순창선의 섬진강 가교
및 순창, 임실선, 순창, 옥과선은 유감이지만 1935년도에는 실현이
불가능합니다.

2번(姜東曦) : 저는 김제읍(金堤邑)의 상수도 문제에 대해 한 말씀드리
고자 합니다. 이 문제는 매년 같이 이야기되어서 통례와 같이 되고
있는데 본도 도세 발전상 중대 문제이므로 거듭 이야기합니다. 다
음으로 동진강(東津江) 지류의 문제는 지금 다시 말하지 않아도 충
분 알고 있을 것이라 생각되는데 강우의 경우는 2백 정보의 답은 한
편 바다가 되고 가옥의 무너짐, 인축(人畜) 아울러 농작물의 피해의
참담한 상황은 말하기 어려운 형상입니다. 최근 1931, 32, 33, 34년과
같이 매년의 재해에 봉착한 관계민의 진정에 의해 작년 건의되어져
서 만장일치로써 가결되어졌는데 도 당국에서도 비상하게 동정하
여 근래 실현되어지는 것이라 생각합니다. 개수의 촉진에 대한 당
국의 계획을 묻고자 합니다. 또 이 문제와 관련하여 5회나 건의된
동진강의 가교문제는 이 또 지역 원주민의 요망하고 있었던 것인데
그 실현에 이르지 않았던 것은 어떠한 이유에 의했던 것인가, 아울
러 면당국의 계획을 알고자 합니다. 또 김제읍 상수도공사는 계속

---

29) 전북 남원시를 흐르는 하천. 길이 60.030km, 유역면적 485.70㎢.

된 문제로 주민의 사망률의 통계로 보아도 비위생지라 하여 주민의 태반은 김제는 영주할 만한 곳이 아니라고 불평을 말하고 있습니다. 나아가 음료수와 같은 것은 초미의 급한 것이라 이야기됩니다. 종래는 본부의 보조 관계에서 실현 불가능한 것이라 생각하는데 본 연도에는 모쪼록 모두 계상됐으면 합니다. 만약 이제 계상 불가능한 경우는 그 이유 및 계획 등에 대해 상세하게 알고자 합니다. 이 3개의 문제는 가증 중요한 것이므로 신중하게 고려하여 주시길 바랍니다. 또 앞서 도로의 유지 관리를 도의 비용만으로는 불가능하였던 것으로 부역의 제도는 조선의 옛날부터의 습관으로 바람직하게 하자면 도로규칙(道路規則)이라 하는데, 지금보면 좋은 제도가 아니라 악제(惡制) 또는 전제(專制)라고도 합니다. 이 제도는 옛날처럼 주민의 생활 정도가 동일했던 때는 좋은 제도일지 모르지만 금일과 같은 빈부의 격차가 격심한데 평등하게 출역시키는 것은 공평하지 않은 것으로 폐지하지 않으면 안된다고 생각합니다. 특히 군마다 실시의 상태가 각각으로 부안군과 같은 것은 호별세에 의해, 김제군과은 토지의 구별을 표준으로 하여 어느 군은 부역의 환산(換算) 대금으로 하고, 또 어느 군은 옛날의 대로 부역을 부과하는 것 같은 실상으로 이러한 부역제도는 빨리 개정의 필요가 있다라 생각합니다. 앞서 번외의 이야기대로 경진회의 출역 인부를 금액으로 견적하여 환산하면 2백만 원에 되는 것 같다고 말하고 있는데 부역의 능률을 올릴 수 없는 것은 옛날부터의 대로 폐단으로써 현금이라면 그 1,370만 원으로 충분하다고 생각합니다. 부역이므로 아침 늦게 나가서, 저녁에 빨리 돌아오는 것으로 날로 능률이 저하하는 것이므로 한층 부역은 리간 도로의 수선 만으로 그치고, 다른 것은 적당한 법령으로 도로세법이라든가 신세(新稅)를 부과하여 면비에 경비를 편입시켜 징수하는 것이 좋다고 생각합니다. 이 문제는 충분 연구되어 속히 공명정대한 부담을 하게 하여 불공평한 제도를 교정하였으면 합니다. 이상 말씀드린 것에 답변을 부탁드립니다.

번외(西岡 토목과장) : 동진강의 개수공사에 대해서는 도에서도 비상하게 관심을 갖고 결코 등한하게 하고 있지 않은데 1935년도 서면은 물론 도지사 및 내무부장에 있어서도 직접 본부 요로(要路)와 절충하려고 하고 있는데 적어도 5백 4, 50만 원을 필요로 하여서 실현에 이르지 못하고 있습니다. 이 점 우리로서도 유감으로 견딜 수 없는 바입니다. 그렇지만 이후 모두 그 촉진에 대해서는 충분 노력할 작정입니다. 또 동진강 상류 개수문제도 마찬가지 도회에 건의하고자 합니다. 도에서도 이 실현에 대해서는 노력하고자 하는데, 전년의 재해복구비에 할당하였던 돈이 적지 않았으므로 이를 충당하는 것도 가능하지 않아 어쩔 수 없는 경우에 하였던 것으로 장래 경비의 사정이 좋아지면 실현을 도모하고자 생각하고 있습니다. 다음으로 김제의 상수도공사는 위생상으로 보아 빨리 실현하려고 노력한 결과 본부에서도 이를 인정하여 최후까지 계상하려고 하였는데 대장성에서 삭감하였던 것으로 유감으로 견딜 수 없습니다. 나아가 장래를 기약하여 충분 실현에 노력하고자 생각합니다. 부역의 일은 앞서 말했던 대로 시대에 적당하지 않은 점도 있다고 생각하고 있는데 본부에서 근래 도로령이 발포되어 종래의 폐해가 일소되어진 것이라 생각합니다. 또 도로개수경비를 면의 예산에 넣으려고 하는 것은 참고로서 충분하여 장래 본부에서도 지시하려고 생각하고 있습니다. 지금 이 자리에서 결단을 내리고자 하는 것은 부역을 다소 소리 높여서 논의하면 관계 부락에 영향을 미칠 우려가 있는 것입니다. 또 동진강 문제에 대해서는 도 당국의 성의와 노력에 대해서는 충분 이해를 해주시길 바랍니다.

29번(板井信藏) : 동진강개수공사는 우리 도로써는 중대한 이해관계가 있는 것입니다. 상류에서 동진수리조합이 개수하는 것에 대해 보조금을 교부하는 것으로 하였는데 상류의 쪽을 개수하면 아래의 쪽은 수해를 입는 즉 일부 상류의 수행을 하류로 이전하는 것에 대해 보조금을 교부하는 사유를 묻고자 합니다. 지금의 답변은 상하류 전부를 개수하려면 공비 5백 4, 50만 원을 필요로 한다라 하였지만 기술적 견지에서 보면 그러한 공사는 아니라 생각합니다. 다만 강제적으로 하는 것이 가능하지 않으므로 실시 곤란함에 대해서는 도군에서 한층 강력하게 이야기하여서 실시한다면 10만 원을 투자하여 백만 원의 이익은 쉽게 얻을 수 있는 사업을 등한시 하여 농촌진흥 운운하는 것은 흡사 큰 뜻으로 작은 일에 연연하지 않는 것이라 생각합니다. 평소 도민의 이익을 위한다고 생각하므로 희망을 이야기한 것으로 가능하다면 2번 의원의 요구의 대로 전반적으로 실시가 곤란하다면 일부라도 응급적으로 개수하였으면 합니다.

번외(西岡 토목과장) : 동진강 상류의 개수비 보조는 말씀에 의하면 상류의 수해를 하류로 옮기는 것이란 것 같은데 도(道)로써는 그렇게 생각하고 있지 않습니다. 물론 약간은 피할 수 없지만 서면에 나타난 것 같은 수해는 없을 것이라 생각하고 있습니다. 그것은 주로 상류부의 낙양리(洛陽里)의 수문(水門)에서 거산리(居山里)에 이르는 저수량은 극히 근소한 것으로 배수를 용이하게 해둔다면 피해는 미치는 것이 없을 것이라 생각합니다. 하류의 직할 하천은 본부에서 고려해야 할 문제로 공사비도 양쪽에서 지불하는 것으로 도비(道費) 단독으로 실시하는 것은 아니라 생각하고 있습니다.

23번(李大奎) : 토목비에 대해 묻고자 합니다. 작년의 도회(道會)에서 전주, 김제 간의 구도로(舊道路)에 교량 가설의 방편을 원하였는데 지금 또 그 실현이 되지 않고 폐도(廢道)가 된 것은 유감으로 견딜 수 없는 것입니다. 작년 답변에 의하면 1935년도에 실현할 것이라고 말하였는데 지금 보면 예산에 계상하고 있지 않은데, 해마다 부근의 주민은 2백 원, 3백 원을 출자하여 응급 가설(架設)을 하고 있어 한번 출수(出水)하면 갑자기 파손하여 교통 두절하는 현상이므로 내년도에는 모쪼록 실현하여 주시길 바랍니다. 다음으로 전주 초포면(草浦面)의 호안(護岸) 공사는 본부에서 실시 중인 바 그 절반에서 중지되었는데 본부에서 시행하지 않으면 도비에서 실시하는 것으로 하였으므로 이때 도비에서 꼭 그 실시하여 주시길 바랍니다.

번외(西岡 토목과장) : 교량의 건은 어떻게라도 연구하여 실현하도록 노력하고자 생각하고 있습니다. 또 초포면의 호안공사는 근본적으로 실시하려면 약 백만 원을 요하는 것으로 본 연도는 불가능합니다. 그러나 현상을 보면 2, 3개소에 대해서는 응급 방수 방법을 하지 않을 수 없다고 생각하고 있습니다. 그러므로 본부와도 절충하여 고심하여 경비의 변통에 노력하고 있으므로 극소액이지만 직면한 위험에 지장이 없을 정도의 시설은 할 수 있을 것이라 생각하고 있습니다. 만약 본부에로의 절충이 실패한다면 도비로써 하고자 생각하고 있습니다.

17번(趙在敦) : 본 연도의 예산은 총액에서 보면 작년도에 비해 소액인데 각반의 사업에 할당되어진 점은 그 수고한 것을 알 수 있습니다. 그러나 예산 중 토목비의 배당액은 소액으로 지나친 것 같고 심히 유감이라 생각합니다. 다음으로 수로(修路) 공부(工夫)의 경비가 부족이 지나친 것 같은 생각입니다. 수로공부는 47인으로 되어 있는데 1부 14군으로 평균 5인은 필요하다고 생각하는데 어떻습니까? 일례를 들면 도로의 일부가 파손한 경우 바로 수선하는 것이 좋은 것을 일손이 부족하여 가능하지 않았기 때문에 출수 때마다 파손의 정도를 확대하여 최초는 5인으로 가능한 수선도 10인을 필요로 하게 되었던 것입니다. 예산의 변경은 용이하지 않다라 생각하지만 다른 비목에서 유용하여 실현하여 주셨으면 합니다. 다음으로 짐우마차가 도로를 파손하는 것은 차륜이 철제이기 때문으로 생산자에게 교섭하여 고무 바퀴로 교체할 것을 고려하여 주시면 좋겠다고 생각합니다. 다음은 우림교(雨林橋)는 점차 자동차가 통과할 수 있는 정도인데 이 도로는 교통량이 극히 많음에도 불구하고, 체재가 나쁜 것이므로 속히 개수를 바랍니다. 동진강의 문제는 2번, 29번 의원으로부터 희망이 있었으므로 속히 개수하여 지방민을 안심시켰으면 합니다.

번외(西岡 토목과장) : 수로공부의 증원은 말씀하신 대로 가능하다면 정원을 충실하게 하고자 생각하는데 경비의 관계로 어쩔 수 없는 것입니다. 다른 예산에서 유용하라는 이야기인데 각각 사용처가 있어서 곤란하므로 지금의 인원으로 유효하게 활동하고자 생각하고 있습니다. 다음으로 짐우마차의 차륜을 고무제로 하는 것은 찬성입니다. 일본에서도 듣는 바에 의하면 실시하고 있으므로 머지않아 조선에서도 사용할 시기가 올 것이라 기대하고 있습니다. 우림교는 상류의 삼천천(三川川)도 파손되어 있으므로 함께 수선을 실시하여 교통의 만전을 기하고자 생각하고 있습니다. 또 동진강 개수공사의 건은 앞서 답변의 대로입니다. 양지하여 주시길 바랍니다.

20번(鄭準模) : 토목비의 예산은 한정된 금액으로 이로써 각반의 사업을 계획해야 하는 것은 당국의 고심을 정도를 알 수 있습니다. 그러나 우리 도민으로써 보자면 충족되지 않은 바가 있는 것입니다. 지금 조금 진실로 연구하여 주셨으면 합니다. 앞서 부역의 문제와 같이 하나, 둘 도로규칙에 의해 행하여 가고 있는데 도로규칙 그것이 이미 개정의 시기에 있는 것입니다. 동 작년 실시된 도로경진회를 설치하여 본도의 길은 현저하게 양호하게 되었는데 백만 원, 2백만 원을 요구했던 것이 사실이라면 본도 예산의 반액에 달하는 것이고, 그간 상당 무리가 있었던 것이라 생각되어 이 금액이란 것은 결국 지역 원 주민의 노력, 부담이 되고, 곤궁하여 있는 현재의 농민으로서는 비상한 대타격으로 조선통치상 심히 유감으로 견딜 수 없는 것입니다. 부역으로 해도 산간부는 3리, 5리인 지방에서 작업장으로 나온 것은 근소한 시간 밖에 일이 가능하지 않고, 숙박을 하면서 부역에 종사하는 것 같은 양상입니다. 이는 법리상에서 보아도 규칙 제12조에 의한 관행, 부역이냐 아니냐 지금 조금 연구의 여지가 없는가라 생각하고 있습니다. 반대의 여론이 있는 점은 통치상 심히 유감으로 생각하는 것입니다. 도로의 수선의 일은 지방에서 자치적으로 합리적으로 부과하여, 소위 균등 부과로 하는 것이 어떤가라 생각하는데 이 점 충분히 연구되어 현재의 폐해를 교정하여 주셨으면 합니다. 또 지방의 국부적 토목비 예산의 것은 당국에서 재단하였으면 합니다.

번외(阿部 내무과장) : 부역에 대해서 앞서 요구 또는 질문 있어 관계 참여원으로부터 설명하였던 대로인데 현재의 부역제도가 명쾌하지 않은 것은 인정하고 있으므로 가능한 한 공평하게 하는 것으로 농한기를 이용하여 실시하도록 충분 고려할 심산이고, 작년의 도로경진회의 부역 환산이 백만 원, 2백만 원이라 하는 것은 과장된 말로 사실이 아니므로 양지하여 주십시오.

13번(朴智根) : 지방서기 5명, 고원(雇員) 3명의 증원의 사유, 제3차 궁민구제사업 중 도로개량비의 공사비 22만 7,500원의 용도 및 토목비 보조 중 도로비보조 4만 7,500원의 각군 할당 금액 등을 알고자 합니다. 우선 토목비 보조에 대해 묻고자 하는 것은 각 군별의 도로보조인데 설명서에 의하면 이해가 가지 않습니다. 작년 익산군 함라면에 대해 도로보조가 있었는데 금액이 적어서 실현이 가능하지 않았습니다. 본년은 실현이 가능한지 아닌지 설명 부탁드립니다.

번외(橋瓜 지방과장) : 지방서기 및 고원의 증원은 작년 5월 세무기관 분립되어 도세사무와 국세사무가 분리되어졌는데 그때 인원의 수 부족을 느껴서 1934년도에 상당 인원의 증가를 요망하였는데 1935년도에 도세의 대개정이 있어서 1년 연기하고 있었습니다. 그런데 세제정리는 1936년도에 실시되어지는 것으로 결정되었으므로 본년도에 종종 그 준비조사를 요할 뿐만 아니라 현재의 인원으로서는 도저히 해가 갈수록 증가하는 세무사무의 처리에 불합리함을 느낍니다. (중략-편자)

번외(西岡 토목과장) : 토목비의 중 궁민구제사업의 도로개량 시행 개소는 결정하고 있는데 시공 개소의 다수를 이 자리에서 읽는 것은 시간 관계상 생략하고 후일 서면으로 알려드리려고 하는데 개략을 말씀드리면 도로 개수 1개소, 교량 21개소, 노면 개량 3개소입니다. 다음으로 도로 교량비 보조는 앞서 말씀드렸던 대로 등외 도로만이 아니라 토목사업 전반을 포함하고 있습니다. 그 보조 개소도 14, 5개소에 달하고 있습니다. 황등 방면의 도로의 보조는 대체 작년의 보조 정도로 지장 없을 것이라 생각하고 있습니다. (중략-편자)

4번(金英武) : 부역의 철폐론은 애당초 등급 도로에 대한 불평에서 초래한 것이라 생각합니다. 조선인은 내지인과 달리 시간의 여유가 있다라고 이야기가 되는데 조선인도 근시 농촌진흥에 수반하여 장래 내지와 마찬가지로 촌각을 다투고 있는 것이라 믿습니다. 내지의 예에 의하면 부역의 제도가 없어야 하는데 조선에서도 등급 도로에 대해서는 이익을 받는 것이 적은 하급 농민은 간접으로는 이익을 받는 것이 있어도 직접으로는 이익을 받지 않고 있으므로 종래대로 등급 도로에 부역을 내는 일은 절대 반대로 마땅히 철폐해야 할 것 같습니다. 면의 직원도 그 감독을 위해 일상의 사무에도 지장이 적지 않은 것 같습니다. 달리 말하면 세(稅)는 어떠한 세라도 불문하고 강제적인 것이지만 부역은 강제적인 것이 없으므로 그것을 실행시키기 위해서 면직원은 사무를 멈추고 출역의 독려를 하고 있는 현상이므로(중략-편자) 출역의 독려를 하지 않으면 면에서도 그 틈을 이용하여 면사무의 쇄신 향상을 기약할 수 있을 것이라 믿습니다. (중략-편자)

도지사(高元勳) : 부역문제에 대해 충분히 논의하였는데 도에서도 그 공평을 결여하고 있다는 우려가 있어서 우리의 회의에서도 의견을 내었던 것인데 알고 계신대로 도로규칙에 명정되어 영원한 제도 관행으로 실시되어지고 있는데 시세의 진운에 수반하여 다소 폐해가 있는 점도 인정하고 있어서 장래에는 어느 정도 완화되어질 것이라 생각하므로 이 문제에 대해서는 이 정도에서 그치는 것이 어떻겠습니까? (중략-편자)

의장(高元勳) : 그럼 오늘의 일정으로 상정한 1935년도 세입출 예산 중 세출회의비, 선거비, 사무비 및 토목비의 경상부, 임시부의 1, 2독회는 이것으로 종료되었습니다. 다음으로 제4일의 의사일정을 보고 드립니다. 제4일은 제3호 의안 중 권업비(사방사업비를 포함) 및 수산비(授産費)의 경상부 임시부의 1, 2독회입니다.

오늘은 여기서 산회합니다.

(시간 오후 4시 45분)

5) 제3회 전라북도회 회의록(제6일)

항 목	내 용
문 서 제 목	第三回 全羅北道會 會議錄(第6日)
회 의 일	19350307
의 장	高元勳(도지사)
출 석 의 원	久永麟一(1번), 姜東曦(2번), 文袁泰(3번), 金英武(4번), 洪鍾轍(5번), 嚴仁涉(6번), 辻護一郎(7번), 申基準(8번), 朴明奎(9번), 林鳳周(10번), 寺井政次郎(11번), 佐竹龜(12번), 朴智根(13번), 徐慶吉(15번), 姜完善(16번), 趙在敦(17번), 牛尾正一(18번), 青田竹治(19번), 鄭準模(20번), 全承洙(21번), 朴贊勉(22번), 李大奎(23번), 片桐和三(25번), 柳鎭爀(27번), 川野長久(28번), 板井信藏(29번)
결 석 의 원	樋口虎三(14번), 金相訓(24번), 山本悅藏(26번), 檜垣孫三郎(30번)
참 여 직 원	李鍾殷(참여관), 阿部明治太郎(내무부장), 井坂圭一郎(경무부장), 古川賢(관방주사), 橋瓜恭一(지방과장), 山田直記(학무과장), 金惠基(산업과장), 岡田義宏(농무과장), 西岡貞喜(토목과장), 武居軍次郎(치수사업소장), 橋本一男(회계과장), 淸水精一(위생과장), 石川宗四郎(보안과장), 齋藤宗一(도기사), 乾重二(도기사), 富山政雄(소작관), 伊藤忠次(산업기사), 平野徹(산업기사), 安倍幾藏(산업기사), 八卷芳夫(토목기사), 佐藤芳彌(사회주사)
회 의 서 기	坂口(도속)
회 의 서 명 자 (검 수 자)	
의 안	제3호 의안 1935년도 세입출예산
문서번호(ID)	26
철 명	1433
건 명	1458
면 수	CJA0003123
회의록시작페이지	도행정에관한철
회의록끝페이지	제3회도회회의록송부의건(전라북도)
설 명 문	국가기록원 소장 '도행정에관한철'의 '제3회도회회의록송부의건(전라북도)'건에 수록된 1935년 3월 7일 개회 제3회전라북도회 회의록(제6일)

해 제

본 회의록(총 26면)은 국가기록원 소장 '도행정에관한철'의 '제3회도
회회의록송부의건(전라북도)'건에 수록된 1935년 3월 7일 개회된 제3회
전라북도회의 제6일(5일차)의 회의록이다. 이날의 회의에서는 1935년
도 세입출 예산 중 주로 도세(道稅)와 관련된 부분이 주로 논의되었다.

이 자료는 일제가 각종 사업 재원의 마련을 위해 1934년 실시한 세
제정리 이후의 세금과 관련된 당국자와 의원 간의 논의 사항을 확인
할 수 있는 자료로 이를 통해 일제의 세제 정책과 지방 반영을 확인
할 수 있는 자료이다.

도(道)가 징수할 수 있는 1933년 2월 발포된 「도제시행규칙(道制施
行規則)」 제45조~제46조에 규정되어 있었다.[30] 먼저 제45조 부가세(附
加稅)로써 지세부가세(地稅附加稅)와 소득세부가세(所得稅附加稅), 제
46조 특별세로써 호세(戶稅), 가옥세(家屋稅), 임야세(林野稅), 특별소
득세(特別所得稅), 도장세(屠場稅), 도축세(屠畜稅), 어업세(漁業稅), 차
륜세(車輪稅), 부동산취득세(不動産取得稅) 등이 규정되어 있었는데,
도세의 세목(稅目), 세율 및 부과 방법의 도회의 의결을 거쳐 조선총
독의 인가를 받아 정할 수 있었다.

일제는 세수(稅收)의 확보를 위해 거듭하였다. 1920년대 후반 세계
경제공황을 거치면서 바뀐 경제 분위기를 반영하여 1934년 2차로 세
제 정리를 단행하였다. 일제는 1934년 4월 30일 개정 조선소득세령을
발포하였다.[31] 제2차 세제정리는 소득세(所得稅)를 중심세로 하여, 일

---

30) 「도제시행규칙(道制施行規則)」, 『조선총독부관보』 제1818호, 1933.2.1.
31) 「朝鮮所得稅令中改正ノ件」, 『조선총독부 관보』 제2188호, 1934.4.30.

반소득세(一般所得稅)를 창설한 것이었다. 세금의 중심이 소득세로 옮겨가게 되면서 지세(地稅)의 비중은 낮아졌다. 다만, 도세와 관련하여서 주목하여야 할 것은 제1종 소득세부가세이다. 도세시행규칙 발포 당시부터 소득세부가세는 즉 1920년 「조선소득세령(朝鮮所得稅令)(제령 제16호)」의 소득세[32]인 법인세부가세에 해당하는 것이었고, 1934년 일반소득세가 창설된 조선소득세령 개정 이후에도 도세에는 포함되지 않았다. 다만 조선소득세령 개정[33]에 수반하여 1934년 5월 개정 도제 시행규칙에 제45조의 '소득세부가세'가 '제1종 소득세부가세'로 변경되었다.[34]

세금은 실생활에 직접적인 영향을 미친 것이었기 때문에 의원들은

---

[32] 제3조 소득세는 다음의 소득에 대해 이를 부과함
  1. 법인의 초과소득
  2. 법인의 유보소득
  3. 법인의 배당소득
  4. 법인의 청산소득
  5. 전조의 규정에 의해 납세 의무가 있는 법인의 조선의 자산 또는 영업에서 생기는 소득
  「朝鮮所得稅令(제령 제16호)」, 『조선총독부관보』 호외, 1920.7.31.
[33] 소득세는 다음과 같이 정해졌다.
  제1종
    갑 법인의 보통소득
    을 법인의 초과소득
    병 법인의 청산소득
  제2종
    갑 조선에서 지불을 받은 공채, 사채, 조선금융채권 혹은 은행예금(동양척식주식회사의 예금을 포함) 이자 또는 대부, 신탁의 이익
    을 제1조의 규정에 해당되지 않는 자가 조선에 본점을 갖는 법인으로부터 받는 이익 혹은 이식의 배당 또는 이익의 처분인 상여 혹은 상여의 성질을 갖는 급여
  제3종
    제2종에 속하지 않는 개인의 소득
  「朝鮮所得稅令中改正ノ件」, 『조선총독부 관보』 제2188호, 1934.4.30.
[34] 「道制施行規則中左ノ通改正ス」, 『조선총독부관보』 제2189호, 1934.5.1.

그 어느 안건보다도 적극적인 모습을 보였고, 당국자들은 이 의원들을 이해시키고 정책을 관철시키기 위해 설명의 설명을 거듭하는 상황이기 때문에 당대의 회의록 자료는 그 어느 자료보다도 일제의 세제 정책을 현장감 있게 보여주는 자료라 할 수 있다. 의원들의 발언이 해당 회의에서 실제 존폐에 이르는 등의 영향을 미치지는 않지만, 각 세금의 존폐 이유가 도의 경제 상황 및 민의 실태 등과 연관되어 설명됨으로써 당시 생활상을 확인할 수 있는 좋은 자료라 할 수 있다.

이날 회의 내용을 보면 의원 측에서 제1종 소득세부가세의 증징과 자전차세의 폐지를 주장하는데, 이는 법인, 회사 등에 부과되는 세금을 늘려서 세수를 확보하고, 세민(細民)들에게 영향을 미치는 자전차세와 같은 것은 폐지하여 민의 생활을 보장하여야 한다는 주장이었다. 각 의원들의 출신, 성향 등을 함께 분석하여 이들이 각 세에 대해 주장하는 내용이 어떠한 배경에서 나오는 것인지 살펴볼 필요가 있겠으나, 일단 회의록상 표면적으로는 의원들 전반적으로 세민에 대한 세금징수를 낮춰야 할 것으로 주장하고 있다. 지세 등에 있어서도 면세점을 두어 일정 금액 이하는 일본과 같이 면세해야 한다는 주장도 나오고 있는 것이다. 그리고 세민들에게 감세하는 대신 제1종소득세, 기타 광산세, 자동차세, 가옥세 등을 올리고, 사회적으로 문제가 되는 마작에 대한 골패세, 축첩세 등의 증징을 요구하고 있다. 이러한 내용은 1933년 도제 실시이후 도회 의원들의 역할론의 측면에서도 함께 살펴볼 만한 것이라 할 수 있겠다.

내 용

(상략·편자)

의장(高元勳) : 일정에 들어갑니다. 본일의 일정은 제3호 의안의 나머지 전부의 제1, 2독회, 그것을 마치면 제3호 의안 세입출 전부의 제3독회의 예정입니다.

20번(鄭準模) : 세입경상부 도세(道稅)에 대해 한 말씀 드립니다. 도회 개최 이래 세출의 심의를 때하여 여러 용도 아울러 그 재원 보충을 희망한다고 말씀드렸는데, 대저 경비가 없으므로 완전하게 하는 것은 가능하지 않은 일이므로 도(道)에서는 가능한 수입을 늘리는 방법을 강구하고자 하는 것은 각 의원이 열렬하게 희망하여 왔던 것입니다. 본부(本府)에서도 가까운 장래에 지방세제의 개정 계획이 있는지 묻고 있는데, 그것은 이후 적당한 위원회를 설치하여 심의할 것이라 생각하므로 참고하시길 바랍니다. 제1은 도민(道民)의 부담을 공평하게 무리하지 않음과 동시에 수입을 늘리는 방법을 강구하는 것이 가장 필요하다고 생각합니다. 현재 지방적으로 부담의 공평을 결여하고 부당하게 부담의 과중한 지방이 있습니다. 즉 군부(郡部)의 자산가의 부담은 도시의 그것에 비해서 과합니다. 장래 조선에는 완전한 자치제가 펼쳐지지 않으면 안 되는데 지금까지의 도세의 부담액이 비교적 도시가 가볍기 때문에 도시 집중의 우려가 있는 것은 참으로 유감입니다. 장래는 각인(各人)의 소득에 호응해서 공평한 부담을 하지 않으면 안 되는 것이 필요하다고 생각합니다. 특히 현재와 같은 근소한 제한 외 부과도 인정할 수 없습니다. 이상 현상의 대로로는 도저 어떠한 사업도 할 수 없다고 생각합니다. 부담의 공평에 대해서 제1로 착안하지 않으면 안 되는 것은 제1소득세부가세, 제3종 소득세부가세 및 지세부가세의 3가지로 이러한 것이 가장 도민의 부담을 공평하게 하는 것이라 생각합니다. 고로 이 3가지의 세율을 올리려면 가장 공평하게 행해야 한다고 생각합니다. 그래서 도세에 의해 수입한 것을 도의 보조로써 하급 단체에 교부하고자 합니다. 요즈음 광산열(鑛産熱)이 극성하고, 각 지방에 채광열(採鑛熱)이 극성해지고 있는데, 광산세는 국고수입입니다. 그에 의해 피해를 받는 것은 기타 구내(區內)의 토지소유자입니다. 고로 광산세를 도세로 하면 또 이에 대해 도세부가세를 인정할 필요가 있습니다. 임야세의 세율은 비교적 너무 높을 우려가 있습니다. 그 소유지에 의해 임산물의 이용 가치의 여하에 의해 비율을 정하였으면 합니다. 차량세의 중 자전차세는 속히 개정을 필요로 하는 것이라 생각합니다. 기타에 있어서도 장래 완화할 필요가 있는 것으로 도로를 손상하는 것이 많은 자동차, 경차의 세율을 올릴 필요가 있는데 그것을 3, 4배로 올리면 이후 도로령을 실시하는 것이 가능할 때에 하는 것이 좋다고 생각하므로 그것은 잠시 보류하는 것이 좋다고 생각합니다. 하차세(荷車稅)는 비교적 소액인데, 그 납세자의 다수는 빈곤자로 생활을 위해 유일의 도구이므로 가능한 경감해야 할 것입니다. 자전차세도 어느 정도까지 경감시켜야 할 것입니다. 왜냐하면 자전차는 가격도 저렴하고 일반의 이용가치도 늘어나 소학교의 아동과 중학교의 생도도 통학에 그것을 이용하고 또 군면직원 등 하급관공리도 그것을 직무를 위해 이용하고 있어서 완전 필요로 하고 있기 때문입니다. 다음으로 자작농지설정비 보조하고 있습니다. 그것은 현재 도(道)가 저리 자금을 차입하여 전대하는 것에 지나지 않은데 이용하는 것에 의해서는 유리하게 활용할 수 있다라 생각합니다. 익산군 황등의 저수지의 문제와 같은 것도 그 토지 전

체를 담보로 자금을 차입하는 방식의 여하에 의해서는 상당 효과적
으로 가능하다라고 생각합니다. 이상은 세제정리에 때하는 연구의
참고로써 말씀드리는 것으로 도민의 부담의 공평을 계획하여 일반
의 부담이 늘어나도 사업을 원만하게 함으로써 도민의 복리를 증진
할 것이라 생각합니다. (중략-편자)

25번(片桐和三) : 세입에 대해 일언 하고자 합니다. 지금 20번 의원이
말씀하신 자전차세의 경감은 우리가 연래 이야기해왔던 것으로 본
도에서도 올해는 2만 1천 대 이상으로 증가하고 있는데 그것은 완
전 대중에게 가장 필요한 교통기관이기 때문입니다. 그러나 여하로
대중에게 편리하다고 하더라도 연액 4원의 세금을 거둔다면 널리
일반에 사용되는 것은 가능하지 않을 것입니다. 미국은 5인당 1대
의 자동차를 가지고 있다라고 전해지고 있는데, 우리 전북에도 근
래 5만, 6만의 자전차를 대중이 이용하기에 이르렀다고 생각합니다.
그렇다면 자전차도 도로를 손상시키는 것이 있으므로 도의 재원이
고갈되어질 때 바로 그것을 감액하여 내린다라고 말할 수는 없는
데, 근래 도세의 개정이 행해진다면 자전차가 어떠한 방면에 이용
되어지는가를 조사한 후 선처하기를 바랍니다. 다음으로 가옥세가
있는데 농촌의 피폐한 이때 호세(戶稅)는 증가하고 있는데 가옥세
시행지인 도시에서는 해마다 가옥이 증가하고 있음에도 불가하고
가옥세는 하나도 증가하고 있지 않습니다. 과연 전년도에 정당하게
견적하였는지 살펴보고, 그것을 증가하지 않으면 안 됩니다. 그것
은 저 뿐만이 아니라 각 의원들도 들었을 것이라 생각합니다. 다음
으로 도립의원(道立醫院)에 대해 이야기하고자 합니다. 조선의 도
립의원의 의사는 관리입니다. 게다가 고등관 몇 등이라고 하는 위
인이 많아 우리 도민의 희망은 하나의 의사로써 열심히 힘써서 환

자에 대해 친절을 다하고 환자 가족의 편리를 도모하여 그것이 도의 수입을 증가시켰으면 합니다. 그런데 어떠한 의원도 그다지 친절하지 않아서 어제도 1번 의원으로부터 이야기되어진 것처럼 고등관 몇 등이라 하는 것이 존중되어지고 있는 것이 아닌가라고 생각합니다. 어느 정도 대중을 진찰하기에 마땅한 자를 상대로 고등관 몇 등은 맥을 취하기 어렵다고 생각합니다. 고등관을 보통의 의사 아울러 일을 시키는 것을 죄송스럽게 여기는데 원장으로서 그 임무를 부과시켰으면 합니다. 도(道)의 역인이 대저 의원 또는 의관과 마찬가지라는 태도를 취한다면 대저의 세입에 있어서 이와 같은 결과를 발생할 것이라 생각합니다. 대저 민중에 대해 친절하게 한다면 도의 세입도 그 이상 늘어날 것이라 생각합니다. 무언가 건물이 훌륭하고 약이 좋아도 환자에게 불친절하면 병이 바로 좋아지기는 어렵고 친절하다면 건물이 나쁘고 약이 좋지 않더라도 환자가족은 기뻐할 것입니다. 따라서 환자도 늘어나지 않을까 생각합니다. (중략-편자) 도에 있어서 재원의 마련이 어려운 이때 충분 고려되어 민중에 대해 친절하게 한다면 상당 재원을 증가시킬 수 있을 것이라 생각합니다.

번외(橋瓜 지방과장) : 20번 의원의 질문에 대해 답변 드립니다. 20번 의원의 말씀은 도의 사업을 적극적으로 하기 위해 도세 수입의 증가를 도모하고 또 다소 부담은 가중되더라도 공평하게 부과되어져야 한다라는 의견으로 그것을 위해 제1종 및 제3종 소득세 부가세를 증징하고, 광산세 부가세를 일으킴과 동시에 임야세를 수익가치에 의해서 부과하고 차량세 중 세민(細民)의 과세에 속하는 자전차세를 폐지하였으면 한다는 말씀인데, 내년도에 있어서는 지방세제 개정의 기회도 있으므로, 어느 정도 기대하여 힘써 볼 수 있다라고 생각합니다. 다음으로 25번 의원의 말씀은 자전차세는 민중세이므로 어느 정도까지 그것을 감액하였으면 한다는 의견인데, 우리도 어느 정도 그것을 경감하여 그에 의한 수입 감소를 자동차세에서 보충하고자 생각하고 있는데 아무래도 자동차는 3백 대 정도밖에 없어서 바로 자전차세를 감액하는 것은 실제 문제로서는 바로 실현하기 어려운 것인데 지방세제 개정을 기회로 할 수 있다는 취지에서 힘써볼 수 있다고 생각합니다. 가옥세가 증가하지 않은 것은 3지(地)의 발전에 비추어 불합리하다라는 말씀이신데, 가옥세는 앞서 3개년 현재 호수를 평균으로 하였을 때 대략 예산에 계상된 호수와 동수로 가옥은 신축되어지는데 실제의 호수는 증가하고 있지 않은 것입니다. 종래도 조사 자료의 모집에서는 상당 있는데 장래 한층 주의하여 정확한 조사에 힘쓰고자 합니다.

19번(靑田竹治) : 본원도 또한 20번 및 25번 의원의 의견에 관련하여 한마디 하고자 합니다. 도세는 대저 사회정책적 의미를 가미하여 과세해야 하는 것이라 생각합니다. 고로 예를 들면 지세(地稅)로 말하자면 5반보(反步)를 소유한 자의 지세도 몇 정보(町步)를 소유한 대지주의 지세도 동률이라 하는 것은 불합리합니다. 일본에서는 지가 60원 이하는 면세되고 있다고 하는 점 당국에서도 고려해야 한다고 생각하는데, 근래 행해질 세제정리의 때 선처되길 바랍니다. 다음으로 차량세는 가능한 경감되었으면 하고 자동차에 대한 것도 경감했으면 좋겠다고 생각합니다. 우리가 볼 때 심히 이상하다고 생각하는 것은 마작에 대해 어떠한 과세를 하지 않는 것입니다. 마작의 폐해는 내가 말하지 않아도 극히 알고 있을 것이라 생각하는데 그에 대해 읍면세 또는 도세를 부과함은 가장 필요한 것이라 생각합니다. 또한 마작을 개장하는 자에 대해서는 개장세를 부과할 필요가 있다고 생각합니다. 본건에 관해서는 특히 경찰부장의 의견을 듣고자 합니다.

번외(橋瓜 지방과장) : 답변하겠습니다. 지세에 대해 면세점(免稅點)을 설치하는 것은 어떠한가라는 질문이 있었는데, 조선에서는 작년 의회의 협찬을 거쳐서 10전 이하의 소액 지세는 면제되어지는 것으로 해서 도세 및 면세(面稅)의 부과세를 합해 21전 이하는 면제되고 있습니다. 기타 부동산 취득세는 세액 10전 미만, 임야세는 면적 5반보 미만에 대한 부분은 면제되고 있어서 현재도 면세의 제도는 가미되어져 있습니다. 차량세, 마작세에 관한 것은 의견으로서 받아들여 두겠습니다.

번외(井坂 경찰부장) : 과세 문제는 나의 소관 사항이 아니라고 생각하는데 지명이 되었으므로 간단하게 답변드리겠습니다. 대저 오락이 한편으로 폐해를 수반하는 것은 어쩔 수 없는데 폐해가 있으므로 세금을 거둬서 그것을 조성하는 것 같은 결과를 초래하는 것은 옳지 않다고 생각합니다. 즉 세금을 거두는 것이 어떻겠냐는 생각을 가지는 것은 적당하지 않다는 것입니다. 마작이 형법에 저촉되어지는 경우는 그것을 엄벌하지 않으면 안되는데 단순히 마작이므로 그것을 억누를 수는 없다고 생각합니다. 마작에 대해서는 국세 골패세를 부과하여 세금을 부과하는 것은 고려의 여지가 있다고 생각합니다.

19번(青田竹治) : 마작은 내가 볼 때도 이면에 폐해가 많다는 생각이 들어서 이와 같은 직접 해를 부여하는 것은 법률로써 금지할 필요가 있다라 생각합니다.

1번(久永麟一) : 사용료 및 수수료에 대해 한 말씀 드리고자 합니다. 중등학교의 수업료는 학교에 의해 현저하게 차이가 있는 것은 여하한 이유에서 입니까? 즉 여자고등보통학교가 2원, 고등보통학교가 2원 50전, 중학교가 4원이라 하는 것 같이 무릇 현저하게 차이가 있습니다. 특히 고등보통학교와 여자고등보통학교와의 사이에 차이가 있는 것은 그 근거 심히 박약한 것이라 생각합니다. 그 이유를 묻고자 합니다. 다음으로 현재 도세제조사회(道稅制調查會)가 설치되어졌다고 듣고 있습니다. 그곳에서 신세(新稅)에 대해서도 충분 연구 중이란 것은 알고 있는데 알 수 있는 것들 2, 3가지를 말씀드리고자 합니다. 부동산 취득세는 소유권의 취득만을 가리키고 있는데 실제는 되사서 담보로 소유권의 취득과 마찬가지의 효과를 얻고 있는 경우도 있습니다. 부동산 취득세를 확장하여 담보권의 취득에 대해서도 과세를 해야 한다고 생각합니다. 기타 선취 특권 등의 재산권의 취득에 대해서 과세하는 것도 이론상 부당하지 않다고 생각합니다. 다음으로 광구세, 광산세는 국세인데 그에 대한 부가세에 대해서도 고려하지 않으면 안 됩니다. 광업에 관한 세금 중 출원에 대한 세금이 없는 것 같은데 이 출원은 하나의 재산권이므로 그 매매도 광구의 매매와 마찬가지 빈번하게 행해지고 있으므로 광구세도 광산세보다도 많이 과세해야 할 것입니다. 부가세와 함께 출원세에 대해서도 고려되어져야 한다고 생각합니다. 다음으로 조선에서는 축첩이 성행하고 있는데 이 축첩은 가족제도를 혼란시키는 것이 심하므로 이에 대해 고율의 축첩세를 부과할 필요가 있다고 생각합니다.

번외(山田 학무과장) : 중등학교의 수업료에 대해 답변드립니다. 어떤 종료의 어떤 학교는 어떻다라고 해서 어느 정도라 하는 근거 있는 이유는 없는데 전체 조선의 평균을 보면, 중학교 2.50 내지 3.00, 고등보통학교 2.00 내지 2.50, 여자고등보통학교 2.00 내지 2.50, 농업학교 5년제 2.00 내지 2.50, 동 3년제 1.50으로 본도는 대체 다른 도와 비슷하게 하고 있습니다. 다만 군산중학교 만은 연혁적으로 높은데 이는 국고의 보조를 받지 않아서 처음은 5원의 수업료였는데 도(道)로 이관된 후에도 국고보조가 없었던 것을 점차 작년부터 3천 원을 증가하여 다른 곳과 마찬가지로 3원 정도로 내리자라고 하는 의견도 있는데 급히 감소시키는 것이라 생각하여 4원으로 하고 있다고 합니다.

11번(寺井政次郎) : 도세(道稅)에 대한 의견을 진술하고자 합니다. 도세로서 축견세를 일으켜야 한다고 생각합니다. 축견세는 광견 취체의 입장 또는 교통위생의 견지에서 볼 때 그것은 시비 필요한 것이라 생각합니다. 그러한 때는 광견이 발생한 경우, 그에 의해서 광견의 출소를 바로 해체하고 그 피해를 막을 수 있다라 생각합니다. 광견병의 발생 상황을 보면, 1925년 29건, 1926년 37건, 1927년 37건, 1928년 53건, 1930년 62건, 1931년 53건, 1932년 30건, 1933년 68건, 1934년 100건 등으로 해마다 늘어가고 있는 경향입니다. 그러므로 그것을 방임하면 인축(人畜)에 두려운 피해를 끼칠 것이라 생각합니다. 나의 생각으로는 개 한 마리에 대해 군산부는 3원, 기타는 30전 씩의 세금을 부과한다면 대체 15만의 축견에 대해 약 4만 5천 원의 세입이 늘어날 것이라 생각합니다. 또 한편 광견을 미연에 막을 수 있어서 인축(人畜)도 안심하는 것이 가능하여 일거양득의 방책이라고 생각합니다. 1926년도부터는 시비 그것을 부과하는 것이 고려되어졌습니다. 나는 작년 도회의 금산에서는 전염병을 연구하는 것이 없으므로 그것이 발생해도 과연 전염병인가 아닌가 알 수 없으므로 비상하게 불편한 것을 이야기하여 위생기사를 배치하자고 전 경찰부장에게 요망하였던 것이 연구되고 있다는 취지의 답변을 들었고 다분 올해는 그것을 배치할 것이라 생각하고 있었는데 아직 그에 관한 말을 듣지 못하였는데 시비 그것을 둘 것이 배려되어지기를 바랍니다.

번외(橋瓜 지방과장) : 축견세는 현재 부읍의 잡종세로써 취하고 있는데 도세로 취하자라 하는 것은 연구해 보아야 한다고 생각합니다. 참고해두겠습니다.

1번(久永麟一) : 앞서 말해둔 의견 중 광업세로써 광업권 취득세를 더 해야 한다고 생각합니다. 축견세는 현재 부읍세로써 취하고 있어서 외에 읍면은 알 수 없는데 전주는 이미 부과하고 있습니다. 그것은 별도로 위생의 입장에서 개를 키우는 자는 그것을 하지 않는 자보다 넉넉하다는 견지에서 부과하고 있는 것이라 생각합니다. 그것을 도세로 한다면 지방의 재원을 올릴 것입니다. 더욱이 연구의 여지는 없다라 생각합니다. 광견 예방을 위한다면 오히려 광견세를 거두는 것이 좋을 것이라 생각합니다.

17번(趙在敦) : 도세의 제1종 소득세 부가세는 법인으로부터 취하는 것입니다. 법인은 다수 농촌의 고혈을 짜서 이익을 취하는 것이므로 그 세율을 증가시키고자 하는 것입니다. 다음으로 다소 탈선의 우려는 있는데 읍면의 제1종 소득세 부가세의 과율은 17전까지임에 불구하고 7전을 초과할 수 없다라는 통첩을 내리고 있는 것은 어떠한 법적 근거가 있는 것인가. 그 이유를 알고 싶습니다. 광업세는 20번 의원과 동감입니다. 본건은 작년 2번 의원이 솔선 희망하였던 것으로 당시 당국에서는 고려할 듯이 답변하였는데, 그 후 1년을 경과한 금일 또 연구 중이라고 하는 것은 납득하기 어려운 일입니다. 1년간의 연구의 결과를 구체적으로 보여주었으면 합니다. 언제까지 연구 중인지 참고로 알려주어서 그 때때로 호도하여서는 곤란하다고 생각합니다.

번외(橋瓜 지방과장) : 제1종 소득세 부가세를 증징하자라는 의견인
데, 본건은 다른 의안에서 심의를 하고자 하는 것으로 간접적으로
얼마인가를 증징을 기대할 수 있다라 생각합니다. 읍면세인 부가세
도 필시 조금 취해질 것이라 생각합니다. 광업세에 관해서는 열심
한 의견을 삼가 듣고 있는데 그것도 광업의 활성한 현상을 포함하
여 세제정리의 때 상당의 고려가 행해질 것이라 생각합니다. 그러
나 세제정리에 관해서는 책임 있는 답변하기 어렵습니다.

17번(趙在敦) : 제1종 소득세 부가세를 간접으로 증징한다라 하는 것
은 어떠한 것입니까, 또 읍면의 부가세를 7전만 취한다는 통첩은 무
슨 연유에서인가 묻고자 합니다.

번외(橋瓜 지방과장) : 간접적으로 고려하고 있다라 하는 것은 제4호
의안 상정의 때 말씀드리고자 합니다. 읍면의 쪽을 7전으로 제한하
고 있는 것은 내지의 시정촌세의 부가세가 대체 그 표준입니다.

17번(趙在敦) : 조선의 면세는 모두 내지와 마찬가지로 징수하는 것은
아니다라고 생각합니다. 소득세, 부가세만 내지에 준하는 것은 무
슨 연유에서 입니까, 그 통첩은 취소되어야 한다고 생각합니다.

번외(橋瓜 지방과장) : 다만 지금의 말은 내지와 마찬가지로 해도 옳
지 않다라는 의견인데 그것은 본부(本府)의 견해에 의해서 읍면제
시행규칙 중에 세율의 제한이 설치되어져 있는 것으로써 어쩔 수
없는 것입니다.

2번(姜東曦) : 세출의 증가에 수반하여 세입의 재원을 구하는 것은 당
연한 것으로 앞서 새롭게 재원을 구하려고 고구 중이라고 하였는데
지금 나의 의견을 말하고자 합니다. 제1종 소득세부가세의 세율 1원
에 대해 17전은 소액으로서 고려의 여지가 있다라고 생각합니다.
다음으로 가옥세는 도시와 농촌의 생활정도의 차이에서 볼 때 가볍

게 넘기는 우려가 있지 않은가 생각합니다. (중략-편자) 호세와 가옥세는 1원 50전과 2원으로 겨우 50전의 차에 지나지 않은데 호세가 1원 50전이라면 가옥세는 적어도 3원을 징수해야 하지 않을까라고 생각합니다. 다음으로 도축세인데 그것은 고기를 먹는 자가 부담하는 것입니다. 농촌에서는 초근목피조차 부족하여 기아선상에서 방황하는 자가 적지 않은 현상인데 고기를 먹는 자에 대해서 조금 부담시켜도 좋다고 생각합니다. 세민에게까지 여러 가지의 과세를 하는 금일 도축세의 증징은 시비 필요한 것입니다. 다음으로 차량세에 대해서 한 말씀드리고자 합니다. 자전거는 금일은 대중의 발이라고도 이야기되고 있어서 시비 폐지되어지는 것이 좋을 것 같습니다. 다음으로 신세(新稅)로서 주세부가세(酒稅附加稅)를 신설하는 것이 좋을 것 같습니다. 현재 주세는 국세만으로 그것에 대한 지방단체의 부가세는 인정되지 않고 있는데 그것은 절호의 재원입니다. 주세는 간접세로 술을 마시는 자가 내는 것인데 한편으로는 초근목피도 없는 기아의 상태에 있는 자에 비추어 술을 마시고 주정하는 자 등에 대해서는 부담시키는 쪽이 좋을 것이라 생각합니다. 주색에 빠져서 생산력을 잃은 자가 있는 것은 농촌진흥의 견지에서 보아도 통탄할 일으로 주세의 부가세를 만들면 농촌진흥에 기여하는 것도 적지 않을 것이라 생각합니다. 다음으로 하천사용료도 조금 증액하는 것이 좋을 것 같습니다. 이전 세출을 의논할 때에도 이야기하였는데 하천의 점용권을 얻어 다른 자에게 소작시키고 중간 착취하는 자도 많이 있는 것 같으므로 이 사용료는 크게 증액시키는 것이 좋을 것 같습니다. (중략-편자) 다음으로 세출임시부 제11관 제8항에 국세조사비 보조를 계상하고 동(同) 제18관에도 국세조사비로써 계상하고 있는데 이렇게 구분하는 것은 어떠한 사유에 기초하는 것입니까?

번외(橋瓜 지방과장) : 제1종 소득세의 세율 17전이 낮다고 하는 것은 우리도 동감합니다. 가옥세와 호세의 1호 평균액, 도축세의 증징, 차량세 중 자전차세의 철폐 등에 관한 의견은 참고로 하겠습니다. 주세부가세에 관해서는 주세령 중에 부가세를 금지하고 있는데 또 연구해야 한다고 생각합니다. 국세조사는 아시는 대로 1930년에 일반적인 것으로 행해진 이후 10년간 본격적으로 행해지고 그간 5년차마다 간이조사를 행하고 있는데 본년은 1930년에서 5년차에 해당하므로 그 소유경비를 계상하고 있는 것 같은데 질문의 제18관은 도(道)에서 청비로, 한편 제11관에 계상한 부분은 읍면에 대한 조사원비의 보조입니다.

번외(西岡 토목과장) : 하천은 직할하천과 지정한천으로 나누어지고 있어서 직할하천에 대한 사용료 규정은 본부(本府)에서 규정하고, 지정하천에 대한 사용료에 관해서는 하천령에 기초하여 도(道)에서 총독의 인가를 받아 규정하고 있어서 각 읍면 모두 통일되어 있습니다. 의견에 대해서는 참고하도록 하겠습니다.

7번(辻護一郎) : 나는 도비(道費) 세입에 대한 나의 비견을 이야기하고 당국의 의견을 듣고자 합니다. (중략-편자) 제1은 국고보조의 증가, 제2는 내년의 지방세제 정리에 때하여 신세(新稅)를 일으키는 것입니다. 국고보조는 도(道)에 따라 취지를 달리하고자 한 모양새가 아니라는 것입니다. 그것은 사업의 종류, 성질에 기인하는 것인데 도(道)의 노력 여하에 의해 기 액수의 다과가 결정되고, 도의 사업 수행상 적지 않은 영향을 미친다고 생각합니다. 당국에서는 국고보조를 얻기 위해서 분투하는 것이 좋을 것입니다. 또 참고를 위해 1934년도에 있어서 각 도별 국고보조액의 설명을 원합니다. 다음은 신세(新稅)에 대해 말씀드립니다. (중략-편자) 내지의 부현에서는 예전부터 과세되고 있어 제1회 도회 이래 실현 방법을 요망하고 있었는데 아직 실현에 이르지 않고 있습니다. 본년 세제정리의 때는 시비 실현시키기를 원합니다. 제1은 유흥세의 신설입니다. 유흥세를 일으키면 연액 3만 6,500원의 수입은 간단할 것입니다. 즉 도내의 1일의 유흥비를 2,000원으로 1년의 총액 73만 원, 그에 대해 5분의 세율로 부과해도 3만 6,500원의 수입은 확실합니다. 그것은 납세의무자는 영업자라도 스스로 납부하지 않고 유흥자에게 전가하는 것이 있으므로 영업자에게는 영향을 미치지 않을 것입니다. 또 그것을 일으켜도 유흥은 감소하지 않을 것입니다. (중략-편자) 제2는 어업세의 신설입니다. 본도는 4개 군이 해안에 접하여 어업세를 부과하는 것은 균형상 가장 필요하다고 인정됩니다. 제3은 선세(船稅)의 신설입니다. 현재의 제세(諸稅)는 거의 전부 육지에서 부과되고 해상에 부과되는 것은 심히 영세합니다. (중략-편자) 제4는 용인세(傭人稅)입니다. 농촌진흥이 고창되는 금일에 반도에 접한 내지인 간에는 나태의 폐풍이 있는 것 같으므로 용인세를 설치하여 자기 몸을 아끼는 자에 대해 과세하는 것은 자력갱생의 견지에서 볼 때도 필요하다고 생각합니다. 제5는 수차세(水車稅)입니다. 수차는 다수 경작에 사용되어 수로를 사용하고 일반에 농경상 지장을 부여하고 있습니다. 고로 내지에서는 이미 과세한지 오래고 수입도 상당액에 달하고 있는 이때 본도에서도 수차세를 설치하는 것이 좋다고 생각합니다. (중략-편자)

번외(橋瓜 지방과장) : 도세의 신설에 관해 여러 가지 참고로 하신 말씀을 들었는데, 일반적으로 말하자면 도세의 세종(稅種)은 도제시행규칙 중에 규정되어, 부가세가 지방부가세 및 제1종 소득세 부가

세의 2종, 특별세가 호세 등 9종에 달하고 있고, 그 세율도 동 규칙
으로써 일정하게 제한을 두고 있으므로 바로 기대하기 어려움을 답
변드리고 의견은 충분 연구하여 세제정리에 있어서 귀중한 자료로
전달하고자 합니다. (중략-편자)

10번(林鳳周) : (중략-편자) 주세는 현재의 세율이 상당히 높아서 그것
에 부가세를 부과하는 것은 심히 부당합니다. (중략-편자) 다음은
세출임시부 제17관 도세제 개정 준비조사비로써 8,481원을 계상하
고 있고, 신문에 의하면 새로운 세제를 실시될 것이라는 취지가 있
어서 충분 고구 중이라고 인정되는데 그것은 모쪼록 본 연도에 기
본 조사를 행해 내년도 이후 신세제에 의해 과세되면 좋겠습니다.
현재의 호세는 부담의 균형을 계상하여 현저하게 불합리한 점이 있
는데 이후 다시 제3종 소득세 부가세를 부과함에 있어서는 이중과
세가 되는 것이므로 이 점을 포함하여 연구가 행해지기를 원합니
다. 다음은 임야세인데 그 세율은 전년도의 1정보에 대해 14전 7리
가 본 연도는 16전 5리가 되어 차이가 1전 8리가 증가되었는데(중략
-편자) 다시 증율하면 불평은 날로 높아질 것이라 생각되어 작년대
로의 세율로서 과세되는 쪽이 좋을 것 같습니다. (중략-편자) 세입
경상부 제3관 제3항 중에 공설질옥 자금 회수금을 계상하고 있는데
그것은 매년 항목에 있는데 실행되어진 형적이 없습니다. 그 설치
의 장소, 자금 회수 시기 등에 대해서 알고자 합니다. (중략-편자)

번외(橋瓜 지방과장) : 의견을 내신 대로 특별한 필요가 있을 때에는
신세를 일으킬 수 있는데 이 경우는 총독의 인가를 필요로 하고 본
부(本府)에서 이러한 종류의 신세는 인가할 수 없는 방침으로 실제
는 동 규칙에 열기된 것의 외에는 부과하고 있지 않습니다.

번외(阿部 내무과장) : 7번의 의견은 어업세, 선세 등의 신설이라 생각

하는데 이러한 것은 이전 본도에서 부과하고 있었는데 수년전 어업이 다른 지역에 비해서 그 건수가 점차 감소하는 경향이 있어서 장려상 그것에 세금을 부과하는 것은 적당하지 않다라고 하여 그것을 하지 않고 있습니다. 인력거세도 도평의회 시대에 세민과세이므로 폐지하자는 의견이 많아서 하지 않고 있습니다. (중략-편자)

번외(橋瓜 지방과장) : 10번 의원으로부터 앞서 임야세의 율(率)이 높은 것 같다는 말씀이 있었는데, 임야세의 세율은 임야세 부과규칙 제4조에 규정되어 있습니다. 즉 지역 등급이 1등부터 4등까지 임야 등급이 특등, 상등, 중등, 하등의 4종으로 나뉘어져 결국 16등급으로 각 등급별 일반보당 세율이 규정되고 그에 의해서 세액을 산출하고 있습니다. 이 예산에 계상하고 있는 것은 1933년 2월 1일 현재 그 후의 이동을 짐작했던 것으로 사방공사(砂防工事) 등에 의해 상의 등급이 늘어났으므로 1정보 평균율이 증가한 것에 지나지 않습니다.

번외(佐藤 사회주사) : 10번 의원이 질문한 공익질옥(公益質屋) 자금은 전주공설질옥에 대부하고 있습니다. 기한은 정해져 있지 않습니다. 도(道)의 필요에 응해서 언제라도 회수가 가능합니다. (중략-편자)

번외(李 참여관) : 나의 직무가 조선인을 대표하는 관리로서 조선의 민의(民意) 창달에는 항상 심혈을 기울이고 있습니다. 그리고 산업교육은 조선에 있어서 가장 중요한 사항이므로 이 방면의 개선, 발달에 대해서도 기회가 있을 때마다 지방의 사정을 전달하고 또는 내가 고려하고 있는 것을 본부에 알리고자 하고 있습니다. 지금 1번 의원이 말씀하신대로 조선의 교육에 관해서는 여러 가지 의론이 있는데 내지인인 1번 의원으로부터 이와 같은 적극론을 배청한 것은 나로서는 심히 감개무량을 느끼게 하는 것입니다. 우선 본도의 상태에 비추어 볼 때에 조선인인 학령아동 26만 인의 중 보통학교에 취학할 아동이 약 4만, 학급수 631, 소요경비 121만 원에 달하고 있습니다. 장래 미취학 안동을 전부 취학시키려면 참여할지 알 수 없으나 적어도 17만 원 내지 20만 인은 공립보통학교에서 교육시키지 않으면 안 된다라는 이상을 가지고 있습니다. 이렇게 하려면 약 3천 3백의 학급을 필요로 하고, 그 경비는 현재의 약 5배인 6백만 원을 필요로 하는 것으로 예상됩니다. 그것을 10년 계획으로 수행한다면 매년 경상비의 5, 60만 원의 증가를 초래할 것으로 이 외 임시비도 상당 요구합니다. 고로 현재 조선에서 국비 아울러 도비의 상태에 비추어 교육비를 어떻게 할 것인가는 참으로 중대한 문제인데 또 한편 그 재원이 전연 없다고 생각하지 않습니다. 현재 도내 조선인 초등교육경비는 국고보조 약 21만 4천 원, 임시은사금 수입 약 7만, 기타를 합해서 약 121만 원이라고 하는데, 도비 수입의 상황에 비추어 지금 조금 교육비로 돌릴 수 없는가라고도 생각합니다. 또 국가 재정 안배의 후에 조선교육비를 증가 시키라는 의견도 있는 것 같은데 이와 같은 것은 고등정책에 속하고 우리 같은 지방관리가 참견할 일은 아니라고 생각합니다. 요컨대 지방민의 목소리가 있어서 본부에서도 상당 연구 중인 모양입니다. 우리가 보는 바에 의하면 본부가 조선의 교육에 적극적인 것은 의론의 여지가 없는 것 같습니다. 간이학교와 같이 불완전하다라는 설도 있는데 그것도 적극정책의 하나로 나타난 것입니다. 더욱이 나의 평소 생각하는 바를 부가해서 말하자면 이와 같은 정치상의 중대 문제는 진격한 여론을 필요로 하는 것입니다. 단편적으로 몇몇 학교에서 몇십 명의 아동이 거절되었다라고 하는 것은 여론의 하나의 현상이라면 지금 조금 진검한 여론을 필요로 한다는 것입니다. (중략-편자) 조선의 민중이

하루라도 빨리 생활의 향상 발전을 해서 내지에 손색없기에 이르러
야 할 것입니다. 일상의 행동, 사상방면에서 국민으로써 훌륭한 것
이라 하는 영역에 하루라도 빨리 되지 않으면 안 됩니다. 그래서 진
검한 여론을 일으켜 당국을 움직여서 말한 것 같이 교육비를 증가
시켜야 할 것이라고 생각하므로 조선 민중의 일반의 생각으로써 통
일하려고 하는 생각을 가질 필요가 있는 것에 대해서 조선인 의원
은 지방의 유력한 힘이 있으므로 지방 민중의 지도에 관해 일단의
지도 무력을 원한다고 생각합니다. 특히 현재 많이 이야기되고 있
는 농촌진흥운동을 나아가서 행하는 것은 조선 민중을 훌륭한 생활
으로 선도하는 원동력이 되는 것으로(중략-편자) 사항 일체가 되어
비로소 그 목적을 달성하고 있으므로 각 지방에서는 그 유산계급과
세민 계급을 불문하고 마음을 하나로 하여 각각의 전도를 개척한
후에 한층 진검하지 않으면 안 될 것이라 생각합니다. (중략-편자)
4번(金英武) : 세출 임시부 보조의 중 소방비 보조 500원은 어느 군에
대한 것인지 그 보조 개소를 묻고자 합니다. (중략-편자) 세출 임시
부에 도세제 개정 준비조사비가 계상되어져 있는데 그것은 여하한
목표의 하에 조사되어진 것인가. 개정의 근거 정신 및 조사의 내용
을 설명해주었으면 하고 본건에 관련하여 각 의원으로부터 호세에
대한 의견이 있었는데 나도 그것에 대해서는 매년 불평을 하였습니
다.(중략-편자) 현재 호세는 납세자 전반이 불평을 하고 있습니다.
이와 같은 근거 박약한 불평의 기초가 되는 호세는 단연 폐지되어
지고 그에 대신할 재원을 구할 필요가 있다고 생각합니다. (중략-편
자)
번외(井坂 경찰부장) : 소방비의 보조에 관해서는 당초 총액의 3분의
1을 보조할 계획이었는데 그 후 예산의 관계상 대체 5백 원으로 그

치고 그것을 매년도 계속 보조하는 것으로 하여 전년 협찬했던 것
도 마찬가지입니다. 그것은 소재지에 있어서 다액의 기부금을 기초
로 하여 구입한 것이므로 가능한 1/3 정도의 보조를 하고자 하는데
예산의 관계상 어쩔 수 없습니다. (중략·편자)

18번(牛尾正一) : (중략·편자) 군산의원의 입원비가 지방의 의원에 비
해서 높아서 인하의 길을 강구할 필요가 있다라고 생각하는데 예산
의 후부터 보면 인하의 여지가 없는 것 같습니다. 병원은 상당 번창
함에 불구하고 수지 손상은 없는 것은 경영상 유감의 점이 있다라
생각합니다. (중략·편자)

번외(淸水 위생과장) : 회료(賄料)는 군산병원만 본 연도에 신설하였
습니다. 식사 제공은 종래 청부에 부쳤지만 대병원은 대저 식사 제
공을 직영하고 있어서 청부에 붙인 것보다도 내용이 충실하고 경비
도 아꼈으므로 그것을 직영으로 하고자 하는 것입니다. (중략·편자)
입원료는 전에 각위의 협찬을 얻어서 만들었던 사용료 징수규정에
의해 징수하는 것으로 전체 조선 37개 도립의원의 입원료와 비교하
여 보아도 결코 높게 취하고 있는 것은 아닙니다. 경영비의 절약에
대해서는 항상 생각하고 있어서 식사 제공의 직영과 같은 것도 그
중의 하나입니다. (하략·편자)

6) 제1회 충청북도회 회의록 발췌 제2일

항 목	내 용
문 서 제 목	第一回 忠淸北道會 會議錄 拔萃 第二日
회 의 일	19330623
의 장	
출 석 의 원	松木彬(16번), 宇都宮善市(21번), 原口一二(20번), 趙東渙(9번), 原田武男(1번), 申東休(17번), 安東正(3번), 李明求(19번) 등 20명
결 석 의 원	李明求(19번)
참 여 직 원	飯野(서기), 矢野(내무부장), 阿部(경찰부장), 岸本(지방과장), 本田(산림과장), 高木(산업과장)
회 의 서 기	
회 의 서 명 자 (검 수 자)	
의 안	제3호자문안 1933년도 세입세출추가예산 건, 4호의안 농량대부사업자금 대부금 기채의 건
문서번호(ID)	33
철 명	670
건 명	702
면 수	CJA0002948
회의록시작페이지	도기채계속비의무부담소방비권리포기에관한철
회의록끝페이지	농량인대부사업실시대강(회의록첨부)
설 명 문	국가기록원 소장 '도기채계속비의무부담소방비권리포기에관한철'에 포함된 1933년 6월 23일 충청북도 도회 회의록

해 제

본 회의록(총 33면)은 국가기록원 소장 '도기채계속비의무부담소방비권리포기에관한철' '농량인대부사업실시대강(회의록첨부)'건에 포함된 1933년 6월 23일 충청북도 도회 회의록(제2일)이다.

회의록에서 중략된 부분은 '도회의 권한 위임의 건'으로, 신문기사로써 그 내용을 살펴보면 다음과 같다. 도회의 권한 중 다음의 사항은 도지사 전결로 위임한다는 것인데, 1. 전년도 예산에 계상한 사업이 완료되지 못해 그 잔액을 당년도 예산으로 이월 계상하기 위한 예산의 추가 2. 국고보조금이나 기부금을 자원으로 한 예산 추가 3. 도의 수입에 대해 세입예산 과목 또는 종목 신설로 한 예산 추가 4. 예산의 경정과 5천 원 이내 예산 추가(재해복구비와 흉년구제비는 각 1만 원 이내) 단 도회에서 부결한 용도나 삭제한 용도에 대해서는 추가를 제외 5. 조선간이생명보험 적립금 예입에 의한 예금부 자금 차수규칙 제1조 단서의 규정에 의해 도내 공공단체에 전대하기 위한 예산 추가 기채와 기채 방법 이자의 정률 및 상환방법 6. 연액 천 원 미만의 에산 외 의무 부담을 하는 계약의 체결 또는 1건의 금액 5백 원 미만 권리의 포기 7. 도채에 관해 조선총독의 인가가 필요하지 않은 사항 8. 도회 의결 사항에 대해 그 의결의 취지에 반하지 않는다고 인정되는 범위에서 자구 수정 등이다. 이는 만장일치로 통과되었다.[35]

이어 의안 3호 1933년도 세입세출 추가예산과 의안 4호 농량대부사업자금 대부 기채의 건이 논의되었는데, 특히 농량대부사업의 일장일단을 토의하고 있는 것이 눈에 띈다. 농량대부사업의 목적이 빈궁민 구제에 있느냐 산미통제에 있느냐가 주된 논점이다. 청주의 마쓰키 아키라(松木彬)을 비롯하여 여러 의원들이 질문을 하고 있는데 그 요지는 우선 농량대부사업자금이 10만 원인데 그 돈을 가지고 빈궁구제나 산미통제가 얼마나 효과적으로 될 수 있겠는가, 그리고 춘궁기에 호별할(戶別割) 최하등급 즉 연 20전 내외의 세금을 부담하는 사람들

---

35) 『매일신보』 1933.6.25.

에게 쌀을 빌려준다 해도 그들이 그것을 매각하여 보리나 조를 사먹
는다면 산미통제가 될 수 없다는 지적이다. 또 이 사업은 도는 감독만
하고 읍면이 대부하는 형식인데 가뜩이나 농촌개량이니 사회사업이니
업무가 복잡다단한 시기에 읍면의 사무만 더 가중시킬 뿐이라는 지적,
읍면으로서는 빌려준 후 회수 가능한 자들 위주로 빌려줄 수밖에 없
는데 최하등급의 자들은 상환이 애초에 불가능하다는 지적도 나오고
있다. 즉 빈궁 구제를 한다는 명목이 실제 농민 생활과는 괴리되어 있
고 탁상공론에 불과하다는, 농량대부사업의 성격을 본질적으로 파악
할 수 있는 언급이라 눈길을 끈다. 회의는 결국 사업 운용을 당국이
철저히 하는 것을 신뢰하기로 하고 3호와 4호 의안을 다수결로 통과
시켜 채결(採決)하였다.

내 용

제3호 자문안 1933년도 세입세출추가예산 건
제4호 자문안 농량대부사업자금 대부금 기채의 건
제1회 충청북도도회의록 발췌 제2일(6월 23일)

의장 : 어제에 이어 회의를 열겠습니다.
(오전 10시 15분)
서기(飯野) : 출석의원 20명, 결석신고는 없었습니다만, 19번 의원 이
　　명구(李明求) 씨가 지금 불참입니다. (중략-원문)
의장(南宮) : 다음은 제3호 의안 1933년도 세입세출 추가예산 건 및 제
　　4호 의안 농량대부사업자금 대부금 기채의 건, 위 두 의안을 일괄해
　　서 부의하겠습니다. 먼저 참여원의 설명이 있겠습니다.

참여원(矢野내무부장) : 본 의안에 대해서는 어제 도지사가 설명을 하고 대체로 아실 것이라 생각합니다. 그 중 가장 중요한 세출임시부 제3관 권업비 제8항 농량대부사업자금 대부금에 대해 설명드리겠습니다.

조선에 있어서 농촌의 현상은 매년 춘궁기에 식량이 부족하여 극히 고리(高利)의 농량 차입을 하고, 이 때문에 늘어나는 고리채에 민심이 침체하고 있어 산업개발에 영향을 주는 것이 적지 않습니다. 이러한 상태에 있는 빈농의 곤경을 구제하는 것은 농촌진흥상 긴요한 사회시설이라 생각합니다. 즉 지난날 사환미 제도가 농촌의 복리사업으로서 그 특색을 가졌고 어느 정도까지 이 시설을 보급시켜 운용이 괜찮았던 제도였고 그 효과는 기대할 만한 것이었습니다.

한편 산미 이출 상태를 보면 가을부터 겨우 2, 3개월 간 행해진 결과, 미가(米價) 하락을 불러일으키고 생산자인 농가 자신의 손실이 심대함은 물론 시장 및 농촌이 받는 타격도 역시 적지 않습니다. 고로 본부에서는 조선미 이출통제를 도모함으로써 생산자의 손실을 막기 위해 농업 창고를 건설, 읍면창고 시설의 장려, 야적 벼 저가 융통 등의 방법을 강구함으로써 방매의 방지에 힘써왔습니다만, 지금 한층 그 시설의 확충을 기도할 필요가 대두하고 있습니다. 이런 견지에서 본부에서는 일거양득의 열매를 거둘만한 지난날 사환미 제도를 본떠 지방공공단체 사업으로서 추수기에 벼를 매취하고 저장하여 이를 춘궁기에 식량 또는 종곡으로 빈농에게 대부하여 구제를 도모하고 본 시설에 의해 미곡 통제를 조장한다는 방침을 세운 것입니다. 본 도에서는 이상 총독부의 방침에 순응하여 이 농량 벼의 대부사업을 읍면을 주체로 해서 실시하는 것이고, 이에 필요한 자금은 도에서 기채를 하여 이를 대부할 계획을 수립한 것입니다.

그리고 각 읍면 사업자금은 각 읍면의 재정에 따라 각각 결정할 예정입니다만, 도 전체의 자금 총액에 대해서는 총독부와도 상의한 결과 10만 5백 원 이내로 결정했고, 따라서 벼 1석 10원으로 하면 매취 벼 총 석 수 1만 50석이 됩니다.

그래서 위 자금총액은 이번 제4호 의안대로 도에서 조선식산은행 또는 기타 확실한 금융업자로부터 연리 7푼 2리 이내 1934년 3월 31일까지 거치, 이후 1954년 3월 31일까지 20년부 연 2기 원리 균등 상환의 방법으로서 차입하여 이를 각 읍면에 각각 무이자로 원금만을 위 연한의 연부 상환 방법에 의해 대부하는 것입니다. 읍면은 도에서 대부받은 자금으로 본년 가을에 각각 벼를 매취하는 것이 되는데, 이후 1953년도까지 3월부터 6월 중순까지의 기간에 식량 또는 종곡이 부족한 하층농민 중 적당한 조건을 구비한 자에게 일정한 표준으로 대부하고 그 해 가을에 월 1푼 5리의 이자로 적당한 수량의 벼를 더해 회수하고, 원본은 다음 가을의 대부 시기까지 보관하여, 이자 벼는 이를 매각하고 그 매각대금 중에서 도에 대한 원금 상환을 한 잔액은 원본 벼 수량에서 손실된 분량의 보전비와 기타 여러 경비에 충당하는 것입니다. 그리고 국고에서는 도의 대부자금의 기채액에 대해 연 4푼의 이자 보급을 하는 것이므로 도의 상환액은 위 국고보조금과 읍면의 상환금으로 충당하고, 부족액은 도비로써 지불합니다. 순전한 도비 지출액은 본년도는 1,330여 원, 이후 매년 1,800여 원씩입니다.

사업계획의 개요는 이상과 같습니다만, 본 사업은 지금 말씀드린 대로 현하 농촌 경제계의 실정에 비추어 빈농 구제상 중요하고 또 가장 시의적절한 사회 시설임과 동시에, 산미통제의 목적 달성상 다대한 효과가 있으리라 믿습니다. 따라서 그 실시는 신중히 생각을 짜내어 효과를 거두기에 유감없도록 기할 생각입니다.

참여원(阿部경찰부장) : 제3호 의안 1933년도 세입세출추가예산의 건 중 경찰부 관계에 대해 설명드리겠습니다. 세출임시부 제9관 은사구료시설비 제1항 은사구료시설비 1,920원의 추가는 은사구료시설비의 하사금 백 원과 국고보조금이 3백 원 증가 교부됨에 인한 것이고 기타는 1932년도 예산의 잉여를 본년도로 이월하여 사업의 확장을 꾀한 것입니다.

다음으로 세출임시부 제7관 위생비 제2항 의원비 제1목 건축 및 설비비에 1만 2천 원을 추가한 것은 1932년도에 최소 한도 3만 원으로 증개축을 계획한 것인데 그 계획에 의하면 현재 의원(醫院)의 본관은 그대로 사용하는 것으로 되어 있는데 이것으로는 완전을 기하기 어렵고 또 장래 의원의 업무 진전을 생각하여 지금 한층 완전한 것을 건축하는 게 득책이라는 견지에서 건축 계획의 확장을 한 결과에 의한 것입니다.

마츠키 아키라(松木彬)(16번) : 사회정책으로서 옛 사환미 제도의 부활은 일단 찬성합니다만, 논의의 전제로서 묻고 싶은 것은 농량대부 사업은 그 목적이 빈궁구제에 있는지 조신미 통세에 있는 지입니다. 참여원 설명에 의하면 조선미 통제는 부차적이고 빈궁구제가 주된 목적이라고 생각하는데 대부하는 농량은 벼입니까?

참여원(矢野 내무부장) : 이 사업의 목적은 산미 통제 및 빈궁구제에 있고 그 어느 것이 중요하다는 것은 아니고 양자의 중요 정도는 동일합니다.

원칙으로서 벼를 대부하는 것으로 되어 있습니다. 단 지방에 따라서는 혹은 원칙에 따르는 것이 불가능한 곳도 있어서 이에 대해서는 별도로 실시상 고려하려고 생각하고 있습니다.

우츠노미야 젠이치(宇都宮善市)(21번) : 농량대부사업자금은 연부 상환을 하는 것으로 계획되어 있는데 상환자원은 무엇으로 충당할 계획입니까? 연 7푼 2리로 차입하여 그 중 4푼은 국고보조를 받고 나머지 3푼 2리의 이자는 도가 부담하는 것입니까?

참여원(岸本 지방과장) : 이것은 도가 연 7푼 2리 이내로 차입하여 면에 대부하는 것인데 국고에서 4푼의 이자 보조를 받아 그 차이 3푼 2리는 도가 부담하는 것입니다.

그리고 면에서는 이를 월 1푼 5리로 농량을 대부하여 그 대부이자 중에서 도에게 상환하는 금액이 나온다는 계산으로 되어 있습니다. 또 도에서는 면으로부터 이자를 취하지 않는 것으로 되어 있습니다.

우츠노미야 젠이치(21번) : 그러면 도에서 3푼 2리의 이자를 부담한다면 면에서 1푼 5리의 이자를 수득하는 것이 되는데 그 상환금액을 차인한 나머지는 무엇으로 충당할 예정입니까?

참여원(岸本 지방과장) : 대체로 면이 차입한 금액은 1천 원 이상입니다. 그리고 1천 원 차입하면 거기에 의해 수득한 이자는 120원 정도인데 그 안에서 도에게 5천 원 상환한 후 7천 원 남는 것이 됩니다. 그 7천 원 내에서 화재보험료, 창고 또는 야적 비용 등의 여러 경비로 충당하는 것이 됩니다.

하라구치 카츠지(原口一二)(20번) : 지금 설명하신 것에 의하면 읍면에 대부하는 금액은 1천 원 이내라고 하셨는데 창고 설비는 가능합니까? 추수기에 벼를 매입한다고 하셨는데 본년처럼 가을 상장이 높은 경우 결손은 어떻게 할 생각입니까? 현재 상장에서 볼 때는 추수기의 상장과 춘궁기의 상장은 백석에 대해 3백 원의 손실을 보는 것이 됩니다. 그렇다면 면에서 수득한 70원 이자로 이들 결손 보전이 가능하다고 생각하십니까?

참여원(岸本 지방과장) : 농량 벼를 면에 대부할 때 면에 창고 설비가 있으면 그것을 이용하고 만약 면에 창고 설비가 없는 경우는 그 부근에 있는 창고를 빌려 사용하고 그 부근에 창고가 없는 지역이면 야적할 계획입니다. 다음으로 곡가의 변동에 대해 질문하셨는데 벼 1석 대부하면 추수기에 1석의 벼와 월 1푼 5리에 상당하는 벼를 현물로 회수하는 것으로 되어 있으므로 곡가에 변동이 있어도 관계없다고 생각합니다. 단 이자만은 곡가 변동에 의해 영향을 받지만 곡가 변동은 미리 예상할 수 없는 것이어서 때로는 손실이 있는 것도 있겠지만 대체로 큰 손실은 생기지 않을 것이라 생각합니다.

하라구치 카츠지(20번) : 농량대부사업의 취지는 지극히 훌륭합니다만 단지 결국 벼를 대부하면 다시 그 벼를 팔아 좁쌀을 구매하여 식량으로 한다고 하는 것처럼, 최선을 다해 경제적으로 절약하지 않고서는 도저히 상환이 불가능하다고 생각합니다. 최근 소액생산자금 대부사업도 그 취지는 아주 시의적절한 시설이었지만 현재 그 효과는 별로 없다고 생각하는데 그 점에 대한 견해는 어떻습니까?

참여원(岸本 지방과장) : 그것은 아까 다른 참여원이 설명한 것처럼 산미통제도 하나의 목적이므로 원칙으로서 벼를 대부하는 것으로 되어 있습니다. 궁민에게 비용이 많이 들게 하는 게 아니라는 점은 동감하시겠지만 한 사람당 하루 벼 2홉 5작 내외이므로 벼를 대부해도 음식물에 비용이 많이 드는 것을 유발하지는 않으리라 생각합니다.

조동환(趙東渙)(9번) : 농량대부사업은 현하 농촌의 현상에 비추어 실로 적절한 사업이고 저는 크게 찬성을 표합니다. 그러나 참여원의 설명에 의하면 이 사업은 궁민구제뿐만 아니라 한편으로 산미통제상으로도 그 목적이 있다는 것인데, 이 큰 두 가지 목적을 달성하는 데 겨우 금액 10만 5백 원의 벼, 1만 50석으로써 과연 완전한 성과를 얻을 수 있을지, 본 사업의 계획에 뭔가 근본적인 조사가 있었다면 듣고 싶습니다. 그리고 제 생각에는 이런 근소한 예산으로는 별로 달성할 수 없다고 생각하는데 어떻습니까?

참여원(矢野 내무부장) : 1만 석의 벼로 산미통제와 빈민구제라는 목적을 달성할지의 질문이신데 이것만으로 목적을 달성하는 것은 불가능하다는 것은 동감하실 것이고 따라서 본부에서도 이 이외에 농업창고를 이용 신설하고 본년도부터 각 도에 벼 창고를 건설하는 것으로 되어 본 도에서도 2개소 건설할 계획입니다. 그리고 지금 하나는 동척으로부터 저리자금을 차입하여 벼의 야적을 장려하는 것으로 되어 있습니다. 이러한 시설에 의해 산미통제 목적을 달성할 계획이고 또 사환미도 본 도에서는 겨우 1만 석 정도이지만 타도에서는 2만 석, 3만 석이라 본 도보다는 많고 전조선적으로는 상당한 수량에 달하고 있으므로 통제 효과는 적지 않다고 생각합니다.

하라다 다케오(原田武男)(1번) : 세출임시부 제10관 보조비 제6항 사회사업 보조 4백 원을 추가하여 농촌진흥책의 철저적 수행을 기하기 위해 아직 교화 지도직원 설치가 없는 군에 교화 지도직원을 설치하는 것으로 되어 있는 것 같은데, 현재 설치되어 있지 않은 군 전부 완료하는 것으로 됩니까? 다음으로 세출임시부 제11관 제2항 사방사업비 제1목 사업비 1,622원을 추가하고 있는데 이에 의한 사방사업을 시행하는 지역은 어디입니까? 이 시국이 응급한 사방사업의 목적은 그 사방사업의 시행에 의해 임은을 줌으로써 하층 노동계급을 구제함과 동시에 사업의 수행을 도모함에 있다고 생각합니다. 그렇다면 사방공사가 시행되지 않는 지방의 하층민은 어떤 방법으로 구제할 생각이십니까? 다음으로 사환미 제도의 부활은 크게 훌

룡합니다만 이 사업을 읍면에서 실시하면 읍면 직원은 그렇지 않아
도 작년 이래 농촌진흥사회사업 등 많은 사무가 늘어나 힘들고 그
이상 여력이 없는 것으로 보입니다만 그 이상 사업 처리의 능력이
있다고 생각하는지, 혹은 도비로써 증원할 예정이라도 있는 것입니
까?

참여원(岸本 지방과장) : 현재 교화 지도원 설치가 없는 군은 2개군이
고 그 2개군에 대해 1군 평균 2백 원을 보조하여 전부 설치하기로
되어 있습니다. 면 사무는 말씀하신 것처럼 작년 이래 격증하여 번
잡하지만 일층 사무의 통제를 도모하고 능률을 증진하는 것에 의해
완화할 방법도 있을 것이고, 또 면의 수득 70원으로써 그 중 다소
인건비도 가능하다고 생각합니다.

참여원(本田 산림과장) : 본년도 사방공사 시행지는 청주군 오창(梧
倉), 북일(北一), 옥산(玉山), 강서(江西), 현도(賢都)의 각 면, 보은군
내북면 옥천군 옥천면, 진천군 문백, 이월, 진천면, 괴산군 소수(沼
壽), 사리면(沙梨面), 충주군 주덕면 등이고, 사방공사 시행지에 대해
종래 그 효과를 조사했는데 시행지에는 도박 행위도 감소하고 납세
체납자도 감소하는 등 상당한 효과를 기두고 있습니다.

참여원(矢野 내무부장) : 사방공사 시행에 의한 효과에 대해서는 다른
참여원이 설명한 대로입니다만 기타 사방공사가 되지 않은 지방의
궁민에 대한 구제 방법에 대해서는 1931년도부터 본년도까지 계속
사업으로서 토목사업에 의해 궁민구제의 열매를 거두고 있고 가능
한 각 군에 보편적으로 임금이 주어짐과 함께 교통상 원활을 기하
기 위해 만전을 기하고 있습니다. 그리고 장래에 대해서도 본부에
서는 여러 고려를 하고 있다고 생각합니다. 장래 어떤 방법으로 궁
민구제를 계속할지 확정하고 있지 않기 때문에 계획은 하고 있지

않지만 궁민구제사업 속행은 희망하고 있습니다.

하라다 다케오(1번) : 사방공사를 행하지 않는 지방의 구제에 대해서는 토목사업에 의해 구제한다고 답변하셨는데 이 토목사업을 보편적으로 한다고 하면 사방공사를 행하지 않는 지방에 있어서 그 결함은 어떻게 할 생각입니까?

참여원(矢野 내무부장) : 사방공사에 필요한 장소는 도 내에 약 2만 정보가 산재하여 있고 도 당국으로서는 가능한 속히 이에 대해 시행하려는 희망을 갖고 있습니다만 지금까지 배당된 재원 관계상 그 전부의 시행은 불가능했고 장래 한층 사방사업의 완전을 기하려고 고려하고 있습니다. 완급의 정도도 있어서 2만 정보를 곧장 동시에 실시하는 것이 불가능함은 유감이라 생각합니다. 결과적으로 사방공사 실시 지역에서는 그만큼 은전을 입고 있고 아직 실시되지 않은 지방은 그만큼 은전을 입지 못하고 있는데 일은 장래를 기하여 결정해야 할 것이라 생각합니다.

마츠키 아키라(16번) : 아까도 질문한 것인데 역시 농량대부사업에 대한 지금 좀 질문하겠습니다. 농량대부사업 자금은 금액 10만 5백 원인데 그 10만 5백 원이라는 숫자는 조선미 통제의 견지에서 했다고 한다면 각 도 수이출 수량에서 나왔다고도 생각되고, 한편 구빈의 목적에서 한 것이라면 궁민의 다과에 의해 나온 것이라고도 생각됩니다만 10만 5백 원이라는 숫자를 산출한 근거와, 그 금액은 본부에서 지정한 금액인지 아니면 본 도에서 산출한 금액인지를 듣고 싶습니다. 그리고 궁민이라는 것은 추상적 언어라서 어느 정도를 궁민이라 칭하는지 그 정도를 구체적으로 명시해주셨으면 합니다. 다음으로 저는 사환미 제도에 대해 제도 그 자체는 훌륭한 것임을 전제로 하는 논자이지만, 단지 그 효과가 어떨지를 생각하고 있습니

다. 작년 이래 본부를 시작으로 도, 군, 면이 전력을 다해 자력갱생
목표로서 갱생운동을 일으킨 이래 우리도 자력갱생의 목표로서 일
상생활을 해가는 현재입니다. 그런데 본 도의 궁민의 심리는, 본 도
에서만이 아니라고 생각하는데 한마디로 말하면 손을 내밀면 기대
려 하고 기대면 다시 안으려고 하는 생각을 갖고 있습니다. 현재의
궁민의 상태에 비추어 자력갱생을 목표로 해서 지도 장려하는 지금
본 사업 때문에 오히려 궁민으로 하여금 의뢰심을 유발하여 게으르
게 만들지 않을까 하고 우려됩니다. 조선미 통제의 견지에서 한다
면 아까 20번 의원의 말씀처럼 그 효과에 대해 의심이 되는데 당국
의 견해는 어떻습니까?

참여원(岸本 지방과장) : 농량대부사업 자금 10만 원은 본부에서 지정
한 금액이 아닙니다. 물론 본부에 협의한 후 결정한 금액이지만 따
로 지정된 금액은 아닙니다. 그 10만 원의 산출근거는 본 도 농가
호수 15만 호에서 궁민을 4만 호로 보고 그 중 대부할만한 호수를
약 2만 호로 보아서 이 2만 호는 농량대부가 필요한데 그러나 이 2만
호 전부에게 대부하는 것은 완전히 회수를 예측할 수 없는 것도 있
고 매우 위험하므로 2만 호 중 회수 예정자를 1만 호로 보아서 1호
당 1석으로 하면 1만 석이 필요하므로 이를 기초로 해서 산출한 금
액입니다. 다음으로 궁민은 대체적으로 다른 사람의 힘이 숙원이기
쉽다는 말씀에는 완전히 동감입니다만 사업 실시상 세심한 주의를
하여 농후한 지도를 가하여, 의뢰심을 유발하거나 게으름을 일으키
는 식으로 되지 않도록 노력하려고 합니다.

마츠키 아키라(16번) : 별로 질문도 없는 것 같으니 제1독회에서의 질
문을 끝내기를 동의(動議)합니다.

의장 : 지금 16번 의원이 제1독회의 질문을 끝내자고 동의했는데 위

동의에 찬성하는 분은 기립해주십시오.

(전원 기립)

의장 : 만장일치로 가결했고 본 의안의 제1독회를 끝내고 제2독회에
들어가겠습니다.

이명구(19번) : 농량은 궁민에게 이를 대부하는 것으로 되어 있지만
궁민 중 백성도 있고 또 농업을 하지 않는 자도 있습니다. 그리고
농량대부를 받는 자는 적어도 농업을 하는 자에 한한다고 생각하는
데 그렇다면 백성에 있지 않은 궁민 구제는 어떻게 할 생각인지 듣
고 싶습니다.

참여원(岸本 지방과장) : 이 사업은 궁민구제와 함께 산미통제 목적
달성을 위해 대부는 농가에 한하고 있고 농민 이외는 은전을 입지
않는 것으로 되어 있습니다. 그러나 본 도 궁민의 대부분이 농업자
이므로 대부분은 그 은전을 입는 것으로 됩니다. 그리고 농업자 이
외의 소수 궁민은 종래의 궁민구제사업에 의해 구제하는 외에는 없
다고 생각합니다.

조동환(9번) : 아까 참여원 설명에 의하면 본도 내 궁민을 2만 호로 보
고 그 중 1만 호에 대한 10만 5백 원을 계상했다고 했는데 제가 실
제로 본 것과는 거리가 있습니다. 현재 본 도의 상태에서 볼 때는
어느 농촌에 가도 총 호수의 약 3, 4할은 궁민계급에 속합니다. 그
런데 여하튼 좋은 사업을 일으켜 궁민구제와 산미통제라는 두 가지
큰 목적을 달성한다 함에는 꽤 적은 금액이라는 감이 있습니다. 이
번에는 첫 계획이라서 어쩔 수 없겠지만 장래에는 상당히 증액하여
적극적으로 실시하기를 희망합니다.

우츠노미야 젠이치(21번) : 세출임시부 제10관 보조비 제6항 사회사업
비 보조, 교화지도원 설치비 보조로서 4백 원 추가한 것은 매우 시

의적절하고 감사하는 바입니다. 설명서에 의하면 농촌진흥책의 철저적 수행을 도모한다 운운이라 되어 있는데 이것으로 농촌진흥책의 수행이 가능합니까?

참여원(岸本 지방과장) : 이것만으로 충분히 농촌진흥책의 완벽을 기한다는 것은 아닙니다. 농촌진흥의 철저적 수행의 하나의 방법으로서 4백 원을 교화지도원 설치가 없는 군에 교화지도원을 두고 농촌진흥책 수행에 매진한다는 것입니다.

신동휴(申東休)(17번) : 아까 참여원의 설명에 의하면 농량대부사업자금으로써 대부하는 농량은 종자가 되는 벼로도 한다는 설명이었는데 산미개량상 가장 종자벼를 엄선하지 않으면 안 됨에도 불구하고 이렇게 면에서 매상한 잡박(雜駁)36)한 벼를 종자벼로 하면 산미개량상 지장없습니까?

참여원(高木 산업과장) : 물론 잡박한 종자벼를 뿌리는 것은 산미개량상 매우 영향이 있는데 농량대부 벼로써 종자벼로 할 때는 충분히 주의를 하여 그 방법으로서 배부할 때 엄밀히 검사하고 절대로 나쁜 벼를 종자벼로 하지 않도록 충분 주의를 할 심산입니다.

우츠노미야 젠이치(21번) : 종자 갱신에 대해서는 당국에서 상당히 경비를 계상하여 장려해 가고 있지만 종자 갱신이 충분히 되고 있다는 것은 탁상공론이고 실제에 있어서는 아직 충분하다고 말할 수 없다고 생각합니다. 최근 어느 정도 개선되어 가고 있지만 불충분하고 그 이유는 종자 갱신기가 적절하지 않아서 종자벼를 식량으로 하고 실제 종자벼로 할 때는 잡박한 벼를 파종하는 현상인데 당국에서 이에 대한 대책은 강구하고 있지 않는 것입니까?

---

36) 여러 가지가 마구 뒤섞인 것.

참여원(高木 산업과장) : 종자갱신이 잘 되는 것은 산미개량상 가장 필요한 일이라 생각하고 종자갱신에 대해서는 항상 충분히 주의를 하고 있습니다. 본년도부터 종자벼 창고 설치에 대해서는 도비에서 상당한 보조를 지출하고 있습니다. 또 면비가 빈약하여 곧장 건설이 불가능한 면에서는 주도면밀하게 주의를 기울여 종자벼 예납제도를 취하여 순량한 종자를 파종시키도록 힘쓰고 있습니다. 그리고 사환미 배부에 대해서도 종자벼로 하는 것은 충분히 주의하여 유감없도록 기하려고 하고 있습니다.

마츠키 아키라(16번) : 아까 질문한 궁민이라는 것은 어느 정도를 말하는 것인지에 대해 답변을 원합니다.

참여원(岸本 지방과장) : 본 사업에 있어서 궁민이라 칭함은 면 호별할 최하급 정도의 자를 의미합니다.

마츠키 아키라(16번) : 농량대부사업에 대해 참여원의 설명을 들으면 대부를 받은 궁민은 호별할 최하급의 사람을 표준으로 하여 계획한 사업이라면, 이 사업은 완전히 궁민구제의 열매를 거두는 것은 도저히 불가능하다고 생각합니다. 원래 도 당국은 지도 감독의 지위이고 사업 실시를 하는 것은 읍면이기 때문에 실제 그 실정을 헤아리지 못하는 감이 있습니다. 그 이유는 도당국에서는 계획처럼 호별할 최하급의 자를 목표로 하고 또 이를 이상으로 하려 해도, 실제 일을 하는 읍면에서는 읍면 자체의 재정도 고려해야 해서 대부할 때는 회수할 것을 고려한다고 생각합니다. 이것은 아까도 궁민의 심리에 대해 말씀드린 것처럼 최하층 궁민은 대부받은 것은 그냥 얻은 거나 마찬가지라고 생각하기 때문입니다.

청주를 보면 반농반상(半農半商)인 사람이 약 3천 호 있고 그 6분의 1인 5백 호는 호별할 최하급의 자인데 1호 20전 정도의 호별할도 잘 납부할 수 없는 상태이고 이는 거의 전부 면세의 형태로 되어 있습니다. 이 20전 정도의 공과금조차 납부할 수 없는 것에 의해서 보면 농량대부를 받는 것은 타는 돌에 물을 끼얹는 것처럼 기쁜 일인데 상환한다는 것은 조금도 생각할 수 없는 일입니다. 고로 직접 사업 실행의 임무를 맡는 읍면에서는 궁민구제라기보다도 대부 벼 회수에 가장 중요성을 두게 되고 따라서 도당국의 이상과는 반대의 결과를 가져와 마치 현재의 금융조합과 마찬가지로 되지 않을까 생각합니다. 현재 금융조합도 설립의 취지는 농촌의 금융을 원활히 함에 있는 것이지만, 금융조합도 회수하는 것을 고려하기 때문에 설립 취지와는 달리 유산자에게만 대부하는 식의 현상이고 이것도 결국 회수하는 것을 고려해야 하므로 따라서 그 목적이 멀어지는 상태입니다. 조선에 자치제의 발달에 의해서 읍은 자치가 되고 면은 면협의회가 있고 자치에 일보 전진하고 있으며 모처럼 도에서 계획한 것도 완전 반대의 결과를 가져오는 것은 명확합니다. 그래서 저는 본 사업 계획은 본부의 지시에 의한 것인지 도의 방침으로 계획된 것인지를 질문한 것입니다. 단 조선미 통제의 견지에서 볼 때는 확실히 효과있는 것이라 생각하는데 양자 병행하여 공히 상당히 효과를 거두는 것은 사실 의심하지 않을 수 없습니다.

참여원(矢野 내무부장) : 사환미 제도의 부활에 대해 그 실시상 회수하는 것을 고려하지 않으면 안되는 것은 동감하실 것이고, 당국과 의견이 일치한 바입니다. 대부할 때에는 호별할 등급을 참고한다고 하나 궁민인 고로 누구에게나 다 배부할 때는 효과가 없고 결과가 좋지 않을 것이기 때문에 읍면에서는 회수도 충분히 고려해서 대부하는 것이라 생각합니다. 그러나 회수만 고려해서 궁민이 아닌 자에게 대부하는 것 없이 걸식에 의지하는 자에게 대부한다는 것도 아닙니다. 대부에 대해서는 도, 군, 면이 협력해서 농가의 가계를 살펴서 할 것이므로 각 면의 소농 중에서 근로 정신이 있고 자력갱생의 기대가 있어 효과를 거둘 수 있을만한 자에게 대부할 예정입니다. 이들 중에도 춘궁기에 고리의 차금을 하여 농량을 사는 자가 많으므로 비교적 이자가 싼 농량을 대부할 때는 상당히 갱생의 효과를 기대할 수 있으리라 생각합니다. 다음은 금융조합 건에 대해 말씀하셨는데 이는 재무의 주관입니다만 현재로는 농가가 자각하면 금융조합에 가입하고 상당한 자금을 융통 가능한 식으로 조장해 가고 있으므로 혜량해 주시기 바랍니다.

마츠키 아키라(16번) : 본 사업 계획을 할 때 농가 가계 조사를 하고 있는가는 생각하지 않지만, 현하 농촌 상태에 비추어 회수의 길이 있는 세민이 그 읍면에서 호별할의 최하급 사람인데 이는 꽤 중대한 문제입니다. 현하 농촌생활 상태에서 보아 최하급 자가 춘궁기에 벼를 식량으로 한다는 것은 도의 고위 고관분들만의 몽상이고 실제는 전연 반대입니다. 근래 농민도 점차 자각해서 보리나 조를 일상 식량으로 하고 있고 농량벼 대부를 받아도 벼를 식량으로 하지 않고 그 벼를 팔아서 조나 보리를 사서 먹으므로, 결국 조선미 통제가 되지 않는 것입니다. 가계 조사 결과 충분히 회수의 길이 있고 또 자력갱생으로 나아가고 있다는 것에 대해서는 지금 참여원의 말씀처럼 근래 농촌 금융조합은 점차 자각하여 무담보로 상당 금액을 융통하고 있고 아까 1번 의원 말씀처럼 현재 읍면 이원은 업무가 극히 많은데 또 이런 사업을 하려면 확실한 이유가 필요한 것이라 생각합니다.

참여원(矢野 내무부장) : 농량대부에 대해 호별할 등급을 고려한다 해도 이는 호별할 최하급의 자에게만 대부하는 것이 아니고 예를 들면 호별할 등급을 25등급으로 구분한다고 하면 25등급의 자만이 아니라 그 이상의 24등, 23등의 자에게도 때로는 그 정황에 의해 대부하는 것입니다. 농량벼를 대부해도 벼를 팔아 조를 사먹으니 산미통제가 안된다는 말씀이신데 종래는 벼 매매가 가능한 가을 단기간에 행해왔고 따라서 산미통제상 지변이 생긴 것인데, 본 사업 실시 후는 이 폐단이 없게 되는 것이고 춘궁기에 농량벼를 팔아 조를 사먹는 자가 몇 있어도 크게 지장은 없다고 생각합니다. 여러 의론도 있을 것인데 대체로 개괄적으로 보아 궁민구제와 산미통제의 양자의 목적을 달성할 수 있으리라 생각합니다.

하라구치 카츠지(20번) : 저는 농량대부사업 계획이 일반 빈농에 대해 매우 친절한 것은 찬성을 표합니다. 그러나 16번 의원이 누누이 질문한 것처럼 회수 예정이 확실하지 않으면 대부하지 않는 것으로 하면 그것은 진짜 궁민은 은전을 입지 못하는 것이라 생각합니다. 1929년 이래 실시되어온 소농생산자금 대부사업도 위에서 압박하니 읍면에서 어쩔 수 없이 실시하고 있는데 진짜 목적은 달성하지 못하는 상황입니다. 그리고 이 농량대부사업은 일거양득의 사업이라고 하셨습니다만 그 20년이라는 기간은 매우 긴데 단축하는 건 불가능합니까? 현재 읍의 이원은 농촌진흥 자력갱생, 경제갱생 조사 등 사무로 힘든 상황입니다. 실제 문제로서 농촌의 제일선에 있는 저로서는 찬의를 표하지만 사업 성질에서 보아 20년은 너무 깁니다. 춘궁기에 1석을 빌려 가을에 1석 1두를 반환하면 좋은 것이지만 이것은 농민이 그렇게 하기보다는 1석을 빌려 벼를 팔아서 조를 사먹고, 가을에 벼 8두를 반환하면 충분한 계획이 됩니다.

하라다 타케오(1번) : 세출임시부 제10관 보조비 제6항 사회사업비 보조 교화지도원 설치비 보조로서 4백 원 추가하고 교화지도원 설치가 없는 군에 그 설치를 하는 것은 매우 감사합니다. 다음은 사방사업이 실시되지 않는 지방에 대한 대책으로서 시국 응급 시설 토목사업으로써 고려한다는 말씀인데 이 실시에 대해서는 당국에서 특히 고려를 하여 세민 구제를 공평히 실시하길 바랍니다. 다음은 사환미 제도 실시에 대해 참여원의 설명을 들으면 읍면에서 약 70원 이익을 얻고 이 이익으로 사업 수행상 여러 경비에 충당한다는 것인데 이 70원 숫자는 그냥 지장없이 유리한 경우를 예상한 것이고 반드시 일정 불변한 것은 아닙니다. 곡가 변동에 의해 이것들의 변동이 있을 것임은 명확하므로 그 실시에 대해서는 충분히 고려를 해야 하고 빈궁한 읍면에는 특별히 농후하게 실시되어야 합니다.

조동환(9번) : 농량대부사업은 각 의원이 여러 논의를 하셨는데 제 생각으로는 이 사업도 하나의 사회구제사업이고 사회구제사업은 1부터 10까지 그 완전을 기하는 것은 매우 곤란한 일입니다. 이 사업은 취지에서 보아 그 운용 여하에 매우 난관이 있다고 생각합니다만 그러나 그 운용 여하는 당국의 판단에 신뢰할 수밖에 없는 것이고 현재 읍면은 실제 사무가 극히 번잡하므로 운용에 대해 특단의 노력을 기울여야 합니다.

안동정(安東正)(3번) : 농량대부사업은 다른 각 의원이 말씀을 다해주셨지만 도당국에서 성의껏 사회상을 조사하여 했는지 어떤지가 의문입니다. 원래 그 취지 목적은 훌륭하지만 여기 하나의 사회상으로서 실례를 참고하시라고 말씀드리는데 저번에 어느 지인이 돈을 빌린 이야기를 들어보면, 최근 인심이 매우 악화하여 돈을 빌려줄 때는 애원하지만 일단 빌려 받으면 기한이 와도 반환하지 않음은 물론 최근에는 차금하면 국가가 이를 상환해주니 결코 돌려줄 필요가 없다는 이야기를 한다고 들었습니다. 결국 자력갱생 정신을 몰각한 것이고 이는 일부분의 사람이겠지만 현재 사회에는 이런 사람들도 있다는 것을 참고하지 않으면 안 됩니다. 이런 것도 충분히 연구하여 계획한다면 걱정 없겠지만 아까 20번 의원의 말씀처럼 사업정신은 좋지만 실시가 잘못되면 취지에 반하는 결과를 불러오는 것이므로 실시에 대해서는 충분히 유의함과 함께 상환 연한을 20년으로 하면 너무 기니 이 점도 충분히 고려해 주시길 바랍니다.

이명구(19번) : 사회사업비 보조로서 교화지도원 설치보조비 4백 원을 추가하여 아직 설치안된 군에 설치한다고 하셨는데 지장이 없다면 설치하려는 군 이름을 발표해 주십시오. 그리고 청주군은 도의 소재지이며 설치가 가장 긴요함에도 불구하고 아직 설치를 보지 못한 것은 인선 관계입니까? 설치가 필요하지 않다고 생각하기 때문입니까?

참여원(岸本 지방과장) : 현재 설치하지 않은 곳은 보은과 단양 두 개 군입니다. 이 두 개 군에 대해 한 군당 평균 2백 원 합계 4백 원을 보조할 예정입니다. 청주군의 교화지도원은 본년도 설치하는 것으로 되어 있습니다만 인선 관계로 현재까지 지연되고 있습니다.

우츠노미야 젠이치(21번) : 제3호 의안 및 제4호 의안에 대해서는 각 의원이 상당히 논의했고 질문도 다했다고 생각하니 제2독회를 끝내고 제3독회로 들어가서 곧장 채결하기를 동의합니다.

의장 : 지금 21번 의원이 제2독회를 끝내고 3독회를 생략하고 곧장 채결하고 싶다는 동의를 했는데 이의 없습니까?

('이의 없음')

의장 : 이의 없으므로 제3호 의안 1933년도 세입세출 추가예산 건 및 제4호의안 농량대부사업 자금 대부금 기채의 건 제2독회를 끝내고 3독회를 생략하고 곧장 채결하겠습니다. 원안에 찬성하는 분은 기립해주십시오.

(다수 기립)

의장 : 찬성자 다수이므로 가결 확정하겠습니다.

II

부협의회 · 부회 회의록

1) (군산) 부협의회 회의록(제3일)

항 목	내 용
문 서 제 목	府協議會 會議錄(第3日)
회 의 일	19310311
의 장	前田善次(군산부윤)
출 석 의 원	李源衡(1번), 金永熙(2번), 淸水喜作(3번), 茶野久米次郎(4번), 河上藤太郎(5번), 光富嘉八(6번), 香原助太郎(7번), 檜垣孫三郎(9번), 山本一男(10번), 向井松次郎(12번), 金炯基(13번), 片茂松(14번)
결 석 의 원	神林松吉(8번)
참 여 직 원	諸田滿壽男(부속), 菅原敏次郎(부속), 坂本秀雄(부속), 重松龜吉(서기), 車孟良(서기), 山口袈裟太郎(기수), 山浦勘利(기수)
회 의 서 기	坂本秀雄(부속), 梁周鉉(서기보)
회 의 서 명 자 (검 수 자)	
의 안	자제3호 군산부 서빙정 지선공유 수면 매립공사비 계속 연기 및 지출방법의 건, 자제4호 군산부 어항축조공사비 계속 연기 및 지출방법의 건, 자제5호 부내 오물소제 청부를 2년간 계속 청부로 할 건, 자제6호 1931년도 군산부 세입출 예산의 건
문 서 번 호(ID)	CJA0002817
철 명	군산부예산서철
건 명	군산부소화6년도추가예산의건(제1회)(회의록첨부)
면 수	20
회의록시작페이지	486
회의록끝페이지	505
설 명 문	국가기록원 소장 '군산부예산서철'의 '군산부소화6년도추가예산의건(제1회)(회의록첨부)'건에 수록된 1931년 3월 11일 개회 부협의회 회의록(제3일)

해 제

본 회의록(총 20면)은 국가기록원 소장 '군산부예산서철'의 '군산부 소화6년도추가예산의건(제1회)(회의록첨부)'건에 수록된 1931년 3월 11일 개회된 군산부협의회 제3일차 회의록이다. 자제3호 군산부 서빙정 지선공유 수면 매립공사비 계속 연기 및 지출방법의 건, 자제4호 군산부 어항축조공사비 계속 연기 및 지출방법의 건, 자제5호 부내 오물소제 청부를 2년간 계속 청부로 할 건, 자제6호 1931년도 군산부 세입출 예산의 건을 심의하였다. 자제5호만 청부 3년에서 2년으로 수정, 의결되었다. 군산부는 1929년까지는 부찰제(敷札制)[37]로 오물소제를 청부하다가 1930년부터 경쟁입찰 방식으로 변경하여 운영하였는데 청부자가 계속 바뀌는 문제가 생겨 운영방식 변경에 대해 자문한 것이었다. 부당국에서는 3년 경쟁 입찰 방식으로 제안하였으나, 의원들은 각각 경쟁, 부찰방식에 대한 재고가 필요하다, 예전 직영 방식이 좋다, 3년은 너무 길다 등등으로 의견이 분분하였고, 결국 기물 처분 등 청부자의 입장을 생각한 당국의 3년안은 철회되고 2년안으로 수정, 의결되었다.

내 용

(상략-편자)

의장(부윤) : 어제에 계속하여 지금부터 개회합니다.

의장(부윤) : 오늘은 세입 제1관 부세부터 심의를 하고자 합니다.

4번(茶野君) : 세입 제1관 제항의 지세부가세(地稅附加稅)를 증액한 것

---

[37] 전체 입찰의 평균 가격으로 낙찰.

은 어떤 이유입니까?

참여원(諸田府屬) : 이는 본세가 증가된 결과에 따라서 부가세도 증가했던 것입니다.

2번 의원 김영희(金永熙) 군 입장함

(오후 1시 45분)

9번(檜垣君) : 영업세부가세를 보면 작년도와 동액이 계상되었는데 동액을 계상한 이유를 묻고자 합니다. 국세는 6/10,000이 4/10,000가 되었습니다.

참여원(菅原府屬) : 국세 영업세의 개정에 따라 작은 부담의 점은 다소 완화되어질 것이라 생각하는데 부세(府稅)는 금일의 재정으로써 율을 내린다라 하는 것이 가능하지 않습니다. 그렇게 양지하여 주시길 바랍니다.

9번(檜垣君) : 또 말씀드리겠는데 작년도 하반기에는 일반 상가(商家)의 불황이었으므로 감세를 해야 한다고 생각하는데 본세에 대해 80/100인데 감세시킨 율은 볼 수 없습니다. 이 불황의 때인 만큼 이 율을 65/100 정도로 계상은 가능하지 않습니까?

의장(부윤) : 작년 하반기에 70/100으로 하였는데 그 실적에서 3만 6천 원에 달하고 있어서 본년은 본세를 3만 400원으로 보아 계상했던 것이므로 따라서 부가세도 내려질 것이므로 이대로 인정하여 주시길 바랍니다.

9번(檜垣君) : 그럼 작년의 실적에서 1만 원여를 감액한다라 하는 것입니까?

참여원(諸田府屬) : 그렇습니다. 1만여 원을 감액했던 것입니다.

5번(河上君) : 차륜세가 증액되어 있는데 어떠한 이유입니까?

참여원(菅原府屬) : 차륜수에 있어서 전년도보다 증가를 예상한 결과입니다.

5번(河上君) : 자전거세의 저율(低率)의 의지는 없습니까? 자전거는 상인의 발이 되고 있는 것으로 상가로써 가장 필용품이므로 704원을 증액하였던 것은 다소 예상이 많다라 생각되므로 감액하는 것은 가능하지 않습니까?

참여원(諸田府屬) : 지방세가 증가하고 있으므로 부가세도 증가하는 것이므로 양지바랍니다.

7번(香原君) : 호별세의 부과 호수가 크게 늘고 있는데 재계 불황의 결과라 하는데 듣는 바에 의하면 시내에도 꽤 다수의 공가(空家)가 있는 것으로 알고 있습니다. 그 수도 거의 2백 이상이다라 하는데 어떻습니까? 이러한 때에 있으므로 가능한 호별세의 감액을 희망하는 것으로 등급 사정에서 결정하면 절대적인 것이므로 충분 이점 고려를 바랍니다.

2번(金永熙君) : 지세부가세에서 1,245원 증액되어 있는 것은 어떠한 이유입니까?

참여원(諸田府屬) : 본세의 것도 증가에 의한 결과입니다.

2번(金永熙君) : 호별세는 누구에게 부과하는 것입니까?

참여원(諸田府屬) : 이는 조례에 의해서 부과하고 있는데 즉 독립의 생계를 영위하는 자에 대해 자산 생계의 상태를 보아서 이를 부과하고 있습니다.

13번(金炯基君) : 호별세의 부과는 최저 어느 정도로 되어 있습니까?

참여원(諸田府屬) : 4백 원 이하로 되어 있습니다.

3번(淸水君) : 가옥세부가세에 대해서 1,400원이 증액되어 있는데 어떠한 이유입니까?

참여원(菅原府屬) : 1930년도에 있어서 실지 조사의 결과, 부과 누락의 발견에 기인합니다.

3번(淸水君) : 가옥이 상당 있다면 그만큼 차가료(借家料)의 수입이 줄어들게 되므로 저하할 생각은 없습니까?

참여원(諸田府屬) : 이 세금은 100/100까지 징수가 가능한 것으로 만약 다른 세로써 결함이 있다면 백까지 징수한다라 하는 것을 하지 않으면 안 되는 것으로 우리 부는 75/100를 부과하여 25는 감액하고 있고 또 실제 거두는 성적에서 보아도 작년도는 8,409원입니다.

14번(片茂松) : 영업세의 부과표준은 어떠합니까?

참여원(菅原府屬) : 이 세금은 각 업태(業態)에 의해 부과 표준을 달리하고 있습니다.

14번(片茂松) : 이 세금 결정은 총독부에서 합니까?

참여원(菅原府屬) : 본부에서 있어서는 부윤이 결정합니다.

14번(片茂松) : 상인은 예를 들면 작년 1만 원의 매매고가 있었다면 본년은 재계 불황 물가 저락의 결과, 그 반액도 이르지 못한 상태이므로 작년과 동액을 계상하였던 것은 다소 유감입니다.

참여원(菅原府屬) : 예산면은 2만 4,320원으로 예정이 되어 있어서 이 예산의 숫자대로 부과되었던 것은 아닌가 생각합니다. 실제의 징수액은 2만 원 정도이지 않을까라 생각합니다.

3번(淸水君) : 지금 스가와라(菅原) 재무주임은 실제 부과된 것은 약 2만 원 정도라고 답변하였는데, 예산면에서 계상되어진 것과 비교하면 4천여 원 차이는 일체 어떠한 이유인지 저는 실제 그 사무를 맡고 있는 재무주임의 설명을 믿는 바이나 예산면과 격차가 있는 것은 요컨대 세입 세출의 이치상 맞지 않다라 생각되므로 그 실제의 것을 계상하면 어떻습니까?

의장(부윤) : 이는 기왕의 실적에 비추어 불황을 참작하여 계상하였던 것으로 또 작년도의 실적에서 보면 영업세 법세율 개정에 의한 감액 약 7천 원과 물가 하락에 의한 감수(減收) 1할 5푼을 예상했던 것으로 본세 여하에 따라서 감액되어진 것이므로 먼저 이 정도의 것을 계상했던 것에 지나지 않는 것이므로 부디 양지하여 주시길 바랍니다.

6번(光富君) : 부세 수입의 예산면을 통하여 작년도보다 과대하게 되었는데 작년과 본년 동일하면 안전율이 인정됩니까? 예를 들면 영업세의 예산액 2만 4,320원에 대해 그 실적은 3만 5,690원, 지세부가세에서 예산액 4,440원이 4,804원, 소득세부가세에서도 3,584원의 예산에 대해 4,207원으로 되어 있는데 본 연도는 안전율을 예상하지 않습니까?

참여원(諸田府屬) : 부로써는 재정난의 때마침 특히 장래 세입의 안전을 예측하고 있는 것이지만 본년은 전년도대로 안전하다라 하는 것으로 예를 들면 영업세부가세에서도 재무계의 예상인 2만 원으로 하는 것도 물론 확정하고 있는 숫자에 사실이면 아마 사무 취급자의 사견에 지나지 않은 것으로 어떠한 숫자를 표시함은 신경 쓸 것도 없으므로 예산 편성의 담당자는 실무상뿐만 아니라 이론적 근거에 의하지 않으면 안 되므로 본년의 영업세부가세와 같이 과거 3년의 실정과 이론적 근거에서 계상하였던 것으로 안전율의 예상상 작지 않은 것입니다.

6번(光富君) : 개개의 세액은 작다고 할 수 있습니까?

참여원(諸田府屬) : 그렇습니다.

13번(金炯基君) : 토지평수할(土地坪數割)은 감면이 가능합니까?

참여원(諸田府屬) : 가능하지 않습니다.

2번(金永熙君) : 징수 연한의 연장은 가능하지 않습니까?

의장(부윤) : 조례에 제정되어져 있는데 연장이라는 것은 가능하지 않습니다.

3번(淸水君) : 최근 물가는 현저하게 하락하고 있는데 이사자 각위는 물가가 하락하고 있는 것은 생각하고 있지 않습니다.

참여원(諸田府屬) : 일체 어느 정도까지 물가가 하락하고 있다라 하는 것인데, 영업세는 영업성적에 따르는 것으로 물가란 전연 관계가 없으므로 중대한 관계는 가지고 있지 않습니다.

5번(河上君) : 호별세는 1호 평균 6원으로 되어 있는데 이를 내릴 방도는 없습니까?

참여원(諸田府屬) : 1호 평균 6원으로 되어 있는데 경비가 허락하면 저하하고자 생각하고 있습니다.

1번(李君) : 영업세부가세에 대해 묻고자 하는데 불황의 시대에 따라서 부는 이의 80이라는 율을 40 또는 50으로 저하하려고 생각하는데 부는 저하의 생각을 가지고 있습니까? 잠시 묻고자 합니다.

의장(부윤) : 동감인데 경비의 관계 또는 기타 세율의 균형상 이 이하로 내리는 것은 곤란한 정세이므로 양지하여 주시길 바랍니다.

의장(부윤) : 다음으로 제2관 사용료 및 수수료로 옮깁니다.

2번(金永熙君) : 공원의 사용료는 없습니까?

참여원(諸田府屬) : 사용료징수규정이 아직 없으므로 계상하고 있지 않습니다.

13번(金炳基君) : 개복동 근처에는 상당히 도로를 사용하고 있는 자가 있는 것 같은데 어떻습니까?

참여원(諸田府屬) : 그렇습니까? 이는 단순히 외견만으로는 판명할 수 없습니다. 실측해 보아야 비로서 판명할 수 있는 것이므로……

4번(茶野君) : 수도료의 건인데 전용전(專用栓)은 10미터의 2원을 최저 요금으로 5미터를 사용하든 7미터를 사용하든 2원으로 하는 것은 무언가 불합리한 것 같이 생각되는데 이를 어떻게 구별 징수하는 것은 가능하지 않습니까?

참여원(諸田府屬) : 전등요금과 마찬가지로 최저 요금은 다른 방법이 없습니다. 또 최저 요금 저하의 필요는 인정하고 있는데 무언가 다액의 기채 상환 종료와 간선 준공까지 기다리고자 합니다. 지금 잠시 저하가 불가능하다라 하는 것입니다.

9번(檜垣君) : 시장사용료가 작년도부터 1,787원을 증액하고 있는데, 예상의 내용을 묻고자 합니다.

참여원(諸田府屬) : 군산시장의 수입을 늘려서 계상하였습니다. 이는 신년도도 되었으므로 바로 이전을 하여 이 이전 후의 수입 반년분을 예상하여 계상했던 것입니다.

14번(片茂松) : 군산시장의 사용료를 감액하려고 생각합니까?

참여원(諸田府屬) : 세금과 같이 징수하는 것은 아닙니다. 3전, 5전, 집금하므로 지금까지는 다소 사용료를 지불하려고 행하고 있었던 것인데 시장 개선함에 있어서는 이들의 일도 자연 없어져 징수도 가능하므로 일반 부담이 증가했다라 하는 것도 없으므로 양지하여 주시길 바랍니다.

4번(茶野君) : 독촉수수료를 많이 계상하는 것은 진실로 군산 부민의 치욕인 것으로 이를 삭감하는 것은 어떻습니까? 체납자의 다수는 몹시 독촉의 수단이 엄격하므로 일반에 호감을 주지 않고 체납자가 이전 정도 독촉장을 받아도 치욕스럽게 여기는 관계도 있는데 요컨대 이는 당국과 부와 융화를 결여한 증거가 된다고 생각합니다. 재무직원이 독려하러 와도 반드시 2인이나 3인이 동반하여 와서 엄중하게 독촉하는 것도 있는데, 다소 사람이 많아서 2인이나 3인이 외출하는 것이 아닌가라 생각합니다.

참여원(菅原府屬) : 독려는 시간 외에 하고 있습니다. 결코 잉여 인원 이 있어서 2인, 3인이 같이 간 것이 아닙니다. 여러 사정에 의해 1인 보다 2인의 쪽이 좋은 것 같아서 또 독려원의 행동 등에 대해서는 충분 주의하고 있습니다.

의장(부윤) : 다음은 3관에서 7관으로 옮깁니다.

(특히 '이의 없다'라 하는 자 있음)

의장(부윤) : 그럼 세입경상부는 여기서 중단하고 임시부 제1관부터 9관까지 일괄하고자 합니다.

5번(河上君) : 부영주택 예정지의 수입은 예상하고 있습니까?

참여원(諸田府屬) : 그것은 경상부 제5관 기본재산수입에 예상하여 게 상하고 있습니다.

6번(光富君) : 제5관에 토지매각대로써 금 1천 원을 계상하고 있는데 그 예정지는 어느 곳입니까? 일단 설명을 부탁드립니다.

참여원(諸田府屬) : 제가 답변하겠는데 지적(地積)은 협소하나, 수가 많은 것입니다. 토지는 명치정(明治町) 16, 본정통(本町通) 59의 1, 전주통(羊州通) 166의 6, 전주통 12의 13부터 16까지, 영징(榮町) 38의 1부터 동 2, 41의 3부터 6까지, 동 72의 14, 72의 16, 72의 17, 72의 18, 108의 3, 61의 1, 65의 10, 호정(芦町) 3의 1, 장재동(藏財洞) 5의 1, 이상입니다.

의장(부윤) : 다음은 8관 9관으로 옮기겠습니다.

('질문 없다'라 함)

의장(부윤) : 이상으로 세입의 부 제1독회를 마쳤으므로 10분간 정도 휴식하겠습니다.

(오후 4시 30분)

의장(부윤) : 개회하겠습니다.

자제 3호, 동 4호, 동 5호안의 심의를 부탁드립니다.

의장(부윤) : 자제 3호, 동 4호안은 기채 기타의 건에 대해 이미 설명 드렸으므로 설명은 생략하겠습니다.

5번(河上君) : 서빈정 지선 매축의 토석(土石)은 어느 곳부터 채취 합니까?

참여원(諸田府屬) : 옛 부청사 철거지부터 채취할 계획입니다.

('이의 없다'라고 3번 제창함. 전원 이의 없음)

의장(부윤) : 다음은 자제4호

7번(香原君) : 실행 곤란한 것이지만 바다로써 생명으로 하는 어업자 가 되어서는 진실로 좋은 시설이라 생각하므로 3년은 다소 길게 느 끼므로 가능한 한 2개년 정도로 시행을 바랍니다.

의장(부윤) : 동감입니다.

참여원(諸田府屬) : 전회 기채의 때에 있어서는 2개년으로 계획을 세 웠는데 경비 기타의 관계에서 3개년으로 되었지만 가능한 한 희망 에 부응하고자 생각하고 있습니다.

의장(부윤) : 다른 질문 없습니까?

의장(부윤) : 특별히 없는 것 같으므로 다음은 제5호안으로 옮깁니다.

참여원(諸田府屬) : 제가 잠시 제안 이유를 말씀드리고자 합니다. 오 물소제에 대해서는 당초 직영으로 하여서 부 자체에서 제거하여 왔 는데 여러 가지 사정이 있어서 재작년 청부로 하여 부찰(敷札)[38]의 방법에 의해 1개년을 경과하였고 또 작년은 부찰제를 폐지하고 경 쟁입찰의 방법에 의해 최저자와 계약을 하였는데 인선 등에도 다소

---

[38] 전체 입찰의 평균 가격으로 낙찰.

의 과오가 있었다 생각하는데 연도의 중도에 결국 해약을 하지 않
으면 안 되었습니다. 이런 입장이 되어 2번, 3번 입찰의 쪽과 교섭
을 거듭하여 또 사람을 교체하여 계약하기에 이르렀는데 결국 마필
(馬匹), 마차(馬車), 통(桶) 등에 대해서 청부자도 1년제를 실시한다
면 상당의 고심이 있고 비용도 부담이 되었습니다. 무엇보다 작년
과 같은 기후의 형편이 좋지 않아 부의 설비상에서도 형편이 좋지
못하였던 것으로 이 청부를 하는 것은 청부인에게도 상당 설비 부
담으로 제거, 운반에 요하는 기구, 기타에 비용을 투자하지 않으면
안 된다라 하는 상황으로 또 부로써도 청부금을 매년 증가하지 않
으면 안 되는 것으로 이 계약 기한을 연장하고자 하여 자문하였던
것입니다.

4번(茶野君) : 참으로 좋다고 생각하는데 청부 기간이 길어지면 독점
하게 되는 것은 아닙니까?

의장(부윤) : 그럼 계약서에 의해서 확실히 정하여 두어 그러한 걱정
은 없다고 생각합니다.

7번(香原君) : 본 의안에 대해서는 찬성하는데 감독의 마땅함을 얻지
못한다면 지극히 어려울 것이라 생각하므로, 그 점 신중히 고려하
여 주시길 바라며 작년과 같은 일이 없어 부민(府民)도 부도 미혹을
느끼지 않기를 바랍니다.

6번(光富君) : 지금 참여원으로부터 설명이 있었던 것처럼 오물 소제
에 대해서는 상당한 고심이 있었던 것으로 예전 직영(直營)의 당시
부터 실적을 올리지 않으면 개선해야 한다는 의론이 일어나 청부제
로 되었던 것입니다. 이 사이에 있어서도 여러 위원이 상당 연구한
결과로 1년제로써 경쟁 입찰에 부치는 것은 무언가 무리인 것이므
로 2, 3개년 정도로 연장하는 쪽이 좋다라 생각합니다. 1년 시행한

후 기물의 설비에 상당하는 돈을 들여도 그 매각도 가능하지 않은 상황이 되므로 이 계약은 상당 기간을 부여할 필요가 있다고 생각합니다. 만약 불리, 불편이 있더라도 이는 계약면에서 언제라도 해약이 가능하므로 본안에 찬성하는 것입니다.

9번(檜垣君) : 본안에 대해서는 설명도 삼가 들었는데 나는 기간이 3개년은 조금 길다고 생각하는데 어떻습니까?

참여원(諸田府屬) : 청부로 하는 이상은 역시 청부자가 설비한 기물의 처분이라든가 여러 그에 청부자에 취해졌던 부담의 관계도 있어서 이를 매각하려고 해도 출자만큼의 금액이 가능하지 않아 부로써도 제거 처분의 때 갱신이라 하는 것으로 이를 3개년 정도로 하려고 생각합니다.

13번(金炯基君) : 나는 본안만은 연구하는 것으로 하여 보류하였으면 합니다.

참여원(諸田府屬) : 긴 기간 연구하여 직영이라든가 부찰입찰, 경쟁입찰 등 여러 경험하여 왔으므로 이 안으로 진행하고자 하는 것입니다.

7번(香原君) : 지금 13번 의원의 의견도 있었는데, 과거의 귀한 경험에서 계획된 일이므로 이 정도에서 2독회를 하는 것이 어떻습니까? 본 제도에 준비되지 않은 부분이 있다면 5월 21일 선거할 청부원에 의해 결정을 볼 것이라 생각되므로 가능 한 간단하게 하면 어떻습니까? 거듭 말씀드리는데 번외의 설명도 있으므로 원안에 찬성하고 또 각위의 찬성을 바랍니다.

(10번 의원 야마모토 카즈오(山本一男) 군 입장함. 오후 5시 30분)

10번(山本君) : 계약편의 상황을 약간 묻고자 합니다.

참여원(諸田府屬) : 참고로 설명드리겠습니다. 작년 7월 29일부터 8월 1일에 걸쳐 큰 비가 왔었습니다. 청부자가 그만두는 것으로 결국

되어 이 사이 여러 경위가 있었지만 우리 부로써는 가능한 부민 여러 분을 미혹하게 한다면 충분한 방법을 강구하여 다시 청부시켜 계약하였습니다. 이러한 것이라도 만일 해약(解約)의 때는 불편이 없도록 할 것입니다.

(모로타(諸田) 내무주임 의장석에 앉고 4번 의원에게 발언을 허락함)

4번(茶野君) : 나는 2년 제도로 하는 것에 찬성합니다. 부찰에는 폐해가 있다고 생각하여 역시 경쟁입찰을 희망합니다.

의장(부윤) : 달리 특별한 질문이 없는 것 같으므로 다음은 제6호 자문안의 세출의 2독회로 옮기겠습니다. 의제는 경상부를 일괄하는 것으로 하겠습니다.

6번(光富君) : 세입세출 모두 다소 수정의 이야기가 나온 경우는 어떻게 수정 의견을 수용할 생각입니까? 그 점 설명 부탁드립니다.

의장(부윤) : 가능한 것이라면 그렇게 하겠는데 단 무리가 없는 정도에서 원안의 정정은 지장없다고 생각합니다.

6번(光富君) : 신중 심의의 후 결정했던 것이므로 심한 수정은 없을 것이라 생각하지만 무리가 없다면 수정하였으면 합니다.

5번(河上君) : 제2관 토목비 제1항 도로교량비 중 1, 2, 3등 도로수선비 3천 원을 계상하였는데 명치정과 같이 작고 높은 곳 정도는 손을 볼 필요가 없으므로 이 불황의 시대이므로 삭제를 희망합니다.

참여원(諸田府屬) : 명치정통의 수선은 본년도 계획 중인 것으로 이 계상하고 있는 경비로써 시행하고 있는 것입니다. 이 정도의 경비는 필요하다라 하는 것입니다.

3번(淸水君) : 나는 제1관 사무비 제6항 잡급 중의 촉탁 급여에 대해 한마디 하고자 합니다. 내지에서는 불황의 때인 만큼 고급자는 자발적으로 봉급의 1, 2할을 인하하고 혹은 공공에 기부하고 있는 관공리도 적지 않은 것입니다. 그런데 우리 부의 직원 중에는 그렇게 하지 않지만 퇴직의 때 다액의 수당을 받고 또 은급을 가져가는 사람도 있는 것 같은데 이러한 것은 그만두게 하고 저렴한 월급의 사람을 사용하는 것은 어떻습니까? 촉탁의 쪽은 미안하지만 이때 사퇴시켰으면 합니다.

참여원(諸田府屬) : 지금 의견은 은급자를 줄이라 하는 것 같은데 이는 현원 현급을 예상하여 계상하였던 것이므로 다소 부담이 가중되는 것 없고 또 이때 퇴임시킨다라는 것은 또 실업자를 발생시키게 되어 이대로 인정하기를 바랍니다. 달리 적당한 방법이 없는 한 어쩔 수 없는 것입니다.

3번(淸水君) : 세금의 독촉의 때 3인 또는 2인을 대동하여 오는데 1인으로 충분하다고 생각합니다. 요컨데 이는 잉여원이 있는 결과라고 나는 생각하는데 어떻습니까?

참여원(菅原府屬) : 제가 답변드리겠는데 세금의 독려에 2인, 3인이 나타나는 것은 잉여원이 있다라 하는 것은 큰 오해입니다. 그 독려는 시간 외에 하고 있어서 오히려 사람이 부족한 상황입니다.

4번(茶野君) : 애써 재촉하러 왔는데 사람이 없다면 지참하려고 해도 지참할 수 없는데 그럼 무언가 방법은 없습니까?

의장(부윤) : 만약 엇갈렸을 때는 지참 납부를 독려하는 것에 힘쓴 관계도 있으므로 개인적으로 어쩔 수 없는 경우, 확실하게 하는 것은 예외로 하여 유실하거나 소비한 것이라 생각하고 있는 것입니다.

4번(茶野君) : 고원은 작년 12인이었는데 본년은 늘어 있는데 어떻습니까?

의장(부윤) : 제도개정의 결과, 학교조합 및 학교비 직원이 들어왔기 때문입니다.

13번(金炯基君) : 다른 곳에서 근무가 가능하지 않은 사람을 촉탁이든 무엇으로든 들였다라 하는 것을 들었는데, 이때 퇴직시킨다면 실업자가 발생하게 되고 고급자를 정리하여 저렴한 자를 채용하면 실업자 공제로 인건비를 감하는 것은 없습니까?

참여원(諸田府屬) : 13번 의원에게 잠시 말씀드리겠는데 다른 곳에 비해서 결코 높다고 할 수 없습니다. 상당한 경험을 가지고 있어서 정말 이들을 정리하면 예산면은 어느 정도 저하 할지는 모르나 사무의 집행 또는 능률 증진의 일도 생각해 두여야 합니다. 이러한 유경험자들을 줄이면 피차 사무 수행에 중대한 관계가 있으므로……

5번(河上君) : 살수비 120원은 조금 높은데 이 반액은 안 됩니까?

의장(부윤) : 이는 앞서 서술한 대로 교섭은 하였는데 작년대로 계상하였습니다. 귀하께서 직접 당사자에게 교섭하여 감액한다면 삭제해도 좋습니다.

7번(香原君) : 상인과 월급 소득은 현재에 있어서 큰 차이가 있습니다.

13번(金炯基君) : 가등비를 계상하였는데, 본 연도는 몇개 증등할 예정입니까?

참여원(諸田府屬) : 약 30등 예정입니다. 이는 제2독회에서 말씀드렸던 대로 전기회사와 교섭하여 그 기부받은 부분은 전부 증등으로 하고자 생각하고 있습니다.

의장(부윤) : 잠시 휴식하겠습니다.

(오후 6시 40분)

의장(부윤) : 개회하겠습니다.

(오후 6시 50분)

의장(부윤) : 다음은 4, 5, 6, 7관으로 옮깁니다.

(일동 '이의 없음')

의장(부윤) : 다음은 8, 9, 11, 12, 13관으로 옮깁니다.

13번(金炯基君) : 수도(水道) 순시(巡視)와 공부(工夫) 각 1명은 많은 것 같은데 삭제의 의지는 없습니까?

의장(부윤) : 잉여원은 예정되어 있지 않습니다. 삭제의 여지는 없습니다.

3번(淸水君) : 시장비 중 공설시장은 보증금을 받는다든가 물가, 때에 따라서 당국에서 지정하여 그 설치의 의미도 있으므로 적당히 처리해 주시길 바랍니다.

7번(香原君) : 3번 의원의 의견에 나는 동감합니다. 공설시장이라면 공설시장으로써 활용하였으면 합니다. 그렇다면 개인으로 옮겨 과세하는 것은 어떻습니까?

의장(부윤) : 이해하였습니다. 무언가 연구하는 것으로 하겠습니다.

3번(淸水君) : 청물 시장은 협소한데 다행히 인접지가 비어 있으므로 확장하면 어떻습니까?

의장(부윤) : 고구(考究)하겠습니다.

13번(金炯基君) : 공설이발소는 개인이 하고 있습니까? 단체가 하고 있습니까?

참여원(諸田府屬) : 공설이발소를 신설하는 때 이발소가 늘어나게 되어서 이발조합(理髮組合)에 경영을 일임하여 당국의 지정 가격으로 이발하고 있으므로 그 사이의 내용은 아는 바 없습니다. 또 필요도 없습니다.

13번(金炯基君) : 공설이발소가 있어서 조합원 중 이발료가 저렴하게 되어 유쾌하지 않게 되어 도리어 공익이 아닌 것이 아닌가 생각되는데…

참여원(諸田府屬) : 하층의 사람들을 저렴하게 이발시키는 의미에서
　신설하였던 것으로 이 저렴한 것이 공익입니다.

('이의 없다'라 하는 자 있음)

의장(부윤) : 임시부로 옮깁니다.

5번(河上君) : 상공회의소 보조 250원을 삭제함은 어떻습니까?

의장(부윤) : 전에도 말씀드렸던 대로 경감하도록 되어 있으므로 기분
　좋게 이해하여 주시길 바랍니다.

9번(檜垣君) : 군산항은 항으로써 하나의 생명으로 하고 있으므로 이
　금항(錦港)의 연안 무역에 의해서 다대한 이익을 얻고 있습니다. 전
　남은 여수와 내지와의 교통을 하여, 군산의 상권은 날로 축소되어
　지는 감이 있습니다. 이번 가을에 이르러 오랫동안 보조해왔던 항
　로 보조를 중지한 것은 진실로 유감입니다. 연안 무역에 힘을 들여
　야 한다하여 지금 삭제한다라 하는 것인데 부디 이 항로 보조에 대
　해서는 이사자 및 여기 의원 각위에 있어서도 연구의 후 힘을 다할
　것을 희망하는 것입니다.

3번(淸水君) : 지금 9번 의원의 이야기는 일단 좋다고 생각하는데 3만
　부민의 기대하는 감세(減稅)에 대해 당국으로서는 어떻게라도 하지
　않으면 안 되는 것이 조금 있는데 이러한 종류의 보조금이라도 삭
　제하지 않는다면 다른 적당한 것이 없다고 생각합니다. 광천(廣川)
　보조에 대해서 말씀드리는데 광천행에 대해서도 선복(船腹)이 가득
　차지 않으면 출항하지 않는 상황이라 하므로 1회 어느 정도라 하는
　조건으로 보조하였던 것이라 생각합니다. 또 상공회의소 보조는 내
　가 동소에 근무하였던 시대에 회의소의 경비 부족을 보고, 부윤 사
　와무라(澤村) 씨와 그 당시 회두(會頭)가 해냈던 것으로 지금은 훌
　륭하게 독립이 가능하여 삭제는 당연한 것이라 생각합니다.

7번(香原君) : 광천항로 보조는 아무튼 종전대로 하였으면 합니다. 그
　내륙에 있는 청양읍, 홍성방면을 시찰하였는데 경남철도의 개통에
　의해서 인천, 멀리는 부산 방면에서 철도편으로 상품이 척척 들어
　오고 있는 상황으로 도리어 군산의 읍은 적어지는 경향을 보이고
　있는 것으로 관찰되었으므로 가능한 이 보조는 하여서 상권을 잃지
　않고 또 법성포 항로도 대체에서 마찬가지이므로 만약 이들의 보조
　를 삭감한다라면 오히려 가등장려비를 삭감하더라도 군산 장래를
　위해 보조하였으면 합니다.

1번(李源衡君) : 이 두 항로보조는 어떻게 보조하고 있습니까?

의장(諸田내무주임) : 신청서를 제출시켜서 그 내용을 정밀 조사하여
　보조하고 있습니다.

4번(茶野君) : 제9관 채석장비(採石場費)를 보면 채석 수입과 지출이
　균형이 맞는 것 같은데 어떻습니까?

의장(부윤) : 본년도 채석이 전부 매각이 가능하지 않을 것으로 예상
　되어 계상한 결과입니다.

4번(茶野君) : 알겠습니다.

5번(河上君) : 수면(水面) 매립에 대해서 설명 부탁드립니다.

의장(부윤) : 제1독회에서 설명도 하였고 또 기채 기타의 건에 대해 거
　듭하여 설명을 드렸다고 생각합니다.

(세출 '이의 없다'라 하는 자 있음)

의장(부윤) : 이의 없는 것 같으므로 이상으로 세출 제2독회는 마치고
　세입 제2독회로 들어갑니다.

7번(香原君) : 부세 중 호별세에 있어서 426원의 증액이 되었고 불황의
　때를 맞이하여 가능하지 않은 것이라 생각되는데, 이는 요컨대 조사
　와 인정에 있어서 불완전한 것이 아닌가라 생각하는데 어떻습니까?

참여원(諸田府屬) : 인구, 호수 모두 적확한 조서에 의한 것입니다.

7번(香原君) : 쌀을 주로 하는 군산이 최근 미의 취급고도 감소하고, 여러 물가도 저하하고 있습니다. 등급 사정의 때 결정하면 절대적인 것이므로 이때 어쨌든 감액을 바랍니다.

1번(李源衡君) : 잡종세(雜種稅) 중 시장세가 높다고 생각합니다. 작년도 1석(石) 2리(厘) 5모(毛), 본년도 동액이면 다소 높은 것입니다.

의장(부윤) : 취인소령(取引所令)도 조만간 나올 것이므로 그렇다면 무언가 바뀔 것이라 생각되므로 먼저 그때까지 이대로 하고자 합니다.

9번(檜垣君) : 영업세부가세의 80/100은 너무나도 높다고 생각합니다. 본세(本稅) 저하로 어느 정도인가는 완화시키고 있으나 불경기 회복의 서광을 볼 수 없으므로 저하를 희망하는 것입니다.

의장(부윤) : 지금의 상황은 세입세출의 균형상 어쩔 수 없는 것으로 장래 충분히 고려하는 것으로 하겠습니다.

10번(山本君) : 부도 상당한 재정난이라는 것은 알고 있지만 시장도 곡가(穀價) 폭락으로 상당 곤궁하여 있으므로 시장을 살리는 의미에서 저감 방편을 고려하여 주시길 바랍니다.

의장(부윤) : 일찍이 10번 의원에게 약속했던 것도 있고 취인고가 칠백만 석 이상이 되면 내리는 것으로 하려고 하였는데 예정에 도달하지 못하여 부의 고심도 알아주시길 바랍니다.

3번(淸水君) : 광천, 법성포 양 항로 보조 삭감을 주장하였던 책임상에서도 영업세부가세, 호별세의 감액을 어쨌든 하였으면 합니다.

13번(金炯基君) : 토지평수할(土地坪數割)은 전부 삭제하면 어떻습니까? 조례에 특별사정이 있으면 면제할 수 있는 것으로 되어 있지 않습니까?

의장(부윤) : 조사했던 이상 어떻게도 방법이 없습니다.

의장(부윤) : 다음은 3, 4, 5관을 부탁드립니다.

(일동 '이의 없음')

의장(부윤) : 다음은 7관부터 경상부 전부를…

(일동 '찬성', '이의 없음')

의장(부윤) 다음은 자제3호, 자제4호, 자제5호안을 부탁드립니다.

(일동 '찬성')

의장(부윤) : 다음은 일괄하여 자제3호, 4호, 5호, 6호안으로 제3독회를
부탁드립니다.

6번(光富君) : 의견은 이미 다하였던 것으로 생각되므로 제3독회에서
부결하는 것은 없을 것이라 생각되므로 전부 이사자의 성의에 맡겨
서 독회를 생략하고 가결 확정할 것을 부탁드립니다.

2번(金永熙君) : 5호안만 제외하고 기타는 전부 찬성합니다.

7번(香原君) : 6번 의원 이야기에 찬성

9번(檜垣君) : 6번 의원 이야기에 찬성

14번(片茂松) : 2번 이야기에 찬성합니다.

12번(向井君) : 6번 의원에 찬성

13번(金炯基君) : 2번 이야기에 찬성

10번(山本君) : 5호안에 대해서는 여러 의견이 있는 것 같으므로 3년
제를 2년제로 하여 계약하고 부민에게 미혹을 주지 않도록 고려하
는 것이 어떻습니까?

의장(부윤) : 다수결이든 무엇이든가는 그만두고 먼저 각위의 의견을
존중하여 원안 3년을 2년으로 고쳐 결정하고자 하는데 어떻습니까?

('찬성, 찬성'하는 소리 있음)

의장(부윤) : 이상으로 전부 가결 결정 의결하였습니다.

부윤 : 연일 각위의 유익한 의견을 삼가 들어서 부정(府政)의 전정상

크게 도움이 되는 바가 있었던 것을 감사드립니다. 또 장래 또 지도, 편달 부탁드립니다.

6번(光富 의원) : 연일 당국을 번거롭게 했던 것을 양해하여 주시길 바라며 또 의장 기타 참여원 여러분이 친절하게 부민을 배경으로 하는 우리 의원의 의견을 들어주신 것을 감사드립니다.

부윤 : 그럼 여기서 폐회합니다.

(오후 9시 30분)

2) 제5회 군산부회 회의록(제1일)

항 목	내 용
문 서 제 목	第5回 群山府會 會議錄(第1日)
회 의 일	19320315
의 장	佐藤德重(군산부윤)
출 석 의 원	內田留吉(1번), 樋口虎三(2번), 前田孫平(3번), 全義鎔(4번), 李競鉉(5번), 伊藤光三郎(6번), 河上藤太郎(7번), 町井重太郎(8번), 光富嘉八(9번), 金白龍(10번), 牛尾正一(14번), 金炯基(15번), 金瑞集(16번), 久保宮太(17번), 泉作二(18번), 徐鴻善(19번), 向井松次郎(20번), 淸水喜作(21번), 茶野久米次郎(23번), 氏家重吉(24번)
결 석 의 원	上田朴(11번), 森本岩之助(12번), 檜垣孫三郎(13번), 山本一男(22번)
참 여 직 원	諸田滿壽男(부속), 藤田菊次(부속), 河野綱(부속), 松井與藏(부속), 朴龍錫(부속), 賴富郁郎(부속), 日向十郎(부속), 車孟良(서기), 姬野惣十郎(서기), 山口袈裟太郎(기수), 中村喜平((기수), 山浦勘利(기수), 大原靜藏(촉탁), 加藤顯一(촉탁), 藤田文市(촉탁), 權大均(촉탁)
회 의 서 기	松井與藏(부속), 梁周鉉(서기보)
회 의 서 명 자 (검 수 자)	
의 안	의제36호 1932년도 군산부 세입세출 예산의 건, 의제38호 1931년도 군산부 세입세출 추가경정 예산의 건, 의제40호 군산부 수입증지 조례 개정의 건, 의제43호 군산부 특별세 토지평수할 조례 개정의 건
문서번호(ID)	29
철 명	833
건 명	861
면 수	CJA0002898
회의록시작페이지	군산부예산서류
회의록끝페이지	제5회군산부회회의록
설 명 문	국가기록원 소장 '군산부예산서류'철의 '제5회군산부회회의록'건에 수록된 1932년 3월 15일 개회 제5회 군산부회 회의록(제1일)

해 제

본 회의록(총 29면)은 1932년 3월 15일 개회된 군산부에서 개회된 군산부회의 제5회 1일차 회의내용이다. 군산부의 1932년도 예산과 주요 사업을 확인할 수 있는 자료이다. 지방의 예산, 사업과 관련된 내용이 상당히 상세하게 논의하고 있다.

내 용

(상략-편자)

부윤(佐藤) : 오늘은 1932년도 예산 기타 그에 관련된 안건의 심의를 하기 위해 본회를 소집한 바, 다수가 출석해 주신 것은 매우 기쁜 일입니다. 생각건대 작년 4월 지방제도가 크게 개정되어 부회가 의결기관이 된 이래 여러 차례 부회를 개최하였던 것인데 부의 총 예산을 제안하고 그 심의를 하게 된 것은 이번이 제1회입니다. 이것의 의미를 말하자면 이번의 부회는 부제실시 처음의 중요한 회의라 할 수 있을 것입니다. 이러한 점에서 생각해서 본 연도 예산편성에 대해서는 이사자로서는 특히 신중한 고려를 하고 조사연구를 거듭하고자 합니다. (중략-편자) 군산의 정세를 보면 첫째 기축항도 내년 3월로써 완성하고 더욱이 제2기 축항도 계속하여 그 실시를 요합니다. 또 대안(對岸) 장항(長項)에서는 작년 8년으로써 남경(京南) 철도가 개통되어 전북 부선은 남원까지 직통 열차가 운전되고, 군산 취인소도 이제 본년 1월로써 그것이 업무를 개시하여 금후 한층 부정(府政)의 향상 발전과 항세의 신장을 도모하고 상권의 확장을 채찍질하는 것은 긴요한 사항이라고 믿고 있는 것이다. (중략-편자)

본 연도 예산 총액은 세입경상부 19만 4,097원, 임시부 26만 1,705원, 세출경상부 13만 3,251원, 임시부 32만 2,551원, 세입출 모두 합계 각 45만 5,802원으로 그것을 전년도의 당초 예산에 비하면 5만 8,922원을 감액하였습니다. 그 정리의 내용에 대해 말씀드리자면 세입 자연 감소 16만 3,122원, 자연 증가 6만 737원, 신규 증가 4만 3,463원으로 그 자연 감소의 주요한 것은 부세 토지평수할 1만 7천 원, 기채 감소 7만 1천 원, 시가지 축조적립금 이월금 감소 4만 8천 원, 하수비의 지방비 보조 1만 8천 원 등입니다.

또 자연 증수는 수도, 시장사용료 이월금, 작년도 수입, 채석장 수입 등 주요한 것입니다. 신규 증수라 할 수 있는 것은 서빈, 신풍리 하양장 사용료, 우피건조장 사용료, 지방비 보조금, 기부금, 폐도부지매각 등이 주요한 것입니다.

다음으로 세출 정리의 내용을 말씀드리면 정리 감액 1만 2,418원, 자연 감액 1만 564원, 사업 완성에 의한 감액 12만 1,696원, 자연증액 1만 5,202원, 신규증액 7만 554원으로 차이 즉 5만 8,922원의 감액을 보았던 것이다. 그 정리 감액 중 주요한 것은 인건비, 물건비입니다. 또 종래 경영 방법이 심히 불합리, 불경제 했던 격리병사, 도장 등의 경영 방법을 개선하여 경제적으로 하였던 것이며, 다음으로 사업 완성으로 감소한 것 중 주요한 사업은 공유수면매립 4만 원, 시장 이전에 1,500원, 시가지 축조 6천 원, 제2기 하수공사의 일부 2만 2천 원, 신풍리 매립비 4만 1천 원, 토지 착평비 2만 2천 원 등은 모두 연도 내에 사업 완성이 예상되고 있어서 1932년도에 있어서는 예산 계상의 필요가 없는 것입니다. 다음으로 신규 사업 7만 554원의 중 주요한 것을 말씀드립니다.

① 격리병사의 개축 1만 3,059원

② 오물탱크 신설 아울러 소제의 개선 6,746원

③ 도장(屠場) 개축 및 설비

④ 우피 건조장 1,240원

⑤ 항구적 재원 죽림조성 5,608원

⑥ 도서관 신설 6,666원

⑦ 공원 확장 6,000원

⑧ 상품진열소 설치 3,000원

⑨ 항만 기타 조사 3,000원

⑩ 운동장 설치 7,000원

⑪ 부업 및 가정공업 장려, 시장개선 1,600원

⑫ 체육장려 500원

⑬ 정야회(町夜會) 기타 지방 개량 단체의 지도 장려 500원

⑭ 재무사무 정리 개선 1,507원

⑮ 의원 기타 시찰 여비 750원

⑯ 회의실 설비 부청사 수선 1,478원

⑰ 동빈 철교 신설 1,000원

⑱ 묘지정리 1,400원

⑲ 재향군인회 청년 야학교 위생 시설 보조 500원

등입니다. (중략-편자)

7번(河上) : 해안공사, 서빈공사에 대해서는 어떠한 의문점 없습니까?

2번(樋口) : 일반에 대해서 검사했어도 미완료의 공사 또는 계속 중의 사업에 대해서는 다음에 검사하였으면 합니다.

7번(河上) : 검사 기간 중의 것은 충분 조사해야 할 것이라 생각합니다. 어떻습니까?

2번(樋口) : 반드시 완료를 기다리는 것이 아니라 특이한 사정이 인지

되면 보고되었으면 합니다. (중략-편자)

의장(부윤) : 의견이 없으므로 의제38호 1931년도 군산부 세입세출 추가경정 예산의 건을 상정하겠습니다. 추가예산의 대요에 대해서는 번외로부터 설명이 있겠습니다.

번외(吉津) : 세출경상부 제19관 청년훈련소비 360원을 추가함은 국고보조에 따른 것이고, 임시부 제1관 사무비에 3천 원을 추가한 것은 종래 사용 중인 자동차는 아무래도 도청에서 불하한 것을 받았던 것으로 최근에 이르러 심히 파손되어서 완전 사용하는데 어려움이 있었으므로 부(府)로써는 시찰자의 안내 또는 부사무의 집행상 필요로 어쩔 수 없어서 추가예산으로 요구하였던 것입니다. 또 제6관 기부 및 보조비에서 2백 원을 추가한 것은 모레부터 호남 3도 연합 주조품평회가 우리 부에서 개최되어지는데 호남 최초로 개최하는 것입니다. 또 이곳에서 개최되어지는 것으로 결정되었으므로 그 경비에 대해 2백 원을 보조하고자 하는 것입니다. 세입의 쪽은 청년 훈련소의 국고보조를 계상하여 이월금 3천 3백 원을 추가한 것은 자동차 구입비와 주조품평회비 보조의 재원이 될 것입니다. (중략-편자)

의장(부윤) : 의견이 없으시면 독회를 생략하고 확정 의결하는 것으로 하면 어떻겠습니까?

(일동 '이의 없다'라 함)

의장(부윤) : 그렇다면 제38호 의안은 원안대로 확정 의결하는 것으로 합니다.

의장(부윤) : 의제40호 군산부 수입증지조례 개정의 건을 의제로 하여 상정합니다.

번외(吉津) : 1932년부터 우피건조장을 설치할 예정으로 현금으로 취급해도 증지 수입이 편리하므로 제안한 것입니다.

21번(淸水) : 종래에는 어떻게 하였습니까?

부윤(佐藤) : (중략-편자) 우피의 개량상 부가 수수료를 징수하여 건조하는 것으로 각 부(府)도 실시하고 있습니다.

2번(樋口) : 법령에 지시되어져 있는 것인데 또 개인은 가능하지 않은 것입니까?

부윤(佐藤) : 반드시 개인이 가능하지 않다는 것은 아닌데 부가 행해야 안전할 것 같습니다.

의장(부윤) : 의견이 없으므로 독회를 생략하고 확정 의결하는 것으로 하면 어떻겠습니까?

(일동 '이의 없다'라 함)

의장(부윤) : 그렇다면 제40호 의안은 원안대로 확정 의결하는 것으로 합니다.

의장(부윤) : 의제43호 군산부 특별세 토지평수할조례 개정의 건을 의제로 하겠습니다.

번외(吉津) : 작년 부제 개정에 의해 구(舊) 부제 제4조가 제49조가 되어서 자구가 수정되었습니다. (중략-편사)

의장(부윤) : 의제 36호 1932년도 군산부 세입세출 예산의 건을 의제로 하여 상정합니다. 한편 세입에 대해서 번외로부터 설명이 있겠습니다.

번외(藤田) : 제1관 부세의 각 항에 대해 설명합니다. (설명의 요령은 설명서와 마찬가지이므로 생략함) (중략-편사)

의장(부윤) : 1독회에 들어갑니다. 세입경상부 제1관 부세에 대해서 질문바랍니다.

23번(茶野) : 부제시행규칙 제45조에 의해 소득세 부가세는 소득세의 백분의 7로 제한되어져 있음에도 불구하고 백분의 4를 부과함은 어떠한 연유에서 입니까?

부윤(佐藤) : 제한 외 부과의 인가를 받았습니다.

3번(前田) : 잡종세 중의 취인소세는 취인소에 대해 부과하는 것이냐 회원 개인에 부과하는 것이냐, 또 공익 사단법인에 대해서는 이러한 과세가 가능하지 않은 것이 어떠한 연유에서인가?

부윤(佐藤) : 취인소에 과세하는 것으로써 종래의 시장세가 취인소세로 변한 것에 지나지 않는 것입니다. 또 공익법인에 대한 과세의 문제는 하나의 학설로써 과세하는 것이 적당하지 않다라 하는 의론하는 자도 있는데 본건은 본부에서 인정하고 있지 않아서 문제가 아니라고 생각합니다.

3번(前田) : 목포, 부산은 면세(免稅)하고 있는 것 같으므로 고려를 해보았으면 합니다. 또 그 과세는 군산의 미계(米界)의 현상에서 봄에 취인소를 쇄미하게 하는 것입니다. 시비라도 면세를 희망하는 것입니다.

의장(부윤) : 의견이 있으므로 2독회에서 청취하고자 합니다.

번외(吉津) : 부산, 목포, 진남포는 종래 시장세를 과세하고 있지 않았으므로 우리와는 상황이 다릅니다.

부윤(佐藤) : 본세를 면제하면 부세 2만 원의 결함이 발생합니다. 부재정상 중대한 문제가 되므로 본부에서도 조사연구의 결과 종래의 대로 징수하는 것으로 지시하고 있습니다. (중략-편자)

19번(徐鴻善) : 군산에 대서인(代書人)은 몇 명 있습니까?

번외(藤田) : 17명입니다.

19번(徐鴻善) : 내지에서는 사법대서인에 대해서도 영업세를 과세하고 있는데 조선의 사법대서인은 사법기관을 돕고 있는데 내지에서도 면제하고 있는 것 같으므로 의사, 변호사 마찬가지 면세하면 어떻겠습니까?

부윤(佐藤) : 내지의 규정을 후에 조사하여 설명하도록 하겠습니다. (중략-편자)

의장(부윤) : 외에 질문이 없으므로 제2관 사용료 및 수수료로 옮기겠습니다.

18번(泉) : 도로사용료 2백 원의 내역을 설명해주셨으면 합니다.

번외(吉津) : 명의(名義)는 도로이나 실제는 폐도(廢道) 마찬가지인 바로써 567평분 416원의 사용료인데 본 연도는 폐도를 처분, 정리할 예정이므로 반년분을 계상한 것입니다. (중략-편자)

의장(부윤) : 외에 질문이 없는 것 같으므로 제3관, 제4관, 제5관까지 일괄하여 질문하십시오.

5번(李競鉉) : 제3관 급수설비료는 내용을 설명을 원합니다.

번외(吉津) : 수도의 신청인 경우 부(府)에서 설비를 하고 그 설비에 대해 신청자로부터 실비를 징수하고 있어서 수입 지출 모두 계상되어져 있습니다. (중략-편자)

의장(부윤) : 다음은 제6관, 제7관으로 들어갑니다.

24번(氏家) : 수입증지의 인쇄 및 취급방법은 가장 주의를 요하는 것이라 생각합니다. 근래 옥구군에서도 부정사건이 일어났던 예가 있습니다. 충분 유의를 원합니다. (중략-편자)

의장(부윤) : 세입임시부 제1, 2, 3관에 대해서 질문하겠습니다. (중략-편자)

24번(氏家) : 제5관 토지매각대 2만 8천 원의 수입은 부윤의 전결 처분에 의해 처리하여 지장은 없는 것입니까?

부윤(佐藤) : 예산으로 정해진 부동산 처분은 부윤 위임 사항으로 지장은 없습니다. (중략-편자)

2번(樋口) : 구 부청사지의 쇄석사업은 또 계속하여 행해질 방침입니까?

부윤(佐藤) : 부의 쇄석사업은 한편 사업으로서의 성질을 가미하여 적절한 사업이라 생각하므로 기채에 의해 가능한 정도에서 금후 또 계속할 예정입니다. (중략-편자)

의장(부윤) : 다른 질문이 별도로 없으므로 오늘은 여기서 폐회하겠습니다.

(오후 5시 10분)

3) 제40회 군산부회 회의록 발췌(제1일)

항 목	내 용
문 서 제 목	第40回 群山府會 會議錄 拔萃(第1日)
회 의 일	19370209
의 장	佐藤德重(군산부윤)
출 석 의 원	伊藤光三郎(1번) 외 20명
결 석 의 원	久保宮太(2번) 외 4명(궐원 25번)
참 여 직 원	上條新一郎(부속 : 내무과장) 외 5명
회 의 서 기	茶野繁雄(부속)
회 의 서 명 자 (검 수 자)	
의 안	의제2호 시가지조성준비지 매수비 충당비 기채의 건
문 서 번 호 (I D)	5
철 명	994
건 명	998
면 수	CJA0003262
회의록시작페이지	군산부일반경제관계서철
회의록끝페이지	군산부시가지조성준비지매수비기채건회의록
설 명 문	국가기록원소장 '군산부일반경제관계서철'의 '군산부시가지조성준비지매수비기채건회의록'에 수록된 1937년 2월 9일 개회 제40회 군산부회 회의록 발췌(제1일)

해 제

본 회의록(총 5면)은 국가기록원소장 '군산부일반경제관계서철'의 '군산부시가지조성준비지매수비기채건회의록'에 수록된 회의록이다. 군산 시가지 조성과 관련하여 토지를 매수하는 것에 대한 회의록이다. 짧은 문건이지만 당시 군산의 시가지 조성의 대체적인 내용을 확인할 수 있다.

1934년 6월 제령(制令) 제18호로 '조선시가지계획령'이 발포되고, 이 법령을 근거로 도시를 선정하여 시가지계획을 고시하였다. '시가지계획령'의 제정 이유는 크게는 만주사변 이후 일제의 대륙 침략 정책과 관련되어 있다.[39] 1931년 9월 만주사변 이래 일제는 준전시·전시체제로 돌입하였고, 조선의 도시들도 이에 따라 재편하였다. 즉 일제의 필요에 따라 도시의 성격들이 바뀌게 되는데 지방의회 회의록 중에는 도시 재편 방향, 그 예산 등과 관련된 논의 내용을 상세하게 확인할 수 있고 본 회의록도 그 상황을 엿볼 수 있는 회의록 중의 하나이다.

군산은 1935년 3월 시가지계획령 착수지로 경성, 인천, 개성, 목포, 마산, 부산, 대구, 전주, 광주, 대전, 청진, 함흥, 진남포, 평양, 신의주 등과 함께 발표되었다.[40] 한편 군산은 1930년 이후 대군산(大群山) 건설운동에 박차를 가하였고, 1930년대 중반에는 공업도시화를 위해 노력하였다. 1936년 종연방적회사를 군산에 유치하기 위해 부윤을 중심으로 맹렬하게 활동하였고,[41] 1936년 9월 종연방적 본사에서 토지매수금 3만 원을 전송하여 분공장을 설치하는 것으로 가조인을 하였다.[42] 결국 중일전쟁으로 무산되었으나 본 회의가 있었던 시점은 군산으로써는 종연방직 유치에 성공하고 공사입찰을 완료한 후 다른 종류의 공장도 유치하기 위해 노력 중이던 시기였다.[43] 이와 관련하여

---

[39] 시가지계획령 제정 이유는 일제의 대륙 침략을 위한 '나진시가지계획', 도시계획에 호의적인 정무총감 이케가미 시로(池上四郎)의 부임, 일본 본토의 지방계획 대두, 조선 총독의 공업화 정책 천명, 1930년대 조선의 도시 상황 변모에 따른 새로운 도시계획법의 제정 필요 등을 들 수 있다.
손정목, 『일제강점기도시계획사연구』, 일지사, 1990; 염복규, 「일제하 경성도시계획의 구상과 시행」, 서울대 국사학과 박사학위논문, 2009; 윤희철, 「일제강점기 시가지계획의 수립과정 과 집행」, 『도시연구』 16, 2016.

[40] 「전조선 각지의 시가지 조사 시가지 계획령의 발포로서 토목계서 착수 결정」, 『매일신보』 1935.3.3.

[41] 「鍾紡工場을 群山에 誘致 佐藤부윤 活動猛烈(群山)」, 『동아일보』 1936.3.18.

[42] 「ミナト群山に凱歌 鐘紡工場誘致に成功」, 『朝鮮每日新聞』 1936.9.27.

군산부에서는 토지매수를 위해 기채를 하고자 하였고, 그 기채의 내용 및 상환 방법 등을 본 회의록을 통해 확인할 수 있다.

내 용

(상략-편자)

부윤(佐藤) : 또 이 기채의 문제에 대해 설명합니다. 최근 우리 부(府)에 공장 설치의 기운이 농후합니다. 종연방적회사(鍾淵紡績會社)와 같은 것은 공장 용지로 약 10만 평을 매수하고 기타 다수의 회사가 공장 설치를 확정하거나 혹 내정하는 등의 현상입니다. 그런데 동 지대는 각종 공장의 진출의 기운이 농후하므로, 최근 지가(地價)가 앙등하는 추세에 있으므로 그것을 방지하기 위해 본부(本府)와 절충을 한 결과 시가지 조성 및 공장 유치를 위한다면 지장이 없을 것이라 승인했던 것입니다. 그런데 이는 무조건으로 승인한 것은 아니고 장래 부(府)의 관할에 속하는 지역으로서 이후 속히 시가지 계획을 확정할 것을 필요로 하는 구역이지 않으면 안됩니다. 그리하여 본부(本府) 아울러 철도국 쪽에 종종 교섭을 거듭하여 대체 장래 도시계획령이 실시되어질 때 변경을 요구하지 않도록 도로, 철도라든가 하는 근간이 되는 것을 결정하고 그 구역 내에 우선 필요한 용지를 매수하고자 합니다. 이번 매수하고자 하는 시가지 조성 용지는 옥구군(沃溝郡) 개정면(開井面) 구암리(龜岩里) 부근의 25만 평과 토취장(土取場)[44] 5만 평 합계 40만 평인데 그 중 도로용지 5만

---

[43] 「商業都市에서 群山工都化 鐘紡은 工事入札完了 알콜會社도 計劃中」, 『매일신보』 1937.1.20.

[44] 도로 등 토공에 필요한 성토재료 공급을 위해 흙을 채취하는 장소.

평을 제외한 35만 평을 공장 설치 희망자에게 원가에 가까운 가격으로 매각하고자 합니다.

기채의 상환에 대해서는 현재 이 장소는 답(畓)이므로 매각에 이르기까지는 작물을 만들고, 부족액은 토지 처분의 후 이자 지불로 충당하여 1937년도부터 동 1941년도까지 매수 토지의 약 반분(半分)을 매각하고, 다음 1942년도부터 1946년까지 나머지를 매각하여 원리(元利)를 완벽하게 변제하고자 하는 것으로 결국 전후 10개년간 전부를 처분하고자 하는 것입니다.

전 5년간은 이자 지불을 위해 소액 매각 평당 2원을 목표로 하여 5년 이후는 평당 2원 30전의 비율로 매각한다면 결국 5년 후에 용지 1원 95전 8리(厘), 10년 후에 2원 21전 8리로써 매각한다면 부는 손해없이 도로 용지 5만 평을 남기는 것이 가능한 것입니다.

만약 올해 중에 공장이 가능하다면 이자를 필요로 하지 않아서 평당 1원 50전씩으로 매각해도 손해가 없어 부(府)는 가능한 실비로 처분하고자 하고, 공장이 이후 3, 4년 후에나 가능하다면 이 토지 부근은 평당 5원 이하의 토지는 1개소도 없을 것이라 생각합니다.

소작료 수입 산출의 기초를 말하자면 매수면적 35만 평의 중 잡종지(雜種地), 대(垈), 구거(溝渠), 임야, 도로 등 3만 8,360평을 제한 유효 수익면적 3만 2,640평으로 소작료, 반당(反當)[45] 수입 823원 52전이나 지출로 반당 수리조합비 5원 10전, 지세(地稅) 1원 18전, 농회비 4전, 관리비 1원 9전 합계 8원 26전, 공제 반당 15원 26전의 수익을 얻었습니다.

또 본 기채를 하는 것에 대해 본부에서는 예정의 연차대로 매각이

---

[45] 수확이나 비료의 단보당.

가능하지 않아 만일 매각 잔여지가 발생하는 경우는 어떻게 할 것인가라 하는 걱정이 있는 것 같아 그 경우 부의 절대 안정을 기약하기 위해 그때 잔여지 전부의 인수인을 정해두는 것으로 감독관청으로써 한편 그렇게 생각하는 것도 좋다고 생각합니다.

그래서 본 기채를 하는 것에 대해 부가 매수한 토지를 매각 예정 최종 연차에 이르러서도 매각 잔여지가 발생하고, 이 경우 부에서 처분할 것을 필요로 할 때는 기채상환표에 게재된 단가를 표준으로 하여 인수인을 정하고 상환의 안정을 기약하고자 하는데 어떠합니까? 5년 후나 10년 후에 어떻게 가격이 내려도 5원 이하의 토지는 필시 없을 것이라 생각하므로 이 정도의 가격으로 인수인을 정한다면 누구라도 인수인은 있을 것인데 또 소수의 사람에게 인수하게 된다라 하게 되면 이러한 자에 특별한 이익을 부여하는 것으로 오해받을 우려도 있으므로 상당한 방법으로 다수로 인수인을 정하는 것으로 하고자 생각하는데 어떠합니까? 의견을 구하고자 합니다.

3번(樋口) : 이러한 문제로 부회가 적당, 정확하다라 인정하여 일단 의결한 사항에 대해 별도로 인수인을 정하고 인수서를 발행하는 것 같은 것은 부회의 권위에 관련하여 유감이라 생각합니다. 그러나 감독 관청으로서 그런 걱정이 있고, 모쪼록 필요한다라면 인수인을 정하는 것도 또한 어쩔 수 없는 일이라 생각합니다.

의장(부윤) : 지금 3번 의원의 이야기도 지당한 것이라 생각하는데, 실제로 이러한 문제는 결국 수속상 형식적으로 취급되어 실행되는 것 같은 일은 없을 것이라 생각합니다. 또 이사자로서는 이에 2, 3년 중에 전부 매각할 수 있도록 하고자 생각하여 이후 크게 노력하고자 생각합니다.

('이의 없다'라 하는 자 많음) (하략·편자)

4) 제9회 전주부회 회의록

항 목	내 용
문 서 제 목	第9回 全州府會 會議錄
회 의 일	19370129
의 장	高堂健二(전주부윤)
출 석 의 원	松本福市(3번), 野村淸彬(4번), 石川二一郎(7번), 加瀨雄三(8번), 白南赫(9번), 申時澈(10번), 崔禮煥(14번), 印昌桓(15번), 大坪三津南(16번), 林澤龍(17번), 有松角治(18번), 高瀨七藏(19번), 久永麟一(20번), 後藤恒(21번), 宋柱祥(22번), 笠井治平(23번), 金昌熙(24번), 古宮慶治(25번), 崔昇烈(26번), 朴泳恩(27번)
결 석 의 원	明石翁助(2번), 入間川耕造(5번), 一色愛助(6번), 元炳喜(11번), 古屋野正治(12번), 姜完善(13번)
참 여 직 원	河崎幸人(부속), 西山正男(부속), 秋山雪太(부속), 星正己(기사), 加藤顯一(촉탁)
회 의 서 기	岸井雄吉(부속), 田邊忠一(서기)
회 의 서 명 자 (검 수 자)	高堂健二(전주부윤), 笠井治平, 金昌熙
의 안	의제1호 1936년도 전주부 세입출예산 추가경정의 건, 의제2호 재해복구비 아울러 전주천 재해복구공사비 부담비 기채의 건, 의제3호 전주부 재해복구를 위해 계속비 설정의 건, 의제4호 전주부 임시특별부세 조례 제정의 건, 의제6호 1935년도 전주부 세입출 결산보고의 건
문서번호(ID)	45
철 명	205
건 명	249
면 수	CJA0003146
회의록시작페이지	전주부목포부광주부일반경제예산철
회의록끝페이지	소화11년도전주부세입출예산추가경정의건보고(회의록첨부)
설 명 문	국가기록원 소장 '전주부목포부광주부일반경제예산철'의 '소화11년도전주부세입출예산추가경정의건보고(회의록첨부)'건에 수록된 1937년 1월 29일 개회 제9회 전주부회 회의록

해 제

본 회의록(총 45면)은 1937년 1월 29일 전주부에서 개회된 전주부회의 회의 내용이다.[46] 이 회의의 주요한 문제는 1936년 8월에 있었던 전주의 수해(水害) 피해와 관련한 것이다.[47] 1936년 수해 당시 전주지역 수해 피해의 큰 원인으로 거론된 것은 하수구 문제였다. 대정정(大正町), 본정(本町) 등 중심지는 긴급하지 않은 시설에도 투자하면서 제방부근인 완산정(完山町)에는 생존에 필요한 시설도 하지 않는다는 여론이 형성되었고 부의원까지 여기에 가담하여 하수구를 신속하게 설치할 것을 당국에 건의하겠다는 의견을 내놓기도 하였다.[48] 전주는 이 피해 복구에 많은 예산을 투여할 수밖에 없는 상황이었고, 이 회의록에서는 이 문제에 대해 전주부가 어떻게 예산을 사용하고자 하였는지 확인할 수 있다.

내 용

(상략-편자)

의장(부윤) : 본회에 제안된 의안 심의의 편의상 우선 의제3호 전주부

---

[46] 위 회의록은 CJA0003077 652~692면, CJA0003192 201~222면에 중복 수록되어 있다.

[47] 전주 외에도 전국적으로 수해 피해상황이 심각하였는데 전주는 이때 3천 이재민이 이야기될 정도로 심각한 상황이었다.
「被害總額千萬圓 十八日正午 全朝鮮水害集計 死傷者만 六百十五名//鎭安에 流失家屋 三百餘戶로 全滅//全州三千災民의 食糧을 今朝부터 配給中止, 學校等 建物에 臨時收容도 停止, 路上에 彷徨하는 三千災民[寫]//屍體七名發見(參禮)」, 『東亞日報』 1936.8.19.

[48] 「全州府內에도 水難 二百餘戶가 浸水, 堤防만 싸코 下水溝가 없는 탓 府當局怠慢을 非難」, 『東亞日報』 1936.8.14.

재해복구를 위해 계속비 설정의 건을 의뢰에 제공하여 번외로부터
설명이 있겠습니다.

번외(河崎) : (중략-편자) 각위 아시는 대로 작년 여름 미증유의 수해
를 만나 전주천 제방이 무너져서 처음으로 서천(西川), 완산(完山),
대궁(大宮), 상생교(相生橋)의 4교량 모두 유실되었고 다행히 전주
교 만이 유실을 면하였고 또 위의 외 부내 도로 및 상하수도의 손상
도 심하여 이러한 것들의 복구에 대해서는 이재 직후 계획을 수립,
국고보조를 요구함과 함께 하루라도 빨리 복구사업에 착수하고자
부심하였는데 점차 이러한 것에 국고보조가 확정되어 이번에 계속
비를 설정 시행하고자 하는 것입니다. 전주천 제방의 보구 아울러
개수는 이번 도청에서 국고보조를 받아 총 공사비 35만 3,115원으로
시행되어지는 것으로 결정한 관계상 당부로써는 도로, 교량 및 상
하수도의 복구를 하는 것이 좋다고 보고 있습니다. (중략-편자)
또 도비보조에 대해서는 최초 본부 사정의 국비 7할 보조로 하는
것을 기준으로 하여 잔여 3할을 2대 1의 비율로써 도(道) 2할, 부
(府) 1할 부담하는 것으로 요구하였지만, 도 재정의 상황상 1할 5푼
씩 부담하는 것으로 한편 내정을 보았습니다. 그런데 국비 보조가
전술과 감이 감액되어진 관계상 금액에 있어서 다시 2만 3,350원이
라 하는 다액의 부담을 지지 않으면 안되어서 다시 도에 절충을 거
듭하여 그 반액 부담 방편을 요구하고 있는데 마침내 도에서는 그
중 1만 원을 추가 보조하는 것으로 하였습니다. (중략-편자)

의장(부윤) : 다음은 의제2호 재해복구비 아울러 전주천 재해복구공사
비 부담비 기채의 건을 의제로 하고자 합니다. 한편 번외로부터 설
명이 있겠습니다.

번외(河崎) : 의제2호 재해복구비 아울러 전주천 재해복구공사비 부담

비 기채의 건의 제안 이유에 대해 설명드립니다. (중략-편자)

기채금액 11만 8,600원 이내 기채 목적은 재해복구비(당부 시행분) 및 전주천 재해복구 공사비 부담금(전라북도 시행) 지변을 위한 것으로 차입 이율은 연 5푼 이내, 차입선 대장성 예금부 또는 은행 혹은 금융을 업으로 하는 회사로써 하고 있고, 기채연도는 1936년도 1만 9,900원 이내, 1937년도 6만 7,600원 이내 1938년도 3만 1,100원 이내 합계 10만 9,000원 이내를 본 연도부터 3개년 동안 기채하는 것으로 하였습니다. 또 기채의 시기는 위 각 연도에 있어서 필요액만 차입하고 만약 사업이 예정과 같이 진행되어 그 연도 내에 차입의 필요가 없어지는 경우는 익년도에 연차 이월 차입하는 것이 가능하도록 하였습니다. (중략-편자)

상환재원은 국고보조금 및 임시특별부세 및 부비 일반세입으로 하는 것으로 하였습니다. (중략-편자)

의장(부윤) : 다음은 의제1호 1936년도 전주부 세입출 예산 추가경정의 건을 의제로 하고자 합니다. (중략-편자)

번외(河崎) : 의제1호 1936년도 전주부 세입출 예산 추가경정의 건의 제안 이유에 대해 설명드립니다. 이번에 추가로 하는 주요한 것은 세출에 있어서 재해복구를 위한 계속비 설정의 수반하여 본 연도 지출액을 계상한 것과 전라북도 시행 전주천 재해복구공사비 부담금 납부금을 계상한 것입니다.

세입에 대해서는 재해복구비 본 연도 지출액에 대한 국고 및 도보조금을 계상한 것과 위 재해복구비 및 하천부담금의 본 연도 지출비에 충당하기 위해 기채를 필요로 하는 것입니다. 그 부 기채수입을 예정하였습니다. (중략-편자)

의장(부윤) : 다음은 의제4호 전주부 임시특별부세조례 제정의 건을

의제로 하겠습니다. (중략·편자)

번외(河崎) : 의제4호 전주부 임시특별부세조례 제정의 건의 제안 이유에 대해 설명드립니다. (중략·편자) 제1조는 임시특별부세를 부과하는 이유 및 그 세목을 규정하는 것입니다. 제2조는 임시특별부세의 납세의무자, 부과 표준 및 과율의 최고 제한액을 규정한 것입니다. 제3조는 부과기일 및 납기를 규정한 것으로 단서는 연액 50전 미만의 것은 일시 징수하는 것으로 하였습니다. (중략·편자) 제4조는 부과기일후 새로 납세의무 발생한 경우의 취급을 정하는 것으로 즉 위와 같은 경우는 다음의 납기에 속하는 분부터 부과 징수하는 것으로 하고자 하였습니다. 부칙은 시행의시기를 정하는 것으로 본세는 1937년도분부터 그것을 부과 징수하기 위해서 본년 4월 1일부터 시행 하는 것으로 하였습니다. (중략·편자)

의장(부윤) : 다음은 의제5호 1935년도 전주부 세입출 결산보고의 건을 의제로 하겠습니다. (중략·편자)

번외(河崎) : 의제5호 1935년도 전주부 세입출 결산보고의 건의 제안 이유에 대해 설명드립니다. 본안은 1935년도 전주부 세입출 결산의 보고입니다. 세입경상부 6만 6,915원 49전, 동 임시부 9만 1,751원 27전, 세입 합계 12만 8,716원 76전으로 세출경상부 4만 254원 7전, 임시부 5만 5,476원 85전, 세출 합계 9만 5,730원 92전입니다. (중략·편자)

부윤(高堂) : 본 부회는 이로써 폐회합니다.

(오후 3시 35분)

5) 제5회 대전부회 회의록(사본)

항 목	내 용
문 서 제 목	第五回 大田府會 會議錄(寫)
회 의 일	19360829
의 장	野口三郎(대전부윤)
출 석 의 원	箕浦簾次郎(1번), 富士平平(2번), 佐藤庄太郎(3번), 姜藩(4번), 禹一謨(5번), 戶木田海三(6번), 韓福履(7번), 沼田虎次郎(8번), 安井鈴治郎(9번), 中島潔(11번), 桑原照雄(12번), 石光巖(14번), 佐佐木信四郎(15번), 伊藤健藏(16번), 文甲童(17번), 林辰雄(18번), 湯藤盡生(19번), 小澤淸(21번), 綾部宗弘(22번), 西村哲次郎(23번), 山川德次郎(24번), 金大英(25번), 方斗煥(26번), 中村藤太郎(27번)
결 석 의 원	山本幸太郎(10번), 李鐵(13번), 齋藤安二(20번)
참 여 직 원	田內彌太郎(내무과장겸 서무과장, 부속), 李觀熙(재무과장, 부속), 林憲喬(부속), 塚田正志(부속), 城戶小一郎(부서기), 安東友男(부서기), 長谷部新作(부기수)
회 의 서 기	卞鍾九(부서기)
회 의 서 명 자 (검 수 자)	野口三郎(대전부윤), 姜藩(의원), 沼田虎次郎(의원)
의 안	의안 제1호 대전부 토지평수할 조례에 의해 토지평수할을 부과할 공사의 노선과 지역 및 부과액 결정의 건, 제2호 부청사 신축비에 충당하기 위해 부동산 매각처분의 건, 제3호 대전부 공사의 청원, 노력의 공급 및 물건의 매매 대차에 관한 조례 중 개정의 건, 제4호 대전천 수선공사비에 충당하기 위한 기채의 건, 제5호 1936년도 대전부 일반경제 세입출 추가경정예산(제1회)의 건
문 서 번 호 (I D)	8
철 명	304
건 명	311
면 수	CJA0003145
회의록시작페이지	개성부대전부군산부일반경제예산철
회의록끝페이지	소화11년도충남대전부제2회세입출추가경정예산보고의건(회의록첨부)

설 명 문	국가기록원 소장 '개성부대전부군산부일반경제예산철'에 포함된 1936년 8월 29일 대전부회 회의록

해 제

본 회의록(총 8면)은 국가기록원 소장 '개성부대전부군산부일반경제예산철'의 '소화11년도충남대전부제2회세입출추가경정예산보고의건'에 포함된 1936년 8월 29일 제5회 대전부회 회의록이다.[49]

내 용

(상략·편자)

부윤 : 잠깐 보고를 드리겠습니다. 21번 의원 오자와 키요시(小澤淸) 씨는 일신상의 이유로 7월 13일에 사직원을 냈고 23일부로써 수리했습니다.

의장 : 지금부터 의사에 들어가겠습니다. 이번 심의할 의안은 갖고 계신대로 제1호 의안부터 5호 의안까지 5건입니다. 순서에 따라 제1호 의안 대전부 토지평수할조례에 의해 토지평수할을 부과할 공사의 노선과 지역 및 부과액 결정의 건을 상정하겠습니다. 참여원이 낭독하겠습니다.

(참여원 츠카다(塚田) 부속이 의안 낭독)

의장 : 제1독회를 열겠습니다. 질문 바랍니다.

---

[49] CJA0003188(대전부관계서철) (대전부대전천수선공사비기채의건) 590-594쪽에 같은 날짜 회의록이 있다.

9번(安井鈴治郎) : 평수할 부과 총액에서 도장(屠場) 도로만 공사비의 10분의 5라 되어 있는데 이유는 무엇입니까?

참여원(塚田) : 토지평수할조례에 의해서 도로신설의 경우는 공사비의 10분의 5를 부과할 수 있게 되어 있습니다.

27번(中村) : 지금 참여원 답변은 잘 알겠습니다만, 조례는 때에 따라 적당하게 운용이 가능한 규정입니다. 즉 10분의 5 이내라는 규정이므로 그 이내에서 적당히 부과할 수 있다고 생각합니다. 원래 본 도로는 도장으로 갈 뿐인 도로이고 장래 수익 여하는 단언하기 힘든데 현재는 사람들이 좋아하지 않는 도로임에도 불구하고 최대한도까지 부과하는 것은 연구의 여지가 있다고 생각합니다.

부윤 : 지금 말씀은 알겠습니다만 본 도로는 이름이 도장도로라고는 하지만 운반 기타에서 지주가 수익을 얻는 것은 명확하다고 믿습니다. 따라서 10분의 5라 해도 그다지 무겁다고 생각하지 않습니다. 그리고 본 도로는 원래 도로를 사용하지 않는 것이라서 개축인지 신축인지에 대해 다소 의문도 있다고 생각합니다만 각 도시의 예를 보면 폭이 원 도로의 배 이상이 되는 경우는 도로 신설로 간주하는 것으로 되어 있습니다. 당 부에서도 대체로 그러한 표준에 의해서 구분하려고 합니다.

9번(安井) : 당초 예산에는 10분의 5를 부과하는 것으로 되어 있는데 저는 27번 의원과 동일한 의견입니다. 본 도로는 도장행의 도로 즉 부에서만 이익을 얻는 도로임에도 다른 도로와 동일한 율 이상으로 부과하는 것은 불합리하지 않습니까?

참여원(長谷部) : 당초 예산에는 10분의 3인 것과 10분의 5인 것이 있었는데 금회 실적을 보아서 10분의 5로 한 것이고 그 이유는 아까 부윤이 27번 의원에게 답한 것과 같습니다.

의장 : 별다른 질문 없는 것 같으니 제2독회로 넘어가겠습니다. 의견 없습니까?

27번(中村) : 제1독회에서 질문한대로 도장행 도로는 일반은 좋아하지 않는 도로이고 이런 도로에는 수익세를 부과하지 않는 것이 타당하다고 생각하는데 부 재정이 곤란한 것도 고려해야 하지만 이것을 10분의 3으로 하기를 희망합니다.

부윤 : 좋은 의견이지만 수익이 있는지 없는지 또 장래 어느 정도 수익이 있을지는 여러 의견도 있을 수 있지만 이 도로는 신설로 생각한다는 점, 부 재정의 입장, 그리고 아까 말씀드린 대로 상당한 수익이 있는 점 등에 비추어 원안대로 협찬을 부탁드립니다.

의장 : 다른 의견 없습니까?

16번(伊藤) : 27번 의원의 의견은 좋지만 본 도로는 우시장 이전 또는 시가계획 실시 때는 실로 유효한 도로가 됩니다. 또 본안에서 개축 포장은 10분의 3으로 되어 있고 신축으로 간주하는 본 도로만 10분의 5로 되어 있는 것은 이유가 있다고 생각합니다. 이 견지에서 원안에 찬성합니다.

('찬성' 소리 많음)

의장 : 다른 의견 없으면 제2독회를 끝내고 곧장 원안대로 확정하려고 하는데 이의 없습니까?

('이의 없음', '이의 없음')

의장 : 모두 이의 없으시니 본안은 원안대로 확정하겠습니다. 다음은 제2호 의안 부청사 신축비에 충당하기 위해 부동산 매각처분의 건을 상정하겠습니다.

부윤 : 본 건 제안 이유를 간단히 말씀드리겠습니다. 본 연도 예산에서 승인을 얻은 부청사 신축비 충당을 위해 부유지인 폐천 부지를

매각하려는 것입니다. 이 폐천 부지는 면이었을 때에 1930년 2월에 무상 양여를 받아 동 3월에 수의계약에 의한 매각 인가를 얻어 이후 대전읍이 되고 나서 필요에 따라 처분을 해왔지만 그 나머지인 일부를 이번에 부에서 처분하려고 하는 것인데 상당 중요사항이기도 하고 또 매각 대금의 용도 관계도 있어 그 처분에 대해 제안한 것입니다.

19번(湯藤) : 처분 방법은 어떻게 할 방침입니까?

부윤 : 처분 방법은 제3호 의안에 의해 처분하려고 생각합니다. 즉 수의계약으로써 처분하려고 합니다. 본 토지는 소량의 면적이 각지에 산재해 있는 관계상 인접 지주 또는 특별한 연고가 있는 자와 수의계약으로써 매매하는 것이 가장 이상적이고 또 유리하다고 생각합니다. 경쟁 입찰에 대해서는 가격의 점도 있고 처분 진행상 지장을 초래할 것이 많다고 생각합니다.

의장 : 제3호 의안은 본안과 관련이 있는 것이므로 일괄해서 심의를 원합니다.

27번(中村) : 제2호 의안의 제안 이유는 잘 알았습니다. 무릇 물건을 매각할 때 적정한 값을 얻는 것은 상당히 곤란한 것이므로 본 토지를 매각하는 것도 미리 평가 위원이라도 두어서 평가를 해둘 필요가 있다고 생각합니다.

부윤 : 좋은 의견입니다. 면 시대에 평가 위원으로 하여금 평가를 하게 했습니다. 이 평가는 실로 적당한 평가라고 생각하지만 그 후 정세 변화도 있어서 다시 적당한 방법에 의해 평가를 해서 이 평가 이하로는 팔지 않을 생각입니다.

1번(箕浦) : 읍 시대에 구두(口頭) 매매계약을 해서 아직 대금 납입을 하지 않은 것도 있다고 기억하는데 만약 평가가 전 계약액보다 높은 경우는 읍과의 계약은 무효로 하는 겁니까?

부윤 : 사이토(齋藤) 읍장으로부터 몇 가지 사정을 들었는데 이 건은 도의상 고려할 필요가 있다고 생각하지만 원칙으로서 이러한 계약을 인정하는 것은 곤란하다고 생각합니다.

16번(伊藤) : 당초 평가는 시가보다 1, 2할 높았는데 그 후 도청 이전 등에 따라 지가가 그 평가액 정도로 되었다고 생각하는데 그 후 다시 평가를 한 것은 없습니까?

참여원(城戶) : 대부분이 1회의 평가이지만 코우지마 카메타로우(幸島龜太郎)는 2회의 평가를 하고 있습니다.

1번(箕浦) : 평가를 할 때 가장 공정을 기할 방법은 있습니까?

부윤 : 은행 또는 금융조합 등에게 평가 위원을 천거하여 평가를 의뢰함이 공정을 기하는 것이라 생각합니다.

2번(富士) : 평가 위원은 은행, 금융조합에만 의뢰하는 것입니까? 또 실제로 인접 지주도 이를 희망하지 않는 자도 있다고 생각하므로 가격의 점에 대해서는 가능한 엄정을 기해주시길 희망합니다.

부윤 : 평가 위원은 부회의원 중에서 5인 또는 7인 정도 선정하려고 합니다.

27번(中村) : 평가 위원은 5명으로 하고 의원 중 3명 외부에서 2명을 부윤이 정하고 통지하면 어떻습니까?

('찬성' 소리 많음)

부윤 : 위원은 부윤이 선정하고 후일 통지하겠습니다.

의장 : 제2호 의안, 제3호 의안에 대해 달리 질문이나 의견 없습니까?

('질문 의견 없음'이라 소리치는 자 많음)

의장 : 질문 의견 없으면 곧장 원안대로 확정하고자 하는데 이의 없습니까?

('이의 없음', '이의 없음')

의장 : 전원 이의 없으니 제2호 의안, 제3호 의안은 원안대로 확정하겠습니다. 다음은 제4호 의안 대전천 수선공사비에 충당하기 위해 기채를 하는 건을 상정하겠습니다.

부윤 : 간단히 제안 이유를 설명드리겠습니다. 본 건 기채의 목적입니다. 대전천 수선공사는 당초 총공비 2만 원으로 본 연도 및 명년도 각 1만 원씩 2개년 계속 사업으로서 시행하려는 계획이었습니다. 그런데 위에 필요한 경비는 재원이 국고에서 본 연도 5천 원, 명년도 5천 원, 합계 1만 원의 보조를 얻고 잔액 1만 원은 부비 부담으로 하고 본 연도 5천 원, 명년도 5천 원을 기채하는 것으로 하며 부회의 의결을 얻은 것이었습니다만, 공사의 성격상 명년도에 국고보조를 예정해서 계속사업 설정은 여러 연구를 한 결과 타당하지 않다는 것으로 되었으므로, 본 연도 한정 사업으로 하고 경비 1만 원으로써 긴급한 곳에만 수선하는 것으로 그치고 장래 국고보조 및 부재정 상황을 고려하여 남은 곳을 시행하기로 변경했습니다. 따라서 기채 금액, 차입 시기 등 달라진 부분이 있어서 본안을 새로 제출한 것입니다.

3번(佐藤) : 본 사업이 필요하다는 점은 당초 예산 심의 때 이미 결정한 것이고 단지 명년도에 국고보조를 예정하는 계속사업 설정이 곤란하면 어쩔 수 없는 사정이라 생각합니다. 본안은 독회 생략, 가결 확정하길 희망합니다.

('찬성')

의장 : 다수 찬성이니 본안은 독회 생략, 가결 확정해도 지장 없겠습니까?

('이의 없음', '이의 없음')

의장 : 그러면 본안은 원안대로 가결 확정했습니다. 다음은 제5호 의

안 1936년도 대전부 일반경제 세입출 추가경정예산 건을 상정하겠습니다. 제1독회를 열겠습니다.

의장 : 세입출을 일괄해서 심의를 원합니다. 질문 없습니까?

24번(山川) : 세입 임시부에서 도로포장 공사비에 군시(郡是) 공장[50)으로부터 900원 기부를 받는 것으로 되어 있는데 이것에는 토지평수할은 부과하지 않습니까?

부윤 : 토지평수할은 부과하지 않습니다.

27번(中村) : 도로를 만들면 첫째로 배수구 완벽을 기해야 하는 것과 다음은 군시공장으로부터 900원을 도로포장비로 보조가 있는데 부는 군시공장까지 포장공사를 연장하는 것에 의해 상당한 부담이 늘어날 것이므로 천 원까지의 기부는 받아야 하지 않습니까?

참여원(長谷部) : 도로를 만들 때 배수구의 완전을 기해야 한다는 것은 훌륭한 말씀입니다. 다음으로 군시공장 기부금은 그 이상 받으려고 수회 교섭했으나 결국 900원에 머물렀습니다.

19번(湯藤) : 27번 의원이 희망하신 배수구 문제는 완전히 동감합니다. 예를 들면 법원지청 앞부터 종방공장 부지에 이르는 도로는 풀장을 만든 것처럼 됩니다. 비가 내릴 때마다 물에 잠기므로 토지평수할도 납부할 수 없는 자들이 상당히 반감을 품고 있습니다. 장래 부의 시설에 대해서도 뭔가 화를 불러일으키지 않을까 예상됩니다. 배수구 문제는 가능한 만전을 기해주시길 희망합니다.

25번(金) : 지금 27번, 19번 의원 말씀대로 어제 홍수에도 춘일정(春日町) 2정목 일부, 본정 2정목의 미시장 부근 기타에도 상당히 침수의

---

50) 식민지시기 일본 군시제사(주)의 조선 분공장(分工場)으로 대전공장(1926년), 청주공장(1929년)이 설립되었다.

피해가 있었는데 배수구가 전혀 없는 것에 원인이 있습니다.

부윤 : 예전부터 상당히 배수구의 불비설이 있었던 것은 저번 비오는 밤에 실지(失地)를 보았는데 진실로 불편함을 느끼는 바라 판단했던 것입니다. 본 연도 예산으로써 계획하였던 사업을 완성하려면 이러한 불비는 없는 것이라 생각하는데 또 앞으로라도 충분 조사 계획하여 배수구의 완벽을 기약하고자 생각합니다.

의장 : 외에 질문이나 의견이 없다면 독회 생략, 원안대로 가결 확정하고자 생각합니다. 이의 없습니까?

('이의 없음, 이의 없음'이라 외침)

의장 : 전원 찬성이라 인정되므로 본안은 원안대로 가결 확정하겠습니다.

의장 : 이로써 이제 제5회 본회의를 폐회하겠습니다.

위 회의의 전말을 기록하고 이에 서명함

의장 노구찌 사브로(野口三郎)

의원 강번(姜藩)

동 누마타 토라지로우(沼田虎次郎)

6) 제8회 평양부회 회의록(제1일)

항 목	내 용
문 서 제 목	第8回 平壤府會 會議錄(第1日)
회 의 일	19320322
의 장	阿部千一(부윤)
출 석 의 원	吳崇殷(1번), 鄭世胤(2번), 江崎萬八(3번), 横田虎之助(4번), 金鼎七(5번), 姜炳駿(6번), 大村勇藏(7번), 今井祐次郎(8번), 李基粲(9번), 金能秀(10번), 林田四郎(11번), 山下友次郎(12번), 韓錫麟(13번), 金永弼(14번), 平井喜則(15번), 川橋圭三郎(16번), 松尾六郎(17번), 梶道夫(18번), 内田錄雄(19번), 稲葉善之助(21번), 原田貞輔(22번), 藤井千城(23번), 梁利澤(24번), 宋永祥(25번), 伊藤佐七(26번), 崔鼎黙(28번), 邊麟奇(29번), 松井民治郎(31번), 瀧本理(32번)
결 석 의 원	崔蒙煥(20번), 吉村源治(27번), 鄭寅河(33번), 30번 결원
참 여 직 원	上野彦八(부속:번외1번), 吉田昇(부속:번외2번), 松木源吉(부주사:번외3번), 針替理平(부주사), 阿部健三(부토목기사), 萱場深造(전기기사), 高橋晃(부속), 李在晟(부속), 柴田藤太郎(부서기)
회 의 서 기	高島與七(부속), 金重燁(부서기), 松岡準三郎(고원), 越智三五(촉탁) : 통역 奉在龍(부고원)
회 의 서 명 자 (검 수 자)	阿部千一(부윤), 崔鼎黙, 邊麟奇
의 안	의제3호 1932년도 평양부 세입세출 예산의 건, 의제5호 수도공사비 기채의 건, 의제6호 평양부 전기공급조례 개정의 건 제1독회
문서번호(ID)	57
철 명	399
건 명	455
면 수	CJA0003739
회의록시작페이지	평양부예산서
회의록끝페이지	소화7년도평양부세입세출예산보고의건(제8회평양부회속회회의록)
설 명 문	국가기록원 소장 '평양부예산서'철의 '소화7년도평양부세입세출예산보고의건(제8회평양부회속회회의록)'건에 수록된 1932년 3월 22일 개회 제8회 평양부회 회의록(제1일)

해 제

본 회의록(총 57면)은 국가기록원 소장 '평양부예산서'철의 '소화7년
도평양부세입세출예산보고의건(제8회평양부회속회회의록)'건에 수록된
1932년 3월 22일 개회 제8회 평양부회의 제1일차 회의록이다. 제8회
평양부회는 3월 22일부터 3월 29일까지 총 7일간 행해졌다. 일시 및
의안, 주요 논의 사항은 다음과 같다.

일시	회차	의안 및 논의사항
3월 22일	제8회 평양부회 회의록 (제1일)	의제3호 1932년도 평양부 세입세출 예산의 건, 의제5호 수도공사비 기채의 건, 의제6호 평양부 전기공급조례 개정의 건
3월 23일	제8회 평양부회 회의록 (제2일)	의제3호 1932년도 평양부 세입세출 예산의 건, 의제5호 수도공사비 기채의 건, 의제6호 평양부 전기공급 조례 개정의 건
3월 24일	제8회 평양부회 속회 회의록(제3일)	의제3호 1932년도 평양부 세입세출 예산의 건 제2독회
3월 25일	제8회 평양부회 속회 회의록(제4일)	의제3호 1932년도 평양부 세입세출 예산의 건, 의제6호 평양부 전기공급조례 개정의 건, 전기궤도 사동선 특별위원 선거
3월 26일	제8회 평양부회 속회 회의록(제5일)	의제3호 1932년도 평양부 세입세출 예산의 건, 의제6호 평양부 전기공급조례 개정의 건, 전기궤도 사동선 특별위원 선거
3월 28일	제8회 평양부회 속회 회의록(제6일)	의제3호 1932년도 평양부 세입세출 예산의 건, 의제6호 평양부 전기공급조례 개정의 건 일괄 제2독회, 의제4호 1932년도 평양부 특별회계 공익질옥비 세입세출 예산의 건, 의제7호 평양부 격리병사 사용조례 개정의 건, 의제8호 평양부 전기궤도 승차료 조례 개정의 건, 의제9호 평양부 이원 조례 개정의 건, 보제1호 1930년도 평양부 세입세출 결산 보고의 건, 보제2호 1930년도 평양부

		특별회계 공익질옥비 세입세출 결산보고의 건, 보제3호 부윤 전결 처분의 건
3월 29일	제8회 평양부회 속회 회의록(제7일)	의제10호 1931년도 평양부 세입세출 제7회 추가경정 예산의 건

제8회 평양부회는 1932년도 세입출 예산, 1931년도 예산의 추가경정, 공익질옥 특별회계, 1930년도 결산보고 등이 중심이 된 회기였는데, 첫날인 이날 회의에서는 의제3호 1932년도 평양부 세입세출 예산의 건, 의제5호 수도공사비 기채의 건, 의제6호 평양부 전기공급조례 개정의 건의 3건을 일괄으로 제1독회를 진행하였다. 이날의 논의 내용 중 주목할 만한 것은 기림리(箕林里) 전차복선 문제와 전기, 수도 특별회계 문제라 할 수 있다. 이 두 문제는 단순히 이 회기만의 문제는 아니라 몇 년간 해결되지 않고 평양부에서 가장 문제가 되고 있던 문제였다. 이 회의록은 그 주장의 핵심적인 내용을 이해하는데 도움이 되는 측면에서 주목할 만하다. 특히 전기, 수도 특별회계와 관련된 내용은 찬반 의견이 명확하게 확인되어 그 부분을 이해하는데 크게 도움이 되는 자료이다. 일반회계와 특별회계의 구분에 대해서도 이해를 돕는다.

기림리 전차복선 문제는 당시 평양부에서 민족적 문제로까지 확대되면서 현안으로써 상당히 중요한 문제인데, 이 회의록상에는 논의가 상세하게 되지는 않아 이 회의록만 보아서는 이 문제의 실상을 파악하기는 쉽지 않다. 다만 회의록에도 특별조사위원회가 구성되어 조사를 실시하기로 한 것으로 나와 있어 상당히 중대한 문제란 것은 알 수 있다. 본 회의상 거론된 내용을 보면 '기림리 복선 및 평천리(坪川里) 단선 궤도'에 대한 조사가 완료되면 추가경정 예산으로 올릴 수 있는 것처럼 이야기하고 있지만, 사실상 본 회의 이전에 있었던 내시회나 간담회의 내용으로 보면 실현이 가능한 것은 아니었다. 16, 17일 있었던 내시회 상황을 보면 조선인 측 의원들은 작년부터 실시를 주장해왔던 기림리 전차 복선 궤도가 올해 예산에는 확정되어야 한다고 주장하였으나,[51] 일본인 의원들은 이 문제를 정면으로 돌파하지 않고 평천리 전차 부설 문제까지 확대하여 이를 같이 실현시키지 않는 방향으로 문제를 끌어가고자 하였다.[52] 결국 논의 내용을 보면 기림리 복선 문제와 평천리 문제가 같이 나오고 있고 결국 일본인 의원 측이 주장하는 것처럼 둘 다 실현되지 않는 쪽으로 방향이 귀착되었다는 것을 알 수 있다. 이 문제는 더 거슬러 올라가면 전년도 부협의회에서는 이미 수정결의안이 의결 된 것을 부윤이 일방적으로 기각한 중대 사건이었다. 기림리에서 서평양역까지의 복선은 부민 대다수 즉 조선인들 거주의 구시가 주민들의 편의를 위해서는 꼭 필요한 것이었다. 이에 1931년 3월 제도 개정 직전 마지막 부협의회에서 조선인 의원들이 중심이 되어 전화증설, 교환대 설비, 전차 2대 구입비 예산을 기림리 복선 예산으로 유용하는 것으로 수정 결의하였다.[53] 그런데 이 결정에 대해 일본인 의원들은 총퇴장으로 맞대응하였고,[54] 오시마(大島) 부윤은 부협의회는 원안집행을 부윤이 어떠한 수속을 거치지 않고도 가능하다고 하여서 수정 결의한 것을 무시하였다.[55] 결국 이러한 상

51) 「時期尙무라고 日本人不贊成, 아주 복선할 필요 업다고 場內緊張裏에 休會」時期尙무라고 日本人不贊成, 아주 복선할 필요 업다고 場內緊張裏에 休會」, 『동아일보』 1932.3.19.
52) 「平川里線敷設提案코 箕林里復線을 反對 조선인주장에 일본인은 반대 平壤府議에 兩便對立」, 『동아일보』 1932.3.19.
53) 「再次 相談後 態度決定할터, 동맹퇴장한 것은 일종 악례" 府議員 李基燦氏談」, 『동아일보』 1931.4.2.
54) 「一人 一黨으로 臨席對立은 千萬意外, 민족의식으로 한일 아니다"日本人議員의 發表」, 『동아일보』 1931.4.2.
55) 「大島良士府尹談」, 『동아일보』 1931.4.2.

황이 계속 해결되지 않고 이 시기까지 이어졌던 것이고, 이후도 마찬
가지 상황이었다. 조선인 의원들의 발언권이 상당했던 평양의 이러한
상황은 일제의 예산 운용과 관련 시사하는 바가 크다고 볼 수 있다.

전기, 수도 특별회계 문제는 조선에서 유일하게 전기를 부영으로
하였던 평양부였기 때문에 나올 수 있었던 이야기이기도 했다. 평양
부는 1926년 조선에서 유일하게 전기 부영화에 성공하였고, 전기 관련
예산이 일반 예산에 상응할 정도로 예산액이 크고 잉여액이 상당하였
다. 이에 일부 의원들이 전기 예산을 일반에서 분리해야 한다고 주장
한 것이었다. 이 논의는 1930년부터 있었는데, 오시마(大島) 부윤이 전
기, 전차, 수도를 특별회계 하는 방향으로 결정하여 전기 80만 원, 전
차 30만 원 외 각종 정리 공채를 편입시키려 했었다. 그러나 이는 부
협의회의 전원위원회에서 전기 관련 사업의 수지(收支) 상황을 보아
서 추후에 결정하는 것으로 하여 부결되었다.[56] 결국 이 문제가 다시
이 회기에 재기되었던 것으로, 회기 시작 전 간담회에서 이미 특별회
계에 대한 논의를 하였으나 바로 실시하기는 어렵다는 분위기였다.[57]

이 회의록에서는 전기, 수도의 특별회계를 주장하는 측과 반대하는
측의 주장 내용을 명확하게 확인할 수 있는 측면에서 주목할 만 하다.
전기, 수도 특별회계를 주장하는 의원들은 전기 사업을 통한 잉여금
이 있는데도 불과하고 계속해서 관련 기채를 일으키고 있는데, 특별
회계로 분리하여 그 잉여금을 전기 시설과 전기 요금을 내리는데 사
용해야 한다고 주장하였다. 반면 반대론자들은 부 재정의 중요한 부
분을 차지하는 전기, 수도를 일반회계에서 분리할 경우 부재정이 상

56) 「平壤府議終幕 緊張又緊張裡에」, 『중외일보』 1930.3.27.
57) 「평양부의 전기 특별회계 설치안 시기에 맞지않는다는 의견」, 『부산일보』 1932.3.9.

당히 타격을 받기 때문에 아직 시기상조라고 주장하고 있는 것이다. 부재정과 부민의 실생활 등에 대한 부당국, 찬반 의원들의 논의를 확인할 수 있는 본 회의록은 당시 평양부의 경제, 사회상을 이해하는 자료로써 의미가 있는 것으로 생각된다.

내용

(부윤 개회를 선언함. 시각 오후 2시)

부윤 : 본 연도 예산 편성에 대해서는 부세의 현상, 장래 또 사회의 실상에 비추어 극력 긴축방침을 채택하여 증세를 피하고 가능한 혈비 절약을 그 잉여액 아울러 일부 특수 재원으로 부세의 발전상 또는 부민의 복리 증진상 가장 급하고 적절하다라 인정할 수 있는 시설 사업비에 충당하는 것을 고려하였습니다. 예산 총액은 일반 회계 세입출합 금 192만 3,263원, 특별회계 공익질옥비 세입출 합계 809원으로 전년도에 비해 일반 회계에서 금 5만 6,483원 증가하고 특별회계에서 금 1만 1,368원의 감소를 보았습니다. 먼저 일반회계 세입경상부에 대해 말씀드리면 매해 부세(府勢)의 발전에 수반하여 부세(府稅)를 비롯 각종 사업수입 자연 증가의 추세에 있으므로 전차수입 및 잡수입 등에서 상당 많은 액수의 감수(減收)를 예정하였으나 또 차익금 4만 1,723원 증수(增收)를 하고 임시부에서는 종래의 실적에 비추어 재정의 탄탄함을 계획하기 위해 이월금, 기부금, 재산매각대 등에서 특히 유의 줄여 계상한 외 보조금 등에서 감소하여 어쩔 수 없으나 지난 연도 수입에서 분뇨비(糞尿費) 매각대 미수입금 기타를 합하여 금 4,300여 원 증수 예정인 외, 수도공사비채 대동강(大同江) 평양 좌안(左岸) 방수공사비채를 계상하고 또 현재 이

용되지 않은 공익질옥 자금의 중 금 1만 원을 이월하여 전년도에 비해 금 1만 4,760원 증가하고, 세입 합계에서 금 5만 6,583원의 증액이 되고, 또 세출경상부에서는 사무비를 비롯 각 과목에 걸쳐 인건비, 물건비에 극력 손질을 하여 임시사업비 변통에 일조한 결과, 금 1만 358원 감소하였고, 그 내용은 사무비에서 금 1,950원 증가하였으나 본비는 전년도 중 지방제도 개정에 의해 제1부, 제2부 특별경제회의비 아울러 사무비를 통일한 결과 연도반은 예산 경정을 행하고 금 1만 687원 추가, 그 금액 12만 6,037원으로 되어 있는 관계상 사실은 금 1만 320원 절약하였고, 기타 각 과목에 걸쳐 극력 절약을 계획하였는데 간신히 살수비, 시장비, 도서관비, 경비비 등에서 약간씩 증액은 어쩔 수 없지만 전기비에서 세입에 수반한 전등 및 동력비 금 5만 1천여 원 증액하고 또 보생의원(普生醫院), 선교리시장(船橋里市場) 직영에 수반하여 유지비 아울러 정리조합의 활동을 한층 유효하게 할 필요를 인정하여 조성비를 새로 계상하였습니다. 다음으로 임시부에서는 귀중한 부민의 복리증진에 도움이 될 사업비 계상에 일조하나 핍박된 재정은 어떻게도 하는 것이 가능하지 않아 겨우 다년 부민의 열망해 마지않는 보생원의 이축(移築) 상시 개설을 비롯하여 기림리(箕林里) 배수관 부설 및 수도급수상 가장 필요로 하는 양수기 충실의 촉진, 기타 하수의 개선 혹은 기설사업의 출실, 확장을 도모하여 결국 전년도에 비해 금 6만 3,841원, 세출합계에서 금 5만 6,483원 증가되어 점차 세입출의 조절을 하였고 또 상세는 다음 각관에 걸쳐 설명하겠습니다.

의장(부윤) : 출석 의원 29명, 결석자는 27번 요시무라 겐지(吉村源治), 33번 정인하(鄭寅河), 20번 최몽환(崔蒙煥)의 세 의원입니다. 위 중 요시무라 의원은 여행으로 결석의 취지, 신청이 있었습니다. 개회에 있어서 심의에 앞서 한마디 극히 간단하게 설명드리겠습니다. 작년 4월 1일부터 개정 지방제도 시행되어 부에서는 종래 자문기관으로서 부협의회(府協議會)이던 것이 의결기관인 부회(府會)가 되었습니다. 또 부에 학교비(學校費) 및 학교조합(學校組合)이 부로 통일된 이래 시간을 경과한 것이 정확하게 1개년이 되었고, 이에 비로소 제1회의 통상 예산회의로써 부회를 개회하고 세입출 예산과 함께 부조례의 개정, 기채의 방법, 기타 부회의 의결을 거쳐야 할 사건에 대해서는 그 의안을 발할 수 있게 된 것은 가장 의의가 깊은 일이라 믿습니다. 무엇보다 특별경제(特別經濟)에 속하는 교육비(敎育費)에 대해서는 과반 대저 제1교육부회(敎育部會) 및 제2교육부회를 열고 이미 그 의결을 마쳤고 모두 원안대로 가결 확정되었는데 요약하면 부이사자로서는 시종일관 우리 평양부의 현재 및 장래에 있어서 부민의 부담의 공평, 적정 아울러 문화적 제시설의 충실, 발전을 기하는 것으로 예산 편성의 가장 중대한 요점으로 하고 있음과 동시에 개정 지방제도에 의한 자치권의 확장을 일전의 기회로 장래 날로 자치체로써 가장 건전한 발달을 행하기 위해서 극히 착실한 진전을 촉구해야 할 방책을 채택하는 것이 옳다고 공고히 믿고 또 애쓰고 있으므로 이 작년 가을 이래 누차 부정(府政)에 관한 의원 간담회를 개최하고 여론을 반영하고 있고, 또 부민 총의의 대표하는 의원 각위의 다수 의견이 과연 어느 쪽으로 귀착할 것인가라 하는 것을 예상할 수 있으며, 또 그것을 실현하는 것에 힘써 왔습니다. 다행히 오늘부터 심의를 하는 예산안에 대해서도 종래 전에 이야기했던 간담회에서 결정되었던 사항이 거의 전부에 관한 계상을 볼 수 있었던 것은 진실로 기뻐 견딜 수 없는 것으로 이 점 종종 양해의 후 부디 전회(全會)의 협찬이 있기를 오로지 바라는 바입니다. 다만 이에 자못 유감으로 생각하는 것은 겸하여 요망하고 있었던 전기궤도(電氣軌道)의 건설 개량에 관한 시설비의 계상을 하는 것이 가능하게 되었던 것입니다. 즉 저번 예산 내시회에서 특별위원회의 보고에 기초해서 '기림리 전차 복선(複線) 및 평천리(平川里) 단선(單線) 궤도 부설비를 1932년도 예산에 계상하고자 한다'라는 전원 간담회의 요망서가 제출되었는데, 무언가 시기 절박하였으므로 계상 재원 확보를 통해 가능한 세입 예산의 확실, 안정성을 기약하게 되었습니다. 또 평천리 단선 궤도부설비에 대해서는 특별의 조사위원회에 부탁되어진 전차정책 일반에 대해서 조사 미완료인 관계 등도 있어 아무래도 어쩔 수 없이 지금 바로 1932년도의 본예산에 계상하는 경거(輕擧)를 피해서 평천리 단선궤도 부설비에 대해서는 위 조사가 완료하면, 또 기림리 전차 복선부설비에 대해서는 서평양 인흥리(仁興里) 토지매각대 등 본 예산 계상 외의 추가 세입의 수입이 있는 경우를 기다려 반드시 추가경정 예산으로 그 계상 실시를 도모할 예정이므로 따라서 예산 내시회에 있어서 요망은 결국 실현 가능성을 대개 갖는 것이라 양해를 바랍니다. 또 이하 순차 심의를 부탁드리는 의사일정에 대해서는 회의규칙 제14조에 의해서 오늘은 의사(議事)를 시작하기 전에 또 내일부터는 매일 전일의 회의의 끝에 의장인 제가 보고를 드리는 것으로 되어 있는데 대체에 있어서 편의, 참고로 옆에 올려놓은 예산심의 순서에 의해서 이에 관계 조례의 개정안 등을 일괄 부의하여서 제1독회, 제2독회, 제3독회로 진행하고자 하는 것으로 또 미리 알아 두시길 바랍니다. 그 예산심의 순서의 세출을 먼저 하고 세입을 뒤에 하는 소이는 소위「나가는 것을 계획하고, 들어오는 것을 획득한다」라 하는 재정 이론에 순응하는 것입니다. 그러나 혹은 위의 순서에 의한 정도

의 일수(日數)를 필요로 하지 않는다면 겸하여 통지하였던 회기의
단축이 가능한 것이라 생각되므로 그 점 어쨌든 적절히 심의하여
주시길 바라므로 오늘 의사일정의 보고를 겸하여 의제의 선고를 하
겠습니다. 의제3호 1932년도 평양부 세입세출 예산의 건, 의제5호
수도공사비 기채의 건, 의제6호 평양부 전기공급조례 개정의 건 위
3건을 일괄하여 그 제1독회를 개최합니다. 의안을 읽는 것을 생략
하고 바로 심의를 부탁드립니다.

23번(藤井) : 저는 1독회에 들어가기에 앞서서 부제(府制) 제16조에 의
한 의견서를 제출합니다.[58] 여기서 낭독하겠습니다.

전기(電氣)수도(水道) 독립(獨立) 특별회계(特別會計)에 대한 의견서

1. 평양부의 전기수도를 1933년도부터 독립 특별회계로 할 것

위 제안자 하야시다 시로(林田四郞), 요코다 토라노스케(橫田虎之
助), 후지이 타테끼(藤井干城)

찬성자 마츠이 타미지로(松井民治郞) 외 9명

4번(橫田) : 지금 23번으로부터 제출된 특별회계의 건은 저도 제안자
의 1인이므로 다소 제안의 이유를 설명드리고자 생각합니다. 수익
으로써 재원으로 하고 또 다액의 부채를 갖는 사업은 재원을 보통
조세에 기대하는 바의 일반 행정사무비와 구별하여 경리하는 것이
원칙이다라 믿습니다. 즉 우리가……

의장(부윤) : 잠시 기다려 주시길 바라며 설명은 제가 보고드릴 수 있
도록 해주십시오. 지금 부제 제16조에 의해서 제도, 현재의 수속에
의해 의견서의 제출이 있었으므로 보고합니다. 낭독하겠습니다.

---

58) 제16조 부회는 부의 공익에 관한 서건에 대해 의견서를 부윤, 기타 관계 관청에
제출함을 득한다.
「府制中改正(制令 제11호)」, 『조선총독부관보』 제1174호, 1930.12.1.

전기수도 독립 특별회계에 대한 의견서

1. 평양부의 전기 수도 1933년도부터 독립 특별회계로 할 것.

위 제안자 하야시다 시로, 요코다 토라노스케, 후지이 타테끼, 찬성자 마츠이 타미지로 외 9명 의장 앞 이 의견서를 부회에서 채택하여 부윤에게 제출하느냐 아니냐를 부회의 의결에 의해서 결정해야 하는 것입니다. 그 의미에서 또 본 예산안의 제1독회의 내용도 극히 중대한 관계를 갖는 것이므로 특별히 의제로 제공하고자 하는데 어떻습니까?

4번(橫田) : 수익을 재원으로 하고 또 다액의 부채를 갖는 사업은 재원을 일반 조세에 준하는 바의 행정사무부와 구별 경리하는 것이 원칙이라고 나는 믿는데 고로 우리 공익질옥과 같은 세계(歲計) 예산 겨우 1만 원 정도의 것이지만 수익을 목적으로 관계상 이를 특별회계에 넣은 실례도 있습니다. 작년 우리 부가 전차를 했던 당시는 이를 특별회계로써 취급하고 있었는데 그 후 전등 및 전력을 아울러 경영하는 것으로 되어서 특별 회계를 철폐하여 일반회계로 하고자 했던 것입니다. 그런데 그 후 부 당국은 특별회계 설치를 기도하여 이를 당시의 부협의회에 자문하게 되었는데, 부협의회는 시행을 연기하자라 하여 의론이 분분하여 마침내 사태가 그치지 않았던 것은 일반 부민의 지금 또 기억이 새로운 바이라 생각합니다. 또 간담회의 석상 본 문제에 대한 부윤의 의견을 들었지만 특별회계는 취지에 있어서는 찬동하면서 시기는 아직 상조라 하고 게다가 그 시기 상조라 하는 의견의 일단으로써는 전기, 수도의 사업을 특별회계로 편입한 경우는 여기에서 생기는 잉여금 즉 세입세출의 공제금을 나는 잉여금이라 생각합니다. 이 잉여금은 일반 회계에 이월하는 것이 가능하지 않으므로 고갈되어 본 연도의 일반 회계는 마침내 그것을 구하는 방법으로써 심히 곤란하고 또 수도사업은 내년도에 있어서 수도비채를 일으킬 예정이므로 잉여금이 명확한 것은 도리어 상황이 악화된다라는 하는 말로 귀착됩니다. 아울러 나는 특별회계를 설치한다고 해서 일반회계로 이월하는 방법이 절대로 두절되는 것은 아니라 생각합니다. 그것은 우리 부 공익질옥이 특별회계로써 일반회계에서 세입을 바라고 있는 사실이 반증하는 것 아닌가라 생각하고 있습니다. 고로 저는 특별회계를 설치하는 것은 지당하다라 생각하고 있습니다. 그것이 근본론입니다. 다음으로 근본적 의론으로 해야 하는 것인 아닌가 또 이로써 한 이유로 하는 것이 가능하지 않은가라 생각하여 말씀드립니다. 그것은 예산 및 결산은 예산서에 있으므로 잉여금이 불분명하게 나뉘어져 있어 이는 진정의 잉여금이 아니라 생각되어 좀 더 많은 것은 아닌가라 생각하는데 일반회계로써 두면 그러한 것에 염려가 있다고 생각합니다. 즉 지난 날 얻었던 전기참고서(電氣參考書) 제2책 별책의 대로 기록되었던 잉여금과 이 일반 세부(歲部) 예산에 있는 액수는 같은 것인데 한번 보아서 알 수 없고 이는 우리 의원은 거기까지 아는데 일반 부민은 많이 알 수 없는 일이 있는 것입니다. 일례를 들면 예산이나 결산 보고는 일반에 고시하는데 관(款)과 항(項)만을 보고하고 있는 결과, 수도나 전기나 매우 잉여금이 많은 것으로 보입니다. 나아가 전기사업과 같은 것은 작년도의 고시는 28만 원 이상을 상회하고, 본 연도의 예산의 관한 만을 보아도 29만 얼마가 되는데 이를 나누어 손익을 표시하면 진짜 잉여금 3만 2천 원 정도의 것입니다. 이 특별회계를 한다면 그 잉여금을 적확하게 알게 될 것이고 그 또 특별회계를 할 필요가 있다라 제가 생각하는 것입니다. 원래 일반회계에서도 특별회계에서도 잉여금은 같은 것인데 견해에 따라 차이를 초래한 것을 예를 들어 말하자면 달과 같은 것으로 밝게 빛나는 것이 본체이지만 봄은 흐린 달이 되고, 가을은 밝은 달인 것처럼 일반회계에 들어간 때와 특별회계로 했던 때에 의해서 그 본체는 차이가 없는데 부민이 보면 비상한 잉여금이 있는 것처럼 보이고, 우리가 보면 사실의 잉여금에 가까운 것으로 보이고, 또 이를 '전기참고서 제2책 별책'의 대로와 같이 조금 구분하여 비로서 잉여금을 알게 되는 즉 하나의 것이 3가지로 보이는 것은 심히 흥미롭지 않은 것이라 생각합니다. 그래서 특별회계로써 잉여금을 명확하게 하는 것이 좋다고 생각합니다. 1927년 2월 14일의 총독으로부터의 명령서 즉 평양부가 전기사업을 양수한 때의 명령서의 제6조에는 이러한 것이 쓰여 있습니다. 「단 양수인은 별지 명령서의 말항을 준수해야 함」. 그 명령서의 제6조에는 「전기 공급사업에 관한 수입 및 지출은 명세하게 구분해야 함」 이는 반드시 특별회로 할 것은 쓰여 있지 않지만 이 제6조의 취지를 달성하고자 한다면 특별회계로 하는 것이 가장 가까운 길이라고 생각합니다. 또 일반회계로 전기나 수도의 사업을 하면 저의 행정비와 마찬가지의 것이 되어 그것을 실제로 취급하는 사람의 구분이 다른 항목과 같아져서 구분이 되지 않는다고 생각합니다. 즉 전기사업과 같은 것은 수익을 거두는 것이 큰 목적의 하나이므로 특별회계로써 하면 집행자의 신경이 크게 다를 것이라 생각합니다. 또 사람에 따라서는 특별회계로 하지 않아도 지금까지 대로 좋지 않았는가라 하는 사람도 있지만 하나의 설에 있어서 결코 잘못된 설이 아니라 생각하지만 부민에게 잉여금을 명확하게 알리려면 특별회를 하는 쪽이 좋다라고 생각합니다. 다만 일반회계에 재원의 위협이 있으므로 그 위협을 막고자 한다면 언제라도 일반회계로 넣지 않으면 안 될 것입니다. 즉 원칙은 원칙대로 하고서 그로부터 발생하는 바의 결함만을 없애는 방법을 강구한다면 마땅할 것입니다. 즉 일반 재원에 이월하는 것으로 한다면 일반 재원의 위협은 없게 될 것이라 생각합니다.

이와 같이 저는 원칙론이고 또 지엽론으로써 특별회계로 하는 것이 좋다고 생각합니다. 이에 대해서 많은 반대자는 없다고 생각합니다. 다만 시간의 문제입니다. 우리는 1932년도부터 하고자 했었지만 부윤의 이야기에도 있는 대로 수도와 같은 것은 한편 잉여금이 있음에 불구하고 한편 15만 원의 기채를 일으킨 것은 흥미롭지 않은 것은 참으로 도리로써 우리는 빛나는 것을 좋아하는 것이 아닙니다. 그래서 이는 좋지 않은 상황이 나아지기까지 즉 1932년도까지 1932년도까지 좋지 않은 상황이나 1933년도는 나아질 것이라 생각되므로 1933년도부터 수도를 하였으며 합니다. 또 전기의 쪽은 1932년도부터 그렇다고 생각하는 것입니다. 그것은 조금 전 부윤이 이야기했던 대로 지방제도의 확충을 하여 일신 기원을 하고자 하는 시기이므로 부제 제15조에서는 의원에게 감독을 엄격하게 할 권능을 부여하였던 이상은 이를 검사함에 편리한 방법을 집행하는 것이 가장 필요하지 않은가라 생각합니다. 그 편리한 방법으로써는 세계 예산의 거의 1.2배의 액수를 점하고 있는 전기사업과 같은 것은 이 시기에 모름지기 특별회계로 하는 것이 필요하여 하루라도 빨리 해야 할 것이라 생각합니다. 아울러 이미 예산이 결성되어져 있으므로 이 예산을 다시 특별예산으로 하는 것은 이사자의 자못 불편한 바이라 생각하여 1933년부터 특별회계를 설치하였으면 합니다. 즉 그 설치하는 시기와 필요를 대략 말씀드렸던 것입니다.

25번(宋永祥) : 오직 지금의 설명에 의하면 특별회계는 1933년도부터 실행하고자 한다라 하는 제안인 것으로 1932년도의 예산과는 어떠한 관계가 없는 것이라 생각되므로 헛되이 시간을 낭비하여 논의할 필요는 없다고 생각합니다. 이를 유보하든지 혹 제안자의 쪽에서 철회하여 1932년도의 예산과 분리하여 심의하였으면 합니다.

의장(부윤) : 가능하면 1932년도부터 하고자 한다는 의견도 있어 또 1932년과 전연 관련이 없는 것이 아닌 것으로 생각됩니다.

4번(橫田) : 25번에게 답하겠는데 특별회계로 하는 것은 실행할 때까지 상당 준비가 필요한 것이라 생각합니다.

그래서 지금부터 이것을 결의하여 둔다면 내년이 다 되어서 토론하여 의론이 분분하다면 또 실행이 가능하지 않을 것이므로 그 사이에 준비를 한다라 하는 의미가 많이 포함되어 있습니다.

22번(原田) : 오직 지금 요코다 씨 외 3명의 의견서가 제출되어 그 취지에 대해 속속 서술하였던 것은 주로 전기의 문제이지만 의견서 내용은 전기, 수도 아울러 특별회계로 한다라 하는 것입니다. 수도에 대해서 또 그 취지를 상세하게 서술하여 주시기를 바란다고 생각합니다.

23번(藤井) : 먼저 요코다 씨로부터 주로 전기의 쪽이 설명되었으므로 저는 수도를 설명하고자 합니다. 지금 하라다 씨로부터 재촉을 받아서 심히 송구스러우므로 수도에 대해 의견을 서술하겠습니다. 저는 수도의 근본 문제부터 설명하고자 합니다. 수도는 아시는 바와 같이 물입니다. 우리는 우주에 존재하여 물과 불과 공기의 3가지는 무상으로 무제한으로 수요를 하지 않으면 안되는 것이 근본 원칙입니다. 고로 옛날부터 어떠한 폭군의 가렴주구가 있어도 물, 불, 공기의 소비세를 거두는 것을 생각했던 예는 없었습니다. 그런데 평양부는 지금까지에 있어서 전기와 수도 즉 불과 물에서 소비세를 다액으로 취하고 있는데 심히 불합리한 것이라는 것은 제가 다시 설명하지 않아도 될 것입니다. 고로 수도는 물의 매각 대금으로 설비의 사용료입니다. 그래서 싼 물을 부민에게 공급하는 것이 아니면 안 됩니다. 그것을 재원이 없다라고 해서 수도에서 해마다 10만 원 이상의 돈을 착취합니다. 저는 이점을 비상하게 유감으로 생각합니다. 하루라도 없으면 살수 없는 물을 재원으로 하는 것은 근본에 있어서 잘못하고 있는 것입니다. 2, 3년 전부터 신시가(新市街)의 방면에서는 수압 뽐프가 유행합니다. 어떤 무지한 자라도 수압 뽐프의 물을 마셔서 위생상 문제가 없다라고 생각하는 자는 없으므로 이것이 왜 유행하는지는 이해할 수 없는데 평양부가 수도에서 이익을 취하기 위해서 첫째로는 건설비가 비상하게 높고, 둘째는 수도요금이 비상하게 높다라 하는 2개의 이유에서 입니다. 수도를 재원으로 하지 않으면 안 된다라 하는 것은 다수 '부르주아'의 사람들이 말하는 것입니다. 수도를 재원으로 하는 것은 심히 잘못이라고 생각합니다.

보급과 가격을 안정시킨다면 점차 나아가 장래에는 재원으로 할 수 있다라고는 생각합니다. 고로 수도는 모쪼록 특별회계를 해서 설비의 보급과 요금의 저감의 2가지로 진행하고 또 잉여가 있을 때에는 일반회계의 재원으로 해야 하는 것으로 설비의 보급도 하지 않고 요금의 가격도 내리지 않고서 재원으로만 생각하는 것은 비상하게 잘못이 있는 것이라 생각합니다. 우리도 수도는 절대로 재원으로 해서는 안 된다라 하는 의론은 아니지만 수도 본래의 사명으로부터 이야기하여 일반 부민에로의 보급과 요금의 치하를 하여 그 결과 일반회계로 편입해야 하는 것이라 생각합니다. 그러므로 수도를 특별회계로 하지 않기 때문인가라 하는 모순이 일어났다고 생각합니다. 즉 본 연도에 수도의 충실을 위해 15만 원의 기채를 하는 것은 수도 자체에서 말하자면 약 10만 원의 잉여금이 내년도에 있으므로 기채를 하지 않아도 가능할 것입니다. 그것을 일반 회계로 하여 마쳐서 수도의 설비가 가능하지 않게 되어 차입을 해야 하는 모순이 발생합니다. 그래서 그 기채 상환은 어떠한가라 하면 일반 회계는 알 수 없고 수도로 가져가야 한다라 하는 것 같은 방법으로 수도의 사업경영을 해간다면 내년도는 15만 원의 기채를 끝냈는데, 내후년도에 있어서 수도의 보급을 위해 20만 원이고 30만 원의 기채를 일으키면 수 개년의 중에 수도 자체의 기채 상환이 15만 원에서 35만 원으로 올라갈 것이 두려운 것입니다. 그렇다면 빌린 돈을 쓰기만 해서는 설비의 보급이라든가 요금의 치하는 생각할 수 없는 것 같은 나쁜 결과를 일으키게 되는 것입니다. 고로 이때에 해두지 않으면 장래에 만회할 수 없게 된다라고 저는 생각합니다. 도(道)는 제1보를 시작하는 것입니다. 제1보를 잘못하면 중대한 변고가 가능하므로 시기 상조라 하는 사람도 있는데 이때에 있어서 지금까지의 감정이라는가 행위라 하는 것이 적지 않은 문제가 되었다고 한다면 평양부의 전기, 수도의 기초 확립을 위해 1933년도부터 일반회계에서 분리하여 특별회계로 해야 할 것이라 생각합니다. 또 하나 말하지 않으면 안 되는 것은 전기, 수도는 영리사업인데 이익이 있는 반면에는 반드시 손실도 생각하지 않으면 안 됩니다. 우리는 언제라도 이익이 된다고 생각하기 때문에 이면에 여러 문제가 발생했던 것입니다. 수도는 그렇게 궁핍하지 않지만 전기의 문제가 되면 누차 요코다 씨가 설명한 것 같이 그 내용이 좋은 것은 아닙니다. 내년도에 있어서 겨우 3만 2천 원의 잉여금인데 이 잉여금도 비상하게 이상한 것입니다. 무엇이냐면 전력 요금의 증가가 4만 1천 원이 되었는데 이 불황의 시기에 이렇게 많은 증가가 있다라 하는 것은 예산이 실수인 것으로 생각됩니다.

그리고 전차의 경영이 정말 원만하게 행해지지 않는 것입니다. 고로 전차가 비상한 위협을 받는 시기가 반드시 올 것이라 생각합니다. 작년과 같은 것은 원안 집행하여서 전차를 2대 갱신하고자 한 중대한 위기에 조우하였음에 불구하고 본 연도는 이를 번복하여 전차는 갱신하지 않아도 좋다라 하는 의견을 이사자는 가지고 있습니다. 오시마(大島) 부윤으로서도, 아베(阿部) 부윤으로서도 마찬가지 총독의 신임에 의해서 임명되었던 부윤입니다. 어느 쪽 설이 좋은지 나쁜지 우리는 알 수 없지만 전임자와 후임자가 의견을 바꾸는 것은 유감으로 생각합니다.

전차를 2대 갱신하지 않으면 안 된다라 하는 것이라면 매년 2만 원 정도 지출하지 않으면 안 된다라 하는데 전기의 잉여금의 3만 2천이 상당히 작고, 그 외 전차는 또 여러 시설을 하지 않으면 안 된다는 점이 있다고 생각하는 것입니다. 그러한 점을 제압하여 간다면 이후에 평양부 전기사업은 결코 잉여금은 없을 것이라 생각합니다. 속히 지금까지 일반 회계에서 빌렸던 돈을 반환하지 않으면 안 되는 상황이 되어 외는 것은 아베 부윤도 인정할 것이라 생각합니다. 왜냐하면 말하자면 지금까지 전기의 비용으로써 5만 원을 적립하였던 것을 기림리 서평양선(西平壤線)에 사용하여 끝냈던 것입니다. 그렇다면 전기사업의 장래가 비관적이라는 것으로 본년은 전기사업의 적립비로써 1만 1천 얼마를 계상하고 있지 않습니까? 이는 전기사업이 위기에 빠지므로 일반 회계에서 빌려서 돈을 반환한다라 하는 의미에서 나온 것이라 생각합니다. 이러하다면 더 이미 전기의 특별회계의 시기는 늦었다라는 하는 것을 설명하여 또 여지가 있다고 생각합니다. 저는 1932년도부터 하고자 하는 의견인데 아울러 그 간 준비를 하지 않으면 안 되므로 1933년도부터 하고자 합니다.

22번(原田) : 다만 지금 후지이 씨로부터 특별회계로 할 이유로써 저의 질문에 대하여 답변이 있었고, 또 부가하여 전기의 문제에 대해 요코다 씨의 설명이 있었는데 수도의 문제에 대해서는 유감이면서 또 나의 마음이 가서 납득하는 것이 가능하지 않습니다. 무엇이냐면 근본론에서 요코다 씨와 후지이 씨는 다른 바가 있어 후지이 씨는 우리의 생활에 결핍되어서는 안 되는 것이므로 특별회계로 그 수익은 건설비로 사용해야 한다는 것으로 소위 잉여금인 것으로 혜택은 없는 물 및 전기를 혜택을 주자라 하는 의견으로 아울러 수도의 수익으로 시민에게 충분 은혜를 입도록 하는 것이 가능한 것이라 하는 것은 또 연구의 여지가 있다라 생각하는 것으로 말하자면 후지이 씨는 현재 10만 원의 이익이 있는데 이를 일반회계로 편입시켜서 수도의 개선이나 치하가 가능하지 않다라 하는데 수익이 10만 원이라 하더라고 시민에게 물을 마시게 함에는 15만 원의 기채를 하지 않으면 안 된다라 하는 것은 명확한 사실이므로 그보다 작은 숫자로써 일반이 은택을 입게 할 수 있는 가능성이 과연 있는가 아닌가 또 그 점은 요코다 씨의 의견과 비상하게 다릅니다. 요코다 씨의 의견은 현재 일반회계에 편입시킨 것은 이미 전기 혹은 수도가 수익이 있는 것으로써 평양부의 시설은 확장될 만큼 확장하여 지금 새로 재원을 얻고자 해도 증세할 여지가 없어, 전기, 수도의 잉여금을 일반 회계로 편입하여서 보조하는 것입니다. 고로 양 특별회계를 급속하게 행하는 경우에는 일반 회계가 위기에 빠짐은 명확하므로 잉여금을 일반회계로 편입시키는 것 흡사 공익질옥이 특별회계임에도 불구하고 일반회계로부터 편입되는 것과 마찬가지인 것인데 후지이 씨의 의견은 이미 잉여금이 없는 것은 이사자가 기채를 제안한 것에 의해서도 명확하게 알 수 있는 것이라 말하는 것입니다. 고로 저는 수도의 특별회계에 대해서 또 제안자의 의견을 알고자 함과 동시에 제안의 취지가 양립한다는 것을 저는 인정하는 것입니다.

9번(李基粲) : 저는 의문점이 있어서 묻고자 합니다. 앞서 의장이 오늘의 의제를 선고하였던 것입니다. 그런데 일정 변경의 수속에 의하지 않고 또 의장도 일정 변경을 하다라 하는 선언을 하지 않고서 문제가 바로 논의되어지고 있는데 의장은 이를 의제로 하는 취지를 보고했던 것이 없는데 우리는 의사규칙을 엄격하게 지키지 않으면 안 되므로 이를 토론하여 찬부의 결정을 하려면 일정 변경을 해야 한다고 생각합니다. 그리고 25번으로부터 1933년도부터 특별회계로 하려면 예산회의의 벽두부터 하지 않아도 좋다라 하는 의견이 있었던 것에 대해 4번은 올해부터 결의해두지 않으면 1933년도부터 특별회계로 하려고 해도 시간이 없다라는 점에서 지금 심의하고자 한다고 이야기하였습니다. 아울러 그렇다면 회기 중에 결의를 해두면 좋다는 것이므로 선결하여 결정을 채택하지 않아도 좋다고 생각합니다. 요컨대 의사의 수속에 대해서는 의장이 선고하였던 의제의외 이를 의제로써 선고한 것이 없는데 혹 의견서 제출의 쪽에서 일정 변경의 동의를 제출하여 결정을 채택한 의사는 없습니까? 그 점을 묻고 싶습니다.

의장(부윤) : 의견서가 제출되었으므로 이를 의제에 제공한 선고를 하였던 것입니다. 의견서는 부회의 채택을 거쳐 부윤에게 제출하는 것으로 하지 않으면 안 됩니다. 그러한 관계로 의제에 제공했다라 생각하였지만 1933년도부터라 하는 것에 한정한다면 별도의 기회에 회기 중의 심의해도 마땅하지 않은가라 생각합니다.

9번(李基粲) : 의장과 부윤은 별개입니다. 의사규칙에 의해 의견서안은 의장에게 제출하고 의장이 접수한 경우에는 적당한 경우에 의제로써 제출할 권능을 부여합니다. 그리하여 또 부윤에게 제출한 것을 심의하게 되는 것이므로 의장이 이를 의제로써 예산의 심의 전벽두에 한다면 반대의 의견을 서술하고자 합니다. 반드시 먼저 선결해야 하는 것이 아닌가라 하는 의견을 가지고 있습니다.

22번(原田) : 저는 앞서 의장의 선언은 이를 의제로 한다라 함은 알겠습니다. 채택할 것인가 아닌가를 듣고자 했던 것이므로……

의장(부윤) : 채택할 것인가 아닌가를 의제로 하는 것은 가능하다라 생각합니다.

22번(原田) : 채택하기 전에 나는 제안자에게 질문했던 것입니다.

의장(부윤) : 발의자에게 묻겠는데 뒤에 여유를 가지고 하면 어떻겠습니까?

4번(橫田) : 회기 중입니까?

의장(부윤) : 물론 회기 중입니다.

11번(林田) : 일단 의장이 의제로써 의장에 자문하여 심의 중으로 그것을 중단하여 다시 다른 것을 한다는 것은 어떻게 결정된 것입니까?

의장(부윤) : 그것은 오늘 1932년도의 총예산안에 대해 그 제1독회를 개최하는 것이므로 그 예산에 중대한 관계를 갖는 것이란 의견이 있다라 생각하여 의견서를 1독회 중에 의제로 제공해보고자 하는 저의 의견이었는데 주로 1933년도 이후의 문제이고 또 다수 의원의 의견이 뒤로 돌리는 것이 좋겠다고 한다면 이 문제는 뒤로 돌리고자 자문하여 두고자 생각합니다. 본래 회의규칙에 의하면 이러한 경우에는 의장은 회의에 자문하여 의제의 선고를 하는 것이므로 다수 의견에 따르고자 생각하는 것입니다.

23번(藤井) : 의장의 의견이 지당합니다. 그럼 이 문제는 뒤로 돌릴 것
　　인지 그렇게 하지 않고 회의하는 것이 좋은가를 자문하게 되어 있
　　으므로 그 결과에 따라서 해야 한다고 생각합니다.

의장(부윤) : 그럼 앞서 의제로써 자문하여 두었지만 본래의 총예산안
　　의 내용에 대해서 의견이 있는 분도 있는 것 같고 이 의견만의 심의
　　는 오히려 후일로 돌리고자 하는 의견도 있으므로 채결을 하고자
　　하는데 어떻습니까?

('찬성'이라 하는 자 있음)

28번(崔鼎黙) : 오직 지금 의견서를 잠시 보았으면 하는데……

의장(부윤) : 부디 열람을 바랍니다.

28번(崔鼎黙) : 의견서가 적법이 아니라 인정되므로 그 의견을 서술합
　　니다. 이 의견서에 의하면 서명자가 조건부로 되어 있는 것 같은데
　　이것이 과연 일치한 의견서인가 의문이므로 작제(作製) 그것이 부
　　적법이라 생각합니다.

11번(林田) : 28번에게 답변하겠습니다. 찬성자가 조건을 붙여도 2명
　　의 찬성자가 있다면 뒤는 1인도 없어도 괜찮습니다. 뒤의 찬성자가
　　조건을 붙였기 때문에 서류가 무효가 된다라 하는 것은 논리가 성
　　립하지 않는다고 생각합니다.

28번(崔鼎黙) : 저는 무효라 하는 것이 아닙니다. 적법하지 않은 찬성
　　자가 찬성한 것 아닌가하는……

의장(부윤) : 여러 의견이 있으므로 별도로 의론하는 것으로 하는 것
　　은 어떠합니까? 앞서 22번의 의견으로 채결하고자 생각하는데 어떻
　　습니까?

('찬성'의 소리 일어남)

의장(부윤) : 그럼 이 의견서에 대해서 부회에서 채결할 것인가 아닌

가를 결정하기 위해서 여기서 의사를 속행하는 것이 좋다는 것에 찬성하는 쪽은 기립하여 주십시오.

(기립자 5명 있음)

의장(부윤) : 소수라 인정합니다. 부결(否決) 되었습니다.

11번(林田) : 순서를 묻고자 하는데 회기 중에 제안됩니까?

의장(부윤) : 그럴 예정입니다.

11번(林田) : 1932년도의 예산을 논의하는 것에 대해서 앞서 부윤으로부터 시정의 연설이라 인정할 만한 말씀이 있었는데 그 방침을 들으면 현재 및 장래의 부담의 공평, 문화시설의 충실을 하려한다는 것 같은 말이었는데, 우리는 지금 조금 기대를 해보고자 하는 것입니다.

우리 평양부는 1952년까지 145만 원이라는 전기채(電氣債)를 지불하지 않으면 안 되는 것인데 부정의 상태는 이 이상으로 다액의 수입을 계획하기 어려운 상태입니다. 반면 하지 않으면 안 되는 바는 날로 많이 있습니다. 이러한 경우에 그 궁박한 재정으로써 어떻게 장래의 시설을 할 것인가 장래 영원의 방침을 묻고자 하는 것입니다. 그런데 오직 막연한 문화시설의 충실을 하고자 한다라는 이야기가 있었는데 나는 지금 조금 부윤의 포장되어진 바의 지식을 보여주시길 바랍니다.

의장(부윤) : 저의 연술에 대한 질문입니까?

11번(林田) : 희망입니다.

의장(부윤) : 의제 외인 것으로 인정되는데……

11번(林田) : 아니 당신은 부담의 공평이라든가 문화시설의 충실이라 하였는데 어떻게 이를 조화하여 갈 것인가라 하는 평양부민 영원의 이익에 대한 지식을 듣고자 하는 것입니다.

의장(부윤) : 나중에 간담회의 석상이나 어떤 기회에 하는 것이 좋지 않겠습니까? 지금 말씀드리지 않으면 안 되는 것인가 하면, 저는 저 혼자 5일간의 회기를 모두 취급하여 끝내야 하는 것이므로…

11번(林田) : 다행히 시정 연설을 하였으므로…

의장(부윤) : 그럼 바라건대 의사의 진행을 방해하게 된다라 생각되므로 다른 날…

11번(林田) : 그러한 큰일이라면 의사의 진행을 방해해도 좋습니다.

23번(藤井) : 저는 이사자에게 신중히 고려하여 주시기를 바라는 것입니다.

오직 지금 이사자의 설명과 같이 평양부는 현재 및 장래에 여러 가지의 일을 고려하지 않으면 안 되는 상황입니다. 그런데 본 연도의 예산안을 보면 이사자는 현재의 일만 생각하고 장래의 일을 고려하지 않는 것 같은 생각이 듭니다. 앞서 전기, 수도의 특별회계의 때에도 이야기하였는데 전임자 오시마(大島) 부윤은 어떻게든 전차를 갱신하지 않으면 안 된다라 하여 원안 집행까지 하였습니다. 그런데 뒤에 온 아베(阿部) 부윤은 그것은 필요가 없다라고 하여 올해부터는 하지 않는다고 합니다. 그리고 오시마 부윤이 사리(砂利) 사업은 비상하게 이익으로 장래는 부의 다대한 재원이 될 것이라고 하여 부회는 만장일치로 결의하여 실행했던 것을 아베 부윤은 근본적으로 반대하는 것 같은 예산으로 하고 있는 것으로 아베 부윤은 직위의 사정이나, 개인적인 사정으로 수년 후에는 어느 곳으로 영전된다라 해석하는 것이 지당하다고 생각되나 또 뒤의 부윤이 와서 아베 부윤이 했던 것을 되돌리면 우리 평양부민은 어떻게 해야 할 것인가 이는 신중하게 고려하지 않으면 곤란한 것으로 전임자가 했던 것도 집행상 다대의 폐해가 없는 것은 그대로 하지 않는다면 실제 부정은 원만하게 행해지지 않을 것이라 생각합니다. 고로 전임자가 했던 것은 존중한다라 하는 방침을 정한다면 새로운 이사자가 와도 전임자의 시설을 존중하게 되어 시정은 원만하게 행해질 것이라 생각하므로 어쨌든 전차의 갱신과 사리 사업을 계속하였으면 합니다.

(웃음 소리 일어남)

의장(부윤) : 전차의 갱신 계획에 대해서는 결코 전임자의 계획을 전복시키려 하는 것이 아닙니다. 전임자 시대부터 수행하고 있었던 내용이 다소의 변경을 하는 것이라 생각합니다. 또 상세하게 설명 드리자면 아시는 대로 전차의 갱신계획이라 하는 것은 1년, 2년의 계획이 아니라 전임자 시대에 일단 3개년 계획을 세웠던 것인데, 그 후 재정의 상황에 따라 그 계획이 연차 연장되어지지 않으면 안 되는 어쩔 수 없는 사정에 도달했던 것입니다. 전임자의 계획 내용은 승객에 대한 서비스를 본위로 하여 가능한 빨리 차의 갱신을 하고자 하는 취지였던 것으로 이는 제1의적 계획이라 할 수 있는데, 기타 전차의 차제가 그렇게 사용되지 않는다라 하는 계획이 제2의적인 것입니다. 그 제2의적인 계획에 의하면 반드시 전년부터 3개년 계획으로 갱신을 마치지 않으면 안 된다는 절박한 필요는 없는 것으로 전차의 유효 생명 기간을 안중에 두어 생각한다면 그 3개년 갱신계획을 1년 내지 2년 연기했던 계획에 의해서도 결코 지장은 없는 것입니다. 따라서 전임자의 계획을 뒤집으려고 했던 것이 아니라 오직 그 연차 계획을 연장했던 것에 지나지 않는 것입니다. 혹 작년 회의에서 전차의 차량 수에 대해서 바로 갱신하지 않는다면 비상한 운전상의 위험을 발생할 것이라는 이사자 측의 설명이 있었는지 알 수 없으나 그 부디 모두 앞서 말씀드렸던 서비스 본위의 제1의적 계획 그것을 실현하고자 해서 말을 기세로 다소 과장되게 설명했던 것이 아닌가라 생각하므로 그 또한 어쩔 수 없는 것으로 오히려 어떻게 그 계획에 열심으로 했던가를 지금부터 살펴야 하는 것입니다. 이러한 의미에서 이때 1년이나 2년 연장해도 운전 상에는 하등의 위험을 발생하는 것은 생각하고 있지 않습니다. 그럼 양지하여 주시길 바랍니다. 또 그 계획을 연기하여 장래의 갱신 계획의 상세는 현재 작성하고 있으므로 그것은 제2독회에서 기술자, 기타로부터 각각 설명의 기회가 있을 것이라 생각합니다.

사리(砂利)의 사업에 대해서도 결코 계획을 뒤집었던 것이 아니라 종래의 사업의 방치이나 계획이 하천의 합리적 관리, 호안(護岸)의 보호라 하는 것을 주안으로 시중의 수요 공급을 골자로 하여 판매 가격의 인하, 수요자의 이편 등을 계획하고, 혹 당업자의 경영의 합리화를 계획한다라 하는 각종의 극히 훌륭한 목적으로 계획되었던 것으로 현재에 있어서도 그 목적에 따라 그 계획에 의해서 해나가고자 하는 방침에는 하등의 변화는 없습니다. 1932년도에 있어서는 그 목적을 달성할 방법, 수단을 바꾸게 된 것에 지나지 않는 것으로 결코 전임자가 세웠던 계획이나 방침에 병견을 하였던 것은 아닙니다. 그럼 양해바랍니다.

23번(藤井) : 저는 지금의 답변에는 만족할 수 없는 부분이 있습니다. 그렇다면 오시마 전 부윤은 승객에 서비스가 가능하지 않으므로 원안 집행했다라 하는 의미이군요.

의장(부윤) : 그렇게 말했던 기억은 없습니다. 다만 그러한 풍으로 생각하는 것은 자유입니다.

23번(藤井) : 장래도 있으므로 크게 연구하여 두지 않으면 안되는 것은 원안 집행은 신제도에서도 인정되는데 긴급 어쩔 수 없는 경우가 아니라면 집행해야 하는 것이 아닌가라 해석하는 것입니다. 그렇다면 오시마 부윤은 전차의 차체 갱신은 보안상 중대 문제를 일으키므로 어떻게 해서라도 갱신하지 않으면 안 되므로 부회의 의사에 반해서 집행했던 것이 아니라 새로운 전차에 탑승하고자 하는 정도의 간단한 사항으로 원안 집행했던 것이라 우리가 해석하지 않으면 안되는 것입니다. 그러하다면 우리는 중대한…

의장(부윤) : 전차의 갱신 계획은 부결되었던 것도 아니지만 원안 집행했던 것도 아닙니다.

23번(藤井) : 그렇다면 전기(電氣)의 항에서 다시 하겠습니다. 그리고 사리 문제에 대해서는 이사자의 설명은 대동강 호안을 보호하는 의미와 시가를 저락하는 의미에서 본년과 같은 예산으로 바꾸고자 한 것이라면 오시마 부윤의 계획의 쪽이 합법이라 생각합니다. 금년은 직영을 하므로 하천의 보안상 다대의 유감도 발생한 것이라 생각합니다. 또 본년은 부가 80전의 수수료를 올려 시가는 80전 정도 높다라고 생각하지 않으면 안 됩니다. 지금 합병의 사항에는 우리는 찬의를 표하는 것이 가능하지 않습니다. 장래는 가능한 한 전임자의 시설을 터무니없이 파괴하는 것이 없도록 희망하여 이 질문은 그만하겠습니다.

의장(부윤) : 10분간 휴식하겠습니다.

(오후 3시 30분)

의장(부윤) : 개회하겠습니다.(시간 오후 3시 40분) 앞서 23번의 발언 중 주의드렸던 말에 잘못이 있으므로 취소합니다. 의사록을 조사했던 결과 전차의 갱신비는 삭제, 수정 결의를 받았으므로 결국 원안을 집행하게 되었습니다. 이에 다시 취소를 합니다.

15번(平井) : 의장으로부터 일정을 제시하여 지금 그에 따라 질문 연구를 계속하고 있는데 저도 조금 더 당면한 문제 예를 들면 세출의 경상, 임시부의 부분에서 질문 연구를 거듭하였다 하는 풍으로 명확하게 진행을 하여 갔으면 합니다.

의장(부윤) : 의사규칙에 제1독회에서는 의안의 전체에 대해 질의, 응답을 하는 것으로 되어 있으므로 의사규칙에 의해서 진행을 바랍니다.

15번(平井) : 그럼 오늘의 일정 중 어디나 한다라 하는 의미입니까?

의장(부윤) : 그렇습니다.

15번(平井) : 다소 광범위 한 것 같으나 하나의 안부터 진행하는 쪽이 편리하다고 생각합니다.

의장(부윤) : 관항(款項)을 따라서 심의하는 것은 제2독회에서 마땅한 것이라 생각합니다.

15번(平井) : 의제23호 중의 세출의 부분을 한다라 하는 풍으로 하면 편리할 것이라 생각합니다.

의장(부윤) : 여러분의 의견이 각각 이에 관계가 있으므로 지장이 없을 것이라 생각하는데 아울러 발전이 없으면 2독회로 옮기고자 생각합니다.

12번(山下) : 조금 전 신문에서 보았는데 부이원인가 속의 쪽인가에 면직이라 하는데 면직된 분과 휴직된 분이 있는 것처럼 판단되는데 사실입니까?

의장(부윤) : 휴직이 1명 있습니다.

13번(韓錫麟) : 사무검사의 보고는 언제 합니까?

의장(부윤) : 가장 뒤로 돌렸습니다.

13번(韓錫麟) : 그럼 세입의 수도사용료의 중에서 금년은 3,914원으로 되어 있는 것은 어떠한 이유입니까?

번외 1번(上野 내무과장) : 제12항의 수도사용료가 3,914원의 감액으로 되어 있습니다. 그 이유는 작년도 기림리에 포설 연장의 예정이었던 선(線)에 대한 곳의 수도사용료를 상당 다액으로 계상하였지만, 실제로는 실행이 불가능하였으므로 본 연도는 줄은 것입니다. 그 내용은 부세의 발전에 수반하여서 급수전(給水栓) 숫자는 130 정도 늘었는데 작년도의 실적에 의해 1호당의 사용요금이 감소하였습니다.

13번(韓錫麟) : 그럼 금년은 기림리는 연장하지 않습니까?

번외 1번(上野 내무과장) : 연장은 하는데 급수전의 예정 수가 작년의 수보다 훨씬 적은 것입니다.

13번(韓錫麟) : 보통문(普通門)의 동측은 몇 번이나 진정이 있었다고 들었는데 금년은 가능하지 않습니까?

번외 1번(上野 내무과장) : 예산에 예정하였습니다.

13번(韓錫麟) : 세입경상부 제6관 전기수입의 종량등(從量燈) 사용료가 1931년도는 14전, 올해는 14전 6리(厘)로 되어 있습니다. 또 전기조례에는 15전으로 되어 있는데 어느 것이 사실입니까?

참여원(柴田 부서기) : 1932년도의 예산에서는 14전 6리의 계산입니다. 1931년도의 실적을 보면 14전 6리로 되어있으므로 그로써 계상하였습니다.

17번(松尾) : 의제5호의 15만 원의 기채는 차입선(借入先) 차입이율을 제시하게 되어 있는데 이는 미리 교섭하였습니까?

번외 1번(上野 내무과장) : 아직 차입선에 대해서는 교섭하고 있지 않습니다.

22번(原田) : 세입 제6관 전기수입 중 전차수입의 항입니다. 이사자에게 묻고자 하는데 오직 지금 통학 회수권(回數券)과 같은 것은 다수 의무 교육의 아동이 사용하므로 예를 들면 비상하게 빈곤하지만 길이 먼 사람들은 추운 날은 탑승하고 따뜻한 날은 걷는 것입니다. 그것이 기간이 지나면 무효가 되는 것은 불합리하다고 생각하므로 학년권과 같은 것을 발행할 의사는 없습니까? 그쪽이 현재의 회수권보다도 요금율이 조금 높아도 무효가 되는 것보다 편리하지 않은가 생각합니다. 그 점 묻고자 합니다.

참여원(柴田 서기) : 학생 회수권의 유효 기간에 대해서는 특별히 기간을 폐하자라 하는 의안이 제출되었습니다. 또 학년권 발행에 대해서 다만 지금 연구하고 있지 않습니다. 언제 시기를 보아 연구하는 것으로 하고자 합니다.

4번(橫田) : 제6관 전기수입의 종량등의 147만 9,617킬로와트는 어떻게 계상되어진 것입니까? 계산식을 알려주시길 바라며 마찬가지로 동력 사용량의 519만 9,100킬로와트도 부디 그렇게…

23번(藤井) : 세입의 제2관 사용료 및 수수료 제1항의 보생의원수입인데 우리는 간담회에서 일반진료로 하였으면 한다는 희망을 이야기하여 이사자도 그렇게 생각해 보겠다 하였는데 일반진료의 수입은 모두 있을 것인데 그것은 어떠합니까?

의장(부윤) : 간담회의 때의 희망은 고려하겠습니다. 단 예산에 들 정도의 수입을 목적으로 하고 있지 않으므로 비교적 빈곤한 쪽을 위해서 하는 것이라는 취지에 따르고 있으므로 예산에는 올리지 않았습니다.

23번(藤井) : 보생의원의 문제는 기림리의 주민은 비상하게 반대하고 있는데 어떠한 반대가 있어도 중단하지 않을 의사입니까? 반대가 있다면 중단할 의사가 있습니까?

의장(부윤) : 전의 간담회에서 결정된 이래 기림리의 방면에서 반대의 의견이 없으므로 부회의 다수의 의견을 존중하여 예산에 계상하였던 것입니다.

23번(藤井) : 공설욕장(公設浴場) 및 공설숙박소의 수입이 우리의 기대보다 비상하게 적습니다. 이익을 본다는 의미가 아니므로 조금도 관계가 없지만 공설욕장의 사용자가 1년에 겨우 5만 7천 인이라 하는 것이 아닌 조금 더 많은 것을 희망하는 것입니다.

작년의 6월 공설욕장을 보면 대단히 청결하여서 부근의 사람들에게 소문이 나고 지금은 특별히 청결하게 되어 있는데 평소는 도구 없이는 들어갈 수 없다라 하는 것입니다. 그리하여 이용자가 적다고 생각하므로 당사자의 주의를 바랍니다.

그리고 공설숙박소도 아직 선전이 부족하다 생각하므로 이러한 이편이 평양부에 있는 것을 광고할 필요가 있다고 생각합니다. 그것도 의견을 서술합니다.

11번(林田) : 세입 제6관 전기수입의 정액등(定額燈) 종량등(從量燈) 동력의 1킬로와트 시간당 평균의 가격은 얼마로 되어 있습니까?

참여원(柴田 부서기) : 조사하여 답변하겠습니다.

8번(今井) : 본 예산은 상당히 절박한 예산이므로 어쩔 수 없다라 생각하지만 세출 제13관 권업비는 작년도보다도 2,602원의 감액을 하였습니다. 본년은 산업 개발을 위해 사용할 돈이 참으로 근소합니다. 일본, 조선을 불문하고 만몽(滿蒙)을 향해 상권 확장으로 향하는 길을 개척하고 있는 금일 이러한 방면에 대해서 당국은 어떠한 시설을 하는 것이 없고 또 시설이 가능하지 않다고 생각합니까?

번외 1번(上野 내무과장) : 권업비가 작년도보다 적은 것은 예산면에서 설명을 드리겠습니다. 아울러 권업비는 단순히 13관에만 계상되어 있는 것은 아닙니다. 작년은 권업비 총액이 1만 2,916원으로 현재 잉여를 보고 있습니다. 액수가 약 4,300원으로 그 내용은 제2항의 산업장려비 6,050원의 중 현재 1,200원을 남기고 있으므로 4,850원입니다. 그 4,850원은 각종의 강습회를 하였습니다. 그 강습회는 산업조사회의 제2부에서 결정하였던 답신에 기초하였던 것입니다. 본 연도는 이러한 강습의 제8항의 수산장비(授産場費) 1,798원의 중에 포함하고 있습니다. 그러므로 보면 산업장려비의 4,300원의 감소는 실제에서는 감액되지 않았습니다.

제3항의 대부금(貸付金)은 전년도 4,000원의 예산을 가지고 있는데 이 또한 현재 1,500원을 남기고 있으므로 결국 2,500원의 예산으로 실행한 것 같은 관계로 본 연도와 동액입니다.

제4항의 선전비는 전년도 400원의 예산인데 이 또현 현재 잉여액이 입습니다. 이에 비교하도 본 연도의 예산은 큰 차이가 없습니다.

제5항의 조사비, 전년도 2,000원인데 현재 1,000여 원 남아 있습니다. 제6, 제7항은 근소이고 제8항이 금년도 새로 계상했던 숫자인데, 그 중 가장 주요한 것은 전습(傳習) 제비(諸費) 2,800원으로 산업조사회(産業調査會)의 답신에 기초하여서 1931년도에 실행하였던 이외의 사업을 이 비용으로 하는 것으로 하였으므로 그렇게 결정하여 작년부터 현저히 감소된 것은 없습니다.

또 이 외에도 인건비와 같은 것은 다른 관에 계상하고 있는데 작년도는 1만 2,916원, 그 중 4천 원의 보조가 있습니다. 이를 예산총액 186만 6,780원에 비교하면 약 1푼(分) 1모(毛)입니다. 금년도의 권업비의 총액은 1만 300여 원, 예산총액 192만 3,263원, 이 비율도 역시 1푼 1모라 하는 숫자이므로 결코 작년보다 적은 것은 아닙니다.

또 의견의 만몽에 관한 바의 상권의 확장에 대해서는 충분 연구하여 선처하고자 생각하고 있습니다.

11번(林田) : 이 조사비는 산업조사회의 비용밖에 없습니까?

의장(부윤) : 만몽의 상권 확장만이 아니라 다른 여러 구체안에 대해
　　서 1932년도에 산업조사회 의견을 구하여 결정하고자 생각하고 있
　　습니다. 그 결과 다액의 경비를 요하는 경우에는 무언가 명목으로
　　세출하고자 생각하고 있습니다.

23번(藤井) : 세입의 제9관 중 분뇨 및 쓰레기 매각대 2만 7,633원은 우
　　리로서는 적은 것으로 생각됩니다. 1931년 오물예산 세입세출 계산
　　서에는 콩깻묵이 1원 10전이므로 분뇨대가 5만 원 상당한다라 하는
　　것입니다. 현재 평양의 콩깻묵은 1원 30전이므로 4할이나 가격이
　　올라있으므로 본년은 7만 원이 지당하다고 생각합니다. 그러므로
　　또 1931년도는 혹 낮게 예상하였다 해도 금년은 위체(爲替)가 폭락
　　함에 따라 장래 또 5할, 6할 정도는 오를 것이라 예상되므로 어쨌든
　　저렴하게 견적하더라도 7만 원이 지당하다고 상각합니다. 그런데
　　반도 안 되는 예산으로 되어 있으므로 1931년도에서 설명되었던 것
　　같은 합리적인 설명을 듣고자 합니다.

번외 1번(上野 내무과장) : 답변드리겠습니다. 1932년도의 오물매각대
　　는 작년의 1월 1일에 입찰했던 가격입니다. 작년의 4월 1일에 1931,
　　1932년도를 입찰했던 결과 변경할 수 없습니다.

23번(藤井) : 그러한 의미에서 질문했던 것이 아닙니다. 작년의 오물
　　매각 설명서에서는 5만 원이라 되어 있지만 설명에 되어 있는 계약
　　의 문제가 아니라 예산 성립의 근거를 묻는 것으로 금년은 계약이
　　있으므로 심의하지 않아도 된다는 것입니까?

번외 1번(上野 내무과장) : 그렇습니다.

23번(藤井) : 제가 묻는 것은 1원 10전이 1원 50전이 되면 7만 원이 되
　　지 않으면 안 된다는 것입니다.

번외 1번(上野 내무과장) : 그 점은 조사할 필요가 없다고 인정되어 조

사하지 않았습니다.

23번(藤井) : 질문에 답변할 여지는 없습니까? 계약인을 바꾸고자 희망하는 사람도 있습니다.

번외 1번(上野 내무과장) : 조사하겠으나 소용은 없습니다.

23번(藤井) : 적어도 권한을 갖고 있는 부회 의원이 묻는 것이므로 (웃음소리 일어남) 콩깻묵이 1원 10전의 경우 부의 분뇨가 5만 원이었으므로 1원 50전이면 얼마인가라 하여 답변하여 주십시오.

의장(부윤) : 뒤에 조사하여 답변하겠습니다.

23번(藤井) : 내일이라도 답변 가능합니까?

의장(부윤) : 조사가 다 되면 답변하겠습니다.

22번(原田) : 저도 오물소제비에 대해 묻고자 합니다. 작년의 인부 공급자는 인부 1인당 얼마로 청부하였습니까?

번외 1번(上野 내무과장) : 63전으로 생각합니다.

22번(原田) : 예산은 72전이므로 상당의 차이가 있는데 이는 어떠한 관계입니까

번외 1번(上野 내무과장) : 72전의 내용의 중에는 다만 지금 말씀하셨던 인부 1인에 대해 63전과 상용부가 있고 그 상용부의 중에는 72전 이상의 자가 약간 있는 관계상 이들을 평균하여서 계상했습니다.

22번(原田) : 여기에 올린 숫자를 보면 감독급과 인부와의 차이가 다소 적은 것으로 생각됩니다. 현재 1원 내지 7, 80전이라는 일급을 지불하는 것이라면 연인원(延人員)의 총수에서 이야기하더라도 조금 능률을 올리지 않으면 안 될 것이라 생각합니다. 게다가 다른 궁민구제와 기타의 임은률에서 보아도 높은 편이 아닐 염려가 있습니다. 우리는 여기에 계상하고 있는 금액이 청결 인부에 상당하는 급여라면 참으로 좋다라 생각하지만 그 품삯에서 혹은 비상한 서로

차이가 없다라 생각하는데 이 점 충분 감독하고 있습니까?

번외 1번(上野 내무과장) : 충분 감독하고 있습니다.

22번(原田) : 진실로 충분히 감독하고 있는지 묻고자 하는데, 인부수는 몇 명에 1인의 비율로 들어가게 되어 있습니까?

번외 1번(上野 내무과장) : 대저 인부 10명 내외에 대해서 1인 정도의 비율입니다.

22번(原田) : 담당 구역은 결정되어 있습니까?

번외 1번(上野 내무과장) : 9구(區)로 되어 있습니다.

22번(原田) : 그럼 9구의 중에는 50인 가까운 감독이 있습니까?

번외 1번(上野 내무과장) : 그렇게는 있지 않습니다. 현재 1일의 인부 총수가 200명 내외이므로……

22번(原田) : 알겠습니다.

11번(林田) : 세출임시부 제15관 기부 및 보조 제2항 보조금 중 권업비 보조 5,500원의 내용을 듣고자 합니다.

번외 1번(上野 내무과장) : 이 5,500원의 내용은 양말의 공동작업장의 설비 2,500원, 고무의 공동시험장에 2,500원, 가마업에 500원의 예정입니다.

11번(林田) : 종래 도기제조소에 900원 보조되었었는데 폐지되었습니까?

번외 1번(上野 내무과장) : 전년도에는 그 액수가 보조되었는데 본 연도는 500원 계상하였습니다.

19번(內田) : 세출경상부 제13관에 대해서는 다만 지금 상세하게 설명하였지만 제가 듣지 못하였습니다. 만몽에 진출하는 경우는 다시 고려하겠다고 말했던 것 같은데 그러한 경우라면 그 비용은 추가예산에 의해서 염출할 생각입니까?

의장(부윤) : 주로 산업조사회의 의견에 의하고자 생각하고 있으므로 이번 예산에 계상하는 것을 그만두고 조사의 결과, 필요하다면 추가예산이나 또는 기타 염출 방법에 의하고자 생각하고 있습니다.

19번(內田) : 아시는 대로 이곳은 고무, 양말 등 여러 공업품이 있으므로 장래 반드시 상권을 확장하는 때가 있을 것이라 믿는데 그 점은 특히 고려를 바라고자 합니다.

그러므로 제5항의 조사비의 산업조사회에 사용해야 할 비용은 없습니까?

번외 1번(上野 내무과장) : 작년 산업조사회가 설치되어져 산업조사회는 꽤 유효하게 움직였다라 믿고 있습니다. 아울러 유감인 것은 부회를 중심으로 하지 않으므로 예산의 심의에 다소 지장이 있는 것인데 본년 이를 존속시킨다면 부회를 중심으로 할 것을 희망합니다. ('찬성, 찬성', '찬성'이라 하는 자 있음) 이러한 것을 고려하여 주셨으면 합니다.

의장(부윤) : 알겠습니다.

29번(邊麟奇) : 세입임시부 제5관 재산매각대금 폐도지(廢道地)의 위치는 어디입니까?

번외 1번(上野 내무과장) : 위치는 뒤에 말씀드리겠습니다.

29번(邊麟奇) : 인흥리(仁興里)의 평균 1평 10원 17전, 기림리 묘포지(苗圃地)의 평균 1평 4원 23전 등은 시가에 합당합니까? 또 예산대로 매각할 예정입니까?

번외 1번(上野 내무과장) : 폐도는 위치에 따라서 단가가 다릅니다. 시가에 의해서 매각할 예장입니다. 인흥리, 기림리는 예정 가격이 결정되어 있으므로 이에 따라서 매각합니다.

29번(邊麟奇) : 그 예정 가격과 시가와의 차이는 어느 정도입니까?

번외 1번(上野 내무과장) : 다소 증감은 있습니다.

29번(邊麟奇) : 인흥리, 기림리 등이 과연 그 가격에 매각될 것이라 믿
지 않는 것입니다.

번외 1번(上野 내무과장) : 기림리와 인흥리는 등급에 의해서 평당 16
원 이하 15원, 14원, 10원 정도입니다. 예산으로써는 예정액을 계상
하였으므로 집행의 때는 얼마간의 증감은 면할 수 없을 것이라 생
각합니다.

29번(邊麟奇) : 기림리의 토지매각대가 작년부터 6만 196원 감소한 이
유는 재계의 불황에 원인하고 있는 것처럼 설명되는데 물론 그것도
있지만 예정액이 시가보다 높았던 것이 아닌가 묻습니다.

번외 1번(上野 내무과장) : 이는 평균입니다.

29번(邊麟奇) : 인흥리 주변에 16원이나 하는 토지는 없다고 생각합니다.

번외 1번(上野 내무과장) : 역의 앞입니다.

　폐도의 개소는 이문리(里門里), 관후리(館後里), 항정(港町), 경제리
(鏡濟里) 등 거의 각 정리에 걸쳐있습니다.

29번(邊麟奇) : 기림리의 매립지와 같은 것도 부의 예정액이 지금과
같은 가격으로는 팔 수 없다고 일반은 생각하고 있습니다. 싸게 하
면 빨리 팔 수 있을 것이라 생각하는데 이사자는 어떤 방침입니까?

번외 1번(上野 내무과장) : 기림리와 인흥리는 조례에 의해서 부윤이
수의로 매각 가능하게 되어 있는 것이므로……

29번(邊麟奇) : 그것을 알고 있지만 가격의 일입니다.

번외 1번(上野 내무과장) : 그것은 예산의 일이므로 이대로 집행이 가
능한 것이 아닙니다.

29번(邊麟奇) : 작년 하나도 팔지 못했던 것도 명백합니다.

번외 1번(上野 내무과장) : 그래서 작년보다 줄여서 짜고 있습니다.

29번(邊麟奇) : 그렇다면 싸게 하는 쪽이 빨리 팔 수 있을 것이라 생각

합니다.

6번(姜炳駿) : 세출임시부 제7관 묘지 및 화장장비의 식수 100원은 본
　년 처음 계상하였는데 이는 미관의 상에서 비상하게 좋은 것이라
　생각합니다. 사자(死者)를 존경하는 것이고 식림 경영에서 보아도
　좋은 일거양득으로 자못 좋은 사업이라 생각하는데 어떤 계획으로
　어떠한 나무를 식부할 것인가 내용을 묻고자 합니다.

번외 1번(上野 내무과장) : 이것으로 현재의 애미산(愛美山)과 장산(長
　山)의 전부에 걸쳐서 식수하는 것은 가능하지 않으므로 가장 유효
　하게 식수할 계획입니다.

6번(姜炳駿) : 이는 1개년으로 그쳐서는 아무 것도 될 수 없으므로 연
　차 계획을 하는 것이 좋지 않은가 합니다.

번외 1번(上野 내무과장) : 종래 식수의 비용은 매년 계상하여 두었으
　므로 고려하겠습니다.

6번(姜炳駿) : 이는 죽은 자에 대한 예이고 식림계획에도 좋은 것이므
　로 해마다 실행하는 것이 좋지 않은가 생각합니다. (중략-편자)

번외 1번(上野 내무과장) : 상당히 시간도 경과하였는데 여기서 산회
　하는 것은 어떻습니까?

('찬성'의 소리 일어남)

13번(韓錫麟) : 앞의 인흥리의 순서이므로 한 가지 묻겠습니다. 경상
　부 세입 제4관 제6항 보통재산(普通財産) 수입에서 인흥리의 전(田)
　은 연액 30전, 류정(柳町)은 연액 5전으로 되어 있는데 인흥리의 밭
　이 왜 연액 30전으로 취급되는지 묻고자 합니다.

의장(부윤) : 내일 답변드리겠습니다.

　내일의 일정을 보고드립니다. 의제3호 1932년도 평양부세입세출예
　산의 건, 의제5호 수도공사비 기채의 건, 의제6호 평양부 전기공급

조례 개정의 건을 일괄하여 그 제1독회를 속행하겠습니다. 또 계속하여 세출경상부 제1관 사무비, 제2관 토목비, 제3관 공원비, 제4관 전염병 예방비, 제5관 보생의원비, 제6관 격리병사비, 제7관 검미비(檢黴費), 제8관 오물소제베, 제9관 살수비, 세출임시부 제1관 사무비, 제2관 토목비, 제3관 보생의원비, 제4관 오물소제비에 대해서 제2독회를 열 예정입니다.

본일의 의사록의 서명을 최정묵(崔鼎黙) 씨와 변인기(邊麟奇) 씨에게 부탁드립니다.

내일 오후 1시에 개회하겠습니다.

부윤 : 오늘은 이것으로 산회합니다.

시간 오후 4시 45분

위 부회의 전말을 기록하여 이에 서명함

1932년 3월 22일

의장 평양부윤 아베 센이찌(阿部千一)

평양부회의원 최정묵

　　　　　　변인기

7) 신의주부 부회 회의록(제1일)

항 목	내 용
문 서 제 목	新義州府 府會 會議錄(第1日)
회 의 일	19320312
의 장	高橋正(부윤)
출 석 의 원	栩山嘉六(1번), 多田榮吉(4번), 金載汶(6번), 臼井水城(7번), 中込精一(9번), 橫江重助(10번), 卓昌河(11번), 吉井弘(13번), 金昇福(14번), 崔昌朝(15번), 鄭元爕(16번), 高秉哲(17번), 野原藤次郞(18번), 李鳳首(20번), 奈郞井勘市(21번), 柴田祐光(22번), 小川延吉(24번), 近藤淸一(25번), 岡本茂(26번), 金宗源(27번)
결 석 의 원	李炯覿(2번), 加藤鐵治郎(3번), 神保信吉(5번), 李熙迪(8번), 張仁卿(12번), 長澤紀代司(24번), 19번 결원
참 여 직 원	河野英槌(부속), 淸川恭司(부속), 廣田實(토목기사)(이상의사참여원)野崎鐐一(부속), 渡部彌太郎(부서기), 田中成信(부서기), 影山喜代一(부서기), 王丸義太郎(부기수), 藤浦保(부기수), 富永敏郎(부서기)(이상의사계원)
회 의 서 기	
회 의 서 명 자 (검 수 자)	
의 안	의제1호 1930년도 신의주부 세입출 결산보고의 건, 의제2호 1930년도 신의주부 특별회계 공익질옥비 세입출 결산, 의제3호 1931년도 신의주부 세입출 추가예산안, 의제4호 1932년도 신의주부 세입출 예산의 건, 의제7호 부세부과율 결정의 건, 의제8호 특별영업세 조례 중 개정의 건
문서번호(ID)	37
철 명	494
건 명	530
면 수	CJA0002904
회의록시작페이지	일반경제신의주부예산서
회의록끝페이지	신의주부세입출예산에관한건-회의록첨부
설 명 문	국가기록원 소장 '일반경제신의주부예산서'철의 '신의주부세입출예산에관한건-회의록첨부'에 수록된 1932년 3월 12일 개회 신의주부회(제1일) 회의록

해 제

　본 회의록(총 37면)은 국가기록원 소장 '일반경제신의주부예산서'철의 '신의주부세입출예산에관한건-회의록첨부'에 수록된 1932년 3월 12일 개회 신의주부회(제1일) 회의록이다. 본 회기는 12일, 14일, 18일 3일간 행해졌고, 이 회의록은 그 1일차 회의록이다.

　이 회기에는 의제1호 1930년도 신의주부 세입출 결산보고의 건, 의제2호 1930년도 신의주부 특별회계 공익질옥비 세입출 결산, 의제3호 1931년도 신의주부 세입출 추가예산안, 의제4호 1932년도 신의주부 세입출 예산의 건, 의제6호 1932년도 부세, 호별세 등급 과율 결정의 건, 의제7호 부세부과율 결정의 건, 의제8호 특별영업세조례 중 개정의 건의, 제9호 시가간선도로 축조공사비 계속 연기 및 지출 방법 중 변경의 건, 의제10호 상수도 확장공사비 계속 연기 및 지출방법 중 변경의 건, 의제13호 잡종세조례 중 개정의 건, 만주사변 출병 위문 전보 관련 위원 보고 등이 상정되었다. 본 1일차 회의에는 부윤연설(예산설명), 만주출병장병 위문전보 관련 위원 지명, (사무)검사원보고, 의제1호 1930년도 신의주부 세입출 결산보고의 건, 의제2호 1930년도 신의주부 특별회계 공익질옥비 세입출 결산, 의제3호 1931년도 신의주부 세입출 추가예산안, 의제4호 1932년도 신의주부 세입출 예산의 건, 의제7호 부세부과율 결정의 건, 의제8호 특별영업세조례 중 개정의 건에 대해 심의, 의결하였다.

　이날 회의에서 특히 주목할 만한 논의 사항은 의제 7호 부세부과율 결정과 의제 8호 특별영업세조례 개정에 관한 것이다. 신의주 요리옥 조합의 예기(藝妓), 무기(舞妓), 작부(酌婦)세의 감액 내지 폐지에 대한 탄원이 있어, 의제 4호 1935년 세입출 예산안에 앞서 제7호안을 먼저 논의하였다. 세입출 예산보다 먼저 논의되어야 한다는 맥락에서 의제 8호도 먼저 논의하는 것으로 하였다. 그만큼 당 회기에서 본 의제들의 중요도는 높은 것이었다.

의제 7호 관련 예·작부세의 감액, 철폐에 대해 의원들 간에 찬반 의론이 있었으나, 이 논의는 감액, 철폐가 아니라 오히려 새로운 세를 신설하는 쪽으로 결론지어졌다. 신의주부는 이 회의를 통해 조선 최초로 여급세를 부과하게 되었다. 본 회의록은 사안이 그렇게 된 전말이 확인되는 중요 자료이다. 의원들 각각의 예·작부세, 여급세에 대한 견해가 확인되고, 특히 부속이 각 지역의 현황을 조사 설명하여 이와 관련된 상세 내용을 확인할 수 있는 자료로도 의미가 있다.

한편 여급세가 결정되는 과정을 보면, 예·작부세의 불만을 새로 떠오르는 카페 여급에 비슷한 세를 부과하는 것으로 해결하려고 하는 것으로, 당국자가 여급의 경우 허가제가 아닌 신고제로 하고 있고, 수입도 일정하지 않아 과세가 곤란하다고 설득하였지만 다수결로 여급세를 과세하는 것으로 의결하였다. 회의록 표면적으로 나타난 상황은 그러한데, 이는 절대 부민을 위한 결정사항은 아니었다. 의원 중에는 요리옥조합의 감세 및 철폐 요구가 불경기에 따른 것으로 부민의 경제 상황이 어렵고, 여급 등의 형편도 좋지 않은 상황에서의 세금 부과가 적절한 것인가라는 문제제기가 있었지만 자문 당시와 달리 의결권을 갖게 된 의원들이 나서서 신세(新稅)를 의결하는 상황도 가능해졌던 것이다.

특별영업세 관련 부동산대부업에 대한 세액 관련, 물품대부업과의 과율을 두고 찬반 논란이 있었지만, 이는 부 당국에서 결정한대로 의결되었다.

본 회의록은 의결권을 갖게 된 부회가 부당국의 제시와는 다르게

의안을 수정, 결정할 수 있게 된 것을 확인할 수 있는 자료로써, 신의
주부의 이러한 결정은 당시 부회의 새로운 면모를 확인할 수 있는 측
면에서 주목할 만하다 하겠다.

내 용

(싱략-편자)

의장(부윤) : 지금부터 부회를 개회하겠습니다. 의사(議事)에 앞서서
보고를 드리겠습니다.

키요카와(清川) 부속(府屬) : 전부터 우리 부회를 위해 비상하게 진솔하
였던 19번 의원 오오다찌시 우사부로(大舘宇三郞) 군은 1월 11일 우
리 부를 떠났으므로 부회의 의석을 잃게 되었으므로 보고드립니다.

부윤 : 의안의 심의에 앞서서 한 말씀드리고자 합니다. 저번 부족한 제
가 해당 부윤으로 임명받아 본일 이에 부회를 개최하게 되어 1932년
우리 부 예산안 및 기타의 여러 안건을 부의하고, 부정(府政)에 관
한 여러 사항에 대해 여러분의 숨김없는 의견을 듣고자 함과 함께
소회의 일부분을 이야기할 기회를 얻게 된 것을 나는 가장 기쁘게
여기는 바입니다.

이번 드디어 만주국(滿洲國) 신국가의 창설이 되어 수도를 장춘으
로 정하고 지난 9일 세계로 이를 선명하여 3천만 민중, 큰 기대의
속에 점차 이에 동양평화의 확보를 얻고자 이에 경하를 금할 수 없
는 것입니다.

이제부터 확실히 일만(日滿) 친선을 도모하여 양 민족의 복리 증진
에 매진하지 않으면 안 됩니다. 인접 우리 부로써는 국제 관계의 상
으로, 경제정책의 상으로 무역 거래의 상으로 중대한 영향이 있는

것은 충분 각오를 요하는 것으로 이후 여러 시설의 상에도 고려를 할 필요가 있는 것을 통감하는 것입니다.

아시는 것과 같이 우리나라 현재의 상황은 내외가 극히 다사다난하여 밖으로는 신만주국의 상에 장차 상해사건의 선처로, 안으로는 세계적 불황과 함께 경제계의 부진이 심각하여 아직 어쩔 수 없이 국민의 생활에 적지 않은 동요를 불러일으키고 있습니다. 이 중대한 시국에 때하여 국운의 진전을 도모함에는 관민일치(官民一致)의 노력에 기대하지 않으면 안 된다라 생각합니다.

나는 착임 이래 얼마 되지 않아 아직 우리 부의 사정을 깊게 알지는 못하지만 우리 부는 서선(西鮮) 국경의 신흥 도시로써 교통상 제국의 현관이라 할 수 있는 추요의 위치를 점하고 있는 관계상 다른 도시와는 달리 특수한 사명을 가지고 있으므로 따라서 시설, 경영을 요하는 사업도 또한 극히 많은 것이라 생각하고 있는데 착임 후 우리 부의 재정(財政), 기타의 상황을 대체 조사함에 기설 사업으로 일으킨 부채(府債)가 많은 액수로 올라 있어 부민(府民)의 부담도 또한 상당 무거운 것으로 생각되므로 1932년도의 예산편성에 이르러서도 부재정의 현상에 비추어서 극력 긴축 방침을 채택하여 전반적으로 정리 절약을 하고자 하였으나 작년 4월 지방제도 개정의 결과 특별 경제에 속하는 경비의 중 사무비를 일반 경제로 옮기고 기타 부세 현재의 경향을 헤아려 토목, 위생, 사회사업 등 부민의 복리 증진상 긴급하여 어쩔 수 없는 것이라 인정되는 것에 대해서는 대저 계획을 세워 이의 실현을 기약하고자 하는 것으로 이에 요하는 경비를 예상하여 계상하였던 결과, 세출경상부에 있어서는 10만 7,212원으로써 전년도 당초 예산에 비해 1만 378원의 증액이 되고, 세출임시부에서는 수도비에 있어서 소액의 감소를 보았으나 본 연

도 부채 원리상환액의 증가와 기타 긴급하여 어쩔 수 없는 것은 재
원을 안배하여 그 사무비를 계상하여 세출임시부계는 29만 7,283원
이고, 전년도에 비해 6,779원의 팽창을 가져와 결국 세출총액은 40만
4,495원이 되었던 것입니다.

다음으로 세입에 대해 말씀드리면 부세(府稅)는 재계 불황의 영향
을 받아서 이 증수(增收)를 기대하는 것은 불가능일 뿐만 아니라 전
년도에 비해 겨우 4천여 원의 증수를 예상하여 계상하였는데 이는
세출에서 말씀드렸던 대로 지방제도 개정에 수반하여 특별경제에
속하는 경비의 일부를 일반경제로 옮겼던 결과 재원을 호별세(戶別
稅)의 증수에 의했던 것으로 이를 제하면 부세 전체에서 말씀드리
면 전년도보다 감수(減收)를 보기에 이르렀던 것입니다. 기타 수입
에 있어서는 사용료, 수수료, 수입증지 수입, 교부금(交付金), 재산
으로부터 생기는 수입 및 잡수입에서 증수를 예상하였던 결과, 세
입경상부계 16만 2,104원의 증수가 되었던 것입니다. 세입임시부에
서는 공채상환재원 충당 적립금의 이월액 및 도수장(屠獸場) 개축
공사비의 부채가 감소했던 것과 지방비 보조에서 얼마간 감소하였
지만 사업 이월에 수반한 이월금과 계속사업비에 대한 부채상환비
보조금을 새로 계상하였던 것과 작년도 수입의 부세 및 세외 수입
의 증수 5천 원을 예상하였던 것과 또 불용(不用) 토지 및 건물 매
각의 예정으로써 재산매각대를 증가 계상하였던 것으로 결국 임시
부 계 24만 2,489원이 되고, 전년도에 비해 4,071원의 증가를 가져와
세입 총액은 40만 4,495원이 되었던 것입니다.

이상은 일반경제에 속하는 세입출 예산의 개요인데 사회사업인 특
별회계 공익질옥비에 이르러서는 이것도 힘써 절약을 하였지만 근
래 부민에 있어서 공익질옥을 이용하는 자가 점차 많아지기에 이르

렀으므로 사업비 기타에 있어서 소액의 증가를 보기에 이르러 결국 세입출 모두 합계 4,555원이 되고, 전년도에 비해 222원의 증가를 가져왔던 것입니다. 그리고 이번 심의를 부탁드린 안건은 위 이외 또 10건이 있어서 모두 중요 안건만으로 이사자에 있어서도 각하의 시국에 대해 장차 또 지방경제의 실정에 따라 충분 조사연구를 마쳐 제출하였던 것인데 여러분에 있어서는 모쪼록 신중 심의의 후 협찬할 것을 바라 마지않습니다. 또 상세한 것은 각 안건 심의의 때 설명드림과 함께 질문에 때하여 제가 또는 각 주임자로부터 각각 답변하는 것으로 하고자 합니다.

간단하게 이상으로 개회 인사를 마치고 소견을 말씀드리겠습니다.

18번(野原군) : 의원 여러분께 보고드리겠습니다. 앞서 번외로부터 보고하였던 대로 오오다찌시(大舘) 군은 우리 부를 떠났는데 그 떠날 때에 여러분의 자택을 방문하여 친히 고별의 인사를 할 예정이었지만 짐을 싸는데 바빠서 찾아뵙지 못하였던 것이라 하고, 정말 우리가 제1부의 검사를 집행해야 온 것이 여러 해로 공적으로나 사적으로나 후의를 다하였음을 감사하여 기회가 되면 여러분에게 잘 전달해주기를 부탁하여 잠시 보고드렸습니다.

14번(金昇福군) : 나는 오늘의 일정에 들어가기에 앞서 동의를 제출합니다. 우리나라의 권익 옹호 및 재주 동포 보호를 위해 북만 및 상해지방으로 출정한 다수 장병의 간난(艱難)은 도저히 필설로 다하기 어려운 바 있습니다. 이에 대해 다소 사회로부터 감사의 뜻을 표하기 위해 위문의 전보를 발송하고자 생각합니다. 그 실행 방법으로써는 3명의 위원을 뽑아서 전문(電文)의 기초, 기타 처리를 시키고, 위원은 의장의 지명으로 부탁드리고자 합니다.

의장(부윤) : 지금 14번 의원의 동의에 찬성합니까? 이의 없습니까?

('이의 없음, 없음'이라 하는 자 많음)

이의 없는 것이라 인정합니다. 만장일치의 의견으로써 결정합니다. 위원은 의장의 지방으로 되어 있으므로 오가와 노부요시(小川延吉) 군, 요시이 히로(吉井弘) 군, 김승복(金昇福) 군을 위원으로 지명하 겠습니다. 3분은 회의의 여가로써 이 임무를 담당할 것을 바랍니다. 의사일정은 제군의 옆에 배포한 대로입니다. 이에 따라 의제1호 1930년도 신의주부 세입출 결산 보고의 건을 의제로 하겠습니다. 의안을 낭독 하겠습니다.

(키요카와(淸川) 부속(府屬) 낭독)

키요카와 부속 : 본안에 대해 대체의 설명을 하겠습니다. 세입경상부 는 예산고(豫算高) 16만 73원에 대해서 결산고(決算高) 17만 6,195원 78전으로 차액 1만 6,122원 78전의 증액입니다. 주요한 것은 부세에 서 5,726원 21전의 증가로 이는 각세(各稅)에서 자연 증수되었으나 조흥세(助興稅) 및 토지평수할에서 5,087원여의 감수가 되고, 결국 부세(府稅) 총액에 있어서 5,726원여의 증수가 되었던 것입니다. 다 음으로 사용료 수수료인데 이것도 자연 증수의 결과 5,338원여의 증 가가 되었는데, 수입증지 수입에서는 도수장의 사용료가 예상보다 많았으므로 이것도 증가하였던 것과 교부금에서는 징수금의 증가 에 수반하여 자연 증가되었던 것과 재산에서 생긴 수입에서 2,012원여 의 증수가 있었던 것과 잡수입에 이르러서는 불용품 매각대 및 변 상금에서 감액하였지만 기타에서 증가하였으므로 결국 경상부 총 액에서 1만 6,122원여의 증수가 되었던 것입니다.

다음으로 임시부에서는 주로 지난 연도 미납금 정리에 노력하였던 것으로 지난 연도 수입에서 8,300여 원을 증가하고 재산매각대에서 예정보다 토지매각대가 많았으므로 1만 2,580여 원의 증가를 보았던 것으로 세입 합계에서 총예산 36만 3,754원에 대해 수입액 40만 1,078원 90전으로 차액 3만 7,324원 90전의 증수를 보기에 이르렀던 것입니다.

다음으로 세출경상부에서는 예산액 9만 3,570원에 대해 결산액은 1만 7,165원 5전으로 차액 6,404원 95전의 감소인데 이는 각 과목에서 절약하였던 결과로 그 중 화장장비에서 수선비에 부족을 가져왔던 것과 경비비에서 출장 수당 기타의 비목에서 1,221원 50전의 부족을 가져왔고 또 잡지출 중의 잡출에서 왕년에 시행한 수도확장공사비 잔액의 1/3 즉 607원 56전 반납을 명 받았으므로 본항에서 지출하였던 것으로 예비비에서 340원 6전을 충당하고 있었는데 결국 경상부 총액에서 6,404원 95전의 감소가 되었던 것입니다.

다음으로 임시부에서는 수원지 민가(民家) 이전보상비에서 사업 이월을 위해 5천 원, 토목비 전체에서 1,006원 18전, 기부 및 보조에서 500원 등의 지출을 줄였던 것으로 예산 총액 27만 184원에 대해 결산액 26만 2,927원 32전이 되고, 차액 7,256원 68전이 감소하였고, 세출 합계에서는 결국 예산에 대해 1만 3,661원 63전의 감소가 되었던 것으로 세입의 증가와 절약으로 5만 986원 53전의 잉여금을 얻었던 것인데 그 내역을 말씀드리면 사업 이월이 5천 원, 토지매각대가 1만 5,346원 35전으로 일반 이월은 3만 640원 18전이므로 특히 말씀드려 둡니다.

의장(부윤) : 부제(府制) 제15조에 의한 검사원의 보고를 듣고자 합니다.

10번(橫江군) : 검사원 일동을 대표하여서 제가 검사의 결과를 보고드리겠습니다. 검사원 일동은 작년 9월 10일부터 16일까지 회합하여 1930년도 및 1931년도분을 서류, 계산서, 기타에 대해 검사하고, 그 후는 매월 일정의 날에 회합하여 1931년도분을 검사하여 왔는데 지금 보고하는 것은 1930년도분입니다. 먼저 출납사무에 대해 말씀드리겠는데 이는 지금 번외로부터 설명되었던 대로 어떠한 차이도 없습니다. 부 당사자에 있어서도 증수와 절약에 상당 노력하였던 것을 미루어 살필 수 있었던 것입니다. 다음으로 서류 및 사무 관리의 검사의 결과를 말씀드리겠습니다. 세출 사무에 대해 물품구입비에 한도를 넘어 지불한 것이 1건, 여비 지불에 한도를 넘어 지불한 것이 1건 있었습니다. 이는 1931년도에 회수했던 자동차에 대해서는 공용(公用)과 사용(私用)의 구별이 명확하지 않습니다. 예를 들면 개인적으로 필요했던 것에 대해서 운전수의 일당을 지불하고 기타 여비의 지불에 대해서도 명료를 결여하고 있는 것이므로 장래는 운전수의 일당 또는 여비의 지불 방법에 공사를 구별할 것을 희망합니다. 자동차 및 살수자동차의 운전 마일수를 일지에 기입하지 않아 휘발유 기타 소모품의 소비 검정이 가능하지 않았던 것으로 장래는 엄중하게 기입할 것을 희망합니다. 공사청부 입찰에 관해 유감으로 생각하는 점이 상당히 있었습니다. 예를 들면 3천 원의 예산에 대해 입찰의 결과는 1,700여 원으로 낙찰한 것으로, 만일 이것으로 설계대로 가능하다면 토목 당국의 설계는 너무 무능한 것이라 생각하고, 또 예산이 타당하지 않다면 그 공사는 정당하지 않은 점이 없지 않은가라 하는 것으로 이 설명을 구하였던 바, 토목 당국의 전망이 틀렸던 것이라는 것을 이해하였으므로 장래는 충분 주의를 희망하였습니다. 물품의 수납과 지불 등은 유감으로 영점이라 해도 과언이 아니라 생각합니다. 예를 들면 토목계에 교부한 각종의 기계, 기구 등 상당의 금액의 것이 토목 당사자에게 출납부가 없기 때문에 폐기 처분을 하였는지 하지 않았는지 불명확하고 게다가 수년에 걸쳐서 해왔으므로 검사한 것이 없고 현존하는 물품을 보는 수

밖에 없어 그 정리는 극히 되어 있지 않다라고 생각하므로 토목 당
국에서 주의하여 바로 물품출납부를 만들어 그 정리를 할 것을 희
망하였던 것으로 현재는 완성하였을 것으로 생각합니다.

물품구입에 대해 일정의 한도를 정하여 2인 이상으로부터 견적서를
받은 것인가 아닌가를 구별하여 견적서를 받은 것은 반드시 지불서
류를 첨부할 것 및 단가 계약으로써 연도를 넘기고 있는 것이 있으
므로 이들은 연도 마다 갱신하는 규정에 준거하도록 희망합니다.
수입증지의 소인(消印)의 날인이 극히 난잡하여 그 중에는 소인이
없는 것조차 있었습니다. 이들은 소인의 규정에 준거하도록 희망합
니다. 기타 단위가 서로 다르게 기입해야 하는 사항의 기입을 빠뜨
린 것 등이 다수 있었지만 일일 주의를 주었습니다. 요컨대 사무 취
급의 양식 및 방법을 일정하여 가능한 간단하게 또 신속하게 처리
하도록 하여서, 일반 이원이 긴장하여 집무할 것을 희망합니다. 다
음으로 세입 사무에 관해서 말씀드립니다. 과목 정리에 유감의 점
이 있어 심히 그 결과를 맞추기 위해 그 합계만을 정정했던 것입니
다. 이는 자기 담당 사무에 확신이 없는 것을 표명하는 것으로 그
결과는 폐를 다른 직원에게까지 미치는 것으로 극히 옳지 않은 일
이라 생각합니다. 또 정리가 대체로 조잡하여서 예를 들면 조정 후
징수해야 하는 것을 징수 후 기입하고 또 그 기입이 검사원의 질문
에 따라서 처리되어진다라 하는 상태로 검사원에 의해서 발견되어
진 것도 2, 3 있었던 것입니다. 만일 종전과 같이 검사제도가 없었
다면 틀린 대로, 결산이 보고되어지지 않았을까라 생각됩니다. 이
상에 대해서 충분 주의를 희망합니다. 다음으로 부의 세입이라 할
거액의 미납자가 있어 5월 31일 출납폐쇄의 때에 2만 8,271원 80전
이었습니다.

그 중에는 1926년도의 분도 있어 이미 시효가 완성된 것도 있는 것 같습니다. 특히 공직자 혹은 상당의 자산을 갖고 부내의 명망가로써 주목되어지는 사람으로서 3, 4년간의 오랜 시기에 걸쳐 체납하는 자도 상당하여 진실로 우리 부의 체면에 관한 것뿐만 아니라 의무 부담의 공평을 결여하고 또 부에서 매월 다수의 사람들이 징수를 위해 각 호(戶)를 방문할 때 중에는 모모와 같이 유력한 사람이 체납하여 있는 것으로 우리 같이 소액인 자들은 이와 같이 엄중하게 독촉되어진다라 것은 부(府)의 취급이 너무 후함과 박함이 있다고 비상한 불평을 하는 사람들이 상당하다라는 것을 본원 등은 들고 있습니다. 이와 같음은 부정(府政) 운용상 실로 유감으로 생각하는 것으로 속히 정리를 단행하도록 부윤 및 재무주임에게 진언하였던 바, 부윤 및 재무주임 모두 심히 그 책임을 느껴서 1931년도 중에는 적어도 2만 원 이상을 확실하게 징수한다라는 답변이 있었습니다. 오늘 본 보고를 함에 있어서 본월 10일까지 징수되어진 금액을 조사하였던 바 징수된 것은 1만 3,340원 62전, 징수 미제 1만 4,931원 18전입니다. 그리고 그 내역은 총 인원 728명으로 이중 일본인 154명 8,417원 17전, 조선인 505명 6,177원 92전, 중국인 69명 336원 9전, 그 중 60원 이상의 체납자는 일본인 11명 636원 14전, 조선인 5명 449원 79전, 100원 이상 일본인 8명 1,358원 11전, 조선인 6명 1,073원 49전, 3백 원 이상 일본인 1명 468원 66전, 5백 원 이상 일본인 1명 599원 16전, 조선인 2명 1,069원 13전, 1천 원 이상 일본인 2명 3,258원 46전 입니다. 이들 미납자의 중에는 사정상으로 볼 때 동정으로 견딜 수 없는 것도 있는 것 같은데 부를 사랑하는 관념의 하에 성의로 납입 하도록 이야기해 주시길 바라며 또 그래도 납입하지 않는다면 유감 이지만 규정에 따라 처치하여 주시기를 거듭 부윤 및 재무주임에게 희망합니다. 그리고 호적사무에 대해서는 검사를 할 예정인데 당시 기무라(木村) 전 부윤으로부터 동 사무에 관해서는 착임 이래 느끼는 바 있어 현재 정리 중에 있다라고 하였으므로 부윤을 신뢰하여 검사를 삼가하여 그대로 하였습니다. 이상은 대체인데 이를 총괄하여 말씀드리면 직원 상호의 연락에 유감의 점이 있는 것 같습니다. 마땅히 상호의 연락을 긴밀하게 하여 집무의 민활을 기약할 것을 부윤을 비롯 일반 직원에게 희망하여 마지않는 것입니다.

의장(부윤) : 제1호 의안에 대해서 질문이 있습니까? 특별히 질문이 없다면 제2독회로 옮기는 것으로 하겠습니다.

4번(多田군) : 지금 검사원으로부터 자못 엄밀한 보고가 있었습니다. 본건은 독회를 생략하고 가결 확정할 것을 희망합니다.

의장(부윤) : 지금 4번 의원으로부터 독회 생략, 가결 확정의 동의가 있었습니다. 이의 없습니까?

('이의 없다'라 하는 자 많음)

이의 없다라 인정하여 본건은 원안대로 가결 확정하겠습니다.

다음은 의제2호 1930년도 신의주부 특별회계 공익질옥비 세입출결산을 상정합니다. 의안을 낭독합니다.

(키요카와 속(屬) 의안 낭독)

키요카와 부속 : 일단 설명드리겠습니다. 세입부터 말씀드리면 이익금이 890원여를 감소하였던 것은 원래 개업이 지연되었던 것으로 대부금이 예정보다 적어졌던 것입니다. 또 잡수입의 감소는 예금 이자, 기타의 수입이 없었기 때문으로 결국 경상부 합계에서 926원 65전의 수입이 감소를 하였습니다. 임시부에서는 국고보조금이 예정보다 적어져서 155원 감소하여 세입 합계에서 예산에 대해 1,081원 65전의 수입이 감소되었던 것입니다.

세출경상부에서는 수용비에서 다소 증가되었지만 기타 비목에서 절약의 결과 경상부 합계에서 예산에 대해 406원 51전의 감소가 되었습니다.

임시부에서는 건축 제 비용에서 215원 74전이 감소하고 또 부지구입비에서 487원을 줄였던 것은 새로 부지를 구입하지 않고 부유지의 땅을 골라서 이에 충당하였던 결과입니다. 부채비(府債費)의 감소는 차입 시기가 지연되었기 때문으로 결국 임시부 예산에 대해 876원 36전의 감소로 세출 합계에서는 1,282원 87전의 감소를 보기에 이르렀기 때문입니다.

10번(橫江군) : 검사원이 보고를 했고 본건은 지금 번외 설명의 대로 별도로 어떠한 말씀드릴 사항이 없습니다.

4번(多田군) : 상세한 검사원의 보고가 있었던 후 조금 인식이 부족한 질문일지도 모르겠지만 임시부 제2관 부지구입비 513원, 이것은 부유지의 지균비(地均費)라고 설명하였는데 그 평수는 얼마입니까?

키요카와 부속 : 장소는 구 제방을 땅고르기 하였던 것인데 제방이 높아서 용암포(龍巖浦) 도로와의 연결이 좋지 않았으므로 토사(土砂) 운반비가 고가가 되어 513원을 필요로 했던 것입니다. 부지는 150편 내외입니다.

의장(부윤) : 외에 질문은 없습니까? 없으면 제2독회로 옮기고자 합니다.

4번(多田군) : 독회 생략하고 원안대로 가결하기를 바랍니다.

의장(부윤) : 4번 의원으로부터 독회 생략, 가결 확정의 동의가 있습니다. 이의 없습니까?

('이의 없다'라 하는 자 있음)

이의 없다라 인정합니다. 본건은 원안의 대로 가결 확정하겠습니다. 다음은 의제3호 1931년도 신의주부 세입출 추가예산안을 상정하겠습니다. 낭독하겠습니다.

(키요카와 부속 낭독)

키요카와 부속 : 일단 설명드리겠습니다. 본건은 이토(伊藤) 전 전 부윤에게 1천 원, 기무라(木村) 부윤에게 5백 원의 특별위로금을 증정하고자 하여서 제안하였던 것입니다.

10번(橫江군) : 본건은 지금 번외 설명의 대로 전 부윤 및 전 전 부윤에 대한 위로금으로 가능하다면 더 드리고 싶은데 재정의 관계도 있으므로 이 정도로 참아보고자 생각하므로 독회 생략, 원안대로 가결 확정하기를 바랍니다.

('이의 없다'라 하는 자 많음)

의장(부윤) : 만장 이의 없다라 인정되므로 독회 생략하고, 원안대로 가결 확정하겠습니다.

다음은 의제4호 1932년도 신의주부 세입출 예산안을 부의합니다.

13번(吉井군) : 일정 변경의 동의를 제출합니다. 제4호 이하의 여러 의안을 보면 본건 예산안의 심의에 앞서서 심의하지 않으면 안 되는 안건이 있는 것입니다. 즉 의제7호 부세부과율 결정의 건 및 의제8호 특별영업세조례 중 개정의 건이 그렇습니다. 제7호 의안에 관련하여 현재 부윤의 옆에도 탄원서가 제출되어 있을 것이라 생각하는데 예기(藝妓), 무기(舞妓), 작부세의 철폐, 조흥세 철폐 등의 문제가 있고, 제8호 의안에는 부동산 대부업에 대한 신세(新税)가 있는 것입니다. 예산안을 마친 후에는 이들 두 안건을 심의하고자 해도 이미 늦어 어떠한 실익이 없다라 생각합니다. 그러므로 제4호안의 상정에 앞서 제7호, 제8호안 두 의안을 상정, 심의하고자 합니다.

('찬성, 찬성'이라 하는 자 많음)

7번(臼井군) : 동의의 제출에는 3명 이상의 찬성하는 자를 필요로 합니다. 지금 13번 의원의 동의 제출은 규칙의 해석을 잘못하고 있는 것이 아닌가라 생각합니다. 동의 제출 전에 3명 이상의 찬성자를 필요로 하는 것이므로 제출 후 찬성자를 구하는 것이 아니라고 이해하는 것이 타당 합니다. 그러나 지금 제출의 동의가 긴급한 것이라면 별개입니다.

13번(吉井군) : 제가 제출하였던 것은 긴급동의입니다.

24번(小川군) : 13번 의원 제출의 동의는 의사 진행상 가장 타당하다고 생각합니다. 저는 긴급동의로써 찬성합니다.

의장(부윤) : 13번 의원으로부터 동의의 제출이 있었고, 3명 이상의 찬성이 있었으므로 이를 의제로 합니다. 일정을 변경하여 의제4호를 뒤로 돌리고 의제7호, 의제8호부터 상정 심의하는 것으로 이의 없습니까?

('이의 없다'라 하는 자 많음)

이의가 없는 것 같으므로 의제7호 부세부과율 결정의 건을 상정합니다. 의안을 낭독하겠습니다.

(고노(河野) 부속 낭독)

고노 부속 : 본건은 1931년도 적용의 과율과 완전 마찬가지입니다. 다만 의제8호에 관련하여서 부동산 대부업만을 추가하였던 것입니다. 기타는 어떠한 이동이 없습니다.

의장(부윤) : 질문 없습니까?

24번(小川군) : 우리 부에는 예기(藝妓), 무기(舞妓), 작부(酌婦)가 몇 명 있습니까?

고노 부속 : 예기가 80인, 무기가 20인, 작부가 30인입니다.

24번(小川군) : 기생(妓生)은 예기입니까?

고노 부속 : 그렇습니다.

24번(小川군) : 여급(女給)은 몇 명 있습니까?

고노 부속 : 46인입니다. 일본인이 31인, 조선인이 15인입니다. 또 카페가 13개소로 일본인 10개소, 조선인 3개소입니다.

13번(吉井군) : 조선 내 주요 도시의 예기세, 작부세 부과의 상황 및 조흥세 부과의 상황을 설명 부탁드립니다.

고노 부속 : 조흥세부터 말씀드리겠습니다. 조선 내에서 이를 부과하고 있는 것은 경성(京城), 부산(釜山), 원산(元山) 그리고 우리 부의 4개소로 1932년도부터 대구부(大邱府)가 부과하게 되어 있습니다. 과율은 경성은 1시간에 8전(錢), 부산, 원산은 모두 가고(稼高)[59] 1원에 대해 6전, 대구도 마찬가지로 6전, 우리 부는 가고 1원에 대해 5전입니다. 가업세(稼業稅)는 경성부 예기(藝妓) 5원, 무기(舞妓) 2원 50전, 인천부 4원과 2원, 평양은 예기 일본인 3원 50전, 조선인 2원 50전, 무기 일본인 1원 50전, 조선인 1원, 진남포 예기 3원, 무기 1원 50전, 대구부 예기 일본인 5원, 조선인 3원, 무기 일본인 2원, 조선인 1원, 부산 예기 일본인 5원, 조선인 3원, 무기 일본인 2원 50전, 조선인 1원 50전, 마산 예기 일본인 3원, 조선인 2원 25전, 무기 일본인 1원 50전, 조선인 1원 10전, 군산 예기 일본인 5원, 조선인 3원 50전, 무기 일본인 2원 50전, 조선인 2원, 창기 겸업 일본인, 조선인 모두 2원 50전, 목포 예기 일본인 4원, 조선인 3원, 무기는 일본인만 2원, 창기 겸업은 일본인 2원 50전, 조선인 1원 50전, 청진 예기 일본인 2원, 조선인 1원 25전, 창기 겸업 50전, 함흥 예기 3원 무기 1원 50전, 창기 겸업 2원, 창기 1원, 개성 예기 3원, 무기 1원으로 되어 있습니다. 다만 원산만이 부과하고 있지 않습니다.

---

59) 노동이익, 이익금.

24번(小川군) : 요리옥(料理屋) 조합으로부터 가업세 철폐의 탄원이 있었던 것 같은데, 채납(採納)은 되어 있지 않습니다. 그 탄원은 본 예산 편성 전에 있었던 것입니까? 아니면 뒤에 있었습니까? 및 의견이 받아들여지지 않은 이유를 설명 부탁드립니다.

고노 부속 : 탄원이 있었던 것은 예산 편성 후입니다. 또 위의 탄원은 장래는 알 수 없지만 현재로는 받아들일 이유를 인정할 수 없습니다.

의장(부윤) : 대체 질문도 다한 것 같습니다. 본안을 제2독회로 옮기고자 생각합니다. 이의 없습니까?

('이의 없다'라 하는 자 있음)

그럼 제2독회를 열겠습니다.

10번(橫江군) : 요리옥조합의 감세 탄원의 사본은 우리 의원에게도 도착하여 있습니다. 우리 부의 예기세 2원은 다른 곳에 비해서 결코 높은 것은 아니라고 생각하지만, 우리 부의 실정은 모두 고용하고 있어서 예기세는 포주(抱主)의 부담이 되고 따라서 요리옥 영업자에 대해서는 2중세의 염려가 있습니다. 또 지금 번외의 답변에 의하면 장래는 고려의 여지가 있는 것 같은 이야기인데 장래라는 것은 어느 무렵입니까?

의장(부윤) : 지금 10번 의원의 발언은 수정의 의견입니까? 또는 질문입니까?

10번(橫江군) : 수정, 질문의 양쪽입니다.

의장(부윤) : 지금은 2독회이므로 질문은 허락되지 않습니다.

10번(橫江군) : 그렇다면 다시 수정 의견을 말씀드리겠습니다. 예기세는 장래 이를 철폐하고자 하지만 점진주의를 취해 1932년도에는 반액으로 감하였으면 합니다.

4번(多田군) : 10번 의원으로부터 반감의 수정 의견이 나왔는데 나는

반대하지 않으면 안 되는 것을 유감으로 하는 것입니다. 각지의 포
주와 예기와의 관계는 여러 가지이지만 이렇게 하는 것이 2중세가
된다는 견해는 다소 타당성을 결여한 것이 아닌가라 생각합니다. 요
리점의 영업세는 영업 자체에 부과하는 것이고, 가업세는 가업에 부
과하는 것으로, 세금의 성질을 전혀 달리하고 있는 각지의 가업세
부과의 상태를 통람함에 우리 부는 자못 타당한 것이라 생각합니다.
그럼에도 불구하고 이러한 진정을 하기에 이르렀던 소이는 근래 요
리옥은 카페 때문에 비상하게 위협을 받고 카페가 맹렬하게 진출하
여 요리옥의 영역을 침범하는데 카페에는 세금을 부담하지 않는 여
급이 있고 손님을 접대한다라 하는 것은 심히 타당을 결여한 것이
라는 사상의 반영이라 생각합니다. 고로 이를 완화하기 위해서 여
급에게 세금을 부과하여 균형을 맞추었으면 합니다. 즉 나는 원안
을 유지함과 함께 여급세를 신설하였으며 하는 희망을 가지고 있습
니다. 또 좀 다른 이야기일 수 있지만, 도쿄(東京), 오오사카(大阪),
경성 방면에서도 여급의 수입은 예기 등보다도 많고 수도 또한 증
가하고 있는 상태입니다. 제군의 찬성을 바랍니다.

24번(小川군) : 대체 4번 의원의 이야기에 찬성합니다. 포주와 예기 등
과의 관계는 여러 가지 입니다. 우리 지역의 실정이 포함하고 있다
라는 사유로 가업세를 폐지하지 않으면 안 될 필요는 추호도 발견
할 수 없습니다. 나는 4번 의원의 이야기에 찬성하여 원안을 유지
하는 외 여급세 신설을 주장하는 것입니다. 또 가불금에서 보아도
여급은 극히 근소하지만 수입은 도리어 예기보다 많다라 하는 것을
듣고 있습니다.

고노 부속 : 여급은 예기 등과 성질이 완전 다릅니다. 여급은 중거(仲
居)[60]와 동일하게 이해되고 있습니다. 중거에 과세하고 있지 않은

이상 여급에도 과세할 수 없다고 생각합니다.

24번(小川군) : 번외의 답변을 들었지만, 중거와 여급의 성질은 심히 다릅니다. 중거는 객석과 카운터의 소사인데 여급은 객석에 모신 후에 전통가요도 부르는 하등 예기와 구별할 수 있는 바가 없습니다. 다만 삼미선(三味線)[61]을 타지는 않지만…

26번(岡本군) : 조선에서 여급세를 부과하고 있는 곳이 있습니까?

고노 부속 : 1개소도 없습니다. 고려하고 있는 곳도 없는 것 같습니다.

11번(卓昌河) : 각지의 예를 보아도 우리 부의 예기세 기타의 과율은 낮고, 이 점 자못 타당하다라 생각하는데 함흥부를 제외한 다른 도시에서는 일본인, 조선인을 구별하고 있는 것 같습니다. 이는 수입이나 생활상태로 보아 극히 형편에 적당한 것이라 생각합니다. 우리 부도 이들을 참작하여 수정의 필요가 있지 않은가라 생각합니다.

고노 부속 : 일본인, 조선인을 구별하고 있지 않은 곳은 함흥만이 아닙니다. 우리 부 포함 6개소입니다.

11번(卓昌河) : 우리 부의 실정으로 보아 구별하는 것이 타당하다라 생각합니다.

고노 부속 : 일본인, 조선인을 구별하고 있는 곳은 부과율이 높은 곳입니다. 우리 부는 전 조선에서 제일로 저렴하므로 구별할 필요는 없다고 생각합니다.

7번(臼井군) : 4번 의원에게 찬성하고자 하는데 여급세는 얼마나 부과할 예정입니까?

4번(多田군) : 등급을 설치하여 세액을 구별한다라 하는 것은 흥미롭

---

[60] 여관, 유곽, 요정 등 접객업.
[61] 일본 전통 음악에 사용하는 3줄 현악기.

지 못한 것이 있지만 당분간은 카페를 1등, 2의 2급으로 구별하여 1등에는 예기와 마찬가지 월 2원, 2등에는 그 반액 1원을 부과하고 자 생각합니다.

7번(臼井군) : 4번 의원에 찬성합니다. 조금 전 10번 의원은 가업세에 대해 2중 관세의 우려가 있다라 하였지만 이는 견해가 서로 달라서 이 양세는 세의 성질이 완전 다른 것입니다. 이 서로 다름에 기초하 여 각별하게 부과되었던 것을 포주가 부담하지 않는데 우리가 관계 했던 것이 없는 것입니다. 또 일본인과 조선인을 구분하는 것도 우 리 부 현재의 실정으로써는 필요를 인정할 수 없는 것입니다. 여급 세에 이르러서는 사회의 실상에서 보아 부과는 당연합니다. 중거와 여급을 동일하게 이해하고 있다는 설도 알겠지만 이는 심히 서로 달라 듣는 것에 의하면 여급은 예기 이상의 극적인 서비스를 하고 있다는 것입니다. 아무튼 과세할 것을 희망합니다.

14번(金昇福) : 저도 대체에 있어서는 4번 의원의 이야기에 찬성합니 다. 가업세 감면의 고설(古說)을 삼가 듣고 개인적으로는 동정도 가 지고 있지만 공인으로써는 감면의 이유를 발견할 수 없습니다. 또 일본인과 조선인을 구별할 필요도 없다고 생각합니다. 여급세의 신 설에는 찬성하는데 1등을 2원으로 하는 것은 조금 가혹하여 지나치 지 않은가라 생각합니다. 1원 균일로 하면 어떠한가라 생각합니다.

21번(奈郎井군) : 여급세를 신설하는 것에는 찬성하는데 2원은 조금 무리가 아닌가라 생각합니다. 14번과 같이 1원 균일로 정하고자 생 각합니다.

6번(金載汶) : 여급세를 예기세보다 낮게 할 필요는 없습니다. 4번 의 원에 찬성합니다.

15번(崔昌朝) : 여급세 신설의 제안이 있고 이에 대해서 찬성도 하지만 조금 전 10번 의원도 말했던 대로 예기세조차도 2중 부과가 아닌가 하고 있습니다. 지금 여급의 성질을 생각해 보면 예기, 작부 등은 일정의 영업자로서 그 수입도 정해진 율로 청구가 가능한 것인데 여급은 진실로 전전하여 한곳에 정착하지 않고 그 수입의 실정이 예기와 구별되는 것이 없다라는 외면의 관찰로써 바로 과세의 목적으로 하는 것은 어떠한가라 생각합니다. 이러한 과세에는 어느 정도 신중한 고려를 요하는 것이라 생각합니다. 혹 카페 여급의 수입이 많다라 하여 바로 여급 전체를 일률로 하는 것은 다소 경솔의 비웃음을 초래하지 않을까 신중 연구한 후 결정하였으면 합니다.

25번(近藤군) : 15번 의원에 찬성합니다. 불경기는 저지(底止)하는 곳을 알 수 없어 일반에 부담의 경감을 앙망하고 있습니다. 요리옥 업자가 감세의 진정을 하고자 하는 것도 사정이 어쩔 수 없는 조치라 생각합니다. 이 시기에 때하여서 여급에게까지 과세한다라 하는 것은 진실로 현하의 세상에 따르지 않는 것이라 생각합니다.

고노(河野) 부속 : 여급은 허가의 영업이 아니라 신고로 하는 것이 마땅하므로 과세상 곤란이 수반될 뿐만 아니라 특히 여급은 예기, 작부와 달리 그 수입은 손님의 임의에 속하는 소위 팁만 있고 게다가 이를 요구할 수 없는바 완전 불확실한 것으로써 그 불확실한 수입에 기초로써 과세하고자 하는 여급세와 같은 것은 부과의 공평을 결여한 결과에 따르는 바이고, 또 예기, 작부 등에 대한 가업세와 같은 것도 장래, 고려하지 않으면 안 되는 추세에 있는 금일, 여급세를 신설하는 것 같은 것은 시대를 역행하는 감이 없지 않은 것입니다.

4번(多田군) : 여급은 허가영업이 아님에 따라 과세상 여러 곤란을 수반할 우려가 있으므로 과세의 목적으로 하지 않았다라 하였지만 이 생각으로 우리 의원의 언론을 막는 것은 완전 의외로 우리가 부 재정을 위해 무엇이라도 유익하게 하려고 인정했던 것을 실행함에 이르러서는 13개의 카페에 매일 출장해도 그 노동은 말할 것도 없이 금일의 카페의 여급은 결코 중거와 마찬가지가 아닙니다. 어쨌든 여급에 과세할 것을 바랍니다.

24번(小川군) : 15번 의원으로부터 여급에 대해 심후한 동정이 있지만 수입의 점에서는 오히려 예기에게 동정하고자 합니다. 여급과는 비교할 수 없는 만큼의 빌린 돈이 많아서 한 달 동안 완전 수입이 없었다라 하는 예기조차 우리 부에 있다는 것을 듣고 있습니다. 이들에 비하면 여급은 훨씬 여유가 있어 어쨌든 과세할 것을 바랍니다.

9번(中込군) : 대체 4번 의원에 찬성합니다. 다만 여급세를 2원과 1원으로 구별하는 것은 과세상 곤란하지 않은가라 생각합니다. 이는 1원 균일로 하고자 합니다. 예기세를 일본인과 조선인으로 구별할 필요는 없다고 생각합니다.

24번(小川군) : 세액도 4번 의원에 찬성합니다. 여급세를 2원, 1원으로 구별하는 것이 과세상 곤란하지 않은가 하지만 이들은 재무계에서 조사한다면 어느 정도 곤란은 없을 것이라 생각합니다.

10번(橫江군) : 저는 예기 기타의 내정을 그다지 훤히 알지는 못하지만 저에 대한 사정에 정통하여 있는 4번 및 24번 양군의 고설을 삼가 듣고서 다소 이해하는 것이 가능하였습니다. 다시 4번 의원에 찬성합니다.

15번(崔昌朝) : 여급세 반대의 이유를 지금 일단 말씀드리고자 합니다. 여급이라는 것은 음식점의 고용된 여자로 자칫하면 풍속을 문란하게 할 우려가 있어 이들의 견지에서 여급을 두는 것을 금지하고 있는 곳도 있습니다. 조금 전부터 여러 분들은 여급에 관세하는 근거를 그 수입에만 두고 있는 것 같습니다. 과연 예기와 여급은 실제의 수입에서 구별이 되지 않는 것인가도 알 수 없는데 예기, 기타는 영업자이고 그 근로에 대한 보수는 당연 청구하는 것이 가능함에 반해 여급의 수입은 손님이 주는 팁입니다. 따라서 이상의 수입을 헤아리기 위해서는 소위 예기 이상의 극심한 서비스를 하지 않으면 안 된다라 하는 것으로 귀착하는 것입니다. 그리고 예기와 구별되는 바가 없으므로 여급에게도 예기 및 과세한다라 하는 것이라면 여급을 보내 예기화한 수도 많고 예의 서비스도 점점 공공연하게 되었던 것으로 사회에 날로 해악을 유행하는 것이 되었는지도 알 수 없습니다. 이들의 의미에서도 여급세는 반대합니다.

4번(多田군) : 15번 의원이 여급세의 신설에 대해 극력 반대하는 그 주요한 뜻이 있는 바도 알겠는데 여급세를 부과하므로 원수(員數)를 증가한다라 하는 이야기는 수긍하기 어렵고 여급세의 부담으로 견딜 수 없는 것이라면 수를 감소시키지 결코 증가시키는 결과는 없을 것이라 생각합니다.

24번(小川군) : 카페에 따라서는 다소의 급료를 주고 있지만, 여급에게는 대체 급료라 하는 것은 없습니다. 그럼에도 불구하고 상당의 생활을 해간다라 하는 것은 실제 수입이 있는 확증으로 수입의 점을 고려할 필요는 없다고 생각합니다.

18번(野原군) : 여급세에 대해 여러 식견 있는 말씀을 삼가 잘 들어 이 부과에 관해서는 저도 찬성하는데, 오직 4번 의원에 따르면 카페에 따라서 1등, 2등으로 구별하고자 한다는 것인데 이는 간접으로 본인의 수입의 다과에 기조를 두는 것입니다. 그런데 이는 예기 등도 가게에 따라 수입에는 서로 차이가 있는데 균일의 과세로써 합니다. 저는 4번 의원과 14번 의원의 중간을 취하여 1원 50전을 균일하게 부과하였으면 합니다.

14번(金昇福) : 의론도 대체로 다한 것 같으므로 채결할 것을 바랍니다.

의장(부윤) : 지금 14번 의원으로부터 토론 종결의 동의가 나왔는데 본건 여급세의 신설 문제는 부 당국의 제안이 아니므로 이는 의원 여러분의 희망 의견이라 인정하여 취급합니다. 그리고 본안은 부 당국으로써는 충분 조사, 연구의 필요가 있으므로 일단 철회하고 다시 제안 부의하는 것으로 하였는데 본 문제의 가부에 대해서는 의론 백출으로 여러분의 희망 의견도 정리되지 않으므로 이를 정리하기 위해 채결하고자 하는 이의 없습니까?

('이의 없다'라 하는 자 많음)

의장(부윤) : 그럼 채결하겠습니다. 18번 의원의 여급세를 1원 50전으로 하는 것에 찬성하는 분은 기립하여 주십시오.

(소수임. 기립 2명)

　14번 의원의 여급세를 신설하여 세액을 1원으로 균일하게 하는 것에 찬성하는 분은 기립하여 주십시오.

(정확히 반수임. 기립 10명)

　15번 의원의 여급세 신설 반대에 찬성의 분은 기립하여 주십시오.

(소수임. 기립 2명)

　여급세를 설치하여 월액 1원 균일의 과세를 한다라 하는 것에 찬성이 반수입니다. 의장인 저도 동의합니다.

잠시 휴식하겠습니다. (오후 3시 30분)

의장 : 휴식에 계속하여 개회하겠습니다. (오후 3시 45분)

　제7호안의 다른 세목에 대해 다른 의견은 없습니까?

7번(臼井군) : 부동산대부업 수입금액의 7/1,000이라는데 이는 물품대부업보다 오히려 유리하다라 사료되므로, 10/1,000으로 수정하고자 합니다. 또 불경기로 부에서도 수입이 곤란한 때이므로 만약 법령에 저촉하는 바가 없다면 부동산의 상속에 과세하였으면 합니다. 이는 어떠한 노동한 것이 없이 재산권의 계승을 한 것이므로 담세는 별로 고통이 없을 것이라 생각합니다. 과율은 부 당국에서 일임하고자 합니다. 또 부동산의 취득에도 과세하고자 합니다. 이도 재산권을 획득할 만한 여유가 있는 사람들이므로 부과해도 별로 불합리하다고 생각하지 않습니다.

27번(金宗源군) : 부동산대부업에 대한 안건이 있는데 방수제(防水堤) 축조에 기인하여 토지평수할(土地坪數割)이라 하는 세금이 있습니다. 본세를 부과하고 있는 지상의 건물에도 부과하면 어떠한가 생각합니다.

9번(中込군) : 7번 의원으로부터 부동산대부업의 7/1,000을 10으로 수정하자는 의견을 들었는데 저는 반대로 물품대부업보다 낮아야 한다고 생각합니다. 다른 과세의 목적물에는 그 자체에 대해 무언가 부과가 되어 있는데 물품에는 그러한 것이 없으므로 물품대부업보다 낮게 하는 것이 합리적이라고 생각합니다. 7/1,000을 5/1,000로 수정하였으면 합니다.

11번(卓昌河) : 부민의 부담을 가능한 한 경감하여 부 재정의 운용을 교묘하게 해두는 것은 우리 일반의 희망입니다. 7번 의원, 9번 의원으로부터 수정의 의견을 들었는데 물품대부업의 수입은 지극 저율인 것으로 부동산대부와 비교가 되지 않는 것입니다. 나는 원안에 찬성합니다.

9번(中込군) : 저는 수입의 많고 적은 것을 이야기한 것이 아니라 부동산에는 그 자체에 세를 부과하고 있는데 물품에는 이러한 부담이 없고 그러므로 물품대부업보다도 저율으로 하고자 한다라는 것입니다.

26번(岡本군) : 부동산대부업의 7/1000은 충분 조사의 후 제안한 것이라 생각되므로 원안에 찬성합니다.

고노(河野) 부속 : 7번 의원에게 말씀드리겠습니다. 의견에 대해서는 법령상 별로 지장은 없는데 상속세(相續稅)는 국세(國稅)로써 부과되어지는 성질의 것이고 취득세(取得稅)는 지방세(地方稅)로써 이 또한 상당액을 부과하고 있으므로, 그 위에 또 부세를 부과하는 것은 어떠한가라 생각합니다. 또 이에 대한 부가세(附加稅)로써라도 생각하였는데 이와 같은 교통세(交通稅)에 대해서는 이론은 별도로 일본 및 조선을 통해 전통적으로 그 부과세는 불가라 하고 있는 것입니다.

의장(부윤) : 대체 의론도 다한 것 같습니다. 이의가 없다면 채결하고자 합니다.

특별히 이의가 없는 것 같으므로 채결하겠습니다.

7번 의원의 수정에 찬성하시는 분은 기립하여 주십시오.

(소수임. 기립 1인)

9번 의원의 수정에 찬성하시는 분은 기립하여 주십시오.

(소수임. 기립 1인)

11번 의원, 26번 의원으로부터 원안 찬성의 의견이 있습니다. 찬성하는 분은 기립하여 주십시오.

(다수임)

7번 의원으로부터 부동산 상속세, 부동산 취득세 신설의 희망 의견이 있습니다. 동의하시는 분은 기립을 바랍니다.

소수로 동의의 쪽은 없다라 인정합니다.

7호 의안에 대해 다른 의견은 없습니까?

의견이 없는 것으로 인정합니다.

부윤 : 본안은 조사를 요하는 것이므로 일단 철회하겠습니다.

의장(부윤) : 의제8호 특별영업세조례 중 개정의 건을 상정하겠습니다. 낭독하겠습니다.

(고노 부속 낭독)

9번(中込군) : 부동산은 가옥 혹은 가옥의 부지에 한하고 있는 것인데 다른 토지에는 과세가 없는 것입니까?

고노 부속 : 부내(府內)에서는 경지(耕地)를 제외하면 대체 대(垈)입니다. 본안은 집 혹은 대를 대여하는 것을 목적으로 하는 것입니다.

22번(柴田군) : 부동산대부업은 새로운 세금라 생각합니다. 우리 부에 서는 가옥세 등도 부과하고 있고 지금 또 본세를 부과하려는 것이 라면 상당히 중과세입니다. 다른 부에서도 그 실례가 있습니까?

고노 부속 : 부동산대부세를 실시하고 있습니다. 각부의 상황을 말씀 드리겠습니다. 원산부 5백 원 이상 10/1,000, 인천 8백 원 이상 5/1,000, 부산 5백 원 이상 5/1,000, 함흥 5백 원 이상 10/1,000, 개성 1,500원 이상 7/1,000, 목포 2백 원 이상 6/1,000, 청진 1,500원 이상 10/1,000, 마산 백 원 이상 4/1,000, 경성 1,500원 이상 10/1,000이고 대구부는 현재 보류하고 있습니다.

27번(金宗源군) : 제4조의 의미가 충분 이해되지 않습니다.

고노 부속 : 부동산 대부업만으로 1개년 1,200원 이상의 수입이 있는 자에게 부과하고, 기타에는 1개년 250원 이상의 수입이 있는 자에게 부과하는 것이라는 것입니다.

18번(野原군) : 특별영업세조례에 의하면 부내에 영업장을 갖는다라 하는데, 부내에 영업장을 가지지 않는 자에게는 과세는 가능하지 않습니까?

고노 부속 : 가능하지 않습니다.

의장(부윤) : 외에 질문이 없다면 제2독회로 옮기고자 생각합니다. 이의 없습니까?

('없다'라 하는 자 있음)

그럼 본안을 제2독회로 옮기겠습니다.

9번(中込군) : 독회 생략 원안의 대로 가결 확정할 것을 바랍니다.

('이의 없다'라 하는 자 많음)

의장(부윤) : 만장 이의 없다라 인정하여 원안대로 가결 확정하겠습니다.

다음은 의제4호 1932년도 신의주부 세입출 예산의 건을 상정하겠습니다.

이는 전례에 의하면 전원위원회에 부탁, 심의되고 있는 것 같은데 이번도 위원회에 부탁할 것인지 또는 이대로 본회의에서 심의할 것인가 자문하겠습니다.

('위원부탁, 전원위원회라면 마땅함' 등 말하는 자 있음)

그렇다면 본건은 전원위원회에 부탁합니다.

위원장 선거는 어떻게 할까요?

14번(金昇福) : 위원장에는 부의장으로써 하고자 합니다. 여러분의 찬성을 바랍니다.

('이의 없다'라 하는 자 많음)

의장(부윤) : 그럼 위원장은 부의장 타다 이키치(多田榮吉) 군에게 부탁드리겠습니다.

오늘의 본 회의는 이로써 휴회하는 것으로 합니다. 내일은 일요일이므로 휴회하고, 모레 14일 오후 1시부터 개회하겠습니다.

(오후 4시 14분 산회)

Ⅲ

면협의회 · 읍회 회의록

1) 1930년 제4회 광주면협의회 회의록

항 목	내 용
문 서 제 목	昭和五年 第四回 光州面協議會 會議錄
회 의 일	19300718
의 장	奧村信吉(광주면장)
출 석 의 원	岩男廣(1번), 安藤進(3번), 福本有雅(5번), 相馬與作(6번), 內山重夫(7번), 藤本三郎(8번), 大津佛八(9번), 沈德善(10번), 崔駿基(11번), 牛島熊記(12번), 金信錫(13번), 坂口喜助(14번)
결 석 의 원	宋和植(2번), 金相淳(4번)
참 여 직 원	朴癸一(부장), 秋岡勘二(서기), 朴光明(서기)
회 의 서 기	朴光明
회 의 서 명 자 (검 수 자)	奧村信吉(면장), 福本有雅(협의회원), 相馬與作(협의회원)
의 안	자문안 제9호 면비로써 기부를 하는 건, 10호 면비로써 보조를 하는 건, 11호 운동장에 관한 사무 처리의 건, 12호 면유재산 처분의 건, 13호 1930년도 광주군 광주면 세입세출예산 추가경정의 건
문 서 번 호 (I D)	CJA0002764
철 명	지정면예산서(전북전남)
건 명	소화5년도광주면세입세출예산인가의건(광주군)(회의록첨부)전라남도지사
면 수	13
회의록시작페이지	83
회의록끝페이지	95
설 명 문	국가기록원 소장 '지정면예산서(전북전남)'철의 '소화5년도광주면세입세출예산인가의건(광주군)(회의록첨부)전라남도지사'건에 포함된 1930년 7월 18일 광주면협의회 회의록

해 제

본 회의록(13면)은 국가기록원 소장 '지정면예산서(전북전남)'철의

'소화5년도광주면세입세출예산인가의건(광주군)(회의록첨부)전라남도 지사'건에 포함된 1930년 7월 18일 개회 제4회 광주면협의회 회의록이다. 이날 회의에서는 면비의 기부 및 보조, 운동장 사무, 면유재산의 처분 및 1930년도 예산의 추가경정에 대해 주로 논의하였다. 본 회의는 본 예산 논의가 아니라 기타 부수적인 사항에 대한 논의가 중심이라, 일제시기 면의 일반 사무 예산외 면비의 사용처를 알 수 있다. 이날 면비의 기부처는 광주신사(光州神社), 보조처는 수익을 올리지 못하여 경영상 어려움이 있는 양계연합회가 경영에 관계하고 있는 양계 사업에 대한 지원이었다. 면의 예산 지원은 면의 산업 정책을 확인할 수 있는 요소이기도 하다. 예산서나 예산설명서 등에서 내용이 확인되지 않는 경우가 많기 때문에 회의록 확인이 필요한 부분이기도 하다. 다만 이 부분은 확실하게 결정되어 있는 부분이기 때문에 회의에서 특별한 논의 등이 있는 것은 아니었으나, 점차 의원들이 이에 대한 결정에 관여하기 위해 관계 자료를 요구한다든지 하는 측면을 확인할 수 있다.

이날 광주면협의회의 주요 논의사항은 어대례(御大禮) 기념사업으로 조성되는 공설운동장의 경영에 대한 사항이었다. 1928년 광주 도시 제사회사 인근 지역에 어대례 기념사업으로 공설운동을 광주면 경영으로 총공비 1만 5천 원으로 설치하는 것으로 결정하였고,[62] 4천 평 규모로 계획되어 동년 예산에는 8천 원을 계상하고 교섭위원을 설치하여 호별 방문을 통해 기부금을 징수하는 등으로 재정을 마련하였다.[63] 1930년 7월 중순에 완성하는 것으로 예정되어 있었는데 가능하지 않았고,[64] 11월 15일 개장식을 하였다.[65] 처음 예정했던 것보다는

---

[62] 「光州에 公設運動場 紀念事業으로」, 『매일신보』 1928.2.14.

[63] 「光州에 運動場 근설 계획중」, 『매일신보』 1928.10.26.

[64] 제1 공사는 130간의 호안(護岸)과 제방공사 매립 등으로 공사비는 약 4천 원 예정

예산이 반으로 줄었지만 기념사업에 거액의 예산을 소비했던 광주면은 공설운동장의 준공에 앞서 경영을 담당하기로 한 만큼 운영과 관련하여 이를 어떻게 유지할까에 대한 대비를 해야 했다. 본 회의록에 보면 원래 예정액 8천 원이 아니라 현재까지 마련된 금액 정도에서 설치를 하고자 했던 것 같은데 개장 당시 내용에 보면 8천 원까지는 아니더라도 거의 그 금액에 가까운 예산을 소비하고 있는 것이 확인된다. 면당국은 초기에는 면비를 보조와 사용료, 입장료 등으로 유지하고 점차 사용료, 입장료로 유지할 수 있다고 생각하는 반면, 면의원들은 운동장 유지에 혹시 면비가 많이 들어가지 않을까 우려하고 있는 내용이 확인된다. 1931년 8월 읍회에서 7세 이상 15전, 미만 금 2전, 군입 및 15세 이상 학생 금 3전, 15세 이상 금 5전으로 결정되었다.[66] 본 회의록은 면협의회가 면의 공공사업을 어떻게 처리하고 있는지 확인할 수 있는 자료로써 의미가 있다.

내 용

7월 18일 광주면사무소에서 면협의회를 초집함(중략·편자)

(각원 착석)

이며

제2기 공사는 야구장과 10단의 공구리-토조멘스단도(스탠드)를 설치할 계획이다

제3기 공사는 1루측에 5단, 3루측 8단에 양익(兩翼) 스단도 공사

제4기는 480미터의 도락구와 정구 코-트 수빙용 뿌-루에 예정으로 총공비는 1만 원 돌파를 예상한다고 이른다.

「光州郡의 公設運動場 七月中旬에 完成豫定」,『매일신보』1930.5.29.

[65] 약 7천 원 공비로 그 동안 공사 중이든 운동장은 4개월 만에 완성되었는데 기념으로 지난 15일 개장식을 겸하여 야구장에서 시대항 게임을 행하였다.

「光州에 運動場 完成, 記念野球에 木浦 優勝」,『동아일보』1930.11.25.

[66]「公設運動場과 市場使用料決議 十日光州邑議에서」,『매일신보』1931.8.16.

(면장 협의회 개회를 고하고, 의장석에 착석함.

의장 개의를 선언하고 결석 협의회원의 씨명 및 불참 사유를 보고하고, 다음으로 자문안 제9호를 부의할 뜻을 서술함)

시간 오후 1시 20분

자제9호 면비로써 기부를 하는 건

(참여원 낭독)

참여원(秋岡 서기) : 본안은 사유에도 기재한 것 같이 현재의 광주신사(光州神社)의 재정 상태에 비추어 설비 충실을 필요로 하는 사업비의 일부를 면비로써 기부하고자 하는 것입니다.

의장 : 본안은 매년 해오던 것으로 본 연도도 경비를 예산에 계상하여, 이미 인가도 받았습니다.

예산 집행상 별도 기부행위의 인가를 요하는 것에 대해 독회 생략의 후 심의를 바랍니다.

5번(福本 의원) : 신사의 재정 상태 불충실에 의한 기부라 사료되나 이유가 너무 간단하므로 상세 설명을 부탁드립니다.

또 전에 2백 원을 계상했는데 다시 2백 원을 추가 계상하는 것은 어떠한 이유입니까?

의장 : 예산을 추가 계상하는 것이 아니라 기정 예산의 집행상 다시 인가를 받기 위해 본 회의에 자문하는 것입니다.

12번(牛島 의원) : 원안에 이의 없고, 찬성합니다.

(전원 이의 없음)

의장 : 특별히 이의 없으면 본안 확정하고자 하는데 어떻습니까?

(전원 '이의 없음')

의장 : 자문안 제9호는 이의 없으므로, 원안대로 결정합니다.

(다음은 자제10호로 이동함)

자제10호 면비로써 보조를 하는 건

(참여원 낭독)

참여원(秋岡 서기) : 본안은 광주군 양계연합회(養鷄聯合會)의 경영에
   관계한 양계판매사업 장려보급에 대한 보조를 하기로 하여 기정 예
   산에 계상이 있음에 따라 본안도 전안과 마찬가지로 예산 실행 수
   속상 제안하고자 하는 것입니다.

6번(相馬 의원) : 본안도 전안과 마찬가지 보조의 인가를 받았으므로
   형식이라면 별도로 이의 없으나 전년 이후부터 보조하여 왔다면 본
   년 경영상 수지결산표 또는 사업성적표와 같은 것을 징수한 것이
   있는가 또 면이 보조를 하는 것은 경영난에 빠진 것인가, 이후의 보
   조에 대해서는 상당 연구를 필요로 합니다.

참여원(秋岡 서기) : 종래 수지결산서를 제출시켜 그 사업성적에 비추
   어 보조의 필요 여부를 결정하는 것으로 본 연도에는 또 면비의 보
   조를 하지 않는다면 경영이 곤란한 상태에 있어 내년도는 본 연도
   의 사업성적을 보아 또 연구, 고려할 것입니다.

5번(福本 의원) : 양계연합회의 계란 판매사업에 면비 보조를 한 이상
   그 판매의 상황도 알아 두어야 하고 또 상당 연구할 필요 있습니다.
   전년래 보조를 하여 왔지만 금후에는 보조를 할 것인지 생각해야
   하는 것입니다.

의장 : 장래의 일은 별도로 상당 고구할 생각입니다.

의장 : 외에 본안에 대해 이의 없다면 독회를 생략하고 확정하고자 합
   니다.

12번(牛島 의원) : 이의 없습니다. 원안에 찬성합니다.

(전원 '이의 없음')

의장 : 자문안 제10호에 대해서는 이의 없으므로 원안대로 결정합니다.

(다음으로 자제11호로 이동함)

자제11호 운동장에 관한 사무 처리의 건

(참여원 낭독)

참여원(秋岡 서기) : 본안은 전에 어대례(御大禮) 기념사업으로써 설치 방편을 결정하였던 것으로 면에서 그 처리 경영을 하고자 하는 것입니다.

의장 : 운동장의 경영을 면에서 하는 것은 조선총독의 사무 철의 인가를 필요로 하는 것임으로써 본안은 예산과의 관계도 있고 먼저 운동장을 면경영으로 함에 대해 자문하는 것입니다.

5번(福本 의원) : 면에서 경영하는 것이 그다지 곤란한 것은 아니나, 운동장의 성질상 면이 경영해야 할 근거가 있는가, 장차 또 면 이외에 경영을 시킬만한 적당한 단체가 있는가, 면경영에 이르른 경과 등 상세한 것을 알고자 합니다.

참여원(秋岡 서기) : 운동장의 설치를 어대례 기념사업으로 함에 대해서는 계획의 당초 면민 일반의 의향에 호소하여 크게 다수의 찬동을 얻어 결정을 하였던 것으로 이 경영도 따라서 면영으로 하는 것을 적당하다라 인정하였던 것입니다. 현재 다른 부면의 실상에 비추어도 대개 기타 공공단체에 경영시키고 있습니다.

6번(相馬 의원) : 운동장의 상당 설비의 충실을 도모함은 사용료를 징수하는 것이 불가능하다고 사료합니다. 특히 장소는 하천 정리지로써 파손의 우려도 있어 그 유지에는 다액의 경비를 요하는데 면비 지출을 하면 유지, 경영에 곤란은 없습니까?

의장 : 운동장의 설치에 대해서는 전년 면의 어대례 기념사업으로써 이미 결정하고, 그 처음 설비에 대해서는 당시 계획의 기부금도 대부분 수납을 마쳤으므로 금일 이 설치를 한다라 하는 것의 여지는

없는 것이라 생각합니다. 다만 그 실행에 관해 사무 처리의 인가를 받을 필요상 정식으로 본회에 자문하는 것입니다. 그리고 본부의 인가를 얻은 후는 마땅히 수납 기부금의 범위 내에서 설비하고, 힘써 유지비를 많이 필요로 하지 않는 설계로써 시행할 생각입니다. 또 사용료 및 입장료에 대해서는 전주(全州), 목포(木浦)의 경영 상황에 비추어 유지비를 비변할 수 있는 정도의 수입이 있는 것이라 사료되어지나 경우에 따라서는 얼마간 면비 지출을 필요로 합니다. 또 이후의 확장 설비는 면재정이 허락하는 범위에서 점차 완성을 기할 예정입니다.

11번(崔 의원) : 사용료만으로 유지할 수 있느냐 아니냐에 대해서는 충분 연구를 필요로 합니다. 수지의 개산에 대해 조사한 것이 있습니까?

의장 : 운동장은 지반(地盤)을 일정하게 골라 학교 교정과 대략 마찬가지의 공사를 행하고, 설비로써는 관람석, 기타를 '콘크리트'로 하고 목조를 피해 주위의 울타리 등도 비교적 파손할 우려가 없기를 기약할 예정으로 따라서 유지비도 별로 필요로 하지 않아 다액의 사용료 징수의 필요도 발생하지 않는 것입니다.

7번(內山 의원) : 평양의 '운동장'의 상황을 보면 사용료만으로는 수지가 맞지 않는 현상입니다. 또 위 중 번인(番人)을 두는 건물의 유지도 포함되어 이제 면영으로 하는 이상 다액의 면비 부담의 필요를 야기하는 것 아닙니까?

의장 : 평양은 크게 취지를 특수하게 하고, 건물의 설치가 없어 번인을 항상 두지 않으므로 유지비는 오로지 제초비(除草費) 정도에 그칠 것입니다.

8번(藤本 의원) : 운동장의 설치는 현재의 집금액으로 실시합니까? 최초의 예정액 8천 원 정도로 설치합니까?

의장 : 현재의 집금액으로 극히 간단하게 설비하고자 합니다.

12번(牛島 의원) : 운동장의 총면적 및 울타리의 예정 연장은 어느 정도입니까?

의장 : 운동장의 총면적은 약 1만 평, 울타리의 연장 예정은 6백 미터입니다.

6번(相馬 의원) : 어대례 기념사업으로써 시민대회(市民大會)에서 결의, 계획한 것이라면 국민(國民)으로써의 의무상에서 보아도 설치를 빨리 할 필요가 있습니다. 현재 고등, 보통학교 기타 2, 3교정 운동장의 기설이 있음에 따라 방법이 과하지 않도록 적절한 방책을 강구하였으면 합니다. 원안에 찬성합니다.

의장 : 유지 경영의 방법에 대해서는 충분 고구해야 합니다. 외에 이의 없다면 본안 확정하고자 합니다.

(전원 '이의 없음')

의장 : 자문안 제11호는 이의 없으므로 원안대로 결정합니다.

(다음은 자제12호로 이동함)

자제12호 면유재산 처분의 건

(참여원 낭독)

참여원(秋岡 서기) : 본안은 사유에도 기재된 것 같이 양여를 받은 폐도(廢道) 부지를 매각하여 토목사업에 충당하고자 하는 것으로 불하는 전회(前回) 불하와 대략 마찬가지의 방법에 의해 실시하고자 합니다.

의장 : 불하하고자 하는 토지는 대개 협소한 작은 면적으로 각소에 산재하여 단독 이용의 방도가 적은 토지에 대해 인접지 관계자로부터도 불하의 희망 신청이 있습니다. 또 철도(鐵道) 용지는 선로부(線

路敷)에 이르른 부분을 분할하여 불하한 것입니다. 간단한 사항이
므로 독회 생략, 협의를 바랍니다.

12번(牛島 의원) : 본안 이외에도 이러한 종류의 미매각 토지가 있습
니까?

의장 : 현재 양여 신청 중에 속하는 것, 상당 면적의 토지가 있습니다.
면에서 양여를 받았던 때는 본안 마찬가지 불하로써 토목비에 충당
하고자 생각합니다.

6번(相馬 의원) : 폐도 부지의 불하는 종래 비상하게 지연되어졌다고
들었는데 어떠한 이유에 의해서입니까?

의장: 대개는 말할 수 없으나 토지 불하의 인가 및 토지의 상황에 의
해 분할을 필요로 하는 등 상당의 일자를 요하므로 지연의 경우도
발생하는 것입니다.

5번(福本 의원) : 위원을 설치하여서 실지 조사의 후 결정하는 것은 어
떻습니까?

의장 : 5번 협의원의 의견을 채용하여 토지의 가액을 결정하는 방법으
로써 위원을 설치하여 실지 조사의 후 정하면 지장 없겠습니까?

(전원 이의 없이 '찬성')

의장 : 위원 설치설에 이의 없는 것이라 인정한 바, 그 선출의 방법은
어떻게 할까요?

14번(坂口 의원) : 의장의 지명에 의하였으면 합니다.

(전원 이의 없이 '찬성')

의장 : 위원 선출은 의장 지명에 이의 없는 것이라 인정되므로 지금 6번
소마(相馬) 군, 8번 후지모토(藤本) 군, 9번 오쓰시(大津) 군, 11번 최
(崔) 군, 13번 김신석(金信錫) 군을 지명합니다. 승낙을 바랍니다.

(각원 승낙함)

의장 : 본안에 대해 외에 이의 없습니까?

5번(福本 의원) : 이의 없습니다.

(전원 '이의 없음')

의장 : 자문안 제12호는 이의 없으므로 원안대로 결정합니다.

(다음으로 자제13호로 이동함)

자제13호 1930년도 광주군 광주면 세입세출 예산 추가경정의 건

(참여원 낭독)

의장 : 본안은 1930년도 본면 예산의 추가경정으로 하여 세입·세출 모두 1만 5,521원을 증액합니다. 그 내용에 대해서는 지금 참여원으로서 설명하겠습니다.

참여원(秋岡 서기) : 예산표의 내용에 대해서는 부속 설명서에 그 개요를 서술한 것 같이 각 1만 5,521원을 각각 추가 또는 경정, 증액한 것입니다. 즉 먼저 세입경상부에서 610원을 추가함은 제2관 제2항 화장장(火葬場) 사용료에서 전에 신청한 묘지 및 화장장 사용료 징수규정 중 일부 경정되어 종전대로의 요금으로 부활시키기 위해 이에 의한 증수 540원 및 제4관 잡수입(雜收入) 제5항 잡입(雜入)에서 무등산(無等山) 면유림(面有林)에서 발생한 잡초의 매각 수입 170원을 예상하였던 것입니다. 동 임시부에서는 제1관 이월금에 전년도의 결산잉여금 863원, 제3관 기부금 제2항 지정기부금 중 기정 예산 하천제방비 지정기부금을 경정하여 새로 운동비 지정기부금을 설치함과 토목비 지정기부금의 신규 수입에 의해 1,400원, 제5관 재산매각대 제1항 토지매각대에 폐도부 양여지 및 철도용지에 편입되어진 수도용지 및 격리병사부지의 일부 매각대 6,348원 약 1만 4,811원을 추가하여 세입 합계에서 1만 5,521원의 증액이 된 것입니다.

세출에서는 경상부 제6관 위생비(衛生費), 제5항 화장장비에서 화장

장 사용료 징수규정 경정 인가에 의해 화장장요 연료비 지출의 필
요가 발생하였으므로 소모품비 540원, 제9관 기본재산조성 및 적립
금곡 제2항 조림비(造林費)에 무등산 면유대부림 내 잡초 억하에 수
반하는 간수인(看守人) 설치를 필요로 하여 그 수당을 5개 면 공동
부담으로 본면 부당 170원을 특별히 추가하여 계 710원을 증액하였
습니다. 동 임시부에서 제2관 토목비 제1항 도로교량비(道路橋梁費)
에 부동정(不動町) 도로개수공사비 및 보상비, 금정(錦町) 도로 전
년도 시행 미제의 공사비 및 보상비의 이월 아울러 본 연도 소속 연
장공사비 계 9,769원, 동 제2항 하천 호안비(護岸費)에서 지정기부금
의 용도 변경에 의한 3,322원의 경정 감소, 동관 제3항에 운동비(運
動費)를 신설하고 운동설비에 필요로 하는 여러 비용 3,873원, 동관
제4항에 구거비(溝渠費)를 신설하여 본정(本町) 1정목(丁目) 일부의
측구(側溝) 개수비(改修費) 585원, 제4관 위생비 제1항 오물소제비
에 살수자동차체의 변경에 의해 구입비 및 배설물 저장소의 신설에
의해 2,100원, 제9관 지난해 지출을 신설하여 구 누문리(樓門里) 도
로 개수 미제의 공사비, 구 동문(東門)통 및 중정(仲町)통도로 개수
보상비, 고등, 보통학교 측면 도로 개수 보상비, 구 누문리 하천매립
지에 통하는 도로 보상비, 구 수기옥정(須奇屋町) 횡단도로의 개수
보상비, 8간 도로 연장비 보상비, 계 1,691원 및 하천정리지 내 용지
매수비 115원, 임시부 계 1만 4,811원을 증액하고, 세출 합계에서 세
입 마찬가지 1만 5,521원을 증액한 것입니다. 또 의심스러운 점은
질문에 응하여 답변하는 것으로 하겠습니다.

의장 : 먼저 본안은 세출부터 심의하고자 합니다.

12번(牛島 의원) : 경상부 제9관 제2항 조림비 중 간수를 두는 이유를
듣고자 합니다.

의장 : 무등산 면유림의 산사태의 방비, 수초(樹草) 남벌(濫伐) 등을 막을 목적으로 군삼림조합에서 본면 외 4개 면 공동으로 간수를 두는 것으로 하였습니다. 급료의 거출 방법은 각 면소유 면적의 비례에 의해 비율로 그 수당을 계상한 것입니다.

6번(相馬 의원) : 경상부 제6관 위생비 제5관 화장장비에 소모품비 540원을 추가 계상한 것은 어떠한 것입니까?

의장 : 세입경상부 제2관 제2항 화장장사용료와 상대하는 것입니다. 본건은 화장장사용료 징수규정의 경정 인가의 결과, 화장에 요하는 연료비 지출의 필요가 발생함으로써 계상한 것입니다.

13번(金 의원) : 임시부 제6관에 계상한 살수(撒水), 자동차비는 본년은 다행인지 불행인지 강우로 인한 그 필요 시기를 경과하여 이후 2개월에 불과하게 되었으므로 본년은 구입을 보류하고 내년도 구입하는 것으로 하였으면 합니다.

1번(岩男 의원) : 13번설과 같이 살수 시기도 겨우 2개월 정도이므로 본년 내 구입은 보류하고 금후 필요에 응하여서 작년대로 각 정(町) 내에서 편의 살수의 방법을 채택하는 것은 어떻습니까?

5번(福本 의원) : 살수 자동차에 대해서는 당초 예산 심의의 때 1천 원으로 실시할 것인지 아닌지에 대해 상당 논의하였던 바입니다. 그후 이를 배액 이상으로 추가함은 처리상 온당하지 않은 것으로 생각됨에 따라 본원도 13번 중지설에 찬성합니다.

의장 : 본 연도 당초 예산의 1천 원은 면재정의 관계상 신품(新品)의 구입을 기도할 수 없어 어쩔 수 없이 중고품 구입으로 협의한 것으로 이미 해당품의 구입 견적도 구하였으나 원래부터 중고품의 구입은 유지보존상 득책이 아니란 것은 당시 설명한 것입니다. 또 다행히 전년도 결산의 결과, 잉여금도 예정 이상에 달함에 따라 이를 추

가하여 신품 구입을 하고자 하는 것입니다. 특히 살수 자동차의 구입은 당초 예산 협의회에서 살수 시설의 필요를 주장하여 종래의 방법과 경비 비교를 의론하여 결정하였던 것에 대해 지금 이 필요 여부를 운운하는 것은 무언가 이치에 합당하지 않은 것이라 사료합니다. 그렇지만 13번설과 같이 본년은 강우가 많고, 또 살수 시기 근소하므로 내년도에 이월을 한다면 근소하더라도 이후 2개월여의 살수 시설에 대해 의견을 듣고자 합니다.

1번(岩男 의원) : 어쨌든 본년은 전술과 같이 살수 시기도 적어짐으로써 본년 자동차의 구입을 중지하였으면 합니다.

5번(福本 의원) : 본년은 자동차 구입을 보류하고 면에 살수를 하는 것으로 하였으면 합니다.

의장 : 본년은 자동차의 구입을 보류하고자 한다는 의견이라 인정되는데 그러면 예산을 수정할 생각입니까?

14번(坂口 의원) : 자동차비 1,800원을 삭제 수정하고, 세입에서 임시부 제5관 재산매각대 제1항 토지매각대에서 동액의 매각을 공제하여 세입을 줄이는 것은 어떠합니까?

의장 : 14번의 수정 의견에 대해 이의 없습니까?

(전원 '이의 없음')

의장 : 본안 전체에 대해 다른 이의 없습니까?

의장 : 자제13호는 세입임수부 제5관 재산매각대 제1항 토지매각대 1,800원을 감액하고 세출임시부 제4관 위생비 제1항 오물소제비의 중 자동차비 1,800원을 삭제 수정의 후 결정합니다.

의장 : 오늘은 자문안 전부의 심의를 마침으로서 의사록 서명 의원으로써 5번 의원 후쿠모토 유우가(福本有雅) 군, 6번 의원 소마 요사쿠(相馬與作) 군을 지명, 승낙하였으면 합니다.

5번 후쿠모토 유우가 군, 6번 소마 요사쿠 군 승낙

면장 폐회를 선언함

시간 오후 5시 20분

　위 회의의 전말을 기록함

　서기 박광명(朴光明)

　위 기록의 정확함을 입증함

　의장 면장　　　　오쿠무라 노부요시(奧村信吉)

　면협의회원　　　후쿠모토 유우가

　　동　　　　　　소마 요사쿠

　위 원본에 의해 등사함

　서기 박광명

2) (광주읍회) 회의록

항 목	내 용
문 서 제 목	會議錄
회 의 일	19350823
의 장	奧村信吉(읍장)
출 석 의 원	谷口隆(1번), 金相淳(2번), 朴圭海(3번), 內山重夫(4번), 池正宣(5번), 坂口喜助(6번), 崔駿基(7번), 安藤進(8번), 岩橋朝一(9번), 相馬與作(10번), 藤本一二郎(12번), 崔當植(13번), 岩男廣(14번)
결 석 의 원	安定基(11번)
참 여 직 원	번외 : 朴癸一(부읍장), 秋岡勘二(서기), 福田伊勢松(서기), 橋本榮次郎(서기)
회 의 서 기	橋本榮次郎(서기)
회 의 서 명 자 (검 수 자)	奧村信吉(읍장), 朴圭海, 內山重夫
의 안	의제9호 도장신축비 기채의 건, 의제10호 하수도 확장공사비 기채의 건, 의제11호 공익시장 신설비 기채의 건, 의제12호 1934년도 광주읍 세입세출결산의 건, 의제13호 읍영시장 설치의 건, 의제14호 읍유재산 매각의 건, 의제15호 1935년도 광주읍 세입출예산 추가의 건
문서번호(ID)	11
철 명	711
건 명	721
면 수	CJA0003046
회의록시작페이지	읍세입출결산서
회의록끝페이지	소화9년도광주읍세입출결산에관한건회의록
설 명 문	국가기록원 소장 '읍세입출결산서'철의 '소화9년도광주읍세입출결산에관한건회의록'건에 수록된 1935년 8월 23일 개회 광주읍회 회의록

해 제

본 회의록(총 11면)은 국가기록원 소장 '읍세입출결산서'철의 '소화9년 도광주읍세입출결산에관한건회의록'건에 수록된 1935년 8월 23일 광주읍에서 개회된 광주읍회의 회의록이다.[67]

내 용

(상략-편자)

의장 : 지금부터 개회하겠습니다. 11번 의원 안정기(安定基) 군은 병으로 결석하겠다는 뜻을 통지하였으므로 보고드립니다.

(개회 오후 1시 20분)

의장 : 이번 심의를 원하는 안건은 미리 옆에 배부한 대로 7건입니다. 번외로써 박(朴) 부읍장, 아끼오카(秋岡) 서기, 후쿠다(福田) 서기, 필기 서기로써 하시모토(橋本) 서기를 참여시켰습니다. 먼저 심의 방법을 자문합니다. 의제12호는 1934년도의 결산이므로 심의의 사정상 마지막으로 돌리고자 생각합니다. 어떻습니까?

(전원 '이의 없다, 이의 없다'라 외침)

의장 : 그럼 의제9호부터 시작합니다. 번외가 낭독 및 설명드리겠습니다.

　의제9호 도장신축비(屠場新築費) 기채의 건

(아끼오카 서기 낭독)

번외(秋岡 서기) : 본 기채에 대해서는 1934년도에 제안하여서 찬동을 얻어 그 당국에 신청했던 바 연말에 이르러, 1935년도 사업으로 새

---

[67] 이 회의록은 CJA0003090 126~136면, CJA0003124 62~72, 256~266, 423~433면에 중복 수록되어 있다.

로 계획하여 신청하라는 사유로 1건 서류의 반송을 받았습니다. 따라서 기채가 1년 후가 되었으므로 상환 연한, 재원 관계, 수지예상표 등 대저의 부속서류를 개조하지 않으면 안 되는 결과 이렇게 다시 제안되었습니다. 내용의 상세한 점에 대해서는 질문에 따라서 답하겠습니다.

6번(坂口의원) : 본안은 1934년도에 읍회에 부의되어 의결되었던 것으로 우리는 본 기채는 이미 수행되어지고 있는 것이라 믿고 있었는데, 1년 반 이상이 지난 금일 다시 여기서 제안되어진 이유를 알고 싶습니다.

읍장 : 설명드린 것과 같이 본 기채는 전년도의 예산에 계상되어져 있어서 읍회의 의결을 거침과 동시에 일건 서류를 갖추어 인가신청의 수속을 받으려고 했었던 것이 본년 3월 27일경이었는데 연도내 공사 준공의 예정이 없으므로 다시 1935년도 사업으로 제출하라는 지령이 있었습니다. 1935년도에 들어와서 이를 신규 사업으로 제안하는 것은 다른 사업 재원(財源)과 관련하여 왔으므로 금일까지 연기되었던 것입니다.

12번(藤本의원) : 상환 재원의 내역을 보면 1943년도 상환 만료까지 7,014원이라 무리하게 되어 있어 조금도 여유가 없이 이렇게는 실제에 있어서 지장을 초래하는 일은 없겠습니까?

번외(秋岡서기) : 상환 재원은 각 채(債)라도 상환액에 상당하는 숫자를 들었던 것으로 실제에 있어서 저어(齟齬)를 발생하는 것은 없으므로 표에 있는 세입출 연차 예상서 각관에 걸쳐서 나오고 있으므로 열람하면 이해하실 것이라 생각합니다.

1번(谷口의원) : 본안은 작년 읍회에서 의결되어졌던 것으로 이를 다시 부의하는 것은 어떠한가 생각하므로, 부속표의 내용이 변했다면 그 부분만 정정해서 제출하는 것은 어떻습니까?

의장 : 말씀은 좋지만 1년 후가 되었으므로 재원 관계가 달라져서 다시 의결의 필요가 있습니다.

9번(岩橋의원) : 본원도 1번 이야기가 지당하다고 생각합니다. 한번 읍회에서 의결되었던 것을 무용지물로 하여 다시 부의하는 것은 무엇인가라 생각합니다.

의장 : 잠시 휴식을 하겠습니다.

(시각 오후 2시 20분)

(의장 개회를 선언함. 시각 오후 3시 30분)

3번(朴의원) : 용지비(用地費)로 평당 1원 30전(錢) 및 평당 2원 50전이라 산출한 것은 어떠한 이유입니까?

번외(秋岡서기) : 평당 1원 30전이란 것은 부지 매수비이고, 평당 2원 50전이라 산출한 것은 도로부지의 매수비입니다.

('원안 찬성, 진행 진행'이라 하는 자 많음)

의장 : 본안에 이의가 없다면 각 독회 생략으로 확정하고자 생각하는데 어떻습니까?

(전원 '찬성 이의 없다, 이의 없다'라 외침)

의장 : 이의 없다라 인정되므로 의제9호는 원안대로 확정합니다.

의장 : 다음으로 의제10호로 옮깁니다.

의제10호 하수도확장공사비 기채의 건

(아끼오카 서기 낭독)

번외(秋岡서기) : 본안은 1935년도 임시사업으로써 예산에 계상했던 제3차 궁민구제국고보조 광주 하수확장공사의 자금을 기채에 의하고자 하였던 것으로, 총공사 5만 원의 중 국고부담에 속하는 2만 5천 원과 읍의 부담에 속하는 1만 3,500원은 기채에 의해서 조달하고, 잔여 1만 1,500원은 현금으로 도(道)의 보조를 받는 것입니다.

국고부담의 기채에 대해서는 그 상환을 마치기까지 전액의 상환보조를 받는 것입니다. 또 읍부담에 속하는 1만 3,500원의 상환 재원으로써는 읍 일반 세계(歲計) 잉여금으로써 이를 충당하는 것입니다. 또 노선별은 부표(付表)로써 이해를 바랍니다.

10번(相馬의원) : 본안은 1, 2독회를 병합하여 심의하고자 생각합니다.

의장 : 10번설 1, 2독회 병합 심의에 이의 없습니까?

(전원 '이의 없음')

의장 : 그럼 1, 2독회 병합으로 심의를 바랍니다.

2번(朴의원) : 도보조는 한 번 받는데 이율 5푼 5리(厘)라 하고 있는데 이동 없습니까?

번외(秋岡서기) : 도보조는 공사 준공 후 현금으로 한 번에 교부를 받는 것입니다. 이율 5푼 5리라 하는 것은 그 당국에서 내시가 있었기 때문입니다.

5번(池의원) : 동정(東町), 소화정(昭和町), 지산정(芝山町) 방면은 매년 홍수를 만나고 있는데 올해 가능하면 도립 병원 앞의 하수는 이 방면의 완화를 계획하고 있습니까?

의장 : 도립병원 앞의 하수는 도립병원 안의 곡간(谷間)의 물과 욱정(旭町), 서석정(瑞石町) 방면의 물을 받는 것으로 계획하였던 것입니다. 동정(東町) 방면은 이 하수구에는 관계없습니다.

('원안 찬성, 진행 진행'이라 소리치는 자 많음)

의장 : 다수 찬성하는 것 같으므로 본안은 독회를 생략하고 확정하고자 생각하는데 어떻습니까?

(전원 '찬성, 찬성'이라 외침)

의장 : 그럼 의제10호안은 원안대로 확정합니다.

의장 : 다음으로 의제11호안으로 옮깁니다.

　　의제11호 공익시장(公益市場) 신설비 기채의 건

(아끼오카 서기 낭독)

번외(秋岡서기) : 본안은 예전부터 누차 협의를 원했던 공익시장 신설
　　에 필요한 자금을 기채 하고자 하는 것으로, 본년 1년만 거치하여서
　　내년도부터 상환을 개시하려고 합니다.

('진행 진행, 이의 없음 이의 없음'이라 하는 자 있음)

10번(相馬의원) : 부표(付表)에 나온 시장수지 예상표는 현재의 시장만
　　입니까?

번외(秋岡서기) : 이번 준공하는 시장의 수입과 합해져서 예상한 것입
　　니다. 신설시장의 사용료에 대해서는 규칙 설정의 때 다시 협의를
　　원합니다.

('이의 없다, 진행 진행'이라 하는 자 많음)

의장 : 다수 찬성하는 것 같으므로 본안은 독회 생략으로써 확정하고
　　자 생각하는데 어떻습니까?

(전원 '찬성, 찬성'이라 외침)

의장 : 그럼 본안은 원안대로 확정하겠습니다.

의장 : 다음으로 의제13호로 옮깁니다.

　　의제13호 읍영시장(邑營市場) 설치의 건

(아끼오카 서기 낭독)

의장 : 본안은 전에 의결되었던 예산 및 기채의 건에 대해 양해하였던
　　것이므로 독회 생략으로 심의를 하고자 합니다. 어떻습니까?

(전원 '찬성, 찬성'이라 외침)

의장 : 그럼 독회 생략으로 부탁드립니다.

(전원 원안 '찬성, 진행 진행'이라 외침)

의장 : 전원 찬성하는 것 같으므로 본안은 원안대로 확정하고자 생각
합니다. 어떻습니까?

의장 : 그럼 의제13호안은 원안대로 확정하겠습니다.

의장 : 다음으로 의제14호로 옮기겠습니다.

　　의제14호 읍유재산(邑有財産) 매각의 건

(아끼오카 서기 낭독)

번외(秋岡서기) : 본건은 저번 세무감독국과 교환에 의해서 얻은 토지
를 매각하고자 하는 재산처분안으로 토지의 소재는 별지 목록대로
입니다.

(전원 '찬성 찬성, 진행 진행'이라 외침)

의장 : 전원 찬성하는 것 같으므로 본안도 독회 생략으로 확정하고자
생각하는데 어떻습니까?

(전원 '찬성, 찬성'이라 외침)

의장 : 그럼 본안은 원안대로 확정합니다.

의장 : 다음으로 의제15호로 옮깁니다.

　　의제15호 1935년도 광주읍 세입출 예산 추가의 건

(아끼오카 서기 낭독)

번외(秋岡서기) : 본안은 부속설명서에 서술되어 있는 대로 세입경상
부에 504원 임시부에 1만 5,072원, 계 1만 5,576원의 증수(增收)로 이
와 동액의 세출에 충당하고자 합니다. 먼저 세입에 대해서 말씀드
리면, 제1관 제2항 특별기본재산수입에 14원을 추가하고자 하는 것
은 전년도말 신규적립에 관계한 급여기금 300원에 대한 정기예금의
이자의 수입을 예상한 것입니다.

제2관 제6항 시장사용료로 170원을 추가한 것은 제2시장에서 노점 사용자의 증가에 수반하여 사용료의 증수를 예상했던 결과입니다. 제3관 제1항 국세교부금으로 320원을 추가한 것은 국세교부금의 취급고의 증가에 수반하여 교부금의 증수가 있어서 8월 20일 현재에 이미 2천 원의 수입 제액을 갖고 있습니다.

다음으로 임시부로 옮겨서 제1관 제1항 전년도 이월금으로 3,772원을 추가하였던 것은 1934년도의 세계 잉여금의 증수로서 기본재산의 적립금에 상당하는 액수입니다.

제3관 제1항에 지정기부금으로 6,000원을 추가한 것은 근래 시공예정인 시내 도로포장공사에 대해 포장노선의 토지소유자로부터 공사비 기부의 신청에 의한 수입으로 그 기부의 비율은 전에 회합의 때 보고 드렸던 대로입니다.

제5관 제1항 토지매각대로 5,100원을 추가하였던 것은 읍유지(하천 매립지)의 불하(拂下) 희망자 증가의 결과 매각 대금의 증수를 예상하였던 것으로 현재 1만 3,700원의 수입이 있고, 9월 말까지에는 약 3,000원의 수입 확정액이 있으므로 10월 이후 연도 내에 4,500원의 처분을 하면 예정액에 도달할 것입니다.

동관(同款) 제2항 건물매각대를 신설하여서 200원을 계상한 것은 도장(屠場) 신축에 의해서 불용으로 돌아간 구(舊) 도장의 건물 불하 대금의 수입을 예상한 것입니다.

이상 세입에 있어서 추가 합계 1만 5,576원입니다.

세출로 옮겨서 경상부 제3관 제2항 이원급(吏員給)으로 20원을 추가 증액한 것은 본년 7월 1일부터 시행의 읍이원 연공수당지급규정(年功手當支給規程)에 응하여서 지급 과목을 설치하였기 때문입니다. 이는 여기에 증액한 것만을 지급한다라 하는 의미가 아니라, 지급 인원에 대해 그 당국에서 지령이 있으면 언제라도 지급이 가능하도록 돈의 용도를 열어둔 것에 지나지 않는 것입니다.

동관 제2항 잡급에 150원을 추가한 것은 부제시행 전에 읍세 기타 체납금의 징수사무를 위해 임시 용인료를 증액한 것입니다.

제6관 제5항 오물소제비로 80원을 증액한 것은 종래 광주군 농회에서 무료대부를 받아서 사용해오던 오물통 부지가 매각되어 개인 소유가 되어서 차지료(借地料) 지불의 필요가 일어난 것입니다.

제7관 제1항 이원급으로 10원을 증액한 것은 제3관 사무비의 증액과 동일한 이유입니다.

제15관 제1항 기본재산조성에 3,772원을 증액한 것은 1934년도 결산 잔금의 증가에 수반하여 적립금 규정에 의한 축적을 하고자 하는 것입니다.

동관 제2항 특별기본재산 조성에 14원을 증액한 것은 예금 원금의 증가에 의해 적립을 하기 위해 지출을 필요로 하는 것입니다.

다음으로 임시부로 옮겨서 제1관 제1항 도로교량비에 6,000원 증액하였던 것은 세입 임시부 제3관 지정기부(指定寄附)에 관련하여 본정통(本町通) 외 3노선의 포장에 수반한 공사비로 지출하기 위해서입니다.

제5관 제2항 읍 구역변경 정리비로 430원을 증액한 것은 신규편입의 구역 내의 과세관계 제장부의 조제정리 대조에 필요한 임시고원 증원 아울러 지적 약도의 신조비의 계상을 필요로 하는 것입니다.

제6관 제2항에 숙사건축비를 신설하여서 5,100원을 계상하였던 것은 부제시행의 준비사업으로서 숙사용(宿舍用)의 부지와 그 건물을 필요로 하였던 것으로 계상한 것입니다.

이상으로 세출에 있어서 추가액은 세입 마찬가지로 1만 5,576원입니다.

개요의 설명은 여기서 그치고 나머지는 질문에 응하여 답하겠습니다.

의장 : 숙사의 신영(新營)에 대해서는 이미 내의(內議)하였던 대로 이 건축은 아무튼 부제 실시 전에 실행하고자 생각합니다.

(전원 '이의 없음, 진행 진행'이라 외침)

의장 : 의제15호안에 이의[68] 없습니까?

(전원 '이의 없음')

의장 : 전원 이의 없는 것 같으므로 본안은 독회 생략으로 확정하고자 생각하는데 어떻습니까?

(전원 '이의 없음, 찬성 찬성'이라 소리침)

의장 : 그럼 본안은 원안대로 확정하겠습니다.

의장 : 다음으로 의제12호 1934년도 결산으로 옮깁니다. 이는 예산 집행의 내용이 적당한가 아닌가를 의결하여 받는 것입니다.

의제12호 1934년도 광주읍 세입세출 결산의 건

(아끼오카 서기 낭독)

1번(谷口) : 결산의 내용에 대해서는 전일 의안 배부에 의해 심사하였으므로 별도로 질문할 점이 없다고 생각됩니다. 이를 일일히 설명하기를 원한다면 상당의 시간을 필요로 하므로 이를 생략하고 원안에 찬성합니다.

(전원 '찬성, 찬성'이라 소리침)

의장 : 전원 이의 없다면 의제12호 1934년도 세입출 결산은 정당하다라 인정하여 의결하는 것으로 하고자 생각하는데 어떻습니까?

(전원 '찬성, 찬성'이라 외침)

의장 : 그럼 오늘의 의사 전부의 심의를 마쳤으므로 회의록 서명 의원

---

[68] 원문의 質議는 異議의 오기.

의 선정을 부탁드립니다.

14번(岩男의원) : 전례에 따라 의장 지명으로 하였으면 합니다.

의장 : 14번 말씀대로 의장 지명에 이의 없습니까?

(전원 '이의 없음')

의장 : 그럼 전례에 의해서 제가 지명하겠습니다.

3번 의원 박규해(朴圭海) 군, 4번 의원 우찌야마(內山) 군에게 부탁드
  립니다.

(전원 '이의 없음')

(3번 의원, 4번 의원 모두 승낙)

의장 : 그럼 폐회하겠습니다.

(시각 오후 5시)

　서기　하시모토 에이지로(橋本榮次郎)

　위 기록의 정확한 것을 증명함

　의장 읍장　오쿠무라 노부요시(奧村信吉)

　읍회 의원　박규해(朴圭海)

　　동　　　우찌야마 시게오(內山重夫)

　위 원본에서 등사함

　서기　하시모토 에이지로(橋本榮次郎)

3) (광주읍회) 회의록

항 목	내 용
문 서 제 목	會議錄
회 의 일	19350929
의 장	奧村信吉(읍장)
출 석 의 원	谷口隆(1번), 金相淳(2번), 朴圭海(3번), 內山重夫(4번), 池正宣(5번), 坂口喜助(6번), 崔駿基(7번), 安藤進(8번), 岩橋朝一(9번), 相馬與作(10번), 安定基(11번), 藤本一二郎(12번), 崔當植(13번), 岩男廣(14번)
결 석 의 원	
참 여 직 원	번외 : 朴癸一(부읍장), 秋岡勘二(서기), 福田伊勢松(서기)
회 의 서 기	橋本榮次郞(서기)
회 의 서 명 자 (검 수 자)	奧村信吉(읍장), 崔駿基, 安藤進
의 안	의제17호 1935년도 광주읍 세입출 예산 추가경정의 건
문 서 번 호 (I D)	4
철 명	147
건 명	150
면 수	CJA0003090
회의록시작페이지	광주부세입출예산서
회의록끝페이지	소화10년도광주읍세입출추가경정예산(제3회)(회의록첨부)
설 명 문	국가기록원 소장 '광주부세입출예산서'철의 '소화10년도광주읍세입출추가경정예산(제3회)(회의록첨부)'건에 수록된 1935년 9월 29일 개회 광주읍회 회의록

해 제

본 회의록(총 4면)은 국가기록원 소장 '광주부세입출예산서'철의 '소화10년도광주읍세입출추가경정예산(제3회)(회의록첨부)'건에 수록된 1935년 9월 29일 광주읍에서 개회된 광주읍회의 회의 내용이다.

내 용

(상략-편자)

읍장 : 지금부터 개회하겠습니다.

(개회 오후 4시 30분)

읍장 : 이번 심의를 받고자 하는 안건은 옆에 배부한 1935년도 예산의 추가입니다. 번외로써 박(朴) 부읍장, 아끼오카(秋岡) 서기, 필기서기로써 하시모토(橋本) 서기를 참여시켰습니다. 먼저 번외가 낭독 및 설명하겠습니다.

의제17호 1935년도 광주읍 세입출 예산 추가경정의 건

(아끼오카 서기 낭독)

번외(秋岡 서기) : 본안은 10월 1일부터 부제시행으로 자연 폐직(廢職)되는 읍장 이하 읍직원의 전반에 대해 퇴직에 의한 급여금의 지급상 일어난 예산의 추가경정으로 그 내용은 읍장 이하 이원에 대한 규정상의 퇴직급여금과 읍장, 부읍장에 한한 특별위로금과 이를 제한 이하의 이원 및 고용인에 대한 특별상여금의 3종목으로 나누어서 이를 각 소속의 예산 과목(科目)으로 계상하였는데, 그 총액은 2만 4,095원입니다. 그리고 이것의 재원으로는 미리 이에 충당하려고 축적하고 있었던 급여기금(給與基金) 5,353원과 전년도 결산 잔금의 중에서 1만 8,742원으로써 할 것입니다. 또 각 관항에 걸쳐서는 편의상 질문에 응하여 답하도록 하겠습니다.

의장 : 본안은 지금 번외가 말했던 대로 9월 말일로써 폐지되는 읍장 및 이하의 읍직원에 대한 위로금 관계의 지출에 한한 추가예산으로 내용도 간단한 것이라 인정되므로 독회를 생략하고 심의를 하고자 생각하는데 어떻습니까?

(전원 '이의 없음')

의장 : 그럼 독회 생략에 의해 심의를 하고자 하는데 본안 세출의 일부로 되어 있는 특별위로금은 읍장, 부읍장에 대한 것이므로 그 부분의 심의가 끝날 때까지 부읍장과 함께 의장(議場)을 떠나는 것으로 하겠습니다.

(읍장, 부읍장 의장에서 퇴석하고, 아끼오카 서기 의장석에 앉음)

의장(秋岡 서기) : 그럼 세출 경상부 제3관 사무비에 한하여 심의를 하고자 합니다. 그 내용은 읍장 5,000원, 부읍장 1,600원입니다.

(전원 '찬성, 찬성'이라 외침)

의장 (秋岡 서기) : 특별위로금 6,600원에 대해서는 전원 찬동을 얻었으므로 원안의 대로 결정합니다.

그럼 원안대로 결정하겠습니다.

(아쯔오카 서기 번외석으로 돌아가고, 읍장 의장석에 앉음)

11번(安의원) : 이것은 특별한 경우이므로 각 직원에 대해서는 지급율(支給率)에 갑을(甲乙)을 나누지 않았으면 합니다.

의장 : 좋습니다. 부기란(附記欄)의 지급 비율이 다른 것은 고용인에 대해서는 각 근속 연한에 현 급여 월액의 1/3을 곱하는 가산이 있음에 따른 것으로 율에서는 갑을을 나누지 않았던 것입니다.

('찬성, 찬성'이라 하는 자 많음)

의장 : 달리 본 추가예산에 대해서 이의 없습니까?

(전원 '이의 없고, 찬성 찬성'이라 외침)

의장 : 전원 이의 없는 것 같으므로 본안은 원안대로 확정합니다.

(전원 '이의 없음')

의장 : 그럼 오늘의 심의를 마쳤으므로 회의록의 서명 의원의 선정을 하겠습니다.

14번(岩男 의원) : 전례에 따라 의장 지명으로 하고자 합니다.

(전원 '이의 없다, 이의 없다'라 외침)

의장 : 그럼 제가 지명하겠습니다.

7번 의원 최준기(崔駿基), 8번 의원 안도(安藤) 군에게 부탁드리겠습니다. 어떻습니까?

(전원 '찬성')

읍장 : 그럼 여기서 폐회하겠습니다.

(오후 5시 10분)

위 회의의 전말을 기록함

서기 하시모토 에이지로(橋本榮次郎)

위 기록의 정확한 것을 증명함

의장 읍장　　오쿠무라 노부요시(奧村信吉)

읍회 의원　　최준기(崔駿基)

　동　　　　안도 스스무(安藤進)

위 원본에 의해 등사함

서기 김하연(金夏淵)

4) 전주면협의회 회의록

항 목	내 용
문 서 제 목	全州面協議會 會議錄
회 의 일	19300328
의 장	守山五百足(전주면장)
출 석 의 원	李圭南(1번), 松本福市(2번), 山下猪三郎(3번), 崔昇烈(4번), 金奉斗(5번), 李康元(6번), 印昌桓(7번), 柳翼煥(8번), 大鳥恒三郎(9번), 雪吉眞佐太(11번), 富田理七(12번), 加瀨雄三(13번), 內記元太郎(14번)
결 석 의 원	三浦隅吉(10번)
참 여 직 원	朴定根(副長), 古賀正俊(서기), 鈴木眞吉(서기), 平野亮(서기), 鈴木幸太郎(기수)
회 의 서 기	
회 의 서 명 자 (검 수 자)	守山五百足(전주면장), 大鳥恒三郎(면협의회원), 柳翼煥(면협의회원)
의 안	1.1930년도 전주면 세입세출 예산, 1.차입금에 관한 건, 1.계속비 변경의건
문 서 번 호 (I D)	CJA0002771
철 명	차입금관계서류
건 명	전주면의차입금에관한건(회의록첨부)
면 수	11
회의록시작페이지	50
회의록끝페이지	60
설 명 문	국가기록원 소장 '차입금관계서류'철의 '전주면의차입금에관한건'에 포함된 1930년 3월 28일 전주면협의회 회의록

해 제

　본 회의록(11면)은 국가기록원 소장 '차입금관계서류'철의 '전주면의차입금에관한건'에 포함된 1930년 3월 28일 개회 전주면협의회의 회의록이다. 이날 논의된 주요 안건은 1930년 전주면 세입세출 예산, 차입금, 계속비 변경 등이었다. 세입세출 예산 논의에서는 면리원의 급여에서 세금 징수원 인원 증가와 인건비 증가와 위생비 감액에 대한 협의회원들의 문제제기가 있다. 또한 화장장과 쓰레기장 증설, 국유지를 세내어 빈민 구제를 하는 것 등을 의견으로 내고 있으나 대부분 원안대로 가결되었다.

내용

자문안 : 1. 1930년도 전주면 세입세출 예산, 1. 차입금에 관한 건,
　　　　 1. 계속비 변경의건

의장 : 세출 제1관부터 1관마다 심의해 주십시오.

카세 유조(加瀨雄三)(13번) : 급여에서도 매년 증가해갑니까? 이것은 상당히 연구를 해서 잡급의 인건비 같은 것도 지참 납부가 철저히 되면 징수 인원을 감소시킬 수 있습니다. 어디까지나 현상을 지키고 시세에 맞춰갈 필요가 있다고 생각합니다.

토미타 아야나(富田理七)(12번) : 13번에 동의합니다. 뭔가 방법이 있을 것 같습니다.

의장(면장) : 면리원 급여가 증가한 것은 전년도는 하수공사비에서 지불한 기수 급여를 경상부로 인치했으므로 그것이 증가한 것입니다. 잡급의 증가는 이에 수반하여 연말 위로금이 증가한 것입니다. 공과금의 지참 납부는 독려하고 있는데 상당히 곤란합니다만 양호해져가고 있습니다. 이미 납세조합이 만들어져 성적이 양호한 곳도 있지만 아직 징수원을 감소하기까진 이르지 못합니다.

스즈키(鈴木)(번외) : 납세조합의 장려도 하고 있습니다. 납세 의무자 5천 명 중 지참 납부자는 겨우 50명이고 기타는 징수를 하기조차 상당한 노력을 하지 않으면 징수가 불가능한 상태입니다. 지금 상태로는 외근원(外勤員)을 쓰기에는 절대 불가능합니다.

토미타 아야나(12번) : 징수원을 완전히 없애자는 것은 아니고 5명이건 6명이건 사용하는 것은 필요하다는 것입니다. 징수원들도 자각하여 징수는 권리이므로 걱정할 필요가 없습니다. 현재는 돈이 없으니 내일 온다고 하면서 인하하는 식으로 하면 곤란하다고 생각합니다.

이규남(李圭南)(1번) : 인건비 내역을 알려주십시오.

부장(副長)(번외) : 현재 인원 현재 금액을 설명하겠습니다.

토미타 아야나(12번) : 이의 없으니 진행하세요.

의장(면장) : 제2관으로 넘어가겠습니다.

카세 유조(13번) : 이의 없습니다.

토미타 아야나(12번) : 진행하세요.

의장(면장) : 제3관으로 넘어가겠습니다.

이규남(1번) : 가로등비 7백 원은 어디에 사용합니까?

부장(번외) : 시내 조명을 위해 가로등을 증설하고 그 전등료의 3분의 1씩을 전등회사와 시민과 면이 나누어 부담하는 것으로 계획 중입니다. 그 경비를 계상한 것입니다.

카세 유조(13번) : 가로등비의 3분의 1 부담은 회사가 호성적이라는 의견이 많으니 회사가 비용의 반액을 부조하고 그 반액을 면과 시민이 부담하는 것으로 노력하길 바랍니다.

의장(면장) : 가급적 노력하겠습니다.

토미타 아야나(12번) : 토목공사는 지금까지 직영이 많았는데 직영으

로 하면 사람도 들어오고 때때로 폐해도 생기기 쉬우니 직영으로
하는 것은 불가하다고 생각합니다. 우선 청부에 부쳐 청부가 불가
능한 때 비로소 직영으로 해보기를 원합니다.

최승렬(崔昇烈)(4번) : 토목비 중 고원 급여를 계상하고 있는데 임시부
까지 8천 원으로 가려면 1인 정도는 필요하지 않을까 생각합니다.

부장(번외) : 이 고원의 급여는 임시부 토목비에서 지급했던 것을 이
동한 것이라서 새롭게 고입(雇入)한 것은 아닙니다. 사무는 가옥건
축액의 실시조사, 제반 설계 측량, 지도 제작 등 다양합니다.

토미타 아야나(12번) : 가옥건축원의 허가가 아직 곤란하다는 비난도
있으므로 경찰과 면이 보조를 일치하여 건축 출원이 있을 때는 2, 3일
중에 조사를 완료하여 허가하는 식으로 하길 바랍니다.

의장(면장) : 건축을 출원하는 것 중에는 이미 기초 콘크리트 등을 해
놓고 서면을 제출하고 있습니다. 조사해보면 지적도와 맞지 않는
것이 있기 때문에 자연히 시일을 요하는 경우도 생깁니다.

야마시타 이사부로(山下猪三郎)(3번) : 이의 없으니 진행하세요.

의장(면장) : 제4관으로 넘어가겠습니다.

토미타 아야나(12번) : 이의 없습니다.

의장(면장) : 제5관으로 넘어가겠습니다.

마츠모토 후쿠이치(松本福市)(2번) : 위생비를 감액해도 지장 없습니까?

부장(번외) : 위생비의 그 해의 전염병 유행의 여하에 따라서는 추가
가 필요하지만 그것은 그때 가서 하려고 생각하고 있습니다.

유키치 마사다(雪吉眞佐太)(11번) : 청소 부분은 인구가 늘어나 먼지
처치가 곤란하다는 이야기가 있는데 쓰레기를 선별하고 나누어서
비료 성분이 있는 것은 이용한다든가 하는 방법을 강구하여 일본처
럼 불하를 하는 식으로 하면 어떻습니까?

의장(면장) : 말씀하신 것은 지당하지만 지금 선택하여 나누는 것은 어렵습니다.

부장(번외) : 최근 대나무를 비료로 이용하는 자가 생겨서 조금은 좋아졌습니다.

마츠모토 후쿠이치(2번) : 청소는 감독이 이루어지지 않고 있다고 생각합니다. 1개월이나 오지 않는 곳이 있는데 가급적 감독을 독려하길 원합니다.

부장(번외) : 청소는 시내를 5구로 나누어 5일에 1회 청소부가 순회하고 있습니다. 기타 공설 휴지통 및 특별 소제가 필요한 곳은 매일 혹은 이틀마다 행하고 있습니다. 특히 전화로 요구가 있는 경우 전화를 받은 자가 장부에 기재해두고 있으므로 감독은 그날 그것을 조사하여 즉시 청소를 하고 있습니다. 독려하는 것은 충분히 고려할 예정입니다.

이규남(1번) : 청결법 시행비는 어떤 경우에 사용합니까?

부장(번외) : 봄 가을 2기의 정기 청결법 및 전염병 유행 때 또는 홍수후 등 임시 청결법의 경우에 사용합니다.

야마시타 이사부로(3번) : 화장장은 화장을 행한 자가 불편을 느끼고 있는데 뭔가 시설을 하셨습니까?

부장(번외) : 설비를 했습니다.

오오토리 고사부로(大鳥恒三郎)(9번) : 화장장에 가는 길이 좋지 않으니 수리를 해주기 바랍니다.

부장(번외) : 주의하겠습니다.

최승렬(4번) : 일정한 쓰레기장이 없는데 이는 적당한 장소를 선정할 필요가 있다고 생각합니다.

카세 유조(13번) : 소각할 필요가 있다고 생각합니다.

부장(번외) : 이것은 상당히 연구하고 있습니다. 뭐니 뭐니 해도 돈 문
제입니다. 대전주(大全州)의 위생상 상당히 고려하고 있습니다.

오오토리 고사부로(9번) : 이의 없으니 진행합시다.

의장(면장) : 제6관으로 넘어가겠습니다.

카세 유조(13번) : 미터제가 되었기 때문에 순시(巡視) 1명 증가했다고
되어 있는데 미터 검사는 한 사람이 하루에 어느 정도 가능합니까?

부장(번외) : 미터 검사는 한 사람이 하루에 약 80개 지역 정도는 한다
고 생각합니다.

오오토리 고사부로(9번) : 수질시험은 하고 있습니까?

스즈키 코우타로(鈴木幸太郎)(기수, 번외) : 도(道) 위생과에 맡겼으니
행해질 예정이고 안심하고 있습니다.

최승렬(4번) : 수원지 간수는 현재 하고 있습니까? 근무는 어떻게 하고
있습니까?

부장(번외) : 전무자(專務者)를 임명하고 있습니다. 근무는 수원지의
수량, 송수량 조사 통계, 수원지 단속, 수원 함양림의 화재나 도둑
방비 및 현재 가능한 계획 등의 사무를 하고 있습니다.

이규남(1번) : 수원지의 임시 간수 급여는 어떻게 사용합니까?

스즈키 코우타로(鈴木幸太郎)(기수, 번외) : 임시 간수 급여는 봄에 풀
이 가장 많은 때는 간수 1명으로는 단속하기가 불가능하므로 이 경
우에 사용할 생각입니다.

야마시타 이사부로(3번) : 이의 없으니 진행합시다.

의장(면장) : 제7관으로 넘어가겠습니다.

카세 유조(13번) : 수용비는 매년 같은 액수를 넣는 것으로 했는데 중
단했습니까?

부장(번외) : 중단하는 것으로 되어 있습니다.

최승렬(4번) : 경비비에 20주년 근속자 표창비 5백 원을 계상하고 있는데 임시부로 가는 게 어떨까 생각합니다. 왜냐하면 외부 관계로 예산이 한번 증가하면 감소시킬 수 없기 때문입니다. 임시 경비는 임시부에도 경비비가 있습니다. 거기서 특별하게 행하는 쪽이 좋다고 생각합니다.

마츠모토 후쿠이치(2번) : 수관(水管) 자동차가 오래되어 충분히 기능을 발휘하지 못하니 구입할 필요가 있으므로 면비로 구입해주시기 바랍니다.

의장(면장) : 4번의 의견 및 2번의 희망은 잘 알겠습니다.

토미타 아야나(12번) : 이의 없으니 진행합시다.

의장(면장) : 제8관으로 넘어가겠습니다.

이규남(1번) : 사회사업은 행려병자 구호 이외에 빈민 구제 사업을 위한 것 아닙니까?

의장(면장) : 사회사업으로서 빈민 구제는 단순히 돈과 식료품을 주는 것으로는 구제사업이 아니므로 사업을 시행하는 것은 매우 어렵습니다. 본 면이 무관심하지 않고 그 대책을 세우려면 우선 자금과 고려가 필요합니다.

인창환(7번) : 사회사업이란 이름은 좋지만 내용은 심히 빈곤한 감이 있습니다. 저로서는 국유지를 세내어 빈민 구제를 하는 것이 어떨까 생각합니다.

의장(면장) : 빈민 구제의 근본 뜻은 어떤 사업을 할까가 아닙니다. 단지 일시적으로 돈이나 식품을 주는 식으로는 각지로부터 걸식하러 모임으로써 전주의 안녕 풍속을 해치게 됩니다. 자선 독지가가 시행하는 경우는 사실상 빈민을 가려내어 자선가의 의지에 따르는 식으로 되어 있습니다. 또 현재로서는 국유지 불하를 받아 유리하게 선용하는 식의 일은 불가능합니다.

토미타 아야나(12번) : 진행을 원합니다.

의장(면장) : 제9관으로 넘어갑니다.

마츠모토 후쿠이치(2번) : 이의 없으니 진행합시다.

의장(면장) 제10관부터 제11관까지 일괄해서 심의를 원합니다.

최승렬(4번) : 제12관 제6항 잡출(雜出)은 어디에 사용합니까?

부장(번외) : 전주면 마크 현상모집비에 씁니다.

가세 유조(13번) : 이의 없습니다.

의장(면장) : 경상부 세출은 경비(警備) 5백 원을 임시부 경비비로 옮기고, 그 외 전부 찬성으로 인정하므로 원안대로 결정하겠습니다. 다음으로 임시부 세출 제1관부터 제8관까지 일괄해서 심의해주십시오.

인창환(7번) : 시장 개선비 7백 원은 어떻게 사용합니까?

스즈키 코우타로(기수, 번외) : 올해는 충분히 개선을 하려고 합니다. 7백 원은 화재보험금이므로 달리 사용하는 것은 불가능하므로 오직 7백 원만 계상했습니다만 세입의 상황을 보아 이를 증가해서 표와 같이 적당한 건물을 만들 생각입니다. (중략-편자)

의장(면장) : 임시부 세출 전부 이의 없으니 원안대로 결정하겠습니다. 다음은 세입 경상부 임시부 전부 일괄해서 심의해주십시오.

마츠모토 후쿠이치(2번) : 도장(屠場) 사용료가 814원 줄었는데 이유는 뭡니까?

스즈키 코우타로(기수, 번외) : 과거에는 평일 2, 3두, 시장이 열리는 날은 7, 8두를 도살했는데 요새는 시장날에 3, 4두 정도로 줄었습니다.

최승렬(4번) : 공설시장은 있습니까?

스즈키 코우타로(기수, 번외) : 명칭만 있습니다. 이것은 곧 모두의 허락을 얻어 명칭을 철폐하려고 합니다.

최승렬(4번) : 공설시장이 필요하지 않다면 폐지해야겠지만 폐지가 불가능하다면 현재의 장소를 이전하여 그대로 두는 게 좋다고 생각합니다.

의장(면장) : 이미 이전을 마친 것을 지금 다시 논의할 필요는 없습니다. 차후 선처 방법을 강구하겠습니다.

마츠모토 후쿠이치(2번) : 영업세 2,500원 감소는 많은 거 아닙니까?

스즈키 코우타로(기수, 번외) : 군(郡)의 계(係)로부터 올해 1월경 들은 것을 실제로 계상했습니다. 이 회의 전에 다시 군에 가서 물어보려 했지만 듣지 못했습니다. (하략-편자)

5) 전주읍회 회의록

항 목	내 용
문 서 제 목	全州邑會 會議錄
회 의 일	19350925
의 장	明石翁助(읍장)
출 석 의 원	加瀨雄三(2번), 柳重鎭(3번), 申時澈(5번), 白南赫(6번), 久永麟一(7번), 武內勝次(8번), 松本福市(9번), 朴泳恩(10번), 古屋野正治(11번), 高瀨七藏(12번), 曹東玟(13번), 大木良作(14번)
결 석 의 원	元炳喜(1번), 李範璇(4번)
참 여 직 원	金奉斗(부읍장), 牧之內誠(서기), 加藤顯一(서기), 一色愛助(서기), 張仁錫(회계원), 佐藤啓之(기수)
회 의 서 기	遠藤宗一(서기), 李春澤(서기)
회 의 서 명 자 (검 수 자)	明石翁助(읍장), 柳重鎭, 久永麟一
의 안	의제20호 1934년도 전주읍 세입출 결산의 건, 전주부 설치에 수반한 재산처분의 건 자문
문서번호(ID)	6
철 명	672
건 명	677
면 수	CJA0003089
회의록시작페이지	군산(추가)전주목포부일반경제세입출예산서
회의록끝페이지	소화10년도전주읍세출경정예산(회의록첨부)
설 명 문	국가기록원 소장 '군산(추가)전주목포부일반경제세입출예산서' 철의 '소화10년도전주읍세출경정예산(회의록첨부)'건에 수록된 1935년 9월 25일 개회 전주읍회 회의록

해 제

본 회의록(총 6면)은 1935년 9월 25일 전주군 전주읍에서 개회된 전주읍회의 회의 내용이다. 부승격을 앞두고 전주읍회에서 사무 인계

및 재산 처분 등에 대하여 논의한 내용이 확인되는 회의록으로 전주 읍의 마지막 회의록이다.[69]

　1935년 10월 광주, 대전과 함께 부승격을 하게 된 전주에서 마지막 읍회를 개최하여 읍장 및 읍직원의 퇴직 위로금 처리를 논의한 회의 의 회의록이다. 아카시 오오스케(明石翁助) 읍장은 1934년 9월 읍장으로 부임[70]하여 약 1년 재직한 상태였는데, 읍회원들은 아카시 읍장의 종연방직 유치 등의 공로를 인정하여 특별위로금을 인상할 것을 결의 하였다. 부읍장에 대해서도 읍장을 잘 보좌하였다 하여 인상할 것을 결의하였다. 당시 신문에는 읍장 2,400원, 부읍장 1,500원으로 되어 있 으나,[71] 회의록에 따르면 읍장 2,400원, 부읍장 1,700원으로 읍이원 총 특별위로금을 6,630원에서 7,830원으로 수정, 의결하였다. 이에 대해 도당국에서는 원안의 지정대로 지급할 것을 주장하여 문제가 되었으 나, 이후 예산은 결국 읍회의 결정대로 수정액으로 계상된 사실이 확 인된다.[72]

　한편 본 회의록에서는 읍직원 등의 부로의 인계 상황에 대한 논의 도 확인할 수 있다. 직종(상비소방수)의 읍소속 여부 등도 확인하였 고, 특히 의원들은 이원 및 고용인 등 하급 직원들의 부 인계되어 실 직자가 되지 않도록 해줄 것을 읍당국에 요구하였다.

---

69) 본 회의록은 CJA0003045 344~349면에도 중복 수록되어 있다.

70) 「敍任及辭令」, 『조선총독부관보』 제2322호, 1934.9.29.

71) 「全羅北道, 全州邑長らの退職慰勞金問題, 邑會と道當局の意見對立, その成行き注 視さる」, 『조선신문』 1935.9.28.

72) 전라북도, 「(보고례 제6호)읍면에 관한 보고」, 1935.10.9.

내 용

(상략-편자)

(읍장 읍회(邑會)의 개회를 선언함)

의장 : 의안 제19호 1935년도 전주읍 세입출 예산 추가경정의 건을 부의합니다.

읍장 : 본읍은 아시는 대로 오는 10월 1일부터 부제를 실시하게 되었습니다. 본월 30일로써 읍은 모두 청산하여 부로 인계되지 않으면 안 됩니다. 대체는 도의 방침에 기초하여 추가경정할 것입니다. 그리고 그 재원(財源)은 미리 준비하여 두었던 전년도 이월금 아울러 예비비로 충당할 것입니다.

9번(松本) : 읍의 해소와 동시에 퇴직하는 자에게는 퇴직금을 급여하고 부로 인계되는 자에게는 퇴직금을 급여하지 않습니까?

읍장 : 일절 종래의 관계를 끊고 각 근속연수에 상응하여 규정의 급여를 하고, 또 이때 퇴직자에게는 특별위로금으로서 각 월봉의 3개월분을 지급하는 것입니다.

9번(松本) : 상비소방수(常備消防手)는 어떻게 취급합니까?

읍장 : 상비소방수는 읍장이 임명한 것이 아님에 따라서 읍의 해소와는 어떠한 관계가 없고 부에서 그 경비는 부담하게 될 것입니다.

번외(부읍장) : 상비소방수는 학교 관계 직원과 마찬가지로 읍은 단순히 경비의 부담을 했던 것으로 예를 들면 현재의 상비소방수는 부가 되어 퇴직하는 경우에도 임명 처음부터 기산(起算)하여 퇴직금의 지급을 받게 되는 것입니다. 또 본건은 경찰서장(警察署長)에게도 말하여 두었습니다. 또 읍이원에 대한 특별위로금은 도(道)에서 내시한 범위에서 계상하였습니다.

9번(松本) : 설명에 의하면 각 지급해야 하는 액수는 도에서 내시한 것에서 연유하는데 대전 및 광주 상황은 어떠합니까?

(번외(부읍장) 대전 및 광주의 상황 설명함

9번(松本) 여러 협의, 간담의 필요가 있으므로 잠시 휴식하고 읍장 이하 번외의 퇴석을 바란다는 동의 있음

전 의원 '찬성'

의장 9번 의원의 휴식 동의에 대해 이의 없으므로 휴식을 선언함

시각 오후 2시 45분

의장 전회(前回)에 계속하여 개회를 선언함

시각 오후 3시)

9번 : 현 읍장은 단기간이지만 소위 전주 비상의 때에 종방(鐘紡)의 유치, 기타 다망(多忙)한 사무에 선처하고, 그 공적이 자못 현저하므로 읍장에게 2,400원, 부읍장은 읍장을 잘 보좌한 공적으로 1,700원을 위로금으로 증액 증정하는 것으로 하여 제3관 사무비 제3항 잡급 중 읍장 및 이원 특별위로금 6,630원을 7,830원으로 수정하였으면 합니다. 또 그 재원은 예비비로써 충당하고 기타 직원에 대해서는 읍장이 가능한 한 동정이 있는 처치를 하여 노고에 보답하기를 바라며 동의를 제출합니다.

(8번(武內) 찬성함)

(전원 '이의 없고, 찬성')

의장 : 본건에 대해서는 그 당국의 내시(內示)가 있고, 고려를 필요로 하나 만장 이의 없으므로 이대로 결정하겠습니다.

5번(申) : 이원 및 고용인은 읍장, 부읍장의 증가한 것과 마찬가지로 증액(增額)의 계획은 없습니까?

번외(牧之內) : 이원 및 고용인에 대해서도 그 당국에서 내시했던 것

이 있어 그 범위 내에서 가능한 대우의 방법을 강구하고 있습니다.

10번(朴) : 이원 및 고용인은 일단 해소하는 것으로써 예를 들면 부 (府)로 인계되더라도 부에서 얼마지 않아 퇴직을 시키는 것 같은 일 이 있다면, 지금 퇴직하는 것보다 불리한 것이므로 한 가지로 고려 를 바랍니다.

8번(武內) : 그 점은 읍장이 부로 인계하는 경우 충분히 노력하는 것으 로 하였으면 합니다.

5번(申), 10번 의원의 이야기와 같이 일단 일을 퇴직하는 것이라면 고 려의 여지가 있습니다.

10번(朴) : 수당(手當)에 있어서 고려의 여지가 없다고 한다면 부로 인 계하는 것에 대해서 어느 정도의 보장을 읍장에게 바랍니다.

8번(武內)[73] : 앞서 말한 것 같이 이원, 용인으로써 그 뜻에 반하여 실 직자를 내지 않도록 만장일치로 읍장에게 노력 방편을 희망합니다.

(전원 '찬성')

읍장 : 가능한 범위의 대우의 방도를 강구함과 함께 이때 가능한 실직 자를 내지 않도록 선처하겠습니다.

의장 : 본 의안에 대해 다른 이의 없습니까?

(3번(柳) '이의 없고, 찬성')

의장 : 달리 이의 없는 것이라 인정하여 세출경상부 제3관 제3항 제4호 과목(科目) 위로금 및 동 제18관 예비비를 수정하는 외는 원안의 대 로 가결합니다.

의장 : 의제20호 1934년도 전주읍 세입출 결산의 건을 부의합니다.

번외(부읍장) : 본 결산에 대해서는 이미 도 및 군에서 검열을 하였습니다.

---

73) 원문의 久永은 7번 久永麟一.

(2번(加瀨) 원안 '찬성')

(전원 '찬성')

의장 : 이의 없는 것이라 인정하여 원안으로 결정합니다.

의장 : 전주부 설치에 수반하여 재산 처분의 건을 도지사(道知事)로부터 자문을 받았으므로 별지 답신서대로 답신하고자 합니다.

8번(武內)[74] : 본안의 재산 중에서는 일절의 권리 및 의부를 포함합니까?

의장 : 말씀하신 대로입니다.

(10번(朴) '이의 없음')

(전원 '찬성')

의장 : 이의 없다라 인정하여 별지 답신서의 대로 답신하는 것으로 결정합니다.

의장 : 본 회의록의 서명을 3번 및 7번 의원을 지명하고자 하는데 이의 있습니까?

(전원 '이의 없음')

의장 : 이의 없으므로 서명을 3번 및 7번 의원을 지명하겠습니다.

의장 : 제안, 심의 종료하였으므로 폐회하겠습니다.

읍장 읍회의 폐회를 선언함 시간 오후 3시 30분

　　　전주읍회 의장(읍장)　　　아카시 오우스케(明石翁助)
　　　전주읍회의원　　　　　　류중진(柳重鎭)
　　　　　동　　　　　　　　　히사나가 린이치(久永麟一)

---

[74] 원문의 久永은 7번 久永麟一.

6) (공주면협의회) 회의록(제1일)

항 목	내 용
문 서 제 목	會議錄(第1日)
회 의 일	19300326
의 장	小林憎太郎(공주면장)
출 석 의 원	野崎朝吉(1번), 李範珪(3번), 水谷辰利(4번), 中畑孫市(5번), 權益采(6번), 宮本善吉(7번), 徐範淳(8번), 外山喜右衛門(10번), 草田市三郎(11번), 岡田豊次郎(12번)
결 석 의 원	藤澤英夫(9번), 金甲淳(2번)
참 여 직 원	金相翼(부면장), 野上憲三(서기), 金東辰(서기), 李光求(서기)
회 의 서 기	
회 의 서 명 자 (검 수 자)	
의 안	1.1930년 공주면 부과금 부과징수 방법의 건, 2.1930년 공주면 세입출 예산 건
문서번호(ID)	CJA0002765
철 명	지정면예산서
건 명	소화5년도지정면예산보고의건(공주군공주면)-회의록첨부
면 수	9
회의록시작페이지	579
회의록끝페이지	587
설 명 문	국가기록원 소장 '지정면예산서'철의 '소화5년도지정면예산보고의건(공주군공주면)'에 포함된 1930년 3월 26일 공주면협의회 회의록

해 제

본 회의록(9면)은 국가기록원 소장 '지정면예산서'철의 '소화5년도지정면예산보고의건(공주군공주면)'에 포함된 1930년 3월 26일 개회 공주면협의회 회의록이다. 본 회기는 공주면협의회는 3월 26일부터 28일까지 총 3일간에 걸쳐서 실시되었다. 본 회의록은 제1일차 협의회의 회의록이다. 이날은 자문 제1 1930년 공주면 부과금 부과징수 방법의 건과 자문 제2 1930년 공주면 세입출 예산 건에 대한 논의가 이루어졌다.

면의 부과금 징수는 1917년 6월 발포된 면제시행규칙(面制施行規則)[75] 제13조에 의거 1) 지세할 또는 시가지세할 2) 호별할 3) 특별부과금을 부과하는 것으로 하였고, 1927년 3월 개정으로 1) 1) 지세할 또는 시가지세할 2) 영업세할 3) 호별할 4) 특별부과금을 부과하는 것으로 변경되었다.[76] 다시 1929년 2월 개정으로 1) 지세할 2) 영업세할 3) 소득세할 4) 특별소득세할 5) 호별할 6) 특별부과금으로 변경되었다.[77] 이날 회의는 1929년 개정에 따른 부과 논의였다. 본 회의록에서는 공주면의 부과금과 관련된 세부 논의 내용을 확인할 수 있다.

공주면협의회가 다른 면협의회와 조금 다른 형식으로 회의를 진행하였다. 질의 순서를 먼저 갖고, 질의를 끝내는 것을 결의한 후 다시 의견 개진을 하고 의결하는 방식을 취하였다. 부과금 징수방식과 관련하여 질의와 의견개진 내용을 분리하여 보면 질의는 호별할 등급에 대해 먼저 조사를 정밀하게 한 학교조합의 조사 내용을 요구하여 반영하였는지, 잡종할 명세표 관련 항목의 조사 방식은 어떻게 되는지 등이고, 의견으로는 영업세 과세물건의 자동차 수를 정밀하게 조사하여 탈세가 없도록 하라는 것이었다. 이날 예산과 관련하여서는 질의만 행해졌다. 상수도와 관련 단속, 면영주택(面營住宅) 운영, 이월금 증가 사유, 영업할 부과 방식, 세금 항목(조체불려인금, 모범림비)의

---

75) 「面制施行規則(朝鮮總督府令 第34號)」, 『朝鮮總督府官報』 1917.6.9.

76) 「面制施行規則中左ノ通改正ス(朝鮮總督府令第29號)」, 『朝鮮總督府官報』 號外, 1927.3.31.

77) 「面制施行規則中左ノ通改正ス(朝鮮總督府令第12號)」, 『朝鮮總督府官報』 제629호, 1929.2.7.

내용 문의, 확장 하수공사 가옥토지보상, 도로교량비, 격리병사 이전 등이었는데, 이 중 면영주택에서 1개월분을 빼는 사유, 이월금 증가 사유, 세금 항목 내용 문의 등과 같이 단순히 질의 내용만 담고 있는 것도 있었지만, 상수도 단속이나 가옥 토지보상 등의 내용을 보면 순시를 줄이는 것에 대한 반대, 토지보상을 제대로 해야 된다는 등 의견과 완전히 분리된 모습을 보이지는 않았다. 격리병사를 도립병원으로 이축해야 한다는 것은 질의이자 의견이기도 했던 것이다. 이들이 왜 이러한 방식을 채택하였는지는 다른 면협의회와 비교해볼 만한 것으로 보이며, 그러한 측면에서 본 회기 회의록들은 살펴보는데 의의가 있을 것으로 생각된다.

내 용

(상략-편자)

(의장 회의 개회의 뜻을 선포함. 자문안 제1 1930년도 공주면 부과금 징수방법의 건을 부의한다는 뜻을 고함)

면장 : (제1 자문안에 대해 설명을 함. 다음과 같음)

　본안은 별도로 설명서를 첨부하고 있지 않은데 제1조 지세할(地稅割) 부과율 46조 이하 본안 제4호까지의 과율은 각 법령에 규정되어 진 최대한까지 있습니다.

　또 제2조 제3조는 각 첨부의 별표에 따라 일람을 바랍니다.

의장 : 지금 면장이 설명을 마쳤으므로 본안에 대해 질의를 허락합니다.

1번(水谷) : 호별할(戶別割) 등급의 근거로 하는 각인의 소득조사의 액을 일본인은 학교조합에서 충분히 정밀 조사하였다라 생각합니다. 동 조합과 면은 연락이 있습니까?

면장 : 충분히 이를 참고에 제공하여 합하여 제작하도록 하겠습니다.

10번(外山) : 본안에 관련하여 세입 제9관 제6항에 속하는 잡종할(雜種割) 명세표(제3호표)의 부과원수, 자동차의 수 13대는 그 수량이 소수로 적어도 20대 내지 30대로 할 예정이란 것은 어떠한 조사 방법에 의한 것입니까?

면장 : 군(郡) 당국이 영업세법에 근거하여 조사한 수량을 근거로 계상하였습니다.

11번(野崎) : 본원은 본안에 대해서 질의는 없습니다. 다만 각인의 소득조사에 대해서는 제3안 심의의 때 이를 계속 하였으면 합니다. 본안에서는 제1조에 각 과율을 법령의 근거에 의해 이사자(理事者)가 각인(各人)의 소득 조사를 하여 사정하는데 생활의 상태가 어떠하냐에 따라 이를 해당 액수로 전망하는 것이 온당하지 않습니까? 이사자는 어떠한 소견을 갖습니까?

면장 : 본인은 본안에 대해 답할 것이 없다고 생각하나 참고로 말씀드리자면 면제시행규칙(面制施行規則)의 해당 조문을 낭독하여 생활의 상태 여하에 따라서는 이사자가 이를 증액하는 것이 적당하다면 증액하고 이를 감소하는 것이 적당하다고 인정되면 감소할 수 있는 소위 즉 법령상 이사자에게 부여되어진 자유재량에 속하는 것이라 생각합니다.

의장 : 질의가 없는 것으로 인정됩니다. 지금부터 질의를 끝내고자 생각합니다. 여하(如何) 찬성하시는 쪽은 손을 들어주시길 바랍니다.

(전원 거수함)

　　전원 찬성이라 인정되므로 질문을 종결합니다.

의장 : 지금부터 본안에 대해 의견의 개진을 허락합니다.

10번(外山) : 일찍이 질의하였던 본안의 영업세란의 과세물건의 자동차의 수가 근소하다라 인정되었습니다. 적어도 공주(公州)·조치원 (鳥致院) 간 자동차 7대, 대전(大田)·공주 간 외 3대, 논산(論山)·공주 간 3, 4대 외 공주·청양(靑陽), 공주·천안(天安)간 등의 부분을 합하면 20대 정도를 적당하다고 인장하고 이사자는 또 정밀하게 조사하여 탈세하지 않도록 주의하고자 합니다.

면장 : 의견도 좋다고 생각하나 본 면(面)은 당국의 영업세법에 의해 전임 관리가 조사한 것을 확실하다고 인정하여 계상한 것이나 이를 부정확한 것이라고 생각하는 의견도 있으므로 충분히 주의하겠습니다.

의장 : 의견의 개진을 한 것으로 인정되므로 의견 개진을 마치고 본안을 10번 토야마(外山) 군의 의견대로 장래 과세물건의 조사에 대해서는 주의하는 것으로 의견을 결정하고자 합니다. 찬성의 쪽은 손을 들어주십시오.

(이때 전원 거수함)

의장 : 본안은 제10번(外山)의 의견대로 협의회의 의견을 결정합니다.

(의장 제2 자문안 1930년도 공주면 세입세출 예산안을 부의할 것을 선언함

면장 별지 설명서의 대로 설명을 함)

의장 : 면장으로부터 설명을 마쳤으므로 지금부터 세입출에 관한 질의를 허락합니다.

6번(權益采) : 세입 제2관 제3항 상수사용료에 142원을 감액하는 것은 적당한 것으로 인정합니다. 이는 오히려 증가를 계획해도 된다고 생각합니다. 공주 현재의 수도(水道)는 각소에서 도수(盜水) 또는 남용의 경향이 있고 이들을 충분히 단속한다면 자연 가입자의 증가할 것이고 또 세출 제6관 제1항 잡급에서 순시 1명을 줄이는 것은

앞서 이야기한 취지에 반대하는 것이므로 적당하지 않다고 생각하는데 어떠합니까?

면장 : (1) 공주는 지형상 동서(東西)의 산중턱에 가옥이 산재하여 대용전(代用栓)의 보급에 많은 액수의 비용을 요구하는 것 (2) 각 자가용 우물의 수질이 다른 지방에 비해 양호한 것 (3) 일반 조선인 방면의 위생 사상이 완전하지 않은 것 등으로 인하여 보급이 곤란하여 이에 가입시켜도 사용료를 납부하지 않는 하층이 많고 이야기한 것 같은 도수자(盜水者)는 이러한 종류에 속하는 것이므로 연중 순시 2명이 독려하는 것으로 단속은 곤란하여 무언가 '미터' 제도로 하지 않는다면 그 완전한 방지는 곤란하다고 생각합니다.

두 번째로 순시 1명을 감소시키면 재정 긴축의 취지에 의해 비교적 가능한 인건비를 절약하는 것입니다.

알아두시길 바랍니다.

11번(草田) : 세입 제1관 제2항 주택임대수입의 항 부기란에 을(乙), 병(丙)호를 11개월분 견적이 있고 1개월 공호(空戶)라 함은 어떠한 이유입니까?

그 공호라고 하는 것에 대한 설명을 요구합니다.

면장 : 갑(甲)호는 2, 3년래의 실적에 의해 12개월을 견적하나, 을·병호는 상당히 그렇게 좋지 않아서 1개월 공옥이 될 만한 이유로써 구체적인 설명은 곤란하나 구태여 이는 주택에 온돌이 없어서 엄동기간 시내의 조선 가옥으로 이거하는 경향이 있는 것 외에 다름 아닙니다.

12번(岡田) : 보통 예산으로써 가임(家賃)을 견적하는 경우는 10개월분을 통상으로 하지 않는가. 본원은 본 예산은 다소 견적이 과대하다고 생각합니다.

7번(宮本) : 본안을 보면 이사자가 세입출 모두 긴축으로 유의하려고
　　하는 고심의 흔적을 충분히 인정하는데 단 우리 공주는 도청 소재
　　지로써 해야 할 사항이 많이 있으므로 면 장래의 재정의 기초를 견
　　고하게 하기 위해서 해마다 응당의 기본 재산을 증식할 필요가 있
　　다고 생각합니다. 만장의 이 점에 대한 의견을 구합니다.

면장 : 면장으로서도 의견에 동의합니다.

　　단 본 면의 현상은 긴급을 요하는 당장의 토목사업, 기타 종종의 안
　　건을 늘어놓고 있을 뿐만 아니라 현재 면차입금(面借入金) 원금액
　　은 만여 원입니다. 올해 부채상환액 원리금 합계 연액금 1만 918원
　　을 지불하지 않으면 안 되므로 당분 기본재산 증식에 힘을 기울이
　　는 것은 곤란하고, 또 1922년 이래 면유림(面有林) 약 50정보(町步)
　　를 식림하여 기본 재산으로 목적으로 조성하고 있는데 해마다 묘목
　　벌채 인부 임금, 송충이의 구제 등을 상세하게 계산하면 재산을 축
　　적할 수 있을 것인가 의심스러우므로 개정하여 다시 산림 경영 등
　　은 고려해야 할 것이라 생각합니다.

10번(外山) : 본 연도 이월금 3,086원을 늘린 내용을 알고자 합니다.

면장 : 1929년도 실행 예산에 의해 긴축할 수 있는 예상액 1,062원을
　　공제 2,024원이 있어서 이 중 1928년도부터 동 1929년도에 이월금액
　　1,200여 원 및 영업할(營業割)에서 식산은행의 분이 주로 증가하였
　　던 것입니다.

7번(宮本) : 세입 제9관 제2항 영업할은 시내 각 자동차부(정류소를 포
　　함)에 부과되는 것입니까?

면장 : 영업세령법에 의해 운송업은 개업 후 3년간 부과하지 않고 있
　　으므로 논산행 정류소 외 3개년에 이르지 않은 개소에는 부과하고
　　있지 않은데 특별영업할로써 부과해야 하는 것이 있습니다.

1번(野崎) : (1) 세입 제9관 제2항 영업할은 면장의 설명의 의하면 군(郡)의 조사로는 오히려 전년도보다 증가되어졌으나 본 항에서 437원 줄였던 것인데 군에서 영업세액을 결정한 액수에서 면에서도 같은 비율을 부과하는 것이 적당하지 않습니까?

(2) 세입 제2관 제3항 상수사용료를 가능한 저하하여 이를 또 한층 보급을 늘리면 세입도 증가하고 또 급수자도 증가하여 위생상으로도 적당하다고 생각하는데 어떠합니까?

면장 : 첫 번째 질의는 좋다고 생각하는데 면장이 설명한 취지는 군에서는 전년도 영업 상태를 엄중하게 조사한 것으로써 면에서도 그 결정액에 10할의 부과를 하는 것은 당연한 것이나 다분히 시내 일반의 불황은 극도에 달하여 특히 요리점 방면과 같은 것은 1929년도의 영업할의 미납이 현재 다액인 실황 등을 비추어 본 연도는 특히 조사액에 대한 결손액을 증대시킬 것인가의 고려에 의해 이를 감액한 것이므로 오해 없으시길 바랍니다.

두 번째 수도사용료의 저하는 현재 필요를 인정하지 않습니다. 이웃 지역 강경(江景)보다 높고 또 전주(全州), 청주(淸州)와 동률입니다. 기타 급수상 등 관계는 6번 의원에게 답한 대로이므로 답변을 생략합니다.

12번(岡田) : (1) 세입 제8관 제2항 조체불려인금(繰替拂戾人金)[78]이란 이떠한 성질의 것입니까?

면장 : 행려병인(行旅病人) 및 사망자의 비용은 일시 면에서 치르는 것으로 하고 다시 지방비에서 전액 보조하는 것으로 하는데 연도 마감 때까지 보충이 되지 않을 때는 전년도에서 본 항으로 회수를

---

[78] 대체 환불 인금.

하는 것입니다.

10번(外山) : 세출임시부 제2관 제1항 확장하수공사비의 부기(附記) 가옥토지보상은 마찬가지 기재의 가격으로 한정하였다고 인정됩니까? 도로의 확장, 하수공사가 필요해도 개인에게 다대의 고통을 주지 않아야 합니다.

면장 : 저는 그 견적을 한정하였다고 답하는 것 외에는 없습니다. 그러나 토지, 가옥 보상위원 16명으로써 다시 정밀히 조사하여 견적하였으므로 우려하지 않아도 된다고 생각합니다.

4번(水谷) : 세출 제2관 제1항 도로교량비에 195원을 늘인 것은 적당하다라 인정되나 아직 기타 각 하수, 도로의 보수를 필요로 하는 곳들이 많고 면 당사자는 큰 거리의 개수와 함께 작은 거리에 대해 어떠한 생각을 하고 있습니까?

(2) 세출 제5관 제1항 전염병예방비로 35원을 늘린 것도 공주는 작년 말 종종의 전염병일 발생하여 본 예산 정도로는 안심할 수 없다라 생각합니다. 이에 대한 의견은 어떠합니까?

(3) 세출 제7관 경비비(警備費) 제1항 소방비에서 169원을 줄였는데 소방은 특히 의용소방(義勇消防)이 있어 감액할 것을 고려한 것이라 생각합니다. 이 액수로 지장이 없습니까?

또 본 항 별표에 사상(死傷) 수당 5원을 계상한 것은 다소 소액이지 않습니까? 이 소액으로 사상자에게 어떠한 수당이 가능합니까?

또 본 항 중 가솔린 폼프가 매우 오래되어 이를 구입하려면 일시에 많은 액수의 비용을 필요로 함으로 해마다 작은 액수라도 축적할 방침을 채택하는 것은 어떻습니까?

면장 : 첫 번째 질문 도로교량비를 증액하고자 하나 재원(財源)이 없어 어떻게라도 힘쓰고 있습니다.

두 번째 전염병 예방에 있어서도 마찬가지로 재원의 관계상 곤란합니다. 단 대유행하면 임시 호별할 제한 외라도 징수하여 완전을 기하려 합니다. 종래 공주면내 유행병은 주로 장티푸스입니다. 작년은 성홍열이 상당히 나왔고 이는 모두 예방주사의 효과가 현저한 것으로 그 관계자로부터 물주사의 특례도 있으므로 본 연도는 9, 10월의 무렵까지 위 전염병 예방상 이를 철저하게 할 계획입니다.

세 번째 소방비에 대해서도 마찬가지로 재원상 어쩔 수 없이 부득이한 것으로 본 연도의 긴축 방침에 의해 비교적 견딜 수 있는 비용부터 절감하고 있는 것입니다.

사상(死傷) 수당 5원은 부기(附記)를 생각한 것으로 필요가 발생하면 추가예산으로 충분 조치를 할 것입니다.

가솔린 폼프 구매 적립 등은 이야기한 것 같이 현재의 면재정 상태로는 곤란합니다.

10번(外山) : 공주면 격리병사를 도립병원 내로 이축(移築)하는 것은 어떻다고 생각합니까? 면장의 소견은 어떠합니까?

면장 : 적당하다고 생각하는데 재원의 관계상 급속하게 진행하기는 어렵습니다.

1번(野崎) : (1) 세출임시부 제2관 제1항 도로확장, 하수공사도 필요하다고 생각하는데 원래 이 도로는 2등 도로이므로 조금 도(道) 당국으로부터의 원조를 늘리는 것은 운동하고 그 획득한 재원만으로 면부담을 줄이고 이를 작은 거리의 하수 및 도로의 개수에 충당하는 것은 어떠한가라 생각합니다.

면장 : 취지의 대로 면당국도 또 일반 유지의 쪽도 진력하여 점차 1929년도까지 도청에서 지방비는 천 원을 변통하려고 하고 있습니다. 또 면장도 노력하여서 기대에 부응하고자 생각합니다.

12번(岡田) : 세출 제4관 제1항 모범림비(模範林費)는 어떠한 성질의 것입니까?

면장 : 면유림(面有林)에 2종이 있습니다. 하나는 기본재산으로 하는 면유림과 하나는 면민에게 모범으로 해야 하는 산림의 경영이 있습니다.

7번(宮本) : 질문도 이제 다한 것 같으므로 이를 그만두고 의견의 개진으로 옮겨 본 회의를 속행하였으면 합니다.

4번(水谷) : 본원은 7번의 이야기에 찬성하는데 회의 속행을 그만두면 오후 3시 40분이 되었으므로 오늘은 폐회하였으면 합니다.

의장 : 7번 및 4번의 동의에 대해 채결하고자 생각합니다. 이의 있습니까?

(전원 '이의 없다'고 외침)

의장 : 지금부터 채결합니다.

제1 질문을 중단하고 회의 속행하는 것에 찬성자는 거수하여 주십시오.

(5명 거수함)

제2 질문을 중단하고 본인은 이로써 폐회하는 것에 찬성자는 거수하여 주십시오.

(5명 거수함)

의장 : 본 의결은 제1, 제2 모두 동수로 인정합니다.

의장은 제2로 결정하여서 본인을 제2 자문안의 질의를 마치는 것으로 하고 지금부터 폐회합니다. (하략-편자)

7) (공주면협의회) 회의록(제2일)

항 목	내 용
문 서 제 목	會議錄(第2日)
회 의 일	19300327
의 장	小林憎太郎(공주면장)
출 석 의 원	野崎朝吉(1번), 金甲淳(2번), 水谷辰利(4번), 中畑孫市(5번), 權益采(6번), 宮本善吉(7번), 徐範淳(8번), 藤澤英夫(9번), 外山喜右衛門(10번), 草田市三郎(11번), 岡田豊次郎(12번)
결 석 의 원	李範珏(3번)
참 여 직 원	金相翼(부면장), 野上憲三(서기), 金東辰(서기), 李光求(서기)
회 의 서 기	
회 의 서 명 자 (검 수 자)	
의 안	2.1930년 공주면 세입출 예산 건
문 서 번 호 (I D)	CJA0002765
철 명	지정면예산서
건 명	소화5년도지정면예산보고의건(공주군공주면)-회의록첨부
면 수	6
회의록시작페이지	587
회의록끝페이지	592
설 명 문	국가기록원 소장 '지정면예산서'철의 '소화5년도지정면예산보고의건(공주군공주면)'에 포함된 1930년 3월 27일 공주면협의회 회의록

해 제

본 회의록(6면)은 국가기록원 소장 '지정면예산서'철의 '소화5년도지정면예산보고의건(공주군공주면)'에 포함된 1930년 3월 27일 공주면협의회 회의록이다. 26일에 이어 2일차 회의록이다. 1일차에 질의를 마

친 1930년 세입출 예산의 의견 개진의 확인된다. 이날 의견 개진으로
세출경상부 제1관부터 제12관까지 전관 원안대로 가결 확정하였다.
세출임시부는 일괄 의견 개진에 들어가 논의도 거의 없이 원안 가결되
었다. 세출부의 특징을 보면 긴축재정으로 극히 예산을 줄여서 해당
예산액으로 과연 집행이 가능할 것인지에 대한 우려로 일관되었다.

내 용

(상략-편자)

(의장 전회에 계속하여 의사를 진행할 것을 선언함)

의장(小林) : 어제는 제2자문안 공주면 세입출 예산 전체에 대해 질의
　　를 마쳤으므로 본일은 본안 중 세출 전관에 대해 의견의 개진을 허
　　락합니다.

　　또 의사록 정리의 사정도 있으므로 의견은 각관에 따라 순차 개진
　　하는 것으로 하고 관(款)마다 채결하여 협의회원의 의견을 결정하
　　고자 생각합니다. 이의 있습니까?

7번(宮本) : 본원은 필요에 의해 각관을 피차 증감하고자 생각하므로
　　의견은 일단 전관을 통해 개진하여 채결하였으면 합니다.

의장 : 7번(宮本)의 의견에 다수 동의한다면 그렇게 하였으면 하는데
　　어떻습니까?

(이때 '불찬성'의 소리, 다수 있음)

의장 : 7번(宮本)의 의견에는 찬성자가 소수라 인정되므로 앞서 이야
　　기한 대로 각 관마다 채결하여 의견을 결정하고 의사를 진행하는
　　것으로 하고자 합니다.

(전원 '찬성'이라 외침)

4번(水谷) : 세출경상부 제1관 제1항의 면장수당 1,680원은 전년도에 비해 240원이 줄었습니다. 이는 긴축을 존중하는 것이라 생각되나 관리의 감봉문제도 철폐되어진 금일 이를 줄이는 것은 적당하지 않다고 생각합니다. 전년도대로 하는 것을 희망합니다.

9번(藤澤) : 본원도 4번의 의견에 찬성하는데 공주 현재의 사정을 헤아리면서 면장의 활동을 촉구하지 않으면 안됨에 여하튼 발급(發給)에는 마음이 편하지 않은 점이 있습니다.

6번(權益采) : 4번, 9번의 수당의 이야기가 있는데 또 물질적 방면은 재정긴축의 사정도 있고 먼저 각원은 면장 주임(奏任) 대우 문제도 연구해야 할 필요가 있습니다. 우리 공주는 도청 소재지로써 도지사 각하를 비롯 주임관(奏任官)의 거주자가 다수이고 여기에서 면의 사무를 취급하는 면장이 판임대우(判任待遇)인 것은 우리 공주 면장의 문제가 아니라 공주의 면목 문제로 대전(大田), 조치원(鳥致院) 등은 주임 면장이고 우리 공주에는 없는 것은 유감이라고 생각합니다.

12번(岡田) : 면장의 급여는 지사가 발령한 것이라면 예산의 유무에 상관없이 본원도 면장수당을 발급하는 것에 동감이나 재원의 관계상 지금 본안을 수정하는 것을 급무로 인정하지 않아 마땅히 증급(增給)의 발령이 있은 후 예산을 결정하는 것이 좋을 것이라 생각합니다.

1번(野崎) : 4번의 이야기가 가장 좋다고 생각하나 긴축 예산의 결과라면 어쩔 수 없이 원안이 좋은 것 같습니다.

면이원 급여를 640원 줄이면 사무 효율에 영향을 미치지 않을지 우려되는 것이 있으나 재정긴축상 어쩔 수 없는 것이라 생각합니다.

10번(外山) : 4번 이야기도 있지만 12번의 이야기가 지당하여 찬성합니다.

10번(外山) : 제4항 여비(旅費) 면장 여비 연액 130원으로는 부족하나 피차 유용하여 적당한 경리(經理)를 바랍니다.

4번(水谷) : 제5항 비용변상(費用辨償)의 부기(附記) 협의회비 연 60원으로는 부족하다고 생각합니다.

11번(草田) : 협의회원은 어쨌든 면을 위해 진력하는 바 소위 공공적으로 활동한다라 하는 것으로 선거장 안에서 선언한 인사(人士)에 대한 회의 일당(日當)은 사양해도 좋지 않습니까?

7번(宮本) : 11번의 의견에 찬성합니다. 회의 일당은 반액이라도 좋고 여기서 얻은 재원으로 면장 여비를 늘리는 것이 필요합니다.

1번(野崎) : 비용변상의 60원과 원안에서 필요로 하여 이는 법규로 정했던 것이므로 줄일 필요 없습니다.

의장(小林) : 세출경상부 제1관 급여에 대해서는 계속 토론하였는데 어쨌든 희망에 속하는 것으로 원안의 수정이라 하는 의견은 없으므로 원안대로 협의회의 의견을 결정하고자 생각합니다. 안원 찬성의 쪽은 거수하여 주십시오.

(전원 거수함)

의장(小林) : 제1관 원안대로 결정하였습니다. 그리고 제2관 사무소비에 대해 의견을 원합니다.

12번(岡田) : 본관 제3항의 잡비 467원을 5분(分) 공제하여 이를 제1항 수용비를 늘리는 것으로 수정하였으면 합니다.

의장(小林) : 12번의 수정의견에 찬성하는 분은 거수하여 주시길 바랍니다.

(이때 12번 강전(岡田) 군, 11번 초전(草田) 군 2명 거수함)

의장(小林) : 12번 강전(岡田) 군의 수정 의견에는 찬성이 소수라 인정됩니다.

의견이 없는 것 같으므로 제2관을 원안대로 면협의회의 의견으로
결정합니다.

(전원 '이의 없다'고 외침)

의장(小林) : 제3관 토목비로 옮겨 의견을 원합니다.

1번(野崎) : 각 도로교량수선비 419원으로써는 도저히 노면(路面)의 수
선을 완정하게 하는 것은 가능하지 않다고 생각합니다. 오히려 가
등료(街燈料) 265원을 서서히 개인이 요금을 지불하는 등(燈)의 점
등을 독려하여 이를 절약하여 노면의 수선에 충당하고 경리상 주의
를 하였으면 합니다.

의장(小林) : 의사 진행사 제3관, 제4관, 제4관을 일괄하여 의견을 이
야기하고자 합니다.

9번(藤澤) : 제5관 제3항 청결소독비 52원을 줄인 것이 지장이 없을지
우려됩니다.

1번(野崎) : 제5의 제2항 격리병사비는 오히려 줄이는 것이 좋을 것이
라 생각합니다. 동사(同舍)에 수용하는 병인(病人)은 연중 모두 그
러한 상태인 것입니다.

6번(權益采) : 제5관 제6관 공동변소비 26원은 소액(少額)이라 생각합
니다. 여기에 소제가 잘되고 있습니까?

11번(草田) : 공동변소비의 수선비에서 상시 청결은 관업원(慣業院)의
청부로 위생 인부(人夫)가 이를 행하므로 경찰의 감독을 엄중하게
하면 될 것이라 생각합니다.

4번(水谷[79]) : 가능한 의사를 진행하였으면 합니다.

의장(小林) : 제3, 제4, 제5항에 대해서는 의견이 없는 것 같으므로 원

---

[79] 野崎로 오기되어 있음.

안대로 협의회의 의견을 결정하고자 합니다. 찬성자는 거수하여 주
시길 바랍니다.

의장(小林) : 제6, 제7, 제8, 제9, 제10, 제11, 제12관을 일괄하여 의견을
개진하고자 합니다.

1번(野崎) : 제6관 제1항 잡급(雜給) 중 순시(巡視) 1명을 줄였는데 도
수(盜水) 등의 취체에 대해서는 충분 주의를 하였으면 합니다. 또
수질(水質) 검사비와 같은 것은 도 당국에서 그 수당으로 이를 주도
록 진력하였으면 합니다.

12번(岡田) : 1번의 의견에서 수질검사 수당을 무료로 하는 것도 이는
기술상 상당한 노력이 수반되는 것이므로 이는 행할 수 없습니다.
원안이 적당하다고 생각합니다.

7번(宮本) : 소방비에 대해서는 169원을 줄였습니다. 대체 소방은 최초
의 5푼(分) 정도이므로 각 구(區)에 방화전(防火栓)용 수관(水管)을
비부하여 소방의 출동을 대기하고 부근자로써 소화에 편하도록 설
비하도록 연구하여서 해마다 이 소요비를 계상하였으면 합니다.

면장(小林) : 소방비는 소방조에 또 방화전은 상수도비에 계상하는데
그 이외의 비용은 현하의 면재정상 곤란합니다.

1번(野崎) : 제9관 제1항 관리비(管理費) 중 부기 면주택(面住宅) 내 방
수비(放水費)는 사용하지 않고 또 온돌 수선에 45원 정도로는 부족
하다고 생각합니다. 이를 유용하면 유감 없기를 기대하고자 합니다.

11번(草田) : 제8관 제1항의 면유림 번인(番人) 수당 60원은 사용하지
않는다면 이는 무료로 하초(下草) 수확만을 부여한다면 번인 희망자
가 다수일 것이라 생각합니다. 이것으로 대신할 것을 희망합니다.

6번(權益采) : 무료 번인이 하초를 채취하는 것은 수목 보호상 적당하
지 않다고 생각합니다. 유료(有料) 번인으로서 이를 보호하는 것이

좋다고 믿습니다.

의장(小林) : 제6, 제7, 제8, 제9, 제10, 제11, 제12관까지 의견도 다한 것 같으므로 협의회의 의견으로 결정하고자 생각합니다. 원안에 찬성하는 분은 거수하여 주십시오.

(전원 거수함)

의장(小林) : 세출임시부를 일괄하여 의견을 개진하고자 합니다.

10번(外山) : 제2관 토목비 제1항 도로확장 및 하수공사비는 확장의 결과 연도(沿道)의 토지가옥 소유자에게 지대한 손실을 끼쳐 토지가옥의 보상에 대해서는 충분 고려하여 실행할 것을 희망합니다.

1번(野崎) : 본원은 10번의 이야기의 취지에 찬성하나 원래 이 도로는 2등 도로이므로 면의 공사가 아니라 전액 도청에서 이를 인수하여 공사를 진행하도록 면장이 노력할 것을 희망합니다.

4번(水谷) : 제2관 제1항 도로확장, 하수공사비 중 노면 보수의 104원은 도지방비가 부담하는 것이 적당하다고 생각합니다. 면장이 상당 교섭하였으면 합니다.

의장(小林) : 임시부세출금액에 대해서는 의견이 다한 것이라 인정되므로 협의회의 의견을 결정하고자 생각합니다. 원안 찬성자는 거수하여 주시길 바랍니다.

(전원 거수함) (하략-편자)

8) (공주면협의회) 회의록(제3일)

항 목	내 용
문 서 제 목	會議錄(第3日)
회 의 일	19300328
의 장	小林憎太郎(공주면장)
출 석 의 원	野崎朝吉(1번), 金甲淳(2번), 水谷辰利(4번), 中畑孫市(5번), 權益采(6번), 宮本善吉(7번), 徐範淳(8번), 藤澤英夫(9번), 外山喜右衛門(10번), 草田市三郎(11번), 岡田豊次郎(12번)
결 석 의 원	李範珪(3번)
참 여 직 원	金相翼(부면장), 野上憲三(서기), 金東辰(서기), 李光求(서기)
회 의 서 기	
회 의 서 명 자 (검 수 자)	小林憎太郎(공주면장),野崎朝吉,金甲淳
의 안	2.1930년 공주면 세입출 예산 건, 3.1930년 호별할등급사정의 건, 4.공주면 수도급수규정 개정의 건
문 서 번 호 (I D)	CJA0002765
철 명	지정면예산서
건 명	소화5년도지정면예산보고의건(공주군공주면)-회의록첨부
면 수	7
회의록시작페이지	593
회의록끝페이지	599
설 명 문	국가기록원 소장 '지정면예산서'철의 '소화5년도지정면예산보고의건(공주군공주면)'에 포함된 1930년 3월 28일 공주면협의회 회의록

해 제

본 회의록(7면)은 국가기록원 소장 '지정면예산서'철의 '소화5년도지정면예산보고의건(공주군공주면)'에 포함된 1930년 3월 28일 공주면협의회 회의록이다. 26, 27일에 이어 제3일차 협의회의 회의록이다. 1930년

도 공주면 세입에 대한 의견 개진과 의결이 확인되는 회의록이다. 1930년
호별할 등급에 대한 사정, 수도급수규정에 대한 개정이 주요 안건이
었다.

특히 이날 회의에서는 면유재산에 대한 논의가 확인되어 일제시기
면재정 관련 면유(面有) 재산에 대한 이해에 도움이 될 것으로 생각된
다. 본 회의에서 확인되는 공주면의 면유재산은 면유림과 면영주택이
다. 면유림 운영과 관련하여 생산량 문제가 제기되고 있는데, 운영기
간이나 면적에 비해 예산에 견적된 생산액은 기대에 미치지 못하였던
것 같다.

공주면은 공주의 중심지로 도청이 있었던 지역이었던 만큼 산업발
전, 인구증가 등에 수반하여 일찍부터 주택난에 봉착하였고, 1922년
식산은행에서 5만 원을 차입하여 면영주택 35호를 건설하였다.[80] 이
날 회의에서는 이 면영주택의 임대료에 대해 논의되었는데 의원 측에
서는 경기불황, 민심 완화 등을 위해 임대료를 저하할 필요가 있다고
주장하였고, 면당국에서는 이미 여러 차례 임대료를 인하하였고 도당
국에서도 유지하는 쪽으로 지시하여 어렵다는 입장을 밝혔다. 의원
중에는 면영주택의 임대료 인하가 일반 임대에 미칠 영향 등을 이야
기하면 원안대로 의결해야 될 것이라 주장도 있었고, 결국 원안대로
의결되었다. 전시체제기 부영주택 등 주택임대에 대한 정책 이전 시
기의 공영주택의 양상을 확인할 수 있는 자료로써 주목된다.

---

80) 「公州面營住宅計畫」, 『동아일보』 1922.8.1.

내 용

(상략-편자)

의장(小林) : 자문안 제2안 공주면세입출예산안에 대해 전회(前會)에 계속하여 의사(議事) 개회를 선언합니다.

의장(小林) : 전회에는 세출예산 전관에 대한 의견의 개진을 마쳤으므로 본일은 동 자문안 세입 전관에 대해 의견의 개진을 원합니다.

10번(外山) : 제1관 제1항 기본재산 수입 중 부기(附記)의 면유림 생산대금 5원은 근소하나 양림(養林)상 지장이 없는 정도로 증수(增收)를 계획할 것을 희망하여 원안에 찬성합니다.

9번(藤澤) : 아래 가지만 다듬어도 100부(負) 정도는 얻을 수 있을 것으로 예상되므로 20원의 수입이 있을 것이라 생각합니다.

11번(草田) : 면유림은 이미 식림 개시 후 10년 가까이 되었으므로 손질해서 2, 3백 부 정도의 소나무 가지를 얻을 전망이라면 상당의 수입이 있을 것이라 생각합니다.

6번(權益采) : 본원은 면유림은 현재 유급 번인도 있고 충분 하초(下草), 하지(下枝)를 보존하여 해마다 지층도 비옥해지고 있으므로 양림상 여유를 준다면 급하지 않은 편이 적당하다고 생각합니다.

면장(小林) : 의견에 대해 면유림의 생산고(生産高)에 대해 오해한 점이 있다고 생각하므로 주의의 말씀을 올립니다. 본 항에 계상한 5원의 생산금은 단순히 부기를 생각하여 계상한 것으로 이 액수가 최대 한도의 생산고가 아니고 그 손질에 대해서는 군 주임(主任) 기술자의 지도를 받아 손질하였으므로 혹은 생산품 대금이 20원이 될지 1원으로 감소할 것인지 미정입니다.

7번(宮本) : 본원은 어떻게 해서라도 면의 기본재산을 해마다 증식시켜야 한다고 생각합니다. 일안(一案)으로 공동묘지에도 오동나무를 식림하는 것이 어떠합니까?

11번(草田) : 제1관 제2항 주택임대 수입의 부기 을(乙), 병(丙) 11개월로 예상하는데 을은 12개월로 견적하여 수입을 증가시키는 것은 어떠합니까?

12번(岡田) : 대가(貸家) 경영자의 통칙으로써 연중 10개월로 견적하는 것이 지당하고 12개월 및 11개월로 예상하는 것은 오히려 과하다고 생각하는 정도에 있고, 단 전년도의 결산이 표준이 되는 것이라면 원안이 적당하다고 생각합니다.

4번(水谷) : 현재 일반 불황으로 각지 가임(家賃) 인하하는 가주(家主)가 혹은 솔선하여 이를 행하고 있고 저번 대구에서도 이를 실행하므로 본면은 일반 가임의 인하를 솔선하여 갑호(甲號) 2원, 을, 병 각호 1원씩 인하할 것을 희망합니다.

10번(外山) : 본원은 갑호의 인하는 필요가 없고, 을, 병호에 대해 각 1원씩 인하하는 것이 지당하다고 생각합니다. 즉 면은 솔선하여 호감을 부여하는 것이 필요하다고 생각합니다.

면장(小林) : 면장으로 원안 유지상 변명합니다. 면장이지만 일반의 형세에는 항상 유의하고 있습니다. 저번 도 당국에서도 삼가 말씀하시기를 현재 다액의 결손(缺損)으로 인하할 필요가 없다는 것이었습니다. 또 거주자의 의견도 규합했는데 1원이나 2원을 인하하여 그것으로 수선을 하지 못한다면 곤란하므로 가격을 내리지 않더라고 종래대로 수선에 유의하여 줄 것을 희망하는 자가 다수였습니다. 또 본 주택은 1922년 완성 당시는 갑호에 28원, 을호 20원, 병호 16원이었는데 그 후 2회의 가격 인하를 결행하여 현재 갑호 20원, 을호 16원, 병호 13원으로 연중 거의 만 원으로 이를 가격 인하할 이유가 어디에 있는지 생각합니다. 도리어 다른 지방의 상황을 추종하여 인기에 따라 갈 필요는 없다고 생각합니다.

1번(野崎) : 면주택을 가격 인하하고자 하여 일반 임대 집주인이 이를 추종하여 인하하게 되면 공주와 같이 현재 임대가가 비교적 저렴한 토지는 현재도 임대업을 하는 자가 소수인데 임대가를 내리는 것을 계획할 때는 이후 임대 주택을 건설하는 것보다 도리어 집을 빌리려 할 것이라 생각합니다. 고로 원안대로 적당하다고 생각합니다.

4번(水谷) : 제2관 제1항 화장장사용료와 세출 제5관 제5항 화장비를 비교하면 17원 정도로 수입이 적지 않습니다. 이는 서서히 균형을 유지하도록 고려하기를 원합니다.

의장(小林) : 세입 전관에 대해 의견을 다하였으므로 협의회원의 의견을 결정하고자 생각합니다. 원안대로 찬성하는 분은 거수하여 주시길 바랍니다.

(전원 거수함)

의장(小林) : 이로써 공주면 세입출 예산안 전체에 대해 의견의 개진을 마쳤으므로 이중으로 채결하는 경향은 있지만 이에 다시 세입출 각 관항에 대해 각원으로부터 각각 희망을 개진한 사항을 존중하여 경리하는 것으로 하고, 위 의안 전체에 대해 협의회원의 의견을 결정하고자 생각합니다. 이에 찬성하는 각위는 다시 거수를 원합니다.

(전원 거수함)

의장(小林) : 전원 찬성이라 인정되므로 각 관항(款項)에 대한 각원의 희망했던 조항을 존중하는 것으로 하여 본안에 대한 협의회의 의견을 원안대로 결정합니다. (중략-편자)

의장(小林) : 제3안 1930년도 호별할(戶別割) 등급 사정에 대해 부의합니다.

면장(小林) : 본안 중 골자로 할 개인의 소득조사는 부동산은 명기장(名寄帳) 및 다른 지방으로부터의 통지에 기초하고 또 각 영업자에 대해서는 군의 영업세법에 따른 조사에 의한 부과금액을 참고로 하고 기타 수입에 대해서는 직접 이를 조사한 것으로써 또 관공리(官公吏), 회사원에 대해서는 각각 조회 왕복하여 기 수입액을 정하는 것입니다.

지금부터 본안에 대한 질의의 진행에 수반하여 각각 설명하고자 합니다.

개인에 관계한 부분은 비밀회(秘密會)로 하여 질문에 응하는 것으로 합니다.

10번(外山) : 연금(年金) 수입은 어떠한 방법에 의해 조사합니까?

면장(小林) : 공주우편국에 조회하여 본면 내의 은급(恩給), 연금, 부조료(扶助料)를 받는 자를 조사하고 있습니다. 종종 연금수급자로써 공주국(公州局) 이외 즉 본적지에서 수령하는 자도 2, 3명 있는데 이는 조사의 결과 일본에서도 1호(戶)당으로 보통 부담시키고 있는 것이므로 이를 추가하지 않습니다.

의장(小林) : 총괄한 질문도 다한 것 같으므로 이를 그만두고 의견의 개진으로 옮기고자 합니다. 이의 있습니까?

(전원 '이의 없다'라 외침)

의장(小林) : 지금부터 의견의 개진을 허락합니다. 질문과 마찬가지로 총괄적으로 하였으면 합니다. 개개인의 것은 비밀회에서 개진하였으면 합니다.

1번(野崎) : 본안 의견에 찬성하며 의견을 말씀드립니다. 호별할 1호 평균액은 4원으로 이는 법규가 정한 액수이므로 이에 부과 호수 2,120호에 상응하는 금액이 즉 본면 본 연도의 호별할 총액이라 생각합니다. 그리고 이를 각 호에 부과한 이후 제1호 호별할 부과 명세서대로 23등(等)으로 별도 규정의 누진율에 의해 가장 공평하게 취급하는 것이라 믿습니다. 또 이를 근거로 기본을 이루고 각 개인의 소득조사는 자산, 소득, 생활의 상태를 정밀 조사하여 특히 공평한 소득총액을 산출해야 할 것이라 생각합니다. 그리고 이 조사가 용이하게 되어 소수의 면리원으로써 완전을 기대하는 것은 생각할 수 없습니다. 다행히 영업세령(營業稅令) 발표 후는 군(郡)의 세무관리의 전문적 조사가 서서히 진행되어서 이를 참고로 면(面)도 입안할 것이라는 소문입니다. 그런데 각원도 알고 계시는 대로 종래 소득 조사가 완전을 기대하기 어려워 당시는 소위 평등이나 균형라든가 고려에 하나를 더하여 사사로운 사실에 기초하여 사정하는 경향이 있었던 것으로 추측됩니다. 본 연도는 면 당국에서 이 점에 유의하였으면 하는데 아직 구태를 벗지 못한 감이 있습니다. 저번 면장 주최의 하에 면내 유지자가 회동한 석상에서 귀띔한 각인 소득액의 숫자와 서로 차이가 있는 것 같은 감이 있습니다.

장래 가능한 각인의 소득조사는 구체적으로 숫자적으로 정밀 조사하여 생활 상태에 의해 추정한 액수에 대해서는 충분한 확신에 의해 헤아려 정할 것을 희망합니다.

면장(小林) : 원안의 유지상 일언을 하고자 합니다. 1번 노자끼(野崎) 군의 의견은 지극히 좋은 것이라 생각합니다. 그렇지만 면장으로서는 이 이상으로 공평을 기대하기 어려워 그 이상으로 구태를 탈피하려고 연구 조사를 거듭하고 있습니다. 종래는 가능한 피동적으로 하는 것이 협의회에서 관례가 되고 있었던 경향이었습니다. 가령 2등 혹은 3등을 올려야 하는 것도 일시에 그것을 실행하는 것은 가혹하여 등급의 논의에서 1등에 그치는 등의 것도 있는 적폐를 인정하여 본 연도는 원안으로써 크게 일세에 7등 내지 4등을 인상하는 것도 있는 것으로 다시 이에 대해 우려되어지는 것은 면장으로써는 유감이라 생각하는 바이나 장래는 한층 취지에 부응하도록 할 것입니다.

의장(小林) : 총괄적으로 의견 개진도 다할 것 같으므로 지금부터 비밀회로 하여 각 개인별로 질문이나 의견을 합하고 또 각 의원의 기탄없는 의견의 교환을 원합니다. 본안의 정밀 조사 확정하고자 생각합니다. 이의 있습니까?

(전원 '이의 없다'고 외침)

의장(小林) : 지금부터 비밀회의로 합니다.

의장(小林) : 열성으로 질문, 의견 및 의견의 교환을 하였으므로 이미 토론도 다한 것 같으므로 지금부터 비밀회의를 폐하고 공회(公會)로 옮기고자 생각합니다. 이에 찬성하는 분은 거수하여 주십시오.

(전원 거수함)

의장(小林) : 전원 공회로 옮길 것을 찬성한 것으로 인정되므로 지금부터 비밀회를 폐하고 공회의를 하겠습니다.

(이때 시각 6시 20분)

의장(小林) : 본안에 반대의 의견이 없는 것으로 인정되므로 원안대로 협의회의 의견을 확정하고자 합니다. 찬성하는 분은 거수하여 주십시오.

(전원 거수함)

의장(小林) : 제3 자문안 1930년도 공주면 호별할 등급사정은 원안대로 협의회의 의견을 결정합니다.

의장(小林) : 제4 자문안 공주면수도급수규정의 건을 자문합니다.

(면장(小林) 본안 부기 사유서의 대로 설명을 함)

의장(小林) : 본안은 간단한 것이므로 질의와 의견을 동시에 개진할 것을 허락합니다.

10번(外山) : 본안은 자못 간명한 안건이므로 본원은 질의나 의견 없
  이 원안 찬성합니다.

(이때 전원 10번 이야기에 찬성한다고 외침)

의장(小林) : 전원 질의나 의견 없는 것으로 판단되므로 원안대로 찬
  성하는 분은 거수하여 주시길 바랍니다.

(전원 거수함)

의장(小林) : 전원 원안대로 찬성한 것으로 인정되어 본안은 원안대로
  협의회의 의견을 결정합니다. (하략-편자)

9) 대전읍회 회의록

항 목	내 용
문 서 제 목	大田邑會 會議錄
회 의 일	19350921
의 장	齋藤安二(대전읍장)
출 석 의 원	伊藤建藏(1번), 佐藤庄太郎(2번), 南部京平(3번), 富士平平(4번), 沼田虎次郎(6번), 韓福履(7번), 古田乙吉(8번), 金浩鎭(9번), 小澤淸(10번), 中村藤太郎(11번), 桑原照雄(12번), 文甲童(13번), 山川德次郎(14번)
결 석 의 원	野木林造(5번)
참 여 직 원	佐藤麟太郎(부읍장), 城戶小一郎(서기), 卞鍾九(서기)
회 의 서 기	
회 의 서 명 자 (검 수 자)	齋藤安二(대전읍장), 小澤淸(의원), 中村藏太郎(의원)
의 안	의안 제1호 1935년도 세입출 예산 추가의 건, 제2호 기부행위에 관한 건, 제3호 부 설치에 의해 읍 재산을 부에 이전하는 것에 관해 충청남도지사의 자문에 대한 답신의 건
문 서 번 호 (I D)	6
철 명	635
건 명	640
면 수	CJA0003087
회의록시작페이지	대전군산부일반회계세입출예산서
회의록끝페이지	대전읍소화10년도세입출추가경정예산의건(제5회)(회의록첨부)
설 명 문	국가기록원 소장 '대전군산부일반회계세입출예산서'철의 '대전읍소화10년도세입출추가경정예산의건(제5회)'에 포함된 1935년 9월 21일 대전읍회 회의록

해 제

  본 회의록(총 6면)은 국가기록원 소장 '대전군산부일반회계세입출예산서'철의 '대전읍소화10년도세입출추가경정예산의건(제5회)'에 포함된

1935년 9월 21일 대전읍회 회의록이다.

내 용

(상략-편자)

읍장(齋藤安二 군) : 출석 읍회 의원 13인으로서 정원수에 도달하였으므로 지금부터 개회합니다.

의장(읍장 齋藤安二 군) : 본 읍회에 본 읍장이 제출한 의결사항은

　　의제 1호 1935년도 세입출 예산 추가의 건

　　의제 2호 기부행위에 관한 건

　　의제 3호 부 설치에 의해 읍 재산을 부에 이전하는 것에 관해 충청
　　　　　　남도지사의 자문에 대한 답신의 건

　　이상 3건입니다.

의장(읍장 齋藤安二 군) : 의안 제1호를 부의합니다. 서기로써 낭독바랍니다.

(서기 키도 코이타로(城戶小一郎) 군 의안 낭독)

의장(읍장 齋藤安二 군) : 낭독을 마쳤으므로 질문을 허락합니다.

참여원(부읍장 佐藤麟太郎) : 옆에 놓인 예산 설명에 의해서 이해하실 것이라 생각하는데 중요한 것에 대해 한마디 설명드리겠습니다. 먼저 세출부터 말씀드리면 퇴직급여금은 급여규칙에 의해서 3년 이상 재직자에 대한 소요액을 계상하였습니다. 그 다음의 특별상여금은 본년 연말 상여의 대신 지급하는 것입니다. 그리고 임시부의 기부금 5천 원 증가한 것은 전날 비공식으로 상담하였던 춘일정(春日町) 2, 3정목(丁目) 도로의 포장공비(包裝工費)의 반액을 계상하고, 또 기념품대 및 추도비(追悼費)에서도 이전에 상담한 대로 읍정(邑

政) 이래 공로자에 대해서 기념품을 증정하고, 사거자(死去者)에게
는 추도회를 하려고 게상하였습니다.

세입에 있어서는 지난해 수입 및 이월금은 당초 예산을 초과하면
규칙에 기초하여서 매년 적립으로 해왔던 급여기금에서 이월하고,
또 기채상환 적립금도 경비의 운용상 이때 이월하는 것으로 하였던
것입니다. 대체 이상의 대로입니다.

14번(山川德次郎 군) : 폐천(廢川) 부지 및 폐도(廢道)의 매각예정지는
어느 곳입니까?

참여원(부읍장 佐藤麟太郎) : 폐천 부지는 춘일정 1정목 마츠우라(松
浦) 상점의 안에 이르는 곳으로 폐도는 춘일정 3정목 이지찌시(伊知
地) 자전차옥의 맞은 편에서 서쪽에 있는 장소입니다.

14번(山川德次郎 군) : 폐도의 매각 예정가격은 저렴한 가격이라고 생
각하는데 어떻습니까?

참여원(부읍장 佐藤麟太郎) : 시가(時價)보다는 다소 저렴한 것인데
이는 지금의 새 도로는 나카무라 미찌타로우(中村盈太郎) 씨의 토
지 기부에 의해서 만들려고 한 때에 동씨(同氏)는 구도(舊道)가 폐
지된다는 이유로 반대로 나오던 것을 새 도로가 완성되어도 구도는
절대 폐지하지 않는다는 취지의 당시 군수로부터 각서를 제출하여
이를 기부하여 만들었던 후 자연 폐도되었던 관계상 연고자인 나카
무라 씨에게는 무상(無償) 양여(讓與)가 오히려 타당하나 그 당시의
평가 즉 본 예산 견적액으로써 매각하는 것으로 하고자 생각합니다.

10번(小澤淸 군) : 지난해 수입은 확정성이 있습니까?

참여원(城戶小一郎 군) : 오히려 본 예산에 계상액 이상의 수입이 있
을 것이라 믿습니다.

의장(읍장 齋藤安二 군) : 외에 질문 있습니까?

1번(伊藤建藏 군) : 본안은 독회를 생략하고 원안의 대로 확정하는 것
   으로 동의합니다.

(1번 의원의 동의에 '찬성'의 소리 높음)

의장(읍장 齋藤安二 군) : 1번 의원의 동의에 찬성하는 것 같으므로 원
   안의 대로 확정[81]하고자 생각는데 이의 없습니까?

(전원 이의 없음)

의장(읍장 齋藤安二 군) : 이의가 없다라 인정하여 원안의 대로 확정
   하고, 의안 제2호를 상정합니다. 이를 낭독하겠습니다.

(부읍장 사토 린타로(佐藤麟太郎) 군 의안 낭독)

읍장(齋藤安二 군) : 본안에 대해서는 이전에 비공식으로 상담하였던
   대로 춘일정 2정목 대전교(大田橋) 이서(以西)에서 도청(道廳) 옆까
   지의 도로포장 공비(工費) 반액을 직접 관계있는 본읍이 부담하여
   공사의 촉진을 도모하기 위한 것으로 1호 의안의 추가경정 예산과
   관련합니다.

14번(山川德次郎 군) : 본안은 독회를 생략하고 원안대로 확정하는 것
   을 동의합니다.

(14번 의원의 동의에 '찬성'의 소리 높음)

의장(읍장 齋藤安二 군) : 14번 의원의 동의에 찬성하는 것 같으므로
   독회를 생략하고 원안의 대로 확정하고자 생각하는데 이의 있습니
   까?

(전원 '이의 없다'라 외침)

의장(읍장 齋藤安二 군) : 이의 없다라 인정되어 바로 원안대로 결정
   하고 의제3호를 부의하고 이를 낭독하겠습니다.

---

81) 원문의 確實은 確定의 오기.

(서기 키도 코이타로 군 의안 낭독함)

의장(읍장 齋藤安二 군) : 10월 1일부터 부 설치에 의해 본읍 일절의 재산을 대전부로 인계에 관해 충청남도지사로부터 별지의 대로 자문이 있었으므로 본안의 대로 동의(同意)의 답신(答申)을 하고자 하는 것입니다.

의장(읍장 齋藤安二 군) : 질문을 허락합니다.

11번(中村藏太郎 군) : 특별히 질문이나 의견 없습니다.

1번(伊藤建藏 군) : 본안에 대해서는 독회를 생략하고 원안의 대로 확정하는 것을 동의합니다.

(11번 의원 나카무라 후지타로 군, 1번 의원의 동의에 '찬성'이라 외침

의장(읍장 齋藤安二 군) 1번 의원의 동의를 의장(議場)에 물음. '찬성'의 소리 높음)

의장(읍장 齋藤安二 군) : 찬성하는 것 같으므로 바로 원안의 대로 확정하고자 하는데 이의 없습니까?

(전원 '이의 없다'라 외침)

의장(읍장 齋藤安二 군) : 이의 없다라 인정하여 원안의 대로 결정합니다.

11번(中村藤太郎 군) : 과부하지만 최종의 읍회에 임하여서 의원을 대표하여 한마디 인사를 말씀드립니다.

원래 본읍은 신흥 도시이므로 이래 저래 시설을 필요로 하는 사항이 많았던 것입니다. 그렇지만 먼저 읍재정 그것은 한정이 있으므로 각종 사업 계획 수행상 다소 곤란을 초래하였던 사정도 있었다고 생각합니다. 평소 우리 의원은 읍장 이하 각위에 대해 상당히 무리도 있고 또 마음에 쓰이는 것도 있었던 것이라 생각하는데 과거의 일절은 이때 해소하기를 바랍니다. 동시에 읍장은 주야로 침식(寢食)도 잊고서 읍정을 위해 진력하였던 것을 감사합니다. 또 읍장의 위

로금에 있어서는 이 또한 재정의 형편도 있어서 진실로 뜻을 표함
에 지나지 않는 것입니다. 이 점 양해하여 주시길 바랍니다. 마지막
에 임하여 장차 함께 재임 중의 미료(未了) 사업 및 기타에 대해 서
로 변함없이 원조하여 주시기를 바라며 인사의 말씀을 드립니다.

의장(읍장 齋藤安二 군) : 다사다난(多事多難)의 때인 만큼 저와 같은
　　부족한 자가 무사히 직무를 견딜 수 있었던 것은 오로지 의원 각위
　　의 동정(同情) 깊은 편달(鞭撻)에 의한 것으로 이에 진심으로 감사
　　의 뜻을 표합니다.

　　이번 폐직(廢職)에 대해서는 특히 저를 위해 각별히 배려를 하여 주
　　신 것을 널리 인사 말씀 올립니다. 이제 오는 28일은 일동 인사를
　　올릴 예정인데 읍회의 마지막을 때하였으므로 한마디 인사와 함께
　　사사로운 얘기를 하겠습니다.

의장(읍장 齋藤安二 군) : 각 의안은 논의를 마쳤으므로 순번에 의해
　　서 서명 의원을 10번 오자와 끼요시(小澤淸), 11번 나카무라 후지타
　　로(中村藤太郎)를 지명함으로써 산회하겠습니다.

의장(읍장 齋藤安二 군) : 본 회의에 제출하였던 안건은 원안의 대로
　　마치고 본 회의를 폐를 폐회하게 된 것은 심히 감사하는 것으로써
　　폐회합니다.

(시간 오후 3시 50분)

　　위 회의의 전말을 기록하여 이에 서명함

　　1935년 9월 21일
　　의장 사이토 야스니(齋藤安二)

의원 오자와 끼요시
의원 나카무라 후지타로

10) 의주읍 제1회 회의록(제2일)

항　목	내　용
문　서　제　목	義州邑 第1回 會議錄(第2日)
회　의　일	19310618
의　　　장	高一淸(읍장)
출　석　의　원	12명(전원) : 矢野勝次(1번), 尹相和(2번), 申彦治(3번), 土肥平一郎(4번), 福田國光(5번), 李普榮(6번), 金秉憲(7번), 齊藤奎一(8번), 文昌根(9번), 金炳鍊(10번), 金光彬(11번), 金志梓(12번)
결　석　의　원	
참　여　직　원	野本甚作(부읍장 :번외) (외 확인 안됨)
회　의　서　기	金雲龜(서기), 後藤芳太郎(서기)
회　의　서　명　자 (　검　수　자　)	高一淸(읍장), 矢野勝次, 尹相和
의　　　안	제3호 1930년도 의주군 의주면 세입세출 결산, 제4호 예산외 의무부담의 건, 제5호 1931년도 의주군 의주읍 세입세출 추가 예산의 건
문　서　번　호(ID)	15
철　　　명	585
건　　　명	599
면　　　수	CJA0002849
회의록시작페이지	평북강원각읍예산서
회의록끝페이지	읍예산추가에관한건(회의록첨부)
설　　명　　문	국가기록원 소장 '평북강원각읍예산서'철의 '읍예산추가에관한건(회의록첨부)'에 수록된 1931년 6월 18일 개회 제1회 의주읍회(제2일) 회의록

해 제

　본 회의록(총 15면)은 국가기록원 소장 '평북강원각읍예산서'철의 '읍예산추가에관한건(회의록첨부)'에 수록된 1931년 6월 18일 개회

제1회 의주읍회 제2일차 회의의 회의록이다.[82] 1930년도 세입세출 결산, 제4호 예산외 의무부담의 건, 제5호안 1931년도 의주군 의주읍 세입세출 추가예산의 건에 대해 심의, 의결하였다.

1931년 4월 개정 읍면제 시행 이후의 첫 회의로 본 회의록에서 확인할 수 있는 특이사항은 읍면제에 새롭게 나타난 검사위원의 선정 방식에 대한 논의였다. 1930년 12월 발포, 1931년 4월부터 실시된 읍면제(邑面制)에 따르면 제15조에 읍회는 읍의 사무에 관련된 서류 및 계산서를 검열하고, 사무의 관리, 의결의 집행 및 출납을 검사할 수 있고, 읍회는 의원 중에서 위원을 선거하여 이를 행하도록 하였다.[83] 본 회의록의 논의 내용을 보면 당시 의원들이 이 출납 검사 위원에 상당히 기대가 컸었던 것이 확인된다. 감독 관청의 지휘, 감독뿐만 아니라 자치기관으로써의 자치 본위를 지키는 업무로써 자부하며 크게 관심을 갖고 그 선출 방식 및 구성에 대해 열띤 논의를 한 사실이 확인된다. 번호순, 1년 임기, 각각 3인, 4인, 5인 선출 등 의원들의 각종 의견들 중 다수결로 1년 임기 4인 선출로 결정되었다. 이 결정에 따라 투표로 검사위원 4인을 선정하였다.

내 용

제2일차 1931년 6월 18일 오전 9시 30분 개의(開議)

서기 고토 요시타로우(後藤芳太郎) : 오늘의 출석의원 12명(전원)으로 회의 구성의 정족수에 달하였습니다.

---

[82] 1일차 회의록은 확인되지 않음.

[83] 「읍면제(제령 제12호)」, 『조선총독부관보』 제1174호, 1930.12.1.

의장 : 지금부터 전날에 계속하여 개회하겠습니다. 의사 일정은 어제 말씀드렸던 대로 1930년도 면결산을 부의하는 것인데 본안은 위원회에 부탁하였으므로 위원회의 보고가 있을 때까지 잠시 휴식하겠습니다.

의장 : 오전에 계속하여 개의하겠습니다.

(시각 0시 15분)

8번 사이토 모쿠이치(齊藤杢一)(결산위원장) : 지금부터 위탁되었던 1930년도 의주군 의주면 세입세출 결산의 위원회의 심사의 경과 및 결과를 가능한 간단하게 말씀드리고자 합니다. 위원회는 오늘 오전 8시부터 정오까지 상당 장시간에 걸쳐 신중 심의하였습니다. 그 결과 결산 전반에 걸쳐 계수(計數)에서 잘못 계산된 것 없이 정확하게 조제되어 있음을 인정하여 원안의 대로 가결하는 것으로 의결하고자 하였지만 주의와 고려를 바라여 2, 3의 사항에 대해 말씀드리고자 합니다. 먼저 세출부터 말씀드리겠습니다. 세출 제4관 제1항 도로교량비 182원 81, 제6관 제2항 하수구비 114원 30, 제6항 공동변소비 15원 63의 각 예산 잔고가 발생하여 있는데 이상은 모두 예산 편성의 때 상당히 읍의 현황에서 볼 때 가장 시설이 급하다고 인정되어서 소액의 세계(歲計) 중에서 특히 이 방면으로 전용하였던 것이므로 적어도 예산 계상액(計上額)상만의 집행은 필요하다고 절실하게 통감했던 것입니다. 다음은 지출증빙서류에 대해서인데 수선비 등의 지출증비서류 중 그 수선 월일 등의 기입이 빠진 것인 많이 발견되었습니다. 이들은 모름지기 기입해야 하는 것이라 생각합니다. 다음은 세출 전체에서 상당 다액의 지출을 하고 있는 것은 위생비의 7,502원 47인데, 이 위생비 중 중요한 것은 수도비의 5,237원 73으로 이는 세입부에서 사용료로써 약 5천 원의 수입이 있습니다. 고로 경리상 차이의 곤란은 인정되지 않지만 경비비는 하등 이에 충당할 세계의 재원은 없음에 불구 1,185원 60의 지출을 요했던 것입니다. 이는 법령상 당연 부담해야 하는 것으로 이를 절약하는 것은 용이하지 않은 것인데 본원으로써 저의 출장수당액을 당국과 협의하여 감액하였으면 합니다. 저의 급여규정은 1923년도 제정되었습니다. 당시보다는 물가도 하락하여 있는 금일이므로 감액하여도 소방수에게 고통은 없을 것이라 생각합니다. 또 한마디 하고자 하는 것은 세출 제1관 제3항 잡급 중에서 면주인(面主人) 급여 부담액의 명목으로 3, 6에 지출하고 있는데 특별히 법령의 근거도 있지 않은 본 읍으로써는 격별 필요도 느끼지 않는 것이므로 이 또한 당국과 협의의 후 장래는 부담하지 않도록 희망합니다. 다음은 세입에 대해서인데, 이는 시간의 관계상 미세하게는 심사를 행하지는 않았던 점도 있지만 계수에 오류는 없었습니다. 오직 하나의 희망으로써 말씀드리는 것은 수입의 기초가 될 증빙서류가 약간 불완전한 것으로 생각됩니다. 이상 심히 충분하지는 않지만 이로써 보고를 마치겠습니다.

의장 : 1930년도 의주군 의주면 세입세출 결산은 지금 위원장으로부터 보고했던 대로입니다. 본안에 대해 지금부터 토론으로 옮기고자 하는데 만약 독회를 생략하여 위원장의 보고에 의해 바로 채결하고자 희망하는 분은 없습니까?

4번 도히 헤이치로(土肥羋一郞) : 1930년도의 결산은 위원장의 보고에 의해서 능히 이해가 되므로 채결하는 것을 동의합니다.

12번 김지재(金志梓) : 공회당의 입장 인원의 정원은 몇 명입니까?

번외 부읍장 : 5백 인입니다.

12번 김지재(金志梓) : 능히 이해하였습니다. 나아가 한마디 하고자

하는데 지난 번 소방조에서 활동사진회를 개최하였던 때에 초대권
을 1,300매 발부하였지만 때문에 초대를 받아서 관람하려 왔던 분이
공회당이 협소한 관계로 그대로 집으로 돌아간 분도 많이 확인되었
는데 공회당을 확장하여 1,000인 정도의 수용이 가능하도록 할 의지
는 없습니까? 또 현재 부속실의 수선을 하여 구락부(俱樂部)로 한다
라 하는데 구락부라 하는 것은 그러한 정도로 필요가 없는 것이라
생각합니다. 전 읍민이 이용하는 것이 아니라 상류 인사의 오락장
에 지나지 않은 것이라 생각합니다.

번외 부읍장 : 공회당은 원래 기부에 의해 수득했던 것으로써 기부자
로부터 기부의 조건으로 지금 수선하고 있는 곳은 구락부로써 존속
하도록 굳건한 조건이 부쳐져 있었습니다. 그래서 1924년까지는 구
락부가 있었지만 여러 사정으로 중지되었는데 일부 인사가 이 부흥
을 기약하고자 하는 것이 있어서 그 경비도 읍은 전연 관계가 없는
것이므로 그렇게 양해하여 주시길 바랍니다. 또 소방조 입장권은
1,300매 조제하였는데 수용의 관계에서 이틀 밤에 1,000매씩 발부하
고, 하룻밤 5백 인이 관람을 시키는 것으로 하였습니다.

12번 김지재(金志梓) : 당시 상당히 기부금으로 하였던 기억이 있는데
어느 정도 기부금이 있었던 것입니까?

번외 부읍장 : 직접 취급하였던 것이 아니므로 명확하지 않습니다.

의장 : 의제 외로 언급하지 않도록 주의하여 주시길 바랍니다.

읍장 : 공회당의 확장에 대해서 의견이 있었으므로 한마디 답변드리
겠습니다. 소방조의 활동사진회의 때는 다소 협소한 감도 있었지만
기타 종래의 집합 상태는 최고 2백 명 정도여서 장래의 일에 대해
서는 지금 확실하게 말할 수 없지만 현황으로써는 확장의 필요를
인정하지 않는 것입니다. 그러나 내부의 모양 교체 혹은 수선에 대

해서는 경비가 허락하는 한 완전을 기하고자 합니다.

12번 김지재(金志梓) : ─(원문-편자)

의장 : 의제에 대해서 있습니까?

12번 김지재(金志梓) : 그렇습니다. 제6관 제1항의 수도비에 대해 묻고 자 합니다. 결산에 의하면 187원 27의 예산 잔고를 발생하고 있는데 본원이 종래 본석에서 누차 말씀드렸던 것으로 예산을 남기면서 남 문(南門) 외에 공용전을 설치하지 않는 것은 모순 아닙니까?

의장 : 12번 의원은 결산위원으로 있었던 것으로 아는데, 여러 결산에 대해 질문을 하는 것은 무엇인가라 생각합니다. 결산위원의 의견은 위원회에서 간추려 보고해야 하는 것으로 이를 누설하고 있다라 하 는 것은 위원회가 통일을 결여하고 있는 것처럼 판단되는 것은 심 히 유감이라 생각합니다.

3번 신언흡(申彦洽) : 위원은 각별로 결과를 보고하는 것이 가능합니까?

의장 : 위원장이 간추려 보고해야 하는 것입니다.

3번 신언흡(申彦洽) : 그럼 위원장의 보고에 의해서 원안의 대로 채결 되어지는 것을 바랍니다.

1번 야노 카츠찌(矢野勝次) : 위원이 각별의 의견을 이야기하는 것은 위원회의 통일을 결여한 결과라고 보이고 이후 계속 위원 부탁의 안건이 있을 예정인 것에 위원 간에 있어서 다른 의견을 이야기하 는 것은 회의 권위에도 관련한 것이므로 본원은 위원장의 보고를 신뢰하여 원안의 대로 채결하는 것으로 3번 의원의 이야기에 동의 합니다.

의장 : 원안의 대로 채결하는 것에 동의와 찬성의 쪽이 많은 것 같은 데 달리 이의 없습니까?

(전원 '이의 없음')

의장 : 이의 없는 것이라 인정합니다. 의안 제3호 1930년도 의주군 의
　　주면 세입세출 결산을 원안의 대로 결정하는 것으로 찬성하는 분은
　　기립하여 주십시오.

(전원 기립)

의장 : 만장일치의 찬성으로 원안의 대로 결정합니다.

의장 : 의안4호 예산외 의무부담의 건을 부의하겠습니다. 먼저 번외로
　　서 의안의 낭독을 하겠습니다.

번외 서기 김운구(金雲龜) : 1정보(町步) 20전(錢)의 유료 대부로써 본
　　건은 특히 상부에서 기본재산림으로 조성하라는 지시가 있었습니다.

1번 야노 카츠찌(矢野勝次) : 본안이 소위 천하에 의한 계획으로 하면
　　방법이 없습니까? 종래의 실적을 보면 다수 그 성적을 볼 수 있는
　　것이 없고 거의 기본 차금(借金)이라 하는 것 같은 결과를 초래하고
　　있고 현재 본읍의 모범림(模範林)으로써도 해마다 상당의 경비를
　　지출하고 있는데 수입은 모두 없는 상태입니다. 고로 본원은 현금
　　적립을 희망하는 것입니다. 다음으로 지출 경비의 계획은 있는데
　　이것부터 실행한다면 장래 어느 정도의 수입이 있을 예정입니까?

읍장 : 모범림은 1928년도부터 갱신하여 종래 아카시아를 약 3백 원으
　　로 매각하여 계속 3개년 계획으로 장래 기본재산으로써의 수익을
　　얻을 목적으로 조성 중이므로 가까운 장래에는 상당한 것이 될 것
　　이라 생각합니다. 또 조금 전 번외가 말했던 대로 상부에서 특별한
　　지시도 있었던 듯하고 대부를 받고자 하는 임야는 현재 상당의 천
　　연림이 심어져 있어 관리에 주의를 게을리 하면 안 되는 것은 말할
　　것도 없는 것입니다. 최초는 읍의 근처 장소를 당국에 교섭하여 보
　　았지만 아시는 대로 적당한 장소가 없었기 때문에 할 수 없이 수진
　　면(水鎭面)의 부분을 원하였던 것입니다.

4번 도히 헤이치로(土肥平一郞) : 1번 의원의 이야기도 좋은데 조림만이 아니라 해당 빌린 산림이 장래 읍의 소유 산림이라는 것이라면 크게 유망하다고 생각합니다.

6번 이보영(李普榮) : 독회를 생략하고 바로 채결로 옮기길 바랍니다.

('찬성'이라 하는 자 있음)

의장 : 이의 없는 것이라 인정하여 채결로 옮깁니다. 의안 제4호 예산 외 의무부담의 건을 원안의 대로 결정하는 것에 찬성하는 분은 거수를 바랍니다.

(전원 거수)

의장 : 만장의 찬성이므로 원안의 대로 결정하겠습니다. 다음은 제5호안 1931년도 의주군 의주읍 세입세출 추가예산의 건을 부의하겠습니다. 심의에 앞서서 의안의 낭독을 하겠습니다.

(번외 서기 고토 요시타로우 제5호안을 낭독함)

8번 사이토 모쿠이치(齊藤杢一) : 세입 제7관 제4항 기타 수도사용료 연인원(延人員) 192명인데 전년도 결산에는 109명으로 되어 있어 상호 부합하지 않는데 이는 전년도의 분을 포함하고 있는 것입니까? 또 예산 계상액은 확실히 수입의 예정이 있습니까? 그리고 '모터-사이렌'을 공급하는데 전기의 비용은 예상하고 있지 않은데 어떠한 이유입니까? 또 하나 희망으로 하는 바는 시보(時報)는 정오만에 그치지 않고 이른 아침에도 울리게 하여 일반의 주의를 환기시켰으면 합니다.

12번 김지재(金志梓) : 수도비 연인원 192명의 독촉수수료 13원으로 되어 있는 것은 어떠한 잘못은 없습니까? 또 '모터-싸이렌'의 전력사용료는 기부에 의할 예정입니까?

번외 이(李) 회계원 : 독촉수수료는 체납액 2/100로 되어 있어서 즉 인

번외 부읍장 : 현재의 '싸이렌'은 회사의 물건을 빌려 왔던 것이 아니라 회사의 소개로 개인의 것을 빌렸던 것입니다. 또 전기회사와는 각서를 작제하고 있으므로 전력의 기부는 완전 다른 것이라 믿습니다.

12번 김지재(金志梓) : '싸이렌'을 설치하는 것도 좋지만 지금의 불경기로써 이를 설치할 필요는 없을 것이라 생각합니다. 현재 의주읍은 피폐의 밑바닥에 빠져 있어서 오직 '싸이렌'만을 경기 좋게 울려도 이 흡사 죽음에 직면한 새가 큰 소리로 우는 것과 같은 것으로 지금 잠시는 취승당(聚勝堂)의 종으로 대신하고 장래 경기가 좋아졌을 때까지 연기하는 것이 당연하다고 생각합니다.

읍장 : 본안에 대해서는 상당히 이론이 있는 것 같습니다. 원래 '싸이렌'은 1번 의원의 이야기대로 경사의 보도를 민속하게 하여 축하를 할 계획으로 전기회사가 우리 주임과 협의의 후 차입했던 것인데 당시 설비의 비용은 완전 기부에 의했던 것으로 당초부터 이를 읍에서 설치할 계획은 없었던 것이고, 또 회의의 의결 이전에 읍에 한해 결정할 수 있는 성격의 것이 아닙니다. 그리하여 그 후 이를 일반의 기부에 의해 상치하는 것으로 계획도 하여 보았으나 불경기의 때가 때인 만큼으로 이도 생각하지 않을 수 없어서 차입에 앞서 바꾸는 쪽으로 결정하였는데, 반대로 한번 존부에 대해 읍민의 의견을 관찰하였던 바 전부 존속을 희망하고 있어서 무언가 재원이 있다면 읍에서 설치하고자 하는 것으로 결정하였던 것입니다. 때마침 면이 읍이 된 때이므로 기왕의 부과금 및 사용료의 정리의 실마리가 있었지만 전연 징수의 예정이 없었던 것으로 결손으로 돌릴 예정이었던 것으로 계원(係員)을 전문으로 독려시킨 결과 예상 외로 성적이 극히 과년도 수입에서 제안했던 대로의 증수가 있어서 이를 그대로 수입 증가로써 두어도 좋은 것인가 일반 주민의 희망도 도

원과 합치는 하지 않는 것입니다. 또 사용료는 기부를 바라□
니다. 또 8번 의원 이야기와 같이 1930년도 이전의 분을 포□
있기 때문에 서로 다른 것입니다. 또 계상액 중에는 본년도□
와 이미 대부분의 수입이 있었던 것으로 계상액만은 확실하□
이 있을 예정입니다.

6번 이보영(李普榮) : 전력의 기부가 만약 되지 않을 경우는 □
어느 정도의 요금을 필요로 하는 것입니까?

번외 부읍장 : 원래 기부에 의한 것을 확실히 예상하여 계획하□
로 사용비용을 계산하여 보지 않았지만 수도의 쪽에서 비교□
면 1일 3회 울린다 해도 7, 8전 정도밖에 필요로 하지 않는□
각합니다.

1번 야노 카츠찌(矢野勝次) : 확실한 방면에서 들은 것은 없지□
렌'은 본년 봄 내친왕(內親王) 전하 탄생 기념의 때 모든 것□
에 의해 설치했던 것으로 알고 있는데 본안을 보면 이번 설□
것으로 생각됩니다. 그렇다면 사후 승낙의 염려가 있습니□
또 이러한 일을 반복하는 것은 옳지 않으므로 꼭 서면으로□
의하도록 희망합니다.

8번 사이토 모쿠이치(齊藤杢一) : 지금 남문 누상에 설치되어□
것은 차용하고 있는 것이라 듣고 있는데 본년에 계상하고 있□
원으로써 별도의 '사이렌'을 매입할 계획입니까?

번외 부읍장 : 별도로 구입의 예정입니다.

5번 후쿠다 쿠니미츠(福田國光) : 지금 설치되어 있는 전기회□
터-사이렌'을 매입하면 전력의 기부가 있을 것이 아니라면
바랄 수 없으므로 미리 사용료를 계상할 필요가 있을 것이□
합니다.

지나치기 어려운 점이 있고 더하여 도회인(都會人)은 시간 생활을 하는 자이므로 일반에 대해서 이 사상 즉 시간 존중의 정신을 고조시키는 것은 생활 개선의 상 가장 유효, 적절하다고 인정하여서 제안하였던 것이므로 이 점 극히 양해하여 주셔서 원안의 찬성을 간절히 희망합니다.

6번 이보영(李普榮) : 전기회사는 전주할(電柱割)을 거두는 대신에 여러 개소에 점등을 기부한다라는 것인데 이 기부에 관계한 전등은 월에 10일 정도밖에 켜져 있지 않은 상태입니다. 제가 언제인가 전화로 점등해 줄 것을 말씀드렸는데 기부이므로 어느 때나 켜둘 수는 없다는 식으로 답변하였습니다. '싸이렌'의 전력에 대해 이러한 것이라면 곤란하므로 그 점 유의하여 주시길 바랍니다.

읍장 : 기부도 하나의 계약이므로 말씀하신 것과 같은 일이 없도록 하겠지만 만약 있다면 이는 회사 측의 실업이라 생각합니다. 또 전주할에 대해서는 현재 그 징수에 대해 고구 중이므로 머지않아 개정하여 결의할 계획입니다.

의장 : 제1독회는 대부분 진행하였으므로 제2독회로 옮기고자 하는데 이의는 없습니까?

8번 사이토 모쿠이치(齊藤杢一) : 독회를 생략하고 바로 채결하는 것으로 제의합니다.

(전원 '찬성')

의장 : 독회를 생략하고 바로 채결하는 것에 찬성하므로 채결하는 것으로 하겠습니다.

의안 제5호 1931년도 의주군 의주읍 세입세출 추가예산의 건에 찬성하시는 분은 기립을 바랍니다.

(전원 기립)

의장 : 전원 찬성이므로 원안대로 결정하겠습니다.

6번 이보영(李普榮) : 이 기회에 읍면제(邑面制) 제15조에 의한 검사위원을 선출하고자 희망합니다. 또 이에 더하여 희망하는 바는 검사위원은 3명으로 하여 번호순으로 하여서 주기를 1년으로 하면 4년간에는 의원의 전부가 한 번씩 검사를 할 수 있을 것이라 생각합니다.

의장 : 지금부터 말씀하신 위원 선거를 행하도록 이미 준비하고 있었습니다.

8번 사이토 모쿠이치(齊藤杢一) : 4년이라 해도 상당히 긴 기간이므로 이 기간 결원이 나올 수도 있고 또 사고도 있을 수 있다는 것을 예상하지 않으면 안 됩니다. 또 사무 및 출납의 견사라 하면 용이하게 끝나는 것이 아니므로 4인의 위원을 선출하는 것은 어떻습니까?

12번 김지재(金志梓) : 3, 4인으로는 일수가 10이나 걸릴 것으로 생각되므로 5인으로 하면 어떻습니까?

6번 이보영(李普榮) : 상기 감독관청에서 지도 감독하고 있으므로 3인 정도로 충분하다고 생각합니다.

5번 후쿠다 쿠니미츠(福田國光) : 8번의 이야기에 찬성합니다.

8번 사이토 모쿠이치(齊藤杢一) : 감독관청의 지휘라 하는데 감독관청의 지휘감독에만 의하지 않고 자치단체는 자기의 일을 자기가 처리한다라 하는 것이 자치의 본의이므로 이 의미에서 충분한 심사를 하지 않으면 안 된다고 생각하고 있어서 읍회 검사위원은 적어도 4인은 필요하다고 믿습니다.

6번 이보영(李普榮) : 통역의 잘못으로 다소 오해가 있었던 것 같은데 저는 검사에 수일을 필요로 하는 것이므로 3인 정도로도 좋다고 말씀드렸던 것으로 검사를 가볍게 한다라 하는 의미로 말씀드렸던 것은 아니므로 양지하여 주시길 바랍니다.

12번 김지재(金志梓) : 위원은 몇 명을 선출하는지 회의 규정에 있습니까?

8번 사이토 모쿠이치(齊藤杢一) : 본원은 이 검사위원과 위원회의 위원은 다른 것이라 생각합니다. 별도로 가부를 결정할 것도 없으므로 4인으로도 지장이 없을 것입니다.

의장 : 상당히 이론이 있는 것 같은데 요컨대 전부가 3가지 설로 나뉘어져 있는 것으로 생각되므로 순차 가부의 수에 따라서 정하는 것으로 하겠습니다.

의장 : 6번 의원의 설(說)인 위원 3인을 번호순으로 정하는 것에 찬성하시는 분은 기립하여 주시길 바랍니다.

(기립자 5인. 2, 3, 6, 10, 11번)

의장 : 다음은 8번설의 4인 선출 1개년 임기에 찬성하시는 분은 기립하여 주시기 바랍니다.

(기립자 6인. 1, 4, 5 ,7 ,8, 9번)

의장 : 다음은 12번설의 5인 선출에 찬성하시는 분은 기립하여 주시길 바랍니다.

(기립자 1인)

의장 : 그럼 다수인 8번 의원설에 의하는 것으로 하겠습니다. 즉 4인을 선출하여 임기를 1개년으로 하는 것입니다. 선거의 방법은 투표에 의하는 것으로 하여 연기 무기명식으로 하겠습니다.

(번외 부읍장 투표용지를 배부함)

(번외 부읍장 투표 걷어 들임)

의장 : 투표 빠진 분은 없습니까?

(없음)

의장 : 그럼 지금부터 개표하겠습니다. 일단 투표수를 점검하겠습니

다. 투표 총수 12표로 회의원의 수와 합치하므로 개표하겠습니다.
(개표의 결과 다음과 같음)

야노 카츠찌(矢野勝次)	6표
윤상화(尹相和)	1표
신언흡(申彦洽)	1표
도히 헤이치로(土肥平一郎)	1표
후쿠다 쿠니미츠(福田國光)	2표
이보영(李普榮)	8표
사이토 모쿠이치(齊藤杢一)	8표
문창근(文昌根)	6표
김광빈(金光彬)	2표
김지재(金志梓)	10표

(서기, 개표 결과 보고)

의장 : 개표의 결과는 지금 번외로부터 낭독한 대로인데, 야노 카츠찌와 문창근은 동점이므로 추첨으로 다시 당선자를 정하겠습니다.

(서기 추첨함)

의장 : 추첨의 결과 야노 카츠찌가 당선되어서 결국 다음의 4인으로서 당선자로 하겠습니다.

이보영, 사이토 모쿠이치, 김지재, 야노 카츠찌

의장 : 이상으로써 부의 사건의 심의를 마쳤으므로 본일의 회의를 폐회하겠습니다.

읍장 : 폐회에 이르러서 한마디 인사를 드리겠습니다. 처음 회합에서 복잡한 안건을 상당히 제출하였음에 불구 연일에 걸쳐 열심 또 신중하게 심의하여 각 안건 원안의 대로 찬성하여 주신 것은 제안자로써 진실로 감사하여 견딜 수 없습니다. 안건에 대한 이번의 주의

와 의견에 대해서는 충분한 주의를 하여 기대에 부응하도록 최상의
노력을 할 예정입니다. 이 후에도 충분 협력을 부탁드려 폐회의 인
사로 하겠습니다.
제1회 의주읍 읍회를 폐하합니다.

(시간 오후 4시 30분)

의장은 이에 제1회 의주읍회 회의록을 조제하고, 다음의 출석 읍회
의원과 함께 서명함

의장 읍장 고일청(高一淸)
야노 카츠찌
윤상화

11) 1935년 제9회 정주읍회 회의록

항 목	내 용
문 서 제 목	昭和10年 第9回 定州邑會 會議錄
회 의 일	19350222
의 장	田代英一
출 석 의 원	松本重壽(1번), 植松義丸(2번), 盧輔根(3번), 金夢駿(4번), 張應三(5번), 金善行(6번), 今村孫市(7번), 成奭永(8번), 靑松羊(10번)
결 석 의 원	田邊禎(9번)
참 여 직 원	趙春煥(서기), 金大隱(서기), 池洽壁(서기)
회 의 서 기	池洽壁(서기)
회 의 서 명 자 (검 수 자)	田代英一, 金善行, 今村孫市
의 안	제1. 1934년도 정주읍 세입출 추가경정 예산의 건, 제2. 1935년도 정주읍 세입출 예산의 건, 제3. 정주읍 기본재산 임산물 처분의 건, 제4. 부동산 대차의 건, 제5. 1933년도 정주읍 세입출 예산 결산 보고의 건
문서번호(ID)	10
철 명	868
건 명	877
면 수	CJA0002981
회의록시작페이지	읍세입출결산서류
회의록끝페이지	소화8년도정주읍세입출결산에관한건(회의록첨부)
설 명 문	국가기록원 소장 '읍세입출결산서류'철의 '소화8년도정주읍세입출결산에관한건(회의록첨부)'에 수록된 1935년 2월 22일 개회 소화10년 제9회 정주읍회 회의록

해 제

본 회의록(총 10면)은 1935년 2월 22일 개회된 제9회 정주읍회에서 1934년도 세입출 추가경정 예산, 1935년도 세입출 예산, 정주읍 기본

재산 임산물 처분, 부동산 대차, 1933년도 세입출 예산 결산 보고의 건
에 대해 심의, 의결한 회의록이다. 1934년도 세입출 추가경정, 읍유 임
산물 처분, 부동산 대차, 1933년도 세입출 결산 보고 등은 극히 내용이
소략하여 상세한 내용을 알기 어렵다. 1935년도 세입출 예산에 대해서
도 일괄 심의, 의결 형식을 취해 내용을 파악할 수 없는 부분도 많은
데, 일괄 심의, 의결 방식도 당시 회의에서 많이 확인되는 부분으로
보아둘 필요는 있을 것으로 생각된다.

　대부분의 내용이 소략된 가운데 그래도 정주읍회 회의록이 주목되
는 부분은 읍 관련 공공시설에 관련 된 논의이다. 이날 회의에서 의원
들간 가장 활발하게 논의된 것은 신탄시장(薪炭市場) 설치였다. 본 회
의록에 따르면 정주읍에서는 신탄시장을 읍영으로 하고자 했던 것으
로 확인된다. 읍에서 가능한 부지를 구매하여 운영하고자 하였으나,
재정문제로 일단 부지를 차용하여 운영하고자 한다고 하였다. 이에
의원 측은 우시장과 겸용할 것을 주장하고 읍당국은 혼선을 우려하여
이를 반대하고 있다. 공동변소나 공동세탁소의 운영에 대한 것도 내
용이 많지는 않지만 당시 읍의 공공시설 운영과 관련하여 주목된다.

내 용

(상략-편자)

의장(부읍장) : 읍장은 가사의 형편으로 오늘 결석이므로 제가 읍장에
　　대신하여 의장이 되고, 의사를 진행하고자 합니다. 본회 회의록의
　　서명의 회의규정에 의해 6번 김선행(金善行) 군과 7번 이마무라 마
　　고이찌(今村孫市) 군에게 부탁합니다.

의장(부읍장) : 오늘의 의사일정을 보고드립니다.

일정 제1. 1934년도 정주읍 세입출 추가경정 예산의 건

일정 제2. 1935년도 정주읍 세입출 예산의 건

일정 제3. 정주읍 기본재산 임산물(林産物) 처분의 건

일정 제4. 부동산 대차(貸借)의 건

일정 제5. 1933년도 정주읍 세입출 예산 결산 보고의 건

의장(부읍장) : 제1독회를 열겠습니다.

부읍장 : 이에 제9회의 읍회를 개회함에 이르러 한마디 인사를 드리겠
습니다. 생각건대 우리 읍은 고래 본도 유수의 도회지로써 특히 과
거 수년간의 발전은 실로 현저한 것으로써 또 각종의 시설경영도
착착 진보하고 있습니다. 또 상수도 기타 시설도 각위의 진력 및 읍
민의 열렬한 후원의 덕으로 불원 실현의 날이 올 것이라 견고하게
믿고 있습니다. 특히 연래 각종 세금의 징수 성적과 같은 것도 비상
하게 양호하였던 것은 첫째 읍민 일반의 납세관념이 보급했기 때문
이며 또 각위의 열성한 원조의 은덕이라 생각하여 매우 감사하는
바입니다. 또 이후에도 일치 협력하여 본읍 발전을 위해 진력할 것
을 간절히 바라마지 않습니다.

지금부터 순서대로 의안 심의에 들어가겠는데 본년도의 세입 세출
모두 각 2만 2,397원으로 전년에 비해 세입에서 3,017원 줄었는데
이는 지금까지 이월하고 있던 지난 연말 수입액을 작년 거의 정리
했던 관계에서의 자연 감소로 결코 읍세의 쇠퇴는 아닙니다.

다음으로 번외 서기로부터 의안 제1호부터 제5호까지 낭독과 함께
상세한 설명을 들리겠으므로 신중하게 심의하여 주시기를 바랍니
다.

(번외 서기 제1호안 낭독과 함께 설명함)

의장(부읍장) : 세입세출 전부에 대해서 심의를 부탁드립니다.

2번 : 세출 제3관 제3항 제4목의 위로금 115원 감소는 무슨 이유입니까?

번외 서기 : 이는 작년 중 고급자(高給者)가 퇴직하고 저급자를 채용하였기 때문입니다.

8번 : 세입 제6관 제1항 제4목에 기본재산조성 지정기부금이라 하는데 그것은 어떠한 의미입니까?

번외 서기 : 이는 읍기본재산조성에 사용하도록 지정하여 기부하는 것으로 즉 결코 다른 곳에 사용될 수 없는 부분입니다.

7번 : 세입 제7관 제1항 제2목의 제1종소득세부가세는 경정예산액입니까?

번외 서기 : 이는 종래의 명목이 소득세부가세였던 것을 법령의 개정에 수반하여 이 명칭으로 개정하였던 것입니다.

(8번을 비롯 전원 '찬성'이라 함)

의장(부읍장) : 전원 찬성이므로 원안의 대로 결정하고 다음은 제2호안으로 옮깁니다.

(번외 서기 제2호안 낭독과 함께 설명함)

의장(부읍장) : 10분간 휴식 하겠습니다.

(오후 2시 50분 휴식, 오후 3시 개회)

의장(부읍장) : 전에 계속하여 회의를 개최하겠는데 심의에 관계상 세출부터 먼저 심의를 부탁드립니다.

7번 : 임시부 제3관 제1항 제1목 토지구입비 555원 계상하였는데 어느 곳의 토지를 목적으로 합니까?

의장(부읍장) : 지금은 남문(南門)통 부근의 전(畑)을 사려고 생각하고 있습니다.

7번 : 부기(附記)에 1평(坪) 1원(圓)이라 쓰여 있는데 그것으로 괜찮습니까?

의장(부읍장) : 또 교섭하여 보지 않아 확실히 알 수 없지만 어쨌든 무리해서라도 교섭해 볼 예정입니다.

5번 : 신탄시장(薪炭市場) 부지는 어느 곳입니까?

의장(부읍장) : 읍은 부지를 가능한 사고자 하는데 재정상 곤란하므로 당분간 성내동(城內洞), 성외동(城外洞)의 각 1개소씩 차용하고자 생각하는데 장소는 또 정하지 않았습니다.

5번 : 우시장(牛市場)을 이용하면 어떻습니까?

의장(부읍장) : 평일은 지장이 없는 것 같은데 장날이 되면 우시(牛市)와 혼동하여 곤란하고 또 그곳은 본읍과 다소 거리가 있는 관계상 적당하지 않다고 생각합니다.

8번 : 대체 소의 매매는 오후부터 시적하고 신탄의 매매는 오전 중에 편중되어 있으므로 장날에도 특별히 지장이 없을 것이라 생각하는데 어떻습니까?

번외 서기 : 종래의 실적에 의함에 신탄을 팔러 왔던 소가 오후까지 남아 있는 것이 많아 끝나고서는 신탄 팔러 왔던 소인지 소를 팔러 왔던 소인지 구분이 되지 않아서 시장 사용료 징수상 비상하게 성가시게 되었던 것이 많이 있으므로 겸용은 아무래도 불가능할 것이라 생각합니다.

8번 : 저는 매년 읍회의 때 마다 말씀드렸는데 시가지에는 공동변소 부족으로 비상하게 곤란한데 올해의 예산에도 계상하고 있지 않은 것은 무슨 연유입니까?

의장(부읍장) : 읍당국에서도 충분 알고 있는데 지금은 적당한 장소도 없고 또 부근의 사람이 몹시 싫어하므로 고려 중입니다.

8번 : 이것도 또 언제인가 말했던 것인데 공동세탁소 수선비는 필요 없는 것 아닙니까?

의장(부읍장) : 애써 설치한 것을 사용하는 사람이 적다라 하여 그대로 방치하는 것은 어떤가라 생각하여 유지비로써 약간 계상했던 것입니다.

6번 : 권업비가 현저하게 줄어 있는 것은 무슨 이유입니까?

의장(부읍장) : 기왕 수년간의 장려의 결과 현재는 일반에서 재배법 개량되어 특히 더 장려할 필요가 없는 것이 많기 때문입니다.

1번 : 토목비에서 시구경정(市區更定)의 계획은 볼 수 없는데 이 계획은 없습니까?

의장(부읍장) : 읍당국은 겸하여 구성(龜城) 토목 관구(管區)에 여러 설계를 의뢰하여 시구 경정을 할 예정이었는데 요전 도 토목과장이 내정되어서 본읍의 시구 경정은 현재 도 토목과에서 계획 중이므로 그것이 완정할 때까지 유예하도록 지시가 있었으므로 급히 계획을 변경하여서 본년도는 도로, 교량의 수선만 하는 것으로 하였습니다. 다만 역전 도로만은 지장 없다라 하였으므로 2천 원을 계상하였습니다.

4번 : 도장(屠場) 건축적립금을 계상하지 않은 것은 무슨 이유입니까?

의장(부읍장) : 도장은 전년 훌륭하게 신축하였으므로 다시 적립할 필요가 없었기 때문입니다.

1번 : 극장 앞의 지형(地形)이 우편국 앞의 지형보다 낮아서 애써 만든 하수구도 소용이 없으므로 배수가 가능하지 않은 것 같은데 장래 어떻게 할 예정입니까?

의장(부읍장) : 그것은 앞서 구성 토목관구의 사람이 실측하여 현재 설계 중입니다. 또 우편국 앞이 극장 앞에서 측량한 결과 높지 않은 것 같으므로 괜찮습니다.

(10번 '이의 없다'라 함)

(전원 '이의 없다'라 함)

의장(부읍장) : 계속하여 세출 제2독회를 열겠습니다.

의장(부읍장) : 제1관 제2관을 아울러 심의 부탁드립니다.

(1번 비롯 전원 '찬성'이라 함)

의장(부읍장) : 전원 찬성이므로 원안의 대로 결정하여 제3관에 대해
심의를 부탁드립니다.

(7번 원안에 '찬성'이라 함)

(전원 '찬성'이라 함)

의장(부읍장) : 전원 찬성이므로 제3관도 원안의 대로 결정하고 제4관,
제5관을 일괄하여 심의 부탁드립니다.

(전원 '찬성'이라 함)

의장(부읍장) : 전원 찬성이므로 제4관, 제5관도 원안의 대로 결정하고
다음은 제6관, 제7관, 제8관을 일괄하여 심의 부탁드립니다.

(전원 '찬성'이라 함)

의장(부읍장) : 전원 찬성이므로 제6관, 제7관, 제8관도 원안의 대로
결정하고 다음의 제9관, 제10관, 제11관을 일괄하여 심의를 부탁드
립니다.

(5번 비롯 전원 '찬성'이라 함)

의장(부읍장) : 제9, 제10, 제11관 모두 전원 찬성이므로 다음은 제12관
부터 제17관까지 일괄하여 심의를 부탁드립니다.

(10번 비롯 전원 '이의 없다'라 함)

의장(부읍장) : 제12, 제13, 14, 15, 16, 17관도 전원 찬성이므로 원안의
대로 결정하고 다음은 임시부 전관에 걸쳐 심의를 부탁드립니다.

(7번 비롯 전원 '찬성'이라 함)

의장(부읍장) : 세출임시부도 전원 찬성이므로 원안의 대로 결정하면

제2독회도 마치므로 제3독회를 열겠습니다.

(전원 '이의 없다'라 함)

의장(부읍장) : 제2독회와 같이 이의 없는 분은 거수 부탁드립니다.

(거수자 전원)

의장(부읍장) : 거수자 전원에 대해 제2독회와 같이 확정하여 세입으로 옮겨 제1독회를 열겠습니다.

2번 : 별도로 수정을 요하는 바도 없으므로 2독회, 3독회를 생략하여 원안대로 찬성합니다.

(4번, 6번, 7번, 8번 계속하여 '찬성'이라 함)

의장(부읍장) : 2번 원안 찬성설에 찬성의 분은 거수를 부탁드립니다.

(거수자 전원)

의장(부읍장) : 그럼 거수자 전원에 대해 원안의 대로 확정하고 다음 일정 제3 정주읍 기본재산 임산물 처분의 건으로 옮깁니다.

(번외 서기 제3호안 낭독)

이는 앞서 말씀드렸던 대로 작년 간벌(間伐)[84]을 하는 것으로 하였는데 총면적에서 약 반밖에 가능하지 않았으므로 올해 또 그 나머지를 간벌하려고 생각하여 본안을 제출했던 것입니다.

(전원 '찬성'이라 함)

의장(부읍장) : 전원 찬성이므로 찬성의 분은 거수를 부탁드립니다.

(거수자 전원)

의장(부읍장) : 거수자 전원에 대해 원안의 대로 확장하고 다음은 제4호안으로 옮기는데 독회를 생략하고 심의를 부탁드립니다.

(번외 서기 제4호안 낭독)

---

[84] 솎아 베기.

(전원 '이의 없다'라 함)

의장(부읍장) : 전원 찬성 같으므로 찬성의 분은 거수하여 주시길 바랍니다.

(거수자 전원)

의장(부읍장) : 거수자 전원에 대해 본안도 원안의 대로 확정하고 다음은 제5호안 1933년도 정주읍 세입세출 예산 결산을 보고드립니다.

(번외 서기 제5호안 낭독)

(이의를 주장하는 자 없음)

의장(부읍장) : 불심의 점이 없는 것 같으므로 원안의 대로 확정하고 회의의 사건은 전부 종하므로 회의를 마칩니다. 장시간 열심으로 심사해주셔서 무사로 본회를 마친 것은 저의 큰 만족으로 하는 바로써 두터운 감사를 드립니다.

부읍장 : 제9회 정주읍회를 폐회합니다.

시간   오후 5시 40분

의장   타시로 에이이찌(田代英一)

의원   김선행

의원   이마무라 마고이찌

천지명

한양대학교 비교역사문화연구소 전임연구원

숙명여자대학교 문학박사. 주요 논저로 「일제의 거류민단법 제정과 그 성격」(『한국독립운동사연구』 50, 2015), 「1930년대 초 군산부회(群山府會)의 위원회 활동 연구」(『역사연구』 39, 2020) 등이 있다.

고소설연구총서 11

한국 고소설의 문화적 전변과 위상

고소설학회

보고사

발간사

　그간 한국고소설학회에서는 학회의 기획 주제 발표 논문들을 모아서 고소설연구총서를 발간해왔다. 이번 총서는 그 11번째에 해당한다. 2013년부터 2014년 사이에 행해진 3번의 기획 주제 발표를 아울러 『한국 고소설의 문화적 전변과 위상』이라는 제목으로 엮었다.

　이번 기획에서는 특히 20세기를 전후한 근대 초 고소설의 전변 양상을 주목하였다. 근대기에 이르러서도 상당히 오랫동안 고소설이 영향력을 지니고 있었음이 논의되어 왔다. 구활자본 고소설의 지속적인 출판 뿐 아니라 신문 등 근대적 인쇄 매체와 결합하여 대중적 영향력을 확장하기도 하였고, 인쇄 매체를 넘어서 공연물이나 영상물로의 전환을 시도하기도 하였다. 중세 봉건주의 시대의 산물이었던 고소설이 근대 민족주의에 기반을 둔 새로운 시대에 부응하여 어떻게 변화해 가는지를 고찰하는 것은 고소설을 화석화된 과거의 산물로서가 아니라 생동하는 문화의 대응물로서 파악할 수 있게 하며 이를 통해 현재 고소설의 위상과 역할을 반성적으로 검토할 수 있게 한다.

　이에 이 책의 1부와 2부에서는 근대기 고소설의 전변을 다루었고, 3부에서는 고소설의 현재적 위상과 전망을 살폈다. 먼저 1부에서는 근대 초 고소설의 전변 양상을 다각도에서 살필 수 있는 논문들을 수록하였다. 고소설은 구활자본이라는 활자매체를 통해 대중출판물로서의 입지를 새롭게 구축했다. 신소설이 고소설의 이와 같은 대중적 영향력을 적극 활용하였음은 〈귀의성〉 등 대표적 신소설을 통해 이미 논의된 바 있는데 이 외에도 〈육선각〉, 〈한월〉 등을 통해 전래 서사의 수용·변형·조합이라는 현상이 단순히 특정한 작품들에서만 발견되는 것이 아니라 신소설의 일반적인 집필 방식으로서 활용되었음을 확인할 수 있다. 고소설 또한 신소설 및 번안 소설 등과 교섭하고 경쟁하는 가운데 대중서사물로서 새로운 모색을 해나갔다. 한편 고소설이 지니고 있는 대중적 서사와 극적 요소로 인해 영화로의 전변이 수월했기 때문에 〈춘향전〉, 〈장화홍련전〉, 〈홍길동전〉, 〈심청전〉, 〈홍부전〉 등의 고소설 작품들이 영화화되어 초기 영화사에서 중요한 역할을 하였다.

2부에서는 전변의 방법론에 주목하여 번역과 전파, 장르와 매체의 변화에 주목한 논문들을 수록하였다. 〈춘향전〉의 초기 번역 양상을 중심으로 대표적인 고소설이 국외의 독자들을 대상으로 외연을 확장해가는 모습을 살필 수 있다. 신문이라는 근대적 매체에서 고소설의 익숙한 형식 안에 근대적 가치들을 선양하는 내용을 담아내려고 시도한 정황과 그 과정에서 야담이 전근대소설과 근대소설의 징검다리 역할을 하였음을 확인할 수 있다. 한편 고소설 작품들이 아동문학이라는 근대적 문예물의 형태로 새롭게 등장하는 현상도 주목할 만하다. 이전 시기에는 고소설의 독자로 간주되지 않았던 아동들을 새로운 독자로 상정하게 됨으로써 고소설이 국민적 교양의 차원으로 확대되는 계기가 마련되었다. 이러한 변화를 바탕으로 통속적 서사물로 치부되던 고소설이 고전으로 재인식될 수 있었다.

3부에서는 근대 초 고소설의 전변을 시금석 삼아 현재의 문화적 위상을 정립하기 위해 현행 고소설의 교육과 수용에 관한 논의들을 수록하였다. 고소설 연구와 교육에 있어서의 실천적인 해석학적 문제들을 검토하여 해석의 윤리성을 강조한 원론적 성찰을 시작으로 초등교육부터 대학교육까지 교과서의 고소설 수록 현황과 교육 현장의 문제들을 점검하고 실천적 대안을 모색해보고자 한 구체적 각론들로 구성되었다.

이상의 논의들을 통해 고소설이 변화하는 시대상에 발맞추어 위상을 재정립해간 궤적을 살피고 이를 바탕으로 고소설 연구와 교육이 나아갈 방향을 함께 고민해봄으로써 발전적인 논의의 장이 형성되기를 기대한다.

이 총서가 나올 수 있도록 기획과 학회의 발표를 주관한 전임 회장님과 임원진의 노고에 감사드린다. 학회의 기획 의도에 맞추어 논문을 발표하고 이 책에 수록할 수 있도록 허락해 주신 필자들의 덕으로 또 한 권의 알찬 총서가 발간될 수 있었다. 이 자리를 빌려 감사의 말씀을 전한다. 고소설학회의 총서 발간 때마다 도움을 주시는 보고사의 관계자 여러분께도 감사드린다. 이 책이 고소설의 위상을 재정립하는 데 보탬이 되기를 기원한다.

2016년 6월
고소설학회

목차

발간사 / 3

1부 근대 초 고소설의 전변과 담론화 양상

근대 초기 고소설의 전변 양상과 담론화 · 권순긍 ················· 13

 1. 문제의 제기 … 13

 2. 활자매체를 통한 대중출판물로의 전변 … 16

 3. 신소설로의 수용 혹은 전변 … 27

 4. 전래동화로의 전변 … 33

 5. 대중영화로의 전변 … 40

 6. 맺음말 … 46

근대 초기 〈임진록〉의 전변 · 장경남 ······················· 51

 1. 일제 강점기 〈임진록〉의 행방 … 51

 2. 〈임진록〉과 역사전기 … 57

 3. 현병주와 〈임진록〉 … 69

 4. 〈임진록〉 전변의 의미 … 81

근대 초기 활자본 소설의 전래 서사 수용 및
근대적 변전(變轉) 양상 연구 · 강현조 ····················· 85
 - 〈육선각(六仙閣)〉과 〈한월(恨月)〉을 중심으로

 1. 서론 … 85

 2. 〈육선각(六仙閣)〉의 전래 서사 수용 및 변전 양상 … 91

　　3. 〈한월(恨月)〉의 전래 서사 수용 및 변전 양상 … 98

　　4. 결론 … 116

활자본 고전소설 〈미인도〉의 성립과 변모 양상 연구 · 서보영 ………… 119

　　1. 서론 … 119

　　2. 〈홍백화전〉과의 상관성 … 122

　　3. 〈미인도〉의 전대 소설 수용과 변모 양상 … 128

　　4. 세창서관본 〈절세미인도〉와의 관계 … 138

　　5. 결론 … 145

2부　번역과 전파, 장르와 매체의 변화

〈춘향전〉 초기 번역본의 변모 양상과 의미 · 전상욱 ………………… 149

－내부와 외부의 시각 차이

　　1. 들어가는 말 … 149

　　2. 초기 번역본 개관 … 151

　　3. 변모의 양상과 의미 … 163

　　4. 맺음말 … 173

근대 초기 신문의 야담 활용 양상과 고전소설의 변모 · 김준형 ……… 175

－『한성신보』를 중심으로

　　1. 문제 제기 … 175

　　2. 『한성신보』 수재 창작 고전소설과 소재로서의 야담 … 180

　　3. 『한성신보』 수재 야담의 소설적 지향과 고전소설의 변모 … 203

　　4. 맺는 말 … 214

20세기 초 고소설 동화화와 그 의미 · 조혜란 ························ 218

  1. 서론 ··· 218

  2. 신문관 발행 아동잡지의 고소설 개작 양상 ··· 221

  3. 동화집에 수록된 고소설 관련 작품의 동화화 양상 ··· 228

  4. 20세기 초 고소설 동화화의 의미 : '문학'으로의 지위 이동과 아동
독자의 확대 ··· 236

일제 강점기 고소설의 '고전' 형성 맥락 · 이지영 ···················· 241

  1. 서론 ··· 241

  2. 근대적 매체에 의한 고소설 상품화의 양 국면 ··· 243

  3. 통속의 재인식과 고소설의 재평가 ··· 247

  4. 전통의 복원과 정전화 ··· 252

  5. 해방 이후 고소설의 교과서 수록 ··· 262

  6. 결론 ··· 266

3부   고전소설의 교육과 수용 −문화적 위상의 정립을 위하여

고전소설 해석의 방법과 윤리 · 강상순 ··························· 271

  1. 머리말 ··· 271

  2. 고전소설 해석의 암묵적 규칙과 몇 가지 방법론적 좌표 ··· 275

  3. 텍스트와 해석주체의 이중적 위상과 교사의 역할 ··· 287

  4. 고전소설 해석의 목표와 윤리 : 맺음말을 대신하여 ··· 295

고전소설교육 실행과 연구의 과제 · 서유경 ······················· 303

  1. 서론 ··· 303

2. 고전소설교육 연구와 실행, 고전소설 연구의 상관성 … 306

3. 고전소설교육 실행의 당면 문제 … 310

4. 고전소설교육 실행과 연구의 상생을 위한 조망 … 322

5. 결론 … 326

고전소설 연구와 교육의 소통・정선희 …………………………………… 328

– 대학 고전소설 교육의 개선을 위하여

1. 서론 … 328

2. 대학에서의 고전소설 교육의 현황 … 331

3. 대학 고전소설 교육의 문제점과 사례 … 339

4. 고전소설 연구와 교육의 소통 – 교육의 개선을 위하여 … 343

교과서 속 고소설의 정전화(定典化) 양상과

교수학습 방향・김용기 ……………………………………………………… 351

– 2009 개정 교육과정에 따른 11종 고등학교 『국어』교과서를 중심으로

1. 서론 … 351

2. 『국어』교과서 속 고소설의 정전화(定典化) 양상 … 354

3. 학습목표와 작품 유형별 교수학습 현황 … 366

4. 문학적 전통문화 자료로서의 고소설 활용과

교수학습 방법의 모색 … 378

5. 결론 … 381

참고문헌 / 383

1부

근대 초 고소설의 전변과
담론화 양상

근대 초기 고소설의
전변 양상과 담론화

권순긍 /세명대학교

1. 문제의 제기

'소설의 시대'라 할 정도로 조선 후기 문학사에서 주류적 위상을 차지했던 고소설은 근대의 도래와 함께 사라질 운명이었다. 하지만 당시 '구소설(舊小說)'이라는 다소 유폐적인 명명에도 불구하고 '근대'라는 낯설고 강력한 타자와 조우하면서 새로운 존재방식으로 대응하기 시작하였다. 오랜 시간을 두고 형성되어 온 고소설의 '서사' 혹은 '이야기'[1] 가 왕성한 생명력으로 새로운 외피를 입고 진화 혹은 전변된 것이다. 새로운 사조로 등장한 '신소설(新小說)'이 내세우는 개화와 계몽의 격랑 속에서 대표작가였던 이해조(李海朝, 1869~1927)는 고소설에 대하여 이런 유명한 발언을 남겼다.

---

[1] '서사'란 '이야기(story)'를 의미하는 용어로 '내러티브(Narrative)'나 '스토리 텔링(Story-telling)' 등을 포괄하는 개념으로 사용한다. 필요에 따라 이 용어들을 같은 개념으로 사용하도록 한다.

　　〈春香傳〉을 보면 정치를 알겠소 〈沈淸傳〉을 보고 법률을 알겠소 〈洪吉童傳〉을 보아 도덕을 알겠소. 말할진대 〈春香傳〉은 음탕교과서오 〈沈淸傳〉은 처량교과서오 〈洪吉童傳〉은 허황교과서라 할 것이니 국민을 음탕교과서로 가라치면 어찌 풍속이 아람다오며 처량교과서로 가라치면 어찌 정대한 기상이 있으리까[2]

　이는 고소설에 대한 '사형선고'지만, 뒤집어 본다면 그만큼 고소설이 대중 속에서 강력한 전파력을 가졌음을 반증한다. 이해조는 근대의 담론인 정치와 법률과 도덕을 강조하면서 '음탕하고', '처량하고', '허황된' 고소설의 세계를 과감히 부정함으로써 소설개량을 시도하려했지만 결국은 강제합병과 더불어 〈옥중화(獄中花)〉와 〈강상연(江上蓮)〉으로 되돌아가고 말았다. 왜 자신이 그토록 부정했던 고소설의 세계로 회귀했을까?

　흔히 고소설을 인물과 사건, 주제 등에서 '천편일률'적이라고 폄하한다. 그건 리얼리즘에 기반한 근대소설의 형상성을 중심에 놓고 볼 때 그렇다. 고소설의 근대적 리얼리티의 결여를 근대작가인 이태준(李泰俊, 1904~1970)은 이렇게 신랄하게 지적했다.

　　먼저 구식 소설에서 대강 한마디 말하려는 것은 그들은 현재 문단에서 문학으로서 대우되지 못하는 사실과 그 원인이다. 천우신조의 망상을 그대로 수법으로 고진감래, 사필귀정 식의 충효예찬과 권선징악을 일삼은 고대소설은 물론이요, 그 시대의 실제인물, 실제생활을 쓰기 시작한 李人稙 전후의 신소설이란 것도, 소설사에서는 취급이 되되 문학으로, 예술로 예우되지 못하는 것은 마찬가지 운명이다. 薔花紅蓮傳, 興夫傳, 春香傳

2　李海朝,『自由鐘』, 博文書館, 1910, 10면. 표기는 현대어로 고쳤다.

같은 작품들이 우리의 고전문학으로 재음미되고 있기는 하나 현대인의 소설 관념에서는 극히 먼 거리에 떨어져 있는 것이다. 한마디로 말하면 표현에 진실이 없었던 까닭이다. 인물 하나를 진실성이 있게 묘사해 놓는 것을 찾기가 어렵다. 장화의 계모 허부인, 흥부 형 놀부, 춘향이나 이 도령이나 하나 제대로 그려나간 것이 없다.[3]

하지만 근대 초기에 등장했던 역사전기물, 시사토론체 소설, 신작 고소설, 신소설, 활자본 고소설, 번안소설, 통속소설, 단편소설, 근대소설 등 다양한 서사의 존재방식들을 완결된 근대서사의 잣대로 재단해서는 곤란하다. 이른바 '근대주의'라 하겠는데, 근대라는 목표점을 상정해 두고 다양한 서사들이 단선적으로 근대소설을 지향한다기보다 각각의 지점에서 서로 다른 존재방식으로 그 시대의 정신을 담기에 적합한 양식을 창출했다고 보는 것이 타당하다. 애초 이야기를 어떻게 만드느냐는 이야기의 존재방식이 달랐던 것이다. 그러기에 고소설→신소설→근대소설의 도식이나 고소설과 신소설이 근대소설 형성에 지대한 영향을 주었다는 식의 설명은 곤란하다.

시대의 정신을 글에 담고자 할 때, 개화기 당시 유행하던 논설투의 글이 아닌 모든 사람이 공감할 수 있는 흥미로운 서사, 곧 이야기를 만든다는 것은 어렵고도 중요한 일이었다. 단재(丹齋) 신채호(申采浩, 1880~1936)도 "社會 大趨向은 宗敎 政治 法律 갓흔 大哲理 大學問으로 正ᄒᄂᆞᆫ 비 아니라 諺文小說의 正ᄒᄂᆞᆫ 비라"[4] 하여 국문소설을 가리켜 '국민의 혼'이라 했지만 국민의 마음을 움직이게 할 수 있는 흥미로운 이야기를 만들지는 못했다.

---

3 李泰俊, 「조선의 소설들」, 『무서록』, 깊은샘, 1994, 65~66면.
4 申采浩, 「近今 國文小說 著者의 注意」, 『大韓每日申報』 1908년 7월 8일자.

하지만 고전서사는 이미 익숙한 방식의 이야기 구조를 가지고 있었다. 곧 대중서사의 틀을 이미 확보하고 있었기에 이를 활용하여 새로운 시대정신을 담을 수 있는 가능성을 열어둔 것이다. 근대 초기에 여러 방식으로 고전서사가 존재하고 이를 토대로 다양한 전변이 일어났던 것은 이런 이유에서다. 〈미인도(美人圖)〉, 〈산촌미녀(山村美女)〉, 〈정씨복선록(鄭氏福善錄)〉, 〈봉래신선록(蓬萊神仙錄)〉, 〈호섬전(虎蟾傳)〉, 〈춘몽(春夢)〉, 〈압록강(鴨綠江)〉, 〈홍선격악록(興善擊惡錄)〉, 〈삼생옥초화전(三生獄樵花傳)〉 등 고소설 내부의 자기갱신을 통하여 새로운 형태의 '신작 고소설'로 나타나기도 했지만, 대개는 다른 매체나 장르로의 전환을 시도하였다. 신문이나 활자본 등 활자매체를 통해서 대중독서물로서의 길을 개척하기도 했고, 당시 주류 장르였던 신소설로 변개되거나 서사의 틀과 삽화를 제공하기도 했으며, 동화나 근대소설, 연극, 영화 등 근대에 새로이 등장한 신생장르로 전변이 일어나기도 했다.

근대에 이르러서도 고소설은 죽지 않고 소생하여 일대 변신을 이룬 셈인데, 어떻게 이런 다양한 서사의 방식으로 존재할 수 있었는가? 그 생명력이 어디에 있는가? 그리고 그것이 당시 대중들에게 어떻게 수용되고 인식되었으며 논의되었는가? 이런 고소설의 전변양상과 담론화 방식을 살펴보고자 한다.

2. 활자매체를 통한 대중출판물로의 전변

주지하다시피 1910년대부터 활자본 고소설들이 대거 등장하면서 옛것을 그대로 출판하기도 했지만 내용을 개작한 작품이 등장하기도 했다. 그 출판의 정도가 대단하여 당시의 상황을 안자산(安自山, 1886~1946)은 이렇게 말했다.

　　古代小說의 流行은 其勢가 漢學보다 오히려 大하야 八十餘種이 發行되니 此舊小說은 舊形대로 刊行함도 잇고 名稱을 變更한 것도 잇스니 春香傳은 獄中花라 하고 沈淸傳은 江上蓮이라 하다. 何如턴지 文學的 觀念은 七八年 전보다 進步되야 漸次 小說을 愛讀하는 風이 盛하얏나니 此로 因하야 新小說의 流行도 大開하다.[5]

　〈옥중화〉, 〈강상련〉 등 판소리 개작 고소설이 등장하여 인기를 얻는다는 것은 고소설의 변개가 성공적이었음을 보여주고, 이 유행 때문에 신소설도 많이 읽히게 됐다는 사실은 활자본 고소설이 당시 독서물의 주류였음을 알 수 있게 한다. 그런데 활자본 고소설의 성행 속에서 개작뿐만 아니라 새로운 작품인 '신작고소설'이 등장하기도 했다. 필자와 이은숙의 조사[6]에 의해 활자본 고소설이 등장한 1910년대 모두 28편의 활자본 신작 고소설의 존재가 밝혀졌는바, 이를 정리하면 아래와 같다.

　　(1) 애정소설(12편): 〈荊山白玉〉, 〈鸞鳳奇合〉, 〈雙美奇鳳〉, 〈芙蓉의 相思曲〉, 〈秋風感別曲〉, 〈靑年悔心曲〉, 〈美人圖〉(필사본 공존), 〈昭陽亭〉(필사본 공존), 〈梨花夢〉, 〈芙蓉軒〉, 〈金玉緣〉, 〈映山紅〉
　　(2) 영웅소설(6편): 〈南江月〉, 〈申遺腹傳〉, 〈李麟傳〉, 〈鄭木蘭傳〉, 〈朴天男傳〉, 〈金振玉傳〉

5　安自山, 『朝鮮文學史』, 韓一書店, 1922, 128면.
6　졸저, 『활자본 고소설의 편폭과 지향』, 보고사, 2000, 49~57면/ 이은숙, 『신작 구소설 연구』, 국학자료원, 2000, 189~191면.

(3) 역사소설(5편): 〈高麗姜侍中傳〉, 〈姜太公實記〉, 〈朴文秀傳〉, 〈洪將軍
     傳〉, 〈韓氏報應錄〉
(4) 세태소설(4편): 〈六孝子傳〉, 〈三仙記〉, 〈槐山 鄭進士傳〉, 〈三快亭〉
(5) 가정소설(1편): 〈콩쥐팥쥐전〉

이들 작품들은 나름대로 근대의 충격 속에서 새로운 고소설의 모습을 보이고자 했는데, 1910년대 〈옥중화〉와 〈장한몽〉의 등장으로 인한 애정담론의 유행 속에서 특히 애정소설이 두드러지며 역사의 통속적 읽을거리로 역사 및 영웅소설이 새롭게 등장했다. (이들 신작 고소설이 근대의 격랑 속에서 어떻게 기존의 서사를 변개시켜 새로운 내용을 담으려고 했는가는 새로운 매체의 관점으로 연구돼야 할 과제다.)

주목되는 것은 활자본 고소설이 단지 매체의 형태만 전대의 소설과 달리 활자로 인쇄된 것이 아니라 전혀 다른 출판과 유통의 방식인 '근대적 대중출판물'로 등장했다는 점이다. 방각본의 경우 18~9세기 당시로는 목판인쇄를 통하여 출판되었기에 공적인 성격을 갖는 것이라도 그 앞에 '대중'이라는 수식어를 붙이기는 어렵다. 수공업적인 영세성과 제한된 유통방식으로 인해 근대 자본주의적인 대중상업출판과는 구별되기 때문이다.

하지만 활자본 고소설들은 근대적인 인쇄·출판 방식에 의해 간행됐고 책의 체제 역시 전대와는 다른 방식을 보여주었으며 60여 개소에 달하는 서적상과 수많은 서점, 책장수들에 의한 근대적인 유통망을 갖추고 있었다. 게다가 1912년부터 『매일신보』1면에 안자산이 언급한 〈옥중화〉와 〈강상연〉 등의 판소리 개작소설이 연재되고 나서 활자본 고소설들이 본격적으로 출판되기 시작했는데, 근대 대중매체인 신문에 실렸고 또 단행본으로 출판되었다는 점에서 활자매체를 통한

대중출판물로의 전변이 일어났다고 보아도 무리가 없다. 이는 전대의
수용방식과는 다른 다수 독자들의 동시다발적 수용을 전제로 한 근대
적 향유방식인 것이다.

그런데 근대문학을 개척했던 월탄(月灘) 박종화(朴鍾和, 1901~1981)
의 미공개 일기를 보면 다음의 흥미로운 대목이 나온다.

> 나는 한문 공부를 하다가 피로하면 책사로 나갔다. 〈구운몽〉, 〈옥루
> 몽〉, 〈사씨남정기〉, 〈춘향전〉, 〈숙영낭자전〉 등 겨우 책셋집[貰冊家:인
> 용자]을 통하여 **어렵게 갈겨 쓴 세책만을 혹간 보다가 오색이 화려한 울긋
> 불긋한 호화로운 표지에 기름내가 산뜻한 새로운 장정의 고대소설이 쏟아
> 져 나오니** 아니 읽을래야 안 읽을 수가 없었다. 그나마 돈을 주고 살 필요
> 도 없고 책사에 일보는 사람에게 '나 좀 보고 가지고 나오리다.' 한 마디만
> 하면 그만이다.[7]

여기 등장하는 책사는 바로 지송욱(池松旭)이 운영했던 신구서림(新
舊書林)이다. 월탄의 집은 서울의 양반명문가로 조부가 정3품 통정대
부 훈련원 첨정 박태윤(朴台胤)이다. 그 집이 지금의 서소문 부근 자암
동인데 집이 크고 넓어 사랑채에서 지송욱이 신구서림을 운영했다.
월탄이 고소설을 탐독했던 시절이 대략 1910년을 전후해서부터 관례
를 하고 휘문의숙에 입학했던 1916년까지이니, 후일 근대문학을 개척
했던 주요 작가가 어린 시절 고소설로부터 자양분을 받았다는 것은
주목할 만한 일이다. 여기서 흥미를 끄는 것은 활자본 고소설에 대한
월탄의 관심이다. 본격적으로 활자본 고소설이 출간됐던 1912년 이전

---

7 윤병로 편, 『박종화의 삶과 문학』, 서울신문사, 1992, 175면. 강조는 인용자.
월탄 미공개 일기의 표기는 윤병로가 고친 현대표기를 따른다.

에는 주로 "어렵게 갈겨 쓴" 필사본 세책을 보았는데, "오색이 화려한 울긋불긋한 호화로운 표지에 기름내가 산뜻한 새로운 장정의 고대소설" 곧 '딱지본'이라 불렸던 활자본 고소설들을 보니 안 읽을 수 없을 정도로 관심을 끌었다 한다.

고소설의 근대적 향유방식은 월탄의 경우처럼 책의 매체적 특성과 결부되어 독자를 끌게 된다. 매체의 형태가 향유방식을 결정했던 것이다. 첫째, 표지가 아이들의 딱지처럼 울긋불긋하게 채색되어 화려한 장정이 등장했다. 이 때문에 이른바 '딱지본'이라고도 부르게 됐는데, 고소설이 본격적인 대중독서물로 자리 잡았음을 의미한다. 표지의 그림은 대개 텍스트의 내용 중 가장 흥미로운 대목이거나 시각화하기 적합한 소재를 선정하여 민화식으로 그렸다. "이전까지 가장 대중적인 책이었던 방각본 소설책에도 그런 식의 비주얼은 전혀 사용되지 않았는데, 전통적인 민화와 서구적 회화기법이 병행된 딱지본의 표지그림을 통해서 그림과 문자가 매체를 통해 본격적으로 결합하게"[8]됐다고 한다.

둘째, 보기 좋은 4호 활자를 사용하여 호흡단위로 띄어쓰기를 했으며, ( )속에 발화자를 표기하고 한자를 병기하는 등 새로운 편집체제를 시도했다. 고전소설 중 처음으로 띄어쓰기가 시도된 것은 신문연재의 경우에도 그렇듯이 활자본에 와서다. 띄어쓰기는 시각적으로 보기 편하게 하려는 목적도 있지만 호흡단위로 시도하여 낭독하기 좋게 한 것이다. 발화자를 ( )속에 넣은 것도 행문을 읽기 좋게 시각화한 것이다. ( )속에 표시하지 않았을 때는 한 칸 내려써서 지문과 대화를

---

8 천정환, 『근대의 책 읽기』, 푸른역사, 2003, 75면.

구별하고자 했다.

셋째, 분량을 100면 내외로 하여 방각본은 물론이고 필사본보다도 훨씬 긴 내용을 담게 되었다. 〈토끼전〉을 예로 든다면 〈토의간〉은 88 면이며 매면 13행, 매행 35자로 하였으며, 〈별주부전〉은 109면에 비교적 성기게 편집하고 띄어쓰기도 하여 매면 11행, 매행 30자 내외로 하였다. 활자수를 계산해 보면, 완판본 〈퇴별가〉를 기준으로 〈토의간〉과 〈별주부전〉은 거의 3배가량 된다. 이 사실은 고소설이 이제 짧은 이야기가 아니라 어느 정도 분량의 '이야기책'으로서 본격적인 독서물로 자리잡았음을 의미한다.

넷째, 가격이 대부분 20~30전으로 당시 노동자의 하루 임금이 40~90전인데 비하면[9] 그리 싼 가격은 아니었지만 공동으로 구매한다면 한 두 권쯤은 충분히 사 볼 수 있어 독자확보에 유리하였다.

활자본 고소설이 근대에 들어와 대중독서물로서 대중 속에 파고 들었던 것을 주목한 사람은 바로 KAPF의 논객이었던 팔봉(八峰) 김기진(金基鎭, 1903~1985)이다. 1929년 KAPF의 소설 대중화 논쟁 과정에서 김기진은 활자본 고소설인 '이야기책'이 당시에 많은 대중들에게 읽혀지는 것에 주목하여 그 방식을 빌어 노동자, 농민들을 위한 새로운 대중소설을 쓰자고 주장했던 바, 활자본 고소설의 대중소설적인 특징을 다음과 같이 설명해 주목된다.

> 재래의 소위 '이야기冊'이라는 〈玉樓夢〉, 〈九雲夢〉, 〈春香傳〉, 〈趙雄傳〉, 〈劉忠烈傳〉, 〈沈清傳〉 가튼 것은 년년히 數萬卷式 出刊되고 이것들 外에도 〈秋月色〉이니 〈江上淚〉니 〈再逢春〉이니 하는 二十錢 三十錢하는

---

9 『조선총독부관보』 1912년 7월 17일자 참조.

小說冊이 十餘版씩 重版을 거듭하야오되 이것들은 모다 通俗小說의 圈外
에도 참석하지 못하여 왔다. 이것들 옭웃붉웃한 表紙에 四號活字로 印刷
한 百頁 內外의 小說은 '古談冊' '이야기冊'의 代名詞를 바다 가지고 文學
의 圈外에 멀리 쫓기어 온 것이 事實이다. 그러나 新聞紙에서 길러낸 文藝
의 使徒들의 通俗小說보다도 이것들 '이야기冊'이 훨씬 더 놀라울 만큼 比
較 할 수도 업게 대중 속에로 傳播되어 잇는 것도 쏘한 사실이다.[10]

"울긋불긋한 표지에 4호 활자로 인쇄한 백면 내외의 소설" 곧 '이야
기 책'이라 불렀던 활자본 고소설들이 당시 신진 작가들의 통속소설보
다 비교할 수도 없을 정도로 많이 대중 속으로 파고들었다고 증언한
다. 그래서 이 활자본 고소설들이야말로 당시의 노동자, 농민들에게
많이 읽히는 진정한 대중소설이라고 정의하기에 이른다.

그러면 조선의 大衆小說은 누구의 小說인가? 뭇지 안하도 勞動者와 農
民의 小說이다. 〈春香傳〉, 〈沈淸傳〉, 〈九雲夢〉, 〈玉樓夢〉은 第一 만히 누
구에게 닑히어지는 소설인가? 뭇지 안하도 勞動者와 農民에게 닑히어지
는 小說이다. 단순히 이 意味에 잇서서 〈春香傳〉, 〈沈淸傳〉, 〈九雲夢〉,
〈玉樓夢〉은 大衆小說은 大衆小說이다.(4.15)

팔봉이 강조하는 것은 당시 '직접적 교양과 훈련'을 통해 사회변혁
의 주체가 되어야할 노동자, 농민들이 퇴영적인 내용의 활자본 고소
설에 빠져든다는 것이고, 그래서 이 소설들이야말로 단순한 의미에서
는 당시의 대중소설이지만 결코 노동자와 농민이 가져야할 대중소설
은 아니라는 결론에 도달한다. 여기에 팔봉의 고민이 있지만 왜 그렇

---

10 八峰, 「大衆小說論」, 『東亞日報』, 1929년 4월 14일자. 강조 인용자. 앞으로 이 글의
인용은 일일이 주를 달지 않고 괄호 속에 일자만 표시한다.

게 노동자와 농민들에게 활자본 고소설이 많이 읽히게 되었는가는 문제가 아닐 수 없다.

팔봉은 여기서 '가장 중대하고도 곤란한 문제'인 '대중의 흥미'를 발견한다. 무엇을 구하고 무엇을 배우고자 하는 목적의식이 아니라 "單純히 興味의 充足을 爲하야서 심심破寂으로 '이야기冊이나 볼까'하는 생각으로 小說을 對하"지만 그 흥미가 엄청난 위력을 가지고 "春香傳, 沈淸傳, 九雲夢, 玉樓夢 等의 이야기冊이 또는 이 外의 十餘種의 이야기冊이 各各 一年에 적어도 萬餘卷式 販賣되는 出版界의 現象으로 나타나고 잇다."(4.18)고 한다.

당시 신문이나 잡지의 발행부수를 보면 『매일신보』는 1만부 내외이며, 『청춘』은 "매월 2천부를 찍고 가끔 재판하여 4천부씩 나갔다" 한다. 가장 인기 있었던 근대소설인 이광수의 〈무정〉은 1918년 초판 발행 이후 1924년까지 총 1만부를 넘을 정도였다.[11] 그러니 활자본 고소설이 각각 1년에 만여 권씩 판매되는 현상은 출판계의 대단한 사건이었으며 활자본 고소설이 대중들에게 그만큼 많이 읽히고 있다는 확실한 증거였다.

노동자와 농민들에게 '직접적 교양과 훈련'을 시키려는 신경향파 소설은 외면당했지만 활자본 고소설들은 대중들의 흥미를 충족시키고 많이 읽히고 있었던 것이다. 대중소설론을 개진해야 하는 팔봉으로서는 그 근거가 어디에 있는가를 찾아야 했다.

> 그들이 이 위 冊을 사가는 心理는 (一) 울긋붉긋한 그림 그린 表紙에 好奇心과 購買欲의 刺戟을 밧고 (二) 호롱불 미테서 목침베고 들어 누어

---

11 천정환, 앞의 책, 31면 참조.

서 보기에도 눈이 아피지 안흘 만큼 큰 活字로 印刷된 까닭으로 好感을
갓고 (三) 定價가 싸서 그들의 經濟力으로도 能히 一, 二卷쯤은 一時에
사 볼 수 있다는 것이 購買欲을 刺戟함으로 드듸여 사가는 것이요 사 가지
고 가서는 (四) 文章이 쉬웁고 高聲大讀하기에 適當함으로—소위 그들의
「韻致」가 잇는 글이 그들을 매혹하는 까닭으로 애독하고 (五) 소위 才子佳
人의 薄命哀話가 그들의 눈물을 자아내고 富貴功名의 成功談이 그들로 하
여금 慘憺한 그들의 현실로부터 그들을 羽化登仙하게 하고 好色男女를 중
심으로 한 淫談悖說이 그들에게 성적 쾌감을 환기케 하야 冊을 버릴래야
버리지 못하게 함으로 그들은 혼자서만 이 冊을 보지 않코 이웃사촌까지
請하야다가 듣게 하면서 구비구비 썩거가며 高聲大讀하는 것이다.(4.17)

　팔봉이 밝혀낸 것은 우선 활자본 고소설이 지닌 매체적 특성이다.
이를 정리하면 ① 울긋불긋한 표지, ② 보기 좋은 4호 활자, ③ 한 두
권쯤 살 수 있는 싼 가격, ④ 쉬운 낭독체 문장 등이다. 그 매체적 특
성은 앞에서 필자가 규정한 것과 큰 차이가 없다. 팔봉의 진술은 결국
"울긋불긋한 표지에 4호 활자로 인쇄한 백면 내외의 소설" 활자본 고
소설 매체가 당시 본격적인 대중독서물로 자리잡았음을 보여준다. 천
정환도 매년 '기만권 이상' 팔려나간 활자본 고소설이 대중적으로 소
비되었다는 것에 주목하여 "책읽기의 대중화·근대화에 결정적인 계
기를 제공"[12]했다고 한다.

　그런데 당시 활자본 고소설이 대중독서물로서의 매체적 특성 뿐만
아니라 내용이 비현실적이어서 오히려 더 호응한다고 한다. '재자가
인(才子佳人)의 이야기'며 '부귀공명(富貴功名)의 성공담'이 그들로 하여
금 참담한 식민지 현실을 잊게 해줄 뿐 아니라 '호색남녀(好色男女)의

---

12 같은 책, 76면 참조.

얘기'가 성적 쾌감까지 준다고 한다. 고소설이 참담한 식민지 현실을 잊게 해주는 위안 혹은 환각의 역할을 한다고 지적한 셈인데, 그 내용을 더 자세히 살펴보자.

> 그들은 이야기冊의 表裝의 惶惚, 定價의 低廉, 인쇄의 大, 문장의 「韻致」에만 興味를 가질 뿐만 아니오 實로 그 이야기冊의 內容思想——卑劣한 享樂趣味, 忠孝의 觀念, 노예적 奉仕精神, 宿命論的 思想 등——에 까지 興味와 同感을 갓는 것이 또한 움즉일 수 업는 事實인 點에 문제의 困難은 橫在하여 잇다. 才子佳人의 이야기, 富貴功名의 이야기, 好色男女의 이야기, 忠臣烈女의 이야기가 아니면 재미가 업다는 것이 오늘날 그들의 傾向이다.(4.18)

매체나 가격 문제 뿐 아니라 내용, 사상이 봉건적이라고 비판한다. 여기서 활자본 고소설을 읽는 수용자의 요구가 단순히 매체나 가격에만 기인하는 것이 아니라 전시대 봉건적 잔영에 대해 흥미와 공감에서 발단된다는 것을 알 수 있다. 팔봉도 여기에 문제의 어려운 점이 있다고 한다.

그러면 왜 이런 "비열한 향락취미·충효의 관념·노예적 봉사정신·숙명론적 사상" 같은 봉건적·퇴영적 내용에 흥미를 느끼는 것일까?

> 왜 그러냐하면 그들의 그와 가튼 興味는 決코 一朝一夕에 이루어진 것이 아니오 長久한 歲月을 두고 적어도 一, 二世紀 前부터 이 따위 이야기冊을 말미암아 蓄積되어 온 心理的 效果의 結果인 同時에 이미 消失된 舊時代의 社會機構와 그 分圍氣가 아즉도 그들의 想像의 世界에서는 持續되어 오는 까닭이다.(4.18)

　사회체제가 바뀌어도 구시대의 분위기가 지속된다고 한다. 즉 중세 봉건사회에서 근대 자본주의 사회로 이행됐지만 수용층의 머리에는 아직도 봉건적 잔영이 남아 있다는 것으로 이해된다. '축적되어온 심리적 효과'라고 하는 것은 그런 내용이다. 그래서 임경업이 활약하던 당시의 국가조직, 사회제도, 생산관계는 완전히 소실되었건만 "무용절인(武勇絶人)한 임경업의 활약과 충의(忠義)의 개념"만은 당시 사회의 분위기와 한가지로 독자의 상상의 세계에 이주하여 왔다고 한다. 독자들은 그때 당시 사회인이 경험한 것과 동일한 심리적 효과를 유지해 오고 있다는 것이다. 과연 사회체제가 완전히 달라졌는데도 '축적되어온 심리적 효과'에 의해서 봉건시대의 사회적 분위기가 그렇게 받아들여질까? 이는 오히려 당시의 사회가 봉건적 성격을 어느 정도 지닌다는 증거가 되기도 한다. 당시 우리의 사회가 기본적으로는 자본주의적 사회이면서도 식민지반봉건사회로 규정되기에 봉건적 모습들이 다수 잔존해 있었다.

　하지만 그보다는 고소설의 이야기가 흥미를 끄는 대중서사방식이기에 당시 대중들에게 전폭적으로 수용된 것으로 보인다. 즉 '재자가인의 이야기', '부귀공명의 이야기', '호색남녀의 이야기', '충신열녀의 이야기' 등에 해당하는 재자가인 소설, 장편소설, 애정소설, 영웅소설 등은 일찍부터 대중서사의 길을 개척했다. "이야기에 무엇을 담는가?"라는 주제 사상적 측면이 아니라 "이야기를 어떻게 만들었는가?"라는 서사의 방식에 초점을 맞추어 본다면 고소설은 오랜 시기 대중들에게 익숙한 서사를 축적해왔다. 근대 초기 개화의 담론 속에서 이를 제대로 구현할만한 서사는 등장하지 않았으며 이와는 무관하게 대중들의 흥미를 만족시키는 대중서사방식이 고소설에 있었던 것이다.

이야기 속에서 주인공이 벌이는 기막힌 사건들은 소설 속의 시대와 동일시되어 대중들에게 흥미를 주었던 것이다.

팔봉도 자적한 바와 같이 "才子佳人의 薄命哀話가 그들의 눈물을 자아내고 富貴功名의 成功談이 그들로 하여금 慘憺한 그들의 현실로부터 그들을 羽化登仙하게 하고 好色男女를 중심으로 한 淫談悖說이 그들에게 성적 쾌감을 환기케 하"였다고 한다. 재자가인들의 애절한 사랑이야기나 영웅들의 투쟁과 성공이야기, 젊은 남녀의 진솔한 사랑이야기 등은 독자들이 자신을 주인공과 동일시하여 대리만족하거나 보상심리에 호소하는 것으로 누구나 즐기는 대중서사의 핵심이다. 오늘날에도 TV 드라마의 대중서사가 바로 여기에 중심을 두고 있지 않은가. 팔봉의 비판을 뒤집어 본다면 근대적 향유방식으로서의 매체뿐만 아니라 바로 이런 대중서사의 존재방식을 통해 활자본 고소설이 당시의 많은 사람들에게 널리 수용될 수 있었던 것이다.

3. 신소설로의 수용 혹은 전변

신소설은 극단적으로 말한다면 고소설의 서사방식을 빌려와 포장만 새롭게 한 것이다. 〈옥중금낭(獄中錦囊)〉이나 〈구의산(九疑山)〉처럼 고소설의 이야기를 신소설에 맞게 변개한 작품도 있고, 삽화를 일부 수용한 작품도 많지만, 신소설은 전반적으로는 고소설의 구조자체를 그대로 가져와 이를 변용했다.

일찍이 신소설의 문학사적 성격을 날카롭게 적시한 임화(林和, 1908~1953)는 "아직 자기의 형식을 발견하지 못하여 방황하던 나신(裸

身)의 새 시대 문학정신에다 풍우(風雨)를 피할 의장을 입혀준 것이 또한 이조의 언문문학"[13]이라고 했고, 조동일도 신소설과 고소설의 삽화와 유형과 인간형을 비교하여 "새 시대의 모습이 신소설에 아무리 광범위하고 다채롭게 나타나 있다 해도, 신소설의 구조나 인간형은 전대소설의 긍정적인 계승으로 이루어졌다."[14] 하여 신소설이 고소설의 서사를 그대로 답습했음을 밝혔다.

말하자면 신소설은 새로운 내용을 담았다고 하지만 그 형식은 전적으로 고소설에 의지할 수밖에 없었다. 신소설은 "낡은 소설양식에 새로운 정신을 담은 작품"(임화, 156면)에 불과한 것이다. 곧 "신소설은 새로운 배경과 새로운 인물군을 가졌음에도 불구하고 천편일률로 선인, 악인의 유형을 대치하는 구소설의 구조를 거의 그대로 습답하고 권선징악이란 구소설의 운용법을 별로 개조하지 않고 사용한"(임화, 164면) 소설인 셈이다.

이야기를 만든다는 것, 곧 서사의 육신을 창조하는 것은 쉬운 일은 아니었다. 신소설이 등장했던 애국계몽기 개화와 계몽의 담론은 무성했지만 이를 담을 수 있는 그릇이 필요했다. 이에 대한 중요성을 간과한 단재 신채호는 당시 국문소설의 사회적 기능에 대하여 이렇게 역설했다.

嗚呼라 小說은 國民의 羅針盤이라 其設이 俚ᄒ고 其筆이 巧ᄒ야 目不識丁의 勞動者라도 小說을 能讀치 못홀 者ㅣ 無ᄒ며 又 嗜讀치 아니 홀

---

13 임화 저, 임규찬, 한진일 편, 『신문학사』, 한길사, 1993, 133면. 앞으로의 인용은 괄호 속에 '임화'라 약칭하고 면수만 표시한다.
14 조동일, 『신소설의 문학사적 성격』, 서울대 한국문화연구소, 1973, 78면.

者ㅣ 無홈으로 小說이 國民을 强호데로 導호면 國民이 强호며 小說이 國
民을 弱호데로 導호면 國民이 弱호며 正호데로 導호면 正호며 邪호데로
導호면 邪호나니 小說家된 者ㅣ 맛당히 自愼홀 비어날 近日 小說家들은
誨淫으로 主旨를 숨으니 이 社會가 장춧 엇지되리오.[15]

소설이 '국민의 나침판'이라 하여 국문소설을 통해서 국민을 올바른
방향으로 인도할 것을 역설한 말이다. 강하고 바른 길로 이끌면 국민
또한 그렇게 되고, 약하고 간사한 데로 이끌면 국민도 그렇게 된다고
한다. 국문소설을 통해서 국민을 각성시킬 것을 주장했지만 당시 유
행하던 신소설이 그런 일을 담당하기는 어려웠다. 신채호도 당시 신
소설을 쓰는 소설가들이 국민을 바른 길로 인도하지 않고 음탕한 짓
을 가르친다고 개탄하고 있다.

그러기에 자주독립과 반외세의 기치를 높였던 역사전기물은 한문
학의 전(傳)양식을 차용하여 애국심과 자주독립 사상을 고취하고자 민
족영웅의 삶을 다루고 있으며, 당시 정세를 문제 삼은 〈금수회의록(禽
獸會議錄)〉과 같은 토론체 소설은 동물우화와 몽유록 양식을 변개하여
민감한 시사문제를 토론하고 자주독립과 문명개화를 역설하고 있다.
새로운 서사의 틀을 만들기가 쉽지 않으니 고전서사의 방식이 수용되
어 변개된 것이다.

그러면 새로운 사상을 담았다는 신소설은 어떤 방식으로 고전서사
를 수용했는가? 신소설은 고소설 중에서도 특히 가정소설의 서사를
집중적으로 활용하고 있다. 임화의 지적을 참고하면 "사실 대부분의
신소설은 그 구조와 생기하고 발전하고 전개하고 단원(團圓)되는 사건

15 申采浩, 「近日 小說家의 趨勢를 觀호건더」, 『大韓每日申報』 1909년 12월 2일자.

에 있어 구가정소설의 역(域)을 얼마 넘지 못하고 있"기에 "신소설이 대부분 소위 가정소설에 속하는 것임을 기억할 필요가 있다."(임화, 165~169면)고 한다.

왜 신소설은 가정의 범주를 벗어나지 못하는 것일까? 개화와 계몽의 이념을 형상화할 수 있는 가장 적절한 이야기 방식이 가정서사였던 것이기 때문이다. 청산해야할 봉건적 문제들을 피부로 느낄 수 있는 지점이 가정이기에 서사는 가정과 가족관계에 집중될 수밖에 없었다. 신소설의 작가가 사회현실의 구조를 총체적으로 인식할 수준에는 아직 도달하지 못했기에 객관적 전망은 그만큼 제한적일 수밖에 없었다. 개화를 외치는 목소리는 높았지만 그것을 육화시켜 구체적 형상을 가진 이야기로 만드는 것은 쉬운 일이 아니었다. 작가가 주변에서 실질적으로 보고 듣고 느낄 수 있는 공간과 인물이 바로 가정이고 가족이기에 당시의 서사방식으로는 구체적 형상과 세부묘사가 이를 통해서 가능했던 것이다.

신소설의 서두를 장식하는 〈혈의누〉(1906)도 청일전쟁으로 인한 김관일 가족의 이산과 만남에 서사의 중심이 있으며, 〈귀의성〉(1906~1907)과 〈빈상설〉(1907)은 한 가정 내에서 일어나는 처첩갈등을, 〈치악산〉(1908)은 후처가 전실 자식의 아내를 박해하는 계모갈등을 다루고 있어, 전자는 고소설의 〈최척전〉이나 〈사씨남정기〉·〈창선감의록〉, 후자는 〈장화홍련전〉 등에 그 서사의 맥이 닿아있다. 말하자면 신소설에서 가정이 중심이 되는 이유는 "가정과 가족이야말로 구세계의 유일한 사회요, 그 기점(基點)이기 때문이다. 여기에 신소설의 대부분이 부자, 처첩, 적서, 고부 등의 봉건적 제갈등을 근간으로 하고 있는 원인이 있으며, 낡은 〈장화홍련전〉 등과 같은 낡은 가정소설의 면모를 정(呈)하고 있는 원인도 있다."(임화, 164~165면)고 그 이유를 밝혔다.

그러면 신소설에서 가정소설의 서사를 가져와 이를 어떤 방식으로 변개하여 계몽적 내용을 형상화 했는가? 실상 이야기의 구조는 고소설의 가정소설을 그대로 가져와 인물만 당시의 인물로 바꾼 것에 불과했다. 그런데 그 인물들의 위치를 바꾸거나 구시대의 인물과 신시대의 인물을 대비시켜 개화의 필요성을 강조하고 봉건사회의 모순을 비판했다. 즉 〈귀의성〉은 부패한 양반 김승지에 의해 첩이 된 강동지의 딸 길순의 고난과 죽음을 통해, 〈빈상설〉은 첩 평양집에 의해 쫓겨나 모진 고난을 당하는 이씨 부인의 수난과정을 통해, 〈치악산〉은 홍참의의 후실 김씨가 며느리 이부인을 학대하고 이부인이 수난을 당하는 과정을 통해 봉건사회에 속한 인물들의 부정적 모습을 드러내어 그 사회의 모순을 비판한 것이다.

그 전형적인 작품이 '가정소설'이란 표제를 단 이인직(李人稙, 1862~1916)의 〈귀의성〉으로 "조선의 부오로모프"(임하, 188면)라 할 김승지가 등장한다. 춘천 군수로 내려와 군내의 정사는 돌보지 않고 강동지의 딸이 예쁘단 말을 듣고 첩으로 삼아 결국은 죽음으로 내몰게 되는데, 그 모든 과정이 김승지의 성격에 기인한다. "무력하면서도 음험하고, 우유부단하면서도 아리적(我利的)인 양반 김승지의 성격은 그때 생산된 어느 신소설에서도 비류(比類)를 찾기 어려울 만큼 훌륭한 당시 양반의 전형"(임화, 184면)을 보여주는 인물이다. 김승지는 낡고 부패한 봉건세계를 상징하는 인물로 그 대척점에는 김승지에 의해 이용, 희생당하는 강동지와 길순이 있는 것이다. 강동지는 어떤 인물인가?

강동지가 성품은 강하고 힘은 장사이라. 하늘에서 떨어지는 벼락도 무섭지 아니하고 삼학산에서 내려오는 범도 무섭지 아니하나 겁내는 것은 양반과 돈이라. 양반과 돈을 무서워하면 피하여 달아나는 것이 아니라 어린 아이 젖꼭지 따르듯 따른다. 따르는 모양은 한 가지나 따르는 마음은 두 가지라.

양반을 보면 대포로 놓아서 무찔러 죽여 씨를 없애고 싶은 마음이 있으면서 거죽으로 따르고, 돈을 보면 어미 애비보다 반갑고 계집자식보다 공대하는 마음이 있어서 속으로 따른다.

그렇게 따르는 돈을 이전 시절에는 남부럽지 아니하게 가졌더니, 춘천 부사인지 군수인지, 쉽게 말하려면 인피 벗기는 불한당들이 번갈아 내려오는데, 이놈이 가면 살겠다 싶으나 오는 놈마다 그놈이 그놈이라. 강동지의 돈은 양반의 창자 속으로 다 들어가고 강동지는 피천 대푼 없이 외자 술이나 먹고 집에 돌아와서 화풀이로 세월을 보내더니[16]

이 대목은 요호부민 강동지가 어떻게 몰락하게 됐는가를 잘 보여주며 그러기에 양반에 대한 증오가 얼마나 대단한가를 말한다. 임화의 지적처럼 "양반에 대한 깊은 증오가 숨어있고 썩은 정치에 대한 날카로운 비판의 칼날이 번뜩인다."(임화, 184면)고 한다. 그 사이에 놓인 길순의 운명은 불을 보듯 뻔하다. 곧 김승지와 부인/강동지와 길순의 대립각 속에 작품은 이들이 얼마나 모진 시련을 겪는가를 보여줌으로써 부패한 봉건제도와 거기에 붙어있는 양반들의 무능하고 이기적인 작태를 비판한 것이다.

〈귀의성〉은 고소설의 가정서사 양식을 차용하여 반봉건의식을 가장 효과적으로 수행한 작품으로 보인다. '선처악첩(善妻惡妾)'의 구도

---

16 李人稙, 『鬼의 聲』上, 廣學書鋪, 1907, 16~17면. 띄어쓰기와 표기는 현대 표기방식을 따른다.

를 '악처선첩(惡妻善妾)'으로 전도시킴으로써 유교적 명분을 드러내고 가문을 수호하고자 했던 '선처(善妻)'의 역할이 거꾸로 양반의 위세를 이용해 평민을 박해하고 죽이기까지 하는 '악처(惡妻)'로 바뀐다. 17세기 가문의식을 내세우고 가부장권을 지키고자 했던 가정소설의 서사가 양반과 봉건적 가족제도의 부패를 보여주는 것으로 전도되어 활용된 것이다. 이런 이유로 신소설에서는 봉건모순을 드러내는 기제로 대부분 가정과 가족관계가 등장하게 된 것이다.

4. 전래동화로의 전변

고소설의 이야기들은 많은 부분이 민담으로부터 전승되어 소설로 정착된 것이기에 약간의 재화과정을 거치면 그대로 전래동화로의 전변이 가능하다. 전래동화는 전승되는 민담과 달리 어린이를 위하여 이를 재구성하거나 재창작한 것으로 근대에 들어와 생긴 신생장르다. 동화의 개념을 처음 정착시킨 소파(小波) 방정환(方定煥, 1899~1931)도 "童話의 童은 아동이란 童이요, 話는 說話이니 童話라는 것은 兒童의 說話 또는 兒童을 위하여의 說話이다."[17]고 하여 동화가 단순한 설화가 아니라 아이들에 맞게 재화한 설화라는 것을 강조했다. 말하자면 전래동화는 전승된 민담 그대로가 아니라 근대에 새로 등장한 신생장르로 "근대적 아동관과 문학관에 의해 재구성된 옛이야기"[18]라 할 수

---

17 방정환, 「새로 개척되는 '童話'에 관하야」, 『開闢』 31호, 개벽사, 1923, 19면. 앞으로 이 글의 인용은 괄호 속에 면수만 표시한다.
18 염희경, 「소파 방정환 연구」, 인하대 박사논문, 2007, 166면 참조.

있다. 그러기에 전래동화는 전승되는 민담과 달리 재화자에 따라 얼마든지 다양한 형태로 재창작될 수 있는 것이다.

가장 먼저 전래동화의 존재를 언급한 논의는 방정환의 동화론「새로 개척되는 童話에 관하야」다. 아동문학을 개척했던 소파는 유학기간 중 일본 아동문학의 영향을 받고 귀국해서 1922년 7월에 번안 동화집『사랑의 선물』을 개벽사에서 출간했으며,『개벽(開闢)』에 전래동화를 현상모집하여 1923년 2월부터 게재함으로써 동화운동을 전개했던바, 그 토대가 되는「새로 개척되는 童話에 관하야」를 1923년『개벽』1월호에 실었다.

그런데 동화가 무엇인가를 설명하는 자리에서 "童話라는 것은 누구나 아는바, 〈해와 달〉, 〈흥부와 놀부〉, 〈콩쥐 팥쥐〉, 〈별주부(톡긔의 간)〉등과 같은 것"(19면)이라고 여러 고소설 작품들을 예로 들어 정의를 내렸다. 소파가 언급한 작품 중에서 〈해와 달〉(〈해와 달이 된 오누이〉)을 제외하고는 모두 대표적인 고소설이다. 1923년 당시에는 전래동화에 해당하는 작품이 존재하지 않았으니 당시 유행하던 활자본 고소설을 통하여 그 실상을 접했을 것으로 추정된다. 당시 활자본 고소설 중에서 비교적 "아동의 설화 또는 아동을 위한 설화"라는 동화적 특성을 잘 보유하고 있는 고소설 작품을 예로 든 것이다. 그런데 왜 고소설이라 하지 않고 굳이 '동화'라는 명칭을 사용했을까?

우선 이 작품들은 고소설 중에 민담적 구조가 두드러지는 작품들이다. 〈흥부전〉은 탐욕스러운 형과 착한 동생의 대립, 동일한 행위의 반복, 보은과 복수 등 민담적 구조를 온전히 지니고 있으며, 세부묘사는 작품의 반 이상을 박타는 대목에 할애하고 있다. 〈토끼전〉은 동물우화로 기본구조는 『삼국사기』의 '구토지설'로부터 유래된 것이며,

〈콩쥐팥쥐전〉도 다양한 형태의 '과제제시형 계모박해담'이 취사선택되고 정제되어 소설로 형성된 것이다.[19] 이들 작품들은 모두 민담적 구조를 지니고 있을 뿐더러 소파는 특히 소설 속에 들어있는 민담적인 형상화 방식을 통해 동화적 특성을 발견한 것이다.

소파는 동화장르를 "고대로부터 다만 한 설화-한 이약이로만 취급되어오던 동화는 근세에 이르러 '童話는 兒童性을 잃지 아니한 藝術家가 다시 兒童의 마음에 돌아와서 어떤 感激-혹은 현실생활의 反省에서 생긴 理想-을 童話의 독특한 표현방식을 빌어 독자에게 호소하는 것이다.'고 생각하게까지 진보되어왔다."(20면)고 설명한다. 소파는 전래동화의 재화에서 이처럼 아동성을 중시하였으며 같은 글에서 "우리는 누구나 가지고 있는 '永遠한 兒童性'을 이 아동의 세계에서 保持해가지 않으면 안될 것이요, 또 나아가 세련해가지 아니하면 아니 된다. 우리는 자주 그 깨끗한 그 곱고 맑은 故鄕 - 아동의 마음에 돌아가기에 힘쓰지 않으면 아니 된다."(21면)고 하였다. 소파는 이 '영원한 아동성'이야말로 일반적인 민담과 동화를 가르는 시금석이 된다고 여긴 것이다.

"깨끗하고 곱고 맑은" 마음의 고향인 '영원한 아동성'의 입장에서 보자면 부러진 제비 다리를 치료해주고 보은박을 통하여 복을 받는 흥부와 재물을 얻고자 제비 다리를 부러뜨려 복수박을 통해 벌을 받는 탐욕스런 놀부가 등장하는 〈흥부전〉이나, 수많은 물고기와 동물들이 등장한 가운데 기지로서 사지에서 벗어나는 토끼와 용왕에게 충성을 바치는 자라의 지혜겨룸을 다룬 〈토끼전〉, 계모의 박해를 굳건하게

---

19 졸고, 「〈콩쥐팥쥐전〉의 형성과정 재고찰」, 『고소설연구』 34집, 한국고소설학회, 2012, 266~272면 참조.

견디며 하늘의 도움을 받아 힘든 과제를 해결하고 결국 전라감사와 결혼하는 〈콩쥐팥쥐전〉 같은 작품은 그런 요소를 많이 지녔다고 할 수 있다.

같은 글에서도 소파는 이런 동화의 특성, 곧 영원한 아동성을 많이 지닌 고소설이 책장사[서적상—필자]의 상업적 의도에 의하여 동화가 아닌 소설로 읽히는 것을 못마땅하게 여기기도 했다.

> 다소 민간에 읽혀진 興夫傳이나 또는 鼈主簿傳이나 朴天男傳 등이 동화 아닌 것은 아니나 그것은 영리를 위하는 책장사가 당치 않은 문구를 함부로 늘어놓아 그네의 소위 소설체를 만들어 古代小說이라는 冠을 씌워 염가로 방매한 까닭이요, 책의 내용 그것도 동화의 자격을 잃은지 오래였고, 그것을 구독하는 사람도 동화로 알고 읽은 것이 아니고 古代小說로 읽은 것이었다.(21면)

아동을 위하여 동화를 창작하고 수집하여 동화운동을 전개해야 하는 소파의 입장에서 본다면 당시 유행하던 활자본 고소설의 존재는 앞서 대중출판물로서의 특성에서 드러나듯 성인들을 위하여 '당치 않은 문구를 함부로 늘어놓은' 허무맹랑한 독서물에 불과한 것이었다. 예로 든 〈흥부전〉, 〈토끼전〉 등의 고소설이 원래 '영원한 아동성'이란 동화의 자질을 보유하고 있었지만 책장사들이 영리를 위하여 고소설로 만들어 그 순결성을 훼손시켰다고 아쉬워한다. 소파는 이 작품들이 성인을 위한 대중독서물인 '고대소설'보다는 아동을 위한 전래동화로 읽혀져야 한다고 여겼던 것이다.

당시 활자본 고소설들은 '고담책'이나 '이야기 책'이라 불리듯이 설화와 별 차이 없이 수용되는 상황이었고, 특히 소파가 예로 든 〈흥부전〉, 〈토끼전〉, 〈콩쥐팥쥐전〉 등은 어느 작품보다 민담적 형상화 방식이 강하게 드러나는 작품이다. 다만 〈박천남전(朴天男傳)〉의 경우는 우리의 고소설이 아니라 조선서관(朝鮮書館)의 주인인 박건회(朴健會)가 일본의 대표적인 민담 '모모타로(桃太郎)'를 국내를 무대로 하여 개작하여 펴낸 것으로, 복숭아에서 태어난 아기장수가 개와 원숭이를 데리고 가서 섬의 요괴를 물리치고 정벌한다는 내용으로 친일적인 성향이 두드러진 작품이다.[20]

그런데 동화를 정의하는 데서 주목할 대목이 있다. "동화는 특히 시대와 처소의 구속을 받지 아니하고 대개는 그 초두가 '옛날 옛적'으로 시작되는 고로 동화라면 '옛날이야기'로 알기 쉽게 된 까닭이(19면)"라는 것인데, 말하자면 시공간이 규정된 현실과는 동떨어진 초월적인 세계를 그린다고 하는 점이다. 그래서 동화가 정착하고 나서 시간이 지나면서 초현실적인 시공간을 배경으로 하는 허구의 이야기에 대해서는 '동화', 현실적인 시공간을 배경으로 하는 허구의 이야기에 대해서는 '소년소설'이라는 명칭이 자리 잡게 되었다 한다.[21] 곧 방정환은 아이들을 위한 설화로 민담적 형상화 방식이 풍부한 초월적인 것을 동화로 인식하다보니 그런 세계가 그려진 고소설에 주목하게 되었고, 당시 활발하게 출판되어 대중독서물로 자리를 차지한 활자본 고소설이 동화의 자리를 빼앗아간다고 못마땅하게 여겼던 것이다.

마침 다음 해인 1924년 조선총독부에서 전국의 민담을 채집해『조선동화집』이란 이름으로 최초의 전래동화집이 발간됐다. 이『조선동

---

20 졸저, 앞의 책, 2000, 42면 참조.
21 원종찬,「한국 동화 장르에 관한 연구」,『민족문학사연구』30호, 민족문학사연구소, 2006, 336면.

화집』은 무엇보다도 우리나라 최초의 전래동화집이기에 이후 전래동화의 형성에 지대한 영향을 끼쳤다. 모두 25편의 작품이 실려 있는데, 특히 〈혹 떼이기 혹 받기〉, 〈심부름꾼 거북이〉, 〈종을 친 까치〉, 〈은혜를 모르는 호랑이〉, 〈금방망이 은방망이〉, 〈겁쟁이 호랑이〉, 〈천벌받은 호랑이〉, 〈놀부와 흥부〉, 〈선녀의 날개옷〉 등 10여 편은 이 작품집에 수록된 이래 한국 전래동화의 대표적 작품으로 늘 뽑혀온 것이라 한다.22 대표작 10편에 〈흥부전〉과 〈토끼전〉에 관련된 〈놀부와 흥부〉, 〈심부름꾼 거북이〉가 들어 있거니와 그 뒤 이 두 작품은 대부분의 전래동화집에 포함되어 고전소설이 아닌 대표적인 전래동화로 자리 잡게 된다. 그러면 전래동화의 대표적 자리를 차지한 〈흥부전〉이 어떤 과정을 거쳐 고소설에서 전래동화로 전변이 일어났는지 간략히 살펴보자.

〈흥부전〉은 1924년 조선총독부에서 발행한 『조선동화집』을 비롯하여 1926년 심의린이 편찬한 『조선동화대집』23, 1940년 박영만이 편찬한 『조선전래동화집』24 등에 모두 〈놀부와 흥부〉라는 전래동화로 재화되어 실려 있다. 먼저 『조선동화집』의 〈놀부와 흥부〉를 보면 완연히 경판본 〈흥부전〉의 동화적 개작이다. 흥부가 3통의 박을 타서 부자가 되고, 놀부는 13통의 박을 타면서 망해 가는 과정이 동화에도 그대로 드러나 있으며 그 박에서 나온 다양한 인간 군상들과 물품들도 경판본과 일치한다. 하지만 동화 〈놀부와 흥부〉는 각 인물들의 살

---

22 권혁래, 「조선동화집의 성격과 의의」, 『조선동화집』, 집문당, 2003, 181~182면.
23 심의린 저, 신원기 역해, 『조선동화대집』, 보고사, 2009. 자료의 인용은 일일이 각주를 달지 않고 괄호 속에 면수만 밝힌다.
24 박영만 지음, 권혁래 옮김, 『조선전래동화집』, 한국국학진흥원, 2006.

아 움직이는 생생한 모습을 추상화 시켰으며, 첨예하게 드러나는 빈부갈등도 없애고, 마지막에는 흥부가 놀부의 가족을 받아들여 우애좋게 살았다는 관념적 화해를 이룸으로써 〈흥부전〉이 지니고 있는 조선후기 역사적 현실을 제거해 버려 단순한 '형제우애담'으로 이야기를 변모시켰다. 그 때문에 1915년에서 1921년에 걸쳐 전 6권으로 간행된 『普通學校朝鮮語及漢文讀本』에 〈흥부전〉은 일본 동화 〈혀 잘린 참새 [舌切雀]〉와의 유사성이 강조되어 내선일체의 교육자료로 동원되기도 했다.

그러나 『조선동화대집』의 〈놀부와 흥부〉에서 놀부의 박은 사정이 다르다. 박에서 각각 굿중패, 초라니, 각종 걸인 등이 나와 놀부에게 돈을 빼앗아가고 마지막에 강도떼가 나오는 것이 특이하다. "강도떼가 쏟아져 나오며, 일제히 몽둥이를 들고 놀부를 두들기며 금은보패를 내놓으라 하므로, 매에 못이겨 도망하여 왔"(214면)다 한다. 경판본 〈흥부전〉에서 왈자들이 나와 놀부를 징치하는 부분을 이렇게 개작했으리라 보여진다. 게다가 놀부의 집이 똥에 파묻히는 것이 아니라 "이놈들이 집에 불을 놓고 가서 놀부는 집도 없게 되었"(214면)다고 하는 점도 현실감 있게 개작한 것으로 보인다. 그리고 마지막 부분에서 "할수 없이 아우 흥부한테 가서 머리를 숙이고 얻어먹다가 죽었"(214면)다고 하여 "놀부의 가족을 자기 집에서 살게 하며 사이좋게 지냈"다고 하는 『조선동화집』의 결말과 현격한 차이를 보인다. 말하자면 놀부에 대한 분노와 응징이 돋보인다.[25]

고소설은 분명 낭만적인 방식이긴 하지만 현실적인 문제를 다룬다.

---

[25] 전래동화 〈놀부와 흥부〉의 논의는 졸고, 「고전소설의 동화적 변모」, 『고소설연구』 27집, 한국고소설학회, 2009 참조.

〈흥부전〉은 놀부의 복수박을 통해 이기적이고 반사회적인 놀부가 철저하게 망해가는 모습을 보여준다. 그런데 동화는 고소설이 지니고 있는 민담적 사유 혹은 초월적인 특성이 중심이 되어 변개가 이루어진다. 그러기에 그 뒤 고소설의 전래동화로의 전변은 현실적인 측면보다는 초월적인 측면이 중심이 되어 이루어졌고 그 과정에서 초월적인 요소들의 재화가 다양한 지향을 보여주게 된다. 고소설을 바탕으로 했지만 재화자에 따라 전래동화의 지향이 상이한 것은 이런 이유에서다.

5. 대중영화로의 전변

고소설은 앞에서 검토한 것처럼 대중서사의 구조를 충실히 갖추고 있어 어느 장르보다도 대중영화로의 전변이 수월한 편이었다. 고소설이 영화로 전변되는 과정은 크게 두 경로로 나누어 생각할 수 있다. 하나는 고소설이 직접 시나리오로 각색되어 영화화되는 경우고, 다른 하나는 현대소설로 전환된 뒤 영화화되는 경우다. 설화의 경우는 그 내용이 간략하기에 근대소설의 단계를 거쳐 영화화되는 것이 일반적이다. 가장 빈도수가 많은 〈황진이〉(4회)나, 〈꿈〉(3회), 〈무영탑〉(2회)은 설화가 직접 시나리오로 각색됐다기보다 이태준의 〈황진이〉, 이광수의 〈꿈〉, 현진건의 〈무영탑〉이 각각 영화화된 것이다. 원천은 설화에 있지만 실상은 근대소설이 영화화된 것이다.

하지만 고소설의 경우 현대소설의 단계를 거치지 않고 대부분 직접 시나리오로 각색되어 영화화됐다. 초창기 영화사에서 〈장화홍련전〉(1924)의 각색에 참여한 이구영에 의하면 "이 무렵만 해도 〈춘향전〉이니, 〈홍보전〉이니, 〈장화홍련전〉이니 하는 영화는 시나리오가 따로 없었다. 당시 유행하던 10전소설 [활자본 고소설-인용자]의 원본에다 줄을 죽죽 긋고 촬영하는 상황이었다." 할 정도였다.26 고소설 특히 활자본 고소설이 대중독서물로서 완결성 있는 내러티브를 갖추고 있는데다가 드라마틱한 장면을 많이 지니고 있어 이처럼 바로 시나리오로 활용되었던 것이다. 고소설은 이른바 디테일에 해당되는 복잡한 심리묘사가 생략되고 장면묘사가 두드러지기에 영화로의 장면전환이 손쉬웠다.

고소설이 영화로 전변된 것을 정리하면 전체 47편중에서 〈춘향전〉이 23편으로 가장 많고, 〈장화홍련전〉이 7편이며, 〈홍길동전〉, 〈심청전〉, 〈홍부전〉이 각 4편이고, 〈숙영낭자전〉과 〈콩쥐팥쥐전〉이 각 2편, 〈운영전〉이 1편이다.27

이들 작품들은 신분이 다른 남녀의 기막힌 사랑 이야기와 서자 혹은 계모의 박해나 가난 등 여러 결핍을 지닌 주인공이 고난을 극복하고 결국에는 성공하는 서사를 갖추고 있는 것이 특징이다. 그만큼 굴곡이 많고 극적인 요소를 많이 지녔다고 할 수 있겠는데 바로 이 때문에 영화로의 전변이 수월했던 것이다.

영화화 고소설의 빈도에서 반을 차지할 정도로 가장 많아 영화화된 〈춘향전〉을 보면 신분이 다른 청춘남녀의 사랑과 이별, 그리고 수난

---

26 영화진흥공사 엮음, 「한국시나리오사의 흐름」, 『한국시나리오선집 1권』, 집문당, 1986, 295면 참조.

27 이 빈도수는 졸고, 「고전소설의 영화화」, 『고소설연구』 23집, 한국고소설학회, 2007과 이윤경, 「고전의 영화적 재해석」, 『돈암어문학』 17집, 돈암어문학회, 2004, 28~30면의 〈도표〉에서 뽑아 정리한 것이다.

의 과정을 거쳐 다시 행복한 재회를 하기까지 통속적이고 전형적인 멜로드라마의 틀을 그대로 지니고 있을뿐더러, 그 이야기가 대중들에게 익숙한 내러티브를 갖추고 있기 때문일 것이다. 더욱이 양반과 기생이라는 엄청난 신분적 격차는 진정한 사랑을 이루기 힘들다는 점에서 대중들에게 흥미를 자극하며, 기생이기에 변학도의 수청요구를 거절하기 불가능하다는 상황, 그럼에도 불구하고 사랑을 지키기 위해서 모진 고난을 겪으며 마지막에는 희생될 수밖에 없는 처지에 이몽룡이 암행어사가 되어 나타나 춘향을 구출해 준다는 극적 반전에 이르기까지 〈춘향전〉은 어느 작품보다도 드라마틱한 요소를 충실히 갖추고 있기에 영화로도 성공할 수 있었던 것이다.

실상 〈춘향전〉은 이런 전형적인 멜로드라마적인 요소와 익숙한 서사구조로 인해 근대문학시기에도 최고의 베스트셀러로 등극했다. "연간 7만권 정도가 팔리고, 97종의 이본을 파생시킨 일제 식민지시기를 대표하는 작품으로 역설적으로 '신문학' 또는 '근대소설'의 대표작"이 된 셈이다.[28]

이런 〈춘향전〉의 인기에 편승하여 1923년 민간제작 극영화의 첫 번째 작품으로 동아문화협회의 하야가와 고슈[早川孤舟]에 의해 〈춘향전〉이 만들어졌다. 이 영화는 무성영화로 시나리오도 그에 의해 만들어졌다. 우리 고소설을 제대로 이해할 수 없는 일본인이 제작하여 작품성이 크게 미흡했지만 당시 인기 있던 작품 〈춘향전〉을 영화로 보여준다는 것만으로도 관객이 몰려 흥행에 큰 성공을 거두었다.[29]

---

28 천정환, 앞의 책, 2003, 70~76면 참조.
29 정종화, 『자료로 본 한국영화사』, 열화당, 1997, 24면 참조.
      김남석, 『한국 문예영화 이야기』, 살림, 2003, 12면 참조.

이제 이야기를 영상으로 보는 '영화의 시대'가 시작된 것이다. 초창기 영화사에서 고소설이 유난히 많이 영화화된 것은 마땅한 아이디어나 소재가 없기에 당시 대중들에게 많이 읽히고 있던 고소설 작품들을 영화의 소재로 선택한 것이다. 무엇보다도 대중들에게 인기를 끌만한 통속적인 내러티브를 만들기가 쉽지 않았기 때문에 고소설이 활용된 것이다. 〈춘향전〉을 비롯하여 〈장화홍련전〉, 〈운영전〉, 〈심청전〉, 〈홍부전〉, 〈숙영낭자전〉 등이 모두 한국 영화사 초기에 제작되었다. 당시 활자본 고소설에 익숙한 대중들을 극장으로 불러들이겠다는 상업적인 의도도 있었다.

더욱이 영화는 소설의 수용보다 훨씬 간편하고 효과적이었다. 당시 문맹률이 80%나 될 정도로 높았기에[30] 스스로 소설을 볼 수 있는 사람은 많지 않았다. 김기진도 「大衆小說論」에서 "우리의 노동자와 농민은 반드시 눈으로 소설을 보지 않고 흔히 귀로 보는 까닭"[31] 이라고 했다. 이런 까막눈인 대중들을 끌어들이는 데 영화는 매우 효과적이었다. 그래서 최승일은 "사실상 영화는 소설을 정복하였다. 왜 그런고 하니 그것은 대체상으로 소설은 지식적, 사색적이고 영화는 시선 그것만으로도 능히 머리로 생각하는 사색 이상의 작용의 능력을 가진 까닭이다. 또한 경제상으로도 하루 밤에 3·4십전만 내어 던지면 몇 개의 소설(연출)을 직접 사건의 움직임으로 보는 까닭이며, 또한 소위 바쁜 이 세상에서 적은 시간을 가지고서 사건의 전 동작을 볼 수가 있는 것이었다."[32]고 하여 초기 영화들이 소설과의 경쟁관계에서 어떻

---

30 최준, 「언론의 활동」, 『한국사21』, 국사편찬위원회, 1981, 57면 참조.
31 김기진, 앞의 글, 1924년 4월 19일자 참조.
32 승일, 「라디오, 스포츠, 키네마」, (『별건곤』, 1926, 12월호), 『서울에 딴스홀을 許하라』,

게 소설의 독자층을 흡수했나를 설명했다. 게다가 당시 영화들이 "2·3의 고대소설을 각색하여 낸 것 외에는 〈장한몽〉, 〈농중조〉를 보았을 따름"[33]이라고 하여 고전서사가 영화의 주요 소재가 됨을 밝혔다.

1920년대 근대소설이 확립되면서 식민지 민족현실을 그리기에 그 시선은 고소설과 달리 사회로 향해있었다. 이 작품들은 근대소설사를 화려하게 장식했지만 〈무정〉을 제외하고는 대중들의 흥미를 끌만한 통속적인 서사를 만들지 못했다. 사회의 모순들을 소설로 어떻게 형상화할 것인가의 문제가 아니라 "어떻게 재미있는 이야기를 만들 것인가"의 대중문화적 시각으로 본다면 팔봉의 지적처럼 당시의 근대소설들은 빈약하기 짝이 없는 셈이었다. 여기에 〈춘향전〉을 비롯한 고소설, 특히 활자본 고소설들이 대거 등장할 수 있는 이유가 있으며, 최승일의 지적처럼 문맹률이 높았기에 예전 강독사의 역할을 영화가 대신해 영화로의 전변이 수월했던 요인이 있다. 하룻밤에 '3~4십전만' 지불하면 몇 편의 소설을 아무런 생각 없이도 편하고 재미있게 감상할 수 있으니 영화는 일거에 대중문화의 총아로 떠오를 수 있었다. 문제는 대중들의 흥미를 끌만한 시나리오일 텐데 그 부족한 부분을 고소설들이 메꿔주었다. 시나리오가 없어 활자본 고소설의 원본에다 줄을 죽죽 긋고 촬영했다는 이구영의 진술은 이런 정황을 잘 보여준다.

최승일의 지적처럼 초기 영화의 대부분을 〈춘향전〉, 〈장화홍련전〉, 〈홍길동전〉 등 고소설이 장악했으며, 그 중심에 〈춘향전〉이 있었다. 〈춘향전〉은 이미 익숙한 내러티브를 가졌기에 제목만으로도 사람들

현실문화연구, 1999, 185면 참조. 이 책에는 1월호로 되어 있으나 원본 대조 결과 12월호로 바로 잡는다.

33 같은 글, 같은 곳.

이 몰려들 수 있었던 것이다. 영화라는 새로운 매체를 통해 익숙한 내러티브를 따라가며 구체적 사건들을 눈과 귀로 확인할 수 있기 때문이다. 식민지 시대에 등장한 〈춘향전〉 영화는 모두 5편으로 이명우, 이규환 감독의 작품들이다.[34]

1935년 한국인에 의해 처음 제작된 이명우 감독의 〈춘향전〉은 최초의 발성영화란 점에서 주목을 끌었다. 한국 최초의 촬영감독 이필우가 동생 이명우에게 감독을 맡기고 자신은 녹음, 현상, 촬영을 담당해 변사가 아닌 배우들의 목소리를 직접 들려주는 새로운 방식을 선보였다. 유난히 소리를 강조한 이 영화는 홍난파가 작곡한 주제가를 김복희가 불러 최초의 주제가를 선보이기도 했다. 여기서 춘향역은 〈임자 없는 나룻배〉로 당대 최고의 배우가 된 문예봉이 맡았는데, 1923년 제작된 무성영화 〈춘향전〉에서 춘향역을 맡았던 기생 한룡의 질녀였다. 이런 여러 대중적 흥미 요인으로 인하여 비록 영화적 완성도는 떨어졌지만 흥행은 대성공을 거두었다. 당시에는 영화관이 보통 50전이었는데 발성영화라서 그 두 배인 1원으로 올렸음에도 불구하고 단성사에 관객이 몰려 연일 매진을 기록했다 한다.[35]

1936년 이규환 감독은 1935년 〈춘향전〉에서 춘향역을 맡아 인기를 얻었던 문예봉을 다시 기용해 〈그 후의 이도령〉이란 속편을 만들기도 했다. 춘향이를 구해낸 이몽룡이 계속 민정을 시찰하러 암행에 나섰다가 산중의 외딴집에서 묵게 되는데, 이 집 주인이 고개를 넘는 손님들의 물건을 터는 화적이어서 이들을 잡아 관가로 넘긴다는 내용이

---

34 자세한 〈춘향전〉 영화 목록은 뒤에 [부록]으로 제시하며 영화 〈춘향전〉에 대한 논의는 졸고, 「고전소설의 영화화」를 참조했다.
35 김남석, 앞의 책, 33~35면, 정종화, 앞의 책, 74면 참조.

다. 〈춘향전〉에 공안이나 활극적 요소를 가미한 일종의 통속영화다.

〈춘향전〉은 대중들에게 익숙한 멜로드라마의 서사방식과 드라마틱한 요소를 충실히 갖추고 있기에 〈옥중화〉와 같은 대중독서물은 물론이고 대중영화로의 전변도 수월하게 이루어져 인기를 누렸다. 현재까지 무려 23편이 만들어졌다. 그 중심에는 신분이 다른 두 남녀의 만남과 사랑, 이별과 수난을 거쳐 극적 재회에 이르는 기막힌 이야기가 있었기 때문이다. 서사, 곧 이야기가 갖는 힘을 보여준 예라 하겠다.

6. 맺음말

근대 초기 고소설은 근대라는 낯설고 충격적인 타자와 조우하면서 '신작고소설'의 등장이라는 자기갱신도 있었지만 대부분 다른 새로운 형태로의 전변이 일어났다. 이는 근대의 충격에 대응한 나름대로의 생존방식 혹은 존재방식인 셈이다. 그 다양한 전변의 양상들을 살펴보고 이에 대한 당시의 담론들을 검토하였다.

1910년대부터 등장한 활자본 고소설은 신문과 단행본 등 활자매체를 통한 대중출판물로의 전변이라고 할 수 있다. "울긋불긋한 표지에 4호 활자로 인쇄한 백면 내외의 소설"인 활자본 고소설들은 당시 대중독서매체로서의 특성을 지니고 있을뿐더러 그 내용 또한 대중서사로 적합하기에 당시 사람들에게 전폭적으로 수용된 것으로 보인다. '재자가인의 이야기', '부귀공명의 이야기', '호색남녀의 이야기', '충신열녀의 이야기' 등은 사랑과 출세에 관한 통속적인 이야기로 독자들이 자신을 주인공과 동질화시킴으로써 대리만족하는 것으로 대중서사의 핵심이다. 활자본 고소설은 바로 이런 대중서사를 근대적 향유방식인 신문, 활자매체를 통해 유통시킴으로써 많은 사람들에게 호응을 얻었던 것이다.

신소설은 임화의 지적처럼 "낡은 소설양식에 새로운 정신을 담은 작품"에 불과하며 "새로운 배경과 새로운 인물군을 가졌음에도 불구하고 천편일률로 선인, 악인의 유형을 대치하는 구소설의 구조를 거의 그대로 습답하고 권선징악이란 구소설의 운용법을 별로 개조하지 않고 사용한" 소설인 것이다. 고소설 중에서도 특히 가정서사를 많이 변개하여 활용했다. 당시 청산해야할 봉건적 문제들을 실제적으로 느낄 수 있는 지점이 가정이기에 서사는 가정과 가족관계에 집중될 수밖에 없었다. 가정소설의 구조를 그대로 가져와 인물만 당시의 인물로 바꾸었다. 그런데 그 인물들의 위치를 바꾸거나 구시대의 인물과 신시대의 인물을 대비시켜 개화의 필요성을 강조하고 봉건사회의 모순을 비판하는 데 활용했다.

전래동화는 고소설이 지니고 있는 민담적 형상화 혹은 초월적인 특성이 중심이 되어 전변이 이루어졌다. 동화정착의 초기에 방정환은 고소설의 이런 동화적 특성에 주목하여 성인 대중물로 읽히는 것을 아쉬워하면서 동화의 생명을 '영원한 아동성'으로 규정함으로써 전래동화 재화의 시금석을 제시한 바 있다. 그러기에 그 뒤 고소설의 전래동화로의 전변은 현실적인 측면보다는 아동성에 기인한 초월적인 측면이 중심이 되어 이루어졌고 재화의 과정에서 다양한 지향들을 보이게 된다.

고소설의 영화로의 전변은 고소설이 지니고 있는 대중서사와 극적 요소에 기인한다. 고소설은 세부 심리묘사보다는 사건 위주의 묘사를 중시하기에 영화로의 전변이 수월했다. 초기 영화사에서 〈춘향전〉, 〈장화홍련전〉, 〈홍길동전〉, 〈심청전〉, 〈홍부전〉 등의 작품들은 신분이 다른 남녀의 험난한 사랑이나 서자 혹은 계모의 박해나 가난 등 여러 결핍을 지닌 주인공이 고난을 극복하고 결국에는 성공하는 서사를 갖추고 있다. 그만큼 굴곡이 많고 극적 요소를 많이 지녔다고 할 수 있겠는데 바로 이 때문에 직접 영화로 전변될 수 있었다. 게다가 80%에 이르는 높은 문맹률 때문에 예전 강독사의 역할을 영화가 대신해 고소설 소재 영화가 인기가 있었다. 당시 창작 시나리오가 부족했기에 초기 영화의 대부분을 대중서사를 잘 갖춘 고소설이 장악했으며 그 중심에는 무려 23편의 영화로 만들어진 〈춘향전〉이 있다.

고소설 전변의 중심에는 서사, 혹은 이야기가 있다. 서사는 그 자체로 생명력이 있어 근대의 충격 속에서도 살아남아 다양한 형태로 변모될 수 있었다. 마치 생명정보인 유전자처럼 어느 장르로도 전변이 가능했다. 그 중심에 있는 이야기는 씨가 되어 죽지 않고 계속 살아남았기 때문이다. 이야기의 생명력인 흥미나 재미를 고려할 때, 그 속에 무엇을 담는가가 아니고 이야기가 어떻게 만들어지는가를 주목할 필요가 있다.

근대는 분명 낯설고 충격적이지만 고소설의 이야기는 죽지 않고 거기에 맞춰 적응했다. 결코 고소설의 서사는 천편일률적이지도 않고 낡지도 않았다. 익숙한 대중서사의 방식으로 이야기를 계속 진화시키면서 오늘에 이르고 있다. 오늘날 TV드라마나 게임서사를 보면 엄청난 고전서사의 자취를 발견한다. 외형은 다르지만 그 속에 들어있는 유전자는 동일하다. 콘텐츠의 보고인 고전서사 혹은 전통서사가 그것이다.

[부록] 〈춘향전〉 영화 목록(1922~2010)

연도	제목	제작사	감독	주연	비고
1922	春香歌	劇團 金小浪 一派	金小浪	미상	연쇄극 (키노드라마)
1923	春香傳	東亞文化協會	早川孤舟	김조성(변사), 한룡, 최영완	〈춘향전〉 최초의 영화화, 민간영화
1935	春香傳	京城撮影所	李明牛	박제행, 문예봉, 이종철 김연실, 임운학, 노재신	최초의 발성영화
1936	노래 朝鮮	OK레코드社	金相鎭	강남향, 나종심	악극〈춘향전〉공연을 영화로 수록
1936	그 후의 李道令	嶺南映畵社	李圭煥	독은기, 이진원, 문예봉	〈춘향전〉의 후일담(속편)
1941	半島의 봄	明寶映畵社	李炳逸	김일해, 김소원	〈춘향전〉영화촬영 과정을 다룬 영화 (미완)
1948	春香傳	高麗映畵社	李慶善	미상	제작중단, 미완성
1955	春香傳	東明映畵社	李圭煥	이민, 조미령, 전택이 노경희, 이금룡, 석금성	작품성 가장 뛰어남. 한국영화 부흥의 계기
1957	大春香傳	三星映畵企業社	金鄕	박옥진, 박옥란, 조양금 조양녀	여성국극영화
1958	春香傳	서울칼라라보	安鍾和	최현, 고유미, 허장강 김현주, 김승호, 전옥	
1959	脫線 春香傳	宇宙映畵社	李慶春	박복남, 복원규, 김해연	〈춘향전〉 패러디, 넌센스 코미디
1961	春香傳	洪性麒프로덕션	洪性麒	최귀식, 김지미, 김동원 양미희, 최남현, 유계선	컬러 시네마 스코프 촬영 (최초)
1961	成春香	申필림	申相玉	김진규, 최은희, 허장강 도금봉, 이예춘, 한은진	흥행대성공
1963	漢陽에서 온 成春香	東星映畵社	李東薰	서양희, 신영균	〈춘향전〉의 후일담(속편)
1968	春香	世紀商社	김수용	신성일, 홍세미, 허장강 태현실, 박노식, 윤인자,	
1971	春香傳	泰昌興業	이성구	신성일, 문희, 박노식 여운계, 허장강, 도금봉	최초의 70밀리 영화

연도	제목	제작사	감독	주연	비고
1972	방자와 향단이	(株)合同映畵	이형표	신성일, 박지영, 박노식 여운계	〈춘향전〉의 패러디, 코미디
1976	成春香傳	宇星社	박태원	이덕화, 장미희, 장욱제 최미나, 신구, 도금봉	사회성 부각
1984	사랑 사랑 내 사랑	申 필름映畵 撮影所	신상옥	장선희, 리학철, 최창수, 김명희, 손원주, 방복순	북한 영화, 뮤지컬, 신분갈등 강조
1987	成春香	禾豊興業 株式會社	한상훈	김성수, 이나성, 김성찬 곽은경, 연규진, 사미자	
1999	성춘향뎐	투너 신 서울	앤디 김		애니메이션
2000	춘향뎐	泰興映畵(株)	임권택	조승우, 이혜정, 김학용 이혜은, 이정헌, 김성녀	칸느국제영화제 본선 진출
2010	방자전	㈜바른손, ㈜시오 필름	김태우	김주혁, 류승범, 조여정, 류현경	〈춘향전〉의 패러디

근대 초기 〈임진록〉의 전변

장경남 /숭실대학교

1. 일제 강점기 〈임진록〉의 행방

조선조에 주로 향유되었던 우리의 고소설은 근대 초기까지도 그 영향력을 잃지 않았다. 필사본이나 방각본으로 유통되던 소설이 근대식 인쇄 방법의 등장과 함께 새롭게 간행되면서 더 많은 독자를 찾아가게 된 것이 주된 이유이다. 1910년대 이후 등장한 소위 활자본 소설은 고소설의 영향을 근대에까지 이어지게 한 계기가 되었다고 할 수 있다. 독자층이 두꺼웠던 문학 작품을 통해 상업적 이윤을 얻고자 했던 출판사는 당시에 많은 독자층을 형성하고 있었던 고소설을 주목했으며, 그 결과 다양한 고소설 작품이 활자본으로 출간되었던 것이다.

활자본 소설의 목록을 들여다보면 방각본으로 간행되었던 대부분의 작품이 활자본으로 출간되었다. 방각본으로 이미 간행되었던 작품들은 그 상업적 성패가 검증되었기 때문에 거의 모든 방각본 소설이 활자본으로 간행되었던 것이다.[1] 그런데 〈임진록〉은 유독 활자본으로

---

[1] 이주영, 『구활자본 고전소설 연구』, 월인, 1998, 68면.

간행되지 않았다. 한문본은 물론 한글본까지 존재하는 〈임진록〉은 조희웅의 보고에 따르면 이본의 숫자만 헤아려 보아도 100여 종이 넘는다. 이 가운데 대부분이 필사본이지만, 방각본도 10여 종이나 된다.[2] 다른 작품과 비교해 보아도 이본의 수가 결코 적지 않은 〈임진록〉이 활자본으로 출간되지 않은 것은 일제 강점기라는 시대적 상황을 감안하면 쉽게 이해할 수 있다. 그러나 '임진록'이라는 표제만 달지 않았을 뿐이지 임진왜란과 관련된 인물을 중심으로 한 작품들은 대거 출간되었다. 〈임진록〉을 대신 한 것이다.

근대 초기에 활자본으로 출간되지 않았다고 해서 〈임진록〉이 향유되지 않은 것은 아니다. 당시에도 여전히 인기 있는 작품이었다는 사실은 신문 기사를 통해 확인할 수 있다.

(가)

告每日申報

敬啓者 貴報之特立大韓地分ᄒ야 國是를 論定ᄒ고 民智를 開發홈이 至矣며 美矣로되 尤極感謝홀 者則一端이 亦有ᄒ니 我韓의 民은 性質이 愚迷ᄒ고 習尙이 虛僞ᄒ야 無根흔 小說을 偏信ᄒ고 未來에 變局을 妄度흔 故로 或秘訣이니 方書니ᄒ것도 准聽홀ᄯᅮ더러ᄯᅩ흔 名城巨都와 鄕村閭落에 盛行ᄒᄂ 이약이冊이 有ᄒ니 曰趙雄傳이며 大鳳傳이며 忠烈傳이며 大成傳이며 三國誌三券이며 壬辰錄이라ᄒᄂ것을 鋟梓以國文으로 翻謄以細書ᄒ야 陳陳堆積ᄒ고 圪圪玩覽ᄒ야 日力만 費홀ᄯᅮ아니라 (중략) 此報購覽ᄒ기를 더욱 必要홈(大韓每日申報, 1906.9.26.)

2 조희웅, 『고전소설 이본목록』(집문당, 1999.), 『고전소설 연구보정』(박이정, 2006.) 참조.

(나)

__임진록__을 닑다가 감동흠이 잇노라

인심의 엇더흔 것을 짜라 그 나라이 흥ᄒ고 망흠은 고금이 다름이 업거니와 임진년에 한일 젼쟁흔 력스를 닑으미 더욱 그 확실흔줄을 ᄭᆡ닷겟도다 (중략) 그ᄯᅢ의 인심을 볼진딘 산림가온디 숨어잇는 궁곤흔 션비도 나랏 일을 위ᄒ야 풀ᄯᅮᆨ을 쏩내며 농토에 뭇친 우쥰흔 빅셩도 나랏 일을 위ᄒ야 홈의롤 놋코 니러나며 챵기는 일개 매음ᄒ는 쳔흔 계집이언마는 덕쟝을 안고 강물에 ᄲᅥ러져 죽은 기셩도 잇스며 승도는 일개산즁에 슈도ᄒ는 쟈 이언마는 쟝삼을 닙고 승병을 모집ᄒ야 덕병과 죽기를 결단흔 즁도 잇셔셔 흐르는 피로써 챵과 총을 디신하며 산과 ᄀᆞᆺ흔 의기로써 갑쥬를 디신ᄒ며 일심단톄로써 셩곽을 숨어 다만 그나락만 알고 그몸과 집은 아지 못ᄒ엿스니 인심이 이와ᄀᆞᆺ흔재에는 셜령 쳥졍의 엇기에 두 눌기가 나며 힝쟝의 머리에 셰쌀이 나셔 범과ᄀᆞᆺ치 악독ᄒ며 ᄉᆞᄌᆞ와ᄀᆞᆺ치 용밍스럽드리도 무엇을 념려ᄒ며 두려워ᄒ리오(하략) (대한미일신보, 1908.4.7.)

활자본 고소설이 본격적으로 출현하기 이전의 신문 기사를 통해 〈임진록〉이 당시 대중들에게 인기 있었던 작품임을 충분히 짐작할 수 있다. (가)는 대도시는 물론 향촌의 마을에서도 〈임진록〉을 즐겨 읽었음을, (나)는 〈임진록〉을 통해 임진왜란 당시에 곤궁한 선비, 우준한 백성, 창기, 승병 등이 활약했던 사실을 알게 되었음을 밝히고 있다.

이처럼 〈임진록〉은 많은 사람에게 흥미롭게 읽힌 독서물 가운데 하나였지만, 작품의 내용이 항일감정을 불러일으키기에 충분했기에 활자본으로 출간되기에는 적잖은 어려움을 겪었던 것으로 보인다.[3] 아래의 신문 기사는 이러한 정황을 알려 주는 예이다.

---

3 활자본으로 간행되지 않았으나 1910년대와 1920년대에 필사된 필사본은 전하고 있다.

壬錄不見

閭巷間에 古談을 閱覽ᄒᆞᆫ 人民들이 **壬辰錄**을 購覽코져ᄒᆞ되 近日市上
에 該錄이 稀貴ᄒᆞ다ᄂᆞᆫ디 巷說을 得聞ᄒᆞᆫ즉 日人이 該冊을 隨見貿去ᄒᆞᆫ 裏由
라도ᄒᆞ며 或說은 日人이 此冊을 切憎之ᄒᆞᄂᆞᆫ 故로 市民들이 放賣치 아니ᄒᆞ
ᄂᆞᆫ 故라 ᄒᆞ더라(大韓每日申報, 1907.2.26.)

〈임진록〉을 볼 수 없다는 제목 하에 쓰인 기사이다. 고담을 즐겨
읽는 인민들이 〈임진록〉을 사서 읽고 싶어 했으나 시중에 책이 희귀
하기 때문에 그렇게 하지 못한다는 것이다. 시중의 소문을 들어 그
이유를 알게 되었는데, 일본인들이 보는 대로 거두어 갔거나, 혹은 일
본인들이 이 책을 싫어하기 때문에 시민들이 방매하지 않기 때문이라
고 전하고 있다.

〈임진록〉은 일반 대중에게 즐겨 읽혔던 소설이었으며, 동시에 당시
의 시대적 분위기로 인해 시중에서 자취를 감출 수밖에 없었던 정황
을 신문 기사를 통해 확인할 수 있다. 〈임진록〉에 대한 일본인들의
부정적인 시선은 이미 존재하고 있었다. 이에 더하여 간행 도서에 대
한 검열제도의 도입은 〈임진록〉이 공간되는 통로마저 원천적으로 막
게 되는 원인이 되었다.

조선 출판물에 대한 검열은 을사늑약 이후 이른바 통감정치시기에
본격화되었다. 이때 신문지법(1907)과 출판법(1909)이 반포되어 식민지
검열행정의 법적 기준이 마련되었고, 출판물 검열에 대한 행정문서의
기록과 축적이 시작되었다.[4] 1926년 조선총독부 경무국 도서과의 설립
으로 식민지 출판경찰의 업무는 보다 고도화되었는데, 조선에서 간행

---

4 정근식, 「식민지적 검열의 역사적 기원」, 『사회와 역사』 64, 한국사회사학회, 2003.

되거나 유통된 출판물과 그 검열 상황을 정리하는 것이 핵심적인 역할 가운데 하나였다.[5] 일제하 검열에 관한 기초 자료의 하나로 1929년부터 1941년까지 조선총독부 경무국에서 매년 출판한 『조선출판경찰개요』를 들 수 있는데, 1937년 판에는 다음과 같은 기록이 있다.

> 족보, 문집 등에는 崇明思想을 고취하고 '壬辰의 役' 및 일한병합 전후의 內鮮關係의 史實을 서술하며 비분강개하는 구절로 排日에 이바지하려는 내용이 들어 있다. (중략) 당국은 그 원고를 검열할 때 가차 없이 적당한 조치를 강구하고 지도에 힘써왔다.[6]

임진왜란과 관련된 글로 배일에 이바지하는 글들은 검열 대상이었음을 알 수 있다. 실제 사례 가운데 하나로 『송암집(松菴集)』 출판 당시, "전면 삭제토록 한 글은 조선의 임금에 대한 충성심을 나타낸 글, 임진왜란시 왜적에 항전하거나 적개심을 표현한 글, 일제 강점 및 시책에 대한 비판적인 글, 백제에 대한 회고의 글, 임진왜란시 왜적에 항전한 내용을 담은 글, 일제시기 의병에 관한 글, 임란 의병에 관한 글 등을 삭제토록 하였다"[7]는 보고에 비추어 본다면 〈임진록〉이 출판되지 못한 것은 당연한 일이다.

그렇지만 일제 강점기 당시 우리 민족에게 임진왜란이 의미하는 바는 적지 않았기에 이를 비껴나갈 방법을 강구한 것이 임진왜란 당시 활약한 인물에 대한 개별적인 전기를 마련하는 것이었다. 이를 통해

---

5 정근식·최경희, 「도서과 설치와 일제 식민지 출판경찰의 체계화 1926~1929」, 『식민지 검열, 제도·텍스트·실천』, 소명출판, 2011.

6 조선총독부 경무국 도서과, 『조선출판경찰개요』, 1934, 62면.

7 성봉현, 「일제시기 문집간행과 출판검열」, 『서지학보』 31, 한국서지학회, 2007, 82면.

어느 정도 〈임진록〉의 독서 욕구가 해소될 수 있었다. 실제로 임진왜
란 당시 활약했던 인물을 표제로 내세운 작품의 간행 사례는 적지 않
다. 〈임진록〉의 개별 화소를 점하고 있던 등장 인물을 따로 분리하여
개인 전기의 형식으로 작품을 구성한 것이다. 주로 1920년대 후반에
집중적으로 간행되었는 바, 작품을 열거해 보면 다음과 같다.

> ㉮ 忠武公李舜臣實記 충무공리순신실긔(영창서관, 1925)
> ㉯ 李舜臣實記 리순신실긔(崔瓚植, 박문서관, 1925)
> ㉰ 李舜臣傳(張道斌, 고려관, 1925)
> ㉱ 忠勇將軍 金德齡傳 충용장군 김덕령젼(張道斌, 덕흥서림, 1926)
> ㉲ 西山大師와 四溟堂 셔산디사와 사명당(張道斌, 덕흥서림, 1926)
> ㉳ 義氣男兒 申砬申大將實記 신립신대장실긔(獨步, 태화서관, 1927)
> ㉴ 李舜臣傳 리순신젼(회동서관, 1927)
> ㉵ 壬辰名妓 論介實記 임진명기론개실긔(덕흥서림, 1929)[8]
> ㉶ 壬辰名將 李如松實記 임진명장리여송실긔(玄丙周, 덕흥서림, 1929)
> ㉷ 壬辰兵亂 淸正實記 임진병난청정실긔(덕흥서림, 1929)
> ㉸ 壬辰兵亂 都元帥權慄 임진병란도원슈권률(덕흥서림, 1930)
> ㉹ 秀吉一代와 임진록壬辰錄(玄丙周, 신구서림, 1930)
> ㉺ 壬辰名將 金應瑞實記 김응서실긔(세창서관, 미상)

임진왜란 당시 활약했던 장수인 이순신(李舜臣), 신립(申砬), 권율(權
慄), 김덕령(金德齡), 김응서(金應瑞)는 물론이고, 의병장 서산대사(西山
大師)와 사명당(四溟堂), 그리고 기녀 논개(論介)를 표제로 한 작품이 출
간되었다. 이에서 그치지 않고 조선에 구원병으로 출전한 명나라 장

---

8 이 작품의 현전 자료는 영남대 도서관 소장본과 방민호 교수 소장본 두 종이 있다고
알려져 있다. 필자는 영남대 도서관본만 확인할 수 있었던 바, 영남대 도서관본은 첫
장이 파손되어 작품의 시작이 어떻게 되는지 알 수가 없다.

수 이여송(李如松)과 왜란을 일으킨 장본인인 풍신수길(豊臣秀吉), 그리고 그의 장수 가등청정(加藤淸正)을 주인공으로 내세운 작품이 출간된 점이 흥미롭다. 이 가운데 〈수길일대와 임진록〉만이 '임진록'을 표제로 내세운 점도 특이한 점이다.

2. 〈임진록〉과 역사전기

표제(表題)에서 확인할 수 있는 바처럼 이때 등장한 작품들은 개별 인물의 전기(傳記)를 표방하고 있다. 이 가운데 임진왜란 당시 활약했던 장수를 표제로 내세운 작품은 역사전기의 성격이 강하다. 작품마다 그 지향점은 다르지만 임진왜란 당시 활약했던 역사 인물의 전기를 서술한다는 입장은 같다. 각 작품의 서두를 보면 이 점이 확연히 드러난다.

(가) 리순신(李舜臣)의 자(字)는 여해(汝諧)요 선향은 덕수(德水)니 서력긔원 일천오백사십오년 조선 인종대왕 원년을사(仁宗大王元年乙巳) 삼월초팔일자시에 서울 건천동(乾川洞)에서 출생하니라. 순신의 선조(先祖)는 다 글을 공부하야 선비로 출신하얏스나 순신은 나서붓허 천성이 웅장하고 용맹이 잇서 큰 장수될 자격을 가젓스며 겸하야 그 전래의 가풍으로 정직한 마음과 충렬한 절개를 수양하얏고 더욱 호걸스러운 성질과 장쾌한 생각과 활발한 긔운을 구비하얏더라(리순신전)

(나) 전라도 광주군 석저촌에서 장수가 나니 성은 김이오 일음은 덕령이오 자는 경수니 어려슬째붓터 매우 영특하야 긔골이 비상하고 소리가 크고 풍채늠늠하더니 밋 나히 점〃 잘아매 키는 조곰하되 날내기 나는 새

갓흐며 담이 커서 용긔가 텬하에 드러나며 더욱 큰 뜻시 잇셔 세상을 구제
할 생각이 잇스며 노하면 눈에 불이 나셔 밤즁에도 눈의 불빗히 번듯니라
비취이더라(김덕령전)

(다) 평안도(平安道) 룡강(龍岡) 짱에 장사가 낫다고 한동안 쩌들든 그
장사가 곳 김응서(金應瑞)엿다 한양건천동(漢陽乾川洞)에는 리순신(李舜
臣)이 나고 전라도(全羅道) 광주(光州)에는 김덕령(金德齡)이 나고 하든
그 무렵에 김응서도 장사라고 쩌드럿다(김응서실기)

(라) 서산대사는 일홈이 휴정(休靜)이오 호는 청허당(淸虛堂)이오 성은
최오 본명은 여신(汝信)이오 자는 현응(玄應)이니 서긔일천오백이십년 경
진 곳 조선중종대왕(中宗) 십오년삼월에 평안도 안주군에서 나니라.(서산
대사와 사명당)

(마) 권율(權慄)의 자는 언신(彦愼)이오 호(號)는 만취(晚翠)니 본관(本
貫)이 안동(安東)이다 령의정(領議政) 권철(權轍)의 아들로서 장성한 뒤
에도 그 부친에게 어릴 째와 갓튼 귀염을 바더왓다 그 부친의 아들이 사형
제로 권항(恒) 권개(愷) 권순(恂) 권률 이러하얏는데 가장 권률을 사랑하
게 된 것은 차례가 맛내아들이라는 것이엿다(도원수 권율)

각 작품의 서두는 주인공의 가계와 출생에서 시작하여 비범함을 제
시하는 것으로 시작한다. 일반적인 전기의 서술 방식을 따르고 있다.
이렇게 표면적으로는 전기 서술의 면모를 보이고 있으나 작품의 내용
구성을 보면 개별 인물의 역사적 행적 위주의 서술에서 벗어나 있다.
'이순신전'을 표방한 네 편의 작품은 소위 이순신계열 〈임진록〉의
이야기와 다르지 않다.[9] 이순신과 관련된 작품의 내용 구성은 대부분

---

9 네 작품 가운데 고려관 간행 장도빈의 〈이순신전(李舜臣傳)〉(1925)과 회동서관 간행

『이충무공전서(李忠武公全書)』의 「행록(行錄)」을 바탕으로 했기 때문이다. 이순신의 행적은 역사 기록이 분명하게 남아 있기에 〈이순신전〉을 표제로 내건 작품은 허구적 구성이 사실상 불가능했다. 「행록」의 일화를 재구성하는 방식을 택한 것이다.

이 가운데 역사전기의 성격을 가장 잘 드러낸 것이 장도빈(張道斌)의 〈이순신전(李舜臣傳)〉이다. 이 작품은 총 12장으로 나누어 이순신의 탄생부터 사후까지 서술하고 있다. 9장까지는 이순신의 일대기를 서술하고, 10장부터는 '이순신의 일사(逸事)', '이순신의 사후(死後)', '이순신의 가문'으로 나누어 서술하였다. 특히 10장에서는 "그 武功 以外에도 그의 多″한 偉蹟이 實로 後人의 筆舌로 形容을 盡키 難하다"[10]는 서술과 함께 이순신을 평가하고 있다. 이순신의 면면을 정치가, 경제가, 교제가, 발명가, 효자, 비상한 애국자, 극히 정직한 사람이라고 소개하고 그와 관련된 일화를 열거하는 방식이다. 이 때의 일화는 「행록」에 기술된 해당 내용이다. 본문에서 해당 일화를 서술하지 않고 이순신의 일대기를 엮으면서 따로 이렇게 한 곳에 모아 서술하는 식이다. 아주 다양한 면모를 지닌 이순신으로 평가한 것이다. 소설이라기보다는 전기를 저술한다는 의식이 작용한 결과이다.

최찬식(崔瓚植)의 〈이순신실기(李舜臣實記)〉도 전기를 서술한다는 입장은 마찬가지이다. 최찬식은 서문에서 "이에 리공에 던긔를 져슐하야 그 위대한 공훈을 만고에 젼하고자 손을 씻고 향을 피우며 붓을 들고

〈리순신전〉(1927)은 같은 작품이다. 고려관본은 국한문 혼용 표기임에 비해 회동서관본은 한글 표기에 인명과 관직명만 괄호 안에 한자를 넣은 한글표기이다. 회동서관본은 고려관본을 번역한 것으로 볼 수 있다.

10 張道斌, 〈李舜臣傳〉, 고려관, 1925, 40면.

열누를 쑤리노라"[11]고 하여 전기 서술임을 분명히 밝혔다. 그럼에도 불구하고 다른 작품에 비해 허구적 서술이 많은 편이다. 가령, 아들 면의 죽음을 복수한 장면을 한 예로 들 수 있다. 면이 고향 아산에서 적군에게 전사하고, 이를 상심해 하던 차에 꿈에 아들이 나타나 자신의 원수를 갚아줄 것을 청하자 진중에 사로잡았던 왜적 가운데 범인을 잡아내 죽인 장면이다. 다른 작품에서 볼 수 없는 내용인데, 경판본 〈임진록〉에 서술된 장면이다. 이 외에도 최찬식의 작품은 군담 장면에 대한 묘사가 자세한 편이어서 소설적 흥미를 더해주고 있다.

이와 같이 이순신 전기는 행적을 바탕으로 하고는 있지만, 그래도 작가의 목소리는 문면에 드러나고 있다. "장수 노릇"(〈리순신전〉(회동서관))을 한다든지, "영웅 출생하다", "위대한 인격과 절륜한 무용"(〈충무공이순신실기〉), "자못 영웅의 자격"이 있다거나, "천신도 감히 범접하지 못하겠더라"(최찬식, 〈이순신실기〉)는 식이다.[12] 이순신의 전기를 서술하면서 범인과는 다른 영웅적 면모를 드러내고자 한 의도에 따른 것이다.

〈김덕령전〉은 장 구분을 "1. 김덕령의 출세, 2. 김덕령의 기병, 3. 김덕령의 출전, 4. 김덕령의 횡사"로 하고 있어 김덕령의 전기를 표방하고 있다. 그러나 구체적인 내용 전개는 임진왜란의 전개 과정을 중심 서사로 하면서 김덕령 이야기를 섞어 놓은 것이다. 이때 김덕령의 행적은 『해동명장전』의 기록에서 크게 벗어나지 않고 있지만, 주인공의 영웅성을 드러내기 위해 다소 과장하거나 허구를 삽입하고 있다. 이

---

11 張道斌, 〈李舜臣傳〉, 위의 책, 3면.

12 졸고, 「이순신의 소설적 형상화에 대한 통시적 연구」, 『민족문학사연구』 35호, 민족문학사연구소, 2007, 353면.

중에서 "4. 김덕령의 횡사" 부분이 유독 과장이 심하다. 마치 글의 초점을 억울한 죽음에 둔 것 같은 인상이다. 어떻게 보면 이 부분을 마련하기 위해 임진왜란사는 전경화된 것이라 할 수 있다. 이 4장은 김덕령이 이몽학의 난에 연루되어 비극적인 최후를 맞이하는 과정의 서술이다. 흥미로운 점은 조정에서 김덕령의 죄를 논하는 부분이 장황하다는 것이다. 선조를 중심으로 조정의 대신들이 모두 참여하여 김덕령의 죄를 논의한 후에 처형하는 것으로 서술되었다. 이 과정에서 "선조대왕이 덕령의 눈이 번개갓고 덕령의 말소리 뇌성갓흠을 보고 더욱 겁을 내여 이에 무사를 식여 덕령을 감옥으로 내려다가 엄중히 심문하야"13와 같이 선조의 나약함을 드러내는가 하면, "덕령이 종시 불복하니 감옥에서 독긔로 덕령의 살점을 찍어내여 뼈만 남거늘 쏘톱으로 덕령의 뼈를 켜서 뼈가 모다 부스러진지라 덕령이 종내 불복하고 죽으니라"14에서처럼 죽음 과정을 잔인하게 서술하였다. 선조를 비롯한 위정자의 처신이 부당함을 드러내는 한편 김덕령의 억울한 죽음을 강조하기 위한 서술이다. 이와 같은 장면 서술은 소설 〈임진록〉에 등장하는 김덕령의 서사에서도 볼 수 없는 장면이다. 이 작품이 지향하는 바는 김덕령의 억울한 죽음에 있음을 강조한 것이다.

〈서산대사와 사명당〉은 "1. 서산대사의 입산, 2. 서산대사의 출전, 3. 서산대사와 사명당, 4. 서산대사와 김응서, 5. 서산대사의 말년"으로 장을 구성하고 있다. 표제가 '서산대사와 사명당'이지만 이야기의 골격은 서산대사의 일대기에 맞추고 있다. 사명당 이야기는 서산대사가 사명당을 추천하여 사명당이 수길과 회담을 한 후에 수길의 철군을

13 〈김덕령전〉, 덕흥서림, 1926, 38면.
14 〈김덕령전〉, 위의 책, 39면.

유도하고, 수길 사망 후 도일하여 양국의 국교를 회복하고 조선포로를 환송한 내용이다. 그런데 1장과 4장, 5장만 서산대사의 이야기이고 나머지는 간략한 임진왜란사이다. 2장과 3장은 임진왜란 발발과 승군의 조직, 김응서의 왜장 제거, 정곤수의 도움으로 명의 구원 성사, 이여송의 평양성 공략 및 경성 회복, 정유재란, 이순신의 패배, 사명당과 수길 회담, 수길 사망과 왜군 철수, 사명당 도일 후 포로 환송 등으로 내용을 구성하고 있어 임진왜란의 과정을 서술하고 있다. 4장은 김응서의 활약 및 전사가 서산대사와 직접 관련이 있는 것으로 서술하고 있다. 즉 김응서는 서산대사의 추천을 받아 왜란에 활약한 인물로 설정했다. 일본군 철수 후에 김응서가 서산대사를 찾아 가자 서산대사는 귀향하기를 권고했으나 듣지 않고 심하전투에 원정을 가서 죽게 되었다. 죽으면서 김응서는 서산대사의 말을 듣지 않은 것을 후회했다는 내용이다. 전혀 새로운 내용의 이야기를 첨부한 것이다. 그런데 마지막 5장을 '서산대사의 말년'이라고 하면서 서산대사의 죽음과 함께 인물평을 서술하고 있어 서산대사의 전기임을 드러냈다. 전반적으로는 서산대사의 전기를 표방하고 있지만 사이 사이에 임진왜란의 주요 사건을 함께 서술하고 있다. 작품 제목에서는 서산대사와 사명당의 전기임을 드러내고 있지만 임진왜란의 경과가 한 축을 이루고 있다.

〈도원수권율〉은 권율의 행적에 임진왜란의 전개과정을 합쳐 놓은 구성이다. 작품 서두에 간략한 가계 소개와 함께 45세에 문과 장원을 하고 의주부윤에 부임한 것부터 작품 내용을 구성하고 있다. 흥미 있는 장면 서술은 이 부분이다. 권율이 의주부윤으로 있을 때 명나라에 사신으로 다녀오는 김응남과 만난 장면과 명나라에 일본 사정을 보고

하러 가는 한응인을 만난 장면이다. 두 명의 사신과 만나 대화하면서 왜란이 일어날 조짐을 알았던 것으로 설정한 것이다. 이후로는 임진왜란의 발발과 전개 과정 속에 권율의 행적이 서술되었다. 임진왜란의 경과와 그에 따른 권율의 대응을 적절히 배치하면서 내용을 전개하고 있다. 권율의 전기를 서술하고자 한 의도가 잘 드러나 있다. 왜란 초기 권율의 광주목사 부임과 삼도연합군의 출정 장면 등이 한 예이다. 그런데 작품의 전이 과정에서도 권율과 직접적인 관련이 없는 사건을 서술하고 있는 등, 앞에 거론했던 작품들과 유사한 방식으로 내용 구성을 하고 있다. 선조의 피란과 명나라 구원병 요청, 이여송의 출전과 퇴군, 국경인의 난과 정문부의 제압, 심유경의 담화 논의, 이몽학의 난 등을 첨가한 것이 그것이다.

〈김응서실기〉는 김응서가 평양기생 계월향의 도움으로 왜장 소섭을 죽인 사건과 강홍립과 함께 심하전투에 참전하였다가 전사한 사건 외에는 임진왜란사의 서술이다. 계월향의 도움으로 왜장을 제거하는 장면은 〈임진록〉의 모든 이본에 등장하는 바 이 작품에서도 중요하게 다루고 있다. 전반적인 작품 전개는 〈임진록〉과 유사하지만 전사 장면은 상당히 다르게 구성하고 있다. 즉 대부분의 〈임진록〉에서 김응서는 일본에 원정을 갔다가 전사한 인물로 그려졌지만 이 작품에서는 일본 원정담이 빠진 대신에 심하전투에 참전하였다가 전사한 것으로 처리하였다. 일본 원정담은 일본 침공이 사실이 아니기 때문에 역사적 사실에 기반한 심하전투 이야기를 대신 넣은 것이다.

이와 같이 각 작품들은 표제를 통해서 개별 인물의 전기를 서술하는 것을 표방하고 있지만, 구체적인 내용 서술에서는 임진왜란의 과정을 서술하고 있다. 그런데 이들 작품과는 다른 양상을 보여주는 작

품이 〈신립신대장실기〉와 〈논개실기〉이다. 이 두 작품은 사실적인 행
적 서술보다는 허구적인 내용 전개가 두드러진다.

〈신립신대장실기〉는 작품의 서두부터가 흥미롭다.

> 째는 리조선조대왕육년갑술춘삼월이십이일(李朝宣祖大王六年甲戌春三
> 月二十二日) 지금으로부터 삼백육년전(三百六年前)이엿다. 여러날 동안을
> 두고 곳삼을 하느라고 음침스럽게 잔득 찌프린 일긔는 서울거리를 휩싸다
> 가 오늘이야 헐적 것처지고 허공이 놉다라지며 동쪽하날가에는 피빗갓치
> 붉으레한 노을 이스며[15]

〈신립신대장실기〉의 서두는 신소설 투의 장면 묘사 방식을 취했는
데, 주인공의 가계와 출생으로부터 시작되는 것이 아니라 주인공의
특정 시기부터 시작한 점이 일반적인 전기와 다른 점이다. 특이한 점
은 서두 부분만이 아니다. 다른 전기물에 비해 〈신립신대장실기〉는
전혀 다른 면모를 보이고 있다.

이 작품은 임진왜란과 관련이 없는 이야기로 작품 내용을 삼고 있
다. 주지하다시피 신립은 천험의 요새인 새재 관문을 포기하고 탄금
대에 배수진을 친 어리석은 장수로 평가받았던 인물이다. 임진왜란
당시 충주 방어에 실패한 장수로서 부정적 이미지가 강한 인물인데,
이 작품에서는 임진왜란과 관련된 사건은 다루지 않았다. 임진왜란
이전의 이야기를 내용으로 하고 있는데, 크게 세 가지 사건으로 구성
하였다. 과거를 보기 이전의 젊은 시절에 자신에게 접근했던 음녀를
죽이고 금강산에 들어갔다가 한을 풀어준 여귀의 음조로 과거에 급제
했다는 이야기, 권율의 천거로 첨사벼슬을 하던 중에 삼각산에서 한

---

15 獨步, 〈신립신대장실기〉, 태화서관, 1927, 1면.

미인을 만나 미인의 가족을 죽인 귀신을 쫓아낸 후에 여인을 돌보지 않아 여인이 목을 매어 죽자 후회한 이야기, 온성부사가 되어 북방을 괴롭히던 이탕개를 무찌른 이야기이다.

첫 번째 사건은 신립이 급제하게 된 연유를 설명한 설화이다. 두 번째는 신립의 융통성 없는 성격을 보여주고자 한 이야기로 탄금대 전투 실패의 이유를 떠올리게 한다. 이탕개를 무찌른 세 번째 이야기는 용맹한 장수로서의 면모를 드러낸 것이다. 신립의 성격과 성공담을 서술함으로써 임진왜란에 실패한 장수라는 오명에서 벗어나게 하려는 의도가 이 작품의 창작동기가 아닌가 싶다.

이처럼 〈신립신대장실기〉는 임진왜란과 관련이 없는 사건 서술로 일관하고 있는 점이 특이한 점이다. 〈논개실기〉 또한 비슷한 양상을 보이고 있다. 논개는 임진왜란 당시 진주 남강에서 왜장을 끌어 안고 투신한 인물로 알려져 있다. 논개 관련 이야기는 〈임진록〉에 등장하는 주요 삽화 가운데 하나인데 대개 논개가 왜장을 안고 죽은 장면이 전부이다. 그런데 〈논개실기〉는 논개의 일대기를 서술하고 있어 흥미롭다.

〈논개실기〉는 논개의 어머니가 술주정뱅이 주정군과 함께 사는 것으로 시작한다. 날마다 싸움질 하던 주정군이 살인죄로 옥사를 하면서 논개 어머니는 고을의 관비가 되고, 이로 말미암아 논개까지 기녀가 되는 것으로 설정하고 있다. 어머니가 관비가 되자 논개는 주정군을 체포하러 나온 사령 장쇠의 눈에 띠어 그의 수양딸이 된다. 뛰어난 미모를 가진 논개는 새로 부임한 장수 현감에 의해 기생이 됨으로써 기녀의 삶을 시작한다. 기녀가 된 논개는 황윤길을 따라 통신사를 다녀온 황진이 전라도로 부임하면서 그와 인연을 맺는다. 장수고을에서 하룻밤 인연을 맺은 이후로 논개는 황진의 인품을 사모하던 중에 임진왜란이 일어난다. 황진이 전장에 참전하면서 임진왜란의 경과가 서술되고, 아울러 논개와 황진의 애정 관계가 전개된다. 논개는 부상당한 황진을 찾아가 구완하나 다시 이별하게 되고, 전라병사 선거이의 소개로 만난 젊은 중군장의 병을 구완하는 임무로 중군장과 함께 하던 중에 진주성에 들어가게 된다. 진주성이 위태하게 되자 선거이는 진주성을 버리고 본도로 돌아가고 중군장 또한 논개를 버린다. 황진 또한 진주성에 들어와 있다가 논개와 만나게 되지만 둘 사이는 진전되지 못하는 중에 황진이 전사하고, 이 소식을 들은 논개는 어떤 각오를 갖게 된다. 진주성을 점령한 왜장들이 촉석루에서 잔치를 벌이는 중에 논개는 강가의 바위 위에서 검무를 추다가 자신에게 다가온 왜장을 끌어 안고 남강에 투신하는 것으로 이야기는 끝이 난다.

이미 알려진 논개의 행적과는 사뭇 다른 양상의 이야기이다. 기녀가 되는 과정과 임진왜란에 참전했던 황진과의 애정을 중심으로 한 서사가 흥미롭다. 전반적으로 논개와 황진의 애정 서사에 임진왜란을 삽화로 한 구성이다.

〈신립신대장실기〉와 〈논개실기〉는 앞서 보았던 전기물과는 성격이 판이하다. 신립의 경우는 임진왜란의 활약상을 서술하기 보다는 이전의 행적을 서술함으로써 흥미 본위의 이야기가 되었다. 논개의 경우도 마지막 장면에서만 잘 알려진 사건을 서술하고 있고, 중심 이야기는 남녀의 애정 이야기로 하고 있다. 두 작품이 다 신립과 논개를 표제로 하고 있지만 흥미있는 남녀간의 애정 이야기의 양상을 보이고 있다고 하겠다.

한편, 〈임진병난청정실기〉는 임진왜란 당시 악명이 높았던 왜장 가등청정을 주인공으로 한 작품인데, 내용 전개가 흥미롭다.

일본은 텬졍년간(天正年間)에 텬하가 분 〃 하야 북방은 상삼(上杉) 무
전(武田) 금천(今川) 직전(織田)의 호족(豪族)이 웅거하고 …… 풍신수길
(豊臣秀吉)이 칼을 들고 이러나 대번에 육십여주를 일년만에 평정하고 태
정대각(太政大閣)이 되야 제후(諸侯)를 호령하니 일본 텬하의 병권(兵權)
이 모조리 관백수길의 손아귀로 드러왓다[16]

이렇게 작품의 내용은 관백 수길이 일본 천하의 병권을 장악한 것으
로 시작해서 조선에 시비를 걸려고 사신을 보내어 조선 사정을 살핀
후에 조선 침략을 단행한 사실과 임진왜란의 전 상황이다. 임진왜란의
전개 과정 서술은 다른 작품과 다르지 않다. 표제를 '청정실기'로 내세
우고 있으나 사건 전개에 가등청정을 적절하게 등장시키고, 소서행장
도 함께 등장시켜 둘의 대립 갈등 내용을 이야기의 한 축으로 삼으면
서 중간 중간에 전투장면을 장황하게 서술하고 있는 점이 흥미 있는
요소이다. 다분히 작품의 흥미를 돋우기 위한 장치로 볼 수 있다.

두 인물간의 대립구조는 작품의 재미를 더하는 요소이다. 행장은
교활한 장수로, 청정은 호전적인 장수로 묘사하고 있는데, 청정의 호
전적인 성격은 작품 전반에 걸쳐 묘사되어 있다. 행장의 교활한 면모
는 조선 출병 때 한 약속을 어기고 선봉을 차지한 것과 정유재란 때
요시라를 보내 이순신을 곤경에 빠뜨리는 장면 등에서 드러나고 있
다. 행장을 강화에 동의하는 인물로, 청정을 강화에 반대하는 인물로
설정한 것도 이와 무관하지 않다. 두 인물의 대립에서는 항상 청정이
밀리는 것으로 서술하고 있는데 이는 청정을 보다 부정적인 인물로
인식한 결과이다. 작품 전편에 걸쳐 행장보다는 상대적으로 청정을

---

16 〈임진병난청정실기〉, 덕흥서림, 1929, 1면.

악인으로 그리고 있는 것도 같은 이유이다. 전투 장면 묘사에서도 청정은 줄곧 중심 인물로 등장한다. 청정의 호전적인 성격을 드러내려는 의도이기도 하지만 청정을 부정적으로 그리려는 저작자의 의도를 은연중 드러낸 것이다.

〈임진병난청정실기〉는 다른 작품에 비해 다소 늦은 1929년에 출간되었다. 임진왜란 관련 인물의 역사전기 출간에 편승하면서 흥미 있는 이야기로 재구성하면서 독자를 찾아가고자 했던 것으로 볼 수 있다.

지금까지 살펴본 것처럼 각 작품들은 표제를 통해서 개별 인물의 전기를 서술하는 것을 표방하고 있지만, 구체적인 내용 서술에서는 임진왜란의 과정을 서술하고 있다. 임진왜란 당시 뚜렷한 전공을 거두었던 이순신, 권율, 김덕령, 김응서, 서산대사 등에 대한 전기는 임진왜란의 과정에 인물의 행적을 겹치는 방식으로 전기를 구성하였다. 고소설 〈임진록〉이 임진왜란의 경과에 따라 해당 인물의 활약상을 서술하는 방식으로 전개되었다면, 이들 작품은 해당 인물을 주인공으로 내세우면서 임진왜란의 경과를 서술했다는 차이점을 발견할 수 있다. 임진왜란의 경과를 주요 내용으로 한 것은 〈임진록〉의 서술방식인바, 이들은 고소설 〈임진록〉의 전변 양상을 보여 주는 것이다.

근대 초기에 활자본 고소설의 출간에 영향을 입어 〈임진록〉은 개별 인물의 전기로 전변되었다. 이렇게 '임진록'을 표제로 하지 않고 임진왜란 당시 활약했던 인물을 표제로 내세운 작품의 등장은 당시 출판계의 정치적 상황을 반영한 결과로 볼 수 있다. 강제 합병 이후 일제에 의한 검열이 강화되면서 금서처분이 행해지자 출판계에서는 검열 우회의 전략을 펼친다.[17] 구국운동으로서의 저술 활동을 일제가 물리적으로 차단함으로써 정치서적은 거의 없는 대신 학술·기예·종교 등 취미적 지식에 관한 것이나 족보, 소설 등이 출판의 대종을 차지하게 되었다.[18] 〈임진록〉이 아니라 임진왜란과 관련된 인물을 주인공으로 한 작품이 대거 등장한 것도 검열우회의 전략에 따른 것으로 볼 수 있다. 이들 작품은 소설이라기보다는 전기의 성격이 강하다. 표제를 '실기(實記)'로 표방한 경우가 많은 것도 역사적 사실에 바탕을 둔 인물의 전기임을 드러내려는 의도이다. 〈임진록〉이 역사전기물로 전변된 양상으로 볼 수 있는 근거이다.

3. 현병주와 〈임진록〉

〈임진록〉은 활자본 소설의 출간 유행을 타지 못했다. 대신에 주요 등장 인물을 주인공으로 내세운 전기의 형식 속에 그 내용이 들어갔고, 독자들에게 전달되었다. 앞서 살펴본 전기가 그것이다. 이들은 사실 일제의 검열을 우회하려는 방편으로 등장한 〈임진록〉의 전변인 셈이다. 그런데 이들 작품 못지 않게 주목할 수 있는 것이 현병주의 저작이다. 〈이여송실기〉와 〈수길일대와 임진록〉이 그것인바, 〈이여송실기〉는 1929년에 덕흥서림에서, 〈수길일대와 임진록〉은 1930년에 신구서림에서 출간되었다.

두 작품의 저자는 현병주(玄丙周)이다. 〈이여송실기〉에서는 "著者 玄

---

17 한만수, 「식민지시기 한국문학의 검열장과 영웅인물의 쇠퇴」, 『어문연구』 34권 1호, 2006.

18 이중연, 『'책'의 운명, 조선~일제강점기 금서의 사회·사상사』, 혜안, 2001, 435면.

丙周"라 했고, 〈수길일대와 임진록〉에서는 "秀峯 玄丙周 著"라고 했다. 최원식의 연구에 의하면 현병주는 탑골공원 근처에 살았던 인물인데, "금수호연생(錦水胡然生)·호연생·영선(翎仙)·허주자(虛舟子)·금강어부(錦江漁父)·수봉 등 다양한 호를 사용하여 복서(卜書)에서 실록(實錄)에 이르기까지 백과전서적 스펙트럼을 보여준 현병주는 참으로 기이한 저술가"라고 평가하였다.[19] 그리고 그가 저술한 책을 아래와 같이 정리하여 제시했다.

> 1)화원호접(대창서원, 1913)-소설, 2)실용자수사개송도치부법(덕흥서림, 1916)-부기학, 3)명자길흉자해법(신구서림, 1916)-복서, 4)홍문연회항장무전(박문서관, 1917)-소설, 5)파자점서(영창서관, 1921)-복서, 6)박문수전(백합사, 1921)-전기, 7)남녀연합토론집(광문사, 1921)-편저, 8)명사시담(광문사, 1921)-편저, 9)송도말년불가살이전(우문관서회, 1921)-소설, 10)시사강연록 제5집(광문사, 1922)-편저, 11)조선팔도비밀지지(우문관서회, 1923-)비서, 12)비난정감록진본(우문관서회, 1923)-비서, 13)임진명장이여송실기(덕흥서림, 1929)-전기, 14)수길일대와 임진록(신구서림, 1930)-실록, 15)장개석부인과 청방수령 두월생의 수단(대성서림, 1933)-실록, 16)일만군의 열하토벌기(삼문사, 1934)-실록, 17)사육신전(신구서림, 1935)-전기, 18)생육신전(신구서림, 1935)-전기, 19)단종혈사(거문당, 1936)-실록, 20)순정비화 홍도의 일생(세창서관, 1953)-소설[20]

아주 다방면에 걸친 관심과 조예를 보여주는, 최원식의 평가대로 '백과전서적 스펙트럼'을 보여주는 저술이다. 다양한 저술 가운데 전기, 실록, 소설이라고 구분한 저술은 모두 역사적 인물과 관련된 것이

---

19 최원식, 「임진왜란을 다시 생각한다」, 『제국 이후의 동아시아』, 창비, 2009, 264면.
20 최원식, 위의 책, 264~266면. 작품명 뒤의 도서구분은 저자의 구분임.

다. 그만큼 역사에 대한 조예도 깊었던 듯하다. 특히 〈이여송실기〉와 〈수길일대와 임진록〉을 보면 조선의 역사만이 아닌 중국과 일본의 역사에도 상당한 지식을 갖추고 있었음에 틀림없다.

〈이여송실기〉는 임진왜란 때 명나라 구원병의 장수로 참전한 인물 이여송을 주인공으로 내세운 전기로, 당시 역사전기의 등장과 궤를 같이 한다고 볼 수 있다. 그런데 다른 전기와는 사뭇 다른 양상의 서술 방식을 보여주고 있다. 〈임진록〉에서는 상당히 부정적인 인물로 다루고 있는데 비해서 이 작품에서는 구원 장수로 참전한 사실을 중심으로 우호적인 서술태도를 보여주고 있는 것부터가 예사롭지 않다.

> 리여송(李如松)은 리성량(李成樑)의 아들이니 리성량의 할아버지인지 조상인지가 조선사람이라 한다. 리여송이 명나라 구원병의 총대장(總大將)이 되야 조선에 나올째에 리여송 자긔가 조선을 모국(母國)이라 하는 어렴풋한 생각이나마 가젓든지는 알수업스나 조선에서는 명나라 구원병을 거나리고 나온 리여송이 조선종족(種族)이라는 말에는 야릇한 늦김을 가지는 것 갓다[21]

이렇게 이야기는 이여송의 조상에 대한 언급으로 시작한다. 조상이 조선인이라는 말이 있기에 임진왜란 때 조선을 도운 명나라 장수가 많음에도 이여송을 연상하는 사람이 많다는 점을 내세우고, 이여송의 중국내의 활약상을 서술하였다. 명나라 사방에서 일어나는 내란을 진정시킨, "별가치 반작이는 눈이며 칼날갓치 날카로운 눈썹(星眸釼眉)을 가진 리여송"(2면)은 조정의 토벌 명령을 받고 서북지방 원정에 오른다.

---

21 현병주, 〈임진명장이여송실기〉, 덕흥서림, 1929, 1면. 이하 이 작품의 인용은 인용문 끝에 면수만 표기하기로 함.

　이즈음 명을 위협하는 세력은 북방 오랑캐와 일본이라고 하고, 일본과 중국의 관계를 통시적으로 서술한다. 진시황 때 서복이 불사약을 구하러 간 뒤에 종적을 감춘 곳이 동해바다 어디쯤인줄만 알다가 한(漢)나라 때에 이르러 "발빠닥에 흙을 무치고 단니는 사람의 나라가 잇는 것"(4면)을 비로소 알게 되었고, 수(隋)나라 때 문제(文帝)에게 국서를 보내 "해쓰는 곳의 천자(日出處天子)"(4면)를 자칭하는 것에 분노했으나 바다의 위협이 두려워 찾는 것을 포기하고, 원(元)나라에 이르러서야 "동해바다 속에 잇는 섬나라의 존재를 완구이 알게"(6면) 되었다. 원 세조(世祖)는 고려 군사와 연합하여 정벌에 나서서 비로소 일본 땅을 밟아 보았으나 두 번째 정벌에서 실패하고 말았다고 서술했다.

　이어서 조선과 중국의 싸움의 역사를 서술하였다. 즉, 고구려와 수나라와의 전쟁에서부터 당태종과 고구려의 싸움, 나당 연합군과 백제·고구려의 싸움, 당나라와 발해 대조영의 싸움 등이 있었으나 "근백년동안의 전쟁이 당나라에서는 손실만 컷지 이익이라곤 털끗만치도 업섯다"(9면)고 평가하였다. 이러한 상황에서 "지금 일본의 선봉이 되야 명나라를 치러 드러온다 하는 조선이 곳 고구려, 신라, 백제를 연장(延長)한 나라이다. 군사의 강함과 병긔의 이로움과 통일된 정책과 민활한 외교가 모다 깃튼 력사를 가진 조선으로서 일본의 선봉이 되야 명나라를 처드러 온다 하니"(9면) 명나라 형세로서는 걱정이 된다는 것이다. 조선이 삼국의 전통을 이은 나라임을 분명히 하면서 군사, 정치, 외교에 역사가 있는 나라임을 은연중 드러내고 있다.

　작품의 서두에 일본과 중국, 그리고 조선과 중국의 관계를 제시한 것은 삼국의 관계를 통시적으로 살핌으로써 세 나라의 관계가 역사성을 띠고 있으며 공존의 관계에 있음을 말하고자 한 것은 아닐까. 이로써 동아시아 전쟁이었던 임진왜란을 일국사의 관점에서 보려는 태도를 극복할 근거가 마련된 셈이다. 이 작품이 표제로는 '이여송'을 내세우고 있지만, 임진왜란의 이전의 삼국의 관계와 삼국이 한반도에서 각축을 벌인 사실을 드러냄으로써 동아시아적 시각에서 쓴 임진왜란사로 볼 여지도 있는 것이다.

작품의 내용 전개는 임진왜란의 발발과 전개 과정이다. 다른 작품과 구별되는 것은 임진왜란의 전개와 더불어 이여송이 구원병으로 조선에 오는 과정, 조선에서의 활약상 등이 좀더 자세히 서술되었다는 점이다. 이여송을 표제로 내세우고 주인공으로 삼았기 때문에 작품의 끝도 당연히 이여송의 귀국으로 서술되었다.

이여송의 귀국 과정에서 선조와 나눈 대화는 이여송에 대한 저자의 태도를 단적으로 보여준다. 선조가 이여송에게 "평양성에서 명나라 구원이 첫 번은 패하고 나종은 이긴 것이 무슨 리유이냐"(77면)라고 묻자, 이여송은 "처음 조승훈이 거나리고 나온 군사는 명나라 북군(北軍)임이다. 북군의 전술은 북방오랑케를 막는 방법만 련습하는 까닭에 전술이 변〃치 못하나 이번에 나온 군사들은 명나라의 남군(南軍)임으로 남군은 대개 척계광(戚繼光)의 병서를 가지고 련습한 까닭에 전술이 훌융하야 이긔엿습니다"(77면)라고 대답한다. 선조는 이여송에게 척계광의 병서를 받아서 유성룡에게 주며 "종사관과 유생(儒生)들을 모아 병서를 명나라 장수들에게 배우라"(77면) 하고, 그 병서에 따라 훈련도감을 설치하고 장정을 모아 명나라 장수에게 삼수련기법(三手練技法)을 배우게 하여 두어달 동안에 수삼천의 군사를 양성하였다고 서술했다.

여기서 선조의 태도 또한 주목할 만하다. 구원병으로 조선에 온 명군의 승리 요인을 알아내 그것을 조선 군사를 양성하는 데 활용했다고 한 것은 임진왜란사에서 보기 힘든 내용이다. 저자는 이여송의 명군이 조선에 미친 긍정적인 영향을 드러냄으로써 기존에 가졌던 이여송에 대한 부정적 인식을 넘어서려는 의도를 보여주고 있다. 〈임진록〉에 형상화된 이여송은 상당히 부정적이다. 압록강을 건너자마자 선조를 무시하는 행동을 한 인물로, 종전 후에 명산의 혈맥을 자르러 다니다가 욕을 당한 인물로 등장한다. 이에 비해 이 작품에서는 그다지 부정적인 면모를 서술하지 않고 있는 점도 주목해야 할 요소이다. 임진왜란의 피해와 그에 대한 감정적인 복수 의지만 키우는 것은 전혀 도움이 되지 않는다는 것을 상기시키고 있는 것이다. 임진왜란을 일국사의 시각에서 평가하려는 태도를 극복하려는 의도이다. 이러한 의도는 뒤이어 나오는 〈수길일대와 임진록〉의 저술에까지 이어진다.

〈수길일대와 임진록〉은 상하 2권으로 구성되어 있으며, 상권은 86면, 하권은 134면이다. 국립중앙도서관 소장본은 표지에 '우문관서회(友文館書會)'에서 출간한 것으로 되어 있으나 판권지가 없어 정확한 출간년도는 알 수가 없다. 저자의 서문은 기사년(1929) 11월에 썼는데, 서문의 내용에 집필에 착수한 날짜를 "재작년 겨울"이라고 했으니, 1927년 겨울이고, 서문을 쓴 날짜를 따져 보면 약 2년에 걸쳐 쓴 것임을 알 수 있다. 최원식 소장본은 신구서림에서 1933년에 간행한 3판이다.[22] 최원식의 보고에 따르면, 1930년에 초판, 1932년에 재판, 1933년에 3판이 간행되었다.

현병주가 이 책을 저술하게 된 동기는 「저자의 변언」이라는 서문을

---

22 최원식, 위의 책, 262면.

통해 알 수 있는데, 그 내용을 들면 다음과 같다.

　내 긔록은 항상 시골 농군이나 드러안진 아낙네를 독자(讀者)의 대상
(對象)으로 하야 그저 얼는 풀기 조케 뜻 알기 쉽게 하면 그만이다 하는
버릇으로 재작년(再昨年) 겨울부터 묵은 력사에서 재료(材料)를 취하야
전긔(傳記)를 쓰기 시작한 뒤로 한 가지 주의하야 온 것은 가장 사실(事
實)에 치중(置重)하야 할 수 잇는 대로 맹랑한 말 허튼소리 갓튼 것은 긔록
에 너치 아니하기로 하얏다. 이번에 이 원고(原稿)를 만들 째에 엇더한
사정으로 글ㅅ자 수효의 제한(制限)을 하다십히 한 관계로 상편(上篇), 하
편(下篇)이 모다 사단(事端)이 복잡(複雜)한 재료를 가지고 진정 〃〃 추려
다가 역거 노코 보니 넉근 것도 못되고 묵거 노은 셈이 되야 그 복잡한
사단이 몰니고 동이 써러지고 매듭이 지고 하야 마치 좁은 장소(場所)에
서 여러 사람이 짓거려서 듯는 사람의 귀를 소란케 하는 것 가타엿다. 이
러한 긔록은 좀 진실하면 조켓다 하는 금열당국(檢閱當局)의 주의를 밧든
것이 내게는 다행한 긔회가 되야 다시 압주(前註)를 내여 대문(大文)의 허
실(虛失)한 데를 대강 짓고 쮜여매고 하얏스나 내가 대상으로하는 독자에
게는 도리혀 읽기에 거북하다 아니할는지?
　긔사(己巳) 십일월(十一月) 탑공원(塔公園) 밧게서[23]

　서문을 통해 이 책은 사실에 치중한 전기(傳記)임을 밝히고 있다. 역
사에서 여러 재료를 취하여 쓰다 보니 엮은 것도 못되는 묶어 놓은
책이 되고 말았다는 진술을 통해서 이 책을 쓰기가 쉽지 않았음을 읽
어낼 수 있다. 더군다나 당국의 검열을 당하는 입장인지라 자신이 의
도한 대로 이루어진 저술이 아님을 짐작할 수 있다. 책의 내용 가운데
주석으로 처리한 부분이 상당히 많은데, 관점에 따라서 달리 해석할

---

23 현병주, 〈수길일대와 임진록〉(3판), 우문관서회, 1933. 이하 이 작품의 인용은 인용문
끝에 면수만 표기하기로 함.

여지가 있는 부분은 주석을 통해서 밝힌 것이다. 이러한 점들이 오히려 독자들에게 불편할 수 있다고 우려한 것은 저자 자신이 기존에 저술한 책과 다르다는 점을 드러낸 것이다. 시골 농군이나 아낙네들이 쉽게 읽을 수 있는 소설은 아닌 것이다.

표제로 내세운 '수길일대와 임진록', 그리고 이 책의 차례에서 드러나듯이 상권은 풍신수길의 일대기이고, 하권은 임진왜란사이다. 저자는 임진왜란사를 쓰면서 풍신수길을 전경화하고 있다. 〈임진록〉에서 수길은 작품 서두에 잠간 등장할 뿐이다. 임진왜란의 발발 원인을 제시하는 차원이다. 그런데 저자는 상당한 지면을 할애하여 그의 일대기를 저술하고 있다. 상권의 1.말시작은 "임진년 사월초생(初生)에 삼십만 대군을 시른 일본 병선 수백척이 대판(大阪)에서 쩌나니 일본에서 이만큼 엄청난 군사가 움즉이게 된것은 관백(關白) 수길(秀吉)의 활동이엿스니 수길은 대채 엇더한 인물이엿나 그의 일대를 알어볼 만한 일이다"(상권 1면)라고 서술해 수길의 일대기라는 점을 분명히 했다. 임진왜란을 일으킨 장본인인 풍신수길의 일대기 서술이 목적인 셈이다.

임진왜란의 원흉 풍신수길을 전경화한 의도는 무엇일까. 저자는 작품 끝의 '총평'에서 수길이 임진왜란을 일으킨 것이 조선과 일본, 명에 해를 끼쳤음을 분명히 밝히고 난 후에 다음과 같이 진술했다.

> 그러니 동방의 이러한 불행이 온전히 수길 한 사람의 허물이겟느냐 하는 것을 한번 토구(討究)하야 볼일이다. 영웅(英雄)을 숭배(崇拜)하는 시대에 영웅이 시대를 만든다는 립장(立場)에서 본다하면 그째의 일을 수길 한사람의 허물로 들녀 보낸다하야도 수길은 애매하다고는 할수업스나 력사(歷史)를 과학(科學)으로 해석(解釋)한다하면 시대가 영웅을 산출(産出)하는

것이니 수길의 허물은 그째의 시대가 얼마쯤 부담하지 안어서는 안될것이다. (중략) 수길의 허물도 봉건시대(封建時代) 말긔에 반다시 잇슬것이라고 아니할수 업는것이다. 그째 동방에이러난 폭풍우를 그째에는 수길이 비저내인것갓치 생각하얏지마는 다시 과학으로 한번 분석(分析)해보면 폭풍우 그것부텀이 폭풍우 그 자체의 돌변(突變)이 아니오 폭풍우를 비저내인 긔후(氣候)를 발견하게 되는 것이다. 하여간에 나는 수길을 지목하야 한째 동방을 란사(亂射)한 혜성(慧星)이라한다. (하권 133~134면)

저자는 수길을 미화하려는 의도는 물론 단죄만 하려는 의도도 갖고 있지 않다. 영웅이 시대를 만든다는 영웅사관의 입장에 있다면 임진왜란은 수길 개인의 허물로 돌려도 될 것이나, 영웅사관을 버리고 과학적 입장에서 역사를 바라본다면 임진왜란은 시대의 흐름이라는 것이다. 동방에 일어난 폭풍우는 돌변이 아닌, 그것을 빚어낸 기후에 의한 것이라는 진술을 통해서 임진왜란이 수길이라는 한 개인에 의해서 빚어진 것이 아닌 동아시아를 둘러싼 변화에 기인한 것임을 분명히 하고 있다. 중세의 동아시아 전쟁인 임진왜란이 수길이라는 개인의 욕망에 기인한 것으로 보지 말고, 또는 개인에 대한 원망으로 조망하지 말고 거시적인 시각으로 임진왜란을 바라볼 필요성을 제기한 것이다. 조선과 일본, 명 어느 한쪽으로 치우친 시각에서 벗어나야 된다는 저자의 생각은 이 책을 저술하는데 참고한 다양한 자료를 통해서도 확인이 가능하다.

저자는 1장의 부언에서 이 책을 저술하기 위해 상당히 많은 자료를 참고하였음을 밝히고 있다. "상편은 촌상신(村上信)의 풍태각(豊太閣)을 주(主)로 하고 종(從)으로는 소뢰보암(小賴甫菴)의 태각긔(太閣記)를 비롯하야 림도춘(林道春)의 풍신수길보(豊信秀吉譜) 송영정덕(松永貞德)

의 대은긔(戴恩記) 풍태각과기가족(豊太閣과其家族)을 참고"(상권 2면)하였다고 밝혀 수길 일대기는 주로 일본 자료를 참고하여 저술하였음을 알 수 있다.

임진왜란사인 하권을 저술하는 데는 조선, 일본, 명나라 기록을 두루 참조했다. 조선 자료는 징비록, 선조실록, 이충무공전서, 분충서난록, 은봉야사, 기재잡기, 일월록 등이고, 일본 자료는 서정일기, 조선일기, 정한위략, 문록경장역, 풍신씨시대 등이며, 명나라 자료는 양조평양록, 명사, 신종실록, 고사촬요, 경략복국요편, 정동실기 등이다. 조선, 일본, 명 삼국의 공식적인 역사 기록은 물론 개인의 기록을 망라하고 있다. 일국사의 관점이 아닌 동아시아적 시각에서 임진왜란을 조망하려는 의도이다.

이렇게 보면 풍신수길의 일대기를 저술한 의도는 분명해졌다. 풍신수길의 일대기를 저술하면서 일본에 대한 이해도를 높이고자 한 것이다. 무조건적으로 비난만 할 것이 아니라 제대로 된 이해가 선결과제임을 인식했기 때문이다. 수길의 성장과정 서술은 개인의 성장사를 전달하려는 의도가 아니라 일본에 대한 이해를 돕기 위한 것임은 어렵지 않게 짚어낼 수 있다. 이와 함께 임진왜란사도 일국사의 관점이 아닌 동아시아적 시각에 입각한 이해가 필요하다는 문제를 제기한 것이다.

상권에서 서술한 수길의 일대기는 출생에서부터 일본의 평정까지이다. 이 부분의 서술에 일본의 자료가 최대한 활용되었음을 각주를 통해 알 수 있다. 수길의 성장사를 서술하는 과정에서 일본의 역사도 자연스럽게 끌어 들임으로써 일본에 대한 이해도 돕고 있는 것이 이 책의 독특함이다.

일본을 평정한 수길은 국외 출정을 도모한다. 국외 출병의 일차적 대상은 조선이었다. 제후들을 대판성에 모아 놓고 조선 출병할 일을 의논하는 것에서 하권은 시작된다. 대마도주 종의지의 주도하에 평조신과 승려 현소가 조선에 사신으로 오고, 조선에서는 황윤길과 김성일을 보내 일본 사정을 살핀 일은 임진왜란 직전에 있었던 사실의 서술이다. 이후 임진왜란의 발발과 전개 과정은 역사적 사실과 다르지 않다. 간략하면서도 요령있게 서술하였다. 다만 관점을 달리하는 사안에 대해서는 일일이 각주를 통해서 관련 기록을 정리해 제시함으로써 객관적 입장을 견지하려는 태도를 보이고 있다. 수길이 제후를 모아 놓고 조선출병을 의논한다는 서술에 대한 주석은 다음과 같다.

[주(註) 1] 수길이 조선에 출병하랴는 그 리유가 대체 무엇인가? 여긔에 대하야 말이 만타. 조선긔록으로는 수길이 의병(義兵)을 이릇긴것도 아니오 부득이 치지 안어서는 안될것도 업는 경우에 출병을 한 것은 한갓 싸홈질기는(貪兵) 수길의 심술이라고 류성룡의 증비록(懲毖錄)에서 잘녀 말하야지마는 일본긔록으로 보면 안적담박(安積澹泊)은 말하기를 천하가 평정되니 군사를 쓸곳이 업슴으로 그 근질근질한 마음을 갈아안칠수가업서서(不能自克其侈心) 군사를 바다밧그로 쓰내기로 작정한 노릇이라 하고 (중략) 쏘 혹은 수길이 천하를 얻어노코보니 전공(戰功)을 세운 장수들에게 난어줄 짱이 부족해서 령토(領土)를 좀더 엇더 보랴한 것이라 하고 쏘 혹은 수길이 전국시대를 평정하고 나니 여러해동안 싸홈에 저진 무사들을 그냥 두어서는 자중지란(自中之亂)이 이러날까바 그 무사의 패를 바다 밧그로 모라내여 힘을 죽여노흐랴한 계획이라기도하고 (중략) 그러치 안타면 수길이 당초에 통신화호(通信和好)를 조선의 요구한것과 갓치 조선이나 명나라에 대하야 통신사절이나 자조 교환(交換)하자한 노릇이 조선에서 거절하는데 빨근하야 군사를 이릇긴 것이 사실에 갓가울것이다. (하략) (하권 4~5면)

수길의 조선 침략의 원인을 조선의 『징비록(懲毖錄)』과 일본의 여러 기록을 통해 제시하였다. 의견이 분분한 사안이기에 해당 자료를 토대로 각각의 주장을 제시한 것이다. 이에 그치지 않고 자신의 견해도 밝힘으로써 저자의 입장도 드러내고 있다. 여기서 재미있는 사실은 조선의 기록인 『징비록』에 의거한 원인 분석이 다소 주관적인 반면에 일본 기록은 어느 정도 설득력을 갖춘 주장이라는 점을 은연중 드러냄으로써 보다 객관적인 입장으로 사건을 분석할 필요성을 제기한 점이다. 저자는 줄곧 이러한 태도를 견지하고 있다.

한 가지 예를 더 들어보기로 한다. 신립이 탄금대에 진을 친 사건에 대한 각주이다.

> 신립이 조령을 직히지 아니한 것을 명나라 장수 리여송도 한탄하얏고 조선에서는 지금까지 신립의 실수라한다. 그러나 신립의 그째 경우를 삷히지안코 덥퍼노코 실수라기만하기는 애매하지나 아닐가한다. 신립은 팔도순찰이엿스니 팔도를 감시할 책임을 가진터에 조령은 직히는 조방장이 잇슨즉 조령의 관문은 조방장의 군사 멋명만 직히여도 째여지지 아니할 천험(天險)인데 령남(嶺南)의 세길목으로 올너오는 일본군사가 조령으로만 오는 것이 아니라 죽령으로도 넘을 터이니 충주에서 진을 치면 조령과 죽령의 두길목을 밧는 것인즉 조령만을 직히지 아니할만한 리유가 잇고, 또는 긔병의 형세가 산골보다 들판이 나흘쑨 아니라 그째 신립의 군사가 새로 주어모은 군사이라 신립의 말마짜나 죄다 서투른 군사(兵皆白徒)인즉 예리(銳利)한 일본 군사를 대적하랴면 죽을 쌍에다 집어 너코 악전고투(惡戰苦鬪)를 시험할 만한 리유도 잇슬것이다.(하권 19면)

신립이 조령을 지키지 않고 탄금대에 진을 쳤기 때문에 실패했다는 기존의 주장에 대한 반론을 제기한 것이다. 여러 가지 정황으로 보아

속단하기는 어렵다는 이유를 제시함으로써 객관적인 입장에서 바라
볼 것을 요구하고 있다.

풍신수길의 죽음으로 인해 일본군이 철군하는 것으로 하권의 임진
왜란사는 끝을 맺는다. 일본의 철군 과정에서 이순신이 전사한 사실
과 곤욕을 치른 소서행장이 결국 대마도로 들어가서 조선 원정군이
모두 돌아간 사실, 그리고 풍신수길의 패권이 덕천가강의 손으로 들
어가 덕천막부와 조선의 강화가 시작되었다는 서술로 작품의 대미를
장식했다.

〈수길일대와 임진록〉은 표면적으로는 풍신수길의 출생으로 작품을
시작해서 풍신수길의 죽음으로 끝을 맺는 구도로 이루어져 있다. 하
지만 작품의 내용에서는 임진왜란의 시종을 조리 있게 잘 서술하고
있다. 그것도 어느 한쪽의 입장에서 서술하려는 태도를 넘어 객관적
인 입장을 견지하고 있다. 임진왜란의 시종을 내용으로 삼으면서 민
족적 분노를 표출한 〈임진록〉과는 분명 다르다.

현병주가 저작한 〈이여송실기〉, 〈수길일대와 임진록〉 두 작품은,
저자의 표현대로 동방에 일어난 폭풍우, 곧 임진왜란은 돌변이 아니
었다는 것을 보여주려는 의도로 저술된 것으로, 임진왜란은 일국사의
관점을 넘어 동아시아의 관점에서 바라보아야 그 의미를 제대로 이해
할 수 있다는 것을 보여준 또 다른 〈임진록〉인 셈이다.

4. 〈임진록〉 전변의 의미

숭실대학교 부설 한국기독교박물관에 소장된 『공소산음(共嘯散吟)』[24]

에 수록된 상소문 가운데 〈임진록〉과 관련된 글이 있다. 「忠淸道儒生白樂寬上疏草」라는 글이 그것인데,[25] 관련된 부분을 인용하면 다음과 같다.

　　車駕西遷 將欲內附 辛賴皇明之拯抹 而亦有臣李恒福 李德馨 李舜臣 郭再祐等 皆中興補佐之最著者也 論介 月仙 以遐方賤妓 猶有聞國之誠 能斬勇賊之首 而摧其前鋒 惟政 靈圭 以山中僧徒 亦知報君之心 以一當百 越海討倭 歲貢女皮三百 欲以減種 後以三百代番萊館

　　어가를 모시고 서쪽으로 파천하여 중국에 의지하려던 참에 다행히도 마침 명나라의 구원을 받았습니다. 또 이항복 이덕형 이순신 곽재우와 같은 신하들이 있었으니 모두 나라의 중흥을 보좌한 인물 가운데 가장 드러난 사람들이었습니다. 논개나 월선은 먼 지방의 미천한 기녀 출신으로 오히려 온 나라에 소문난 충성심이 있었으니 용맹한 적의 목을 베어 그 선봉부대를 좌절시켰습니다. 유정과 영규는 산 속에 있는 승려이면서도 또한 군주에 보답하여야 한다는 것을 알았기 때문에 일당백의 기세로 바다를 건너가 왜적을 토벌하고, 해마다 규방여인의 살가죽 300장을 바치게 하여 그들을 멸종시키고자 하였다가 나중에 300장을 동래관에 당번을 서는 것으로 대신하였습니다.[26]

---

24 이 책은 月南 李商在(1850~1927)가 의금부 옥사에 수감되어 있는 기간에 지은 논설문과 함께 투옥된 동지들과 주고 받은 시 등을 묶은 책으로 필사본 1권이다. 표지 다음 첫 쪽에는 당시 의금부 및 금부에 대한 약도가 있고, 그 다음 쪽에는 "自 一九0二年(壬寅) 六月 光武六年 一九0三年(癸卯) 光武七年 至 一九0四年(甲辰) 三月 光武八年 於 大韓帝國 典獄署鐘路監獄(義禁府及禁府獄南間) 獄中著述及筆跡"이라는 기록이 있다. 이로써 이 글은 1902년 6월부터 1904년 3월까지 22개월간 종로 감옥에 투옥 중에 쓴 것임을 알 수 있다.

25 백락관(1846~1882)의 상소문은 초안으로 보이는데 이 상소문이 왜 이상재의 글 모음인 『공소산음』에 실려 있는지는 알 수가 없다. 백락관은 이상재보다 4살 연상으로 보령 출신이고, 이상재가 서천 출신으로 성장지는 서로 가깝다.(곽신환, 「자료해제」, 『공소산음』, 숭실대학교 한국기독교박물관, 2012.)

26 숭실대 한국기독교박물관 편, 『공소산음』, 숭실대 한국기독교박물관, 2012. 50~51면.

논개나 월선이 적장의 목을 베었다는 내용이나 유정이 바다를 건너
가 규방여인의 살가죽을 바치게 했다는 위 내용은 소설 〈임진록〉에서
흔히 볼 수 있는 것이다. 〈임진록〉에는 사명당이 왜국에 가서 왜왕에
게 항서를 받는 장면이 빠짐없이 등장하는데, 매해 인피 300장을 조
공물로 바치게 한 것이 주요 내용이다. 상소문을 쓴 사람은 〈임진록〉
의 해당 부분을 기억하고 마치 역사적 사실인양 생각했던 것이다. 〈임
진록〉은 많은 대중에게 익숙한 이야기였던 셈이다.

일제의 강점이 노골화되자 민족의 현실을 타개할 목적으로 조선의
위인을 호명해 소위 역사전기물을 만들어낸 사실은 잘 알려진 바이다.
신채호(申采浩, 1880~1936)의 〈을지문덕전〉(1908), 〈이순신전〉(1908),
〈최도통전〉(1910) 등이 대표적인 작품이다. 그렇지만 대중의 마음을
움직이게 할 수 있는 흥미로운 이야기를 만들지는 못했다.[27] 그렇지만
고전서사는 익숙한 방식의 이야기 구조를 가지고 있었기에 다양한 전
변이 일어난 것이다.

임진왜란 당시 활약했던 역사상의 인물을 표제로 내세워 그들의 전
기를 표방한 작품의 전변이 그 하나이다. 역사전기로의 전변은 〈임진
록〉이 공식적으로 유통되지 못하는 상황에서 모색된 것으로 볼 수 있
다. 이들 작품은 전기를 서술하는 것처럼 하면서 사실은 임진왜란의
전 과정 또는 일부를 작품의 내용으로 삼고 있다. 〈임진록〉이 임진왜
란의 경과를 중심으로 당시 활약했던 인물 중심의 사건 전개를 보이
고 있음에 비해, 이 시기 역사전기물은 해당 인물을 주인공으로 내세
우는 가운데 주요 행적은 역사적 사실에서 취하면서 그 배경으로 임

---

27 권순긍, 「근대 초기 고소설의 전변과 담론화 양상」, 한국고소설학회 102차 하계학술
대회 발표집, 2013.7.

진왜란의 경과를 서술하고 있다. 또 다른 〈임진록〉의 등장으로 볼 수 있는 것이다.

이와 함께 현병주가 저작한 〈이여송실기〉, 〈수길일대와 임진록〉은 사뭇 다른 차원의 작품으로 전변되었다. 임진왜란 당시 구원병으로 활약한 명나라 장수 이여송을 표제로 하고 있는 〈이여송실기〉는 이여송의 전기 서술이라기보다는 이여송을 중심으로 한 임진왜란사라고 할 수 있다. 또 〈수길일대와 임진록〉은 표제를 통해 짐작할 수 있는 것처럼 임진왜란의 장본인 풍신수길의 일대기를 서술함과 동시에 임진왜란사를 서술하고 있다. 〈임진록〉을 공식적으로 언급할 수 없는 당시 시대 상황에 맞서기 위해 이여송과 풍신수길을 내세움으로써 일제의 검열을 피하고 그 이면에서 임진왜란사를 서술한 것이다. 그것도 어느 한쪽의 입장에서 서술하려는 태도를 넘어 객관적인 입장을 견지하고 있다. 임진왜란의 시종을 내용으로 삼으면서 민족적 분노를 표출한 〈임진록〉과는 분명 다르다. 현병주는 두 작품을 통해서 임진왜란에 대한 새로운 시각을 열어 놓았다. 즉 임진왜란은 일국사의 관점을 넘어 동아시아의 관점에서 바라보아야 그 의미를 제대로 이해할 수 있다는 것을 암시한 것이다.

근대 초기 활자본 소설의 전래 서사 수용 및 근대적 변전(變轉) 양상 연구

– 〈육선각(六仙閣)〉과 〈한월(恨月)〉을 중심으로

강현조 /연세대학교

1. 서론

이 글에서는 그 동안 근대 초기에 활자본의 형태로 출판된 소설들 중 특히 신소설로 분류되어 온 일련의 작품들이 실제로는 고소설·야담·설화 등의 다양한 전래 서사를 수용하되 다양한 방식의 활용을 통해 원래의 모습과는 다른 형태로 변전된 것이라는 사실을 드러내 보이고자 한다. 이를 통해 근대 초기의 소설이 형성되는 과정에서 전래 서사가 미친 영향이 현재까지 알려진 것 이상으로 크다는 점과 그 범위 또한 넓다는 점을 논증하고자 한다.

사실 전래 서사의 근대적 변전이라는 문학사적 현상은 기존의 연구에서도 지속적으로 고찰되어 온 대상이라 할 수 있다. 주로 필사본이나 방각본의 형태로 전해 오던 기존의 고소설과 달리 1910년대에 새롭게 등장한 활자본 고소설[1]이 그것이다. 그 하위 범주로는 활자나 편집 형태만 바꾸고 내용은 그대로 출판된 것, 내용의 일부를 개작한

것, 의고적인 고소설체로 당시에 새로 창작된 것 등이 있는데, 기존의
연구에서는 이를 각각 구작(舊作)·개작(改作)·신작(新作) 고소설 등으
로 명명해왔다.[2] 예컨대 〈구운몽〉이나 〈유충렬전〉 등이 구작이라면,
〈봉황대〉나 〈약산동대〉는 각각 〈이대봉전〉과 〈춘향전〉의 개작으로
판명되었으며, 〈형산백옥〉과 〈난봉기합〉은 신작에 해당한다고 볼 수
있다.

특히 신작 고소설의 범주에 속하는 작품들은 대체로 필사본이나 방
각본이 존재하지 않으며, 대부분 원작의 존재 여부가 확인되지 않고
있다. 때문에 기존의 연구에서는 이 작품들을 1910년대 들어 새롭게
창작된 것으로 간주해 왔다. 하지만 최근의 연구 결과들을 참조해 보면
그 동안 신작 고소설로 알려져 왔던 작품들에도 원작 내지는 제재적
원천이 존재한다는 점이 분명해진다. 예컨대 손병국[3]은 〈금옥연(金玉
緣)〉(1914)이 『금고기관(今古奇觀)』의 〈진어사교감금채전(陳御使巧勘金釵
鈿)〉을 번안한 것이라는 사실을 밝힌 바 있고, 이주영[4] 또한 〈일대용녀
남강월(一代勇女南江月)〉(1915)이 19세기말의 작품인 〈징세비태록(懲世
否泰錄)〉의 개작이라는 사실을 밝혀냈다. 최근에는 〈박천남전(朴天男
傳)〉(1912)이 카나시마 다이수(金島苔水)라는 일본인에 의해 한국어로

---

1 관련 연구로는 다음과 같은 것들을 들 수 있다.
   권순긍, 「1910년대 활자본 고소설 연구 -그 개작·신작의 역사적 성격」, 성균관대
   박사, 1991.
   이주영, 『구활자본 고전소설연구』, 월인, 1998.
   이은숙, 『신작 구소설 연구』, 국학자료원, 2000.
2 권순긍, 『활자본 고소설의 편폭과 지향』, 보고사, 2000, 10면 참조.
3 손병국, 「韓國古典小說에 미친 明代話本小說의 影響 : 특히 〈三言〉과 〈二拍〉을 中心
   으로」, 동국대 박사, 1990, 167~175면 참조.
4 이주영, 앞의 책, 89면 참조.

편찬된 〈한문일본호걸도태랑전(韓文日本豪傑桃太郎傳)〉(1905)[5]을 대본
으로 하여 번안된 작품이라는 사실[6]이 밝혀지는가 하면 박상석[7]에 의해
〈추풍감별곡〉(1912)이 역시 『금고기관』의 〈왕교란백년장한(王嬌鸞百年
長恨)〉의 도입부 서사를 수용한 작품이라는 사실이 규명되기도 했다.
이러한 연구 결과를 감안할 때 신작 고소설로 알려진 작품들 중 상당수
가 전래 서사 및 중국·일본 등에서 유래된 외래 서사를 수용하여 집필
되었음을 알 수 있으며, 나아가 아직까지 신작 고소설로 분류되어 있는
작품들 중에도 원작 혹은 대본이 존재할 가능성을 배제할 수 없는 것이
현실이다.

　신소설로 알려져 온 작품들의 경우도 사정은 크게 다르지 않다. 강
진옥[8]은 〈우중기연(雨中奇緣)〉(1913)과 〈천연정(天然亭)〉(1913)이 각각
〈고담(古談)〉과 〈일타홍(一朶紅) 이야기〉를 신소설적인 기법을 활용하
여 새롭게 쓴 작품이라는 사실을 밝혀낸 바 있고, 이헌홍[9]은 〈정수경
전(鄭壽景傳)〉을 개작한 신소설이 〈옥중금낭(獄中錦囊)〉(1913)이라는 사

5　金島苔水, 〈韓文日本豪傑桃太郎傳〉, 大阪 : 靑木嵩山堂, 1905, 1~45면.

6　자세한 논의는 졸고, 「번안소설 〈박천남전(朴天男傳)〉 연구」, 『국어국문학』 제 149호,
국어국문학회, 2008, 503~525면 참조. 참고로 〈한문일본호걸도태랑전〉은 일본 아동문
학을 대표하는 작가인 이와야 사자나미(巖谷小波)에 의해 새롭게 씌어진 〈모모타로(桃太
郎)〉(1894, 초판)를 대본으로 하여 집필된 한역본(韓譯本)이다. 따라서 박건회의 〈박천남
전〉은 비록 중역(重譯)이긴 하지만 이와야 사자나미에 의해 기록물로 정착된 일본전통설
화 모모타로 이야기의 한국어 번안물인 셈이다.

7　박상석, 「〈추풍감별곡〉 연구 – 작품의 대중성을 중심으로–」, 연세대 석사, 2007,
60~61면 참조.

8　강진옥, 「야담소재 신소설의 개작양상에 나타난 여성수난과 그 의미 : 〈천연정〉과
〈우중기연〉을 중심으로」, 『이화어문논집』 15, 이화여대 이화어문학회, 1997, 255~295면
참조.

9　이헌홍, 「〈옥중금낭〉과 〈정수경전〉」, 『어문연구』 41, 어문연구학회, 2003, 173~202
면 참조.

실을 입증하였다. 또한 최근 김성철[10]은 〈금낭이산(錦囊二山)〉(1912)보다 제작 연대가 앞서는 필사본 〈보심록〉(1911)을 발굴함으로써 전래 서사의 신소설적 개작 사례를 새롭게 추가한 바 있다. 이와 같은 사례들은 특히 1910년대 초반에 출판된 신소설 중 적지 않은 것들의 제재적 원천이 전래 서사에 있다는 점을 반증하고 있다.

특히 대표적 신소설 작가인 이해조의 경우는 대단히 문제적인 사례라고 할 수 있다. 이미 기존의 연구[11]에서 이해조의 작품들 중 상당수가 『금고기관』을 위시한 외래 서사 및 전래 서사의 동시적 수용과 신소설적 변형을 통해 집필되었음이 지적된 바 있기 때문이다. 이상의 연구 결과들은 그가 외래 서사와 전래 서사를 포함한 다양한 제재들을 취해 신소설로 집필했음을 증명하고 있으며, 이러한 집필 방식이 1910년대 초반뿐만 아니라 1907~8년, 즉 초기 신소설의 집필 당시에도 활용되고 있었음을 알려주고 있다. 따라서 그 동안 신소설로 분류되어 온 여타의 작품들 중에서도 이와 유사한 사례가 추가될 가능성이 높다고 할 수 있다.

---

10 김성철, 「새 자료 필사본 〈양보은전〉과 〈보심록〉의 소개와 그 의미」, 『어문논집』 제 66호, 민족어문학회, 2012, 5~28면 참조.

11 이해조의 신소설 작품의 연원을 규명한 연구로는 다음과 같은 것들을 들 수 있다.
성현자, 「신소설 〈구마검〉 연구 - 晩淸譴責小說 〈掃迷帚〉와의 관련을 중심으로-」, 『중어중문학』 제 5호, 한국중어중문학회, 1983.; 최원식, 『한국근대소설사론』, 창작사, 1986.; 손병국, 「벽부용 연구」, 『한국어문학연구』 제 43호, 한국어문학연구회, 2004.; 서혜은, 「이해조의 〈소양정〉과 고전소설의 교섭 양상 연구」, 『고소설연구』 30, 한국고소설학회, 2010.; _____, 「이해조 〈구의산〉의 〈조생원전〉 개작 양상 연구」, 『어문학』 113, 한국어문학회, 2011.; 주형예, 「여성 이야기를 통해 본 20세기 초 소설 시장의 변모 - 이해조 〈원앙도〉, 〈모란병〉을 중심으로 -」, 『한국고전여성문학연구』 22, 한국고전여성문학회, 2011.; 송민호, 「동농 이해조 문학 연구 : 전대(前代) 소설 전통의 계승과 신소설 창작의 사상적 배경을 중심으로」, 서울대 박사, 2012.

이와 같은 활자본 소설의 등장은 근대 초기에 새롭게 등장한 소설 유통·향유 방식의 변화와 밀접한 관련이 있다. 주지하다시피 조선 시대, 즉 전근대의 소설은 주로 방각본 혹은 필사본의 형태로 유통·향유되었다. 조선 후기에 번성했던 세책업(貰冊業)과 이본으로 분류되는 수많은 필사본들은 이러한 사정을 반증한다고 할 수 있다. 이에 비해 근대적 매체인 신문의 등장은 기존의 소설 유통·향유 방식에 상당한 변화를 가져오게 된다. 우선 신문연재소설의 등장으로 인해 다수의 독자가 소설을 동시적으로 향유하는 일이 물리적으로 가능해졌고, 그 결과 반드시 순서가 지켜진 것은 아니지만, 대체로 신문에 먼저 연재된 작품이 이후 활자본으로 출판되고 이것이 또 다시 연극으로 전환되는 사례들이 점증함으로써 독자층이 확대 재생산되는 효과를 창출할 수 있는 환경이 형성되었다. 이러한 추세와 맞물려 자연스럽게 소설의 상품적 가치가 증대되고 출판 시장의 외연 또한 확대되었다고 할 수 있다. 1906년『만세보』에 〈혈의루〉의 연재가 시작된 이래 곧이어 이 작품의 단행본이 출판되고 연달아 〈은세계〉와 〈치악산〉 등의 작품이 신문 연재 후 연극으로 상연된 사실은 바로 이러한 제도적·환경적 조건의 변화를 반증하고 있다. 이른바 대중 독자 및 근대적 소설 시장의 등장으로 명명할 수 있는 이와 같은 변화는 방각본 혹은 필사본 위주로 형성되어 있던 기존의 소설 출판 시장에 적지 않은 영향을 미쳐 활자본의 공급을 활성화시키고 그에 따른 새로운 수요를 유발하였다고 할 수 있다. 이에 따라 신소설뿐만 아니라 기존의 고소설 또한 대거 활자본의 형태로 변환되었던 것이다.

문제는 이 과정에서 나타난, 외래 서사를 포함한 전래 서사의 수용 및 근대적 변전이라고 하는 문학사적 현상이 사실상 전혀 특수하거나

예외적인 것이 아니라는 점이 기존 연구에서 충분히 지적되어 왔음에
도 불구하고 여전히 이 시기에 출판된 활자본 소설들 중 그 연원이나
제재적 원천이 밝혀지지 않은 작품들이 적지 않게 남아 있다는 사실
에 있다. 여기에는 이 시기의 활자본 소설들이 출판되는 과정에서 기
존의 고소설과 달리 당대에 유행하고 있던 신소설과 유사한 방식으로
제목이 붙음으로써 해당 작품이 어떤 전래 서사를 수용한 것인지 알
기 어렵게 되었다는 사실이 하나의 요인으로 자리잡고 있지만, 그보
다 중요한 요인은 이른바 신소설로 간주되고 있는 작품들이 사실은
개인의 창작물이 아니라 외래 서사 및 전래 서사의 수용을 통해 집필
된 것이라는 사실이 계속 밝혀지고 있음에도 불구하고 이러한 작품들
의 연원이나 제재적 원천을 규명하려는 노력이 미흡했다는 데에서 찾
을 수 있다고 본다.

　이러한 문제의식을 토대로 필자는 다른 지면을 통해 그 동안 제목
앞에 '신소설'이라는 표제가 붙어 있다는 이유로 역시 신소설로 간주
되어 왔던 〈단발령(斷髮嶺)〉[12]과 〈금상첨화(錦上添花)〉[13]가 각각 19세기
후반에 지어진 것으로 추정되는 고소설 〈화산중봉기(華山重逢記)〉 및
17세기경에 형성된 것으로 추정되는 야담계 서사 〈옥소선 이야기〉를
수용하되 신소설적인 형태로 변전시킨 작품이라는 사실을 밝혀낸 바
있다.[14]

　이 글은 이러한 논의의 연장선상에서 그 동안 역시 '신소설'이라는

---

12 지송욱 저작 겸 발행, 〈단발령〉, 신구서림, 1913.6.20(초판), 5×7, 149면.
13 지송욱 저작 겸 발행, 〈금상첨화(錦上添花)〉, 신구서림, 1913.10.28.(초판(부전), 5판
; 1920.10.11.), 5×7, 90면.
14 졸고, 「〈단발령(斷髮嶺)〉과 〈금상첨화(錦上添花)〉의 전래 서사 수용 및 변전 양상
연구」, 『열상고전연구』, 열상고전연구회, 2013.

표제가 붙어 있었기 때문에 전래 서사와의 연관성 여부가 조명되지 않았던 또 다른 작품들인 〈육선각(六仙閣)〉[15]과 〈한월(恨月)〉[16] 등의 작품을 고찰함으로써 새롭게 확인한 사실들을 제시하고, 그것이 갖는 문학사적 함의를 고구(考究)해 보고자 한다.

2. 〈육선각(六仙閣)〉의 전래 서사 수용 및 변전 양상

〈육선각〉은 1913년 신구서림에서 출판된 활자본 소설이다. '신소설'이라는 표제를 달고 있는 이 작품의 서두에는 경남 삼가군에 거주하는 선비 이호연이 자신의 신부감으로 점찍어둔 안동 민판서의 딸을 직접 보기 위해 여장 가객으로 변장하여 민판서의 집을 찾아가 거문고를 타지만, 그 곡조를 들은 민소저가 가객이 남성임을 간파하고 나오지 않자 결국 발길을 돌리는 장면이 제시되어 있다.

춘풍이 건듯 부러 빅셜을 다 녹이니 만물리 봄빗치라 만산화류(滿山花柳)는 춘식을 씌여 잇고 봉접(蜂蝶)은 화향을 못 익기여 쌍ㄱ히 나라들고

---

15 지송욱 저작 겸 발행, 〈육선각〉, 신구서림, 1913.1.25.(초판)

16 〈한월 상〉과 〈한월 하〉의 초판 발행연도는 각각 1912년과 1913년으로 알려져 있었으나, 실제로는 1908년 8월에 〈한월 상〉의 초판이 대한서림에서 발행되었고, 이후 박문서관에서 대한서림본과 동일한 내용의 상편과 함께 1908년에는 발간되지 않았던 하편을 새로 발간한 것이다. 필자는 일본 도야마대학 도서관에 소장되어 있는 대한서림판 〈한월 상〉을 발굴함으로써 이 같은 사실을 입증한 바 있다. 한편 박승옥은 1908년 11월 4일 사망했기 때문에 〈한월 하〉를 집필했을 가능성은 희박하다. 따라서 〈한월〉은 이인직과 김교제가 각각 집필했던 〈치악산〉 상하편의 사례와 마찬가지로 상하편의 저자가 서로 다르다고 보는 것이 타당하다. 이에 대한 상세한 논의는 졸고, 「신소설 연구를 위한 시론(試論)―신자료 〈한월 상〉(1908)의 소개 및 신소설의 저작자 문제에 대한 고찰을 중심으로―」, 『현대소설연구』, 제 47호, 한국현대소설학회, 2011 참조.

산시들은 이 가지에셔도 환우셩(喚友聲)이요 져 가지에셔도 환우셩이라
이쩌를 당ᄒ면 스룸ᄼ々도 역시 곳 시이에 한번 놀고 싶푼 싱각이 도져히
나셔 경긔가 조금만 잇셔도 분쥬이 화류드를 가는데 안동 민판셔집 후원
별당에셔는 오십 가량 된 부인니 이팔 가량즘 된 규수를 다리고 안져셔
이구즘 된 가인니 나틑 거문고를 한가히 평론ᄒ다가 규슈가 봉비고샹ᄒ여
사희구황이로다 ᄒ는 소리를 듯다가 눈늘 드러 가인늘 유심히 보더니 얼
골을 불근 빗을 씌고 이러나 안으로 드러가는지라 가인니 거문고를 밀치
고 규슈 가는 데만 바라보는데 부인니 이 거동을 보고 무슴 영문닌지 몰나
가인더러 묻는다

지금 탄 곡죠가 무슴 곡죠뇨

(가인) 이 스룸도 션싱긔 비왓스나 곡죠 일홈을 아지 못ᄒ와 소졔계셔
가라치실가 ᄒ얏습더니 지금 드러가시니 다시 나와 가라치시기를 바라나
이다

부인이 흔연니 시비를 명ᄒ야 소졔를 부르라 ᄒ얏더니 시비가 드러가
더니 혼ᄌ 도로 나와 부인늘 보고

소졔 종일 촉풍ᄒ얏더니 긔운니 불편ᄒ야 못 나오나이다

ᄒ거늘 가인니 이 소리를 듯고 쇽으로

필경 눈치를 친 거시로다 만일 알고 보면 오리 머무지 못ᄒ리로다

ᄒ고 즉시 이러나 부인게 졀ᄒ고

듯스오니 소졔 불편ᄒ시다 ᄒ오니 이 스룸은 물너 가깃슴이다

ᄒ니 부인이 역시 만뉴치 아니ᄒ고 젼폐를 쥬며

이거시 약쇼ᄒ나마 셥々ᄒ야 쥬는 거시니 샤양 말고 가져 가시게

가인니 구지 사양ᄒ며

이 스룸이 비록 천흔 지죠를 미왓스오나 엇지 갑슬 바드리잇고

ᄒ고 거문고만 거더 가지고 가니 디쳬 이 가인는 누군고 ᄒ니 경상남도
숨가군 신지면 창셩동(慶尚南道 三嘉郡 神旨面 昌成洞)사는 리호연이라[17]

---

17 〈육션각〉, 1~3면.

　인용 부분에서 이호연이 민소저를 찾아가게 된 이유, 즉 도입부의 내력을 서술하는 부분은 그 뒤에 제시되어 있다. 이호연은 과거 응시를 위해 경성으로 상경하던 중 기생 죽청이 주관하는 시회(詩會)에서 그녀의 마음을 얻는 시를 써내 다른 선비들을 제치고 운우지정을 나누지만, 죽청은 양반의 자제인 민판서 딸과 먼저 혼인한 후 자신을 부실로 받아들여 달라 청하고, 이 제안을 수용한 이호연이 곧바로 상경한 후 과거 응시에 앞서 민판서의 집을 찾아갔던 것이다.

　이와 같은 〈육선각〉의 도입부 및 전반부의 남녀 결연담(結緣談)은 주지하다시피 〈구운몽〉의 양소유가 기생 계섬월과 인연을 맺은 후 그녀의 권면대로 정소저를 찾아가 벌이는 행적과 일치한다. 〈구운몽〉에서는 시를 매개로 계섬월과 인연을 맺는 장면이 먼저 제시된 후, 계섬월의 권면으로 정소저를 찾아가 거문고를 타는 장면이 나오는데 이는 전형적인 추보식 구성에 해당한다. 이에 비해 인용 부분에서도 알 수 있듯이 〈육선각〉에서는 사건 발생의 시간적 순서는 〈구운몽〉과 동일하지만 서술의 순서를 도치시켰다는 점에서 차이가 있다. 주지하다시피 이는 신소설의 전형적인 서두 제시 방법인 역전적 서술 기법에 해당한다.[18] 이 점에서 〈육선각〉은 비록 내용면에서는 〈구운몽〉과 유사하지만 구성 방식에 있어서는 신소설의 그것과 더욱 친연성을 지니고 있다고 할 수 있다.

　그러나 사실 〈구운몽〉의 이 인상적인 에피소드는 이미 여러 편의 고소설 작품에서 차용된 바 있다. 때문에 〈육선각〉에 영향을 미친 전래 서사 작품이 구체적으로 어떤 작품인지 알아보려면 각 작품별로

18 이재선, 『한국개화기소설연구』, 일조각, 1972, 256~260면 참조.

이 에피소드가 수용된 양상을 좀 더 구체적으로 살펴볼 필요가 있다. 우선 첫 번째 에피소드인 계섬월과의 결연담은 〈옥루몽〉과 〈옥련몽〉 등의 작품에서 양창곡이 강남홍과 인연을 맺는 에피소드의 형태로 반영된 바 있거니와, 필자가 조사해본 결과 또 다른 조선 후기의 고소설인 〈최보운전(최보은전)〉과 〈칠선기봉①〉[19] 등에도 동일한 내용의 결연담이 수용되어 있음을 알 수 있었다. 그리고 두 번째 에피소드인 정소저와의 결연담은 역시 조선 후기에 형성된 고소설 작품인 〈장국진전〉과 〈김희경전〉에 수용되어 있다. 그 대략적인 경개는 다음과 같다.[20](강조는 필자에 의함. 이하 같음)

　　며칠이 지나 보운이 형주 땅에 들어서니 그 곳에서는 **많은 소년들이 미인을 앞에 놓고 시 짓기를 하고 있었다.** 그런데 미인은 그들이 앞에 가져다 놓은 시를 거들떠보지도 않았다. 그것을 보고 보운은 시 한 수를 지어 읊었다. 기백이 있고 시어(詩語)가 아름다운 그의 시는 미인의 가슴을 울렸다. 미인은 **다른 소년들은 다 물리치더니 보운을 자기 집으로 모시고 갔다.** 형주 기생으로서 이름을 초옥이라고 하는 이 여인은 천하의 장수가 될 만한 사람이 아니면 따르지 않겠다고 하며 자기의 짝이 될 사람을 구하고 있던 중이었다. 초옥의 집에서 수일을 지낸 보운은 그와 이별하고 다시금 길을 떠났다.(최보운전)[21]

　　봉화대의 누각에서는 즐거운 주연이 한창이었다. 이연화도 이에 참석하

---

19 각 작품의 줄거리는 조희웅의 『고전소설 연구자료 총서 Ⅳ : 고전소설 줄거리집성 1~2』(집문당, 2002) 및 『한국고전소설해제집 하』(고전문학실 편, 보고사, 1997)에 수록된 것을 참조하였다(이하 같음).

20 조희웅, 위의 책 참조(기본적으로는 원문을 따르되, 필요에 따라 필자가 약간의 윤문함. 이하 같음).

21 조희웅, 위의 책 2, 1456면.

였다. 그런데 알고 보니 이 주연은 천하일색인 **김춘매**라는 기생이 호걸 재사들을 모아놓고 글짓기 내기를 하여 가장 우수한 글을 쓴 사람에게 자기 장래를 의탁하기 위하여 마련한 것이었다. 연화는 즉시 붓을 휘둘러서 글 한 수를 지어바쳤다. 그 시를 본 **춘매는 연화에게 다른 사람들이 시기할 것이니 남모르게 이 자리를 벗어났다가 밤이 들면 자기 집을 찾아오라고 조용히 일렀다.** 연화가 어두워지기를 기다려 매화동 춘매의 집을 찾아가니 춘매의 어머니가 나와서 친절하게 맞아들였다. 방에 들어간 그는 잠시 후에 춘매를 반갑게 만났다. 춘매는 자기가 연화를 만난 것은 하늘이 정한 연분이라고 하면서 주안상을 차려놓고 그를 극진히 대접하였으며, **자기의 결의형제인 송추월과도 인연을 맺을 것을 부탁하였다.**(칠선기봉①)[22]

이듬해 설과한다는 소식을 듣고 희경이 황성에 올라 석태부에게 부친의 서찰을 전하니, 태부는 등과하면 좌승상 최호(崔浩)의 딸을 소개하겠다 하였다. 그러나 희경은 먼저 한번 소저를 보기가 소원이었으므로 태부의 계교에 의하여 좌상(左相) 생일날 대연(大宴) 때 **여복을 입고 음률로써 최소저를 보게 되었는데,** 마지막으로 탁문군(卓文君)의 〈**봉구황곡(鳳求凰曲)**〉을 아뢰다가 **최소저가 촉상(觸傷)하여** 들어감을 보고 돌아왔다. 이에 소저 수색(愁色)이 가득 찬 것을 본 시비 춘영은 그 이유를 물었다. 좌상이 속은 줄 알고 분개하여 태부 댁을 찾아갔으나 진실한 내막을 알고 기꺼이 결친(結親)하게 되었다.(김희경전)[23]

국진의 어머니는 계향을 한번 본 다음부터 늘 이 처녀를 자기 며느리로 삼고 싶어하였다. 어머니의 그 심정을 알게 된 국진은 생각 끝에 **여자로 변장하고 계향을 찾아가서 거문고를 같이 타며 사귀기 시작하였다.** 그렇게 퍽 친숙해졌을 즈음에 그는 흥분하여 그만 거문고로 애정곡인 〈**봉황곡(鳳求凰曲)**〉을 타고 **계향으로 하여금 자기가 남자라는 것을 눈치채게 하**

---

22 조희웅, 위의 책 2, 1520면.
23 조희웅, 위의 책 1, 201면.

였다. 그래서 국진의 집에서는 서둘러 중매꾼을 보냈다. 그렇지만 계향은 그 청혼을 거절하였다. 때마침 나라에서 과거를 보이니 열다섯 살이 된 국진은 황성에 올라가서 과거시험을 치르고 장원급제하여 한림학사가 되었다. 그는 곧 황제를 만나보고 이창옥의 운명과 그 딸 계향에 대한 것을 낱낱이 이야기하였다. 그러자 황제는 즉시 계향을 불러 국진과 결혼하도록 하였다. (장국진전)[24]

이 4편의 작품들이 형성 혹은 집필된 시기를 순서대로 배열하기는 쉽지 않다. 기존의 논의에 따르면 전용문[25]이 〈장국진전〉을 19세기 초반에 형성된 작품으로 추정한 바 있지만, 현전하는 필사본 9종과 활자본 5종 중 필사본 전체와 활자본 1종 등 총 10종의 서지를 검토한 김기성[26]의 논의를 참조하면 필사 연대가 확인 가능한 판본들은 모두 1900년 이후의 것들이다.[27] 때문에 〈장국진전〉의 형성 및 집필 연대를 정확하게 산출하기는 어려운 실정이다. 이에 비해 〈김희경전〉의 이본 총 30여종 중 21권에 대한 검토를 수행했던 정준식[28]은 선본(先本)의 필사연대가 1850년대로 추정되므로 작품의 형성 시기 또한 19세기 중반 이전으로 소급될 수 있다고 하였다.[29] 그리고 〈최보운전〉은 현재

---

24 조희웅, 앞의 책 2 1238면.
25 전용문, 「〈장국진전〉의 소설사적 위치」, 『어문연구』 34호, 어문연구학회, 2000, 297~323면 참조.
26 김기성, 「〈장국진전〉의 이본 연구」, 『청람어문교육』 10권 1호, 청람어문학회, 1993, 185~215면 참조.
27 참고로 『한국고전소설해제집』에서는 창작 연대를 17세기 후반으로 보았다. 하권 191면 참조.
28 정준식, 「〈김희경전〉의 이본 계열과 텍스트 확정」, 『어문연구』 53호, 어문연구학회, 2007, 237~278면 참조.
29 참고로 『한국고전소설해제집』에서는 창작 연대를 18세기 이전으로 보았다. 상권 192면 참조.

2종의 필사본이 전하는데, 김미선[30]은 경자년과 임자년이라는 간기에 의거해 각각 1900년과 1912년에 필사된 것으로 보았지만, 2권으로 분책되어 있는 전자의 경우 권지이(券之二) 말미의 '기해'라는 간기에 의거할 경우 필사 연대를 1899년으로도 볼 수 있다.[31] 이러한 사실을 종합적으로 검토해 보건대 이 작품 또한 대략 19세기 후반에 형성된 것으로 볼 수 있다고 판단된다. 반면 〈칠선기봉①〉은 국내에서는 연구된 바 없기 때문에 이 작품이 수록되어 있는 유일한 문헌인 『한국고전소설해제집』을 참고할 수밖에 없는데, 이 책에서는 창작 연대를 18세기 말~19세기 초로 추정하고 있다.[32]

　이처럼 〈구운몽〉의 에피소드를 차용하고 있는 이상 4편의 작품들은 현재로선 그 선후 관계를 확정하기가 사실상 불가능하다. 하지만 〈육선각〉이 〈구운몽〉의 에피소드와 유사성을 보이게 된 데에는 이 작품들의 영향 또한 전혀 배제할 수는 없다고 본다. 말하자면 〈구운몽〉에서 가장 먼저 제시된 것이라 할 수 있는 양소유와 계섬월·정소저의 결연담은, 후대에 산출된 〈옥루몽〉·〈옥련몽〉·〈장국진전〉·〈김희경전〉·〈최보운전〉·〈칠선기봉①〉 등 다양한 고소설 작품의 집필에도 영향을 미쳤음을 알 수 있으며, 〈육선각〉의 동일 에피소드 수용은 1910년대 활자본 소설의 집필에 있어서도 이러한 경향이 지속되었음을 반증하는 결과로 이해할 수 있는 것이다.[33] 그럼에도 불구하고 〈육

---

30 김미선, 「〈최보은전〉 연구」, 교원대 석사, 2005 참조.
31 간기로 추정해 보건대 권지일보다 권지이가 먼저 필사되었기 때문이 아닌가 한다. 참고로 『한국고전소설해제집』에서는 3종의 필사본이 있다고 언급하고 있는데, 간기가 없는 것 1종과 각각 임인년(1902)과 1919년에 필사된 2종이 있다고 한다. 하권 439면 참조.
32 해제집 하권 425면 참조.

선각〉은 앞에서 예로 든 인용문을 통해 알 수 있듯이, 유사한 내용을
공유하고 있는 앞의 고소설 작품들과 달리, 사건의 역전적 서술 및
인물 간의 대화를 이용한 장면 확대 등 신소설적 기법의 활용을 통해
서사가 변형·조합됨으로써 확연한 차이점을 보이고 있다. 이런 이유
로 인해 이 작품을 단순히 활자본 고소설이라고 규정할 수만은 없다
고 본다.

결국 〈육선각〉은 그 동안 1910년대 초반에 새롭게 집필된 신소설로
알려져 있었지만 실제로는 전래 서사로부터 제재적 근원을 취한 것이
며, 이 작품에 삽입된 두 편의 에피소드가 여러 편의 고소설 작품에
다양한 형태로 수용되어 있는 양상을 고려할 때 일종의 서사 조합
(compounding)을 통해 완성된 작품이라고 할 수 있다. 사실 이러한 서
사 조합의 양상은 고소설의 활자본 출판이 본격화하기 시작한 1910년
대 초반뿐만 아니라 그 이전에 출판된 비교적 초기의, 신소설로 알려
진 작품에서도 이미 나타나고 있었다. 〈한월〉은 바로 그러한 사례에
해당한다.

3. 〈한월(恨月)〉의 전래 서사 수용 및 변전 양상

〈한월〉은 상권과 하권이 각각 5년 간격으로 출판된 작품이다. 〈한

---

33 참고로 〈봉구황곡〉을 매개로 한 남녀의 결연 모티프는 당대(唐代)에 원진(元稹)이
쓴 전기소설(傳奇小說) 〈앵앵전(鶯鶯傳)〉, 보다 직접적으로는 왕실보(王實甫)가 쓴 잡극
(雜劇)이자 원곡(元曲)인 〈서상기(西廂記)〉에서 유래된 것이라는 점에서 그 역사가 짧지
않다. 이런 맥락에서 이 모티프를 활용한 작품들은 전래 서사의 외래 서사 수용이라는
관점에서도 고찰될 필요가 있다고 본다.

월 상〉은 1908년 8월에 초판이 출판되었고, 판권지에 『만세보』와 『제국신문』의 기자를 역임했던 박승옥(朴勝玉)이 저작자로 표기되어 있다. 이에 비해 〈한월 하〉의 초판은 박승옥의 사후인 1913년 10월에 출판되었고, 판권지에는 박문서관 사주인 노익형이 저작자로 표기되어 있지만 실제 저작자는 명확하게 밝혀져 있지 않다. 이 중에서도 특히 〈한월 상〉은 전래 서사의 수용·변형·조합 양상을 비교적 뚜렷하게 드러내고 있다는 점에서 주목을 요한다.

이 작품의 97~110면[34]에 수록된 내용은 대본-번안의 관계로 규정해도 지나치지 않을 만큼 19세기의 한문소설 〈옥선몽(玉仙夢)〉의 그것과 상당한 유사성을 보이고 있다. 탕옹(宕翁) 또는 탕암(宕庵)이라는 필명의 저자에 의해 집필된 것으로 기록되어 있는 〈옥선몽〉은 현재 필사본만이 전하고 있으며, 1962년 김기동[35]에 의해 학계에 최초로 소개되었다. 그는 작품의 서두에 제시된 시대적 배경[36]을 근거로 형성 시기를 선조조 이후 숙종조 사이 정도로 추정했지만, 이는 과도한 축자적 해석이라고 할 수 있으며, 명확한 근거가 제시되지는 않았다. 때문에 홍형숙[37]은 플롯의 근대적 성격이나 이두 표현이 쓰인 표기상의 특징을 고려할 때 이 작품이 개화기에 근접한 시기에 형성되었을 것으로 추정했으며, 그 이후의 연구 문헌들[38] 또한 형성 시기를 대체로 19

---

34 박승옥, 〈한월 상〉, 대한서림·중앙서관·광학서포, 1908.8을 기준으로 하였음(이하 같음). 참고로 이는 전광용 외 편, 『한국신소설전집 7』, 을유문화사, 1968에 수록된 텍스트의 350~356면에 해당한다.

35 김기동, 「玉仙夢攷」, 『國語國文學 論文集』 3호, 東國大學校 국어국문학부, 1962, 19~29면 참조.

36 작품 서두에 "대명 영락황제 즉위 10년 임진"(1413)이라고 나와 있다.

37 홍형숙, 「〈玉仙夢〉 硏究」, 이화여대 석사, 1990 참조.

38 김경미, 「조선 후기 한문소설의 의논적 대화 양상과 그 의미 : 〈정생전〉·〈삼한습유〉·

세기 후반으로 보고 있다. 이상의 논의들을 종합해 보건대 이 작품의
형성 시기는 적어도 19세기 이전으로 소급되기는 어렵다고 판단된다.

총 11국(局)[39]으로 이루어진 이 작품 중 제 4국 "인봉루채릉투전 소
주옥금옥공초(引鳳樓綵菱投牋 蘇州獄錦玉供招)"의 경개(梗槪)는 다음과
같다.

소주의 거부 두희탁(杜希卓)에게는 청상과부가 된 딸 채릉(綵菱)이 있었
는데, 그녀는 인봉루(引鳳樓)에 거처하고 있었다. 고소성(姑蘇城) 밖 오추
리(吳趨里)에 거처하던 전몽옥(錢夢玉)은 9월 중양절(重陽節)에 독서를 하
던 중 채릉이 던진 편지를 받았다. 몽옥은 자신을 유혹하는 내용임을 확인
한 후 인봉루로 가 채릉과 운우지정을 나누었다. 몽옥은 채릉과 앞으로
계속 만날 것을 약속하고 집으로 돌아왔지만, 채릉은 몽옥과의 약속을 따르
면 가문에 누를 끼치게 되고 따르지 않는다면 군자에 대한 믿음을 잃게
되는 것인데 둘 다 하기 어렵다고 생각하여 칼로 자신의 목을 찔러 자결하
였다. 다음날 채릉의 시비 금옥(錦玉)이 채릉의 시신을 발견하였고, 희탁은
애통하기 짝이 없었다. 차차 소문이 퍼져나가 설원(雪冤)을 해야한다는
여론이 형성되어 오추리 이정(里正)이 지부(知府)에 첩보(牒報)를 보냈고,
지부에서 검시관을 보내 시신을 살펴보고 몽옥·금옥 등을 공초하였다.[40]

〈옥선몽〉을 중심으로」, 『고소설연구』 제 8권 제 1호, 한국고소설학회, 1999, 103~135면
및 서경희, 「〈옥선몽〉연구 : 19세기 소설의 정체성과 소설론의 향방」, 이화여대 박사,
2004 참조.

39 김기동은 〈옥선몽〉이 회장체 형식임에도 불구하고 여타의 작품들과 달리 회(回)나
장(章) 대신 국(局)이라는 단위를 쓰고 있으며, 이는 이 작품에서만 발견되는 것이라고
하였다.(김기동, 위 논문 참조) 교감본(작자 미상 〈옥선몽〉, 장효현 외 교감, 『校勘本
韓國漢文小說 민족문화자료총서 1 : 영웅소설 1』, 高麗大學校 民族文化硏究院, 2007)에도
국(局)으로 표기되어 있다. 그러나 정명기에 의하면 이 글자는 권(券)의 의미를 지니는
규(刕)로서, 『동야휘집(東野彙輯)』에서도 사용된 바 있다고 한다. 응당 수정해야겠지만
해당 한자가 자전(컴퓨터 등재)에 등록되어 있지 않은 관계로 이 논문에서는 부득이하게
전례대로 '국'으로 표기한다.

40 조희웅, 앞의 책 2, 932면.

김기동과 홍형숙 등 기존의 연구자들이 모두 여타의 고소설에서 찾아보기 힘든 내용이라고 지적한 바 있듯이, 청상과부가 미혼인 남주인공을 유혹하여 통정(通情)한다는 설정, 그리고 그에 따른 유교적 윤리와 애정 사이의 갈등 끝에 과부가 자결하고 남주인공이 송사에 휘말린다는 설정 등은 상당히 파격적인 것이다.[41]

그런데 이 내용이 〈한월 상〉의 후반부에 거의 그대로 수용되어 있다. 이해를 돕기 위해 주요 서사 단락을 도표로 비교해 보면 다음과 같다.

표1. 〈옥선몽〉과 〈한월 상〉의 서사 단락 비교

〈옥선몽〉 제 4국	〈한월 상〉
배경: 소주 오추리, 9월 중양절	배경: 강원도 양양군 강선동 주막(여관), 3월 망간
채릉, **흰 국화와 양귀비** 가지를 던지며 전랑(몽옥)에게 추파를 보내다	이낭자, **도화** 가지를 연이어 던지며 김생(금동)에게 추파를 보내다
채릉, 시와 함께 초청(유혹)의 뜻을 담은 편지를 던지다	이낭자, 시와 함께 초청(유혹)의 뜻을 담은 편지를 던지다
전랑, **심히 기뻐하며** 채릉의 처소를 찾아감	김생, **반복사량(反復思量)하다가** 이낭자의 처소를 찾아감
채릉 처소의 묘사 – 수려하고 정결한 침실, 그리고 책상 위에 열녀전 한 권	이낭자 처소의 묘사 – 속되지 않고 정결한 침실, 그리고 책상 위에 열녀전 한 권
채릉, 전랑의 치사에 청상이 되기까지의 소경력을 설파한 후 흠모의 정을 이기지 못한 자신의 행위를 부끄럽다 말함	이낭자, 김생의 치사에 청상이 되기까지의 소경력을 설파한 후 흠모의 정을 이기지 못한 자신의 행위를 부끄럽다 말함

41 고소설 중 〈옥선몽〉과 유사한 파격성을 보이고 있는 또 다른 작품으로 유부녀의 불륜을 소재로 한 〈절화기담(折花奇談)〉이나 〈포의교집(布衣交集)〉, 그리고 동성 간의 결혼을 모티프로 하고 있는 〈방한림전(方翰林傳)〉 등을 들 수 있지만, 그 수가 결코 많지는 않다.

전랑, 위로 후 연정의 뜻을 담은 시를 써 주고 채릉이 같은 뜻의 답시를 씀	없음
전랑, 채릉이 권하는 술을 마신 후 "청옥안사(靑玉案詞)"를 읊음	김생, 이낭자가 권하는 술을 마신 후 노래[42]를 지어 읊음
채릉, 전랑의 노래를 듣고 문득 비창한 빛을 띠고 "점강진(點絳脣)" 한 결(一闋)을 읊음	이낭자, 김생의 노래를 듣고 문득 비창한 빛을 띠고 답가[43]를 부름
채릉, 전랑이 노래의 뜻을 묻자 은혜는 감사하나 가문과 부모에게 누를 끼칠 수 없다고 말함	이낭자, 김생이 노래의 뜻을 묻자 은혜는 감사하나 가문과 부모에게 누를 끼칠 수 없다고 말함
전랑과 채릉, 운우지정을 나누고 시비 금옥이 이를 엿봄.	김생과 이낭자, 운우지정을 나누고 차환 계월이 이를 엿봄
전랑, 이후 밤마다 상종을 약속하고 헤어짐	김생, 이후 밤마다 상종을 약속하고 헤어짐
채릉, 가문에 누를 끼치게 된 것과 전랑에 대한 애정 사이에서 고뇌하다 자결함	이낭자, 가문에 누를 끼치게 된 것과 전랑에 대한 애정 사이에서 고뇌하다 자결함
금옥, 채릉의 자결을 그 부모에게 고함	계월, 이낭자의 자결을 그 부모에게 고함
오추리 이정의 첩보로 지부에서 검시관을 보내 시신을 살펴본 후, 금옥·전랑·전랑의 노비 의동 등을 공초하다.	이씨 부부와 마을 사람들이 함께 김생을 본관에 고발함
	김생, 여관으로 돌아온 후 전날의 인연을 회상하며 기이히 여김
	갑자기 관차들이 달려들어 김생을 포박하고, 이유를 묻는 김생의 노비 무쇠를 무수히 구타하자 김생 순순히 끌려감
	군수, 여관으로 와 검시 제반 도구를 갖춰 이낭자의 시신을 살펴본 후 김생을 압송하여 본관으로 돌아감

위의 표를 통해 확인할 수 있듯이 〈옥선몽〉 제 4국과 〈한월 상〉의 종결부 에피소드는 사실상 동일한 내용으로 이루어져 있다.[44] 여성 인

---

42 두 작품의 원문 대조 결과 "청옥안사(靑玉案詞)"와 내용이 동일하였다.
43 역시 "점강진(點絳脣)"과 내용이 동일하였다.

물이 던진 꽃의 종류가 다르다거나, 중간에 두 인물이 연정시(戀情詩)를 주고 받는 부분이 생략된 것은 미세한 차이에 불과하며 두 작품의 동일성을 부정할 만한 수준에는 이르지 못하고 있다. 따라서 〈옥선몽〉의 형성 시기가 19세기 후반이라는 점이 확실하다면, 역시 표지에 '신소설'이라는 표제가 붙어 있어 그 동안 신소설로 분류되어 온 〈한월 상〉은 전래 서사, 그 중에서도 조선 후기의 한문소설작품을 대본으로 하여 집필된 것이라는 결론에 이르게 된다.

물론 이러한 '수용'은 전적인 모방에만 그친 것은 아니다. 예컨대 〈옥선몽〉의 다음 구절은 〈한월 상〉에서는 전형적인 신소설의 언술로 재맥락화된다.

人生百歲之間, 如鶩鳥之過眼前, 何必拘拘守節義, 虛送春風顔面乎? 今夜之遇, 若非裵航玉杵之緣, 必是綠華玉環之約[45], 請借紙筆以通愚鄙之誠[46]

---

[44] 〈한월 상〉이 김생의 압송 장면에서 끝나기 때문에 〈옥선몽〉의 공초 부분은 비교가 불가능하다. 〈한월 하〉에서는 시찰사로 파견된 이승지가 등장하여 동헌에서 심문을 하는데, 죽은 줄 알았던 이낭자가 회생하여 사건의 전말을 이승지에게 설명함으로써 김생의 누명이 벗겨진다. 이는 채릉이 살해된 것이 아니라 자살한 것이라는 사실이 확인되지만 몽옥에게 유아지율(由我之律)을 적용하여 3년 유배를 보내는 것으로 귀결되는 〈옥선몽〉 제 5국의 내용과는 상당히 다르다.

[45] 배항옥저지연(裵航玉杵之緣)은 『太平廣記』에 실려 전하는 배항(裵航)과 운영(雲英)의 고사(古事)를 가리킨다. 당나라 선비 배항이 선녀인 운교부인(雲翹夫人)의 예언을 따라 운영을 만날 때, 옥 공이(玉杵)를 주고 운영과 인연을 맺어 신선이 되었다고 한다. 녹화옥환지약(綠華玉環之約)은 남조 시대 양(梁)나라 도홍경(陶弘景)이 지은 〈진고〉라는 책에 수록된 선녀 악록화와 선비 양권의 고사를 가리킨다. 악록화는 양권에게 찾아와 시 한편과 수건, 그리고 금옥 조탈(장신구의 일종. 가락지와 비슷한데 더 큰 것)을 주고서는 이 일을 발설하지 말라고 했다는 이야기가 전한다. 따라서 배항의 경우와 의미가 같다. 자기가 선녀를 만난 인연이라는 뜻을 고사를 들어 표현한 것이다.

[46] 작자 미상 〈옥선몽〉, 장효현 외 교감, 『校勘本 韓國漢文小說 민족문화자료총서 1 : 영웅소설 1』, 高麗大學校 民族文化硏究院, 2007, 468면.

　　인생 일셰가 맛치 나는 시가 눈압홀 지남과 갓흔지라 하필 구구흔 젹은
절긔를 직히여 헛도히 춘풍 안면을 늙힐 까닭이 무엇이리오 함을며 지금
시딩는 녯 시딩와 갓지 안이ᄒᆞ야 정부로셔 긔가의 ᄌᆞ유를 허ᄒᆞ고 문별을
벽파ᄒᆞ야 사환에 등용ᄒᆞᄂᆞ니 그 무엇을 구익ᄒᆞ야 얼마 되지 못ᄒᆞᄂᆞ 평생
을 괴롭게 ᄒᆞ리오 만생이 낭ᄌᆞ로 더부러 오날밤에 이럿케 상봉흠은 결단
코 우연흔 일이 안이오니 쳥컨딩 랑ᄌᆞᄂᆞ 관심ᄒᆞ소셔[47]

　사실 개가의 자유를 운운하는 위 인용 부분의 언술은 전반적으로
의고적인 분위기를 형성하고 있는 이 장면 전체와는 잘 어울리지 않
는다. 그럼에도 불구하고 강조 부분이 위와 같이 변형된 것은, 〈한월
상〉의 작가인 박승옥이 이인직과 이해조 등에 의해 새롭게 형성되고
있었던 서사 집필의 방식을 추수(追隨)했기 때문이라고 볼 수 있다(박
승옥은 이인직과 이해조의 신문사 동료이기도 하다).

　이 점은 서두의 제시 방법에 있어서도 마찬가지이다. 한 여인이 해
적의 습격을 피해 어린 아들을 데리고 피난하는 장면이 먼저 제시된
후, 이것이 벼슬을 구하러 경성으로 떠난 진사 김린의 부재로 인해
부인 최씨와 아들 금동이 겪는 고난이라는 설명이 뒤따르는 것은, 신
소설의 전형적인 역전적 서술 기법에 해당하며 이는 이인직의 〈혈의
루〉에서 유래된 것임을 어렵지 않게 알 수 있다.

　　네 마을에 져녁 연긔ᄂᆞ 이믜 스라지고 동녁 산봉우리에 봄밤 둥근 달은
쳐음으로 올나오고 먼 긔포에 비졋ᄂᆞ 소리ᄂᆞ 졈々 희소흔딩 압촌에 긔소
리 컹컹 나더니 거미긔에 총소리 탕탕 나며 난딩업ᄂᆞ 화광이 창텬ᄒᆞ고 곡
셩은 랑ᄌᆞ흔딩 그 가온디로 좃ᄎᆞ 삼십여 셰쯤 된 부인 하나이 어린 아히의

손목을 잇글고 허둥지둥ᄒ며 빅운동 뒤산 빗탈길로 다라나ᄂᆞᆫᄃᆡ 열 거름에 아홉 번식이나 업더져 몸에 혼빅이 붓지 안이혼 사롭갓흐나 입으로ᄂᆞᆫ 무수혼 금동이를 부른다

금동아 금동아 다리가 압흔야 발이 압흔야 점점 거름을 잘 것지 못ᄒᆞᆫ고나 금동아 금동아 다리나 발이 압흐거든 니 등에나 좀 업혀보랴ᄂᆞᆫ야

(금동) 어머니 나는 다리도 압흐지 안코 발도 압흐지 안이ᄒᆞ니 그더로 어서 가십시다

(부인) 금동아 눈에 화광은 오히려 희미ᄒᆞ나 귀에 총소리ᄂᆞᆫ 들니지 안이ᄒᆞ니 얼마콤 멀니 왓나보다 어룬 나도 다리와 발이 이럿케 압흐거든 흠을며 어린 너야 말홀 것 잇스랴

ᄒᆞ며 어디를 향ᄒᆞᄂᆞᆫ지 동셔를 분변치 안코 한갓 산곡간 젹은 길로 들어가더라

대뎌 이 부인은 엇더혼 부인인고 젼라도 만경군 빅운동에 사ᄂᆞᆫ 진ᄉᆞ 김린의 부인 최씨라 김진ᄉᆞᄂᆞᆫ 구ᄉᆞ초로 셔울을 올나간지 ᄒᆡ가 지나도록 도라오지 안이흠이 최부인이 다만 칠 셰 유아 금동과 두어 긔 비복을 거나려 집을 다ᄉᆞ리고 지니ᄂᆞᆫ 터이라[48]

이처럼 〈한월 상〉의 후반부 삽화는 기본적으로 전래 서사의 내러티브를 충실하게 수용하고 있으면서도, 작품 전체에 있어서는 당대에 새롭게 형성되고 있었던 신소설의 기법을 활용하여 전래 서사를 적극적으로 변형시킨 서사물이라고 할 수 있다.

또한 이 작품에서는 전래 서사를 조합함으로써 서사가 전개되는 양상이 〈육선각〉보다 더욱 뚜렷하게 나타나고 있다. 예컨대 〈한월 상〉의 전반부는 〈임호은전(林虎隱傳)〉의 내용을 차용한 것으로 볼 수 있다. 두 작품의 경개를 비교해 보자.

---

[48] 〈한월 상〉, 1~2면.

최씨부인은 결국 도적들에게 붙잡히고 홀아비인 적당 한 명이 부인을 데리고 살려고 잡아간다. 그는 후환을 없애고자 금동을 죽이려 들지만 나이 든 일당의 만류로 죽이지는 않는 대신 밧줄로 나무에 묶어둔 채 버려두고 간다. 며칠 후 진주 사는 대상(大商) 김자선, 이호덕 양인이 금동을 구원하고 김자선이 양자로 삼아 집으로 데려가 양육한다. 최씨부인은 일단 홀아비 적당을 따라가서 그를 안심시킨 후 그가 잠시 소굴을 비운 사이 탈출한다. 한 산촌에 은신하면서 나물을 캐러 산에 올라 신세를 한탄하던 중 스님 행색의 남편을 만난다. 김린은 벼슬을 얻고자 했으나 경성의 매관매직 세태에 결국 좌절하고 낙향해보니, 집은 병화에 타고 처자의 소식은 알 길이 없었다. 실의에 빠져 중이 되어 유랑하다 부인을 만난 것이다. 부부는 고향으로 돌아가지 않고 금동을 찾아 길을 떠나기로 한다.(〈한월 상〉 전반부 줄거리. 필자 작성)

호은이 8세 되던 해 내란이 일어났다. 부친 임준은 부인과 호은을 데리고 피란하다가 적병에게 잡혀가고, 부인 양씨는 적병이 아내를 삼으려고 호은을 나무에다 매어 놓고 데려갔다. 임공이 잡혀가다가 도망쳐 집에 와 보니, 집은 병화에 타고 처자의 소식은 알 길이 없었다. 임공은 처자를 찾아 나섰다. 한편, 장씨도 적병에게 붙들려 가다가 도망하던 도중 임공과 해후하고 부부 동반하여 호은을 찾아 나섰다. 난중에 부모를 잃은 호은은 방황하다가 기녀(妓女) 유낭에게 발견되어 그의 집에 가서 그 기녀의 모친 소매에게서 자라며 공부하게 되었다.[49]

비록 세부에 있어 약간의 차이가 있기는 하나, 적어도 〈임호은전〉의 도입부가 〈한월 상〉의 전반부와 유사한 내용으로 이루어져 있다는 점은 위의 비교를 통해 확인할 수 있다고 본다. 〈임호은전〉은 3종의 필사본과 2종의 활자본(1926, 1952)이 전하는데, 민선애[50]는 경자 및

---

49 조희웅, 앞의 책, 1213~1214면.
50 민선애, 「임호은전 연구」, 국민대 석사, 2007 참조.

신축이라는 간기를 근거로 필사본의 필사 연대를 1900년 연간으로 추정한 바 있다. 이러한 논의에 따르면 〈한월 상〉 전반부의 에피소드는 19세기 말~20세기 초 사이에 형성된 〈임호은전〉의 전반부를 수용·변형한 것이라는 결론에 이르게 된다.[51] 따라서 적어도 현재까지 고찰한 내용을 토대로 할 때, 〈한월 상〉은 앞서 언급한 〈옥선몽〉 4국과 함께 〈임호은전〉의 전반부를 차용하는 등 서사의 조합적 구성을 통해 집필된 작품이라고 할 수 있다.

게다가 〈한월 상〉에 삽입된 또 다른 에피소드 역시 전래 서사를 차용하여 집필되었을 가능성이 있다는 점에서 이 작품의 서사 조합적 속성은 더욱 분명해진다. 잃어버린 부모를 찾아나선 금동이 이낭자를 만나기 전에 허소저라는 여성과 의남매를 맺는다는 내용의 결연담이 그것이다. 금동이 산보를 나섰다가 우연히 만난 허소저는 부모의 연이은 죽음으로 고아가 되었고, 마을 사람들이 염질이라 하여 외면하자 부모를 장사 지낼 방도가 없어 고민하던 중 이웃의 한 노파가 인근 이선전 집에 몸을 팔아 장사지낼 도리를 찾으라고 권하는 말을 듣고 그 집의 종이 된다. 그곳에서 갖은 구박을 받던 중 주인이 허소저를 비부와 강제로 혼인시키려 하자, 허소저가 도망하여 자살을 결행하려는 찰나에 금동에게 발견된 것이다. 이에 금동은 허소저와 의남매 결의를 맺은 후, 그녀의 몸값을 대신 갚아주고 다시 길을 떠난다. 이처럼 부모의 갑작스런 죽음에 따른 인신(人身)의 자매(自賣) 혹은 자결 시도라는 모티프는 여러 편의 전래 서사에서 어렵지 않게 찾아볼 수 있

---

51 물론 〈임호은전〉과 〈한월 상〉 두 작품 모두 지금까지 알려지지 않은 '어떤 소설'의 내용을 차용하여 집필되었을 가능성도 배제할 수 없다. 필자가 과문한 탓에 이 부분에 대한 고찰은 더 이상 진행하지 못했다. 이는 추후의 연구 과제로 삼고자 한다.

는데, 온전히 일치하는 것은 아니지만 송재용[52]이 19세기 말~20세기 초 사이에 집필된 것으로 추정한 바 있는, 〈역관 홍순언(洪純彦) 이야기〉의 이본인 〈마원철록(馬元哲錄)〉이 〈한월 상〉의 에피소드와 가장 유사한 내용을 보이고 있다.

> 마원철은 중국 연주의 한 대가(大家)에서 유배 왔다가 죽은 한림학사 화철의 딸 화소저를 만났다. 화소저는 자기 몸을 팔아 부모의 유골을 고향에 반장(返葬)하려 하였다. 원철은 이 말을 듣고 감동하여 은자(銀子) 천 냥을 주고 의남매를 맺었다. 이때 원철은 화소저에게 의남매를 맺은 문서를 써 주었다.[53]

물론 〈임호은전〉이나 〈마원철록〉의 내용은 〈옥선몽〉 4국과의 비교에서 확인할 수 있는 수준의 명확한 유사성을 갖고 있지는 않다. 그럼에도 불구하고 〈한월 상〉에 대한 고찰을 통해 확인할 수 있는 것은 신소설의 등장 초기인 1908년에도 전래 서사를 수용하되 신소설적인 기법을 활용하는 형태의 개작이 작품 집필의 방법으로 활용되고 있었다는 점, 그리고 이 작품의 저자가 대체로 19세기 후반에 형성된 것으로 추정되는 전래 서사의 내용 혹은 모티프를 적어도 2개 이상 조합하는 방식으로 집필하고 있다는 점이다. 이러한 전래 서사의 수용·변형·조합 현상이 이 시기부터 시작된 것이라면 이와 유사한 성격의 작품들이 지속적으로 산출되었을 가능성이 있으며, 앞에서 살펴본 〈육선각〉은 이를 뒷받침하는 사례라는 점에서 의미가 있다. 아울러 1910

---

52 송재용, 「〈마원철녹〉 소고」, 『국문학논집』 14호, 1994, 단국대 국문과, 221~252면 참조.
53 조희웅, 앞의 책 1, 307면.

년대 초반 활자본 소설의 흥성은 이와 같은 전래 서사의 수용·변형·
조합을 통해 견인된 것이라는 주장을 뒷받침할 수 있다고 본다. 이와
함께 이 작품의 속편인 〈한월 하〉와 또 다른 신소설 작품인 〈화수분
(貨水盆)〉[54] 등의 사례 역시 이러한 추론을 뒷받침한다는 점에서 함께
고찰할 필요가 있다.

  〈한월 하〉에서는 정혼자 이난희와 의남매 허소저의 수난담이 서사
의 주축을 이룬다. 이로 인해 자신의 세력만 믿고 이미 정혼 상태인
난희를 며느리로 삼으려는 손감역과, 욕정에 눈이 멀어 허소저를 차
지하려는 이선전 등 악인형 인물의 역할이 확대 서술되는 반면 금동
과 그 친부모의 작품 내적 역할과 서술 분량은 대폭 축소된다. 결국
허소저와 그녀의 구원자 이승지의 도움으로 금동은 누명을 벗고 친부
모와 재상봉하며, 이난희·허소저·이낭자 세 명의 여인과 부부의 인
연을 맺는다.

  필자는 이전의 논문[55]에서 이와 같은 〈한월 하〉의 내용 전개에 대해
〈한월 상〉과의 서사적 연속성이 유지되지 않고 있다고 지적한 바 있
는데, 애초부터 서로 다른 전래 서사 작품 속의 에피소드를 조합함으
로써 집필된 측면이 있는 〈한월 상〉의 태생적 속성을 고려할 때 이는
당연한 결과라고 할 수 있다. 〈한월 하〉에서도 〈한월 상〉과 마찬가지
로 전래 서사가 수용된 양상을 확인할 수 있기 때문이다.

  〈한월 하〉에서는 이선전의 추적을 피하다 애매한 죄명을 쓰고 양양
감옥에 갇힌 허소저가 살인 혐의로 역시 감옥에 갇혀 있던 금동과 해
후하고 그간의 사정을 서로 설파한 후, 허소저가 금동을 구출하기 위

---

54 심우택 저작 겸 발행, 〈화수분〉, 광학서포, 1914.1.25
55 각주 17번의 졸고 참조.

해 서로 옷을 바꿔 입을 것을 제안하고 그 결과 금동의 복색을 한 허소 저가 대신 이승지의 공초를 받는 장면이 제시된다.

> 허소져가 츄연흔 빗으로 김셩을 디히셔 ᄒ는 말이 여보시오 니가 군주 을 디히셔 간졀이 할 말슴이 잇스니 드르실 터이면 하련이와 만일 아니 드르실 터이면 이 스람이 당장의 목슘을 버려 이 일 져 일을 잇고즈 ᄒ나 이다
>
> (김셩) 무슴 말슴인지 소져의 말슴이야 아니 드리릿가만은 드를 만흔 말슴이면 듯고 못 드를 말슴이면 듯는다구 할 슈가 잇슴잇가
>
> (허) 군주은 견졍이 만리 ᄀᆞᆺ틀 뿐더러 쏘 부모가 기신 터의 어느 쩌던지 필경 만날 날이 기실지라 만일 이곳셔 헛도이 몸을 버리시는 지경이면 부 모게셔 쥬쥬야야로 기다리실 일이 즈손된 령혼일지라도 엇지 민망치 아니 ᄒ올잇가 이 스람으로 말ᄒ면 무부모 무형졔라 기다리며 츠즐 스람이 업 논 터이요 그중의 녀즈 몸으로 이 모양이 되여 사는 거시 욕이라 엇지 일 신덜 살고 시분 마음이 잇스리오 구츠이 산다 할지라도 군주가 여긔셔 만 일 몸을 버셔나지 못할 지경이면 이 스람의 신분인덜 어듸다 의탁을 ᄒ리 오 속졀업시 곳 죽는 목슘인 고로 지금 할 말슴은 다른 말슴 아니라 오날 날 이 스람이 군주가 되고 군주가 이 스람이 되여 죄를 박구어 당ᄒ면 군 주은 줌시간 창피흔 일을 당ᄒ덜이도 신분의 큰 관게는 업실 터이오 이 스람은 이리 죽으나 져리 죽으나 죽기는일반인라 군주의 몸이 되여 죽으 면 오히려 욕은 아니보고 씨긋흔 혼이 되긔시니 이만치 피츠의 다힝할 일 이 업실 터이라
>
> ᄒ며 옷을 홀々 버스며 박구어 입기을 간권ᄒ니
>
> 김셩이 먹먹히 안져듯다가 그 말이 골졀을 울니는 듯 흥격이 믹키다가 옷 벗는 걸 보고
>
> (김) 에그 이거시 웬일이오 가만이 기셔셔 쳔셩의 말슴을 드르시오 쳔 셩의 죄는 자작지얼이라 죽기를 면치 못홀 죄를 남의게다 가화를 ᄒ고 구 츠이 살면 이 신셰는 무슨 면목으로 셰상에 거두를 ᄒ리오 그 말슴은 결코 시힝치 못ᄒ깃슴니다

(허) 군ᄌ의 말ᄉᆞᆷ이 그러실 듯ᄒᆞ나 ᄒᆞ나만 알고 둘은 모로시ᄂᆞᆫ구려 남 ᄌ의 일은 하ᄂᆞᆯ과 갓치 풍운조화가 잇ᄂᆞᆫ지라 지금 비가 오다가도 잇다가 청명ᄒᆞᆫ 날과 갓치 어려운 일을 구ᄎᆞ이면 ᄒᆞ다가 야중은 상쾌ᄒᆞᆫ 일을 보 ᄂᆞᆫ법도 잇고 초연의 곤란을 당ᄒᆞ면 말연의 영귀이 되ᄂᆞᆫ일은 천졍ᄒᆞᆫ 리치 라 지금 군ᄌ가 모면할 일을 고집을 세우고 보면 속졀업ᄂᆞᆫ 신분이 될지라 만일 이 ᄉᆞ롭의 소원과 게ᄎᆡᆨ디로 아니ᄒᆞ시면 당쟝 군ᄌ 압의셔 먼져 죽어 이 ᄉᆞ람의 마음을 보시게 ᄒᆞ깃슴니다

ᄒᆞ고 옷가슴의셔 조구마ᄒᆞᆫ 칼을 너여 들고 ᄌᆞ긔 목을 자긔가 찌르랴 ᄒᆞ니

김성이 왈악 달녀드러 칼든 손을 훔쳐 잡으며 이게 웬일이온잇가 소져 ᄒᆞ자는 디로 다 할 거시니 고만 ᄎᆞᆷ으시오

ᄒᆞ며 어셔 옷을 버서 일이 쥬시고 이 옷을 입으시오 ᄒᆞ더니 셔로 옷을 박구어 업고 김성은 머리를 나려 ᄶᅡ코 허소져ᄂᆞᆫ 일변 머리를 올여 상토를 ᄶᅡ고 보니 어느 거시 김성인지 어느 거시 허소져인지 얼는 알어볼 슈 업ᄂᆞᆫ 거시

그 두 ᄉᆞ람에 나이 십칠 세 동갑이오 희고 고은 자ᄐᆡ가 피ᄎᆞ의 위월이 업시 셔로 흡ᄉᆞᆫ 중에 쳐음으로 ᄒᆞᆫ두번 무심이 본 ᄉᆞ람이야 엇지 분간을 ᄒᆞ리오[56]

이러한 환복(換服) 모티프는 멀게는 중국소설로부터 유래된 것이겠 지만 고소설 중에서는 〈창선감의록〉이 가장 오래된 선례에 해당한다 고 할 수 있다. 그리고 또 다른 고소설 작품인 〈김윤전〉과 〈곽낭자전〉 에서도 이러한 모티프가 나타나는데, 이 두 작품의 내용은 〈한월 하〉 와 비교적 뚜렷한 유사성을 보인다.

---

56 〈한월 하〉, 111~114면.

김윤은 청주에서 누명을 쓰고 죽을 위기에 처하게 되었다. 김생이 청주 목에서 죽게 되었음을 전해 들은 연화는 그를 구하기 위하여 남복을 하고 떠났다. 청주에 도착한 연화는 계교로써 옥졸을 속여 김생을 내보낸 다음 자신이 김생 대신 갇혔다. 그런 다음 연화는 자사에게 김생의 억울함을 하소연하였다.[57]

신랑이 살인죄로 관가에 잡혀 간 소식을 들은 신부집에서는 일대 소동이 벌어졌다. 이에 신부 곽낭자는 비상한 결의를 하고 부모에게 청하여 신랑의 면목이나 한번 보려고 한다면서 남복을 하고 옥중으로 갔다. (중략) 낭자는 신랑을 만나 인사를 하고 찾아온 뜻을 고하며 자기의 결의를 이야기하였다. 이에 신랑은 무죄한 신부를 대신 처형받게 할 수 없다면서 거절하였으나 낭자의 간곡한 부탁에 할 수 없이 낭자가 준 옷을 바꾸어 입고 옥중에서 무사히 나왔다. 다음날 관가에서 죄인을 문초하다가 죄인이 바뀌고 낭자가 신랑을 대신하여 있음을 보고 감사가 오히려 그 절의에 감동하여 죄를 사하는 한편, 정절문을 세워 다른 사람으로 하여금 효칙케 하였다.[58]

이상택[59]과 김경숙[60] 등에 의하면 〈김윤전〉의 필사본 중 선본(先本)인 하버드대 옌칭도서관 소장본의 필사 연대는 1902~1903년이다. 따라서 〈김윤전〉의 형성 시기는 대체로 19세기 후반~말엽쯤으로 추정할 수 있다. 또한 전용문[61]의 논문에서 고구(考究)된 바 있듯이, 〈곽낭

57 조희웅, 앞의 책 1, 175면.
58 조희웅, 앞의 책 1, 62면.
59 이상택, 「〈金允傳〉研究」, 『진단학보』 83호, 진단학회, 1997, 217~234면 참조.
60 김경숙, 「〈김윤전〉 이본고」, 『열상고전연구』 22호, 열상고전학회, 2005, 29~56면 참조.
61 전용문, 「곽낭자전 이본의 연구」, 『한국언어문학』 49호, 한국언어문학회, 2002, 141~165면 참조.

자전〉의 필사 연대 또한 19세기 말 ~ 20세기 초로 추정되며, 그러므로 이 작품의 형성 시기 또한 19세기 중후반으로 볼 수 있다. 따라서 이상의 논의들을 참고할 때 〈한월 하〉는, 〈창선감의록〉을 통해 고소설의 문학적 관습으로 자리잡게 된 환복 모티프를 활용하여 집필된 19세기의 고소설 〈김윤전〉과 〈곽낭자전〉 등의 내러티브를 수용·변형하여 집필된 작품이라고 할 수 있을 것이다.

마지막으로 1914년에 출판된 〈화수분〉의 경우는 지금까지 신소설로 알려져 왔지만 기존 연구에서 논의된 사례를 찾아보기 힘들다. 그 경개는 다음과 같다.

의주에 사는 박진사는 이웃친구 성도사에게 술대접을 받고 만취해 돌아온 날 청국의 오랑캐들에게 붙들려간다. 그의 부인 정씨도 두 남매를 거느리고 난리를 피해 가다가 이번엔 도적들에게 붙들린다. 한편 성도사 내외도 강치경 내외와 더불어 난을 피해 나섰다가 도적들에게 붙들리고 만다. 여러 번 사경(死境)을 겪던 그들은 전화위복으로 횡재를 하여 가지고 낙토(樂土)를 찾아 안주로 간다.

앞서 오랑캐에게 잡혀서 멀리 호지(胡地)에 끌려 와서 소위 보안국 대궐 안에서 강제 노동에 종사하던 박진사는, 자기보다 먼저 그 곳에 잡혀 와 있던 같은 조선인인 소저 및 강치완과 서로 뜻이 맞아 기회를 엿보더니 마침내 탈출을 하기에 이른다.

박진사와 소저가 한 패가 되어 말(천리마)을 달려 가다가 도중 산속에서 호랑이를 만나 실색(失色)하는가 하면, 뒤쫓던 강치완이는 공교롭게도 국왕을 만나 위계(僞計)로써 그를 퇴치(退治)하는 등 숙원을 풀고 세 사람이 다시 만나게 되는데, 그 자리에는 오랜 세월 서로 헤어져 몽매에도 잊지 못하던 소저 모녀의 상봉도 이루어진다. 그들도 안주 땅으로 들어가게 되어 앞서 들어간 일행들과도 만나 서로 기쁨을 맛보며 박·성·강 삼부자집이란 칭호를 들을 정도로 번영한다.[62]

이 작품이 수록된 『한국신소설전집』의 해제에는 "북방 오랑캐들의 침탈을 받으며 암흑생활로 지내던 변경 주민들의 애환을 소재로 하였을 뿐만 아니라, 이야기 줄거리도 이원적(二元的)으로 이끌어가고 있어 특색적인 작품이다"[63]라고 설명되어 있는데, 여기서도 알 수 있듯이 이 작품은 신소설 중에서도 그 내용과 구성면에 있어 유사한 사례를 찾기 힘든 이채로운 것이다.

그런데 이 작품의 대본 혹은 원작이 되었을 것으로 추정되는 작품이 있다. 김태준이 『조선소설사』에서 〈박씨전〉의 원천(源泉)이었을 것으로 추정한 바 있는, 하지만 지금은 전하지 않는다고 언급한[64] 『황강잡록(黃岡雜錄)』에 수록된 〈청풍기(淸風記)〉가 그것이다. 비록 원문이 전하는 것은 아니지만, 『조선소설사』에 수록된 줄거리는 이 작품과 〈화수분〉의 내용적 유사성 및 상호텍스트성을 여실히 보여준다.

경성 남산동에 사는 박진사가 세말(歲末)에 양식이 없어서 친구의 집에 구걸하러 갔다가 갑자기 병자년 호병(胡兵)을 만나 포로가 되어 청국(淸國) 어느 각로(閣老)의 노예로 팔려 사랑을 쏟아주고 있었다. 하루는 각로의 따님이 뒤뜰에 나와 노는 것을 보고 정욕에 끓어오르는 사나이 마음을 억제하지 못하여 거의 병사(病死)하게 되었다. 이 형편을 본 수노(首奴)는 또한 명나라 양반으로서 깊이 이에 동정하여 내사(內舍)에 들어가는 열쇠를 주어 닭의 소리 들리기 전에 낭자가 자는 방에 뛰어들어 이불을 헤치고 대담히 정(情)을 청하였다. 일이 이와 같이 되니 죽기를 결(決)하는 박노(朴奴)를 퇴(退)할 수는 없고 일야심정(一夜深情)에 백년가약을 맺었다.

62 전광용 외 편, 『한국신소설전집 8』, 을유문화사, 1968, 해제(523면) 참조.
63 위의 책, 524면.
64 김태준 저, 박희병 교주, 『증보조선소설사』, 한길사, 1995(2쇄), 105면 교주(校註) 참조.

각로가 종묘에 제사하러 간 틈을 엿보아 **낭자와 진사는 준비하여 둔 천리마를 타고 밤낮으로 몰아 압록강에 이르러** 보검을 선물하는 수노를 이별하고 선의(鮮衣)로 바꾸어 입고 경성 부근에 와서 거(居)할 새 도술이 초월한 낭자는 따로이 청풍실(淸風室)을 짓고 혼자 살았다.[65]

〈청풍기〉와 〈화수분〉 원문 간의 직접 비교는 불가능하지만 김태준이 남긴 이 작품의 줄거리는 두 작품의 유사성을 판단하는 데 있어 매우 중요한 단서를 제공해 준다. 실제로 〈화수분〉의 서두는 가난한 박진사가 부인의 요구에 못 이겨 친구 성도사에게 양식을 청하러 가는 장면으로부터 시작되며, 중반부에서도 박진사가 소저를 찾아갈 때 강치완이 별당으로 들어가는 문 열쇠를 주는 장면이 제시될 뿐만 아니라, 탈출 수단으로 보안국 괴수가 몰던 천리마가 등장하는 등 적어도 위의 인용문들을 토대로 살펴볼 때 상당히 높은 수준의 유사성을 보여주고 있기 때문이다. 비록 〈청풍기〉의 각로와 명나라 양반 출신의 수노가 〈화수분〉에서는 각각 보안국 괴수와 조선인 강치완으로 바뀌고, 박진사와 각로의 딸이 결연을 맺는다는 설정이 같은 포로 신세로 동병상련을 느끼는 것으로 변화하는 등 일부 차이점이 없는 것은 아니지만 기본적으로 〈청풍기〉와 〈화수분〉의 내용적 유사성은 충분히 인정될 수 있다고 본다. 적어도 위의 비교를 통해 〈화수분〉 또한 전래 서사의 수용 및 변전의 산물일 가능성이 높다는 점은 지적해 둘 필요가 있다.

이상의 논의를 종합해 볼 때 〈육선각〉, 〈한월〉, 그리고 〈화수분〉 등은 전래 서사의 수용 및 근대적 변전 양상이 나타난 작품들로 규정

---

[65] 김태준, 위의 책, 105~106면.

될 수 있다고 본다. 이와 함께 기존의 연구에서 이러한 양상이 포착되었던 여타의 작품들이 적지 않다는 사실을 염두에 둘 필요가 있다. 이러한 사례들의 존재는 1900년대부터 시작되어 1910년대 초반에 집중적으로 나타났던 전래 서사의 수용·변형·조합이라는 현상이 단순히 특정한 작품들에서만 발견되는 예외적인 것이라기보다는 그 동안 신소설로 간주해 왔던 작품들의 일반적인 집필 방식으로서 신소설의 등장 초기부터 활용되어 왔으며, 이후 1910년대 초반에 활성화·보편화되었다는 주장을 뒷받침하는 데에 큰 무리가 없을 것으로 사료된다. 그리고 향후 이 시기의 활자본 소설에 대한 고찰이 확대된다면 유사한 사례를 추가로 확인하게 될 가능성 또한 높다는 것이 필자의 판단이다. 이런 점에서 앞으로 이 시기 활자본 소설 전반의 제재적 원천을 보다 엄밀하게 규명하기 위한 노력이 계속 이어져야 할 것이다.

4. 결론

이 논문에서는 〈육선각〉과 〈한월〉 등의 작품을 중심으로 근대 초기에 활자본의 형태로 출판된 소설들 중 특히 신소설로 분류되어 온 일련의 작품들이 실제로는 고소설·야담·설화 등의 다양한 전래 서사를 수용하여 집필된 것이라는 사실을 밝혔다.

먼저 〈육선각〉에는 〈구운몽〉의 양소유와 계섬월·정소저와의 결연담이 수용되어 있는데, 보다 직접적으로는 같은 에피소드를 수용하고 있는 후대의 또 다른 고소설 작품들인 〈옥루몽〉·〈옥련몽〉·〈장국진전〉·〈김희경전〉·〈최보운전〉·〈칠선기봉①〉 등으로부터 일정한 영

향을 받은 것으로 판단된다. 이런 점에서 〈육선각〉의 남녀 결연 장면
은 여러 편의 고소설 작품에 수용되어 있는 서사적 모티프의 조합적
활용을 통해 집필된 것으로 볼 수 있다.

그러나 〈육선각〉은 사건의 역전적 서술 및 인물 간의 대화를 이용
한 장면 확대 등 신소설적 기법의 활용을 통해 서사가 변형·조합됨으
로써 유사한 내용을 공유하고 있는 고소설들과는 확연한 차이점을 보
인다고 할 수 있다. 이런 이유로 인해 이 작품을 단순히 활자본 고소
설이라고 규정하기 어려운 측면이 있는 것 또한 부정할 수 없다.

다음으로 〈한월 상〉의 경우는 전래 서사의 수용 및 조합 양상이 비
교적 분명하게 나타나고 있다고 할 수 있다. 특히 이 작품의 후반부
삽화는 대본–번안의 관계로 규정해도 지나치지 않을 만큼 19세기 후
반의 한문소설 〈옥선몽〉과 뚜렷한 유사성을 보이고 있다. 뿐만 아니
라 〈한월 상〉 전반부의 에피소드가 19세기 말~20세기 초 사이에 형
성된 〈임호은전〉의 전반부와 일정한 유사성을 띠고 있으며, 금동과
허소저의 의남매 결연담에 해당하는 부분 또한 19세기 말~20세기 초
사이에 집필된 것으로 추정되는 〈역관 홍순언 이야기〉의 이본인 〈마
원철록〉과 유사한 내용으로 이루어져 있음을 확인하였다.

〈한월 하〉의 경우도 전래 서사의 수용 양상이 나타나는데, 이 작품
의 환복(換服) 모티프는 기본적으로 〈창선감의록〉으로부터 유래된 것
이라 할 수 있으며, 보다 직접적인 유사성은 후대의 또 다른 고소설
작품인 〈김윤전〉과 〈곽낭자전〉 등과의 비교를 통해 확인할 수 있다.

결국 〈육선각〉과 〈한월〉은 모두 전래 서사의 내러티브를 수용함과
동시에 다양한 서사 조합을 통해 집필이 이루어진 작품이라는 사실을
알 수 있다. 그럼에도 불구하고 이 작품에서도 당대에 새롭게 형성되

고 있었던 신소설의 기법이 활용됨으로써 근대적 변전 양상이 나타나고 있다는 사실 또한 확인하였다.

한편 1914년에 출판된 〈화수분〉의 경우는 현재는 원전이 전하지 않는 관계로 수용 여부를 확증할 수는 없지만 김태준이 『조선소설사』에서 언급했던 『황강잡록(黃岡雜錄)』의 〈청풍기(淸風記)〉와 매우 유사한 화소를 공유하고 있다는 점을 확인하였다. 이러한 사실로 미루어보아 이 작품 또한 전래 서사를 수용하여 신소설적인 형태로 변전시킨 작품일 가능성이 높다고 할 수 있다.

이상의 사실들은 1900년대부터 시작되어 1910년대 초반에 집중적으로 나타났던 전래 서사의 수용·변형·조합이라는 현상이 단순히 특정한 작품들에서만 발견되는 예외적인 것이라기보다는 그 동안 신소설로 간주해 왔던 작품들의 일반적인 집필 방식으로서 신소설의 등장 초기부터 활용되어 왔으며, 이후 1910년대 초반에 활성화·보편화되었다는 주장을 뒷받침할 수 있다고 판단된다. 향후 이 시기의 활자본 소설에 대한 고찰이 확대된다면 유사한 사례를 추가로 확인하게 될 가능성 또한 높다는 점에서 활자본 소설 전반의 제재적 원천을 더욱 엄밀하게 규명하기 위한 노력이 수반되어야 할 것이다. 이는 차후의 과제로 남겨둔다.

활자본 고전소설 〈미인도〉의 성립과 변모 양상 연구

서보영 /서울대학교

1. 서론

1910년대부터 시작된 활자본 고전소설의 대거 등장은 근대 초기 고전소설의 활자 매체를 통한 대중출판물로의 전변이란 점에서 주목할 만하다. 상업적 이익을 목적으로 대량생산되고 동시다발적으로 수용되는 근대 자본주의적인 출판 방식으로의 변화는 필연적으로 고전소설의 내외적 변화를 이끌었다. 이에 표지, 편집, 분량, 가격 등의 두드러진 변화가 나타나고 당대 독자들의 기대와 인기에 부합할 만한 작품을 발굴하고 창작하려는 적극적인 노력이 행해진다.

특히 활자본 고전소설의 출판 초기인 1912~1913년에는 신소설이나 일본 번안소설의 영향으로 이들과 경쟁 관계였던 활자본 고전소설은 독자의 취향에 맞춰 개작되거나 창작된 형태로 변모한다.[1] 이처럼 1910년대 고전소설은 독자의 요구와 홍미에 부응한 독자 중심의 대중

---

[1] 권순긍, 『활자본 고소설의 편폭과 지향』, 보고사, 2000, 27면.

적인 텍스트이자 신소설 및 번안소설 등과 교섭하고 경쟁하는 혼종적 상호 텍스트라 할 수 있다. 물론 이러한 변모의 기저에는 고전소설의 독자층과 고전소설의 대중 서사 방식의 전통이 자리하고 있다.

〈미인도〉는 영조 즉위 무렵 전라도를 배경으로 전대의 문학적 관습을 수용하고 신소설식 구성 방식을 원용한 국문활자본 고전소설이다. 표제는 "悲劇小說 美人圖"(內題는 "슲은 소설 미인도(美人圖)")이며 1913년 9월 회동서관에서 발행되었다.[2] 활자본과 필사본이 존재하고 있는데 활자본은 1913년 초판[3]된 이래로 1924년까지 8판이 인쇄되었다.[4] 필사본은 총 7종으로 회동서관에서 발행한 활자본을 모본으로 하고 있다.[5] 출간의 궤적으로 논하자면 이른바 대중적 인기를 끌며 전통적 독자층의 기대에 부응했던 작품이라 할 수 있다.

---

2   김종철, 「〈美人圖〉 연구」, 『인문논총』 제2집, 아주대인문과학연구소, 1991, 34면. 이 연구는 신작 고소설 〈미인도〉를 학계에 처음 소개하고 〈춘향전〉과의 영향 관계에 대해 밝혔다.

3   『개화기문학신소설전집』 권9, 계명문화사, 1977, 101~168면에 영인 수록되어 있다. 본고는 회동서관에서 출간된 활자본을 바탕으로 논의를 진행하겠다.

4   김귀석은 하동호, 「개화기소설의 서지적 정리 및 조사」, 『동양학』 제7집, 단국대동양학연구소, 1977, 203면을 참조하여 『미인도』의 활자본은 회동서관본 하나이며 간행 현황은 1913년 9월 20일, 회동서관, 5X7, 68면 초판 이후로 1919년 1월 23일 재판, 1920년 12월 6일 3판, 1921년 12월 5일 5판, 1924년 12월 15일 8판이라 정리하였다. 김귀석, 「〈미인도〉 연구」, 『한국언어문학』 제48집, 한국언어문학회, 2002, 2면. 한편 김현우는 활자본이 3종인데 회동서관본, 동미서시본, 1종은 발행처가 없다고 하였다. 동미서시본은 국립중앙도서관에 소장되어 있는데 저작 겸 발행자는 이용한이며 72장이다. 김현우, 「〈미인도〉의 변모양상과 그 의미」, 『한국어문연구』 제15집, 한국어문연구학회, 2004, 115면.

5   필사본은 김동욱본(1923년), 한국정신문화연구원본(1924년), 김종철본(1925년), 김광순본(1929년), 원광대 도서관 소장본(1931년), 임기중본(필사 연대 미상), 강전섭본(필사 연대 미상)이 현재 존재하는 것으로 밝혀졌는데 〈미인도〉에 관한 논의가 진행됨에 따라 필사본의 수가 늘고 있다. 구체적 자료 현황과 이본 간의 차이에 대해서는 경일남, 「〈美人圖〉의 書誌的 實態와 文學的 實相」, 『어문연구』제25집, 어문연구학회, 1994, 108~115면을 참고할 것.

정혼한 여성을 관권으로 빼앗으려는 것에서 갈등이 일어난다는 점, 시공간적 배경 설정과 판소리식 노정기의 유사성에서 이 작품은 〈춘향전〉과의 관계로 인해 처음 주목을 받았다. 1913년은 활자본 고전소설의 모색기[6]로 1912년 박문서관에서 〈춘향전〉의 개작인 〈옥중화〉가 활자본으로 간행되어 인기를 끌면서 〈증수춘향전〉, 〈신역별춘향가〉, 〈광한루〉와 같은 〈춘향전〉의 이본들이 여럿 출간되고 〈약산동대〉와 같은 개작본도 등장한다. 〈미인도〉 역시 〈춘향전〉의 대중적 인지도를 염두에 두고 형성된 작품으로 보인다. 이외에도 비극 소설이라는 표제의 설정, 서술의 역전적 제시, 작가의 개입 등의 신소설적 특징도 나타난다.

한편 여주인공의 신분이 기생이 아닌 사족 출신이고 여화위남(女化爲男)이나 남복택서혼(男服擇壻婚)의 모티프가 등장하는 것으로 보아 〈춘향전〉 외의 전대 소설과 관련을 맺고 있을 것으로 추측되며 본고에서는 〈홍백화전〉이라는 새로운 작품과의 영향 관계를 제기하고자 한다. 〈미인도〉는 전대 작품 혹은 당대 소설의 단순한 모방에 그치지 않고 다양한 영향 관계 속에서 새로운 애정소설로 재탄생하여 입지를 굳힌다. 따라서 〈미인도〉의 성립에 영향을 미친 작품이나 〈미인도〉의 변모 양상을 밝히는 일은 시대에 따른 매체의 변화와 새로운 문학 양식의 등장과 관련한 고전소설의 실상을 확인한다는 점에서 의미가 있다.

이에 본 연구는 〈미인도〉가 〈홍백화전〉의 모티프를 변용하여 형성된 작품이라는 것을 밝히고 그 과정에서 나타난 전대 소설로부터의 변모 지점을 구조와 구성 방식, 서술자의 측면에서 살펴보도록 하겠

---

6 이주영, 『구활자본 고전소설 연구』, 월인, 1999, 164면.

다. 또한 회동서관본 〈미인도〉와 후대본인 1952년 세창서관본 〈절세
미인도〉의 관계를 따져보고 이를 통해 1910년대 고전소설로서 〈미인
도〉의 성격을 고찰할 것이다.

2. 〈홍백화전〉과의 상관성

〈미인도〉의 후반부가 〈춘향전〉의 어사 출도 모티프를 수용하였다
는 사실에 입각할 때 전반부 역시 특정 소설의 모티프에서 영향 받았
음을 추측해 볼 수 있다. 그런 이유로 관권에 의한 늑혼 모티프나 남
장 모티프의 유사성에 근거하여 당시 인기를 끌었던 〈이대봉전〉의 영
향을 받았을 것이란 견해[7]가 제시되었다. 공통적인 삽화가 여러 작품
에서 두루 나타나는 현상은 전승적 성격에 기인하는 것[8]으로 작품 간
의 관계를 해명할 때 중요한 증거가 된다. 그러나 늑혼 모티프나 남장
모티프의 경우 〈이대봉전〉에만 나타나는 것은 아니므로 단지 유사한
모티프가 등장한다는 이유만으로 작품 간의 관련성을 논하기에는 다
소 무리가 있어 보인다.

늑혼 모티프나 여화위남 모티프가 〈미인도〉의 기본 모티프이기는
하지만 이 작품만의 고유한 모티프라고 할 수는 없다. 오히려 〈미인
도〉의 변별점은 이 작품의 표제이면서 서사 전개상 모든 등장인물들
을 모이게 하는 제재인 미인도의 설정이다. 이는 고전소설의 우연성
을 벗어난 구성 기법상의 진일보로 평가되면서[9] 〈미인도〉에서 가장

---

7 김현우, 앞의 논문, 2004, 117면.
8 조동일, 『신소설의 문화사적 성격』, 서울대학교출판부, 1973, 50면.

핵심적이고 고유한 설정으로 지적되어 왔다. 영향 관계를 논하기 위해서는 기본 모티프와 고유의 모티프가 함께 나타나는 작품을 찾아야 하는데 늑혼과 여화위남, 남복택서혼, 일부다처혼의 모티프가 등장하며 여주인공의 화상을 그린 족자가 사건 전개의 핵심적인 역할을 하는 소설로는 〈홍백화전〉을 꼽을 수 있다. 다음은 〈홍백화전〉과 〈미인도〉의 줄거리이다.

〈홍백화전〉[10]

1. 명나라 성화(成化)년간에 하남부 낙양현에 사는 계동영과 순경화는 친구이자 동서지간. 그들의 자녀인 계일지와 순직소는 외모가 유사하며 순직소 모친의 유언으로 어린 시절 정혼함.
2. 계동영이 일지와 직소를 혼인케 하고자 하나 혼인이 차일피일되고 일지와 직소는 부용헌에서 결연을 맹세함.
3. 당대의 권력가 여승상의 아들 여방언이 미색을 구하자 매파가 직소를 추천함.
4. 순경화가 직소에게 혼인을 설득하나 직소는 일지와의 결연을 지키려함. 순경화는 여승상의 권력이 두려워 고민에 빠짐.
5. 일지는 순경화가 직소를 여방언에게 시집 보내려한다는 말을 듣고 식음을 폐함. 계동영이 꾸짖어 데리고 절강으로 향함.

---

9 김종철, 앞의 논문, 1991, 38면.

10 본고는 김광순 편, 『김광순소장필사본고소설전집』 50권, 경인문화사, 1994, 131~510면에 영인되어 있는 국문본인 김광순 소장 100장본을 바탕으로 서사를 정리하였다. 〈홍백화전〉의 경우 한문본이 국문본보다 선행한다. 국문본의 경우 한문본의 번역에 충실한 일차 번역 국문본과 개작자의 취향이 반영된 번안에 가까운 이차 번역 국문본으로 나눌 수 있는데 김광순 소장 100장본은 전자에 속한다. 윤세윤, 「〈홍백화전〉 연구」, 성균관대 박사, 2003, 135면. 〈미인도〉에 영향을 미친 〈홍백화전〉의 이본이 구체적으로 무엇인지 알 수 없기에 국문본이 한문본에 비해 후대에 향유되었다는 점, 비교적 원본의 내용이 그대로 드러난다는 점에 입각하여 일차 번역 국문본인 김광순 소장 100장본을 비교 대상으로 삼았다.

6. 일지가 개봉부 옥청관에 이르러 직소를 그리워하여 미인(설유란)을 그린 족자에 시를 지음. 일지의 시를 본 설유란이 일지를 사모하여 시를 덧붙임.

7. 직소와 시비 주씨가 부친의 명으로 황성으로 올라가다가 병이 들어 개봉부 옥청관에 머물게 됨. 시가 적힌 미인도 족자를 보고 여관으로부터 전후 사정을 들음.

8. 여방언이 혼인을 재촉하자 직소는 자신이 일지와 혼인할 가망이 전혀 없음을 알고 과거 시비였던 난지의 집에 머물며 일지와 유란을 연결시켜 주고자 '취양각'이란 시를 지어 의양군주에게 보냄.

9. 직소는 남복 개착하여 의양군주댁으로 가고 설유란은 남복한 직소를 보고 옥청관에서 잠시 본 수재(일지)라고 생각하여 혼인함.

10. 순직소는 정체가 탄로 날까 두려워 과거 시험을 핑계로 의양군주 집을 나옴. 그간의 사정을 적은 편지 2장을 난지에게 남기고는 여방언과의 혼인을 위해 하남으로 감.

11. 일지가 회시에 급제함. 의양군주가 창두를 경사로 보내 일지를 찾아보라고 함.

12. 북흉노가 침입하자 계동영이 평정하고 순경화도 공을 세움. 여승상과 순경화가 여방언과 직소가 아직 혼인하지 않았음을 알고 경사로 불러 혼인시키자고 함.

13. 직소의 편지를 통해 계동영과 설유란이 직소가 남장하여 행했던 일들의 전후 경위를 알게 됨.

14. 설유란이 직소와 함께 계일지를 섬기겠다고 결심함. 설유란이 친분이 있던 대장공주에게 청하여 황제가 부마로 여방언을 선택함.

15. 길일에 계일지, 순직소, 설유란이 경사에서 함께 성혼함.

16. 일가가 화목한 가운데 일지가 칭병하고 고향으로 돌아와 세 사람이 50여년을 해로함.

〈미인도〉

1. 영종대왕 즉위 초 김진사 내외가 40이 넘어 춘영을 낳아 16세에 이름. 전부터 알고 지내던 윤사간이 아들 경렬을 데리고 김진사를 방문함.

2. 김진사와 윤사간이 자녀의 혼인을 약정하고 춘영과 경렬은 사주를 교환한 후 윤사간 내외가 구몰하여 혼인이 연기됨.

3. 전라 병마절도사인 박병사가 김진사에게 춘영과의 혼인을 강권함.

4. 병사의 권력을 두려워한 김진사가 청혼을 받아들이자 춘영이 절개를 지키고자 자결하려고 함.

5. 춘영과 외모가 흡사한 화영이 나타나 대리 자결함.

6. 춘영이 죽은 줄 아는 경렬은 통분하여 억울함을 주달하고자 상경함.

7. 춘영은 남복 변착하고 떠돌다가 검부역말에 사는 방물장사인 황소사의 집에 머물게 됨.

8. 황소사의 딸 장옥심이 남장한 춘영과 혼인을 원하자 춘영이 옥심을 경렬과 연결시켜 주기로 결심하고 혼인함.

9. 정체가 탄로 날까 두려워한 춘영이 공부를 핑계로 유마사에 기거함.

10. 유마사 여승 양산수가 남장한 춘영을 보고 박병사가 전일 부탁한 미인도 족자를 완성함.

11. 족자를 본 박병사가 춘영과 김진사 내외와 장옥심 모녀를 잡아들이라 명하고 춘영은 정부사에게로 도망침.

12. 경렬이 과거에 급제하여 전라 어사가 되어 내려옴.

13. 속았다고 생각한 박병사가 김진사 내외와 장옥심 모녀를 사형시키려 함.

14. 정부사가 나타나 춘영이 살아있음을 알림.

15. 윤어사가 출두하여 박병사를 징치하고 사람들을 구함.

16. 경렬과 춘영이 재회, 혼인하고 장옥심이 경렬의 부실이 되고 화영이 열녀로 인정받음.

17. 박병사를 제주도로 종신안치하고 윤어사의 명망과 벼슬이 날로 높아짐.

  내용이 동일하진 않지만 유사한 모티프에 의해 내용이 전개되는 것을 확인할 수 있다. 권력자에 의한 강압적 구혼은 두 작품에서 거의 비슷하게 나타나고 있다. 기존에 혼인 언약이 있던 상태에서 당대의 권력자가 구혼한다. 남자 주인공은 미천하거나 몰락한 집안으로 인해 별다른 방도를 구하지 못하고 여자 주인공은 혼인 언약을 지키고자 하나 부친에 의해 늑혼이 받아들여진다.

여주인공이 남장하고 다른 여성과 허혼한 후, 남자 주인공과 일부다처혼을 이루는 모티프는 〈홍백화전〉에서 일지와 유사한 외모와 비등한 작시 능력을 가진 직소가 일지를 사모하는 설유란의 마음을 짐작하고 일지로 변장하여 설유란과 일지를 맺어 주려는 것에서 나타난다.

〈미인도〉에서 춘영은 박병사의 늑혼으로부터 벗어나기 위해 남장을 하고 장옥심이 그녀를 사모하여 결연이 이루어진다. 남장으로 맺어진 여인이 여주인공의 조력자로 기능하고 남장으로 인해 세 사람이 모두 결연을 맺게 된다는 점이 유사하다.

여승이 그린 여주인공의 화상이 사건 전개에서 핵심적인 역할을 하는 미인도 모티프는 많은 부분 달라졌다. 〈홍백화전〉의 경우 그림을 잘 그리는 여관이 법사에 참여한 설유란의 용모를 보고 감탄하여 미인도를 그리게 된다. 우연히 옥청관에 머문 일지가 미인도를 보고 직소를 그리워하며 시를 쓴다. 설유란은 지나는 길에 얼핏 일지를 보고 인물과 능력에 반해 그를 연모하게 된다.

〈미인도〉에서는 유마사에 머문 남장 여인 춘영을 보고 그림을 잘 그리는 여승이 전일 박병사에게 부탁받은 족자를 완성하고자 몰래 미인도를 그린다. 족자를 본 박병사는 춘영과 가족들을 잡아들이라 명하고 이로 인해 모든 사람이 한 자리에 모이는 계기가 마련된다. 족자의 형성 과정이나 인물들을 매개하는 족자의 기능은 두 작품이 유사하지만 〈미인도〉에서 족자는 춘영의 생존 사실을 노출하고 등장인물들을 한자리로 모아 작품의 극적 전환을 마련하는 것으로 역할이 확대되어 있다.

이상의 주요 모티프 외에도 세부적인 설정에서 두 작품의 상관관계를 재차 확인할 수 있다. 본인들의 의지에 앞서 양가 부모가 혼인을 결정한다거나, 외모가 흡사한 두 사람이 복장 전환을 통해 위기를 극복하는 이야기의 설정이 동일하다. 또한 옥심이 춘영에게 구혼하는 과정에서 한시를 주고받는 부분은 〈홍백화전〉에서 설유란과 직소가 자신들이 동침하지 않는 이유를 시로 문답하는 장면과 매우 흡사하다.

〈홍백화전〉은 18세기 이전에 출현한 것으로 알려진, 청춘남녀의 결연을 소재로 한 애정소설이다. 한문본과 국문본을 합쳐 30여종의 이본을 가졌으며 한문본이 선행한다. 문학적 가치가 그리 높지는 않지만 사랑이 실현되기까지의 갈등과 화해의 과정이 아기자기하면서도 흥미진진하게 엮어져 있어 오랜 기간 인기가 있었던 작품이다. 필사기를 가진 1898년의 이본이 존재하고 구활자본으로도 간행되었던 것으로 보아 19세기 후반에서 20세기 초까지 활발히 유통되고 향유되었다.[11] 1914년 동미서사에서 발행된 〈부용헌〉은 〈홍백화전〉의 개작으로 밝혀졌으며 활자본의 출간 목록에 의하면 〈홍백화전〉이 〈홍백화〉란 제명으로 출판되었던 것을 확인할 수 있다.[12]

회동서관은 애정지연담을 중심으로 하는 애정소설을 중점적으로 발간하였으며 1911년 출간한 신소설 〈추월색〉의 인기에 힘입어 출판

---

11 최윤희, 「〈홍백화전〉 연구의 쟁점과 과제」, 우쾌제 외, 『고소설 연구사』, 월인, 2002, 685~690면.

12 〈부용헌〉은 시공간적 배경과 인물의 내용만 다를 뿐, 문체, 내용구성, 서사구조 면에서 〈홍백화전〉과 별반 차이가 없기에 신소설이 아닌 개작본임을 밝히고 있다. 차충환, 「〈강상월〉과 〈부용헌〉 : 고소설의 개작본」, 『인문학연구』 제6호, 경희대 인문학연구소, 2002, 50~52면.

상으로 자리 잡게 된다.[13] 이에 인기 있는 차기작을 모색해야 하는 부
담감이 생기게 되었을 것이고 전대 고전소설 중 인기를 끌 만한 〈홍백
화전〉과 당시 최고의 인기를 구가하던 〈춘향전〉을 기반으로 새로운
작품을 출간하게 된 것이다. 대중적 인기를 고려해야 하는 출판업자
의 입장에서 아기자기한 재미를 가진 애정소설 〈홍백화전〉의 모티프
와 〈춘향전〉의 극적 결말을 수용하고 변형, 조합한 것이 〈미인도〉 형
성의 기반이 된 것으로 보인다.

3. 〈미인도〉의 전대 소설 수용과 변모 양상

1) 혼사 장애로 인한 여성 수난의 강조와 반복

〈미인도〉는 혼사 장애의 갈등 구조를 바탕으로 한 애정소설이다.
혼사 장애 주지는 문학 양식의 확장에 따라 형태적 내용적 굴절을 일
으키는데 고전소설에서는 '장애 유발→분리와 시련→귀환과 혼사 확
인'까지의 진행 과정을 중심으로 기본형, 발전형, 복합형의 유형으로
나누어진다.[14] 〈미인도〉의 경우, 혼사 장애의 순환이 수차에 걸쳐 반
복되면서 이야기가 발전되는 복합형에 속한다. 그러나 전대 애정 소
설에 비해 〈미인도〉는 혼사 장애로 인한 여성과 그녀의 여성 조력자
들의 수난에 서사의 초점이 놓여 있다는 것이 특징이다.

〈미인도〉의 서두는 춘영과 같은 귀동녀가 남복을 변착하고 깊고 험

---

13 엄태웅, 「회동서관의 활자본 고전소설 간행 양상」, 『한국고소설학회』 29집, 한국고소
설학회, 2010, 495면.
14 이상택, 「낙선재본소설 연구(Ⅰ)」, 『한국소설문학의 탐구』, 일조각, 1978, 152면.

한 유마사 승방에서 외로이 지내고 있는 상황[15]을 제시하고 그 연유를 묻는 것에서 시작된다. 신소설의 역전 기법으로 제시된 작품의 서두 는 서사의 중심 사건이 춘영의 수난과 관련되어 있음을 제시하는 역 할을 한다. 춘영과 경렬의 혼인은 당사자의 자유의지가 아닌 양쪽 부 모의 언약으로 간단히 이루어진다. 당일 면대한 두 사람은 사주를 교 환하고 혼인 날짜를 정하지만 윤사간 내외의 갑작스런 구몰로 혼인은 지연된다. 시간적으로나 논리적으로 결연 과정이 이처럼 소략한 것은 애정소설에서 흔치 않은 점이라 할 수 있다. 이는 춘영의 수난에 서사 의 초점을 두고 그 직접적 원인인 박병사의 늑탈을 전면에 등장시키 기 위해서이다.

박병사의 강권으로 인해 춘영의 수난은 시작되고 순차적으로 거듭 된다. 그 구체적인 내용은 박병사의 강제 혼인 요구, 조력자인 황소사 의 딸이 연모하여 남장 사실이 밝혀질 위험, 유마사의 여승이 춘영을 미남자로 오인하고 미인도를 그려 생존 여부가 발각된 상황, 불량배 로 인한 봉욕 위기 등이다. 앞 사건의 해소 방안이 뒤에 오는 사건을 일으키는데 영향을 미치긴 하지만 각 사건들은 직접적인 관련성이 없 는 개별적인 이야기라 할 수 있다. 그럼에도 독립적이고 불연속적인 사건들은 '여주인공이 겪는 수난과 해소'라는 점에서 주제적이고 구조 적인 유사성이 있다. 이러한 반복은 독자들의 친숙감과 흥미를 유발 시키는 동시에 일정한 단위의 구조적 리듬감을 느끼게 하는 효과[16]를

---

15 전라도 동복 유마사 후원 별당안에 칙상을 의지ᄒᆞ야 조을고 잇는 엇더ᄒᆞᆫ 이팔공ᄌᆞ의 겨우든 쇠잔ᄒᆞᆫ 꿈을 놀너여 ᄭᆡ얏더라 〈중략〉 자고로 군ᄌᆞ슉녀 쵸년 명운이 틱반 괴험ᄒᆞᆷ은 가쟝 면키 어려운 일이나 그러나 이갓ᄒᆞᆫ 귀독녀로 남복을 변착ᄒᆞ고 깁고 깁흔 유마산 승방에서 이와 ᄀᆞᆺ치 외로운 셰월을 보ᄂᆡ다가 이지경에 이르럿스니 츈영 소져의 지나오ᄂᆞᆫ 력사를 드러보지 못ᄒᆞᆫ 사ᄅᆞᆷ은 의심이 적지 아니 ᄒᆞ리로다(101~102면)

가져와 춘영의 수난 서사가 완성된다.

그러나 첫 번째 수난은 열녀의 신의를 지키려는 개인의 의지와 관권의 폭압이 대립되면서 발생한다. 반면 후자는 폭압으로부터 도피하여 정체성이 밝혀지는 위기와 관련된다는 점에서 양자의 작자 의식과 인물 형상은 차이를 갖는다. 박병사의 늑혼 요구는 춘영의 열에 대한 가치 지향과 갈등을 초래한다. 이것이 춘영에게는 관권의 폭압으로 인한 수난이 되고 강권에 대항할 방도를 찾지 못한 춘영은 죽음을 선택하지만 화영의 대리 자결로 목숨을 건진다. 여주인공이 절개를 지키는 과정에서 자결을 결심하면서도 매번 구출되는 것은 대개 서사 전개상의 이유에 따른 것이라 할 수 있다. 또한 여종이 주인을 대신하여 희생하는 화소도 새로운 것은 아니다. 그러나 종이 자신의 절개를 지키기 위해 자결하는 것은 〈미인도〉에서 새롭게 설정된 부분이다.

> 화영은 십오세에 화슌으로 출가ᄒ얏더니 화영도 쏘흔 명운이 긔험ᄒ야 그 남편이 이세상에 다시 도라오지 못하는 멀고 먼 황텬길을 힝ᄒᆞᆫ지라 화영은 청상에 과부가 되야 추우츈풍과 화조월셕에 눈물을 ᄲᅢ리고 일편고셩으로 송쥭 갓흔 졀기를 직혀 오든터이라 〈중략〉 소졔 가군을 사별하고 근근히 지니오더니 마참 본읍 현령이 ᄂᆞ의 소문을 듯고 잉쳡을 삼고자 ᄒᆞ야 뉘 스룸을 보니여 달니옵기로 거리칙지ᄒᆞ야 보니엿더니 현령이 진로ᄒᆞ고 나를 모홈에 너어 관부에 잡아다가 관비의 일홈을 박고 수쳥들나 ᄒᆞ옵기로 거짓 허락ᄒᆞ고 마음을 농친 후에 즉시 죽끼로 결심ᄒᆞ온 즉[17]

---

16 이상택, 「〈보월빙연작〉의 구조적 반복원리」, 이수봉 외, 『한국가문소설연구논총』, 경인문화사, 1992, 307면.
17 회동서관본, 앞의 책, 118면. 띄어쓰기는 인용자가 임의로 하였다. 앞으로 인용면수는 본문에 표기한다.

화영은 춘영의 모친인 홍씨 부인이 출가할 때 데리고 온 몸종의 딸로 춘영과 하루 차이로 태어나 얼굴과 음성이 흡사한 인물이다. 김진사가 속량하여 화순으로 시집갔다가 청상과부가 되었는데 화영이 춘영을 대신하여 죽으려는 이유는 화순현령으로부터 절개를 지키기 위해서이다. 선후관계를 따지자면 화영은 춘영을 대신해 죽는 것이 아니라 이미 절개를 지키기 위해 죽으려는 의지를 가지고 있었던 것이 되는데 춘영의 수난이 해소되는 과정에서 굳이 화영의 삽화를 첨가하고 결말부에 화영의 행동을 열녀로 칭하는 것[18]은 화순현령이나 박병사와 같은 관권의 폭압을 강조하고 그에 대한 저항을 의미화하려는 작자 의식과의 관련으로 보아야 한다.

한편 화영의 대리 자결은 박병사나 주변 인물들로부터 춘영의 생존 사실을 은폐하는 서사 전개상의 역할을 하고 박병사와의 직접적인 갈등은 종결된다. 이후에 발생하는 고난들은 남장한 여성이 집을 떠나 흔히 겪게 되는 흥미 위주의 사건들이다. 자신의 뜻이 아닌 화영의 권유로[19] 도망했기에 열녀 춘영은 단호했던 의지를 잃고 부당한 권력에 희생당한 피해자의 모습으로 변모한다. 여성이 남장을 하고 집을 떠나고 그 과정에서 성적 정체성이 발각되는 위험에 처하게 되는 이러한 설정은, 독자는 인물의 정체를 알지만 인물들은 알지 못하는 구도를 형성함으로써 독자의 몰입도를 증가시키는 역할을 한다. 〈미인도〉에

---

18 교ㅈ속에 그 쇼져 혈셔가 잇셧는디 그 혈셔인 즉 부모 양위의게 부탁ㅎ는 뜻으로 다만 만고 열녀 윤경렬지쳐 김춘영지구라 명졍에 써 달나는 부탁인고로 그 부모는 죽은 쌀의 부탁디로 그와 ㄱ치 명졍에 쓰고 삼일장을 지녀엿는디 묘ㅎ에도 비를 셰워 널녀춘영지묘라 ㅎ얏는디 허다흔 스룸이 모다 동졍을 표ㅎ야 슯히 눈물을 쑤리더이다(130면)
19 형은 지금으로 남복을 변착ㅎ고 즉시 몸을 피ㅎ야 목숨을 보죤ㅎ얏다가 윤공ㅈ를 차자 셩젼에 흔을 풀고 원수를 갑게 ㅎ옵소셔(119면)

서 남장한 사실이 밝혀진다는 것은 은폐된 생존 사실이 밝혀지는 것과
도 관련되므로 독자의 긴장감은 더욱 극대화되는 효과를 가진다.

2) 모티프의 수용과 독립적 삽화로의 형상화

〈홍백화전〉 및 〈춘향전〉과 관련지어 본다면 열녀, 늑혼, 미인을 그
린 족자, 일부다처, 여화위남, 현몽에 의한 위기 탈출, 암행어사의 출
현 등의 모티프가 〈미인도〉 창작의 기반이 되었음을 알 수 있다. 이들
중 대개의 것들은 대중 독자들에게 낯설지 않은 모티프로 〈홍백화전〉
과 〈춘향전〉 외에도 여러 설화나 고전소설, 신소설에도 두루 등장한
다. 따라서 특정 모티프에 기반하였다고 해도 그것을 어떤 내용으로
구체화하고 어떠한 방식으로 구성하였는지가 〈미인도〉의 독자적인
의미를 드러내 줄 수 있다.

〈미인도〉에서는 각각의 모티프를 특정 인물과 구체적 사건, 실재하
는 지역적 공간[20]을 통해 형상화하고 있다. 구체적인 내용을 요약하면
화순 지역에 사는 청상과부 화영이 지방 현령의 수청 요구에 죽음으로
자결하여 열녀로 칭송받는 이야기, 검부역 마을에 사는 방물장수의
딸 장옥심이 춘영을 남자로 오해하여 전라 병사에게 갖은 수난을 당한
후 전라 어사와 혼인하게 되는 이야기, 동복 유마사에 양산수라 불리
는 그림을 잘 그리는 여승이 있어 미남자를 상대로 미인도를 그려 전

---

20 〈미인도〉는 순천을 정점으로 하여 그 주변의 화순, 동복, 강진, 광양 등이 주요 무대
공간으로 설정되어 있으며 그 외에도 삼산, 주암, 신전, 학구, 압록진 등 순천 주변의
크고 작은 지명이 상세히 언급되고 있다. 뿐만 아니라 검부역말과 유마사는 화순 지역에
위치하는 실제 지명이다. 경일남, 「미인도의 인물대립양상과 의미」, 『어문연구』제30집,
어문연구학회, 1998, 36면.

라 병사에게 전해 준 이야기, 광양에 사는 권위 있는 양반인 정부사가 우여곡절 끝에 손자와 손부를 만나는 이야기, 노성의 윤경렬이 정혼자의 죽음에 억원함을 상소하기 위해 상경하였다가 암행어사가 된 이야기 등이다. 삽화가 부연되고 첨가되기 때문에 작품 전체 분량에 비해 등장인물과 발생 사건이 많고 공간의 이동이 빈번해진다.

이로 인해 다양한 서사적 특징이 나타나게 되는데 대표적으로 보조인물들의 위상 변화와 복합적 구성 방식을 꼽을 수 있다. 우선, 보조인물들은 전체 서사에서 춘영의 조력자이지만 독립적 삽화에서는 중심인물이 되고 있는데 화영과 옥심의 경우가 특히 그러하다.

[A] 화영을 숣혀보니 비록 단장은 아니ᄒᆞ고 병중에 잇스ᄂᆞ 화용월티가 션연작약ᄒᆞ야 만당추수에 일타부용이 반기ᄒᆞ야 묽은 향니를 토ᄒᆞ며 흙비를 먹음은 듯ᄒᆞ고 삼오양소에 일륜명월이 부운에 가리여 묽은 광치를 감초ᄂᆞ 듯ᄒᆞ야 도화양협은 춘식이 무르록고 팔ᄌᆞ춘산은 렬렬ᄒᆞᆫ 긔운을 씌엿스니 진짓 텬향국식이라(120면)

[B] 그 랑ᄌᆞ는 별 스롬이 아니라 주인 로파의 ᄯᅡᆯ 옥심이라 연광은 당금 십팔셰요 얼골이 텬하졀식이라 십오셰에 부친을 여희고 모친을 위로ᄒᆞ며 지ᄂᆞ앗스니 처음 듯ᄂᆞ스롬은 아못 것도 비우지 못ᄒᆞ얏스리라 싱각ᄒᆞ지마ᄂᆞ 옥심 랑지 칠셰브텨 부친의게 학문을 공부ᄒᆞ야 총명이 문일지십ᄒᆞ더니 십셰젼에 ᄂᆞ칙과 렬녀젼 소학 등을 통달ᄒᆞ고 십오셰에 칠셔를 릉통ᄒᆞ얏ᄂᆞᆫ디 옥심 랑지의 아름다온 틱도와 ᄭᅩᆺ다온 일홈이 ᄌᆞ연 원근에 랑ᄌᆞ홈은 맛치 아름다온 작약이 잡풀 속에 감초어 잇스ᄂᆞ 그 향니는 감초지 못홈과 ᄀᆞ치 소문이 ᄎᆞᄎᆞ 전파되야 청혼ᄒᆞᄂᆞᆫ지 ᄭᅳᆫ이지 아니ᄒᆞᄂᆞ(125면)

[C] 병사는 사모관디를 차리고 례셕에 이르럿스ᄂᆞ 신부는 종시 긔동치 아니ᄒᆞ고 신응고통ᄒᆞᄂᆞ 소리 ᄲᅮᆫ이로다 〈중략〉 화영이 목 안에 음성으로 겨

우 ᄒᆞᄂᆞᆫ 말이 류례라 ᄒᆞᄂᆞᆫ 것이 한낫 례졀에 지ᄂᆞ지 못ᄒᆞ니 젹당ᄒᆞᆫ 사괴잇셔 례졀을 감당치 아니ᄒᆞᆫ들 무슨 큰 허물이라 ᄒᆞ며 ᄯᅩᄒᆞᆫ 오날 시집감이 ᄲᅥᆺ々ᄒᆞᆫ 졍도가 아니어든 무슨 낫으로 여러 빈긱의 가온ᄃᆡ 례를 ᄒᆡᆼᄒᆞ리오 (120면)

[D] 춘영 소져의 혼인 거역ᄒᆞᄂᆞᆫ 일이 국가에 무슴 관계 잇ᄉᆞ오며 법률의 무슨 져촉이 되엿ᄂᆞ닛가 일긔인의 일에 지ᄂᆞ지 못ᄒᆞᆯᄲᅮᆫ 아니라 만고에 렬졀을 포장홈이 올커놀 〈중략〉 소녀가 지금 고ᄒᆞᄂᆞᆫ 말솜이 병사도를 위ᄒᆞ고 빅셩을 위ᄒᆞᄂᆞᆫ 츙고이오니 오월에 셔리가 ᄲᅮ리는 원한을 짓게 마르시고 죄업는 빅셩을 속히 살녀 보ᄂᆞ소셔 이와 갓치 폭포슈가 ᄶᅥ러지듯 일시도 쉬지 아니ᄒᆞ고 폭빅ᄒᆞᄂᆞᆫ도다 문밧게 구경ᄒᆞ든 남녀로소는 모다 혀를 휘휘ᄂᆡ두르며 좌우에 나졸들도 정신업시 간담이 셔늘ᄒᆞ고(158~159면)

[A]와 [B]는 화영과 옥심의 외모에 대한 묘사와 설명이고 [C]와 [D]는 그녀들이 박병사와 대립하는 부분이다. 비록 시비와 소사의 딸이지만 그 타고난 외모는 춘영과 다를 바가 없고 능력과 강단에 있어서는 그보다 우월하다. 속량된 노비인 화영은 15세에 화순으로 시집을 갔으나 상부하고 절개를 지키기 위해 자결하는데 인용문에서는 박병사의 무례함을 지적하고 있다. 옥심은 7세부터 학문을 배워 총명이 문일지십하고 아름다운 자태로 혼인 요청이 끊이지 않지만 홀어머니에 대한 효를 다하고자 혼처를 거절하는 인물로 박병사의 폭압에도 굴하지 않고 춘영의 정당함을 옹호하여 주위 사람들을 놀라게 하고 있다. 이들은 각자가 지향하는 가치를 실현하고 있다는 점에서 단순한 조력자에 그치지 않는다. 또한 반동 인물인 박병사와 직접적으로 대립하며 갈등을 형성한다는 점에서도 낯선 유형의 보조 인물이라 할 수 있다.

다음으로 전대 소설의 모티프를 기반으로 형성된 독립적 삽화들은 여자 주인공 춘영의 수난이라는 중심 서사에 삽입되어 있다. 그런 이유로 춘영은 순천, 검부역 마을, 동복, 광양, 순천으로 이동하며 고난을 겪는다. 공간의 이동에 따른 구성이라 해도 순차적으로 전개되지 않고 사건의 시간적 선후를 뒤바꾸는 역전과 위기를 유발한 요인이 행복의 계기가 되는 반전 기법을 통해 구성상의 진일보를 이루고 있으며 이는 다양한 삽화가 첨가된 결과이다.

기존 모티프를 구체화하여 중심 사건에 삽입하는 방식은 서사의 확장을 가져올 수 있으며 독립적인 삽화를 읽는 재미를 독자에게 줄 수 있다.[21] 그럼에도 불구하고 발생 사건이 많아졌기 때문에 사건 위주로 서사가 진행되어 깊이 있는 묘사나 인물들의 내적 갈등이 적실하게 드러나지 못하게 된다. 또한 삽입된 삽화의 충돌로 억지스러운 상황[22]이 연출된다거나 인물들의 역할이 분명하게 드러나지 못하는 한계를 보이고 있다.

3) 서술자의 역할 증대와 개입 강화

〈미인도〉에서는 서술자의 역할이 증대되어 개입이 빈번하게 나타나고 서술의 성격도 다변화된다. 이러한 서술자 개입은 독자의 정서 및 흥미 유도, 상황 설명, 서사 부연 등의 일반적인 것에서부터 서술자의 교술적 주장에 이르기까지 다양한 형태로 나타난다.

---

21 〈홍백화전〉의 경우 염정소설의 기본 구조에 또 한 번 기본 순차구조를 포함시키고 있다. 순차구조의 확장은 소설 수요의 증가가 직접적인 원인이 되었을 것이다. 정종대, 「염정소설 구조의 역사적 변천」, 성오소재영교수환력기념논총간행위원회 편, 『고소설사의 제문제』, 집문당, 1993, 312면.

22 예를 들면 남장한 춘영과 혼인한 옥심은 춘영이 여자로 밝혀진 후 경렬과 혼인하게 되는데 이로 인해 경렬과 옥심은 생면부지인 채로 혼인을 하게 된다.

춘영소져의 마음은 얼마느 비창ᄒ얏스며 소져를 ᄒ번 리별ᄒ면 싱젼에 다시 보지 못ᄒ올 화영의 마음과 소져도 싱별ᄒ고 화영도 사별ᄒ게 되ᄂ 계향의 마음이 얼마나 창망ᄒ엿스리오(119쪽)

이것을 싱각ᄒ야 볼진디 황쇼ᄉ집 두 방안에 각각 잇ᄂ 졀디가인 춘영 옥심 두 쇼져ᄂ 쳡쳡 수심이 심즁에 가득ᄒ것마ᄂ(126쪽)

슯흐다 김진ᄉ 니외ᄂ 빅슈 풍진에 ᄯᆯ을 일코 ᄌ진ᄒ야 지니더니 쳔만 몽ᄆ에 이 지경을 당ᄒ엿스니 엇지 아니 한심ᄒᆯ가(146쪽)

'비극 소설 미인도'라는 표제가 밝혀 주듯 이 작품은 부당한 권력에 희생당하는 여성의 수난을 강조하고 있는데 그 과정에서 등장인물과 상황에 대한 독자의 공감과 슬픈 정서를 유도하려는 서술자의 개입이 나타난다. 인물들의 고난의 상황을 제시할 때 '슬프다'는 감탄사를 덧 붙이는 것은 물론 독자로 하여금 등장인물의 심리를 반추하게 만드는 '마음이 얼마나 창망하였을까, 이런 상황을 생각해 보면~수심이 가득 하고, 이 지경이니~어찌 아니 한심할까'와 같은 표현을 확인할 수 있 다. 한편 독자의 궁금증을 유발하여 특정 상황을 설명하는 부분에서 도 서술자의 개입이 나타난다.

이ᄂᆯ 밤에 쳔만ᄯᅳᆺ밧게 소져의 침방에 이르러 소져를 구원홈은 무ᄉᆷ연 고인고(118쪽)

이 소년은 별ᄉ롬이 아니라 이작 고인ᄒ야 황텬긱이 되어잇ᄂ 윤ᄉ간 의 무민독신 귀공자요 병영 옥즁에서 명지 경각ᄒ야 잇ᄂ 김진ᄉ의 셔랑 이오 정부ᄉ집 뒤방에서 이원체참으로 탄식ᄒᄂ 춘영 소져의 빅년가우 윤 경녈이로다(153쪽)

〈미인도〉에는 많은 사건이 복합적으로 일어나기 있기 때문에 예측하기 어려운 상황이 종종 발생한다. 예를 들면 춘영이 자살하려는 순간 갑자기 한 여인이 등장한다거나 춘영의 무덤 앞에서 뜻밖의 남자가 울고 있는 등의 인용문과 같은 상황들이다. 이러한 경우에도 서술자가 개입하여 상황을 설명해 주는데 춘영이 자결하던 밤, 찾아온 한 여인의 사연에 대해 궁금증을 갖게 한 뒤 화영의 사연을 설명하는 식으로 독자의 흥미를 돋우고 있다. 한 소년이 무덤 앞에서 오열하는 장면을 설명한 뒤 다른 인물들과의 관계를 들어 장황하게 그가 경렬임을 알려주는 것도 독자의 재미를 고려한 것으로 보인다.

특징적인 것은 서술자의 주장이나 판단이 인물의 것으로 표출되어 서사 전개의 합리성이 희생되고 있다는 점이다.

> 근릭됴션에도 문명이 진보되고 풍조가 유신흔 이후로 신공긔를 흡슈ᄒ고 신지식이 셤부흔 가인지ᄌ는 신혼식을 주창ᄒ야 남녀가 셔로 보고 면혼홈이 종종 잇스나 아즉도 구습을 지혁지 못흔 인ᄉ는 면혼홈이 례의를 손상흔다 ᄒ야 비소홈이 젹지 아니ᄒ나 이셰상을 흔번도라볼지ᄂ디 다만 교활흔 미파의 감언리셜만 신텽ᄒ고 남혼녀가를 경솔이 힝ᄒ다가 필경은 오월비상의 함원ᄒ는 일이 이로 손까락을 꼽아 혜아리기 어렵도다 그럼으로 고인도 조곰 지혜잇는 명문더가에셔는 지금의 신혼식과 갓치 셔로 보고 면혼홈이 종종 잇셧더라 그런 고로 김진ᄉ집 혼인 면약은 김진ᄉ 니외와 윤ᄉ간만 그 ᄉ외와 며느리될 신인을 보앗슬뿐 아니라 신랑 신부 ᄭ지 셔로 보고 모다 만족흔 마음으로 이갓치 면약ᄒ얏스니 빅년을 가기로 무슨 유감이 츄호나 숨기리오(107쪽)

이는 김춘영과 윤경렬이 만난 당일 사주단자를 교환하게 된 이유를 쓴 부분으로 서술자는 두 사람의 혼인을 신혼식으로 새롭게 설정했다. 인용문을 분석하면 근대 조선의 풍습 변화로 인한 신지식인들의 면혼 소개와 매파를 통한 구혼의 폐단 비판, 지혜 있는 옛사람인 김진사와 윤사간의 덕으로 인한 경렬과 춘영의 신혼식, 두 사람의 혼인에 대한 만족감으로 이루어져 있다. 이 과정에서 문명이 진보되고 풍조가 유신한 근래 조선의 면혼에 대한 사실적 상황과 김진사 집의 혼인이라는 허구적 상황이 혼합되는 양상을 보이고 있다. 당대의 혼인 풍습에 대한 서술자의 주장을 강하게 드러내면서 이를 서사 세계로 연결하여 신혼식이라는 상황을 설정하여 독자를 설득하고 있는 것이다.

그런데 진보적인 정혼 과정이 설정되면서 처음 본 춘영과 경렬은 만나자마자 혼인을 하게 된다. 두 남녀의 애정과 결연이라는 부분이 생략되고 있기에 이 혼인에 대한 만족스러움은 서술자의 판단이라 할 수 있다. 서술자의 판단이 주인공의 생각과 동일시되면서 정작 인물의 심정이나 상황, 서사적 맥락은 고려되지 않고 있다. 서사 세계를 장악하는 서술자의 영향력이 커지면서 독자의 정서나 공감, 흥미나 궁금증을 유도하는 것은 물론 독자를 자신의 해석이나 주장으로 끌어들이고 교육하려는 작가의 지향이 드러나고 있음을 알 수 있다.

4. 세창서관본 〈절세미인도〉와의 관계

선행 연구에 의하면 〈미인도〉의 후대본으로는 1956년 3월 대조사에서 간행한 〈절세미인도〉가 있는데 이는 1972년 9월 향민사에서 똑같은 내용으로 재간행 된다. 1956년에 발행된 국문활자본 〈절세미인도〉는 회동서관본 〈미인도〉와 비교할 때 서술 구조의 면에서 상당한 차이를

보이고 있으며 신소설적 수법이 가미된 회동서관본 〈미인도〉보다 후대
의 대조사본 〈절세미인도〉가 고전소설적 요소가 훨씬 강하게 드러나고
있는 것[23]으로 알려져 있다. 신소설의 영향을 받은 작품들이 다시 고전
소설적 성격을 지닌 작품으로 재탄생되거나 고전소설이 신소설로 개작
되는 영향 관계는 근대 초 소설사에서 그리 낯선 현상은 아니다.[24]

그런데 필자의 조사 결과, 후대에 간행된 〈미인도〉는 이 두 권 외에도
단기4285년(1952년) 12월 30일 세창서관에서 간행된 것과 1964년 10월
31일 향민사본이 존재하고 있는 것을 확인했다.[25] 특히 1952년 세창서관

---

23 김귀석 소장본 〈절세미인도〉, 대조사, 1956년 3월 30일, 간행, 총 47면, 국문활자본.
강전섭 소장본 〈절세미인도〉, 향민사, 1972년 9월 15일 간행, 총 47면, 국문활자본.
1956년 대조사본 〈절세미인도〉는 제목, 시간적 배경(숙종 말), 공간적 배경(서울 자하
골), 인명(이옥경, 김성용, 주선영 등) 등이 달라졌다. 신소설의 기법인 역전적 서두를
고전소설의 순차적 전개로 바꾸어 고전소설적 요소를 강화하였기에 후대적 이본이 원작보
다 고전소설다운 성격을 갖추고 있다. 김귀석, 앞의 논문, 2002, 5면. 김귀석이 밝힌
1956년 발행된 대조사본의 서두는 다음과 같다.
　숙종 말 정종 영조 초에 서울 자하골(지금 자하문 밖)에 사는 이성진이라 하는 사람은
누대명문거족으로 집안도 넉넉하고 일찍 벼슬하여 참판에 이르렀으나 한갓 자손이 없어
한탄하더니 사십이 넘어서야 겨우 딸 하나를 두었는데 쥐면 꺼질가 불면 날가 금지옥엽같
이 남의 열 아들 부럽지 않게 길렀더니 열 살이 넘어 얼굴이 절묘하고 총명이 보통사람에
뛰어나 집안일과 열녀전을 무불통지하니 이참판 내외 더욱 귀여워하며 이름을 옥경이라
하고 사윗감을 고르기를 은근히 근심하더라
　(대조사본 〈절세미인도〉, 1956)
24 국문필사본 〈보심록〉은 1912년 신소설 〈금낭이산〉으로 간행되었다가 1918년에는 다
시 구활자본 고소설인 〈명사십리〉로 재탄생한다. 차충환, 김진영, 「고소설 〈보심록〉 계열
의 형성 과정과 그 사적 의미」, 『동양학』, 제47집, 단국대 동양학연구소, 2010, 49~67면.
25

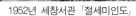

　　　　1952년 세창서관 「절세미인도」　　　　　　1964년 향민사 「절세미인도」
고물블로그 http://soslarmeo.blog.me/60174444824

본 〈절세미인도〉의 경우 1956년 대조사본과 몇 가지 차이를 보이기에 그 양상을 밝히고 회동서관본 〈미인도〉와의 관계를 밝히고자 한다.

우선 세창서관본 〈절세미인도〉는 제목, 배경, 인명, 지명 등이 달라졌다. 표제의 경우 〈비극 소설 미인도〉에서 〈절세미인도〉로 변모했다. 인물들의 이름이 윤경렬 : 김성용, 김춘영 : 이옥경, 황소사의 딸 장옥심 : 장소사의 딸 주선영, 화영 : 화선, 양법사(양산수) : 안법사(안여수)로 바뀌었다. 공간적 배경이 전라도에서 서울과 경기도로 변했고 여주인공의 은신처도 동복 유마사에서 수원 용주사로 달라졌다. 공간적 배경이 경기도로 바뀌었기에 전라 어사는 경기 어사로 바뀌고 경렬이 전라도로 내려오는 과정에서의 노정기[26]가 사라졌다. 그러나 시간적 배경은 영조 대왕 즉위 초로 변하지 않았다.

서두의 경우 배경 묘사 부분이 축소되었지만[27] 서술적 역전 기법은

---

26 회동서관본 〈미인도〉의 노정기 부분은 다음과 같다.

어시 즉시 셔리 즁방 쳥비역졸을 지휘ᄒ야 젼라도로 발힝홀시 남더문 밧 너달아 동작강 얼는 건너 슈원 와서 슉소ᄒ고 썩젼거리 요긔 후에 진위 역마 가라 타고 광졍 궁원 얼는 지나 공쥬 금강 얼는건너 산셩 드러 슉소ᄒ고 로셩을 당도하니 이곳은 어스의 고튁이라 션산에 소분ᄒ고 부모 양위 묘하에 통곡지빈훈 년후에 다시 길을 직쵹ᄒ야 론산 강경을 당도하니 이곳셔 젼라도 쵸읍이 지쳑이오 쏘훈 길이 두 가지라 함열 임피 김계 만경으로 가면 박병스 잇는 곳은 큰길이오 여산 젼쥬 임실 남원으로 가면 김진스집을 가는 탄탄더로라 분ᄒ고 급훈 마음을 ᄒ면 바로 병영에 츌도ᄒ고 박병스를 봉고파직 후에 김진스의 한을 풀고 김소져의 원슈를 갑흘 마음이 불연 듯 ᄒ것만은 기간에 김진스가 귀인ᄒ든 ᄯᅩ을 일코 이통하야지닉는가 마음이 죠급ᄒ야 셔리 역졸을 단속ᄒ야 약속을 졍훈 후에 다 각기 분별ᄒ야 병영으로 보닉고

어스는 모양을 변착ᄒ야 걸인의 모양으로 촌촌젼진ᄒ야 관쟝의 치부리촤 만민의 션악질고를 녁녁히 념문ᄒ며 여러늘만에 슝산을 당도하니 이곳은 슌텬 쵸입이라 쥬암쟝과 쌍암쟝을 지닉고 두평 신젼을 당도ᄒ니 이곳에서 동부원이 지쳑이라 고스를 싱각ᄒ니 슳은 심회가 교집ᄒ야(154~155면)

27 세창서관본 〈절세미인도〉와의 비교를 위해 회동서관본 〈미인도〉의 서두를 인용한다.

슬슬훈 가을 바롬은 미화 가지 아릭 셔리 긔별을 젼ᄒ고 체쳬훈 셩긴 비방울은 단풍 입스귀를 물드리ᄂ던 어졔ᄀᆞ치 무셩ᄒ던 만산초목이 일시에 번화훈 홍치를 이러바리고

그대로 나타나고 있다.

> 추구월십오일밤 만뢰는 구적하고 월색은 반공에 놉히 소삿는데 짝을
> 일코 울고가는 외기럭이 소리에 수원룡주사(水原龍珠寺) 후원 별당 안에
> 책상을 의지하야 조을고잇는 엇더한 공자의 겨우 잠든 쇠간한 꿈을 깨엇
> 스니 그의 나희는 금년 십팔세쯤 되엇다
> 　그 공자는 팔자 아미를 찡그리며 입맛을 적 다시다가 속으로 혼자 탄식
> 하기를
> 　이것이 왼일인가 아모리 생각하야도 반드시 내 몸에 리롭지 못할 증조
> 로다 〈하략〉28

작품의 서두가 순차적 전개가 아닌 서술적 역전 양상을 보이는 것은
신소설의 특징적 기법으로 1910년대 고전소설에 자주 등장하고 있기에
서두의 변모는 선행 연구에서 후대본 〈절세미인도〉가 회동서관본 〈미인
도〉보다 더 고전소설다운 성격을 갖추고 있다는 증거가 되었으나 1952년
세창서관본 〈절세미인도〉의 경우 그러한 변모가 발견되지 않았다.

본문의 내용은 회동서관본 〈미인도〉와 거의 유사했으나 윤경렬이
등장하는 작품 후반부는 생략된 내용이 많이 발견되었다. 특징적인
것은 암행어사 출도 장면과 어사 출도 후 죄인들의 반응을 "엇지 다
기록할 수 잇스랴."로 소략하게 제시한 것인데 사라진 부분은 다음과
같다.

모다 황량소쇄흔 빗을 씌여잇고 추구월십오일 자야반이라 만뢰는 구젹ᄒᆞ고 월식은 만공산
흔듸 뎐이만리에 짝을일코 울고가는 외기럭이 소리가 젼라도 동복 유마사 후원 별당안에
칙상을 의지ᄒᆞ야 조을고 잇는 엇더흔 이팔공ᄌᆞ의 겨우든 쇠잔흔 꿈을 놀니여 씨얏더라
(101면)

28 세창서관 국문 활자본, 〈절세미인도〉, 1952, 1면, 띄어쓰기는 인용자가 임의로 한
것이다.

잇떠에 박병스는 역적죄인이나 죽일듯이 좌긔를 차리고 남장되에서 좌긔을ᄒ엿는되 중게에는 이십스 집스가 드러셔셔 군쳥치를 손에들고 명금이ᄒ되취타를부르며 급창형리 쳥령소리 산악을진동ᄒ고 긔치창검은 남장되 너른뜰에 팔공산 초목갓치 빈틈업시 버려셔고 삼빅명 나졸등은 쥬장곤장 들너집고 젼후로 느러셧다 당상을 바라보니 위풍 잇는 박병사는 호피도듬 안셕ᄒ야 흔가온되 젼좌ᄒ고 좌편에는 중군이오 우편에는 령장이라 각방비장 옹위ᄒ고 육방관속 시위ᄒ야 위풍이 늠ᄼᄒ고 호령은 추상이라 졀엄흔 슈정픠를 좌우에 버려셰고 빅모황월과 룡졍이봉긔는 일월을 희롱한다 방포일셩에 고각이 진동터니 죄슈를 자바드려 뜰압헤안쳐놋코 각기다짐밧은후에 사형되에 올려안쳐 검광을 춤추니
읇흐다 김진사는 홍시를 붓잡고 가련흔 옥심랑자는 황소스를부여잡고 졍신은 비월ᄒ며 혼빅은 상뎐이라 병스 또 분부ᄒ되 죵소리 셰번 나거든 일시에 쳐참ᄒ라(160쪽)

김진사 내외와 장낭자 모녀의 사형날, 동헌 마당의 모습을 나타난 부분이다. 24명의 집사가 군령채를 들고 급창과 형리의 명령 받드는 소리가 산악을 울리며 군대의 깃발, 창, 칼이 빽빽하고 300명의 나졸들이 곤장을 잡고 앞뒤로 늘어서 있다. 왼쪽에는 중군이 오른쪽에는 영장이, 각방 비장이 옹위하고 육방 관속 시위하는 가운데 흰색 모자에 황금 도끼, 가마를 탄 전라 병사가 늠름한 위풍으로 추상같은 호령을 한다. 푸른 봉황이 그려진 의장기의 기세가 해와 달을 압도할 정도이고 총(대포)을 쏘는 것을 신호로 북과 피리 소리가 진동한다. 세 번째 총소리가 울리면 일시에 사형이 집행되는 것으로 이는 사람 넷을 처벌하려는 형장의 풍경이라기보다 흡사 전쟁에 어울릴 법한 위협적인 광경이다.

〈춘향전〉의 어사 출도는 춘향의 수난에 대한 극복과 보상이란 점에

서 의미를 가진다. 따라서 변학도의 생일연이 암행어사 출도를 신호로 하여 그지없이 즐거운 축제가 되는 것은 희극적 구조의 특징과 관련된다.[29] 그런 이유로 〈춘향전〉에서는 변학도의 생일연의 화려함과 어사 출도의 흥겨움이 장면화를 이룬다. 그러나 〈미인도〉에서 윤경렬은 박병사의 위세와 폭정이 극대화되는 장면에서 어사 출도를 감행한다. 기존의 어사 출도에서는 보기 힘든 1910년대 〈미인도〉 만의 장면 설정이라 할 수 있다. 다음으로 사라진 곳은 박병사가 결박된 후 폭압에서 해방된 사람들의 반응이 나타난 부분이다.

> 남쟝더에 모혀잇는 모든 사롬의 마음은 모다 제각금 회포와 소원을 싸라 비회와 우락이 셔로 교집흔다
> 김진스 닉외와 윤어스 가삼에 첩첩이 싸여잇는 묵은 근심과 시격졍이 고질되야 잇는 신구격체와 갓치 막혀잇든 주먹 갓흔 불덩이가 청심보명단이느 만이먹은 것 ズ치 답답흔 가슴이 슬슬 풀리여 졍신이 상쾌ᄒ야 싱젼을 스라도 이ズ치 상쾌흔 일은 다시 어더보기 어려올 모양이라 금시에 울고잇든 얼골빗이 깃거운낫으로 우슴빗을 씌여잇고
> 황쇼스 모녀는 어둔 밤에 길을 힁ᄒ다가 깁푼 물에 싸지여 몸은 물속에 잠기여 발이 싸에 닷지 아니ᄒ더 간신이 언덕에 풀을 더우잡앗쓰나 풀쑤리가 약ᄒ야 졈々 쓴어져가는더 문득 동편에 명월이 교교ᄒ며 은인을 맛나 손을 잡고 구원흔 것ズ치 꿈결 ズ흔 마음에 졍신이 암암ᄒ고 졍부스는 밋친긔에 쏫겨가다가 스싱이 경각에 달녓는더 다힝이 궁시를가진 스람을 맛느 밋친긔를 싸려잡고 자긔 목숨이 스라는 것갓치 흔숨을 후-쉬며 발덕어리는 마음이 아즉도 안심치못흔 모양이오
> 구경ᄒ든 복셩들은 쳥련빅일에 흑운이 편만ᄒ며 뢰셩벽녁이 텬지를 흔드러 모다 졍신을 일코 발을 멈추며 눈이 둥그리지고 몸을 의탁홀 곳이

29 김병국, 「춘향전의 문학성에 관한 비평적 접근 시론」, 김병국 외 편, 『춘향전 어떻게 읽을 것인가』, 박이정, 1993. 53면.

업다가 명랑흔 바룸이 흑운을 쓰러바리고 청뎐빅일에 정신이 상쾌흔 것
갓치 다시 정신으로 활동ᄒᆞᄂᆞᆫ 모양이오 〈중략〉
　옥중에 갓쳐잇든 모든 죄슈들은 궁항셜리에 치위를 견디지 못ᄒᆞ야 황냥
흔 초목이 셰우 동풍에 양츈셰계를 맛ᄂᆞᆫ듯 쳥츈셰계에 활동ᄒᆞᄂᆞᆫ 장관이라
　못은 사롬의 마음이 각각 이와ᄀᆞᆺ치 변ᄒᆞ야졋는데 슈운이 만쳔ᄒᆞ든 검
은 구름은 웃는 낫과ᄀᆞᆺ치 쳥풍을모라 일시에 좃ᄎᆞ바리고 명낭흔 뎐긔를
일우럿더라(164~165면)

　회동서관본 〈미인도〉는 폭압에서 벗어난 사람들의 반응이 상당히
길고 구체적으로 서술되어 있다. 김진사 내외와 윤어사, 황소사 모녀
와 정부사 등 박병사와 개인적인 갈등을 겪고 있던 인물은 물론 구경
하던 백성들마저 맑은 하늘을 가득 채운 검은 구름과 천지를 흔드는
뇌성벽력 같았던 박병사로부터 벗어남에 상쾌한 기분을 되찾는다. 황
량한 초목에 내리던 비가 비로소 그치고 햇살을 맞이하는 듯 모든 백
성에게 명랑한 하늘의 기운이 이루어진다. 전라 병사의 억압을 벗어
난 모든 사람들의 심리 상태에 대한 장황한 서술은 출도담의 가장 큰
목적이 전라 병사의 극적 징치에 있음을 단적으로 보여준다. 〈미인
도〉에서는 근대 초기 봉건 지배층에 대한 극적 징치라는 작가 의식이
어사 출도 모티프를 수용하는 배경이 된다. 〈춘향전〉과 구별되는 이
러한 장면들은 반봉건이라는 시대적 과제로 인해 근대 초기 고전소설
인 〈미인도〉에서 더욱 강화되어 나타나고 있는 것이다.
　세창서관본 〈절세미인도〉에서 변화하고 사라진 부분을 통해 그 의
미를 살펴보면 〈춘향전〉의 대중적 인지도를 인식하여 형성되었던
1910년대 고전소설 〈미인도〉는 시대적 성격으로 인해 조선 후기 탐관
오리의 악행이 그 시대 전반의 일로 확대되고 폭정의 강도 역시 강화

되어 반봉건이라는 시대적 과제에 동참하였다. 그러나 1950년대 소설인 〈절세미인도〉는 〈춘향전〉의 대중적 인기가 전대에 미치지 못하였으며 반봉건이라는 시대적 맥락이 사라진 후이므로 〈춘향전〉을 연상시키는 부분들이 변모하고 시대적 성격을 나타내는 부분들이 생략됨으로써 독립적인 〈미인도〉의 서사를 지향하여 〈절세미인도〉가 간행된 것이다.

5. 결론

이 글은 1910년대 고전소설을 독자 중심의 대중적인 텍스트, 신소설 및 번안 소설 등과 교섭하고 경쟁하는 혼종적 상호 텍스트로 파악하였다. 이러한 특징이 1913년 출판된 회동서관본 〈미인도〉에서 구체적으로 어떻게 드러나고 있는지를 살펴보았다.

〈미인도〉는 1913년에서 1924년까지 총 8판이 인쇄될 정도로 소설독자의 기대에 부응했던 작품이다. 근대 초 〈옥중화〉의 인기에 힘입어 〈춘향전〉이 큰 인기를 끌게 되는데 〈미인도〉도 그 중 하나이다. 그러나 기녀를 주인공으로 하지 않는다는 점에서 〈춘향전〉과는 다른 양상을 보인 작품이라 할 수 있다. 기존의 애정소설을 활용하면서 문학적, 시대적 변화에 부응했던 고전소설로 파악할 수 있을 것이다. 물론 그 시도나 형상화의 정도가 성공적이라 평가할 수는 없을 것 같지만 고전소설이 시대적 변화로 인해 소멸되고 역사화 되기만 한 것이아니라 기존에 이룩한 자기 기반을 바탕으로 새로운 변화를 모색하던바 있었음을 보여 주는 증거가 될 것이다.

〈미인도〉는 〈춘향전〉 뿐만 아니라 애정소설 〈홍백화전〉의 모티프를 활용하여 창작된 것으로 추측된다. 고전소설 독자의 취향을 고려하면서도 새로운 의미를 담고자 한 셈인데 사족 신분의 여인을 주인공으로 설정하였다는 점에서 〈춘향전〉의 신분 문제로부터 거리를 두고 있다. 대신 혼사 장애를 통한 여성의 수난이 강조되어 있으며 여주인공의 봉건적 가치 지향이 부당한 권력인 탐관오리에 의해 좌절된다. 그러나 여주인공의 의지가 보조 인물로 인해 대변되면서 여성 수난 서사는 남복으로 인한 흥미담 위주로 바뀐다.

전대 소설의 개별 모티프들은 구체적인 공간과 보조 인물과 결합하여 독립적인 삽화를 형성하고 이로 인해 독자의 흥미와 공감을 이끄는 효과가 있었지만 주제의 구현이나 서사 전개의 통일성이 저해된 문제점도 발견된다. 마지막으로 〈미인도〉는 서술자의 개입이 전대 소설에 비해 두드러지는데 이는 독자의 반응을 유도하는 것에서부터 작자의 의견을 밝히는 것까지 다양하게 드러난다. 이른바 서술자의 서사 장악력이 극대화된 소설로 보인다. 1952년 세창서관본 〈절세미인도〉는 1913년 회동서관본 〈미인도〉에서 〈춘향전〉의 영향력이 많은 부분 사라지는데 이는 〈미인도〉가 〈춘향전〉의 인기에 편승하여 반봉건의 주제를 실현하고자 했던 작품임을 방증한다.

2부

번역과 전파,
장르와 매체의 변화

〈춘향전〉 초기 번역본의
변모 양상과 의미

– 내부와 외부의 시각 차이

전상욱 /숙명여자대학교

1. 들어가는 말

고소설 번역의 역사에서 〈춘향전〉이 차지하는 위치는 지대하다. 한문이 아닌 외국어로 가장 일찍 번역된 작품도 〈춘향전〉이고, 현재까지 가장 여러 차례 번역된 작품도 〈춘향전〉이다. 19세기 후반부터 〈춘향전〉은 조선의 특성을 가장 잘 드러내는 작품으로 외국인들에게 인식되었고, 광복 이후에는 우리 문화를 외국에 알리기 가장 적당한 작품으로 〈춘향전〉이 선택되었다. 그러나 번역된 〈춘향전〉의 모습은 다양하고 변화무쌍하다. 번역을 위해 제공된 텍스트나 작품 정보의 차이에 따라, 또는 외국인 번역자의 작품 이해의 수준에 따라, 그리고 번역의 의도와 방향에 따라 결과물은 상당한 차이를 보이게 된다.

이러한 차이는 사실 외국어가 아닌 우리말로 새로운 이본이 만들어지는 과정에도 마찬가지이다. 〈남원고사〉나 경판 〈춘향전〉이 주류를 이루었던 시대에서 완판 84장본 〈열녀춘향수절가〉나 이해조의 〈옥중화〉가 나타나는 시대로의 변화는 〈춘향전〉의 역사에서 크나큰 분기점이고, 그 변화의 결과로 나타난 새로운 이본들은 이전 작품들과 많은 차별성을 보이게 된다. 우리나라 사람에 의해서 한글(또는 한문)로 표기된 〈춘향전〉을 통해 이 작품을 인식했던 내부의 시각을 확인할 수 있다면, 외국어 번역본을 통해서는 외부의 시각을 확인할 수 있다. 내부의 시각에서이든 외부의 시각에서이든, 이런 변화의 기저에는 〈춘향전〉에 대한 새롭고 흥미로운 상상력이 바탕이 된다고 볼 수 있고, 이 상상력의 총합이 결국 〈춘향전〉의 외연을 형성하게 된다.

20세기 이전에 외국어로 번역된 〈춘향전〉을 초기 번역본으로 지칭할 수 있다면, 이 초기 번역본들에서는 〈춘향전〉에 대한 제약과 구속이 상대적으로 미약했던, 또는 진지한 학문적·예술적 의도를 가지고 접근하기 이전 시대의 자유로운 상상력을 가늠해 볼 수 있다. 작품에 대한 불충분한 정보와 지식으로 말미암아 의도적·비의도적 오류가 나타나는 경우도 있지만, 어쨌든 조선 또는 한국에서는 미처 생각하지 못했던 〈춘향전〉에 대한 새로운 착상을 살펴보기에는 초기 번역본이 효과적이라고 할 수 있다.

〈춘향전〉 초기 번역본이 본격적으로 연구의 대상으로 자리잡은 것은 그리 오래되지 않았다. 외국에서 출판된 경우가 대부분이어서 번역 작품에 대한 정보가 국내 학계에 도달하기까지 시간이 오래 걸린 데다가, 외국어로 표기된 텍스트를 제대로 이해하는 데에도 어려움이 있었다. 최근 세계화를 지향하는 학문 연구의 분위기 속에서 〈춘향전〉을 비롯한 고소설의 외국어 번역본들에 대한 새로운 작품들이 발굴·정리되고, 이에 대한 연구도 축적되고 있다. 그러나 아직도 텍스트에 대한 면밀한 독해를 바탕으로 한 본격적인 접근에는 미흡한 측

면이 있는 듯하고, 기존의 국문본들과의 관련성을 폭넓게 파악하는
데에도 일정한 한계가 있는 듯하다.

이 글은 〈춘향전〉 번역본 가운데 20세기 이전에 출판된 초기 번역
본들을 대상으로 번역의 대본을 추정하여 양자의 비교를 통해 변모양
상을 정리하고, 그러한 변모와 지향이 표상하는 의미를 살펴보는 데
에 목적을 두고자 한다.

2. 초기 번역본 개관

20세기 이전에 외국어로 번역된 〈춘향전〉은 현재까지 모두 4종이
알려져 있다.

① 鷄林情話 春香傳
半井桃水, 『大阪朝日新聞』 1882.6.25.~7.23.

② Chun Yang – The Faithful Dancing-girl Wife
H.N. Allen, *Korean Tales – Being a Collection of Stories Translated
from the Korean Folk Lore*, New York & London: G.P. Putnam's
Sons, the Knickerbocker press, 1889.

③ *Printemps Parfumé*
J.-H. Rosny, Paris: E. Dentu editeur, 1892.

④ Chun Yang Ye – Die Treue Tänzerin
H.G. Arnous, *Korea – Märchen und Legenden nebst einer Einleitung
über Land und Leute, Sitten und Gebräuche Koreas*, Leipzig: Verlag

von Wilhelm Friedrich, 1892(추정).[1]

1) 鷄林情話 春香傳

〈계림정화 춘향전〉(이하 〈일역본〉으로 약칭)은 나카라이 도스이(半井桃水, 1861~1926)에 의해 일본어로 번역된 작품으로, 『오사카 아사히신문』에 1882년 6월 25일부터 7월 23일까지 20회로 나뉘어 연재되었다. 나카라이는 일본의 근대 대중소설 작가로, 여류소설가 히구치 이치요(樋口一葉)의 스승으로도 유명하다. 〈일역본〉을 연재할 당시 나카라이는 21세로 아직 소설가로서 이름을 떨치기 전이었는데, 쓰시마에서 태어나고 어린 시절에 아버지를 따라 부산(왜관)에 살았던 경험이 있었으며, 신문에 연재할 당시 오사카 아사히신문사의 부산통신원이었다는 경력이 조선과 〈춘향전〉에 대한 관심을 불러일으킨 직접적인 원인이 되었을 것으로 보인다. 나카라이는 서문에서 "최근에 조선의 사랑 이야기를 다룬 소책자를 입수하였는데, 이것은 조선의 풍토와 인정을 대체적으로 이해하기에 충분하고 오늘날 조선과의 통상무역을 원활하게 하는 데 있어 무엇보다 필요하다고 생각되므로 번역"[2]을

---

1 아르노우스의 책에는 출판연도가 표기되어 있지 않은 듯하다. 경인문화사에서 2001년에 영인출판한 '근세 동아세아 서양어 자료총서'에 아르노우스의 이 책이 포함되어 있는데, 이 영인본에도 책의 출판연도를 알 수 있는 어떤 숫자도 나타나지 않는다. 그러나 구자균(1963) 등 초기 연구에서부터 이 책의 출판연도를 1893년으로 언급해 왔기 때문에 그동안 그대로 따랐으나, 아르노우스 책의 본문 내용 중 '지금의 왕조는 이씨 성의 젊은 장군(이성계)이 왕씨 왕조를 전복하여 세운 나라로 창건된 지 501년이 되었다'(Die jetzige Dynastie besteht seit 501 Jahr und ist auf einen jungen Krieger mit Namen Ye zurückzuführen, welcher die Wang-Dynastie stürzte. p.4)라는 구절이 있고, 알렌의 책(1889년)에는 '현재의 왕조는 498년 동안 이어져 왔다'(The present Dynasty has existed 498 years. p.11)고 되어 있는 것을 보면 두 책의 출판연도에 3년의 차이가 나는 것일 수도 있다. 이렇게 되면 아르노우스의 책은 1892년에 출판된 셈이다.

한다는 번역의 의도를 밝히고 있다.

〈일역본〉은 번역의 대본이 된 국문본을 명확히 밝혀낼 수 있는 작품이다. 작품의 서두가 이도령에 대한 서술부터 시작되고, 춘향의 신분이 기생으로 설정되어 있으며, 불망기나 신물교환 화소가 나타나고 황릉묘 몽유가 나타나지 않는 것은 서울에서 유통되었던 세책 계열이나 경판 계열 이본의 전형적인 특징이다. 여기에 사랑 대목 중 '인'자 타령의 가사 중 "천리타향봉고인(千里他鄕逢故人)"이라는 구절이 들어 있고, 어사출도 대목에서 "적의원님(현감)"이 포함되어 있는 것은 경판 30장본이 유일하기 때문에 〈일역본〉의 번역 대본은 경판 30장본으로 확정할 수 있는 것이다.[3]

〈일역본〉은 경판 30장본을 대본으로 직역(直譯)[4], 의역(意譯), 초역 (抄譯)을 적절히 섞어가면서 신문 연재 분량에 맞게 20회로 분절하여 번역을 하였다. 여기에 번역자 나카라이의 개성적인 변형까지 추가되어 독특한 양상을 띠는 부분도 적지 않다. 〈영역본〉, 〈불역본〉과 비교해 볼 때, 직역의 결과로 볼 수 있는 부분의 비중이 상대적으로 높은

---

2 박상득 역, 「계림정화 춘향전」, 『고소설연구』 17, 한국고소설학회, 2004, 358면. 〈일역본〉은 『고소설연구』 17집에 신뢰할 수 있는 원문과 번역이 수록되어 있으므로, 이하 〈일역본〉을 인용할 때에는 이 자료를 이용하고 면수만 밝히기로 한다.

3 〈일역본〉의 번역 대본에 대한 자세한 고찰은 니시오카(1992), 김신중 외(2003), 전상욱(2011) 등에서 이루어졌다. 한편 최근 이용수 외(2011), 이용수 외(2012) 등에서 〈일역본〉이 경판 30장본과 함께 완판 84장본에서 부분적으로 영향을 받았다는 논지를 폈는데, 완판 84장본은 〈일역본〉이 나온 1882년보다 더 나중에 생성된 것으로 일반적으로 논의되고 있다는 점에서 설득력을 얻기 힘들어 보인다. 또한 나카라이가 두 종의 〈춘향전〉 텍스트를 놓고 번역을 진행했다고 생각하기도 어렵다.

4 여기서 '직역'이라는 말은 작품 전체 범위를 대상으로 행문과 표현까지 그대로 번역하는 완역이라는 의미가 아니라 특정한 단위 장면을 대상으로 최대한 충실하게 번역한다는 의미로 사용한다.

데, 이는 한국어와 일본어가 한자를 사용하는 비중이 높은 동일한 언어 관습을 지녔다는 점과 관계가 있는 듯하다.

> 이당령(이도령)은 가슴 설레는 이러한 봄날의 풍경에 심취하여 방자를 불러 이르기를, "이 고장에 명승지가 많다는 것은 익히 들어 알고 있다만 그 중에서 가장 뛰어난 곳이 어디냐?" 하였다 방자가 "평양의 부벽루, 해주의 매월당, 진주의 촉석루, 강릉의 경포대, 양양의 낙산사, 고성의 삼일포, 통천의 총석정, 삼척의 죽서루, 평해의 월송정 등이 모두 명승지라 할 수 있지만, 조선 팔도에 소강남으로 소문이 자자한 남원의 광한루야말로 명승지 중의 명승지라고 할 수 있습지요." (359면)

〈일역본〉의 방자의 명승지풀이 장면인데, 경판 30장본의 '울진 망양정, 간성 청간정' 등을 제외했을 뿐 대본을 거의 그대로 직역했음을 알 수 있다. 이 외에도 그네 타는 춘향의 정체를 확인하기 위한 금옥사설, 첫날밤 사랑 장면에서의 비점가와 성교사설, '인'자 타령, '연'자 타령, 신관 노정기, 남원 한량들의 위로, 봉사의 음행 및 점괘 사설, 어사의 금준미주 시 등이 경판 30장본과 거의 유사하게 번역되고 있는 것을 보면, 〈일역본〉이 기본적으로 직역에 준하는 번역 태도와 무관하지 않음을 알 수 있다. 이러한 대목은 알렌이나 로니가 거의 이해할 수 없었거나 번역 조력자의 도움으로 이해할 수 있게 되었더라도 그 독특한 표현을 그대로 살려서 번역할 필요성을 느끼지 못했을 가능성이 높다. 또한 나카라이의 경력을 통해서 알 수 있듯이 알렌이나 로니보다 상대적으로 높은 수준의 한국어 및 한국문화에 대한 이해를 갖추고 있었다는 점도 직역을 추구할 수 있었던 이유가 될 것이다.

그러나 전체 20회 중 14회 이후부터는 의역 및 초역의 비중이 점점 높아진다는 점에서 번역의 일관성이 전·후반부에서 차이를 보인다.

2) Chun Yang

Chun Yang(이하 〈영역본〉으로 약칭)은 미국인 선교사이자 외교관인 알렌(H.N. Allen, 1858~1932)에 의해 영어로 번역된 작품으로, 1889년 미국 뉴욕에서 출판된 *Korean Tales － Being a Collection of Stories Translated from the Korean Folk Lore*라는 책에 수록되어 있다. 이 책에는 〈춘향전〉 외에도 〈백학선전〉, 〈흥부전〉, 〈심청전〉, 〈홍길동전〉 등 고소설과 설화도 영역되어 있다. 알렌은 이 책의 서문에서 한국인이 반미개인이라는 상당히 널리 퍼져있는 잘못된 인상을 고치기 위해서 그들의 생각, 삶, 풍속 등을 잘 드러낼 수 있는 작품들을 번역했다는 번역의 의도를 표방하고 있다.

〈영역본〉은 일찍이 구자균(1963)에 의하여 검토되면서 경판본 계통의 이본을 대상으로 번역되었을 것이라는 추정이 있었고, 그후 이별 대목에서 신물교환 중간에 〈황계사〉를 활용한 이별가가 나타나고, 파경몽 단락이 춘향의 하옥에 바로 이어져서 나타난다는 점 등을 근거로 경판본 가운데 경판 30장본 계통의 이본이 대본이 되었을 것이라는 논의가 있었다.[5] 그런데 텍스트를 좀더 꼼꼼히 살펴보니 경판 30장본이 아닌 경판 23장본이나 그 이후에 나온 경판본이 번역의 대본이 되었던 것 같다.

---

5 사성구·전상욱, 「춘향전 이본연구에 대한 반성적 고찰」, 『춘향전 연구의 방향과 과제』, 국학자료원, 2004, 186면.

잔에 술을 따르면서 춘향이 이도령에게 노래를 불러주었다. "이 술은
젊음의 묘약이라. 이것을 마시면 늙지 않을 것이요, 천년이 지나더라도
당신은 변하지 않는 산처럼 그대로 유지될 것이네." 잔에 담긴 술의 절반
쯤을 마시고 그는 그녀의 감미로운 목소리를 칭찬하면서 또 다른 노래를
요청했다. 그녀가 노래 불렀다. "그래도 된다면 잔에 담긴 술을 마셔버리
세. 무덤에 들어가면 누가 우리에게 술을 가져다 주리? 젊었을 때 놀고
보세. 늙어지면 즐거움은 걱정으로 바뀔 것이라. 꽃은 단지 며칠 동안만
활짝 핀 다음 시들어버리고 씨앗이 생긴다네. 달은 차오르자마자 기울기
시작하고 초승달이 떠오르는 법이라네."[6]

놀랍게도 아직 성에 차지 않았는지 그는 다른 손님들이 모두 술을 마실
때 예쁜 기생이 권주가를 불러주는 것처럼 자기도 그렇게 대접해 달라고
말했다. 손님들은 이러한 상황이 매우 즐거워서 사또에게 한 명을 보내주
라고 했다. 한 기생이 예의 없는 태도로 가서 이렇게 말했다. "당신의 꼴
을 보면 목구멍에 기름칠 할 노래가 없어도 그 불쌍한 구멍 속으로 술이
잘만 넘어갈 것이라고 사람들은 생각할 것이오." 그리고 그에게 오래 살
지 말고 일찍 죽었으면 좋겠다는 내용의 노래를 불러주었다.[7]

---

6   Pouring out a cup, she sang to him : "This is the elixir of youth ; drinking
this, may you never grow old ; though ten thousand years pass over your head,
may you stand like the mountain that never changes." He drank half of the cup's
contents, and praised her sweet voice, asking for another song. She sang : "Let
us drain the cup while we may. In the grave who will be our cup-bearer. While
we are young let us play. When old, mirth gives place to care. The flowers can
bloom but a few days at best, and must then die, that the seed may be born.
The moon is no sooner full than it begins to wane, that the young moon may
rise." H.N. Allen, *Korean Tales*, p.128.

7   To the surprise of all, the fellow seemed still discontented, for he claimed
that, as the other guests each had a fair gee sang to sing a wine song while they
drank, he should be treated likewise. This amused the guests immensely, and they
got the master to send one. Rhe girl went with a poor grace, however, saying
: "One would think from the looks of you that your poor throat would open to
the wine without a song to oil it," and sang him a song that wished him speedy

앞의 인용문은 〈영역본〉의 사랑 대목에서 춘향이 이도령에게 술대접을 하면서 권주가를 부르는 장면이고, 뒤의 것은 신관 생일잔치에서 거지차림의 어사에게 어떤 기생이 마지못해 권주가를 부르는 장면이다. 춘향의 권주가는 경판본과 비교해 볼 때 다소 의역되었다고 볼 수 있고, 기생의 권주가는 노래가사가 직접 드러나지 않게 일반서술로 처리되었지만, 표현된 내용을 통해 각 경판본들과의 친연성을 추정해 볼 수 있다.

춘향권주가의 '꽃'과 '달'의 비유는 경판 23장본의 "노세 졀머 노세 늘거지면 못 노느니 화무십일홍이요 달도 초면 기우느니 인싱이 일쟝 츈몽이니 아니 놀구"(7b)라는 가사와 관련성이 깊어 보인다. 경판 30장본의 춘향권주가에는 꽃과 달이 나타나지 않는다. 한편, 기생권주가는 거지 이도령이 오래 살지 말고 일찍 죽었으면 좋겠다는 저주의 내용인데, 경판 23장본의 "드리셰오 드리셰오 이 술 흔 잔 드리셰오 이 술 흔 잔 움킈시면 흐오리다 눈정걸치"(21a)라는 가사와 관계가 있다. 경판 30장본에는 마지 못해 노래를 부르는 상황은 똑같지만 권주가의 가사는 "이 슐 흔 잔 즈부시면 천만년이느 스오리이다 … 이 슐이 슐이 아니라 한무졔 승노반의 이슬 바든 거시오니 쓰나 다나 즈부시오"(26a)처럼 저주의 내용이 아닌 일반적인 권주가의 가사를 따르고 있다. 이상의 두 권주가 가사를 통해 볼 때 〈영역본〉은 경판 30장본이 아니라 경판 23장본 또는 그 이하본을 대본으로 기본적인 번역이 이루어졌다고 보는 것이 더 타당할 듯하다.[8]

---

death instead of long life. pp.148~149.

8 경판 23장본 이후에 생성된 20장본, 17장본, 16장본에서의 권주가도 23장본과 크게 다르지 않기 때문에 현재로서는 더 구체적으로 번역의 대본을 확정하기는 힘들다.

알렌도 나카라이와 마찬가지로 기본적으로 대본의 내용에 충실하려는 의도를 가지고 있었다. 이는 로니의 번역 태도와 크게 차이를 보이는 지점이다. 봄날의 외로움을 느끼는 이도령의 심정, 그네를 타는 춘향에 대한 묘사, 광한루에서의 만남에서 이도령이 춘향에게 나이와 생년월일시를 물어보는 장면, 불망기를 포함한 전후 장면, 신물교환 장면, 춘향을 잡으러 간 군노사령이 술대접을 받고 신관에게 횡설수설하는 장면 등에서 〈영역본〉이 번역의 대본인 경판 23장본의 내용을 충실하게 따르려는 의도를 읽을 수 있다.

알렌은 1884년 9월에 미국 공사관의 의사 자격으로 조선에 입국했다가 그해 12월 갑신정변(甲申政變)의 와중에 명성황후의 조카 민영익을 치료해 준 공로로 1885년 광혜원(廣惠院)을 건립하기도 했다. 그후 1887년 워싱턴 주재 한국공사관의 고문 역할을 수행하기 위해 미국에 돌아가게 되는데, 미국에서 머물던 1889년에 Korean Tales라는 책을 출판하게 된다. 조선에서 체류했던 3년 정도의 기간 동안 알렌이 어느 정도 한국어 능력을 갖추었는지는 정확히 알 수 없으나 구자균(1963)은 '한국어의 실력은 결코 경판본을 내려 읽을 만한 것이 물론 되지 못'한다고 평가하였다. 이러한 견해를 신뢰할 수 있다면 알렌은 주위의 조력자의 도움을 받아서 번역 작업을 수행했을 터인데, 조력자가 제공한 정보의 진실성과 이 정보를 알렌이 수용할 수 있는 능력도 〈영역본〉의 번역 수준을 결정하는 요인으로 작용했을 것이다. 어쨌든 결과적으로 〈영역본〉은 번역 대본의 범위를 넘어서지 않으려는 의도를 가지고 있었으나 번역자의 한계와 번역 태도[9]로 말미암아 직역보다는

---

9   이상현(2012)에서는 알렌이 문학작품을 번역하는 태도가 아닌, 설화 또는 민족지를 번역하려는 지평을 가지고 있었기 때문이라고 보았다.

의역과 초역을 중심으로 번역이 진행되었다고 볼 수 있다. 〈일역본〉
에 비해서 직역의 비중은 줄어들었지만, 번역 대본의 범위를 넘어서
는 변형된 화소나 내용 역시 훨씬 줄어든 모습을 보이고 있는 것이
알렌의 〈영역본〉이다.

3) *Printemps Parfumé*

Printemps Parfumé(이하 〈불역본〉으로 약칭)은 로니(J.-H. Rosny)가
홍종우(洪鍾宇, 1854~?)의 도움을 받아서 프랑스어로 번역한 작품으
로, 1892년 파리의 당뛰 출판사에서 대중문고판인 기욤소총서(Petite
Collection Guillaume)의 하나로 간행되었다. 로니는 벨기에 태생의 프
랑스 소설가 보엑스(Boex) 형제가 공동으로 사용했던 필명인데, 형인
Joseph Henri Honoré Boex(1856~1940)가 번역했을 것으로 추정하고
있다. 로니는 한국어를 알지 못했기 때문에 번역에는 조력자가 필요
했는데, 당시 파리에 유학하고 있으면서 기메 박물관에서 책을 분류
하는 일을 하고 있던 홍종우가 그 역할을 담당했다. 〈불역본〉의 서문
에서 로니는 "우리는 프랑스에 온 이 나라의 유일한 지식인의 도움을
받아 한국어 원전에 의한 번역을 독자에게 소개할 수 있게 된 것을
기쁘게 생각한다."고 하여 홍종우의 도움을 받고 구체적인 텍스트를
원전으로 삼아 번역했음을 밝혔다. 또 다른 글에서 "그랑 오귀스탱 거
리의 작은 호텔방에서 홍종우 씨는 춘향이의 감미로운 노래를 들려주
었다. 그의 노래와 번역에서는 묘한 매력이 느껴졌다."[10]고 했으나, 홍

---

10 로니, 「(한국의 문인이 본) 한국의 풍속」, 『라 드뷔 블루』, 1893.7.8. (프레데릭 불레스
텍스(2001) 136면에서 재인용)

종우 역시 프랑스어에 능통하지 못했고, 파리에 체류한 기간이 2년 7개월 정도밖에 되지 않았기 때문에 두 사람은 직접적으로 의사소통을 할 수는 없었을 것이고, 일본인 통역이 있었을 것으로 추정된다.

의사소통의 문제로 인하여 로니의 번역 작업은 나카라이나 알렌의 작업에 비하여 훨씬 힘이 많이 들었을 것이다. 로니가 조선의 문화와 문학에 대하여 먼저 관심을 가지고 접근한 것이 아니고, 대중문고본으로 기획되어 출판된 작품이기 때문에 여러 가지 제약 또한 있었을 것이다. 이러한 여러 조건들로 인해서 〈불역본〉은 직역되어 있는 부분을 거의 찾을 수 없고, 의역 및 초역 위주로 되어 있으며, 〈춘향전〉의 핵심적인 설정을 바꾸는 등 파격적인 번안작품으로 변신했다.

옛날 전라도 지방 남형이란 고을에 이등이라는 이름의 관리가 있었는데, 그에게는 이도령이란 16살 된 아들이 하나 있었다. 이도령은 그 지방에서 가장 뛰어난 문장가 중의 한 사람이었고, 매일 공부를 하면서 성장해 나갔다.

어느 날 아침, 맑고 쾌청한 날씨에 태양은 빛나고 있었다. 바람은 나무 속에서 부드럽게 속삭이며 잎을 흔들어 그 잎의 그림자가 땅 위에 흔들리게 하고 있었고, 새들은 서로를 부르며 나뭇가지 사이를 날아다니면서 가지 위에서 목소리를 합쳐 노래하고 있었다. 버드나무 가지들은 낚시를 하는 것처럼 물 속에 드리워져 있었고, 나비들은 이 꽃에서 저 꽃으로 날아다녔다. 이것들을 보고 있던 이도령이 자기 하인을 불렀다.[11]

---

11 Autrefois vivait dans la province de Tjyen-lato, dans la ville de Nam-Hyong, un mandarin nommé I-Teung qui avait un fils, I-Toreng, âgè de seize ans. I-Toreng était parmi les plus habiles lettrés de son pays et il grandissait tous les jours dans l'étude. Un matin, par un beau temps clair, le soleil brillait, le vent chuchotait doucement dans les arbres, agitant les feuilles dont les ombres tremblaient sur le sol, les oiseaux volaient à travers les ramures, s'appelaient

위의 인용문은 〈불역본〉의 첫 장면이다. 작품의 서두가 이도령에 대한 소개로 시작되고, 이도령 부친의 이름이 '이등'으로 나타나며, 봄날 자연만물의 변화에 동하여 이도령이 춘흥을 일으키는 내용이 나타나는 것은 세책 계열 및 경판 계열 이본의 영향으로 볼 수 있다. 여기에 이도령과 춘향의 만남·사랑·이별 대목에서 춘향 모친의 역할이 크지 않다는 점, 춘향이 이도령의 사랑을 확인받기 위하여 서명된 문서를 요구한다는 점, 마지막 이별을 위하여 춘향이 집밖까지 전송을 나간다는 점, 어사출도 후 남원 기생들에게 춘향이 묶인 끈을 이빨로 끊으라고 지시한 점 등이 〈불역본〉에 보이는데, 이들 화소 역시 세책 계열 및 경판 계열 이본에서 공통적으로 발견되는 특징들이다.

〈불역본〉은 〈일역본〉이나 〈영역본〉과는 달리 직역 위주로 번역된 장면이 거의 없기 때문에 텍스트만으로는 더 이상 모본을 추정하기가 어렵다. 그러나 번역의 조력자 홍종우가 기메 박물관에서 책을 정리하는 일을 하고 있었고, 이 시점에 기메 박물관에는 샤를 바라(Charles Varat)가 조선에서 수집해 온 소설들이 기증되어 있었으며, 이 가운데 〈춘향전〉 경판 23장본이 포함되어 있었다는 사실을 염두에 둔다면, 로니가 조력자 홍종우로부터 제공받은 〈춘향전〉에 대한 정보는 기메 박물관에 소장되어 있던 경판 23장본에서 유래했을 가능성이 높다고 볼 수 있다.

---

les uns les autres et chantaient en chœur sur les branches ; les branches des saules trempaient dans l'eau comme pour y pêcher, les papillons allaient de fleir en fleur, et I-Toreng, qui regardait ces choses, appela son domestique. J.-H. Rosny, *Printemps Parfumé*, pp.13~14.

4) Chun Yang Ye

Chun Yang Ye(이하 〈독역본〉으로 약칭)는 부산의 세관 직원으로 근무했던 아르노우스(H.G. Arnous)에 의해 독일어로 번역된 작품으로, 1893년(추정) 독일의 라이프찌히에서 출판된 *Korea ‒ Märchen und Legenden nebst einer Einleitung über Land und Leute, Sitten und Gebräuche Koreas*라는 책에 수록되어 있다. 이 아르노우스의 책은 알렌의 *Korean Tales*(1889)를, 특히 설화와 소설 번역부분에서는, 거의 그대로 독역한 것으로 알려져 있으므로 아르노우스의 춘향전 〈독역본〉은 독일어 중역본(重譯本)에 해당한다. 그러나 아르노우스의 책과 알렌의 책의 체제·순서·내용이 완전히 동일한 것은 아니고, 춘향전 〈독역본〉 역시 알렌의 〈영역본〉과 대조해 볼 때 미세하지만 부분적인 차이가 나타난다. 우선 작품 제목과 부제에서 약간의 차이가 보이고, 알렌 〈영역본〉에서 길게 묘사가 나열되는 대목(그네 타는 춘향의 외모 묘사, 춘향 방치레 및 음식상 사설 등)을 좀더 간략하게 축약하거나 의역한 부분이 나타나기도 한다. 반대로 영역본에 비하여 독역본이 약간 부연되거나 설명이 추가된 부분도 있다. 그러나 이러한 부분적인 차이를 제외하고 거의 대부분은 〈영역본〉의 독일어 중역이 충실하게 이루어진 것으로 평가할 수 있다.[12]

---

12 이 〈독역본〉을 포함한 아르노우스의 책은 2007년 송재용·추태화에 의하여 『조선의 설화와 전설』(제이앤씨)이라는 제목의 책으로 전체가 번역되어 내용을 쉽게 가늠해 볼 수 있게 되었다. 그러나 번역자들은 아르노우스의 책이 알렌의 책을 독역했다는 사실을 전혀 알지 못했고, 한국어 번역에도 오류가 적지 않아 연구에 활용할 때에는 세심한 주의가 필요할 듯하다. 『조선의 설화와 전설』의 대표적인 오류를 예로 들면 다음과 같다. 이도령으로부터 광한루에 먼저 가서 자기를 맞이할 준비를 하라는 명령을 받은 하인이 "젊은 주인의 명을 쫓으매 서두르지 않았다"(59면)고 번역된 부분은 만사를 제쳐놓고 명령을 따른 것으로 번역되어야 했다. 또한 이도령과 춘향이 서로 달콤한 첫날밤 사랑을 나누

3. 변모의 양상과 의미

〈일역본〉, 〈영역본〉, 〈불역본〉은 비슷한 경판 계열 〈춘향전〉을 대본으로 번역(안)되었다는 공통점이 있지만, 번역자의 번역 태도나 작품 및 언어에 대한 이해의 수준 등에 따라 번역된 결과물은 상당히 다른 모습을 띠게 되었다. 여기에 번역자의 작품에 대한 자유로운 상상력까지 더해져 세 종의 외국어 번역본은 각각 개성적인 번역물이 되었고, 〈춘향전〉의 외연을 넓히는 데 기여하였다. 이 장에서는 각 번역본이 독특하게 변모시킨 장면들을 중심으로 그 양상과 의미를 살펴보기로 한다.

1) 일역본의 변모 양상과 의미

경판 30장본을 대본으로 번역된 나카라이 도스이의 〈일역본〉에서 주목할 만한 변모는 그네 화소를 곡수(曲水)의 연회 화소로 대체한 점, 월매를 진중하고 사려깊은 인물로 그리고 있다는 점, 인물의 내면 심리를 세심하게 묘사한 부분이 많다는 점, 사건의 진행 과정을 시간에 따라 명확하게 표시하고 있다는 점 등을 들 수 있다.

먼저 춘향이 그네를 타지 않고, 대신 구비구비 흐르는 물에 술잔을 띄워 놓고 시를 읊으며 술을 마시는 일본의 전통 민속인 곡수의 연회에 등장하여 이도령의 눈에 띄도록 바꾼 것은 일본인 독자를 위한 배려이며, 여주인공 춘향을 보다 얌전한 인물로 그리려는 나카라이의

는 장면 다음 단락에 "도령의 아버지는 자신의 집무실에 있는 기생 명부에서 춘향의 이름을 지우도록 했으나"(66면)로 번역된 부분은 이도령이 직접 기생 명부에서 춘향의 이름을 지운 것으로 번역했어야 했다.

의도에서 비롯되었을 것이다. 그러나 그네 화소가 가지고 있는, 시각적·청각적 이미지를 바탕으로 한 동적이고 육감적인 춘향을 형상화하는 효과를 살리지 못하게 되었다. 또한 이러한 변화를 전후의 화소들과 자연스럽게 연결시켜 지속적으로 진행시키지 못하고 일회적으로 그쳤다는 점에서도 성공적인 결과를 가져왔다고 보기는 어렵다. 한편, 국문본에서 월매는 절개 지키는 춘향을 아픈 마음으로 바라보는 어머니이기도 하면서 의뭉스럽고 약삭빠르며 세속적인 여성이기도 한 양면적인 성격을 지니고 있다. 그러나 〈일역본〉에 형상화된 월매는 고통을 감내하며 절개를 지키는 딸 춘향에게 싫은 소리도 한 마디 하지 못하고, 심지어 거지꼴로 찾아온 이도령에게도 점잖고 예의 바르게 대하는 굉장히 진중하고 선량하기만 한 인물로 바뀌었다. 이러한 성격 변화는 〈일역본〉 전체를 관통하는 인물 형상화 의도와 관련이 있는 듯한데, 결과적으로 춘향과 대비되는 모습으로서의 원래의 개성적 면모가 사라졌고, 해학적 효과가 크게 약화되었다는 점에서 그리 성공적으로 보이지 않는다.

반면, 인물의 심리와 내면을 세심하게 묘사하여 새로운 효과를 거둔 변모도 있다.

포졸들을 배웅하고 나서야 월매는 그제야 안도의 한숨을 쉬며 '이 늙은이가 유일하게 의지할 수 있는 내 딸의 신세는 어떻게 되는 것일까? 만약 그들이 다시 온다면 그때에는 뭐라고 둘러대야 할지 모르겠구나.' 하며 걱정하였다.

춘향도 '설령 그들에게 뇌물을 주어 일단 위기를 넘겼다고는 하지만 앞으로 또 어떤 일이 있을지…'라고 생각하니 마음이 무거웠으나 어머니의 마음을 생각하여 겉으로는 "더 이상 다른 일은 없을 거예요. 이제 안심하세요." 하고 애써 태연한 척하였다. 그러나 역시 마음속으로는 가을바람에 정원의 오동잎이 지는 소리에도 혹시 나를 잡으러 오는 것은 아닐까 가슴을 졸였고 남모르게 소매 끝을 눈물로 적시며 자신의 처지를 한탄했다. (376면)

위 인용문은 춘향을 잡으러 온 사령들을 술과 안주로 잘 대접하여 보내고 나서 월매와 춘향이 불안감에 떨며 걱정을 하는 장면이다. 경판 30장본을 비롯한 대부분의 국문본에 이 장면이 나오지만, 이렇게 세심하게 월매와 춘향의 미묘한 심정을 읽어내거나 표현하지는 않았다. 〈일역본〉에는 특히 이도령, 춘향, 월매의 내면 심정을 세심하게 묘사하는 장면들이 국문본보다 많은 것이 특징이다.

〈일역본〉에는 시간의 흐름을 알 수 있는 표시들이 상당히 많이 나타난다. 춘향과 이도령이 처음 광한루에서 만난 날은 춘삼월 삼짇날[上巳]이고, 첫날밤 춘향집에서 1박 2일을 함께 지냈으며, 몇 달 동안 둘은 사랑을 지속하였다. 이도령이 춘향에게 이별소식을 전할 때 밖에서는 가을매미가 울었고, 이도령을 떠나보낸 춘향은 귀뚜라미 우는 가을 저녁을 슬픔으로 지냈다. 춘향의 아버지는 15년 전 이른 봄날에 세상을 떠났고, 춘향은 옥 안에서 2년이 넘는 세월을 보내다 파경몽을 꾸게 되며, 허봉사에게 문복할 때 춘향의 나이는 19세였다. 국내에서 생성된 어떤 〈춘향전〉 이본에서도 〈일역본〉처럼 각각의 사건이 벌어지는 시점 또는 시간을 이렇게 구체적으로 규정하지는 못했다. 이렇게 시간 표현을 구체적이고 민감하게 처리한 〈일역본〉의 변모 양상은 나카라이 개인의 문학적 표현 능력이기도 하고, 당대 일본 소설의 일반적인 경향과도 관련이 있을 것이다.

2) 영역본의 변모 양상과 의미

알렌의 〈영역본〉에 대한 초기 연구이자 거의 유일한 본격적인 연구인 구자균(1963)은 〈영역본〉이 "직역도 아니요, 의역도 아닌 중용을 얻은 훌륭한 번역"이라고 하면서 원본 이상으로 교묘하게 묘사된 곳 세 군데를 예로 들었다. ①사랑 대목에서 죽어서 다음 세상에 태어나게 되더라도 꽃과 나비로 태어나서 헤어지지 말고 사랑을 즐기자는 내용의 사설, ②어사의 남원 염문 대목에서 구관 사또의 선정과 현재의 신관 사또의 학정을 대비하면서 신관의 부정을 드러내는 장면, ③농민이 자신의 신세를 한탄하는 노래를 부르는 장면 등이 그것이다. 그러나 ①은 경판 23장본에도 나타나는 소위 사랑음양가와 크게 다를 바가 없고, ②는 23장본에 비슷한 표현이 등장하지는 않지만 신관의 학정과 부정을 드러낸다는 점에서 그리 새로울 것이 없으며, ③도 '어떤 사람은 팔자 좋아 호의호식 염려 없고'로 시작되는 나무꾼이 부르는 산유화와 거의 동일하기 때문에 '원본 이상으로 교묘하게 묘사된 곳'으로 보기에는 무리가 있다.

경판 23장본과 비교해 볼 때 〈영역본〉에서 나타나는 개성적인 변모가 잘 드러나는 대목은 춘향이 자기집 정원 안에서 그네 타는 장면과 이도령이 기생 명부에서 춘향의 이름을 지우는 장면이다.

하인이 이렇게 말하는 사이에, 이도령은 몸을 일으켜 한 팔로 의지하면서 멀리 한 곳으로 시선을 돌렸는데 방금 얘기했던 신선 같은 것이 보였다. 어여쁜 소녀가 공중으로 솟구쳐 올랐다가 곧이어 내려와 정원에 인접해 있는 나무 사이로 사라지는 광경이었다. 검은 구름 같은 머릿결, 매혹적인 목덜미, 눈부시게 빛나는 비단으로 둘러싸인 그녀의 천사 같은 얼굴 모습이 완전히 사라져버리자 이도령은 혼란스러워졌다. 그는 놀라서 말

도 나오지 않았고, 이곳에 종종 내려온다는 그 신선 중 하나였을 것이라
고 확신했다. 그러나 무슨 말을 하기도 전에 다시 그 모습이 나타났고,
이번에는 어여쁜 소녀가 자신의 집 앞마당에서 그네를 타고 있다는 것을
알아차릴 수 있었다. 이도령은 몸을 움직일 수도 없었고 숨만 겨우 쉬면
서, 단지 자기가 본 아름다운 광경에 푹 빠져버려 통방울눈만 부릅뜨고
앉아있을 뿐이었다. 아름답게 웃고 있던 얼굴과 커다란 산호 머리핀으로
뒤를 묶은 비단결 같은 검은 머릿결에 그는 눈을 고정했다. 또한 화사한
예복 위의 빛나는 보석과 앙증맞은 하얀 손, 소매 뒤로 불어온 바람에 완
전히 감겨진 팔을 보았다. 그리고 그녀가 그네를 타고 높이 올라가자, 오,
기쁘게도 신발도 신지 않은 하얀 버선발이 복사꽃 사이를 차고 올랐고 그
로 인해 그녀 주위에 비처럼 꽃이 떨어졌다. 그런 와중에 머리장식이 풀
어져 떨어졌고 까만 머리가 그녀의 어깨 위를 덮었다. 아! 그녀의 고급스
러운 장신구가 바위에 떨어져 부서졌고, 도령은 앉은 자리에서도 날카로
운 소리를 들을 수 있었다. 그네 타는 것을 마치고 그 작은 소녀는 사라졌
다. 그녀의 아무런 악의 없는 봄날의 움직임으로 인해 젊은 남자의 가슴
에 불러일으킨 의식할 수도 없는 이 모든 흔들림도 끝이 났다.[13]

---

[13] As he said this, Toh Ryung had raised himself, and was leaning on one arm,
gazing out toward one side, when, as though it were one of the spirits just
mentioned, the vision of a beautiful girl shot up into the air and soon fell back
out of sight in the shrubbery of an adjoining court-yard. He could just get a
confused picture of an angelic face, surrounded by hair like the black
thunder-cloud, a neck of ravishing beauty, and a dazzle of bright silks, − when
the whole had vanished. He was dumb with amazement, for he felt sure he must
have seen one of the spirits said to frequent the place ; but before he could speak,
the vision arose again, and he then had time to see that it was but a beautiful
girl swinging in her dooryard. He did not move, he scarcely breathed, but sat
with bulging eyes absorbing the prettiest view he had ever seen. He noted the
handsome, laughing face, the silken black hair, held back in a coil by a huge
coral pin ; he saw the jewels sparkling on the gay robes, the dainty white hands
and full round arms, from which the breezes blew back the sleeves ; and as she
flew higher in her wild sport, oh, joy! two little shoeless feet encased in white
stockings, shot up among the peach blossoms, causing them to fall in showers

　모든 국문본 〈춘향전〉에서 춘향은 온갖 단장을 하고 자기집에서 나와 산길을 걸어 광한루에서 멀리 바라보이는 숲에서 그네를 타는 것으로 되어 있다. 그러나 〈영역본〉에서의 춘향은 집밖이 아닌 자기집 정원 안에서 그네를 타고, 이 모습을 이도령이 광한루에서 발견하고 넋을 놓게 되는 것으로 변형시켰다. 이러한 변모는 국문본에서는 상상하지 못했던 새로운 변형이지만 그 효과가 긍정적이었는지는 의문이다. 알렌은 야외가 아닌 자기집 정원에서 그네를 타게 함으로써 춘향의 정숙함을 강화하려고 했는지 모르겠다. 그러나 단오가 아닌 봄날에 기생 춘향이 화사한 예복에 장신구까지 달고서 자기집 정원에서 그네를 타는 것은 전후 문맥이 자연스럽지 않다. 그네 타는 장소 하나만 변형시킨다고 해서 새로운 의미가 발생하는 것이 아니고, 시간적 배경과 신분적 상황까지 연계해서 변화시켰을 때 소기의 성과를 올릴 수 있다는 것을 우리는 완판 84장본 같은 이본에서 확인할 수 있다. 그러나 춘향의 성격화에 의문을 제기하고 새로운 상상을 품기 시작했다는 점에서는 국문본에서 진행된 춘향의 성격 변화와 동궤에 있다고 볼 수도 있다.

　　이도령이 아버지의 집무실에 가서 보관되어 있던 고을 기생의 목록에서 춘향의 이름을 정말로 빼버렸음에도 불구하고, 아버지는 자기 아들이 춘향과 최근에 결혼한 것을 알지 못했다. 이제 그녀는 결혼한 몸이었기

---

all about her. In the midst of the sport her hairpin loosened and fell, allowing her raven locks to float about her shoulders ; but, alas! the costly ornament fell on a rock and broke, for Toh Ryung could hear the sharp click where he sat. This ended the sport, and the little maid disappeared, all unconscious of the agitation she had caused in a young man's breast by her harmless spring exercise. pp.118~119.

때문에 더 이상 기생들과 어울릴 필요가 없었다. 매일 아침 일찍 효성스러운 아들은 아버지를 뵙고, 공손하게 그의 건강과 지난밤의 안부를 여쭈었다. 그러나 매일밤 이도령은 자기 부인의 집에서 시간을 보냈기 때문에 그의 처소는 비어있었다.[14]

위의 인용문은 이도령과 춘향이 첫날밤 사랑을 나누고 나서 서술되는 내용으로, 이도령이 직접 기생안에서 춘향의 이름을 지워버리는 장면이다. 국문본 가운데 춘향의 신분이 기생으로 설정되어 있는 세책 계열 및 경판 계열 계통의 이본에서는 춘향이 이도령과 이별하고 나서 '대비정속'을 하여 더이상 기생 활동을 하지 않고 집에서 수절하며 이도령을 기다리는 것으로 되어 있다. 경판 23장본 역시 기생점고 대목에서 이방의 말로 "츈향이 디비정속 후 지금 슈졀ᄒᄂ이다."(11a)라고 서술했다. 〈영역본〉에서의 변모는 춘향에 대한 이도령의 사랑을 행동으로 보여준 것이며, 번역 대본에 자세하게 언급되지 않은 부분에 대한 알렌 식의 구체화라고 볼 수 있다. 기생 춘향과 백년해로를 약속한 이도령이 춘향을 위해서 해줄 수 있는 것이 무엇일까를 생각했던 것 같다. 사실 '대비정속'이라는 표현이 나타나는 국문본 어디에도 대비정속의 과정이나 방식을 구체적으로 서술해 놓지는 않았다. 〈춘향전〉을 읽는 내부의 시각에서는 막연히 누군가를 대신 기생으로

---

14 The father did not know of his son's recent alliance, though the young man honestly went and removed Chun Yang's name from the list of the district gee sang, kept in his father's office ; for, now that she was a married woman, she need no longer go out with the dancing-girls. Every morning, as before, the dutiful son presented himself before his father, with respectful inquiries after his health, and his rest the preceding night. But, nevertheless, each night the young man's apartments were deserted, while he spent the time in the house of his wife. p.129.

들이고 춘향이 빠졌을 것이라고 생각하거나, 기생점고 때 결국 춘향
의 이름이 불리는 장면을 들어 대비정속이라는 것은 춘향의 의지를
표현하는 말뿐이고 실제는 기생에서 벗어나지 못한 상태라고 생각했
을 것이다. 여기에 알렌의 의문이 있었던 것 같다. 정식의 합법적인
절차를 거쳐 기생에서 벗어나는 것이 아니라 사또의 아들인 이도령이
몰래 기생안(案)에서 춘향의 이름을 지워버리는 것이 알렌의 해법이었
던 셈이다. 기생 목록에 춘향의 이름이 없어야 나중에 기생도 아닌
춘향에게 수청을 강요하는 신관의 악행을 부각시킬 수 있는 효과도
생각할 수 있다.

이 외에도 절개를 지키고자 하는 춘향을 비난하고 회유하는 월매를
부정적인 시선으로 바라보는 몇 개의 장면, 이별할 때 나누어 가지는
거울과 옥지환의 의미를 국문본과는 다른 식으로 설명하는 부분 등도
경판 23장본과 다른 〈영역본〉에서 보여주는 개성적인 변모로 지적할
수 있겠다.

3) 불역본의 변모 양상과 의미

로니의 〈불역본〉은 〈일역본〉, 〈영역본〉과 다르게 번역의 대본이 되
는 텍스트에 대한 구속력이 현저히 약해서 작품 전체가 새롭게 보일
정도로 변모가 심하게 일어난 것 같지만, 표현적인 측면을 제외한다
면, 근본적인 서사의 변화는 만남과 사랑 대목에 집중되어 있다고 볼
수 있다. 〈불역본〉에서는 춘향의 신분을 천민 기생이 아닌 일반 평민으
로 설정했고, 이도령이 춘향을 만나기 위해 여장(女裝)을 해서 접근했
다가 나중에 자신의 정체를 밝히는 것으로 사건을 전개하고 있다.

봄날 이도령이 광한루로 경치 구경을 나갔다가 멀리 숲속에서 그네를 타는 어떤 여성을 발견하고 방자에게 그 여자의 정체를 물어보는 장면까지는 대체적인 내용이 경판 계열 〈춘향전〉과 크게 다르지 않다. 그러나 방자가 그 여자는 결혼하지 않았고, 평민의 딸이며, 이름이 춘향이라고 대답하면서 〈불역본〉의 변모가 시작된다.

> "왜 내 아버지께서 그 많고 많은 공부하는 날들 중에 단 하루 산책하러 나를 데리고 나왔다고 해서 너를 꾸짖으시겠느냐? 아무튼 아버지 얘기는 그만 하고, 저기서 그네 타는 사람이 결혼한 여자인지, 결혼하지 않은 여자인지 알려 다오."
> "결혼하지 않은 여자입니다." 방자가 대답했다.
> "양반의 딸이냐, 평민의 딸이냐?" 이도령이 물었다.
> 방자는 그녀가 '춘향'이라는 이름의, 평민의 딸이라고 대답했다.
> "저 젊은 여자를 여기로 데려올 수 있겠느냐?" 이도령이 말했다.
> 방자는 그것이 아주 어려운 일이라며 반대했다. 이도령은 그의 반대에 놀랐다. 오히려 평민 여자를 자기 곁으로 부르는 것만큼 쉬운 일이 없다고 믿고 있었기 때문이다. 그러자 방자는 그녀의 정숙함과 높은 덕을 칭송하면서, 젊은 남자를 만나러 오라고 설득하는 것은 쉬운 일이 아닐 것이라고 말했다.[15]

---

15 "Pourquoi mon père vous gronderait-il pour m'avoir mené à la promenade un seul jour parmi tant de jours de travail? D'ailleurs ne parlons plus de mon père, et dites-moi si la personne qui se balance là-bas est une dame ou une demoiselle." "C'est une demoiselle." répondit le domestique. "Est-ce une fille noble ou une fille du peuple?" demanda I-Toreng. Le domestque répondit que c'était une fille du peuple, nommée Tchoun-Hyang. "Voulez-vous," reprit I-Toreng, "prier cette jeune fille de venir ici?" Le domestique objecta que la chose offrait la plus grande difficulté. I-Toreng s'étonna de son opposition, persuadé que rien n'était au contraire plus simple que de faire venir auprés de lui une jeune fille du peuple. Alors le domestique fit l'éloge de la chasteté, de la haute vertu de cette jeune

춘향은 평민의 딸인데다가 정숙하고 높은 덕을 지니고 있다고 했다. 이도령은 춘향을 억지로 부를 수가 없어서 그녀가 그네를 타는 근처에 몰래 가서 아름다운 자태를 구경하다가 집으로 돌아와 애를 태우게 된다. 〈춘향전〉 가운데 춘향의 신분을 기생이 아닌 평민으로 설정한 이본은 없다. 완판 84장본 등에서 춘향 아버지의 신분을 양반으로 격상시켰으나 그것으로 춘향의 제도적 신분이 바뀌는 것은 아니다. 반쪽짜리 양반이지만, 결국 천민 기생인 것이다. 그만큼 〈춘향전〉에서 기생 신분의 춘향의 본질적인 요소이기 때문이다.

이도령이 춘향을 마음대로 부르지도 못하게 됨으로써, 두 사람의 만남을 성사시키기 위한 새로운 화소가 필요했다. 로니는 그것을 이도령의 여장(女裝)으로 해결하고자 했다. 작품 속에서 이런 아이디어를 낸 것은 방자였고, 방자는 상전인 이도령의 안타까움을 해결해 줄 묘책을 알려주는 대가로 금전적인 보상을 원했다. 따라서 〈불역본〉의 방자는 매우 현실적이고 주도면밀한 성격을 지닌 인물로 형상화되었으며, 방자의 아이디어를 실행시킬 또다른 조력자 노파를 등장시키는 데까지 영향을 미치게 된다. 방자와 노파의 도움으로 여장을 한 이도령은 자연스럽게 춘향에게 접근할 수 있게 되고, 두 사람은 함께 공부하고 생활하면서 동성애적인 호감을 느끼는 지경까지 이르게 된다. 그 때 이도령이 비로소 자신의 정체를 춘향에게 밝히고 사랑의 서약을 써서 안심을 시킨 다음 남녀의 사랑으로 들어서게 되는 것이 〈불역본〉의 만남-사랑 대목의 변모이다.

조선에서는 시도된 적이 없었던 이런 독창적인 변모는 출판 사정과

---

fille, disant qu'il ne serait pas facile de la convaincre de venir trouver un jeune homme. pp.18~19.

관련이 있는 듯하다. 대중문고본으로 출판된 〈불역본〉은 당연히 자국
독자들의 기호를 고려했을 것이고, 기생이라는 동양 먼 나라의 이국
적인 제도를 포기하면서 여장(女裝)이라는 자극적인 소재를 활용하여
보다 더 극적이고 흥미 있는 사랑이야기로 〈춘향전〉을 바꾸어 낸 것
이다. 어떤 〈춘향전〉 이본에서도 상상하지 못했던 춘향 신분의 실질
적인 변화, 그리고 그에 이어지는 여성으로 위장한 이도령과 춘향의
우정과 사랑은, 어쩌면 〈춘향전〉의 범위를 넘어서는 것처럼 보이기까
지 할 정도로 〈춘향전〉 외연의 거의 끝부분에 위치해 있다.[16]

　두 사람이 사랑을 나누는 장면 이후부터는 앞에서처럼 파격적인 변
모는 나타나지 않는다. 그러나 사랑을 나누는 장면을 차분하고 애틋
하게 형상화하고 있다든지, 결혼을 요구하는 신관에게 항거하던 춘향
이 매를 맞는 장면을 탈락시키고, 어사 출도 장면을 평면적인 서술로
대체함으로써 사랑과 이별, 고난과 재회의 감정을 크게 고취시키지
않았다는 특징을 보이기도 한다.

4. 맺음말

　이상 20세기 이전에 외국어로 번역된 춘향전을 개성적인 변모의 양
상과 의미를 중심으로 살펴보았다. 번역된 작품에 따라 다양한 변모

---

16 최근에 대만에서 발굴된 이일도의 한문번역 〈춘향전〉(1906) 역시 일반적인 국문본
〈춘향전〉이나 한문본 〈춘향전〉에 비하여 서사의 변화 폭이 대단히 크다. 로니의 번역본과
함께 가장 파격적인 시도를 한 번역본이 아닌가 생각된다. 이 한문번역 〈춘향전〉에 대해서
는 박현규, 「1906년 대만 이일도 한문본 〈춘향전〉 고찰」, 『열상고전연구』 37, 열상고전연
구회, 2013, 81~111면 참조.

양상을 확인할 수 있었는데, 그 중에는 작품 전체와의 조화를 제대로
이루지 못하여 긍정적인 효과를 거두지 못한 경우도 있었지만, 반대
로 조선 내부에서는 미처 상상하지 못했던 새로운 〈춘향전〉을 구상해
볼 수 있는 변모도 포함되어 있었다. 이렇게 내부와 외부에서 〈춘향
전〉을 바라보는 다양한 시각을 확인하고 그 양상과 의미를 고찰하는
일은, 우선 〈춘향전〉이라는 한국의 대표적인 고소설의 외연을 어디까
지 확장할 수 있는가의 문제와 관련이 되며, 다른 한편으로는 제대로
된 새로운 이본이 생성되는 것이 얼마나 어려운 일인지를 일깨워 준
다는 점에서도 의미 있는 작업이라고 할 수 있다. 그러나 번역본들을
관통하는 일관되고 거시적인 원리와 의미를 밝히는 데는 한계가 있었
으며, 다양한 국문본 및 한문본 등을 추가하여 〈춘향전〉의 내포와 외
연의 전모를 정리하는 작업도 앞으로의 과제로 남길 수밖에 없었다.

　19세기를 지나 20세기에 들어서면 다카하시 도루(高橋亨)나 제임스
게일(J.S. Gale) 등에 의해 고소설을 번역한다는 것 자체를 본격적인
학문연구 또는 문학번역으로 인식하려는 의도가 생기고, 의역이나 초
역이 아닌 한국어 원문 그대로를 완역 · 직역하려는 경향까지 나타나
게 된다. 또한 외국어 번역본뿐만 아니라 국문본에서도 〈옥중화〉를
정점으로 더 이상 새로운 개성을 가진 이본이 거의 생성되지 않는 상
황에 처하게 된다. 이렇게 본다면 19세기 말에 출판된 외국어 번역본
들은 〈춘향전〉에 대한 엉뚱하면서도 자유로운 상상력을 마음껏 펼쳤
던 거의 마지막 결과물이 아니었던가 생각된다.

근대 초기 신문의 야담 활용 양상과 고전소설의 변모

−『한성신보』를 중심으로

김준형 /부산교육대학교

1. 문제 제기

　조선후기 일상에 주목한 야담 장르는 근대전환기로 접어들면서 다층적으로 활용된다. 현실성을 기저로 한 야담 장르가 급작스럽고 복잡하게 전개되는 당대 상황을 스케치하는 데에 꽤 유효하게 작동한 까닭이다. 야담의 두드러진 특징으로 얘기되는 '현실성'은 근대문학과 연결되는 코드로, 신소설의 중요한 징표로 지적되어 온 '당대 현실의 소설화'와도 긴밀히 관계한다.[1] 중세와 근대의 길목에서 자기갱신하던 야담을 다시금 주목해야 하는 이유다.

　19세기 말−20세기 초 야담의 자기갱신 방향을 한 마디로 규정할 수 없다. 하지만 그 한 축이 '소설'을 향했다는 점 만큼은 분명하다.[2]

---

[1] 임형택, 「야담의 근대적 면모」, 『한국한문학연구』 특집호, 한국한문학회, 1996. 50면.
[2] 김준형, 「19세기말−20세기초 야담의 전개양상」, 『구비문학연구』 20, 한국구비문학회, 2005.

예컨대 1907-1919년에 편찬된3 『양은천미(揚隱闡微)』에는 〈정향전〉·
〈운영전〉과 같은 전대 소설이 전재되기도 했고, 〈봉황대회금강춘월
(鳳凰臺會金剛春月)〉처럼 〈소씨전〉 계열이 축약되어 실리기도 했다.
〈김영랑용지가귀문(金英娘用智嫁貴門)〉처럼 『쇄어(瑣語)』나 『선언편(選
諺篇)』에 실린 〈도우탄(屠牛坦)의 딸 이야기〉를4 소설적으로 확장시켜
놓기도 했다. 이런 현상은 미비하나마 야담이 소설적으로 경사되는
흐름을 방증하는 한 예라 하겠다. 또한 의도적으로 기존 단형 설화
내지 각편으로 존재하는 야담 서너 편을 한데 묶어 한 편의 작품으로
형상화하는 일도 빈번해졌다. 『차산필담(此山筆談)』에 실린 〈영가김씨
부부적음기(永嘉金氏夫婦積陰記)〉는 개별적으로 향유되던 3-4편의 이
야기를 한 편으로 구성한 것이고, 『거면록(袪眠錄)』에 수록된 〈교양물
지형(咬陽物之刑)〉이나 〈노만상주(奴瞞上典)〉는 각각 5-6편의 설화를
결합시켜 하나의 작품으로 만든 것이다.5 별개로 존재했던 개별 작품
을 억지로 결합시켜 놓았으니 앞과 뒤의 내용이 착종을 보이기도 했
다. 구성도 매끄럽지 못했다. 그렇다 하더라도 기존 이야기를 단순 전
재하는 데서 머물지 않고, 의식적으로 새로운 서사를 조작하려던 경
향은 충분히 엿볼 수 있다. 기존에 향유되던 각편의 이야기를 결합시
켜 하나의 작품으로 만들려는 시도는 1869년에 이원명(李源命,
1807-1887)이 편찬한 『동야휘집(東野彙輯)』에서도 이미 보았던 바다.6

3 이신성, 「양은천미 소재 여성인물 야담에 대하여」, 『한국고전산문연구』, 보고사,
2001. 310면.
4 정명기, 「趙生-屠牛坦의 딸 이야기의 의미연구」, 『한국야담문학연구』, 보고사, 1996.
5 김준형, 「패설의 소설적 지향과 거면록」, 『인문과학논총』 17, 순천향대 인문과학연구
소, 2006.
6 이강옥, 「동야휘집의 해탁 수용 양상」, 『한국야담연구』, 돌베개, 2006.

이런 현상이 19세기말-20세기 초로 접어들면서 더욱 확장되어갔던 정황을 확인케 한다.

야담의 소설적 경사는 여기서 그치지 않는다. 기존 야담 작품을 소재로 하여 고전소설로 재창작하는 경향도 나타났다. 적극적인 소설 창작이라 할 만하다. 야담의 소설화 과정을 통해 밝혀진 많은 소설 작품들, 예컨대 〈월하선전〉·〈옥단춘전〉·〈백년전〉·〈김학공전〉·〈신계후전〉·〈사대장전(=사안전)〉·〈조충의전〉·〈이장백전〉·〈마원철록〉·〈계시보은록〉·〈어득강전〉·〈조선개국록(=東國故事)〉·〈김학사우배록〉·〈동국기서(東國奇書)〉·〈초중경전〉·『고소설』·『무사가람(無事暇覽)』·〈반필석전〉·〈이운선전〉·〈홍연전〉·〈십생구사〉·〈전관산전〉·〈양신랑전〉·〈김이양문록〉·〈원자실전〉 등은 모두 야담과 직간접적으로 관련된다. 야담의 자기갱신 양상을 확인케 한다. 자기갱신 방향의 한 축이 소설임은 더 말할 것도 없다.

이처럼 야담은 근대로 이행하는 도정에서 새로운 변화에 적극적으로 대응하며 나아가고 있었다. 소설을 단순 전재하는 소극적 방향에서부터 야담을 소재원으로 한 적극적 창작에 이르기까지, 야담은 그 생명력을 유지한 채 성장하고 있었던 것이다. 문학 장르로서 야담의 생명력이 다한 것은 결코 아니었다. 그럼에도 근대로의 이행 도정에서 만난 매체 변환은 자기갱신을 하던 야담의 향방도 달라지게 했다.

신문이 보급되면서 야담은 또 다른 방향으로 전환할 수밖에 없었던 운명을 맞게 된다. 민족지든 친일지든 간에 당시 신문 매체는 민중계몽과 상업적 이익이라는 두 요소를 모두 고려해야 했기 때문이다. 이런 상황에서 비교적 짧은 분량이면서도 인간의 현실 문제를 내포한 야담은 다른 어떤 문학 장르보다 신문매체에서 유효하게 작동했다.

신문사 입장에서는 야담이 교훈성과 오락성을 만족시키면서 상업적인 이익까지 충족시킬 수 있는 장르로 각인되었을 터다. 그러는 도정에서 야담은 뜻하지 않게 전근대소설과 근대소설의 징검다리 역할도 한 셈이다.

그러나 신문매체 등장 초기부터 야담이 최우선으로 선택된 것은 아니었다. 오히려 가장 먼저 관심을 받은 장르는 고전소설이었다. 신문매체는 주로 특정 동호인이 향유했던 야담보다 불특정 다수인 민중이 즐겼던 고전소설에 먼저 주목했다. 고전소설이 지닌 대중성을 중시한 까닭이다. 실제 우리나라에서 근대적 인쇄매체와 '소설'의 만남을 처음으로 성사시킨 장(場), 곧 1895년에 창간된 『한성신보(漢城新報)』에서도 최초로 연재한 장르는 고전소설이었다.[7] 신문매체에서 우선적으로 주목한 장르가 고전소설이었음을 방증한다. 야담은 어떠한가? 특이하게도 야담은 고전소설이 약화되면서 등장했다. 소설이 차지했던 자리를 야담이 차지하기 시작한 것이다. 흥미로운 점은 이때 실리는 야담이 소설적으로 확장된 야담이라는 점이다. 19세기말-20세기 초 소설을 향해 변모를 꾀하던 야담과 퍽 닮은 작품들이 실렸다. 이는 당시 야담이 자기갱신하던 흐름이 신문매체에 그대로 반영된 결과라 할 만하다. 이로써 보면 적어도 신문매체 발행 초기에는 야담이 고전소설에 종속된 형태로 존재하다가 1900년 전후로 그 파급력이 커졌다고 짐작할 수 있다.

---

7 『한성신보』는 현재 연세대 도서관에 소장되어 있다. 여기에 실린 소설 자료는 김영민이 활자로 정리한 것을 활용했다. 특별한 경우 외, 인용한 『한성신보』 수재 작품들은 김영민이 정리한 책에 근거했음을 밝힌다. 다만 부분적으로 모호한 내용은 신문을 직접 확인한 후 특별한 언급 없이 수정하였다. 김영민, 『한국 근대신문과 근대소설 2』, 소명출판, 2008.

이 글에서 주목하는 요인도 여기에 있다. 1900년 이전의 야담과 고전소설. 두 장르가 어떻게 신문매체에 존재하고, 그들이 어떻게 상호작용했던가를 엿보려는 것이다. 특히 언론사에서 마련한 특정한 주지를 드러낼 때에는, 그를 야담에 녹여 제시하려는 경향이 강하다. 반면 오락성 자체가 목적일 때에는, 야담은 고전소설의 삽화로만 존재하는 경향이 짙다. 야담 활용 정도에 따라 '잡보(雜報)' 혹은 '소설(小說)'란에 제시된 작품의 성격도 달라진다. 이 현상은 퍽 흥미롭다. 야담이 어떻게 활용되는가에 따라 신문매체에서 선택받는 장르의 변화를 엿볼 수 있기 때문이다. 신문매체에서 고전소설이 사라지고, 그 자리에 야담이 등장한 이유. 거기서 더 나아가 야담과 근대소설이 조우하는 현상까지도 풀 수 있는 열쇠를 '야담'이 가지고 있기 때문이다.

그러나 제기한 문제를 이 글에서 모두 해결할 수 없다. 제기한 문제 자체가 문학사의 전환과 관련되니, 일거에 해결될 수 있는 성질의 것도 아니다. 이에 제기한 문제를 최종 목표로 삼되, 이 글은 그 첫걸음으로 『한성신보』에 실린 서사작품의 야담 활용 양상에만 집중하기로 한다.[8]

---

8 이후 필자는 이와 관련한 후속 작업을 진행하였다. 그 양상은 「사회적 갈등과 정치적 글쓰기, 한성신보 수재 고전소설의 등장」(『고소설연구』 40, 한국고소설학회, 2015), 「한성신보 수재 고전소설의 실상과 향유양상」(『고전문학연구』 48, 한국고전문학회, 2015), 「근대전환기 야담을 보는 시각 ─ 한성신보를 중심으로」(『한국문학연구』 49, 동국대 한국문학연구소, 2015)가 그러하다.

2.『한성신보』 수재 창작 고전소설과 소재로서의 야담

1)『한성신보』 발간과 고전소설 〈조부인전〉

우리나라 최초의 신문은 1881년 부산에서 발행한『조선신보(朝鮮新報)』다. 이후 일본인에 의해 여러 종의 신문이 나왔다. 하지만 이들은 모두 일본어로 쓰인 데다, 그 성격도 일본 상인의 상업적 활동을 지원하는 데에 목적을 둔 것이었다.[9] 이들 신문에 대해 크게 의미를 부여할 것이 없다. 그러던 중, 1895년 2월 17일 서울에서 발행된『한성신보』는[10] 이와 성격을 달리한다는 점에서 주목을 요한다.『한성신보』는 일본 외무성의 지원을 받아 창간한 신문으로, 발행인 다수가 일본 낭인(浪人)들이었다.[11] 신문은 격일간으로 발행되었다. 지면은 총 4면이었다. 1-2면은 국문 내지 국한문, 3면은 일문, 4면은 물가표 및 광고로 구성되었다. 지면 구성을 통해서도 알 수 있듯이,『한성신보』는 한국인과 일본인 모두를 염두에 두었다. 특히 이 신문이 청일전쟁 도정에서 조선을 보호국화하기 위한 침략 수단으로 발행된 것인 만큼[12] 일본 외무성의 입장을 대변하는 기관지 역할도 도맡아 했다. 그러나 친일적 성격을 떠나 소설 향유와 근대소설의 형성과 관련지어『한성

9　김영민, 앞의 책, 2008. 13-15면.

10　채백, 「한성신보의 창간과 운용에 대한 연구」,『언론정보연구』 27, 서울대 언론정보연구회, 1990. 118면.

11　일본 浪人은 士族 출신의 엘리트 의식을 갖는 행동주의자로 일본 내의 침략적 정치권력과 직간접 관계를 맺으면서 한국 침략을 선도한 집단이다. 이들 중 상당수가 한국에서 기자로 활동하였다. 한성신보사 기자들은 언론인이기보다 한국 침략을 위해 활동하는 일종의 전위적 활동집단이라 할 수 있다.『한성신보』의 편집장도 일본 낭인이었던 고바야카와 히데오(小早川秀雄)이었다. 박용규, 「구한말 일본의 침략적 언론활동」,『한국언론학보』 43-1. 1998. 161-163면.

12　박용규, 앞의 논문, 1998. 155-158면.

신보』는 새롭게 관심을 가질 필요가 있다.

『한성신보』는 창간과 함께 우리나라 독지가들로부터 큰 호평을 받았다. 발간 4호 만에 구독자가 100명에 달하고, 1895년 하반기에는 한국인 구독자가 400명이 되었고, 1896년 4월에는 그 수가 1,911명으로 대폭 증가했다.[13] 이는 신문을 직접 구독한 사람의 수다. 당시에는 신문종람소(新聞縱覽所)와 같은 시설이 있어서 여러 사람들이 공동으로 열람했다는 점을 고려하면 그 수는 더욱 많아진다.[14] 실제 이보다 조금 후대의 기록이지만, 구한말 선교사 에비슨(Oliver R. Avison)이 "신문 역시 낭송의 형태를 취했다. 『독립신문』을 목청 좋은 사람이 읽으면 여러 사람이 모여 경청했으므로, 실제로는 보급 부수 20,000부에 해당하는 효과를 누렸을 것이다."는[15] 언술을 보더라도 당시 신문 독자는 실 구독자의 몇 십 배 이상이었음을 짐작할 수 있다. 한국인에게 『한성신보』는 친일 매체라는 반동적 요인보다 지적 욕구를 충족시켜 주는 측면이 더 강했다고 할 만하다.

이러한 점을 고려할 때, 『한성신보』는 한국인을 일본식으로 '계몽[세뇌]'시켜 친일 여론을 형성하는 데에 가히 성공적이었다고 할 만하다.

---

13 박용규, 앞의 논문, 1998. 168-169면.
14 물론 1895년에 신문종람소가 있었다고 확언할 수는 없다. 그러나 신문을 향유하는 양상은 이런 시설의 설치 유무를 떠나 크게 다르지 않았으리라 본다. 현재 확인된 신문종람소 관련 가장 이른 기사는 1905년 8월 11일자 『대한매일신보』의 다음이 아닌가 한다. 夫新聞者는 有國之耳目也오 民生開明之本也라. 其爲發達民心志ᄒ며 作成人資材가 實有攸係ᄒ니 外則數萬里各國形便이오 內則官報雜誌論說廣告가 瞭然在一幅裏ᄒ니 可謂不出戶庭而天下事如指諸掌當初說施之意는 無使一民不睹不聞케ᄒ미라. 凡我來此後에 見此道人物즉愚暗而不明은 無他라. 寔由於不知購覽新聞而然也라. 本人이 特置新聞縱覽所ᄒ오니 從今以往으로 無論大小民人ᄒ고 願見者는 來于本所ᄒ야 購覽開明ᄒ시옵기 伏望홈 本所는 慶尙南道晉州城內沙泉洞 金善在氏家 慶南觀察道主事金容孝.
15 에비슨, 황용수 역, 『구한말 40여년의 풍경』, 대구대, 2006. 168면.

신문사 설립 취지의 일차적 목표는 성공한 셈이다. 한성신보사에서는
여기에 또 하나의 요소, 즉 상업적 이익을 창출시키기 위한 오락적
장치를 더해야 했다. 이를 충족시킨 것이 바로 '잡보' 및 '소설'란이었다.16
잡보 및 소설란에서는 오락성을 제고하기 위한 읽을거리 한두 편씩을
제공하였다. 초기에는 〈나파륜전(拿破崙傳)〉(1895.11.7-1896.1.26), 〈閣
龍(고령부스)이 亞美利加에 發見흔 記라〉(1895.11.17-11.19), 〈비스마루구
翁의 遺事라〉(1895.11.21) 등 다소 무거운 주제가 실린다. 1896년 3월
9일부터 4월 11일까지는 〈일본명사 복부임연 일사(日本名士 福富臨淵 軼
事)〉가 수록되기 시작한다. 이들은 모두 일본어로 된 작품을 번역하여
수록한 것이다. 특히 〈일본명사 복부임연 일사〉는 일본 위인을 우리나라
에 소개한 작품으로, 신문매체의 오락적 공간을 활용하여 친일 의식을
주입하려는 의도가 반영된 것임에 틀림없다.

그런데 이 무렵 『한성신보』에는 민비[명성왕후] 살해 사건 및 아관파
천 등에 관한 왜곡된 보도가 연일 이어진다. 그러다가 4월 19일자 신
문에는 '동요(童謠)'라는 미명 아래 조선왕조를 조롱하는 가사를 내보
낸다.17 한국인 독자들이 『한성신보』을 이반케 한 결정적인 사건이 발
생한 것이다. 실제 1896년 4월에는 1,911명이던 독지가가 이 사건 이

---

16 애초에는 잡보란으로 시작하다가, 후에 소설란으로 변경되었다. 소설란은 1897년 1월
12일부터 연재를 시작한 〈상부원사해정남(孀婦寃死害貞男)〉에서 처음으로 등장한다. 한
원영, 「한국 개화기신문 한성신보에 연재된 소설고」, 『국어교육』 61, 한국국어교육학회,
1987. 344면.

17 『한성신보』 1896년 4월 19일. 1면 3단. 일이낫다 일이낫다, 니씨가즁에 일이낫다.
삼각산하 너른대궐, 사시장츈 노쟛더니 오영문을 혁파흐고, 육도롤 찌티리니 칠산보다
비쩌쑤논. 팔쟝스 실어다가, 구듕궁궐 위티흐니, 십아문은 견딀소냐. 빅슈군왕 삼겻스니,
쳔명인듯 보존홀가. 만경창파 빅씌여라. 슈업시 드라느셰. 여젼이 여송연만 챠즈니 죵니
도 씨닷지 못흐엿구나. 동방예의 더져두고, 셔양물식 그리 조혼가. 남의우세 그만흐고,
봉망산변 도라가오.

후 510명으로 줄었으니, 신문사로서는 그 피해가 막심할 수밖에 없었을 터다.[18] 거기에다가 그해 4월 7일에는 『독립신문』도 창간되었다. 막강한 경쟁 신문사까지 생겨난 것이다.[19] 『한성신보』로서는 독자를 끌기 위한 다른 방법을 택해야만 했다. 이에 대한 대응전략으로 한시를 현상공모하여 장원에게는 한 달간 무료로 신문을 제공하겠다는 식의 대외홍보도 했다. 그런데 그보다 중요한 전략은 신문 구성의 변화에서 이루어졌다. 이전의 교술 작품들 대신 고전소설을 연재한 것이다. 〈일본명사 복부임연 일사〉에 이은 〈영국사요(英國史要)〉를 급히 중단하고 바로 연재를 시작한 〈조부인전〉. 이 작품이 그 실체다. 1896년 5월 19일의 일이다.

〈조부인전〉은 공교롭게도 『독립신문』 발간과 맞물린 소설로, 이는 곧 한국 독자를 잡기 위한 『한성신보』의 판촉 전략이었다. 특히 이 무렵(1896년 5월 29일) 한성신보사에서 일본 외무대신(外務大臣)에 보낸 『한성신보』 운영 계획을 보면, "특히 韓人間의 각종의 雜報와 같은 것은 韓人이 아니고서는 쉽게 이를 探知할 수가 없기 때문"에 탐방원(探訪員) 3명 중 2명은 한국인으로 한다는 사원 조직도를 볼 수 있다.[20] 이전까지는 잡보란에 일본 작품을 번역하여 수록하였지만, 경쟁 신문사가 생긴 상황에서 더 이상 자기 신문사의 입장만을 고수할 수 없게

---

18 박용규, 앞의 논문, 1998. 168-169면.
19 1896년 4월 9일 『한성신보』 1면에는 '獨立新聞創刊'이라는 제목으로 독립신문의 창간에 대한 기사를 싣는다. 창간 취지와 체제, 그리고 신문의 취지를 살려 경영이 원만하기를 바란다는 내용도 실었다. 그러나 이 내용에 한해서는 한문으로 표기함으로써 국문을 중심에 두었던 이전 기사와는 다른 양상을 보인다. 인간에게 四肢百骸가 있고 耳目이 있어야 하는 것처럼, 나라에는 백성이 있고 독립신문은 이목에 해당한다는 내용이다.
20 최준, 「일인계 국문판지의 유형고」, 『정경논집』 1, 중앙대, 1969. 김영민, 앞의 책, 2008. 19면 재인용.

된 사정을 짐작케 한다. 잡보란의 수록 지침을 바꾸어야 할 만큼 대대
적인 변화가 필요했던 것이다. 이에 따라 한국인의 기호에 맞는 작품
을 수록하되, 그를 적절하게 친일적으로 개작하기 위해서는 한국인의
정서를 잘 알고 한국어에 능통한 사람이 필요했다. 한국인 기자(탐방
원) 2명을 채용한 동인도 여기에 있다. 또한 〈조부인전〉이 실리기 직
전 호인 1896년 5월 17일자 신문에는 다음과 같은 사고(社告)도 냈다.
일종의 소설 연재에 대한 광고였다.

> 이번에 社員이 쇼셜칙을 웃더 왓는디 그 칙 일홈은 趙婦人傳이라 ᄒ야
> 퍽 ᄌ미가 잇고, 부인네게 춤 징계될 ᄒ온즉, 젼러 긔지ᄒ야 왓든 英國史
> 要는 中止ᄒ고 次號붓터 登載ᄒ오니 閱讀諸君은 倍舊로 사보심을 바라ᄂ
> 이다.[21]

〈일본명사 복부임연 일사〉는 그래도 급하게 마무리했다. 그와 달리
〈영국사요〉 연재는 채 마무리 짓지도 못한 채 중단하고,[22] 대신 〈조부
인전〉을 연재한다고 했다. 연재물까지 중단해야 할 만큼 급박한 상황
이었다. 한성신보사에서는 당시를 위기 상황으로 인식했음을 알 수
있다. 이런 배경에서 〈조부인전〉이 등장한 것이다.

『한성신보』 국문판은 총 두 면으로 되어 있다. 한 면은 총 6단이다.
6단 중 〈조부인전〉은 세 단을 차지했다. 신문의 ½을 연재소설에 할애
한 것이다. 그뿐이 아니다. 〈조부인전〉 1회는 『한성신보』 2면에 실리
지만, 2회부터는 신문의 1면에 연재된다. 1면에 소설을 실을 만큼 〈조

---

21 『한성신보』 1896년 5월 17일. 2면 1단.
22 〈영국사요(英國史要)〉는 1896년 4월 11일부터 5월 17일까지 연재되었다.

부인전〉에 대한 기대도 컸다. 단언컨대 〈조부인전〉은 위기 상황에 처한 『한성신보』를 살리기 위한 신문사의 구원투수이자 비밀 병기였던 셈이다.

사고(社告)에서는 사원이 어디서 소설책을 얻어왔다고 했다. 사원은 새로 입사한 탐방원 두 명23 중 한 명일 것이다. 그러나 〈조부인전〉을 어디서 얻어왔다는 말은 사실이 아니다.24 오히려 〈조부인전〉은 신문사에서 새롭게 창작한 고전소설로 이해해야 마땅하다. 창작이 아니라 해도, 창작에 가까울 만큼 적극적으로 개작한 소설임에는 틀림없다. 그것은 소설 내용만 봐도 확인된다. 이에 대해서는 항을 나눠 살펴보자.

2) 고전소설 〈조부인전〉과 삽화로서의 야담

1896년 5월 19일부터 같은 해 7월 10일까지 총 27회에 걸쳐 연재된 〈조부인전〉은 작품 내적·외적 측면 모두에 주목해야 한다. 작품 외적 측면에서 〈조부인전〉은 중세에서 근대로의 전환기에 고전소설의 향방을 고심케 한다. 학계 통설과 달리 중세에서 근대로의 전환기에 고전소설은 새로운 소설 유형에 밀려 퇴행한 것이 아니었음을 상기시킨다. 새로운 변화의 흐름에서 급속히 소멸한 것이 아니라, 새로운 매체의 운용 방식에 맞춰 적극적으로 활용되었음을 〈조부인전〉은 증명하고 있기 때문이다.

---

23 김영민은 탐방원 두 명이 변하진(卞河璡)과 고희준(高羲駿)이라 하였다. 앞의 책, 2008, 17면.

24 현대문학 연구자들은 이 기록을 사실로 믿는 듯하다. 하지만 이는 전래되는 고전소설을 활용했을 뿐이지, 고전소설을 그대로 전재한 것은 아니다. 이유미, 「근대 초기 신문소설의 여성 인물 재현 양상 연구」, 『한국근대문학연구』 16, 한국근대문학회, 1987, 83면.

우리나라 최초의 근대적 언론매체인 『한성신보』에서 "韓人開導를 주로 하여 韓廷의 감정을 완화"시키기[25] 위해 최우선적으로 활용한 문학 장르가 바로 고전소설이었다. 이 점은 근대 전환기 매체의 변화 도정에서 고전소설은 아무 대응도 못 했다는 주장에 대해 반론을 제기한다. 오히려 당시 사회 여론을 조정하고 주도하기 위해 고전소설이 적극적으로 활용되었음을 강조한다. 우리가 〈조부인전〉에 주목해야 하는 중요한 이유 중의 하나다.

작품 내적 측면에서도 〈조부인전〉은 흥미롭다. 〈조부인전〉은 전형적이라고까지 말할 수는 없지만, 혼사장애주지 모티브를 담은 고전소설이라 할 만하다. 다분히 여성을 의식한 소설 유형이다. 이는 앞에서 본 사고에서 '부인에게 징계가 될 것'이라고 한 데서도 알 수 있듯이, 이 소설의 독자로 여성을 상정한 결과다. 또한 사고의 '배구(倍舊)해 달라'는 말도 상기할 만하다. 〈조부인전〉 연재가 상업적 이익을 얻기 위한 숨은 목적도 포착할 수 있기 때문이다. 상업적 이익은 오락성과 관련을 맺는다. 즉 〈조부인전〉은 여성을 교화하면서도 오락적 재미를 느낄 수 있도록 구성했음을 짐작케 한다. 실제 〈조부인전〉은 혼사장애주지, 군담 모티브, 여성 수난담, 야담 차용 등 흥미를 끌 만한 다양한 소재를 가미해서 작가(혹은 신문사)가 말하고자 하는 주제를 소설에 적극적으로 틈입시켰다.

〈조부인전〉은 여타 고전소설에 비해 구성(plot)이 치밀하다. 그러나 줄거리(story)는 그렇지 않다. 주인공 조부인[옥정]에 초점을 맞춰 내용을 분석하면, 주인공의 지향이 작품 전반부와 후반부가 다르게 나

25 최준, 『한국신문사론고』, 일조각, 1976, 292면 재인용.

타난다. 작품 전반부의 옥정은 전형적인 봉건 여성인 현모양처를 최고의 미덕으로 알고 지향한다. 하지만 후반부의 옥정은 오히려 현모양처를 적극적으로 부정한다. 치밀한 구성과 달리, 줄거리는 상호 모순되었다. 이런 현상을 어떻게 이해할 것인가? 모순된 현상이 애초부터 기획되어 있었는가? 아니면 연재 도중에 방향을 튼 것인가? 확언할 수는 없다. 하지만 적어도 사고에서 밝힌 것처럼 전래되던 소설을 구해와 신문에 그대로 전재했다는 데에는 동의할 수 없다. 이런 현상은 고전소설에선 좀처럼 볼 수 없는 방식이기 때문이다. 신문사에서 의도적으로 창작했거나 적어도 기존 고전소설을 적극적인 개작하지 않고서는 이런 방식의 글쓰기는 불가능하기 때문이다.

〈조부인전〉은 크게 다섯 대목으로 요약할 수 있다. 아직까지 널리 소개되지 않은 작품이니 그 내용을 잠시 소개할 필요가 있다. 편폭이 비교적 크고 사건도 다양한지라, 간략히 정리해도 그 양이 만만치 않다. 다섯 대목으로 나눠 내용을 제시하면 다음과 같다.

첫 번째 대목은 조옥정의 어린 시절로, 향촌사회의 이데올로기를 정립하는 단계다. 조익성과 기성은 벼슬을 하다 고향 강도로 귀향한다. 익성은 아들 옥윤과 딸 옥정, 기성은 아들 옥준·옥정·옥택을 둔다. 옥정은 어려서부터 총명했는데, 부친께 여씨향약을 실천하자고 한다. 이에 부친 익성은 홍재선생이라 일컬어지는 기덕주을 초빙한다. 기덕주는 밖에서 향약을, 옥정은 안에서 사덕(四德)을 가르치며 실천한다. 옥윤은 이웃마을 주시랑의 딸과, 옥준은 기덕주의 딸과 혼인을 맺는다. 주부인은 덕화가 기부인에 미치지 못하니, 옥정이 사리로 주부인을 깨우쳐 현숙한 부인이 되게 한다. 이 단계에서는 향약의 내용이라든가 사덕의 실행 요체 등을 설명하는 등의 주로 교술적 성격의 내용이 큰 비중을 차지한다.

두 번째 대목은 혼인 및 혼사장애 단계다. 옥정은 왕명중과 혼인을 약

속한다. 임금은 왕명중의 혼사를 듣고 강도태수로 임명한다. 마침 영주도
에는 서호영·호길 형제가 살았는데, 이중 호길은 옥정을 사모하여 혼인
을 청한다. 하지만 이미 혼약했음을 알고 기회만 엿본다. 옥정과 명중은
혼례를 치른다. 명중은 옥정과 의논하여 정사를 하고, 옥윤·옥준과도 의
좋게 지낸다. 이후 명중은 태자경이 되어 상경하게 되자, 옥윤과 옥준 등
과 함께 간다. 그 때 호길이 군대를 이끌고 와서 명중을 위협하여 옥정을
요구한다. 명중이 어쩔 줄 몰라 할 때, 옥정은 시비 순희를 자신처럼 변장
시켜 호길을 따라가게 한다. 호길은 순희를 옥정으로 알고 지내고, 순희
도 현철하게 처신한다.

　세 번째 대목은 조부인과 겸종의 대립 단계다. 왕씨 집에는 한국청이라
는 청지기가 있었는데, 왕승상은 그를 사랑하여 부자처럼 지낸다. 마침
한국청은 황후의 아우 당백언과 교분이 깊어 조정 권세를 잡는다. 옥정은
한국청의 위인이 음흉하다며 내치기를 간하니, 왕승상이 그 말을 좇아 한
국청을 내보내려 한다. 그러나 한국청은 노주의 의가 아닌 부자의 의로써
승상을 모셨음을 말하며 한사코 나가기를 거부한다. 이후 한국청은 더욱
공근하게 왕승상을 모신다. 게다가 가달이 국경을 침범했을 때 한국청은
대장군으로 나아가 대공을 이루기도 한다. 왕승상이 노후해지자 한국청
은 강남으로 가서 보양할 것을 청하고, 승상 내외는 그 말을 좇아 강남으
로 이주하여 신선처럼 지내다 기세한다. 며칠 후 명중도 잠을 자다 급서
한다. 한국청은 옥정을 정성으로 모시나, 옥정은 항상 한국청이 명중을
죽였다고 의심한다. 이에 동조한 시비 금섬은 비부 황익두에게 그 말을
전하고, 황익두는 두 친구와 함께 한국청을 죽이려 했지만 실패한다. 이
어서 금섬도 한국청을 독살하려 했지만, 이 역시 실패한다. 한국청은 이
일의 배후로 옥정을 지목하여, 그녀를 가택연금한다.

　마침 옥윤과 옥준이 옥정을 방문했다가 옥에 갇힌다. 금섬의 동생 금선
은 한국청의 총애를 받는 마위의 아내였는데, 그 사실을 알고 몰래 옥윤
과 옥준을 탈출시킨다. 옥윤은 집으로 돌아오다가 죽고, 옥준은 군사를
모아 때를 기다리다가 병으로 죽는다. 이에 옥청은 옥윤이 모은 군사를
거느리고 한국청을 공격하러 떠나다가 서호영·호길 형제가 있는 영주도

에 머물게 된다. 호길은 자신이 옥정과 결혼해서 살고 있다고 생각했는데, 임종에 즈음해서 순희가 사실을 고한다. 호길은 오히려 그 사실에 감사해 하고, 호영은 옥정의 덕행을 칭찬한다. 순희는 호길이 죽자 순절한다. 호영은 그 즈음에 찾아온 옥청에게서 전후 사정을 듣고 군사를 내고 전략을 잘 써서 한국청에게 항복을 받는다.

네 번째 대목은 시누이와의 대립 및 가정 내부 정비 단계다. 고전소설에서 보통 이루어지는 처첩 갈등이 〈조부인전〉에서는 시누이 대 올케의 대립, 그리고 사촌 동생과의 대립으로 나타나는 것이 특이하다. 옥청은 옥정과 함께 강도로 돌아온다. 옥정의 시누이 왕교희는 남편 사별 후 옥정과 함께 머물고 있다가 함께 강도로 온다. 옥택은 집에 주인이 없는 탓에 재산을 독식할 것을 기대하다가 옥정이 돌아오자 실망한다. 그러던 중 부상대고 노위려를 만나는데, 그는 옥정과의 혼인을 요청한다. 옥택은 왕교희와 정을 통하면서 옥정을 노위려에게 보낼 기회를 엿본다. 그러던 중 왕교희는 노위려와 정을 통하게 되는데, 그녀는 노위려에게 옥택을 죽이자고 한다. 노위려는 오직 옥정에게만 마음이 가 있지만, 일이 잘못될까 하던 중 옥택이 낌새를 알아 세 사람 간에 살풍경이 벌어진다. 이러던 중 옥청이 이 사실을 알게 되자, 옥택은 달아나고 왕교희는 옥정의 도움으로 용서를 받는다.

한편 한국청은 서호영과 옥청에게 당한 것을 분한히 여기던 바 노위려에게 군사를 지원한다. 한국청은 노위려를 달래 옥정을 취하겠다는 꾀를, 노위려는 한국청의 힘을 빌어 옥정을 취하겠다는 속셈이었다. 이 때 서호영은 마침 친분이 있는 서격란과 연합하는데, 그 역시 옥정에게 흑심을 품는다.

다섯 번째 대목은 옥정이 스스로 자강하는 단계다. 옥정이 그동안 모든 것을 부정하고 새로운 사람으로 태어난다. 옥정은 "사람은 모두가 같은데, 여자는 어찌하여 물건처럼 남자에게 매어 지내는가?"라는 탄식과 함께 스스로 자강하겠다고 옥청에게 선언한다. 그리고 "여자의 본색을 버리고 자강 자유하는 권리를 가져 남에게 모욕을 받지 않겠다."며 스스로 마을을 경영한다. 이로써 이름이 날리고, 자신의 힘으로 노위려 군대를 격파한다. 한국청도 달아난다. 서격란도 그 정황을 보고 오히려 옥정의 군대에 합세한다. 이로부터 조부인 옥정의 이름이 천하에 진동한다. 이후 논평.

간략히 소개한다고 했지만 내용이 제법 길다. 그러나 장황하게 소개한 줄거리에 비해 주제는 단순하다. '여자도 자강하자.' 모든 것은 여기로 귀결된다. 다섯 째 대목이 그 요체다. 조부인[옥정]이 말한 바, "여자의 직임이 순종하는 것을 옳다고 여겼지만, 그것은 유약한 것임을 알았다. 오늘에서야 내가 지난날의 행실이 어리석었음을 깨달았도다. 지금부터 자강할 도리를 갖자."라는[26] 데서 〈조부인전〉의 주제는 분명해진다. 옥정이 믿었던 여성의 직임, 순종. 옥정은 그것을 최선으로 알고 살았지만, 그 결과는 금수같은 놈들에게 모욕을 당하는 것뿐이었다. 이에 "지금부터는 여자의 본색을 버리고 중립불의(中立不倚)하여 자강자유하는 권리를 가져서 남의 모욕을 받지 않겠다."고 선언한다.[27] 이 말이 〈조부인전〉의 핵심이다. "안일한 데서 나고 자라서 안일한 데서 죽는 자는 사업을 크게 이루는 자가 없다."고[28] 한 것처럼 중세에서 근대로 이행하는 혼란한 상황에서 여성이 스스로 주체가 되어

---

26 〈조부인전〉, 1896년 7월 6일. 1면 5단. 김영민, 앞의 책, 2008, 317면. "첩부에 직임이 잇슬 젹의 순흔 걸노써 올케 알거니와 첩부에 직임이 업신 후에야 엇지 유약ᄒᆞ야 사롬의 결졔롤 밧으리요. 오날이야 내가 이왕의 어리석은 것을 쩨다랏노라. 쟈금위시ᄒᆞ야는 쟈강홀 도리를 ᄒᆞ고쟈 ᄒᆞ노니 군은 ᄒᆞᆫ 팔 힘을 도으라."
27 〈조부인전〉, 1896년 7월 6일. 1면 5단-6단. 김영민, 앞의 책, 2008, 318면. "다시 싱각ᄒᆞ온즉 첩부에게는 순흔 걸노써 쥬쟝을 삼는다 ᄒᆞ엿스오나 첩부에 직임이 업는 쟈이야 나야홀 것시 업슴거늘 뎌가 이왕에는 우미ᄒᆞ와셔 유약ᄒᆞ온 틱도를 버리지 못ᄒᆞᆫ고 녀즈에 본식을 직희고 잇습기로 금슈ᄀᆞᆺ튼 놈의 모욕을 당ᄒᆞ엿스온즉 쟈금이후로는 녀즈에 본식을 버리옵고 중닙불의ᄒᆞ야 자강쟈유ᄒᆞ옵는 권을 가져셔 남의 모욕도 밧지 아니ᄒᆞ려니와"
28 〈조부인전〉, 1896년 7월 10일. 1면 5단. 김영민, 앞의 책, 2008, 323면. "사롬이 안닐흔 데셔 나고 자라셔 안닐흔 데셔 죽는 쟈는 스업을 크게 일우는 쟈이 업ᄂᆞ니라."

야 함을 강조한 것이다. 결국 다섯 번째 대목 앞에 놓인 그 다양한
소설 모티프들은 온전히 여성의 '자강'을 돋보이는 소재적 장치로 귀
착되고 말았다.

이는 애초 옥정이 자신을 찾아온 40-50명의 여인들을 데리고 "여
자에게는 네 가지 덕이 있으니 부덕·부행·부언·부용이요, 여자에게
는 삼종지도가 있으니"라고 하며[29] 구체적으로 사덕(四德)과 삼종지도
(三從之道)의 요소를 설명하고 교육하는 모습을 담아낸 첫 번째 대문과
는 딴판이다. 중세 질서에 순응하는 여성상을 강조한 전반부와 전혀
다른 얼굴이다. 첫 번째 대문에서는 전통적 여인상을 미화한 반면, 다
섯 번째 대문에서는 그것이야말로 극복해야 대상으로 설정한 것이다.
극적 반전을 꾀했다. 이런 장치로 인해 앞에서 제기된 모든 주장은
공허해졌다. 제기된 모든 주장은 그저 마지막 다섯 번째 대문으로 가
기 위한 수단으로 전락되었다. 모든 주제는 다섯 번째 대문에 결집된
셈이다. 이 구성이 의도된 것인가? 만약 의도된 것이라면 치밀할 만큼
지능적이라 할 만하다. 더구나 소설 중간에는 혼사장애 모티프와 군
담 모티프 등 오락적 요인까지 더함으로써 흥미를 배가시켜 놓기까지
했다. 이렇게 보면 〈조부인전〉은 교훈적 메시지를 전달하기 위해 오
락적 요소를 적절하게 가미한 한 편의 잘 짜인 소설이라고 평가할 수
있음직하다.[30]

---

29 〈조부인전〉, 1896년 5월 23일. 1면 4단. 김영민, 앞의 책, 2008, 254면. "녀즈의 네
가지 덕이 잇스니 부덕과 부힝과 부언과 부용이요, 녀즈의 삼종지도가 잇스니."
30 이것이 의도된 것인지 아닌지는 정치하게 따져볼 필요가 있다. 이런 구성이 의도된
것이라면 〈조부인전〉은 작가가 의식적으로 창작한 작품이라 할 만하다. 설령 창작이 아니
라면, 기존 작품을 철저하게 재구성한 작품이라 평가할 수 있다. 좀 더 따져볼 문제지만,
필자는 〈조부인전〉이 연재 도중에 방향을 선회한 것으로 본다. 즉 급작스레 주제를 바꿨다

〈조부인전〉에서는 흥미를 배가하기 위해 여성 수난담을 여러 차례 그렸다. 그 때마다 옥정은 수동적으로 대처한다. 옥정에게 접근해 수난을 준 남자만도 서호길, 한국청, 노위려, 서격란 등 총 네 명이다. 이 중 옥정에게 첫 번째 만난 서호길을 제외한 나머지 세 명에게서 받은 위기 상황은 모두 다른 남성의 도움을 입어야만 비로소 극복된다. 극복도 임시다. 세 명은 작품 중간에 퇴장하지 않는다. 옥정과 한국청·노위려·서격란의 팽팽한 긴장감은 작품이 종결될 때까지 유지된다. 이 설정은 퍽 흥미롭다. 계속 긴장감을 유지하다가 작품 끝에까서 최종적으로 옥정에게 심판을 받게 하려는 의도가 투사된 설정으로 보이기 때문이다. 옥정, 혹은 옥정으로 대표되는 여성 스스로가 자신을 지키는 것이 옳다는 판단에 따라 마련된 서사전략이 옥정과 세 사람의 갈등을 간단없이 이어지게 한 것이다. 치밀한 구성의 결과다.

그런데 서호길은 세 명과 다르다. 심판은커녕 서호길은 그가 데리고 간 옥정의 시비 순희와 행복하게 살다가 병사한다. 옥정을 아프게 한 데 따른 징벌도 없다. 오히려 그에게 긍정적인 눈길을 주기도 한다. 서호길이 죽자, 그와 한평생을 같이 했던 옥정의 시비 순희는 서호길을 따라 순절한다. 〈조부인전〉에서 주장하는 '자강'과는 거리가 먼 열녀 담론까지 제시해 놓은 것이다.

이렇게 보면 한국청·노위려·서격란은 〈조부인전〉에서 옥정과 대

고 본다. 예컨대 전반부에서 중요한 역할을 할 것처럼 그려진 주부인과 기부인이 소설에서 갑자기 사라진 요인도 어쩌면 신문사에서 갑자기 주제를 전환하는 도정에서 생겨난 한 요소로 읽을 수도 있기 때문이다. 특히 이들 인물이 사라진 시기가 〈조부인전〉이 연재되는 도중에 일본 전권공사(全權公使) 소촌수태랑(小村壽太郎)에 의해 소설란 운영 계획이 마련된 때라는 점도 흥미롭다. 신문에 연재되며 나타나는 고전소설의 창작 및 개작 양상에 대해서는 별도의 글로 제시한다.

립적으로 작동하는 반동인물로 주요한 역할을 맡았다. 그에 반해 서호
길은 어떠한가? 서호길은 서사 구성상 긴요하지 않은 인물이다. 없어
도 그만이다. 왜 서호길만 이렇게 설정되었는가?[31] 그것은 옥정에게
접근한 네 명의 남자 중 서호길에 의한 여성 수난담은 단지 〈조부인
전〉의 오락성을 높이기 위한 삽화로만 작동한 결과기 때문이다. 서호
길은 소설 구성과 무관하게 오로지 오락만을 위한 목적으로 마련된
삽화인 셈이다. 서호길 삽화, 그 삽화는 바로 야담을 활용한 것이었다.

옥정이 서호길에게서 벗어나는 삽화는 본래 『교수잡사(攪睡襍史)』에
실린 〈지부만적(智婦瞞盜)〉 유형에 속한다.[32] 도적이 아내를 빼앗으려
하자, 아내는 태연하게 도적을 따라나서겠다고 한 뒤 몰래 몸종과 옷
을 바꿔 입고, 몸종으로 하여금 자기를 대신해서 도적을 따라나서게
한 뒤, 아내는 남편과 함께 무사히 돌아온다는 이야기 유형이다. 〈조
부인전〉에서 옥정이 서호길의 위협에서 벗어날 때도 이 방식을 준용
했다. 〈조부인전〉에서 서호길 삽화는 없어도 무방하다. 다른 시각으
로 보면 이 삽화는 오히려 일관된 소설 줄거리 전개를 저해한다. 그럼
에도 이 삽화가 쓰인 이유는 단 하나뿐이다. 오락성을 드러내기 위함.
그것으로 귀착된다.

이로써 보면 초기 신문매체에서는 고전소설을 통해 민중을 교화하
려고 했고, 아직까지 야담은 크게 주목받지 않았음을 알 수 있다. 야
담은 단지 신문에서 주목하는 고전소설 장르를 돋보이게 하기 위한
장치에 불과했다. 즉 고전소설에서 오락성을 제고하기 위한 삽화 정

---

31 이 문제는 앞의 각주와 상통한다. 옥정과 서호길의 갈등이 갑자기 사라진 것은 한성신
보사에서 연재 도중에 방향을 선회한 데서도 그 원인을 찾을 수 있다.
32 민속학자료간행회 편, 『고금소총』, 『攪睡襍史』 58화 〈智婦瞞盜〉, 油印本, 1959.

도로만 활용될 뿐이었다. 야담이 초기 신문매체에서 고전소설에 종속된 형태로 존재하는 양상은 『한성신보』에 수재한 다른 여러 연재소설에서도 공통적으로 발견된다. 그러다가 조금씩 후대로 가면서 신문매체에서 차지하는 야담의 비중은 점점 커진다. 그에 반해 〈조부인전〉과 같은 정통 고전소설은 신문매체에서 점점 사라진다. 고전소설과 야담의 자리가 서로 뒤바뀐 것이다. 고전소설이 차지했던 자리를 야담이 잠식하는 현상. 이는 근대전환기 신문매체에서 야담과 고전소설의 위상을 확인케 한다는 점에서 특기할 만한 일이다.

3) 〈신진사문답기〉와 〈곽어사전〉에서의 야담 활용

〈조부인전〉은 신문 독지가 감소와 새로 창간된 민족지 『독립신문』과의 경쟁에서 밀리지 않으려는 위기 상황에서 한성신보사가 꺼낸 히든카드였다. 때문에 당시 상황에서는 한국인의 감성을 노골적으로 자극하는 친일 내용을 전면에 드러내기는 어려웠을 법하다. 〈조부인전〉에 친일 여론을 담지 않는 것도 여기에 그 원인이 있다. 대신 여성 계몽을 주제로 제시한 것이다. 〈조부인전〉은 당시 대중에게 큰 환호를 받았던 모양이다. 이 소설 마지막 회가 실린 7월 10일, 『한성신보』에는 차후에 전개될 소설 〈신진사문답기(申進士問答記)〉를 예고한다. 〈예고(豫告)〉를 통해서도 당시의 정황이 그려진다.

> 오래도록 됴부인전을 올녀 購讀諸君之喝采 호시믈 어더셔 本筆者가 고맙게 알고 이를 갑풀 말이 업셧는디 그 됴부인전도 大尾가 되엿스니 次號붓터 극키 ㅈ미잇고 天地感動홀 만 申進士問答記란 니야기를 올릴 터히오니 諸君이 愛讀ᄒᆞ야 주시믈 豫望ᄒᆞ옵노라.[33]

〈조부인전〉이 독자들에게 갈채를 받은 것에 대한 감사와 함께 앞으로 연재되는 〈신진사문답기〉도 애독해 달라는 광고다. 그런데 〈신진사문답기〉는 이전에 볼 수 없던 새로운 형식이 쓰였다. 처음부터 끝까지 이학자가 묻고, 신진사는 그 물음에 대답하는 문답식 형식이었다. 1896년 7월 12일부터 같은 해 8월 27일까지 총 18회로 연재되는 동안 이 방식은 일관되게 유지된다.

〈조부인전〉은 당시 독자에게 친숙한 고전소설 방식을 차용하되, 내용만 신문사의 주지에 맞게끔 재편한 작품이었다. 독자들 역시 고전소설의 형식을 차용한 〈조부인전〉을 거부감 없이 수용했다. 그리고 새로운 내용이라며 갈채도 보낼 수 있었다. 대중을 끌어들이기 위해 소설을 연재하는 방식은 일본 소신문의 전형적인 특성이다. 일본 신문매체는 이 방식을 한국에도 그대로 반영하였는데,[34] 그 결과는 매번 폭발적인 성공으로 이어졌다. 〈조부인전〉도 마찬가지다. 조선 인민의 의식화와 상업적 이득을 동시에 고려한 〈조부인전〉은 가히 성공적이었다. 그래서였을까? 〈조부인전〉의 성공이 한성신보사에게 자신감을 주었는지, 〈조부인전〉 이후에 연재한 〈신진사문답기〉는 전혀 다른 방향으로 전환시켰다. 그 방향은 문답식 형식에, 노골적인 친일 메시지 전달에 있었다.

〈신진사문답기〉에는 등장인물부터 심상치 않다. 충장공의 후예 신진사와 충무공의 후예 이학자. 신진사는 충장공(忠壯公) 신립(申砬,

---

33 『한성신보』 1896. 7. 10. 2면 〈豫告〉
34 양문규는 이인직의 〈혈의누〉가 이런 배경에서 등장했다고 주장한다. 이 논의는 『한성신보』 소설에도 적용할 수 있다. 「1900년대 신문잡지 미디어와 근대소설의 탄생」, 『한국 근대서사양식의 발생 및 전개와 매체의 역할』, 소명출판, 2005, 15~20면.

1546-1592)의 후예일 터고, 이학자는 충무공(忠武公) 이순신(李舜臣, 1545-1598)의 후예일 게다. 둘 다 임진왜란 때 왜와 싸우다 전사했으니, 반일의 대명사라 할 만하다. 이런 두 사람을 문답의 주체로 설정한 것은 철저하게 계산된 것이다. 반일의 대명사를 친일의 선도자로 만들어 놓은 그 대담함이 놀라울 따름이다.

작품 모두에는 두 사람 모두 전통적 유가 질서에 기초하여 위정척사(衛正斥邪)를 주장한다. 선조들의 행적을 충실히 따른다. 그러다가 신진사가 일본을 다녀오는데, 그는 이후 완전히 다른 사람이 된다. 철저한 친일파가 된 것이다. 그리고 이학자와의 문답을 통해 친일의 가치를 높인다. 〈신진사문답기〉는 이학자가 묻고 신진사가 답하는 형태로 시종 전개되는데, 그 내용은 일본이 통치철학을 그대로 드러낸 것이다.

이 작품의 내용이야 관심을 가질 게 없다. 그저 당시 일본인들이 지배 침탈 논리를 어떻게 마련했던가를 이해하는 척도로 보면 그만이다. 그러나 문답 형식은 주목할 만하다. 이것이 이후의 대화체 형식의 소설, 즉 『대한매일신보』 수재 〈소경과 안즘방이 문답〉이나 〈거부오해〉와 같은 작품으로 연결되기 때문이다. 그것은 또한 문체의 변화가 글쓰기의 변화를 가져오는 계제로 작동했다는 점에서 매우 중요한 의미가 있다. 제한된 신문지상에서 말하려는 내용을 모두 담아내려면 글쓰기 방식을 보다 효율적으로 정립해야 한다. 문답식은 이야기 전달에 불필요한 묘사나 심리 등을 거세하고, 오로지 줄거리의 요체만을 전달한다. 제한된 지상에서는 퍽 효과적인 글쓰기 방식이 아닐 수 없다. 물론 〈신진사문답기〉는 장기간 연재를 목적으로 한 소설이니, 애초부터 이를 의도하지는 않았으리라. 그렇다 해도 근대 매체에 수

록된 우리나라 최초의 문답체 방식인 〈신진사문답기〉는 이후의 매체
에 상당한 영향력을 행사했다. 특히 야담과 패설에도 상당한 영향을
미쳤다. 문장체가 아닌 형태로 향유되던 이야기, 예컨대 "本妻+嫉妬+
惡色=不得已離緣"처럼[35] 수학 도식이 활용되는 양식도 이런 글쓰기
형식의 변화에서부터 출발했다고 볼 수 있기 때문이다. 문답체 글쓰
기 방식은 이후 패설이 소화와 재담과 같은 근대적 장르로 전변하는
하나의 계기로 작동했다는 점에서 주목할 만하다.[36] 그 시초가 바로
〈신진사문답기〉였다.

일본이 형식적인 변화를 꾀해 직접적이고 노골적으로 친일 메시지
를 연재할 수 있었던 배경에는 〈조부인전〉을 연재하면서 어느 정도
안정을 꾀했고, 신문매체를 통해 친일 여론을 조성할 수 있다는 자신
감을 얻은 결과에서 비롯된 것으로 보인다. 거기에 일본 외무성의 비
호도 한몫을 했다. 당시 주한공사 고무라 주타로(小村壽太郎)가 외무대
신(外務大臣) 무쓰 무네미쓰(陸奧宗光)에게 보낸 공문, 〈『한성신보』개
선 및 유지에 대한 계획〉안에는 소설란의 활용 가능성을 다음과 같이
제시하였다.

韓文 속에 이 欄을 만들어 각종의 里談·俗談을 실어 어린이·婦女까지
도 이를 읽을 수 있게 할 것이며, 韓人 일반의 嗜好를 이용하여 不知不識
간에 이를 啓導하는 것을 努力함.[37]

---

35 鮮于日, 『仰天大笑』 27화. 〈新算術例題〉, 박문서관, 1913.
36 김준형, 「근대전환기 패설의 변환과 지향」, 『구비문학연구』 34, 한국구비문학회,
2012, 105~112면. 이 문제는 좀 더 두고 봐야겠지만, 서사의 구성에 중심을 둔 글쓰기보다
줄거리 위주의 글쓰기 방식을 취한 근대 패설의 출발점도 바로 이 작품에서부터 시작한다
고 봐야 하지 않을까 한다.

1896년 5월 29일에 올린 것이니, 〈조부인전〉의 다섯 대목 중 첫 대목이 마무리되어 갈 즈음이다. 실제 이 방법은 〈조부인전〉을 통해 상당한 효과를 거둔 것으로 보이는데, 그 자신감이 '부지불식간'이 아닌 '직접적'인 논설을 제시할 수 있다는 자신감으로 이어진 것이 아닌가 한다. 그래서 〈신진사문답기〉와 같은 독특한 작품도 생성되었으리라. 그러나 〈신진사문답기〉와 같은 형식의 소설은 이후 더 이상 나타나지 않는다. 이는 문답식 소설이 한국 독자에게는 큰 호응을 얻지 못했음을 방증한다. 오히려 문답식 방식은 차후 『대한매일신보』처럼 분량에 제한을 받던 다른 신문매체에서 유용하게 활용되었다고 보는 것이 맞을 듯하다.

〈신진사문답기〉에 이어서 나온 소설은 〈곽어사전(郭御使傳)〉이다. 이 소설은 〈조부인전〉과 맥을 같이 한다. 〈신진사문답기〉가 한국 독자를 불편하게 했던 탓에 이전에 갈채를 받았던 〈조부인전〉과 같은 형태로 회귀했음을 짐작케 한다. 그러면서도 『한성신보』 개량 계획안에 맞게끔 〈곽어사전〉에 친일의 그림자를 투사시켰다.

〈곽어사전〉은 전반부의 계모형 가정소설과 후반부의 영웅소설이 결합된 소설 양식을 취했다. 이 역시 〈조부인전〉처럼 전통적인 고전소설 형식을 빌리고, 그 안에 한성신보사의 메시지를 담아냈다. 그 줄거리를 간략히 제시해 보자.

> 곽부웅은 최씨와 결혼하여 아들 소옥을 낳지만, 소옥이 3세가 되던 해 최씨는 운명한다. 이에 심씨를 재취로 맞아 1남 2녀를 낳는다. 심씨는 소옥으로 인해 자기 자식이 재산상 손해를 입을까 염려한다. 이에 소옥이

---

37 최준, 『한국신문사론고』, 일조각, 1976, 291면 재인용.

장씨를 맞아 결혼하던 날에 계모 심씨는 사람을 시켜 소옥을 살해한다. 이를 안 곽부웅은 심씨와 그 자식을 모두 죽이고 유랑의 길을 떠난다. 그러다 한 절에 머문다.

소옥과 결혼한 장씨는 하룻밤 인연으로 종운을 낳는다. 종운은 이후 아버지가 없는 사연을 안다. 종운이 10세가 되자 과거를 보러 떠난다. 그러다가 우연히 한 노인을 만나 천문지리와 육도삼략을 익힌다. 노인과 만난 하루는 인간세상의 7년임을 안 종운은 급히 과거를 보러 간다. 날이 어두워 한 집에 머무는데, 그 집에서 진채란과 인연이 되어 둘은 혼인한다. 종운은 경성에 올라가 과거에도 합격한다. 과거에 합격한 종운은 민정을 살피다가 할아버지 곽부웅을 만난다. 이에 곽부웅을 모시고 어머니가 계신 집으로 돌아온다. 어머니 장씨는 며느리에게 가간사를 맡기고 20년 만에 남편을 따라 자살한다. 얼마 후 곽부웅도 죽는다. 조부상과 모친상을 치른 종운은 경성으로 오는데, <u>마침 오랑캐가 난리를 일으킨다. 종운은 그 전쟁에 참가하여 여러 차례 싸운다.</u> 이후 고향으로 돌아와 종운은 병들어 죽는다. 종운의 아들은 삼년상을 지낸다.

〈곽어사전〉의 줄거리 대략이다. 줄거리에서는 간단히 제시했지만, 실제 이 작품에서 가장 많은 분량은 밑줄 친 마지막 부분, 즉 전쟁에서 벌어지는 전투 장면이다. 그리고 그 안에 이 작품의 주제도 담겼다. 〈곽어사전〉의 전쟁 초반 장면은 일반 영웅소설에 보던 바와 차이가 없다. 종운이 모든 악의 축과 맞서서 그들을 물리치는 면면이 그러하다. 그런데 악을 대표하는 적괴 충번이 종운에게 잡히지 않고 도망가면서 이야기는 전혀 다른 방향으로 전개된다.

도망간 충번은 시정에 숨어사는, 일종의 시은(市隱)이라 부를 만한 석원출을 만나 도움을 청한다. 그리고 석원출의 도움을 입은 충번은 심기일전하여 다시 종운과 대결한다. 둘의 싸움은 좀처럼 끝나지 않는다. 전쟁도 상당히 진지하고 심각해진다. 그런데 이 때 뜬금없이 조정에서는 '교린지의(交隣之宜)로 서로 화해하자'는 의견이 발의된다. 독자 입장에서 보면 다소 황당한 발상인데, 전쟁은 양국에 불행하니 화친만이 양국을 보존하는 길이라는 주장이 유효하게 작동한 것이다. 이에 따라 종운과 충번도 서로 화해한다. "무도한 오랑캐 놈",[38] "개 같은 충번"이라고[39] 하며 분노한 지 얼마 되지 않은 때다. 또한 황제는 "지금 양국이 서로 화친이 되매 불가불 약조가 있고, 또 잔치가 없을 수 없으니 잔치를 배설하라." 하여[40] 대연을 베푼다. 백성들도 이런 결정을 모두 칭송한다. 기존 영웅소설에서는 볼 수 없는 당혹스러운 전개다.

이 내용은 누가 봐도 한국과 일본 간에 싸우지 말고 서로 교린 외교를 하자는 한성신보사의 의도가 반영된 결과다. 조선과 일본 간에 대립보다 교린이 중요하다는 점을 암암리에 젖어들게 한 의도. 교린은 곧 붕우와 족친을 비롯한 집안사람들과 행복하게 지낼 수 있는 일로, 계속 전쟁을 하면 '하마터면 아직까지도 이 재미를 보지 못하고'[41] 불행해지는 것은 당연지사다. 그러니 지금 가족과 행복하게 지낼 수 있는 것 모두는 교린이 가져다 준 행복인 셈이다. 영웅소설에서 황제의 국가를 범한 도적과 화친하고 의좋게 지내는 경우는 단연코 없다. 황제가 잔치까지 벌여 도적을 위로하는 사례는 더 더욱 찾을 수 없다.

---

38 〈곽어사전〉, 1896년 10월 12일. 1면 5단. 김영민, 앞의 책, 2008. 419면. "무도흔 오랑키놈"

39 〈곽어사전〉, 1896년 10월 24일. 1면 4단. 김영민, 앞의 책, 2008. 432면. "기 갓튼 츔번"

40 〈곽어사전〉, 1896년 10월 26일. 1면 6단. 김영민, 앞의 책, 2008. 435면. "지금 양국이 서로 화친니 되미 불가불 약조가 잇고, 쏘 잔치가 읍실 슈 읍시니 잔치를 빅셜ㅎ라."

41 〈곽어사전〉, 1896년 10월 28일. 1면 5단. 김영민, 앞의 책, 2008. 437면. "하마ㅎ더면 다시 이 자미를 보지 못ㅎ얏쓸 거셜"

『한성신보』에서는 적어도 화친 모티프 만큼은 적극적으로 개작했음을 알 수 있다. 이는 "韓人 일반의 嗜好를 이용하여 不知不識 간에 이를 啓導하는 것을 努力"한 실제였다.[42] 즉 〈곽어사전〉은 『한성신보』 개량 계획을 직접 실험한 고전소설이었다.

〈곽어사전〉에서도 야담이 활용된다. 그러나 야담은 고전소설 작품 안에 완전히 녹아 있다. 예컨대 첫날밤 신랑 살해 삽화도 야담에서 흔히 보던 내용이다. 그렇지만 〈곽어사전〉에서는 이 작품을 야담에서 가져왔다고 확언할 수 없을 만큼 작품 안에 완전히 스며들었다. 굳이 야담에 원천을 두었다고 밝힐 필요도 없다. 그만큼 삽화는 고전소설 안에 자연스럽게 용해되었다. 야담 삽화는 그저 고전소설 구성을 위한 도구로만 작동한 것이다. 이처럼 야담을 작품 안에 녹이는 방식은 〈신진사문답기〉에도 보인다. 재물에 대한 가치를 묻는 이학자의 물음에 대해 신진사는 비유적으로 박엽(朴燁) 이야기를 꺼낸다. 청에 대한 원수를 갚으려면 재물을 얻어야 한다는 주장이 핵심인데, 이 내용 역시 『교수잡사』에서 패러디한 〈삼자헌현(三子獻見)〉과 같은 작품과 맥락을 같이 한다. 신진사의 주장을 보조하는 도구로만 야담이 쓰였을 뿐이다.

『한성신보』에 수록된 소설은 이전에 향유되던 고전소설 작품을 그대로 전재하거나, 부분적으로 개작한 것이 아니었다. 새로운 작품으

---

42 뻔하게 드러나는 결과를 두고 '부지불식간에 계도하는 노력'의 흔적으로 읽어낼 수 있겠느냐는 지적도 있을 수 있다. 그러나 긴 전쟁 삽화를 종결짓는 가장 강렬한 모티브가 화친이라는 점에서 그 인상은 독자들에게 다른 어떤 삽화보다도 강하게 인지된다는 점을 고려할 필요가 있다. 또한 〈조부인전〉과 달리 노골적인 메시지 제시는 이전에 연재된 〈신진사문답기〉에서 직접적 언술을 통한 메시지 전달과도 일정한 관련을 맺는다고 볼여지도 있다.

로 창작했다고 봐야 할 터다. 거기에 쓰인 야담 작품은 소설 안에 완전히 용해된다. 그것이 애초 야담에서 온 것인지, 아니면 다른 데에 출처를 둔 것인지조차 확인할 수 없을 정도로 야담은 깊이 숨었다. 실체가 드러나지 않는다. 실제로 〈신진사문답기〉나 〈곽어사전〉에 쓰인 야담이 신문사에서 의도적으로 취재한 것인지 아닌지조차 확인할 길이 없다. 그만큼 야담은 무색무취하게 고전소설 속에 스며들었다. 즉 초기 신문매체에서는 굳이 야담을 드러내야 할 만큼 그 의미를 크게 두지 않았던 것이다. 야담은 고전소설의 흥미를 높이거나 논설을 보조하기 위한 하나의 수단으로만 활용되었다고 할 만하다. 야담은 오락성을 돋우기 위한 하나의 도구였을 뿐이다.

초기 『한성신보』에서 야담의 면모가 쉬 드러나지 않는 것은 고전소설만으로도 충분히 오락성과 친일 의식을 담아낼 수 있다는 한성신보사의 입장이 반영된 까닭이리라. 일본에서 지원금을 받으며 운영되던 한성신보사로서는 신문에 친일의식을 담는 것이 무엇보다 중요했다. 그 목적을 이루기 위해 흥미로운 작품을 활용해야 했을 터고, 그 작품은 한국인에게 익숙하면서도 이왕에 보지 못했던 새로운 것일 때 더욱 효과적일 수 있었다. 그러려면 기존 작품을 일부 변개하여 친일 의식을 담는 것보다 친일 의식을 온전하게 녹인 새로운 주형에 맞는 새 작품을 만드는 것이 더욱 유효했다. 〈신진사문답기〉나 〈곽어사전〉은 이러한 면모를 드러낸 작품이고, 야담 역시 이들 작품이 요구하는 목적성 안에 그대로 흘러들어가서 그 본모습조차 찾을 수 없게 되었던 것이다.

오락성을 드러냈지만 목적성을 강조하는 소설 쓰기 방식은 이후 『대한매일신보』 등과 같은 민족지에서도 차용한다. 『한성신보』가 친일적 메시지를 전달하기 위한 장치였다면, 『대한매일신보』 등 민족지에서는 민족적 담론을 마련했다는 차이가 있을 뿐이다. 그 의도는 같았다. 오락성을 드러내되, 그보다 이데올로기를 중시해야 한다는 논리. 그것은 이후 신채호가 소설은 '국민의 나침반'이 되어야 한다는 선언으로[43] 이어지는 계기로 작동했을 법도 하다.

3. 『한성신보』 수재 야담의
소설적 지향과 고전소설의 변모

1) 야담의 속성 활용과 〈報恩以讐〉·〈以智脫窮〉·〈男蠢女傑〉

〈조부인전〉이 보여준 여성 계몽, 〈신진사문답기〉에 담은 일본의 조선 침략에 대한 정당성 홍보, 〈곽어사전〉의 교린 외교 등『한성신보』잡보란에서는 오락성을 빙자하여 한국인에게 친일 의식의 점진적 수용을 강요했다. 오락성과 목적성, 두 의도를 모두 내세우면서도 목적성에 더 무게를 두었다고 할 만하다. 이런 의도를 충족시키기 위해서는 기존에 향유되던 고전소설들도 신문사 취지에 맞도록 새롭게 창작해야만 했다. 기존 작품을 전재하면 이미 내용을 알고 있는 대중은 어떤 부분에서 왜곡이 있는 지를 금방 파악하기 때문에, 신문사의 목적에 맞게 의식화하는 과정이 쉽지 않은 까닭이다. 실제 〈조부인전〉과 〈곽어사전〉은 고전소설과 퍽 닮았지만, 그 조본이라 할 만한 텍스

---

43 신채호, 「소설가의 추세」, 『개정판 단재신채호전집』 별집, 형설출판사, 1998, 81면. 옛 소설이 아닌 시대적 요구를 담은 새로운 사상을 담은 '신'소설을 창작하여 나침반처럼 국민을 개조하는 방향으로 이끌었던 역사·전기의 탄생도 이런 맥락과 맞닿아 있다고 볼 수도 있음직하다.

트는 아직까지 확인되지 않는다.[44] 이 점에서도 이 두 소설은 한성신보사에서 직접 창작했다고 볼 여지가 있다. 특히 두 소설은 상당히 긴 호흡으로 연재되었는데, 긴 호흡이 끊이지 않도록 하려면 탄탄한 구성력이 절대적으로 요구된다. 그만큼 많은 시간과 정성이 요구되는 일이다. 그 때문이었을까? 이후 『한성신보』에 연재된 소설은 〈조부인전〉이나 〈곽어사전〉처럼 긴 호흡의 고전소설이 아닌, 비교적 짧은 형태의 소설이 위주가 되었다. 편집 방향에 전환을 꾀한 것이다. 이 과정에서 야담은 조금씩 그 실체를 드러내며, 야담이 지닌 장르적 속성도 조금씩 분명히 나타난다.

〈보은이수(報恩以讐)〉(1896.9.12.-16)는 야담의 속성을 그대로 살렸다. 이 작품에 말하고자 하는 바는 원세개(遠世凱)의 우매함이다.[45] 인간의 삶의 문제를 다루면서도 그 토대를 현실에 두었던 야담의 속성을 적극 활용하되, 그 방향만 원세개에 대한 비난으로 틀었다. 야담의 장르적 특성을 이용하지만, 그 내용은 〈신진사문답기〉나 〈곽어사전〉에서 보여준 것처럼 신문사의 의도를 우선하였다. 이런 글쓰기 방식은 〈이지탈궁(以智脫窮)〉(1896.9.18.-26)에도 동일하게 나타난다. 〈이지탈궁〉은 선혜청과 관련된 이야기 두 편을 묶은 것이다. 두 편 중 뒤에 실린 이야기는 실존인물 권돈인(權敦仁, 1783-1859)의 일화인데,

---

44 조희웅이 조사한 소설 목록에는 이 두 소설 이름이 보이지 않는다. 『고전소설 이본 목록』, 집문당, 1999. 필자는 이후 한두 종의 이본을 확인하였는데, 이들은 모두 신문의 내용을 전재한 것이다.

45 작품의 줄거리는 다음과 같다. 李源宗이 이웃의 고아를 키워주었는데, 아이는 고아라는 사실을 알고 가출한다. 이후 거리에서 아이를 보았지만, 그는 이원종을 보고 모르는 척한다. 그뿐 아니라, 이원종을 잡아다 죽이려고 한다. 이에 따라 포청에서 이를 조사하였더니, 그 아이는 원세개의 청지기가 되어 신임을 받는 것을 이용하여 이원종을 죽이려 했던 정황이 밝혀진다.

원 출처는 분명치 않다. 앞에 실린 이야기는 조카와 삼촌으로 관계
설정이 되어 있지만, 출처는 『청구야담』 수재 〈향변자수통사후(鄕弁自
隨統使後)〉나 『기문(奇聞)』 수재 〈자원비장(自願裨將)〉에46 있다. 내용은
조금 다르지만, 이야기 맥락은 일정 부분 상통한다.

〈보은이수〉·〈이지탈궁〉 두 작품은 전대 야담에서 소재를 직접 취
하지 않았다. 그러나 그 미감은 전대 야담과 다르지 않다. 〈보은이수〉
나 〈이지탈궁〉은 야담이 지닌 장르적 속성만 차용한 작품이라 할 만
하다. 즉 이들은 야담의 속성만 활용한 창작물인 셈이다. 이런 현상은
전대 작품을 재록하는 것에 대한 한성신보사의 부정적인 인식이 반영
된 결과다. 〈조부인전〉을 비롯한 이전의 고전소설 연재물도 그랬다.
한성신보사에서는 번역물이나 창작물처럼 새로운 작품을 싣는다는
지침이 지배적이었기 때문이다.

그러나 매번 긴 호흡을 유지해야 하는 고전소설 연재는 부담이 클
수밖에 없었다. 그래서였을까? 고전소설을 대신하여 비교적 분량이
적은 야담을 전면에 배치함으로써 그 부담을 줄이고자 했다. 이 도정
에서 소재적 차원에 머물거나 고전소설의 도구에 머물던 야담이 신문
의 전면에 부상한다. 실제 두 작품 이후로 야담은 잡보란에서 중심적
위치에 놓인다. 이 점에서 보면 〈보은이수〉·〈이지탈궁〉은 근대 초기
신문 매체에서 야담의 위상을 높이는 첫 걸음을 내디딘 작품으로 기
억할 만하다.

그런데 〈보은이수〉·〈이지탈궁〉 이후 퍽 곤혹스러운 작품이 연재
된다. 〈남준여걸(男蠢女傑)〉(1896.9.28.-10.22)이 그렇다. 〈남준여걸〉

---

46 이우성·임형택 편역, 『이조한문단편선』 상, 일조각, 1973, 128-134면.

은 〈이춘풍전〉이다. 〈이춘풍전〉은 〈무숙이타령〉을 패러디한 작품인
데,[47] 그 창작 시기는 명확하지 않다. 현존하는 이본 중 가장 이른 시
기에 필사된 본이 1905년이라는 것이라는 점을 고려하면[48] 〈이춘풍
전〉의 창작시기는 20세기를 전후한 때일 개연성이 높다. 그렇다면
〈남준여걸〉은 현재까지 확인된 가장 이른 시기의 〈이춘풍전〉 텍스트
가 된다. 이를 어떻게 이해할 것인가. 위험한 추단이긴 하지만, 어쩌
면 이 작품이 〈이춘풍전〉의 원전일 가능성도 전혀 무시할 수도 없는
형편이다. 특히 『한성신보』에서는 기존에 널리 알려진 작품은 전혀
싣지 않았다는 점을 기억하자. 그런데 이 즈음해서 뜬금없이 〈이춘풍
전〉을 재록했다는 것도 선뜻 이해할 수 없지 않은가. 설령 〈이춘풍전〉
을 개작하여 『한성신보』에 실었다면, 〈남준여걸〉은 이전에 보여준 한
성신보사의 행보와는 전혀 다른 방향으로 전개된 첫 작품이 된다. 그
러나 그 후로도 이런 일은 없었다. 철저하게 새로운 작품을 연재했다.
오직 〈남준여걸〉만 전대 작품과 고리를 맺고 있다. 이를 어떻게 설명
해야 할 것인가? 평지돌출로 이해하면 그만인가? 아직은 쉽게 단정할
수 없지만, 아마도 〈이춘풍전〉은 이 작품에서부터 출발했다고 보는
것이 현재로서는 가장 타당한 추론이다.[49]

---

47 김준형, 「텍스트 개우사와 왈짜들의 유흥문화」, 『쟁점으로 본 판소리문학』, 민속원,
2011, 401-403면.
48 조상우, 「十八子花日風 해제」, 『동양고전연구』 19, 동양고전학회, 2003. 조상우의
조사에 의하면 〈이춘풍전〉은 1909-1915년에 주로 필사되었다고 보았다. 성산본(1905),
나손②본(1908), 박순호①본(1909), 나손①본(1911), 나손④본(1911), 나손⑤본(1912),
가람본(1912), 박순호②본(1915), 연대본(1930), 국도본(1931), 조상우본(1939)다. 또한
이명선이 본 〈이춘풍전〉의 필사년도도 1936년으로 추정된다.
49 이 문제를 더 다루는 것은 논문의 체제상 맞지 않는다. 〈이춘풍전〉의 이본 검증을
통한 실증적 결론은 별고로 보고하기로 한다.

〈남준여걸〉은 〈보은이수〉·〈이지탈궁〉과 미의식을 달리 한다. 그렇지만 작품을 시작하는 초반부는 이 두 작품이 보여준 모습과 유사하다. 세상사를 모르는 어리석은 춘풍에게 세상을 가르치려 드는 아버지 이경원. 아버지는 아들 춘풍이 너무 졸렬하고 국량이 적은 탓에 매일 백냥씩 주며 그 돈을 모두 쓰고 오도록 한다. 돈을 쓸 곳이 없었던 춘풍은 돈을 그대로 가지고 돌아온다. 그러자 아버지는 그의 용렬함을 꾸짖고 다시 내보낸다. 이 대목이 〈남준여걸〉 초반부다. 이 이야기는 『청구야담』 수재 〈획중보혜부택부(獲重寶慧婦擇夫)〉 전반부의 내용을 차용했다. 비부(婢夫) 오생에게 아내 비자(婢子)가 돈을 주고, 그 돈을 모두 쓰고 돌아오라고 한다. 한 푼도 허비하지 않고 돌아온 오생에게 아내는 걸인이라도 주라고 하며 다시 내보내는 줄거리를 가진 야담이다. 〈남준여걸〉의 초반부와 다르지 않다. 〈남준여걸〉은 바로 〈획중보혜부택부〉를 빌려다 쓴 것이다.

이 서두는 앞서 〈조부인전〉에서 삽화로써 흥미를 높이기 위한 전제로 야담을 활용한 것과는 다른 목적에서 출발한다. 〈남준여걸〉 초반부는 작품의 주제를 이끌어가는 전제로 작동하지, 작품의 주제를 돋보이게 하려는 흥미소로만 작동하지는 않는다. 〈남준여걸〉에 쓰인 야담은 삽화가 아니라 소설을 이끌어가는 주요한 역할을 한다. 인간의 삶을 다루면서도 그 토대를 현실적 문제에서 찾는 야담의 속성을 이용함으로써 비교적 긴 호흡으로 〈남준여걸〉을 이끌고 가려 했던 정황이 드러난다.

〈남준여걸〉은 여성[아내]의 입장을 적극적으로 대변하고, 여성이 앞장서야 가정이 선다는 점에서 보면 앞서 소개된 작품들과 그 주지가 다르지 않다. 여성 독자를 겨냥한 의도에 부합할 뿐 아니라, 여성의 역할과 힘을 강조한다. 그러면서도 〈남준여걸〉에서는 이전 연재소설과 달리 억지로 신문사에서 요구하는 친일 의식을 담지 않는다. 의식을 직접 드러내지 않고, 스스로 깨우치게 하는 것이다. 이는 애초 오락성과 목적성 두 요소 가운데 목적성이 희석되고, 대신 오락성을 강조하는 방향으로 전개되기 시작했음을 뜻하는 것이기도 하다. 이는 곧 〈보은이수〉·〈이지탈궁〉·〈남준여걸〉로 이어지면서 현실적 삶의 문제를 다루되, 오락적 요소를 목적성보다 우위에 두고 전개되기 시작했다고 볼 수 있다.

이후에 연재된 〈이소저전(李小姐傳)〉(1896.10.30.-11.3)이나 〈성세기몽(醒世奇夢)〉(1896.11.6.-18)도 앞의 세 작품과 속성이 같다. 야담을 토대로 소설적 부연을 하며 오락성을 극대화하는 방향으로 전개시키던 현상이 이들 작품에게도 적용된다. 이로써 야담은 삽화로만 활용되던 이전과 다른 면모를 드러낸다. 이런 상황에서 야담을 활용하는 방식이 다시금 바뀐다. 소설적 부연이 없어도 현실적 문제를 제시할 수 있다는 사유가 반영된 결과리라. 연재물의 분량이 줄어든 것도 이와 연관된다.

2) 야담의 소설화 양상과 〈李正言傳〉·〈金氏傳〉·〈冤魂報仇〉·〈孀婦冤死害貞男〉

야담의 속성을 활용하여 수록한 〈보은이수〉·〈이지탈궁〉과 같은 비교적 단편의 이야기는 기존에 향유되던 야담이 아니다. 창작을 해야 한다는 사유가 기존 야담을 있는 그대로 전재하는 것을 거부했다고 할 수 있다. 그리고 잡보란을 통해 전달하려는 친일 의도도 다소 희석되면서 그 무게중심도 목적성보다 오락성에 맞춰졌다. 오락성에 초점이 맞춰지다보니 자연히 창작에 대한 속박에서 다소간 자유로워졌던 것으로 보인다. 이후에 나온 〈기연중절(奇緣中絶)〉(1896.11.30.-12.2)은50 『금고기관(今古奇觀)』 수재 〈두십랑노침백보상(杜十娘怒沉百寶箱)〉을 축약하여 수록한 것이고, 〈섬보반덕(蟾報飯德)〉(1896.12.12)은 민담 〈은혜 갚은 두꺼비〉를 실어놓은 것도 창작에 대한 부담을 덜고 흥미로운 소재를 찾은 데서 연유한 작품들이라 할 만하다. 이런 도정에서 기존에 향유되던 야담도 그대로, 혹은 약간 변개된 형태로 수록되기 시작했다.

〈이정언전(李正言傳)〉(1896.11.22.-30)은 새로운 이야기지만, 그 모티프는 『청구야담』 수재 〈최곤륜등제배방맹(崔崑崙登第背芳盟)〉에서 연유한 것으로 보인다. 〈최곤륜등제배방맹〉에서는 최창대(崔昌大)가 지물포 집 딸과의 약속을 저버리자, 그 집 딸이 신의를 저버린 것에 실망하여 자살하는 것으로 끝난다. 하지만 〈이정언전〉의 여인은 끝까지 살아남는다. 다른 사람과 결혼하여 세 아들 모두 과거에 급제시키고 행복하게 지낸다. 이후 여인은 우연히 불평하게 사는 이정언을 만나는데, 그 때 여인은 당신이 차지할 그 많은 복록을 스스로 차버렸다고 꾸짖은 후 술을 주어 보낸다는 내용으로 종결된다. 일종의 〈최곤륜등제배방맹〉의 패러디라 할 만한데, 이 작품을 통해 전달하려는 메시지는 뚜렷하지 않다. 단지 오락적인 요소만 남았다. 그러나 기존 야담에 새로운 내용을 덧붙이면서 한 편의 완결된 내용으로 전개시키는 점은 야담을 소설적으로 이끄는 새로운 경향임에 틀림없다. 이런 현상은 〈김씨전〉(1896.12.4.-14)에서 더욱 두드러진다.

〈김씨전〉 앞부분은 『계서잡록(溪西雜錄)』 및 『기문총화(紀聞叢話)』

---

50 이 작품은 1906년 2월 6일부터 18일까지 『대한매일신보』에 연재된 〈靑樓義女傳〉과도 그 내용이 유사하다. 김영민, 『한국의 근대신문과 근대소설 1』, 소명출판, 2005, 251-259면.

등에서 널리 볼 수 있는 야담을 적극적으로 활용하였다. 김씨 성을 가진 한량이 길을 가다 아름다운 한 여인을 만나 그녀를 따라간다. 그리고 여인이 혼자 있을 때를 기다리며 집 뒤 후원에 숨어서 기회를 엿본다. 마침 그 여인이 시어머니께 인사를 하고 나와 혼자 방에 오는 것을 보고 기뻐하던 차에 문득 한 중이 그 방으로 들어가 서로 희학한다. 이에 한량은 분노하여 활을 먹여 중을 쏘아 죽인다. 여인은 두려워 급히 한량을 벽장에 숨기고, 한량은 집으로 돌아온다. 그날 밤 꿈에 한 청의소년이 나타나 감사의 인사를 드린 후, 자신은 절에서 공부할 때에 중에 의해 타살되었다는 그간의 사정을 말한다. 이에 한량은 아직까지 썩지 않은 시신을 확인하고, 그 뒷날 그 집을 찾아가 노인을 만나 아들의 시신이 있는 곳을 일러준다. 그리고 며느리의 벽장을 열어보게 한다. 며느리는 그간 사실을 고백한 후 자살한다. 이후 청의소년은 그 후로 한량의 뒤를 봐주고, 한량은 출세가도를 달린다. 여기까지는 기존 야담 작품과 동일하다. 〈김씨전〉은 『한성신보』에서 전대 야담을 그대로 수록한 첫 작품이라 할 만하다.

그런데 〈김씨전〉은 이 뒤에 새로운 내용을 첨가했다. 선천방어사가 된 김한량이 모든 식솔을 거느리고 선천으로 가다가 한 주막에서 잠을 잔다. 그 때 꿈에 청의동자가 나타나서 저녁밥도 먹지 말고 급히 나가라고 한다. 종들이 날이 저물었다면서 짜증을 내도 김한량은 개의치 않고 우직하게 그 곳을 떠난다. 과연 그 날 밤에 도적들은 김한량이 주막에 머문다는 소문을 듣고 노략질하러 온다. 하지만 김한량은 이미 떠난 뒤라 그 화를 면한다. 이후 선천에 부임한 김한량은 치민을 잘해 백성들이 칭송했다는 내용이다. 굳이 없어도 됨직한 이야기지만, 굳이 덧붙였다. 이 내용이 삽입되면서 작품의 완결성은 높아졌다. 오락성을 통한 작품의 완결도를 높였다고 할 만하다. 야담이 지닌 속성을 십분 활용하면서도 그 편폭을 길게 가져가며 오락성을 극대화한 것이다.

〈이정언전〉이나 〈김씨전〉은 모두 오락성만을 강조했다. 여기에는 어떤 목적도 없다. 〈조부인전〉·〈신진사문답기〉·〈곽어사전〉에서 보여주었던 친일 의식을 주입하겠다는 의도도 없다. 〈보은이수〉·〈이지탈궁〉·〈남준여걸〉처럼 야담의 속성을 드러냈지만, 그 안에서 말하고자 하는 주지도 찾을 수 없다. 여성 독자를 염두에 두고 적극적인 여성상을 그리던 양상마저도 사라졌다. 〈이정언전〉에서는 그나마 주체적이던 여인이 〈김씨전〉에서 지극히 수동적인 존재로 변모되기도 했다. 그녀가 스스로 할 수 있었던 유일한 행위는 주위 시선에 떠밀린 자살뿐이었다. 이것은 무엇을 의미하는가. 오로지 흥미만을 목적으로 했음을 방증하는 것이 아닌가. 이를 두고 굳이 "독자들의 현실감을 무디게 하고 미풍양속을 저해하려는 의도"니,[51] "미풍양속을 파괴하고 민족정신을 약화하려는 일본 제국주의의 식민정책"[52]이라고 해석할 필요는 없지 않을까 한다. 오락성을 극대화함으로써 독자들의 기호를 맞췄다고 보면 그만이다.

〈김씨전〉에서 보았듯이 전대 야담이 그대로 실리기 시작했다는 점은 주목할 만하다. 창작이 아닌 단순 전재를 시작했다는 것은 작품이 지닌 목적성보다 오락성에 초점을 맞췄다는 것을 뜻하기 때문이다. 일본이 애초 제기했던 자기들의 정치적 지배 논리가 경제적 상업논리로 전환되었다고 볼 수 있기 때문이다. 이후 이런 현상을 담은 작품은

---

51 박수미, 「개화기 신문소설 연구」, 성균관대 박사학위논문, 2005, 74면.
52 한원영, 『한국 개화기 신문연재소설 연구』, 일지사, 1990, 247면.

당분간 계속 소개된다. 그러면서 그 양상은 더욱 소설로 향해간다.

〈원혼보구(冤魂報仇)〉(1896.12.28.-1897.1.8)는 중간 부분이 누락된 탓에 그 온전한 내용을 알 수 없다. 하지만 전반부의 내용이 『파수록(破睡錄)』 3화와 『유록(類錄)』 수재 〈임씨사안발(林氏査案跋)〉을 소개한 것은 틀림없다. 첫날밤 아내가 시를 지어 남편에게 그 대구를 지으라 했지만, 남편은 짓지 못한다. 이후 절에 들어가 공부하다가, 문득 그 대구를 생각해 낸다. 이에 그는 친구에게 그 사연과 함께 자신이 마침내 찾은 대구를 말해준다. 친구는 그를 대신하여 집에 내려와 여인을 겁탈하고, 여인은 끝내 자살한다는 이야기가 야담의 줄거리다. 그런데 〈원혼보구〉에는 이 이야기 중간, 그러니까 친구가 내려오는 장면까지만 남았다. 그러다가 다시 여인의 원혼을 풀어주는 사또 이야기로 연결된다. 중간이 빠진 까닭이다. 뒷부분은 『청구야담』 수재 〈설유원부인식주기(雪幽冤婦人識朱旗)〉 등 다양한 야담집에 수록되어 있다. 즉 〈원혼보구〉는 〈임씨사안발〉과 〈설유원부인식주기〉 유형을 하나로 결합시켜 한 편의 소설로 만든 작품이다. 이는 여러 개의 삽화를 하나로 묶어 한 편의 작품으로 만드는 흐름과 동일한 양상이다. 『한성신보』 잡보란에서도 당시 야담의 소설적 경사 양상이 그대로 반영되어 나타났음을 〈원혼보구〉는 여실히 증명하고 있는 셈이다.

그리고 1897년 1월 12일부터 연재가 시작된 〈상부원사해정남(孀婦冤死害貞男)〉은 우리나라 최초로 마련된 '小說'란에 실린 첫 작품이다.[53] 그 이전까지는 '雜報'란에 작품을 실었지만, 이때부터 잡보란 대신 '소설'란이 마련된 까닭이다. 그러나 그 지향은 이전의 '잡보'란과

---

53 김영민, 앞의 책, 2008, 85면.

다를 바 없다. 다만 용어만 달리 쓰였다고 보면 그만이다. 〈상부원사해정남〉은 제목에서부터 기존 야담에서 즐겨 쓰던 방식을 따랐다. 또한 그 내용 역시 기존 야담을 약간 변개시켰다. 우연히 만난 여인의 청을 거부했다가 평생 현달하지 못한 사람 이야기를 다룬 『파수록』 31화, 여인의 청을 끝내 거절한 고장군 이야기를 다룬 『금계필담(錦溪筆談)』 11화 등은 이 이야기와 유사성을 갖는다.[54] 소설란에 야담 작품을 처음으로 제시한 것이다.

이상을 고려하면 애초 〈조부인전〉에서 출발한 '잡보'란은 중국에 와서는 야담에게 자리를 내어준 셈이다. 불과 7개월 동안에 많은 변화가 있었던 것이다. 변화의 흐름은 목적성을 대신한 오락성이 강조된 데서 찾을 수 있다. 고전소설은 아무래도 분량에 제한을 받을 수밖에 없었다. 또한 아무리 독자의 호응이 좋아도 매번 새로운 작품을 창작한다는 것은 신문사로서도 부담스러운 일이다. 그에 반해 야담은 현실적인 문제를 다루고 있다는 점에서도 매력적이었고, 그 내용도 일정한 변화를 주어 새로 재구성할 수도 있었다. 이런 점에서 야담은 분명히 매력적인 장르였다. 『한성신보』에서 고전소설 대신 야담을 소설적으로 재구성하여 제시했던 것도 바로 이런 이유에서 비롯되었다고 할 만하다.

오락성만을 강조하다보니 『한성신보』가 지닌 친일 기관지로서의 성격은 상당 부분 희석되었다. 신문 기사를 통해 친일 정보를 제공하지만, 애초 소설란을 이용해 "不知不識 간에 이를 啓導하는 것을 努力"하려는 취지는 무색해졌다. 이런 문제 때문이었는지, 이후 『한성신보』 소설란에는 야담과 고전소설 대신 〈무하옹문답(無何翁問答)〉과 같은 의

---

54 〈상부원사해정남〉의 원형은 '아내와의 약속 때문에 여인과 잠자리를 하지 않는다'는 내용이다. 이 작품은 아직 그 소재를 찾지 못했지만, 야담집에 분명히 존재하는 작품이다.

론체 작품들이 실린다. 다시 본연의 친일 의식을 주입하기 위한 한성신
보사의 노력이라 할 만하다. 이런 글쓰기 방식은 이후 논설과 야담이
결합하는 방식으로 전개되기도 한다는 점에서 주목을 요한다. 소위
'서사적 논설'과 '논설적 서사'의 분류가 명백해지는 면모를 보인다.

일찍이 김영민은 '서사적 논설' 및 '논설적 서사' 양식이 야담과 같
은 전통 문예 형식과 신문의 논설과 같은 근대 문화 매체의 결합으로
생성되었다고 보았다. 그리고 그 양식은 온전한 서사물인 신소설로
이어진다고 보았다.[55] '서사적 논설' 및 '논설적 서사' 양식이 신소설로
이어지는가 하는 문제는 논외로 하더라도, 이 두 양식이 전대 야담과
근대 매체의 결합에서 형성되었다는 주장은 타당해 보인다. 그리고
그 양상은 『한성신보』에서도 확인할 수 있다. 그러나 애초부터 논설
이 야담과 결합한 것이 아니었다. 그 이전에 친일 여론 조성이라는
목적성을 위해 고전소설의 활용했고, 목적성에 오락성을 가미하기 위
해 고전소설과 야담의 혼용되기도 했고, 오락성을 강조하기 위해 야
담이 고전소설을 대신하여 주도적 자리를 차지하기도 했던 복잡한 과
정도 있었음을 고려할 필요도 있음직하다. 『한성신보』의 야담의 활용
양상과 고전소설의 변용은 그것을 말하고 있다.

4. 맺는 말

중세에서 근대로 이행하는 도정에 만들어진 패러다임의 변화는 실
로 컸다. 2,000년 간 유지해왔던 인간의 삶의 방식을 완전히 바꾼 중

---

55 김영민, 『한국근대소설사』, 솔, 1997.

대한 현상이었다. 그 패러다임의 변인을 이끄는 데에 가장 중요한 역할을 했던 것이 근대 매체였다. 알기 쉬운 문자, 낮은 가격, 불특정 다수를 전제로 한 글쓰기는[56] 중세의 삶을 순식간에 무너뜨렸다. 필사에서 인쇄로 바뀐 매체의 변환은 문학의 향방에도 상당한 실력을 행사한다. 야담도 예외가 아니었다.

19세기말-20세기초 야담은 끊임없이 자기갱신을 하고 있었다. 그러나 역사상 유래가 없던 번역(變易)의 시대, 전통과의 단절을 요구하는 제구포신(除舊布新)의 시대에[57] 과거 문학은 부정의 대상일 수밖에 없었다. 그러나 부정은 표면에 드러난 현상일 뿐이었다. 그 이면에서는 오히려 위기감으로 인해 전통에 대한 관심이 더 강조되기도 했다.[58] 그렇다 해도 기존 양식이 구태라는 사유는 지식인들 사이에 형성된 보편적인 인식이었다. 그런 상황에서 매체에 수록되는 문학 장르는 기본적으로 독자 기층에 존재하는 익숙한 형식을 이용한 것이지, 그 내용은 전통을 부정하고 새로운 세계로 향해 있었다고 볼 수 있다. 『한성신보』에 실린 소설도 그러했다.

독자에게 익숙한 형식을 빌리되, 그 내용은 신문사가 만들어 놓은 새로운 세계를 지향하는 것이었다. 〈조부인전〉에서 여주인공 옥정이 '여성도 자강하자'는 주장은 과거 세계를 부정하는 말에 다름 아니다.

---

56 이 세 요소는 독립신문의 지향이기도 했다. 독립신문 창간호 사설을 보면, 알기 쉬운 문자, 저렴한 가격, 최선의 이익을 위한 문제를 게재한다고 밝혔다. 이 현상은 파급력이 실로 컸는데, 이 즈음에 선교사들이 한문 대신 한글을 택한 것도 이러한 맥락에서 이해할 수 있기 때문이다.

57 임형택, 『실사구시의 한국학』, 창작과비평사, 2000, 12면.

58 임형택, 「한국 근대가 세운 전통 표상」, 『전통, 근대가 만들어낸 또 하나의 권력』, 인물과 사상사, 2010, 21면.

익숙한 고전소설의 틀 안에 새로운 내용을 담은 것이다. 이 방법은 대성공을 이룬다. 이에 신문사에서는 이왕이면 새 틀에 새 내용을 담아내자고 생각을 했었을 지도 모른다. 〈신진사문답기〉는 바로 그런 방식을 따랐다. 하지만 익숙하지 않은 틀을 대중은 거부했다. 그에 따라 새로운 내용 역시 반발이 강할 수밖에 없었을 터다. 이에 〈조부인전〉과 같은 작품으로 회귀한 작품이 바로 〈곽어사전〉이었다. 이런 현상은 중세에서 근대로 이행하는 도정에서 빚어진 다양한 사회문화적 갈등이 문학에서도 그대로 반추되었음을 이야기하는 것이라면 지나친 것일까. 이를 인정하지 않는다 해도, 문학 역시 중세에서 근대로 전환하던 시기에 다층적인 변모를 드러낸 것은 부정할 수 없지 않는가. 적어도 사회문화적 변화 메커니즘에서 고전소설은 사회적 기능을 제대로 발휘했다고 할 수 있음직도 하다.

　여기에 오락성이라는 요소가 개입한다. 애초 오락은 목적을 이루기 위한 수단이었다. 〈조부인전〉·〈신진사문답기〉·〈곽어사전〉에서 오락적 요소를 가진 야담은 도구로만 활용되었다. 야담 그 자체가 지닌 장르적 속성은 크게 고려하지 않았다. 그러나 이후 야담은 그 영향력을 확대한다. 야담이 지닌 장르적 속성이 신문 매체와 조화를 이뤘기 때문이다. 야담이야말로 목적성과 오락성을 동시에 만족시킬 수 있는 장르였던 셈이다. 고전소설을 대체하고, 그 자리에 야담이 차지한 것도 이런 현상에서 비롯된 것이라 할 만하다. 〈보인이수〉·〈이지탈궁〉과 같은 작품은 야담의 속성만을 제시한 데 반해, 〈김씨전〉·〈원혼보구〉와 같은 작품은 아예 고전소설을 대신하여 주인으로 행세하기도 했다. 그럼에도 여전히 전대 작품을 그대로 수록하지는 않았다. 어떻게든 개작했다. 개작을 하되, 이전의 〈조부인전〉처럼 신문사의 의도를 반영한 것은 아니었다. 오로지 흥미를 높이기 위해 오락성을 확장했을 뿐이다. 이런 현상은 후대의 신문에서 더욱 강하게 나타난다. 예컨대『경향신문』에서 1909년 4월 2일부터 같은 해 10월 15일까지 6개월 간『동패락송(東稗洛誦)』에 실린 작품 16편을 발췌하여 수록하기도 한 것도 그러하다.[59]

그러나 오락성에 너무 편중되었다고 느꼈을 때, 한성신보사에서는 다른 방법을 구안한다. 의론체 소설을 제시하는 것이었다. 논설을 제시하되, 그 논설의 가치를 높이기 위해 야담을 활용하는 방식이다. 야담이 위주가 되는가, 논설이 위주가 되는가에 따라 '논설적 서사'와 '서사적 논설'로 나눌 수도 있지만,[60] 그 요체는 논설과 야담의 결합이라는 데에 있다. 이런 현상은 중세에서 근대로 이행하는 도정에서 문학 장르의 새로운 움직임과 변동을 그대로 보여준다. 문학 장르의 운동성을 가장 잘 보여준 것이 신문 연재 소설이 아니었나 싶다. 이런 점에서『한성신보』는 황색지라는 본질이야 부정할 수 없지만, 문학의 운동과 연관하여 다시금 주목해야 할 신문 매체가 아닌가 한다. 물론 그들이 감행했던 정치적 문제를 희석하기 위한 대안으로써 소설을 활용했다는 점은 결코 배제해서는 안 될 것이다. 문학의 운동성에 주목하다가 보다 본질적인 문제, 즉 문학의 시대적 사명감 등을 놓아서는 안 되기 때문이다. 문학과 정치의 상관성을 고려한 이들 작품의 가치 판단에 대한 문제는 차후의 과제로 남겨둔다.

---

59 김준형, 「근대전환기 야담의 전대 야담 수용태도」, 『한국한문학연구』 41, 한국한문학회, 2008, 598-600면.
60 김영민, 『한국근대소설사』, 솔, 1997.

20세기 초 고소설 동화화와 그 의미

조혜란 /이화여자대학교

1. 서론

동화는 주로 아동문학 연구자들에 의해 논의가 진행되어 왔던 문학 장르이다. 그런데 근래 들어 고소설 연구자들에 의한 동화 관련 논의들이 보고되고 있다. 이는 주로 고소설의 동화화에 대한 연구이다. 연구의 대상은 주로 1920년대 이후 출판된 동화집 수록 고소설 관련 작품들로, 동화화된 작품의 원천을 추적하거나 동화화된 이본 간 양상들이 비교 분석되면서, 동화화된 작품의 저본 확인, 단락 비교를 통한 각 동화집 서술 차이의 검토, 동화화된 작품 혹은 원천 작품인 고소설이 지닌 아동문학적 특징 등이 고찰되었다[1].

---

1   고소설 작품과 20세기 초 동화집 소재 작품을 연관 지어 고소설의 동화화에 주목한 기존 논의로는 주로 권순긍, 권혁래 두 분의 연구가 주를 이루고 있다. 권혁래의 논의들은 관련 논문들을 묶어 낸 단행본 및 자료집 등으로 출판되었고 권순긍의 논의들은 단편논문들로 발표되었다. 권혁래, 『일제 강점기 설화·동화집 연구』, 고려대 민족문화연구원, 2013; 권혁래, 『조선동화집』, 집문당, 2003; 권순긍, 「고전소설의 동화적 변모」-〈흥부전〉을 중심으로, 『고소설연구』 27, 한국고소설학회, 2009; 권순긍, 「〈콩쥐팥쥐전〉의 형성과정 재고찰」, 『고소설연구』 34, 한국고소설학회, 2012; 권순긍, 「전래동화 콩쥐팥쥐의 형성과정」, 『민족문학사연구』 52, 민족문학사학회, 민족문학사연구소, 2013; 권순긍, 「토끼전의

동화화한 고소설 작품에 대해 고소설 연구자들은, 고소설이 동화화된 결과 원래 고소설 작품이 지니고 있던 풍부하고도 다양한 면들이 사상된 점에 대해 언급하거나 혹은 근대 초기 고소설 동화화의 양상을 오늘날 아동출판물로 나온 고소설과 관련하여 생각해 볼 문제로 지적하기도 한다. 고소설의 동화화를 바라보는 입장은 대개 두 가지로 나눌 수 있겠는데 하나는 아동문학 읽을거리로서의 고소설 동화화에 논의의 비중이 놓이는 경우이며, 다른 하나는 아동문학 자체에 대한 관심보다는 고소설이 근대 초기를 대응해 간 방식 중의 하나로 고소설의 동화화 양상을 고찰하는 입장이다.

주지하듯 1920년대 이후에도 고소설은 신소설, 신작구소설들과 경쟁 구도를 이루면서 독서물로 소비되었고 그 이후에도 활자본으로 꾸준히 유통되었다. 그럼에도 불구하고 고소설은 조선시대의 서사 양식임에 분명하며 근대 초기에 이르면 더 이상 새롭게 창작되는 고소설 작품들이 이어지리라는 기대는 갖기 어려운 상황이 된다. 이런 상황에서 몇몇 고소설 작품들이 근대 매체나 아동문학이라는 근대적 외양을 입으면서 새롭게 등장하는 현상은 고소설의 장르사적 운명을 고찰하는 자료로서도 반드시 검토되어야 할 부분임에 분명하다. 1920년대 고소설 동화화 작업, 즉 조선시대의 소설 장르가 근대 동화 장르와 결합하는 양상이 고소설의 쇠퇴를 재촉하는 것인지 아니면 새로운 문화적 결합으로 작용하는지 여부가 궁금하다.

동화화 과정」, 『우리말교육현장연구』 6, 우리말교육현장학회, 2012. 조상우 역시 심의린의 『조선동화대집』을 검토하였는데 그의 논의는 우의(寓意)의 유형과 의미에 초점이 맞춰져 있어 본고의 관심사인 고소설의 동화화와는 대상 작품이나 문제의식 면에서 거리가 있다. 조상우, 「심의린의 〈조선동화대집〉에 나타난 우의의 유형과 그 의미」, 『동양고전연구』 39, 동양고전학회, 2010 참고.

본고의 입장은 고소설의 입장에서 동화를 바라보는 시각을 견지하면서 이 문제에 접근하고자 한다. 즉 근대 초기 아동 독서물로 출판되는 고소설을 대상으로, 고소설의 동화화 방식과 그 의미를 살펴 고소설의 동화화가 고소설이 근대를 관통하는 데 어떤 방식으로 기여하는지를 고찰하고자 한다. 이를 위해 본고 역시 1920년대 이후 출판된 동화집들을 살필 예정이다. 그런데 20세기 초 고전의 아동독서물화, 동화화에 대해 언급하기 위해서는 신문관 발행 잡지들도 함께 다뤄야 할 것으로 보인다. 1910년대 신문관에서는 '동화'라는 명칭을 사용하지 않은 채 어린이들을 독자로 상정한 잡지들을 발행하였고 그 중에는 고소설 작품들도 수록되었다[2]. 그러므로 20세기 초 고소설 동화화의 방식과 의미를 살펴보기 위해서는 동화집은 물론 이들 매체에 수록된 고소설 관련 기사들도 논의의 대상으로 포함될 필요가 있다. 그 결과, 본고는 신문관 발행 잡지인 〈소년〉, 〈붉은 저고리〉, 〈아이들보이〉, 〈새별〉, 〈청춘〉과 대표적인 동화집들인 〈조선동화집〉, 〈조선동화대집〉, 〈조선전래동화집〉을 논의의 대상으로 삼고자 한다.

1910년대에 고소설은 신소설의 대체물이 아니라 신소설과의 경쟁 구도 하에서 독서물로 소비되고 있었고[3], 1920년대에도 여전히 대중적으로 읽히고 있었다[4]. 출판시장의 이 같은 구도 속에서 고소설이 아

---

2 최남선은 조선 최초로 아동용 읽을거리를 출판한 인물로 알려져 있다. 물론 조선시대에도 아동용 독서물들이 있었다. 그런데 이는 주로 〈소학〉, 〈천자문〉, 〈격몽요결〉 등의 교육용 책자들로 교재의 성격이 강하다. 놀이로서의 아동용 읽을거리, 여가를 위한 아동용 독서물은 1910년대 최남선의 신문관 출판물에 이르러 등장한다.

3 이경현, 「1910년대 신문관의 문학 기획과 한국 근대문학의 형성」, 서울대 박사논문, 2013, 42-43면.

4 권순긍, 「딱지본 고소설의 수용과 1920년대 소설대중화」, 『도남학보』 10, 도남학회, 1987 참고.

동용 잡지에 수록되고, 동화로 불리면서 등장하는 것이다. 본고는 고
소설 연구자의 입장에서 20세기 초 고소설의 동화화 양상에 대해 일
괄하여 검토하고 그 의미에 대해 천착해 보고자 한다.

2. 신문관 발행 아동잡지의 고소설 개작 양상

1910년대 최남선이 주도한 일련의 아동용 잡지의 출판은 초기 근대
문학의 형성이나 근대 계몽의 취지와 관련하여 고찰[5]되거나 아동문학
의 개념이 등장하기 이전에 조선에서의 아동문학 형성 과정을 보여주
며 아동을 위한 글쓰기를 보여준다[6]는 점에서 중요하게 거론되는 텍
스트들이다. 신문관에서 출판한 잡지와 신문의 목록은 다음과 같다.
잡지 명칭 오른쪽에 표시한 것은 통권 호수와 발간 연도, 그리고 고소
설 관련 기사들의 제목[7]이다.

---

5 최남선의 인쇄 매체 중 특히 〈소년〉과 〈청춘〉은 근대, 민족, 계몽, 조선적 가치 등의
문제와 관련하여 중요하게 거론되는 잡지들이다. 예를 들어, 이 잡지들이 초기 근대문학
의 성격에 미친 영향에 대해서는 한기형, 「최남선의 잡지 발간과 초기 근대문학의 재편」,
『대동문화연구』 45, 성대 대동문화연구원, 2004; 〈소년〉과 〈청년〉에 수록된 조선 고전들
을 대상으로 조선의 전통적 문장들이 근대적 독서물로 재배치되는 과정에 대한 검토로는
최기숙, 「'옛 것'의 근대적 소환과 '옛 글'의 근대적 재배치」, 『민족문학사연구』 34, 민족문
학사학회, 2007 등의 논문이 있다.
6 진선희, 「1910년대 아동 신문 〈붉은 져고리〉 연구」, 『한국아동문학연구』 22, 한국아
동문학학회, 2012, 125-126면.
7 〈소년〉부터 〈청춘〉에 이르기까지 다양한 서사문학 작품들이 수록되어 있으며, 이
중에는 〈이솝우화〉 같은 번안동화나 〈나뭇군과 신선 1,2〉 같은 설화 등도 포함된다. 본고
의 관심이 고소설에 놓여 있는 까닭에 본고에서는 고소설 관련 기사들만 언급하였다.

〈소년〉 : 통권 23호, 1908. 11 - 1911. 5

〈붉은 져고리〉 : 통권 11호, 1913. 1 - 1913. 6[8]

〈아이들보이〉 : 통권 13호, 1913. 9 - 1914. 10 / 〈흥부 놀부 1·2〉(2, 3호)[9], 〈먹적골 가난방이로 한세상을 들먹들먹흔 허싱원[10]〉(10호)

〈새별〉 : 통권 16호, 1913. 9 - 1915. 1 / 〈허생전〉(16호)[11]

〈청춘〉 : 통권 15호, 1914. 10 - 1918. 9 / 〈연암외전〉(1, 2호), 〈수성지〉(3호)

고소설의 동화화와 관련한 본고의 목표에 도달하기 위해서는 우선 위의 목록 중 고소설이라는 요소와 아동 독자를 대상으로 하는 매체라는 두 가지 요소가 겹쳐지는 경우를 찾아야 할 것이다. 이때 우선 생각해야 할 것은 최남선이 생각하는 '소년'이 오늘날 아동출판물이라고 했을

---

8 〈붉은 져고리〉는 한 달에 두 번 간행되었는데 연구자에 따라 이를 신문으로 지칭하는 경우도 있고, 혹은 잡지로 간주하여 신문관 발행 잡지 목록에 포함시키기도 한다.

9 박진영의 해제에 실린 총목차 제목에 의하면 〈흥보 놀부 1,2〉 외에 〈자라 영감하고 토끼 생원〉(1호), 〈심청 1,2〉(4,5호) 등도 고소설 관련 작품일 것으로 보인다. 이 중 본 연구자가 잡지 수록 원문을 확인한 것은 2호에 실린 〈흥부 놀부 1〉이다. 박진영, 「어린이 잡지 〈아이들보이〉의 총목차와 폐간호」, 『민족문학사연구』 42, 민족문학사학회 민족문학사연구소, 2010, 443-445면.

10 주지하듯 이 작품의 원제는 〈허생전〉이다. 그런데 〈허생전〉은 이 경우만이 아니라 최남선의 다른 잡지에서도 산문과 운문으로 개작하여 실린다. 그러므로 각 개작 간의 혼동을 막기 위해 본고는 각 개작본의 제목을 그대로 사용하기로 한다. 〈허생전〉의 다른 개작에 대해서는 각주 22) 참고.

11 박영기의 논문에 의하면, 〈새별〉 16호 목차에 〈허생전〉이 들어 있고 〈허생전〉(상)의 도입부가 인용되어 있으며 김용희의 글에는 조금 더 긴 인용문이 실려 있다. 본 연구자 역시 이 논문에서 제시한 서지사항의 영인된 책자를 검토했으나 16호에서 해당 본문은 확인하지 못 했고 다만 '여러분(독자)의 새 感興을 닐히키고져' 〈아이들보이〉 때 산문으로 수록한 '허생의 사적'을 운문으로 다시 싣고 있다는 내용의 후기를 확인할 수 있었다. 앞으로 이 논문에서 인용되는 〈새별〉 수록 〈허생전〉은 김용희 논문의 인용문을 참고한 것이다. 박영기, 「1910년대 잡지 〈새별〉 연구」, 『한국아동문학연구』 22, 한국아동문학학회, 2012, 97면, 109면; 김용희, 「〈아이들보이〉, 〈새별〉지에 나타난 육당과 춘원의 '이약이' 의식」, 『아동문학평론』 38, 아동문학평론사, 2013, 69면.

때의 아동 혹은 어린이와 같은 개념으로 쓰이고 있는가 하는 문제이다.

　조선시대에는 어린아이들을 가리키는 표현으로는 '童蒙, 黃口, 小兒, 少年, 孩提, 幼兒, 孩兒' 등 다양한 단어들이 사용되었으며, 15세는 '성동(成童)'으로, 그 이후로는 '丁'으로 지칭하였다. 15세는 오늘날의 기준으로는 아동이라기보다는 청소년기에 가깝고, 또 15세 전이라도 혼인을 하면 성인으로 간주되기도 하여 조선시대에는 아동기에 대한 뚜렷한 기준이 있었던 것은 아니며12, 아동과 청소년기의 생애 주기가 따로 구분되어 있지 않았음을 알 수 있다. 1920년대 무렵에도 '소년'은 아동부터 청년까지를 두루 이르는 말로 사용되었고, 〈소년〉에서 최남선이 구현하고자 했던 '소년'의 의미는 나이가 어린 존재라는 의미가 아니라 '노년'과 대비되는 젊은 세대라는 의미에 가깝다고 한다. 즉 최남선의 '소년'은 '새로운 문물을 받아들이고 새로운 시대를 열어갈 신문화 운동의 담당층으로 설정'된 것으로, '아이/어른'의 문제라기보다는 '신/구' 세대의 대립 양상을 반영하는 개념이고 거기에는 무엇보다 계몽의 의지가 강하게 개입되어 있다는 설명13이다. 〈청춘〉은 〈소년〉을 보다 전문화한 잡지였으므로 이 역시 독자가 아동이었을 것으로 보기는 어렵다. 이에 비하여 나머지 세 잡지는 이보다는 나이 어린 독자를 대상으로 한 읽을거리로 제공되었는데 이 중 〈붉은 져고리〉14에는 고소설이 수록되어 있지 않다. 그러므로 〈아이들보

---

12 조선시대 아동기를 지칭하는 용어에 대해서는 지정향, 「조선시대 유학의 아동관과 교육적 함의」, 한국학중앙연구원 박사학위논문, 2009, 25-34면.
13 김수경, 「최남선의 '소년'과 방정환의 '어린이' 사이의 거리」, 『한국문화연구』16, 2009, 이대 한국문화연구원, 60-62면. 이 논문에 의하면 최남선의 '소년'보다 방정환의 '어린이'가 오늘날의 아동문학의 대상에 더 가까운 개념이라고 하였다.
14 〈붉은 져고리〉의 '인ᄉ 엿줍는 말ᄉ'을 보면, 이 잡지가 '온 세상 붉은 져고리 입는이

이〉, 〈새별〉만이 검토 대상에 해당되며, 해당 고소설은 〈흥부전〉과 〈허생전〉으로 좁혀진다[15].

　우선 〈흥부 놀부 1〉에는 '흥부의 잘됨'이라는 부제가 붙어 있고, 7·5자 한 행의 귀글 형태로 제시되어 있으며 모두 1,360자 정도의 분량이다. 〈흥부 놀부 2〉도 이와 비슷한 분량이었을 것으로 추정되므로 1,2를 합하면 전체는 이 두 배에 이르는 분량이 될 것으로 보인다. 〈흥부 놀부 1〉은 '전라 경상 지경에 두 사람이 사니 놀부라는 짝 없이 모진 언니와, 흥부라는 어질기 한없는 아우 두 동생의 앞뒤일 볼 만하도다'로 시작하여 놀부의 욕심과 동생에 대한 구박, 흥부의 가난과 모진 고생, 닥치는 대로 일하는 정황 등이 그려진 후 제비 박 화소가 등장한다. 이듬해 가을 네 통의 박이 열리고 박이 익기를 기다려 타니 차례로 한 쌍의 청의동자가 바친 병병의 약들, 목수가 나와 지은 고래등 같은 집과 논밭, 온갖 세간과 곡식, 하인들이 나왔으며, 마지막 박에서는 서화와 풍악, 각종 재주를 품은 이들이 나왔다. 이렇게 하여 부자가 되자 흥부는 갑자기 부자가 되어서가 아니라 자신이 이 정도의 복을 받을 만큼 잘 해 왔다는 것을 기린다는 내용으로 1부가 마무리되고 있다.

　〈흥부 놀부 1〉은 귀글 형태여서 문체상으로 소설본이나 판소리 창본과는 완연히 다른 형태로 바뀌었고 분량도 축소되어 원래의 소설

들의 귀염 밧는 동무가 될양'으로 창간되었다고 밝히고 있다. 온 세상의 붉은 저고리 입는 이들을 위한 재미있는 이야기, 좋은 그림, 공부거리, 놀잇감 아이들의 읽을거리가 필요하다는 설명인데 이를 보면 〈붉은 져고리〉의 독자층은 초등학교 학생 정도였을 것으로 보인다.

15　각주 9) 박진영의 언급에 의하면 〈토끼전(또는 별주부전)〉, 〈심청전〉이 더 추가될 가능성이 있다.

모습과는 다르나 놀부의 비윤리적 처사, 흥부에 대한 박대, 흥부의 가난 고생과 노력 등이 빠지지 않고 언급되어 있다. 〈흥부 놀부 1〉의 저본은 경판 25장본 〈흥부전〉일 것으로 보이는데 앞에서 언급한 서사 단락과 더불어 흥부 박 숫자에서 단 한 개의 차이가 나고 그 속에서 나오는 내용물들이 거의 같은 데에다 출판사가 신문관이기 때문이다. 신문관에서는 '육전소설'이라는 명칭 하에 고소설 단행본들을 출판했는데, 육전소설 발행이 시작되는 시기가 1913년 4월이고, 〈흥부전〉은 1913년 10월에 나왔다[16]. 〈아이들보이〉 2, 3호는 1913년 10월, 11월에 나왔으며 '육전소설'에 포함된 고소설들이 모두 경판 방각본에서 유래했다는 사실을 생각해 볼 때 〈흥부 놀부 1,2〉 역시 경판 25장본을 저본으로 했을 가능성이 높아 보인다[17].

10호(1914)에 수록된 〈한셰샹을 들먹들먹흔 허싱원〉은 박지원의 〈허생전〉 번역으로, '~습니다'와 더불어 '~지라' 같은 어미가 같이 섞여 있으나 당시의 국한문혼용체를 생각해 봤을 때 〈한셰샹을 들먹들먹흔 허싱원〉의 문장은 매우 자연스러운 국문 번역에 해당한다고 하겠다. 이는 다양한 번역 문체[18]에 대한 시도와 더불어 어린 나이의 독자들을 위한 배려에서 채택된 문체일 것으로 보인다. 이 글은 12쪽에 걸쳐 7개의 소제목으로 나뉘어져 실려 있고 박지원 〈허생전〉의 내용

---

16 최호석, 「신문관 간행 육전소설에 대한 연구」, 『한민족어문학』 57호, 한민족어문학회, 2010, 133-135면.

17 이에 대해서는 〈흥부 놀부 2〉를 검토한 후에 더 확실하게 의견을 낼 수 있을 것으로 보인다. 〈흥부전〉의 경우는 어떤 결말로 귀결되는가에 따라 저본이 경판 계열과 창본 계열로 나뉠 가능성도 있기 때문이다.

18 이에 대해서는 임상석, 「1910년대, 국역의 양상과 한문고전의 형성-최남선의 출판 활동을 중심으로」, 『사이』 8호, 국제한국문학문화학회, 2010 참고.

과 전개를 충실하게 따라가며 번역을 시도하였는데, 다만 시대적으로 요긴하지 않은 시사삼난에 해당하는 내용은 생략하고 대신 훗날 허생 원의 사적에 대해 또 들을 때가 있을 것이라는 후기로 마무리하였다. 〈한세샹을 들먹들먹흔 허싱원〉이 최남선의 번역인 것에 비해 〈새별〉에 수록되었다는 〈허생전〉은 4·4조의 연속으로 이광수가 번역[19]한 것이다. 최남선의 번역에 비해 이광수의 〈허생전〉 도입부[20]에서는 허생 아내의 불만이 더 부각되어 있다.

'고소설'이라는 학문 영역이나 자국 '고전'에 대한 개념이 명확하게 설정되어 있지 않았던 당대에 신문관에서는 단행본이나 잡지의 출판을 통해 한문, 한시, 소설, 민담, 시조 등 다양한 영역에서 꾸준히 조선 고전들을 소개하고 있다. 신문관 발행 아이들 잡지에서 고소설 관련 기사가 수록되는 것은 이 같은 출판사의 기획 의도를 배경으로 한 것이다. 신문관본 잡지가 고소설을 아동 독서물로 다시 쓰거나 (rewriting) 번역하는 방식을 보면 한문 산문에서 5·7조나 4·4조의 운문적 서사[21]로 바뀌었고, 생략되는 부분도 있지만 원 작품에 손상이

---

19 이광수는 〈새별〉지 16호에 '외배'라는 필명으로 박지원의 〈허생전〉을 4·4조의 율격으로 개작 발표했다고 한다. 김용희, 69면.

20 "서울이라 下南村에 선배한분 살더니라/ 움막사리 단간초옥 식구라고 다만內外/ 지붕에는 풀엉크고 섬밋헤는 삵이잔다/ 五更쇠북 萬戶長安 꿈인듯이 고요한대/ 가믈가믈 가는 초불 그린듯이 도도안저/ 외오나니 聖經賢傳 글소리만 들리더라// 그겻헤서 바늘들고 그덕그덕 졸던안해/ 깁으랴던 누더기를 와락집어 내던지며/「여보시오 말좀드소 아츰밥은 엇지랴오/ 나는발서 눈어두어 바늘품도 다팔앗소/ 남들은 十年成就 小科大科 하온後에 / 出將入相 거들거려 가즌호사 다하는데// 二十餘年 글을외어 科擧하나 못하고서/ 오동지 달 칩은밤에 헐벗고 밥굶어도/ 그래도 如前하게 興也賦也 할터이오/ 글닑어 배혼재조 바람먹고 살려하오/ 人生이 죽어가서 저승이 있다하면/ 고린선배 죽은鬼神 酆都獄에 가오리라" 앞글, 69면.

21 조선시대에는 고소설도 주로 낭독의 대상이었기에, 특히 방각본이나 판소리계 소설의 경우는 읽기에 편한 문체로 된 경우가 다수였다.

갈 만큼의 변개는 시도하지 않았다는 점을 알 수 있다. 대상 작품도 〈흥부전〉이나 〈허생전〉처럼 비교적 짧은 단권 소설이나 한문단편을 선택하고 잡지 분량은 충분히 넉넉한 지면을 할애했다는 것 역시 원전을 잘 살리게 되는 요인으로 작용하였다.

그런데 선정 작품이 과연 아동문학에 적합한 것인가는 또 다른 문제이다. 〈흥부전〉은 탄탄한 구성, 인물간의 뚜렷한 선악 구도, 흥부의 잘됨과 놀부의 못됨 같은 선명한 서사 대비, 권선징악적 결말 등이 동화화에 적합한 요소를 갖춘 작품인 것으로 보인다. 그런데 〈허생전〉은 특별히 아동문학적 변개에 적합한 요소를 지닌 작품이라고 하기는 어려워 보인다. 다만 시사삼난 부분이 생략된 것은 그 내용이 아동이 이해하기에 어려우리라는 판단 하에 생략했을 가능성도 있으며 동시에 발행연도가 이미 일제가 시작된 1913년이어서 우리 민족의 자주의식 고취와 밀접한 그 부분을 생략했을 가능성 역시 고려할 필요가 있겠다. 그 외에는 연암 원전에 충실한 번역이라 하겠는데, 〈허생전〉이 채택된 것은 당시 최남선이 가지고 있던 연암 문학에 대한 관심[22], 한국 역사 속에 내재한 근대문명의 맹아와 가능성을 전달해 주고 싶은 의도[23]와 관련된 것일 수 있다.

결과적으로 신문관에서 선택한 〈흥부전〉과 〈허생전〉은 모두 그 출

---

22 신문관본 잡지를 보면, 〈허생전〉이 두 번에 걸쳐 산문과 운문으로 소개되었고 〈청춘〉 1,2호에는 '연암외전'에 수록된 작품들이 차례로 번역되고 있다. 〈아이들보이〉, 〈새별〉, 〈청춘〉 세 잡지에 박지원의 한문단편이 다 실린 셈이다.

23 한기형, 234면. 이에 더하여 각주 24에서 한기형은 최남선이 〈재물론〉에서 한국 자본주의의 천민성을 비판하면서 부자의 공공적 사명과 역할을 강조하고 있다고 보았다. 한기형은 〈재물론〉에서 최남선이 〈허생전〉의 변부자를 '사회재산의 일시 기탁인'으로 자처한 카네기에 비유하고 있는 점이 흥미롭다고 지적하였다.

판사의 다른 출판물들과의 관련 양상 속에서 채택된 것임을 알 수 있다. 〈흥부전〉의 경우는 분량과 내용 면에서 아동문학으로 개작하기에 적당한 선택이라는 점을 재론할 필요가 없을 것이며, 〈허생전〉의 경우는 어려워 보이는 한문 단편이라 해도 번역과 개작, 운문 정도에 따라 아동용 독서물로 변개 가능하다는 폭넓은 선택의 가능성을 보여준 예라 하겠다.[24]

3. 동화집에 수록된 고소설 관련 작품의 동화화 양상

　1924년 총독부에서 발행한 『조선동화집』을 필두로 하여, 1926년에는 심의린이 편찬한 『조선동화대집』이 나왔으며, 1940년에는 박영만이 펴낸 『조선전래동화집』이 출간되었다. 『조선동화집』은 총독부에서 일본어로 펴낸 것이기는 하나 조선 최초의 동화집이었고, 『조선동화대집』은 조선인의 손에 의해 한국어로 편찬된 최초의 동화집이라는 의의가 있으며, 1940년에 나온 박영만의 『조선전래동화집』은 각 편마다 이야기의 채록 지역을 밝힌 동화집으로, 이 책을 통해 '전래동화'라는 호칭이 동화집에 최초로 사용되었다[25]. 세 동화집 모두 주 대상은

---

24 신문관본 출판물에서 아동용 읽을거리로 〈허생전〉을 선택한 것은 아동을 성인의 시선과 기대 수준으로 한정하지 않았다는 점에서 눈여겨 볼 만하다. 이는 고소설 중 아동문학으로 개작 가능한 작품을 선정하는 오늘날의 출판 기준과 관련해서도 논의 가능한 부분이라 하겠다.

25 세 권 동화집의 성격과 의의에 대한 논의로는 권혁래의 「조선총독부 편 〈조선동화집〉(1924)의 성격과 의의」, 「1920년대 민담의 동화화와 심의린의 〈조선동화대집〉(1926)」, 「동화작가 박영만의 발견과 〈조선전래동화집〉(1940)의 세계」를 참고하였다. 이 세 편의 논문들은 권혁래(2013)의 책에 실려 있다.

민담으로, 오늘날 전래동화로 익숙한 〈나무꾼과 선녀〉, 〈금도끼 은도
끼〉 등이 모두 이때부터 전래동화로 전해 내려온 것이라 하겠다. 소위
전래동화라고 할 때 이야기의 중요한 원천은 고소설이 아니라 민담이
다. 그런데 이 동화집에는 민담만이 아니라 고소설과의 친연성을 보
이는 작품도 두서 편씩 실려 있다. 다음은 각 동화집에 수록된 고소설
관련 동화들의 목록이다.

『조선동화집』(1924) : 〈심부름꾼 거북이(鼈のお使)〉, 〈놀부와 훙부(怒夫
と 興夫)〉
『조선동화대집』(1926) : 〈鼈主簿〉, 〈놀부와 훙부〉, 〈콩쥐팟쥐〉
『조선전래동화집』(1940) : 〈놀부와 훙부〉, 〈장화와 훙연〉, 〈요술 쓰는 색씨〉

고소설의 동화화가 본고의 관심이므로 위에 열거한 작품들을 대상으
로 하여 먼저 각 편의 저본에 대해 검토할 필요가 있겠다. 위의 제목만
얼핏 봐도 〈훙부전〉, 〈토끼전〉, 〈콩쥐팥쥐전〉, 〈장화홍련전〉, 〈박씨
전〉 등의 고소설 작품이 떠오르는 동화들이다. 기존 논의에서도 위
목록에 제시된 작품들은 계속 고소설 작품을 염두에 두고 논의가 진행
되는 경우가 많은데 흥미로운 것은 이 작품 중 동화화의 저본으로 고소
설 이본이 구체적으로 거론되는 것은 『조선동화집』 수록 〈놀부와 훙
부〉, 『조선전래동화집』 수록 〈장화와 훙연〉 두 편 정도라는 사실이다.

동화화된 빈도수가 가장 높으므로 〈훙부전〉 관련 작품들을 먼저 보
자. 『조선동화집』의 〈놀부와 훙부〉는 경판 25장본 〈훙부전〉에서 동
화화된 것임을 상술하는 데 비해 나머지 두 동화집에 수록된 〈놀부와
훙부〉의 경우는 민담이 저본일 가능성에 대해 언급[26]되어 있다. 이는
『조선동화대집』[27]과 『조선전래동화집』[28]이 설화집의 성격을 지니고

있다는 사실과 유관하다. 두 동화집의 〈놀부와 홍부〉가 고소설 〈홍부
전〉을 연상시키나 동화화의 저본이 민담일 가능성이 더 큰 것이다.
그러나 공히 민담을 저본으로 했어도 『조선전래동화집』 소재 〈놀부와
홍부〉가 『조선동화대집』 작품보다 거의 두 배 가까운 분량으로 되어
있다. 즉 같은 민담을 저본으로 했어도 분량은 경우에 따라 임의로
선택 가능함을 알 수 있다.

　〈토끼전〉을 연상시키는 동화의 경우는 사정이 또 다르다. 〈토끼전〉
을 동화화한 작품은 두 개로, 〈심부름꾼 거북이〉와 〈별주부〉가 그것
이다. 그런데 〈토끼전〉에서 병이 드는 인물은 용왕인데 비해 『조선동
화집』 수록 〈심부름꾼 거북이〉에는 용왕이 아니라 용왕의 딸이 병든
것으로 설정되었다. 용왕이 아니라 용왕의 딸이 병든 것으로 나오는
작품은 〈토끼전〉이 아니라 『삼국사기』 「열전」 '김유신' 조에 나오는
〈귀토지설〉이다. 그러므로 〈심부름꾼 거북이〉는 〈귀토지설〉로부터
동화화했을 가능성이 있다. 반면 용왕이 아픈 것으로 나오는 『조선동
화대집』의 〈별주부〉는 '소설 〈토끼전〉의 완전한 개작', '여러 〈토끼
전〉의 이본을 취사선택하여 동화로 재구성한 작품[29]'으로 거론된다.

---

26 권순긍(2009); 권혁래(2013), 「일제하 〈홍부전〉의 전래동화화 작업에 대한 고찰」,
237-265면. 권혁래(2013)의 경우, 『조선전래동화집』 수록 〈놀부와 홍부〉는 판소리계소
설이 민담화한 것을 저본으로 동화화한 것으로 설명하였다. 즉 고소설 자체가 아니라
민담화된 놀부 홍부 이야기가 『조선전래동화집』 〈놀부와 홍부〉의 저본이라는 설명이다.
27 권혁래는 심의린의 『조선동화대집』이 지니는 구비문학적 가치에 대해 주목하였다.
그는 이 동화집이 한글로 된 최초의 전래동화집이자 '1920년대 구비문학 연구사의 공백을
메꾸는 데 꼭 필요한 자료집'이라고 언급하고 있다. 심의린의 전래동화 채록 방식이 구비
설화 채록방식과 유사하며 저본이 되는 작품들이 대부분 민담이기 때문이다. 권혁래
(2013), 「1920년대 민담의 동화화와 심의린의 〈조선동화대집〉(1926)」, 174-176면.
28 『조선전래동화집』의 경우, 작자 스스로 이야기가 채록된 지역을 밝히고 있기 때문에
여기에 수록된 동화들은 거의 민담에서 동화화한 경우로 봐야 할 것이다.

여러 소설 이본에서 취사선택하여 재구성했다고는 하나 이 역시 9장 분량30에 불과하여 판소리계 소설의 면모를 보여주기에는 미흡하다. 〈별주부〉는 분량 면에서도 설화 저본 가능성이 커 보이는 〈심부름꾼 거북이〉와 그리 큰 차이가 나지 않기 때문이다. 그런가 하면 『조선동화대집』에 수록된 〈콩쥐팟쥐〉는 민담 〈콩쥐팥쥐〉 중에서도 연대가 제일 이른 유형에 속하는 이야기31로, 민담 저본에서 유래한 것이다.

『조선전래동화집』에 수록된 〈장화와 홍연〉, 〈요술 쓰는 색씨〉는 고소설 〈장화홍련전〉, 〈박씨전〉과 그 거리가 매우 가까워 보인다. 결론부터 말하자면 〈장화와 홍연〉은 고소설 저본이며 〈요술 쓰는 색씨〉는 민담 저본이다. 〈장화와 홍연〉은 분량도 26쪽에 이르며 출처를 적는 부분에 지명 대신 '나의 記憶'이라고 표시32되어 있다. 즉 〈장화와 홍연〉 경우는 내용 전개와 분량 면에서 볼 때 민담보다는 고소설 〈장화홍련전〉을 읽은 기억에 의지하여 동화화했을 가능성33이 높아 보인다. 같은 동화집

---

29 권순긍(2012), 「토끼전의 동화화 과정」, 40면, 50면.
30 보고사(2009)에서 출판한 『조선동화대집』에는 원 텍스트의 영인본이 제시되어 있다. 9장 분량이란 그 영인본 부분을 센 분량이다. 걸쳐 있는 면수는 10면에 이르는데 첫 장과 마지막 장은 약간 걸쳐 있는 정도이므로 9장 분량으로 계산하였다. 심의린(저), 신원기(역해), 『조선동화대집』, 보고사, 2009, 389~393면.
31 권순긍, 「〈콩쥐팥쥐전〉의 형성과정 재고찰」, 267면.
32 박영만(저), 권혁래(역), 『조선전래동화집』, 안동:성심, 2006, 607면. 이 책은 『조선전래동화집』을 현대역한 뒤에 영인본을 같이 싣고 있다. 607면에는 영인본 〈장화와 홍연〉 결말 부분과 출처가 영인되어 있다.
33 〈놀부와 흥부〉, 〈요술 쓰는 색씨〉의 경우는 각기 '蒐集地 不明', '平南 平原郡' 등으로 출처에 대한 정보가 적혀 있는 반면, 〈장화와 홍연〉에는 '나의 記憶'이라는 표현이 쓰이고 있다. 이로 미루어 볼 때 〈장화와 홍연〉 경우는 어디에서 들은 이야기, 수집한 이야기가 아니라 자신이 읽은 내용, 즉 고소설을 기반으로 동화화했을 가능성이 농후해 보인다. 권혁래 역시 〈장화와 홍연〉은 고소설을 축약한 작품이라고 언급하고 있다. 권혁래(2013), 「동화작가 박영만의 발견과 〈조선전래동화집〉(1940)의 세계」, 230면.

에 수록된 〈놀부와 흥부〉가 10면 분량인 것에 비교해 보면 〈장화와 홍연〉은 거의 세 배에 육박하는 분량으로 자세하게 동화화한 경우이다.

〈박씨전〉을 연상시키는 〈요술 쓰는 색씨〉에는 '平南 平原郡[34]'이라는 출처가 명기되어 있으며 분량도 11면에 불과하다. 그런데 고소설 〈박씨전〉은 가장 짧은 이본도 27장 분량[35]이어서 〈요술 쓰는 색씨〉의 저본이 고소설이 민담화된 상태의 것임을 감안한다 해도 상당한 축약과 변개가 일어났음을 알 수 있다[36].

위의 내용을 종합해 보면, 동화화되는 고소설들은 대개 분량이 짧고 배경설화가 강한 작품들이다. 주지하듯 〈홍부전〉은 〈박 타는 여인〉에 〈방이설화〉가 결합된 경우라 하겠고 〈토끼전〉은 〈귀토지설〉을 강하게 환기시킨다. 〈콩쥐팥쥐전〉도 분량이 짧고 설화적 성격이 강한 작품이다. 또한 공히 민담을 저본으로 하는 경우에도 동화집에 따라 분량 상 편차가 클 수도 있음을 알았다. 즉 이미 동화화한 작품을 대상으로 본다면 저본이 민담이거나 소설이거나 간에 별 차이가 없다는 사실이다.[37]

또 동화는 교훈성[38]을 중요하게 여기므로 교훈적 결말을 선호하게

---

34 박영만(저)(2006), 637면.

35 서혜은, 「〈박씨전〉 이본 계열의 양상과 상관관계」, 『고전문학연구』 34, 한국고전문학연구회, 2008, 206-208면.

36 각 동화집의 성격이나 작품별 이본들의 서사 단락 비교는 기존 논의에서 이미 충분히 다루어졌으므로 기존 논의를 참고하면 될 것으로 보인다.

37 그렇다고 하여 동화 각 편의 차이도 문제되지 않는다는 뜻은 아니다. 동화의 교훈성, 동화가 지니는 교육적 의도에 당대의 이데올로기를 반영할 수 있다는 점에서 각 편이 갖는 편차는 여전히 유의미하다.

38 프랑스의 민담을 동화화한 샤를 페로는 이야기의 말미에 '교훈'이라는 제목을 붙인 운문 형식의 글을 첨부하여 자신이 왜 이 이야기를 하는지에 대해 설명하고 있다. 그 '교훈'의 내용은 일반적인 덕목들인데 이 교훈에는 페로 개인의 생각은 물론이고 당대의 이데올로기가 반영되어 있다고 하겠다. 한용택, 「샤를 페로와 동화 서사의 특성」, 『인문학연구』 44, 계명대 인문과학연구소, 2010, 16-17면.

되고 그 결과 천편일률적이고 상투적이며 예상 가능한 결말로 끝나는 것처럼 보이기도 한다. 〈흥부전〉의 경우 형제우애로 마무리되는 결말은 경제적 궁핍이라는 사회 문제를 제대로 담아내지 못한 동화적 귀결에서 비롯한 것처럼 생각하기 쉽다. 판소리 사설본의 서술 양상은 복잡다단한데 이를 동화로 단순화하다 보니 결말 역시 형제우애로 가닥 잡게 되었으리라는 추정이다. 그러나 동화화 양상을 비교해 보면 각 편마다 결말을 처리하는 방식에서 차이가 있음을 알 수 있다. 『조선동화집』에서는 놀부가 회개하고 흥부는 이를 기뻐하여 같이 행복하게 사는 것으로, 『조선동화대집』의 경우는 박에서 나온 강도떼가 놀부 집에 불을 놓아 집까지 잃은 놀부는 할 수 없이 흥부에게 가서 머리를 숙이고 얻어먹다 죽은 것으로, 『조선전래동화집』의 경우는 박에서 나온 똥에 놀부의 집이 무너지고 놀부도 그 똥에 묻혀 죽은 것으로 마무리한다. 세 동화집 중 형제우애의 교훈성을 강조하는 결말은 『조선동화집』 한 경우뿐이고 나머지 두 동화집의 결말은 놀부의 비윤리적이고 반사회적인 행위들에 대해 징치하는 입장을 취한다. 오히려 형제우애를 둘러싼 상투적인 결말 처리의 문제는 성인을 대상으로 하는 고소설 및 창본 이본들 사이에서도 존재한다[39]. 즉 〈흥부전〉 텍스

---

39 정출헌은 〈흥부가〉가 진부하고 생동감 없는 텍스트가 되고 만 이유로 형제 우애를 강조하는 신재효 창본의 결말과 그 이후 신재효 창본의 결말을 따르는 창본들의 영향을 들고 있다. 고소설 이본 중에서도 놀부의 비윤리적 행동에 대해 철저히 응징을 가하는 경판 계열 이본들이 신재효 창본에 앞서 존재하고 있었다. 그러나 신재효 창본이 결말을 대폭 수정하여 형제우애로 마무리하였고 신재효 이후 구한말 유통되었던 창본에서도 우애를 강조함으로써 원래 민중연희에서 출발한, 그래서 놀부의 반사회적 행동에 대해 분명히 징치했던 판소리 〈흥부가〉를 교훈성 두드러진 상투적인 텍스트로 만들고 말았다는 평가이다. 정출헌, 「판소리 향유층의 변동과 판소리 사설의 변화」, 『판소리연구』 11, 판소리학회, 2000 참고.

트의 형제 우애 강조, 즉 교훈적 결말 문제는 동화화가 초래한 요소는 아닌 것이며, 신재효 사설본이 이미 경판본의 결말을 대폭 수정하였고, 신재효 사설본에서 구한말 창본으로 이어지는 판소리 〈흥부전〉 전승 과정에서 이미 내포되어 있었던 문제라고 하겠다[40]. 막상 동화화된 텍스트 중 교훈성이 강조된 것은 한 편에 불과했다는 이본 정황이 이를 뒷받침해 준다.

이를 통해 우리는 동화집 편찬자, 다시 말해 동화로 개작하는 자의 개작 인식에 대해 추정해 볼 수 있겠다. 즉 고소설을 동화화하는 이가 중요하게 여겼던 것은 저본의 장르적 면모, 즉 고소설 본래의 면모들을 손상하지 않도록 주의를 기울이는 것보다는 그 저본이 환기하는, 서사적으로 중요한 인상들을 중심으로 동화화하는 것이었음을 알 수 있다. 고소설을 동화화의 저본으로 삼은 경우도 그 저본은 이미 민담화된 고소설일 경우가 많으며 또 고소설이라 해도 작품 서술 분량이 적은 것들이다. 이러한 태도는 서사를 선명하고 이해하기 수월하게

---

40 다만 여기에서 한 가지 짚고 넘어가야 할 문제가 있다. 20세기 초 〈흥부전〉 동화화의 교육적 의도는 작품별이 아니라 동화집별로 검토할 필요가 있다는 것이다. 조선총독부에서 펴낸『조선동화집』수록 〈놀부와 흥부〉의 경우, 작가가 착한 마음씨나 형제간 우애를 언급하지 않은 것은 아니나 이 텍스트에서 흥부가 복을 받은 이유는 흥부가 유순하고, 성실하게 일하고, 가족을 위하는 태도가 있었기 때문이다. 권혁래의 경우, '유순', '친절'과 같은 덕목은 '다른 전통적 가치들과는 달리 근대국가적 덕목, 일본적 가치에 가깝다'고 설명하면서 아울러 '『조선동화집』에 나타나는 계몽적 태도는 바로 제국주의적 세계관을 확산시키고 식민지 이데올로기를 발현하는 것이라는 점에서 문제시된다'고 설명하고 있다. 권혁래(2013), 133-138면. 이 비슷한 입장은 김경희의 논문에서도 확인된다. 김경희는 심의린의『조선동화대집』의 의의에 대해 논하면서, 이 동화집은 '이전에 발간된 옛이야기 모음집이 주로 일본에 의해서 주도되어서 일본인이 조선인에게 부여하고 싶었던 인과응보의 논리로 엮어진 것에 비해, 조선인의 건강하고 발랄한 이야기들을 '발굴했다'는 점에 의미 부여를 하고 있다. 김경희,「심의린의 〈조선동화대집〉의 성격과 의의」,『겨레어문학』41, 겨레어문학회, 2008, 240-243면.

연결하려는 동화 작가의 서술 지향과도 상관있는데 이는 독자가 아동이라는 사실을 염두에 두고 개작하고 있기 때문이기도 하다. 그러하기에 고소설과 민담 두 가지 형태로 해당 작품을 접했을 경우라도 동화로 다시 써내는 입장에서는 굳이 고소설의 면모를 살리려는 방향을 선택할 필요가 없었을 수도 있다.

그런데 2장과 3장을 보면, 비슷한 연령대의 독자를 상정하고 고전을 개작하는 같은 작업을 했어도 동화집 수록 고소설 관련 작품들의 개작 방식과 신문관 발행 잡지의 개작 방식이 서로 다른 접근을 보이는 것을 알 수 있다. 이는 오늘날 아동문학으로 기획되는 고전소설선의 문제와 관련하여 생각해 볼 문제이다. 그러나 고소설 장르의 근대 대응 양상을 검토하는 관심선 상에서 본다면, 고소설이 동화화되면서 소설적 면모를 제대로 담아내지 못 했다거나 혹은 보다 더 합당한 아동문학이 되기 위해서는 이러저러한 요소들을 시사 받아야 한다는 방향의 논의는 오히려 부차적인 문제라 하겠다.

사실 이 지점에서 보다 중요한 것은 고소설이 동화화의 직접 저본이 되었든 우회적 경로의 저본이 되었든 간에 이 시기 동화화의 경로를 통해 고소설의 문화적 저변이 확장되었다는 사실이다. 일례로 〈흥부전〉은 1910년대 신문관본 잡지에도, 1920년대 이후 동화집에도 빠지지 않고 수록되었다⁴¹. 판소리계 소설 중 〈흥부가〉는 많은 향유층을

---

41 〈흥부전〉이 아동독서물에서 이렇게 높은 빈도수를 보이는 것에 대해서는 조금 더 고찰해 볼 필요가 있다. 〈아이들보이〉보다 앞선 시기에 〈흥부전〉이 출판되는 경우들은 있었다. 1910년에 다카하시 도루(高橋亨)에 의해 출간된 『조선물어집(朝鮮物語集)』에도 〈흥부전〉이 수록되어 있는데 이 책은 아동용 도서는 아니다. 『조선물어집』에는 주로 조선의 설화들이 수록되어 있으며 더불어 4편의 고소설 작품들이 일어로 번역되어 실려 있다. 여기에 실린 고소설은 〈흥부전〉 외에 〈춘향전〉, 〈장화홍련전〉, 〈재생연(숙영낭자전)〉이 있다. 이 〈흥부전〉 역시 경판 25장본을 저본으로 한 축약적 번역본이다. 다카하시 도루

확보한 작품이 아니었고[42] 더구나 아동을 대상으로 향유된 작품은 아니었는데, 이 시기 이후로는 조선의 많은 아동들이 어린 시절에 읽거나 들었을 동화로 자리 잡게 된 것이다.[43]

4. 20세기 초 고소설 동화화의 의미
: '문학'으로의 지위 이동과 아동 독자의 확대

20세기 전까지 고소설은 정식 문학의 영역에 속하지 못 한 채 그저 '패설(稗說)', '이야기'로 간주되었고, '동화'는 아직 그 존재가 없었다.

(저), 이시준 외(편), 『조선이야기집과 속담』, 제이앤씨, 2012. 『조선물어집』의 편찬 의도는 여기에 실린 설화와 속담을 통해 조선인들의 심성과 품성을 잘 파악하여 조선 경영의 자료로 삼기 위함이었다. 관련 논문으로는 권혁래(2013), 「근대 초기 설화·고전소설집 〈조선물어집〉(1910)의 성격과 문학사적 의의」 참고; 총독부에서 1917년에 펴낸 『보통학교 조선어급학문독본(普通學校朝鮮語及漢文讀本)』 제48, 49과 내용도 〈흥부전〉을 다루고 있다.; 『보통학교조선어급학문독본』에 〈흥부전〉이 실렸다는 사실은 이경현, 212면. 이 독본에는 짧은 이야기들이 수록되기도 한다. 한 과(課)는 길이가 짧았으므로 두 과에 걸쳐 〈흥부전〉이 실렸다 해도 매우 축약된 형태로 실렸을 것으로 보인다. 또 문장을 교육하는 독본의 성격이 강하였으므로 동화집 수록 작품에 비해 문학적 흥미 역시 떨어졌을 것으로 보인다.

42 판소리 〈흥부가〉의 낮은 인지도에 대해서는 정출헌, 96-97면.

43 고소설이 일정한 연령대를 넘어서 폭넓은 상식으로 자리잡게 되는 예로는 오늘날 '홍길동'이 사용되는 방식 또한 생각해 볼 수 있겠다. '홍길동'은 관공서에서 서식을 작성할 때 예로 드는 인명으로 등장한다. 이는 우리 국민에게 홍길동이 그만큼 친숙한 인물이기 때문일 것이다. 그런데 홍길동이 우리에게 이렇게 친숙한 인물이 된 것이 전적으로 고소설 〈홍길동전〉의 독서에서 비롯한 것이라고 말하기는 어려워 보인다. 오늘날 〈홍길동전〉의 대중적 인지도는 1960년대 후반 신동우 화백이 그린 만화 〈홍길동전〉의 인기에서 그 직접적 원인을 찾을 수 있을 것으로 보이며, 이와 더불어 〈춘향전〉 역시 고소설 독서보다는 드라마나 영화로 각색된 춘향과 이도령의 서사나 아동용으로 각색된 텍스트를 통해 친숙해졌을 가능성이 있다.

다만 할머니가 해 주시는 '이야기', 훗날 민담으로 분류되는 이야기들이 있었다. 심의린이 『조선동화대집』 시작과 맨 끝에 '담화재료(談話材料)'라는 표현을 사용한 것도 동화와 관련한 당대의 인식을 보여주는 예라고 하겠다. 고소설의 동화화가 시작되는 1910년대, 20년대에는 과거에 존재했던 가치와 방식들이 근대적인 제도와 방식에 맞춰 재편되던 시기이며, 신/구 문화가 경쟁적으로 공존하던 시기이기도 하다.

앞에서 언급했던 것처럼 신문관 발행 잡지들에 조선 작품들을 꾸준히 싣고, 동서양의 글을 번역 번안하면서 조선의 문학 작품도 함께 배치시키고, 단행본 목록에 〈격몽요결〉이나 〈옥루몽〉 같은 조선 책자들을 출판한 것은 조선 문학을 세계문학 속에 배치시키고 새로운 번역으로 당대화하려는 기획이었다. 〈흥부전〉과 〈허생전〉의 아동독서물화[44]는 이 같은 구도 속에서 이루어진 작업이라 하겠다. 또 최남선은 조선의 '이야기'를 '정본'으로 만들려는 시도도 하였다. 최남선은 자신이 다듬은 〈고본 춘향전〉 광고 문안에 '最詳細혼 春香傳의 唯一正本[45]'이라는 표현을 사용했다. 비록 광고 문안이기는 하나 〈고본 춘향전〉은 더 이상 이야기가 아니라 유일한 정본, 즉 문학의 범주로 간주되는 소설책이었다[46]. 이런 일련의 과정 속에서 조선시대라면 서로

---

44 이 두 작품은 고소설 동화화의 시도에 해당하는 작품들로, 동화화된 이 두 작품이 실렸던 잡지는 〈아이들보이〉이다. 박숙경에 의하면 〈아이들보이〉는 〈붉은 저고리〉가 확보한 어린이 독자층을 그대로 이어받았다고 하는데, 〈아이들보이〉의 발행 부수는 3000부였다고 한다. 최남선은 『현대문학』 1호(1955.1)에서 '〈붉은 저고리〉가 3000부를 찍을 만큼 큰 인기를 끌었다'고 자평했는데 이로 미루어 볼 때 어린이용 읽을거리를 특화하여 수록한 첫 잡지에 대해 당대 독자들이 적극적으로 반응했던 것으로 보인다. 〈아이들보이〉는 〈흥부전〉과 〈허생전〉의 독자로 아동, 어린이를 상정했던 것이다. 박숙경, 「신문관의 소년용 잡지가 한국 근대 아동문학에 끼친 영향」, 『아동청소년문학연구』 1, 2007, 한국아동청소년문학학회, 123쪽-124면.

45 〈매일신보〉, 1913.12.18.

동질적으로 묶이지 않았을, 민중 연희적 성격을 지니고 있는 판소리
계 소설과 고급한 한문 교양을 토대로 한 연암의 한문단편이 서양에
대한 조선의 문학 작품이라는 비슷한 자격으로, 더구나 조선시대라면
그 독자로 전혀 간주되지 않았을 '어린아이들'의 교육물과 교양물인
읽을거리로 새롭게 수록될 수 있었다.

　조선시대에 고소설은 본격문학의 범주에 들지는 못 하였다. 그러나
고소설은 조선시대에도 장르 명칭에 해당하는 여러 이칭들이 존재하
였고 주변문학 장르의 위치를 점하였던 데 비해 동화는 아직 그 명칭
조차 등장하지 않았고 아동문학이라는 개념 또한 없었다. 서사 구조
의 특성상 민담이 동화의 저본이 된 것은 자연스러우나 민담 역시 특
별히 아동만을 대상으로 구비 전승되어 온 것은 아니었다. 또 조선시
대 아동들에게는 교육으로서의 독서가 마련되었던 반면 여가로서의
독서는 그들과는 거리가 먼 것이었다[47]. 그런데 1920년에 동화집이 나
오고 방정환이 '어린이'라는 단어를 만들고 아동문학을 주창하면서 어

---

46 임화는 신소설을 평가하면서 단지 '권신징구(勸新懲舊)'로 바뀌었을 뿐이라고 언급하
였다. 이를 보면 당대에 신소설이 반드시 고소설보다 문학적으로 더 높은 평가를 받았던
것도 아님을 알 수 있다. 신소설에 대한 가치절하적 평가는 한기형, 223면. 최남선만
〈고본 춘향전〉을 낸 것이 아니라 〈청춘〉 발행에 함께 했던 이광수 역시 〈일설 춘향전〉,
〈허생전〉 등을 발표하여 조선의 소설들을 다시 쓰는 작업을 하였다.

47 고소설의 필사기들을 보면 어린아이 때 규방에서 어른이나 형제자매들과 함께 고소설
을 향유한 흔적들이 포착되는 경우들이 있다. 그러나 조선시대의 소설 향유는 어린아이들
이 아닌 어른들 대상의 여가 문화였다. 어린 나이에 고소설을 접할 수는 있었으나 본격
독자로서가 아니라 소설책에 낙서를 하다 야단 맞는 식으로 장난치듯 낙서하듯 고소설을
접하게 되는 정황이 나타난 기록이 있다. 이런 접근이 조선시대에 어린 아이가 고소설을
접하게 되는 과정이었을 것으로 보인다. 이와 관련한 내용은 박영희, 「장편가문소설의
향유집단 연구」, 『문학과 사회집단』, 집문당, 1995, 324, 333, 339, 340면. 그런가 하면
신재효가 분창해 놓은 〈춘향가〉 창본 중에는 동창(童唱)이 있다. 그런데 이때의 동창이란
어린 나이의 창자가 부르는 창본인 것이지 아동들을 청중으로 한 창본은 아니다.

린이들이 문학 작품의 독자로 새로이 등장하였고[48] 조선의 이야기와 민담들이 동화 혹은 전래동화라는 명칭으로 출판되었으며 그 중에 몇 편의 고소설 관련 작품들이 포함된 것이다[49]. 그리고 1920년대 동화집 소재 민담들은 이후의 전래동화집에 대부분 재수록되어 동화로서 정전의 위치를 차지하게 되었다.

근대 이전 어린아이들에게 읽힐 것으로는 〈소학〉, 〈천자문〉, 〈격몽요결〉 등이 있었으나, 이는 교육용 독서물이었다[50]. 20세기 초반에는 그 무렵 새롭게 부상한 '어린이'와 그들을 위한 '아동용 읽을거리'에 대한 요청이 대두하게 되었다. 이 아동용 읽을거리의 하나로 고소설이 등장한 것이다. 20세기 초에 새로운 독자층의 독서물로 발견된 그 몇 편의 고소설이 동화로 개작되고, 동화집에 실리면서, 어린 나이 때부터 고소설의 스토리를 접하고, 아동 잡지나 동화집이 교육 현장과 맞물리면서 확대되어 일종의 서사 지식, 교양 같은 성격이 되었을 가능성이 있다. 고소설 출판이 단지 동화화의 방향만으로 국한된다면 문제일 수 있겠으나 1910년·20년 상황에서 고소설은 성인들을 위한 값싸고 쉽고 재미있는 독서용 콘텐츠로, 또 아동들을 위한 동화화의 저본으로 예상 독자를 나누어 확대 출판된 셈이다. 성인들은 조선시

---

48 동화는 아동 독자를 위한 문학 장르이며, 근대 초기 아동 대상 잡지나 동화집들은 당시 제도 교육의 현장과 밀접한 관계를 맺으며 독서된 정황들이 포착된다. 이경현, 211면.
49 1920년대 초 전래동화를 보면 민담의 동화화가 절대 다수를 차지하며, 오늘날까지 영향력 있는 전래동화 역시 민담을 바탕으로 개작한 것들이다. 아동문학의 측면, 전래동화의 측면에서만 본다면 민담에 비해 고소설의 동화화는 분명 그 편수 면에서 열세를 극복할 수 없다. 그런데 이 논의는 아동문학의 입장이 아니라 고소설이 근대에 대응해 가는 방식의 하나로 동화화를 검토하는 것이기에 고소설의 동화화에 초점을 맞추어 논의한다.
50 조선시대에 의도적으로 어린이들의 고소설 향유를 금기한 것은 아니지만 고소설 작품의 내용이나 유통의 정황을 미루어 볼 때 대개의 고소설은 성인들을 대상으로 한 여가물이었음을 알 수 있다.

대에 이어 근대 초기에도 여전히 고소설 독자층이었으나, 아동들은 20세기가 발견해 낸 새로운 차원의 고소설 독자들인 셈이다.

이 발견은 오늘날 고소설 출판 문제와도 연장선 상에 놓인다. 오늘날 고소설은 어린이를 위한 아동문학 시리즈로만 기획 출판되는 경향이 있으며 감상을 전제로 한 성인 독서의 대상이 되는 경우는 드물어 보인다[51]. 물론 고소설의 고전이 될 만한 작품들을 가려 단행본 출판을 꾸준히 하는 것도 중요한 일이 될 것이다. 그런데 오늘날 출판시장에서 고소설이 여전히 아동 독서물로 중요하게 간주될 것 같으면 개작 방식에 대한 섬세한 고민이 필요할 것으로 보인다. 이 부분에서 환기해 봐야 할 예가 신문관본의 고소설 동화화 작업이다. 예를 들어 〈아이들보이〉는 〈흥부 놀부〉 같은 개작 방식을 선택하기도 하지만, 동시에 〈한셰샹을 들먹들먹흔 허싱원〉과 같은 방식으로도 고전을 소개하고 있다. 그런가 하면 〈허생전〉 경우는 오히려 동화라는, 일종의 틀에 박힌 편견에서 자유로울 수 있는 선택으로, 아동문학 대상 작품의 폭을 넓혀준 예라 하겠다.

20세기 초 고소설은 새로운 전변의 시대를 맞아 매체와 장르 면에서 다양한 시도를 접합하면서 시대에 적응해 가는 방식을 모색한다. 동화화 역시 그 중의 한 방향이라 하겠다. 20세기 초 고소설 동화화 양상을 검토한 결과, 20세기의 고소설은 한편으로는 쇠퇴해 가면서 또 한편으로는 동화화로 인해 그 이전까지는 독자로 간주하지 않았던 아동들을 새롭게 독자로 얻게 되었고 고소설의 줄거리가 국민적 지식으로, 교양으로 확대되는 계기를 만들었다는 점에서 그 의미가 있다고 하겠다.

---

51 소수이기는 하나 민음사의 세계문학전집에 고소설이 포함되거나, 문학동네에서 한국 고전소설선을 기획하는 등 성인용 독서물로 기획된 고소설 독서물들도 선을 보이고 있다.

일제 강점기 고소설의 '고전' 형성 맥락

이지영 /안동대학교

1. 서론

오늘날 고소설은 중고등학교 교과서에 수록되어 '고전'으로 인정받고 있다. 그런데 1910년대만 해도 고소설은 '통속물'이라는 인식이 강했다. 그러던 고소설이 해방 이후에는 대표적인 고전으로서 교과서에 수록되었다. 이러한 변화는 고소설의 가치가 애초부터 존재했던 것이 아니라 '형성'된 것이라는 점을 상기시켜 준다. 그러면 '고전'으로서 고소설의 가치는 어떻게 형성된 것인가? 이 글에서는 통속물이던 고소설이 어떻게 '고전'으로 인정되고 교과서에 수록되었는지 그 맥락을 검토하고자 한다.

고소설이 '고전'으로 인정받게 된 과정에 대해서는 이미 여러 측면에서 논의된 바 있다. 가장 먼저 교과서 및 교과과정과 관련된 논의가 있었다. 조희정은 〈열녀춘향수절가〉, 〈심청전〉, 〈홍길동전〉, 〈별주부전〉 등의 고소설이 교과서에 고정적으로 수록되는 양상을 살펴봄으로써 해방 이후 공교육 안에서 '정전'이 새로이 형성되는 과정을 논하였다.[1] 그리고 최기숙은 1950년대 대학의 '국문학강독' 강좌 및 고전주해서 출판을 통해 고전 리터러시가 학문적 소양으로 간주되는 한편 대중적 교양으로 존재하게 되었던 맥락을 고찰했다.[2] 또한 권혁래는 1960년대 이후 고전문학전집 간행을 통해 옛글에 대한 인식과 수용양상을 살핌으로써 고소설이 '민족고전'으로 자리잡는 동시에 대중화되는 맥락을 밝히고자 하였다.[3]

이처럼 선행연구에서는 모두 대한민국 건국 이후를 기점으로 삼아 '고전' 형성과정을 고찰하였는데, 대한민국 건국이 과연 '고전' 형성의 새로운 기점이었는지에 대해서는 정밀한 검토가 필요하다. 예를 들어 해방 이후 교과서에 고정적으로 수록된 〈홍길동전〉의 대목은 '집 떠나는 홍길동'인데[4] 해방 이전 유성기 음반 〈홍길동전〉에도 이 대목이 수록되어 있다.[5] 또한 1961년 민중서관에서 간행한『한국고전문학대계』의 14권『한중록』의 교주자는 가람 이병기인데, 해방 이전 가람은 『문장』지에 〈한중록〉을 연재한 바 있다. 이처럼 해방 이후 선정된 고전목록은 해방 이전에 진행된 고소설의 출판 및 연구와 밀접한 관련이 있다.

---

1   조희정·서명희, 「교과서 수록 고전 제재 변천 연구1」, 『문학교육학』 19, 문학교육학회, 2006; 조희정, 「고전 정전의 재검토」, 『문학교육학』 25호, 문학교육학회, 2007.
2   최기숙, 「1950년대 대학생의 인문적 소양과 교양 '지'의 형성- 1953~1960년간 〈연희춘추/연세춘추〉를 중심으로」, 『현대문학의 연구』 42, 한국문학연구학회, 2010; 최기숙, 「1950년대 대학의 국문학 강독 강좌와 학회지를 통해 본 국어국문학 고전연구방법론의 형성과 확산-고전텍스트 연구로서의 '이본'연구와 '정전'형성의 맥락을 중심으로」, 『한국고전연구』 22, 한국고전연구학회, 2010.
3   권혁래, 「한국고전문학전집의 간행 양상에 대한 비판적 고찰」, 『고전문학연구』 40, 고전문학회, 2011.
4   조희정, 앞의 논문, 2007, 313면.
5   김효은, 「유성기음반에 나타난 고전소설의 극화 양상과 그 의미」, 『문학과 언어』 31, 문학과언어학회, 2009.

따라서 이 글에서는 1910년대부터 1940년대 초까지 일제 강점기 고
소설의 간행과 고소설 연구를 짚어 봄으로써 고소설의 '고전' 형성 맥
락에 접근해 보고자 한다. 해방 이전 고전에 대한 논의가 방대하고
복잡하다는 점에서 이러한 시도는 무모할 수 있다. 그러나 1910년대부
터 해방 직후까지의 통시적 접근 없이는 '통속물'이 '고전'으로 인정받
는 맥락을 파악하기 어렵다고 보아 무모한 시도를 감행하고자 한다.

2. 근대적 매체에 의한 고소설 상품화의 양 국면

이해조는 1912년 『매일신보』 1면에 춘향전을 개작한 〈옥중화〉를 연
재하고 이후 이를 출판하였다. 〈자유종〉에서 〈춘향전〉을 '음탕교과
서'로 비난했던 이해조가 〈옥중화〉를 신문에 연재했던 이유는 무엇일
까? 이는 1912년 『매일신보』가 독자수 증대를 위해 취했던 일련의 노
력과 관련이 있는 듯하다. 『매일신보』는 1912년 3월 1일자 社告에서
인쇄활자를 5호 활자로 바꾸고 국한문본과 순한글본을 합쳐서 1·2면
은 국한문 혼용으로 3·4면은 순한글로 나눠서 간행한다고 하였다.[6]
또한 『매일신보』는 이보다 앞서 1면에 연재되던 신소설을 4면에 배
치하였는데, 4면으로 간 신소설을 대신하여 〈옥중화〉가 1면 하단에
들어갔다. 〈옥중화〉 이후로도 〈강상련〉, 〈연의각〉, 〈토의간〉 등의 이
해조의 산정(刪正) 판소리는 1면에 계속 연재되었다. 〈토의간〉을 마지
막으로 판소리 연재가 끝난 뒤에는 조일재의 번안소설 〈쌍옥루〉가 1

---

6   송민호, 「1910년대 초기 『매일신보』의 미디어적 변모와 '소설적 실감'의 형성」, 『한국
문학연구』 37, 동국대 한국문학연구소, 2009, 185–186면.

면에 연재되었다. 1면 소설의 이러한 변화는 새로운 이야기를 원하는
독자의 요구에 부응한 것으로 보인다.[7] 그리고 〈옥중화〉의 연재가 끝
날 무렵부터 1면에는 각지의 기문(奇聞)을 모집하는 광고문이 자주 실
리고 3월 1일자 이후 개편된 3·4면에는 잡다한 순한글 서사가 수록되
었다. 『매일신보』의 이같은 변화는 〈옥중화〉를 비롯한 판소리의 연재
가 독자확보와 관계가 있음을 암시하고 있다.

최기숙은 이해조가 '산정(刪正)'을 내세우고 〈옥중화〉를 국한문 혼
용체로 실은 데 대하여 "지식인이 읽을 만한 문예물로 위치변경하려
한 결과"라 하였다.[8] 그러나 〈옥중화〉의 한자 비중은 동일한 1면에 실
린 다른 기사보다는 현저히 낮다. 게다가 〈옥중화〉를 제외한 나머지
판소리는 모두 순한글로 연재되었다. 따라서 이해조의 판소리 연재는
김영민의 지적대로 "대중문학 지향을 위한 의식적 산물"일 가능성이
높다.[9]

비슷한 시기에 신문관에서 출간된 〈신교옥루몽〉, 〈신교수호지〉,
〈고본춘향전〉과 육전소설 역시 근대적 상품으로 간행된 고소설이
다.[10] 〈고본춘향전〉은 "此種書에 通弊되던 淫亂흔 分子를 一竝除去"
하는 등 육당의 계몽의식이 강하게 투영된 개작본이다.[11] 음란한 장면

---

7 김영민, 『한국 근대소설의 형성과정』, 소명출판, 2005, 161면; 박진영, 『번역과 번안
의 시대』, 소명출판, 2011, 303-333면.

8 최기숙, 「언문소설의 문화적 위치와 문자적 근대의 역설」, 『민족문화연구』 60, 고려대
민족문화연구원, 2013, 431-433면.

9 김영민, 앞의 책, 156-162면.

10 신문관에서 출간한 고소설의 목록은 1918년 『청춘』 14호에 실린 〈신문관발행서목〉에
서 확인할 수 있는데, 〈신문관발행서목〉은 권두연, 「신문관 출판활동의 구조적 측면 연구
2」, 『민족문학사연구』 44, 민족문학사학회, 277-279면 참조.

11 〈고본춘향전〉은 신문관에서 간행된 후 김태준이 주도한 『조선문학전집』에도 수록되

의 삭제는 이해조의 〈옥중화〉에서도 나타나지만, 이해조의 〈옥중화〉
와는 시각차를 보여준다. 이해조는 "너무 난하여 풍속에 관계도 되고
춘향열절에 욕이 되겠"다고 하면서도 "아주 빼면 너무 무미하니까 대
강대강"한다고 하였다. 그런데 〈고본춘향전〉은 "淫亂흔 分子를 一竝
除去" 하는 단호한 태도를 보인다. 또한 『매일신보』 광고[12]에서는 〈고
본춘향전〉이 "最詳細한 춘향전의 唯一正本"라고 주장했다. 이런 점에
서 〈고본춘향전〉은 대중적 흥미보다는 계몽이 강조된 간행물이었다
고 판단된다.[13]

　『매일신보』의 춘향전 광고에는 육전소설 〈홍길동전〉, 〈심청전〉,
〈흥부전〉에 대한 광고도 부가되어 있다.[14] "有利有味한 通俗新著를 著
譯發行하여 염가로 一般讀者에게 供하려는 총서"라고 하여 통속과 염
가를 내세우고 있는 것을 보면, '상품'으로서 육전소설의 속성이 부각
된다. 그러나 육전소설 표지 안쪽의 간행사에서 "녯 칙 가운디 가히
견할 만한 것을 가리혀 스연과 글의 잘못된 것을 바로잡으며 올치 못
한 것을 맛당토록 고"[15]친다고 한 것으로 보아서는 단순히 이윤을 목

었으며 『문장』 2권 10호(1940년 간행)와 3권 1호(1941년 간행)에도 실려 있다.
12 1913년 12월 18일자 『매일신보』 3면(역사정보통합시스템
(http://www.koreanhistory.or.kr/) 참조. 이 글에서 참조한 『별건곤』과 『삼천리』 등의
잡지 기사는 대부분 이 사이트의 자료를 참조)
13 옛글을 선별하여 근대적 지식으로 간행하려는 육당의 의식은 최기숙, 「'옛것'의 근대
적 소환과 '옛글'의 근대적 재배치」, 『민족문학사연구』 34, 민족문학사학회, 2007,
326-331면에서 논의된 바 있다.
14 현재 확인되는 육전소설은 〈남훈태평가〉를 포함하여 모두 8종이다. 이 중에서 〈사씨
남정기〉, 〈전우치전〉, 〈제마무전〉은 1914년에 간행되었기에 『매일신보』 광고에서 빠졌다
고 보는데, 〈삼설기〉가 제외된 이유는 정확히 알 수 없다. 〈삼설기〉의 간행시기에 대해서
최호석은 1913년 3월이라고 하였고(최호석, 「신문관 간행 〈육전소설〉에 대한 연구」, 『한
민족어문학』 57, 2010, 135면), 〈신문관발행서목〉에서도 〈삼설기〉의 간행시기를 1913년
이라고 하였다.

적으로 간행했다고 보기는 어렵다.

선행연구에서는 육전소설이 수익성과 거리가 먼 상품임을 인정하면서도 이윤추구의 측면을 부정하지 않았고[16] 심지어는 박리다매를 목적으로 기획된 저가상품이라고 비판하기도 했다.[17] 그러나 〈남훈태평가〉를 제외한 7종의 육전소설이 '잘 팔리는 소설'만을 모은 것인지는 분명하지 않다. 〈전우치전〉, 〈제마무전〉, 〈삼설기〉 등이 포함되어 있는 것은 계몽의 서사에 대한 육당의 가치관이 개입된 결과로 보이기 때문이다. 게다가 육전소설의 광고가 『아이들보이』에 실렸다는 점[18]도 교훈성과 계몽성의 맥락으로 이해된다. 1910년 이후 강화된 일제의 검열을 고려할 때, 육전소설의 작품 선정은 검열로 인해 열악해진 출판상황에서 계몽을 드러내는 방식일 수 있다. 이러한 점에서 육전소설 기획의 일차적 목적을 이윤추구라 단정하기는 어렵다.

이해조의 〈옥중화〉는 소설 연재 이후에 활자본으로도 간행되어 인기를 끌었는데, 고소설이 통속적인 문화상품으로 존재하였던 대표적인 사례이다. 반면에 계몽성이 강조된 〈고본춘향전〉과 〈육전소설〉은 초판 이후 더 이상 간행되지 못했다.[19] 1910년대에 계몽성에 대한 당대인의 호응은 높지 않았던 듯하다.

---

15 아단문고 『육전소설』, 현실문화, 2007.
16 권두연은 이를 출판 시스템의 분업화, 즉 육당과 경영진의 균열에서 비롯되었다고 보았다. (「신문관 출판활동의 구조적 특성에 관한 연구1」, 『현대문학의 연구』 40, 한국문학연구학회, 2010.
17 최호석, 앞의 논문.
18 권두연, 「신문관출판활동의 구조적 측면 연구2」, 앞의 논문, 284면.
19 이주영, 『구활자본 고전소설 연구』, 월인, 1998의 부록인 〈구활자본 고전소설 목록〉 참조.

3. 통속의 재인식과 고소설의 재평가

1) 국민문학으로의 수용

1924년 『동아일보』에서는 춘향전 개작원고를 구하는 다음과 같은
현상모집 社告를 내보낸다.

> 춘향전이란 무엇인지 조선사람 치고는 아마 모를 사람이 드물까 합니
> 다. 아무리 내용이 보잘 것 없게 된 것이라 하더라도 근세 조선의 국민문
> 학작품으로 너르게 알려진 것은 이것 이외에 별로 없을 것이외다……(중
> 략) …… 이 두 주인공을 뼈로 하고 그 사이로 흐르는 그 시대 그 인물 그
> 풍속의 정조를 만일 솜씨 있는 현대문사의 손으로 고쳐 놓는다 하면 그
> 소득이 얼마나 크리까.(1924년 12월 8일자 2면, 맞춤법 수정)

아홉 달 뒤에 『동아일보』측은 투고된 원고 중에서 '국문문학'으로
추천할 만한 것이 없다며 춘원 이광수를 개작자로 정하고 춘원의 춘
향전이 "만천하 독자를 만족케 할 것"이라고 광고한다.[20]

판매부수로만 따진다면 1912년부터 1930년대까지도 고소설은 출판
시장에서 가장 잘 팔리는 상품이었다.[21] 통속성으로 인해 비판을 받기
도 하였지만, 출판시장에서 무시할 수 없는 상품이었던 것이다. 그러
므로 『동아일보』의 춘향전 연재는 고소설 중에서 가장 인기 있는 춘

---

20 「소설예고」, 『동아일보』 1925년 9월 24일자 2면.
21 "시골 주문에는 소설의 춘향전, 심청전이 제일 많고(춘향전 1시간 4만부 인쇄하는
것은 월전에 나도 목도)"「대경성백주암행기」, 『별건곤』 2호, 1926.12; "그러나 역시 고대
소설류가 가장 많이 나가는데(이것이 대부분은 지방 주문인 것을 보면 조선의 농부녀나
일반 가정에서는 아직도 이런 류의 책들을 많이들 읽는 모양이다.)…〈충렬전〉, 〈춘향전〉,
〈심청전〉 등이 그 중에서 3만 내지 4만부를 돌파하고 있으며"「서적시장조사기」, 『삼천리』
7권 8호, 1935.9.

향전을 인기작가 이광수가 개작하도록 함으로써 고소설 독자와 근대
소설 독자를 모두 포섭하려는 전략으로 해석된다.[22] 인기소설 연재를
통해서 독자를 확보하고자 했다는 점에서, 『동아일보』의 춘향전 연재
는 『매일신보』의 〈옥중화〉 연재와 유사한 의도로 이해할 수 있다.

그런데 춘향전이 '국민문학'[23]으로 지칭되고 있다는 점은 주목할 필
요가 있다. 국민문학은 '조선 사람이라면 모를 사람이 없는' 보편성과
함께 '그 시대 그 인물 그 풍속의 정조'의 전통적 삶을 반영한다는 점
에서 의미가 부여되고 있다. 국민(민족)이라면 누구나 아는 춘향전의
보편성은 국민(민족)을 묶어 줄 수 있는 매개가 될 수 있기에 중요하
다. 전통의 의미가 민족주의와 결합되어 확대되고 있는 것이다. 이처
럼 춘향전은 '국민문학'으로 지칭되면서 이전의 통속소설과는 다른 시
각에서 평가될 수 있었다.

또한 '국민문학'이라는 의미부여를 통해서 출판업자는 잘 팔리는 문
화상품을 포장할 수 있는 수단을 마련할 수 있었다. 이 점을 『별건곤』
과 『삼천리』를 통해서 살펴보자. 『별건곤』은 대중지의 성격과 문예지
의 성격이 혼합된 잡지이다. 12·13호 편집후기에 있는 "정치, 사상은
더구나 못 쓰는 잡지요 순전히 '취미중심'으로써 임무와 사명을 삼어
온 잡지"라는 말은 『별건곤』의 성격을 잘 드러내고 있다. 『별건곤』에
는 연애와 결혼에 관한 잡담 수준의 이야기부터 시나 소설, 영화와
문학평론 등이 잡다하게 섞여 있는데, 이러한 잡다함은 일제의 검열

---

22 "아직 재래의 춘향전을 못본 이에게는 물론이어니와 재래의 춘향전을 잘 아는 이에게
는 더욱 흥미가 깊을 것이오.."(「소설예고」, 『동아일보』 1925년 9월 24일자 2면. 맞춤법
수정)

23 '국민문학'은 national literature의 번역어로 보이는데, 국가가 존재하지 않았던 당대
의 상황을 고려할 때 사실상 민족문학과 동의어라고 할 수 있다.

에 의해서 정간되거나 폐간되는 사례가 빈번하였던 당시의 상황과 관련이 있다.[24] 그러나 한편으로는 문예지로서의 성격을 유지함으로써 대중지로서의 상업적 이미지를 약화시켰다고도 할 수 있다.

『별건곤』 12·13호(1928.5)에는 〈내가 자랑하고 싶은 조선 것〉, 〈외국인이 본 조선의 자랑거리〉, 〈학계에 자랑할 동방의 대철인 이퇴계와 이율곡〉 등 '조선'에 초점을 맞춘 기획기사가 많다. 호암 문일평의 〈조선심 찾은 조선문학〉도 여기에 수록되어 있다. 이 글에서 호암은 고소설을 '민족의 문학'으로 인식하였다. 또한 『별건곤』 19호(1929.3)의 〈몽견춘향기〉에서 기자는 "춘향은 우리나라에서 누구보다도 제일 먼저 자유연애한 처녀"라고 평가하면서 춘향의 입을 빌어 당시 신여성을 비판하였다. 춘향과 신여성의 대립구도 속에서 전통은 지켜야 할 것으로 옹호되고 있다.

한편 『삼천리』 1930년 10월호에서는 〈名文의 향미〉라는 제목으로 춘향전의 한 대목을 소개하였다. 그리고 1931년 12월호의 "내가 좋아하는 소설 속 여자"라는 설문조사에서 최서해는 춘향을 "모든 권위에 반항하는 여성"으로, 심청을 "희생적 여성"으로 대비하면서 자신이 좋아하는 소설 속 여성이라 하였고, 요한 역시 "용감한 그 기개 그 절조"가 감동적이라고 하면서 춘향을 가장 좋아하는 여성으로 꼽았다. '춘향'으로 표상되는 고소설의 전통적 여성상이 '저항'과 '기개'라는 근대적 맥락에서 재평가 되고 있음을 알 수 있다.

이처럼 1920년대 신문과 잡지에서는 잘 팔리는 소설인 고소설의 통속성을 '조선 것'으로 포장하였다. 이를 통해 고소설은 통속적인 소설

---

24 일제의 검열을 피하기 위해서 통속문학을 재맥락화 했던 상황에서 대해서는 한기형, 「선전과 시장」, 『대동문화연구』 79, 성균관대학교 대동문화연구원, 2012 참조.

보다는 전통적인 민족의 문학으로 재인식되고 있다.

2) 민중문예론에 의한 통속의 재발견

고소설에 대한 인식변화는 민중문예에 대한 지식인의 논의에서도 나타난다. 염상섭은 동아일보의 〈소설과 민중, 문예와 민중〉(1928.5.31)에서 〈춘향전〉, 〈홍길동전〉은 "서민계급의 세력이 바야흐로 대두하려는 시운의 추이에 말미암은 것"이라 하면서 미천한 여자가 정절을 지켜 귀공자의 부인이 된다는 파멜라의 내용이 조선의 〈춘향전〉과 유사하다고 하였다. 〈춘향전〉, 〈홍길동전〉이 '민중문학'으로 인식됨을 알 수 있다.

비슷한 시기에 김기진은 보다 더 계급주의적 시각에서 고소설에 대해 논하였다. 1929년 4월 14일부터 약 일 주일간『동아일보』에 연재된 〈대중소설론〉에서 그는 재래의 '이야기책'을 신문에 연재되는 소설과 구별하여 '대중소설'이라고 범주화하였다.[25] 대중소설에는 신소설도 포함되어 있는데, 4호 활자로 인쇄되어 노동자·농민을 주독자층으로 한다는 점에서 재래의 이야기책과 신소설을 같은 범주에 포함시켰다. 김기진이 이들 '대중소설'에 주목한 이유는 이들이 당대에 가장 많이 팔리는 책들이기 때문이었다.

물론 많이 팔린다고 해서 고소설을 긍정적으로만 평가하지는 않았다. '구소설'이 "현실에서 도피하여 몽환에 도취하게 하며, 미신을 길러 주며 노예근성을 북돋아 주며, 지배자에 대한 봉사의 정신과 숙명론적 사상과 봉건적 퇴영적 취미를 배양하는 작용"[26]을 한다며 비판하기도

---

25 김기진, 「대중소설론1」, 『동아일보』 1929년 4월 14일 3면.

했다. 그러나 '노동자 · 농민이 가장 많이 읽는 책'이라는 점에서 〈춘향
전〉, 〈심청전〉 등의 이야기책을 무시해서는 안 된다고 주장했다.[27] 그
리고 이러한 대중소설의 흥미를 이용하여 노동자 · 농민이 쉽고 흥미
있게 읽을 수 있는 프롤레타리아 소설을 창작할 것을 주장했다.

선행연구의 지적대로 팔봉의 대중소설론이 프롤레타리아 소설을
위한 새로운 창작방법을 제시했다고 보기는 어렵다.[28] 그렇지만 팔봉
의 이러한 논의에서 고소설에 대한 인식변화를 짐작할 수 있다. 고소
설의 통속성을 마취제라고 비판하면서도 노동자 · 농민이 흥미롭게 읽
는 이유에 대해서 분석적으로 접근하고 있기 때문이다.

염상섭과 김기진의 주장은 1920년대 초부터 자주 문단에서 거론되
었던 '민중예술론'의 연속선상에서 이해할 수 있다. 특히 『개벽』지에
번역되어 실렸던 로망롤랑의 〈민중예술론〉[29]이 팔봉의 통속소설 인식
에 영향을 미쳤다고 생각된다. '예술이 생산물이 잘 팔릴 만한 평민을
발견했으며 평민이 예술 속에 갑자기 세력을 얻었다'는 〈민중예술론〉
의 내용[30]은 농민들이 즐겨 읽는 고소설에 대한 팔봉의 관심과 무관해
보이지 않기 때문이다. 이때 'people'의 번역어인 '평민'은 농민과 노
동자 등의 프롤레타리아를 지칭하는 것으로 볼 수 있다.[31] 물론 김기

---

26 김기진, 「대중소설론2」, 『동아일보』 1929년 4월 15일 3면.
27 김기진, 「대중소설론4」, 『동아일보』 1929년 4월 17일 4면.
28 권순긍, 「딱지본 고소설의 수용과 1920년대 소설대중화」, 『도남학보』 10, 도남학회,
1987.
29 김억 역, 〈민중예술론〉, 『개벽』 26호(1922.8)와 27호(1922.9)에 실려 있다.
30 김억 역, 〈민중예술론〉, 『개벽』 26호, 1922.8.
31 박양신에 의하면 조선의 〈민중예술론〉은 일본 오스기의 번역본을 중역한 것인데,
오스기는 평민을 프롤레타리아트의 번역어로 사용하였다. (박양신, 「다이쇼 시기 일본
식민지 조선의 민중예술론」, 『한림일본학』 22, 한림대 일본학연구소, 2013.)

진은 바르뷔스와 로망롤랑의 클라르테 논쟁과 관련하여 로망롤랑을 비판한 것으로 유명하다. 그러나 바르뷔스와 로망롤랑의 논쟁과 관련해서는 로망롤랑을 비판했지만 〈민중예술론〉의 예술관에는 찬성했던 양명의 경우로 보아,[32] 팔봉의 〈대중소설론〉 역시 로망롤랑의 〈민중예술론〉을 비롯한 민중예술논쟁의 자장 안에서 형성된 것으로 볼 수 있다.

한편 팔봉이 〈대중소설론〉에서 고소설에 대한 홍미를 "장구한 세월을 두고 적어도 일이 세기 전부터 이따위 이야기책으로 말미암아 축적되어 온 심리적 효과"[33]라고 한 점은 중요한 의미가 있다. '심리적 효과'라는 불분명한 어휘를 사용하기는 하였지만, 이는 시간을 견디어 온 고소설의 의미를 인정한 것으로 볼 수 있다. 다시 말하면 과거에서부터 지금까지도 유효할 수 있는 문화의 한 측면을 인지했다고 할 수 있다.

4. 전통의 복원과 정전화

1) 전집 간행을 통한 고소설 선별

1930년대에는 고소설이 '전집'으로 간행되기도 하였다. 삼천리사의 『근대문학전집』(1931)과 중앙인서관의 『조선문학전집』(1934) 등 전집으로 간행되면서 고소설의 가치는 적극적으로 주장되었다. 이러한 전집 기획은 신문관의 육전소설 기획과도 유사하지만, 『삼천리』(1931년

---

32 같은 논문 참조.
33 김기진, 「대중소설론5」, 『동아일보』 1929년 4월 18일 3면.

4월호) 에 실린『근대문학전집』의 광고문구 "사천년래 집적된 조선문학의 가치가 숨어 있는 것"에서 전통의 가치는 더 뚜렷하게 강조되고 있다.

그런데『근대문학전집』의 목록구성은『조선문학전집』의 것과 차이가 있다.『근대문학전집』에는 당시 판매부수가 가장 많았던 〈춘향전〉, 〈심청전〉이 포함되어 있으며, 〈장화홍련전〉, 〈추풍감별곡〉, 〈흥부전〉, 〈홍길동〉 등 역시 여러 출판사에서 찍어낸 인기 있는 고소설류가 들어 있다.[34] 이 점에서 삼천리의『근대문학전집』은 상품성을 많이 고려한 듯하다. 〈명장이순신〉과 〈남이장군〉 등 전기물이 포함되어 있다는 점에서 단지 상업성만을 고려했다고 단언할 수는 없다는 주장이 있을 수 있다. 〈남이장군〉은 장도빈이 간행한 것 외에는 활자본이 확인되지 않는데[35], 〈명장이순신〉과 마찬가지로 소설보다는 역사전기류에 가깝다. 따라서 두 작품을 전집에 넣은 것은 민족주의적 지향과 무관하지 않을 것이다. 그러나 1920년대 중반부터 역사소설에 대한 관심이 증대되었다는 사실을 고려하면 이 또한 '팔리는 소설'의 선택이 아닌가 한다.

삼천리 문학전집의 상업성은 한설야에 의해 비판된 바 있다. 한설야는『조선일보』를 통해서『삼천리』를 '娛樂劣情'의 저열한 잡지로 평가하였고, 삼천리사의『근대문학전집』 간행에 대해서 빛 좋은 간판을 내세운 장삿속이라며 비난했다.

---

34 이주영, 앞의 책 참조.
35 『남이장군실기』가 1926년 덕홍서림에서 간행된 것 외에는 다른 사례를 찾을 수 없다. (같은 책 참조)

　　십전 아니면 이십 전만 내면 누구든지 모두 얻어 볼 수 있는 前記小說傳記及其他를 그저 그대로 다시 제본하여 내놓기를 동사의 소위 근대식 눈홀림의 모계는 기뻐하지 않는다. 그래서 소위 근대문학전집이란 빛 좋은 간판과 같이 십 권의 면면을 사천년래 문예의 총결정인 같이 假裝을 시켜 가지고 가두로 내세우랴 한다.[36]

　　이러한 비판에 대해서 삼천리사의 김동환은 "검열과 재정의 현실적 압박" 속에서 "이것이라도 없기보다는 나으리란" 생각에서 발행하고 있는 현실을 이해하지 못하고 이상만 추구한다고 반박하였다.[37] 또한 한설야가 낡은 것으로 폄하한 〈춘향전〉의 가치를 옹호하면서 외국 서적이 성난 파도처럼 밀려들어오는 상황에서 노동자·농민이 읽을 수 있는 책을 간행해야 한다고 주장한다.[38]

　　천정환은 삼천리사의 전집 간행이 문화민족주의를 바탕으로 한 "고전문학과 조선문화의 전통에 대한 선별적 복원"이며, 국가와 공교육이 없는 상황에서 나타난 정전의 구성이라고 하였다.[39] 그러나 한설야가 장삿속이라고 비난하였듯이 삼천리사의 전집은 '정전'으로서의 권위를 지니지 못했다. 전집을 통한 선별이 작품의 가치에 대한 평가와 긴밀하게 연결되지 못한 이유는 전집 간행의 주체가 이윤추구를 기본 목적으로 할 수밖에 없는 출판사였기 때문이다. 분명 삼천리사가 기

36　한설야, 「문예시평1:삼천리사 근대문학전집 발간과 집필가 지조 문제에 대하야」, 『조선일보』, 1931.4.15

37　김동환, 「문예시평에 대하여 한설야씨에 답함1」, 『조선일보』, 1931.4.21, 4면.

38　김동환, 「문예시평에 대하여 한설야씨에 답함2」, 『조선일보』, 1931.4.23, 4면.

39　천정환, 『근대의 책읽기』, 푸른역사, 430-431면; 박숙자, 「1930년대 명작선집 발간과 정전화 양상」, 『새국어교육』 83, 한국국어교육학회, 2009에서 삼천리사의 전집간행을 정전/명작이 구성되는 과정으로 고찰한 바 있다.

획한 전집은 묶어팔기 내지는 끼워팔기의 혐의가 있다.

그런데 중앙인서관의 『조선문학전집』에 포함된 『소설집1』과 『소설집2』의 소설목록은 삼천리사의 전집과는 다른 양상을 보인다.[40] 『조선문학전집』에 선정된 소설도 활자본으로 여러 번 간행된 것이기는 하다. 그러나 김태준의 『조선소설사』를 참고할 때 각 시기와 종류별로 대표적인 작품을 선정했음을 알 수 있다.

『조선문학전집』 작품목록	『증보 조선소설사』의 관련 대목
홍길동전	4 임진·병란 양란 사이에 발흥된 신문예
박씨전	5 일반화 한 연문학의 난숙기, 숙종조를 중심으로 한 황금시대의 문예
사씨남정기	5 일반화 한 연문학의 난숙기, 소설가로 본 서포 김만중
장끼전	5 일반화 한 연문학의 난숙기, 동화·전설의 소설화
토끼전	5 일반화 한 연문학의 난숙기, 동화·전설의 소설화
흥부전	5 일반화 한 연문학의 난숙기, 동화·전설의 소설화
창선감의록	6 근대소설 일반, 중국문학의 일 방계로 본 한자소설
장화홍련전	6 근대소설 일반, 장화홍련전과 기타 공안류
춘향전	6 근대소설 일반, 걸작 춘향전의 출현
유충렬전	없음

〈유충렬전〉은 『조선소설사』에 언급된 바가 전혀 없을 뿐아니라 〈유충렬전〉과 같은 군담류에 대해서 김태준이 "그다지 문학적 취미와 가치를 인식하지 못하겠다"[41]고 하였는데도 포함되어 있어 상업적인

---

40 책의 속표지에 "신명균 편, 김태준 교열"이라고 하였으며, 앞부분의 작품해설 뒤에 "김태준씨 소설사에 據함"이라고 한 것으로 보아 김태준이 관여한 것으로 판단된다. 국립중앙도서관 소장본을 참조하였다.

의도에 의한 끼워넣기를 의심해 볼 수 있다. 그러나 상업적인 목적을 위해서라면, 춘향전과 함께 가장 많이 팔리던 고소설인 심청전을 제외하고 굳이 〈유충렬전〉을 넣을 이유는 없어 보인다. 따라서 군담소설까지 포함한 다양한 작품을 수록하려는 의도로 생각된다.

2) 학문대상으로서의 고소설

삼천리사의 『근대문학전집』과 구별되는 『조선문학전집』의 목록구성은 고소설을 '상품'보다는 '전통'으로 보려는 시각을 드러내는데, 이러한 시각의 배경에는 대학을 통해 배출된 학자 김태준의 연구가 있었다. 그런데 김태준은 『조선소설사』의 초판 서문에서 "육당 최남선 선생과 고 학우 김재철 형의 간독한 지도와 계발을 받아서 본고를 초"했다고 하여 최남선의 영향을 받았음을 밝히고 있다.[42] 육당 최남선은 고소설을 신문관의 출판물로 기획하기도 했을 뿐더러, 조선광문회나 계명구락부 등의 모임을 통해서 관련 문헌에 대한 발굴과 연구를 주도하였다. 계명구락부에서 간행한 『계명』에는 조선의 전통문화에 대한 중요한 논문들이 수록되어 있는데, 『계명』 19호의 〈금오신화 해제〉는 조선소설의 역사를 설화-패관문학-소설의 흐름으로 파악하고 있다. 이러한 육당의 연구는 김태준의 『조선소설사』에 수용되었다.

김태준의 『조선소설사』는 1930년 10월 31일부터 이듬해 2월 25일까지 『동아일보』에 연재되었다가 이후 1933년에 단행본으로 간행되었고, 1938년에 다시 증보판으로 출판되었다. 『조선소설사』는 계급론

---

41 김태준, 박희병 교주, 『증보 조선소설사』, 한길사, 1990, 111면.
42 육당과의 관계에 대해서는 선행연구에서는 언급된 바 없는데, 『조선소설사』의 소설사 흐름이 육당의 것과 유사하다는 점에서 좀더 정밀하게 논의되어야 할 것이다.

의 시각이 뚜렷하면서도 실증적인데,[43] 여기에서 김태준은 '고소설'로 통칭되던 20세기 이전의 소설을 시대와 형성배경에 따라 분류하고 평가하였다. 〈홍길동전〉은 "조선소설사의 가장 거벽"이라고 높이 평가하였고 또 〈구운몽〉을 '명작'으로, 〈춘향전〉을 걸작으로 지칭하고 있다. 이러한 고소설에 대한 평가는 고소설을 모두 무가치한 것으로 부정하던 당대 지식인의 태도와는 대비된다.

사실 1920년대까지 고소설에 대한 당대 지식인들의 인식은 고소설의 실상에 기반한 것이 아니라 구활자로 조잡하게 인쇄된 활자본 고소설의 이미지에서 비롯되었다. 즉, 이들의 뇌리에 각인된 고소설은 20세기 이전의 소설보다는 20세기 이후 딱지본 소설에 더 가깝다. 이렇게 고정된 고소설의 통속적 이미지는 '국민문학' 혹은 '민중문학'으로 의미를 부여한다고 해서 쉽게 지워지지 않았다. 그렇기 때문에 20세기 이전 향유되었던 고소설을 학문적으로 고찰한『조선소설사』는 '고소설'의 부정적 이미지를 희석시키는 데 중요한 역할을 했다고 본다.

한편 도남 조윤제는『교주춘향전』(1938)과 〈춘향전 이본연구〉(1939)에서 춘향전에 대한 실증적인 고찰을 통해 춘향전의 고전적 가치를 강화하였다. 도남은 가장 원본에 가깝다고 판단한 완판 84장본을 저본으로 선택하였다. 그리고 지나치게 음란한 대목을 삭제하는 한편, 국한문 혼용체를 사용하고 주석을 갖춤으로써 춘향전이 '고전'으로 읽히도록 하였다. 같은 해에 김태준이 간행한『원본춘향전』이 순한글인 것과는 대비된다. 아마도 김태준은 민중문학으로서, 조윤제는 고전문헌으로서 춘향전이 수용되기를 원했기 때문이 아닐까 한다. 이러한

---

43 계급적 시각과 실증주의적 시각이 공존하는 학문적 경향은 박희병이 지적한 바 있다. (「천태산인의 국문학연구 상」, 『민족문학사연구』 3, 1993, 256-257면.)

차이는 있지만 도남과 김태준은 모두 고소설을 학문의 대상으로 접근
하면서 청산의 대상이 아닌 전통으로 인식하는 변화를 이끌었다고 할
수 있다.

3) 고전부흥운동과 고소설의 재인식

1935년 1월 『조선일보』에서는 〈조선고전의 검토〉(1.1~1.13)와 〈조선
문학상의 복고사상 검토〉(1.22~1.31)의 기획기사 머리말에서, "우리의
문학유산을 다른 데서도 가져올 수 있지만, 먼저 우리 고전에서 찾아
와 끊어졌던 우리 문학의 명맥"을 잇자고 하였다. 그리고 그 뒷면(38면
~39면)과 2일자 4면에서는 "조선 고전에서 찾아온 잃었던 우리 문학의
음미-구소설에 나타난 시대성"이라는 기획의도 아래 〈춘향전〉, 〈흥
부전〉, 〈홍길동전〉, 〈심청전〉, 〈장화홍련전〉, 〈정을선전〉을 소개하
였다.

같은 시기 『동아일보』에서는 김태준의 〈우리문학의 회고〉와 〈춘향
전의 현대적 해석〉을 연재하였다. 1934년 11월 14일부터 12월 12일까
지 열 차례에 걸쳐 '특별논문투고' 광고가 나간 뒤 1935년 1월 1일자
1면 기사에 김태준이 그 당선자로 발표된 것을 보면 신문사의 기획논
문임을 알 수 있다. 김태준의 논문은 1월 10일까지 연재되었다.

이처럼 1935년의 신년호부터 두 신문사가 경쟁적으로 '고전'을 기획
하고 있는 이유에 대해 황종연은 "프롤레타리아문학운동의 좌초 이후
문단에 밀어닥친 침체의 위기"[44]에서 비롯되었다고 하였다. 이 점은

---

44 황종연, 「1930년대 고전부흥운동의 문학사적 의의」, 『한국문학연구』 11, 동국대 한국
문학연구소, 1988, 217면.

〈조선문학상의 복고사상 검토〉의 기획기사 머리말에서도 확인된다.

> 일부의 논자들은 새로운 문학이 탄생할 수 없는 불리한 환경 아래 오히
> 려 우리들의 고전으로 올라가 우리들의 문학유산을 계승함으로써 우리들
> 문학의 특이성이라도 발휘해 보는 것이 시운에 피할 수 없는 良策이라고
> 말하며 일부의 논자들은 우리들의 신문학건설 그 전일의 섭취될 영양으로
> 서 필요하다고 말한다.[45]

그런데 고전부흥운동은 경성제대 설립 및 조선어학회, 진단학회 등
을 통해 형성되고 결집된 연구 인력을 통해서 지속될 수 있었다.[46] 즉,
이병기, 김태준, 조윤제, 문일평, 최남선 등의 연구성과 및 역량에 의
해서 고전부흥의 열기가 뒷받침 되었던 것이다.

'조선의 과거', '조선 것'에 대한 관심이 일어난 보다 근본적인 이유
는 당시 조선의 지식인들이 느끼는 문화적 위기의식에서 찾을 수 있
다. 일본어를 '국어(國語)'로 배우는 학교 교육의 확대로 1920년대부터
일본어 서적은 크게 증가하였고 조선어 서적의 간행과 판매는 상대적
으로 위축되었다.[47] 김동환과 한설야의 논쟁에서 김동환이 "외국책이
성난 파도처럼 밀려오는 상황"이라고 표현한 당대 조선출판계의 어려
움은 과장이 아니었다. 이러한 상황은 총독부의 자료를 통해서도 확
인된다. 『조선출판경찰개요』에서는 교육의 보급으로 국어(일본어)를
해독할 수 있는 사람이 늘어나면서 일본 수입소설을 강독하는 자는

---

45 「고전문학과 문학의 역사성- 고전탐구의 의의」, 『조선일보』, 1935.1.22.
46 김윤식은 1935년 신문의 고전기획이 국학 연구업적과 한글운동의 결실 등과 같은
문화계의 동향으로 인해 저널리즘이 의욕을 일으킨 것으로 보았다. (김윤식, 『한국 현대문
학 비평사』, 서울대 출판부, 1982, 212면.)
47 천정환, 앞책, 227-267면에서 이러한 상황에 대해 설명했다.

늘어나고 조선의 신·구소설을 강독하는 자는 감소하였다고 하였다.[48]

이는 한문/한글로 존재하였던 조선시대의 표기문자 이중체계가 일제 강점기에 와서 일본어/한국어로 재현된 양상이다. 그 가운데 고소설은 교육받지 못한 노동자·농민의 위안물로 존재하면서 근대적 지식인들에게는 오히려 낯선 것으로 존재했던 것으로 보인다.

1910년대까지만 해도 지식인들은 고소설을 어렵지 않게 접하였다. 소설가들이 자신의 독서경력을 자전적으로 술회한『문장』지의 글에서 이러한 사실이 확인된다. 박태원은 취학 이전에 〈춘향전〉, 〈심청전〉 류의 고소설을 탐독하였고 보통학교 3~4학년 때는 일본 신조사의 〈반역자의 어머니〉를 읽었다고 했으며, 이기영은 어머니를 여의고 쓸쓸하였던 십 여세 때 이웃에게서 고대소설을 빌려서 읽었다고 했다.[49] 이들이 고소설을 읽었던 어린 시절은 1910년대이다. 이후 고소설은 빠른 속도로 신소설이나 번역·번안소설로 대체되었다.[50]

1928년『동아일보』기사에 의하면 1926년에 301건이나 발행되던 고소설이 1927년에는 31건으로 대폭 감소되었다고 하였다.[51] 이러한 상황으로 인하여 1920년대 후반에 이르면 이미 경향노소(京鄕老少) 간 독자가 분리되는 현상이 나타났다. 〈춘향전〉과 〈심청전〉은 시골 주문이 많다고 한 1926년『별건곤』기사[52], 노인이 탑골공원에서 〈화용도실기〉를 읽는 광경을 묘사한 1929년『별건곤』기사[53]를 보면 고소설

---

48 『조선출판경찰개요』1, 조선총독부 경무국 도서과, 1934, 60면.

49 「나의 문학 10년기」,『문장』2권 2호, 1940.2.

50 번역, 번안소설이 대표적인 통속소설로 존재한 양상에 대해서는 박진영, 앞의 책 참조.

51 김준형, 「근대 전환기 글쓰기의 변모와 구활자본 고전소설」,『고전과 해석』1, 고전문학한문학연구학회, 2006, 72-74면.

52 각주 19 참조.

이 농민이나 노인이 읽는 소설로 인식되었음을 확인할 수 있다. 또한 1935년 『삼천리』 기사에서 "이것이 대부분은 지방 주문인 것을 보면 조선의 농부녀나 일반 가정에서는 아직도 이런 류의 책들을 많이들 읽는 모양"[54]이라고 한 데서 1935년에 독자의 경향분리는 더욱 심해졌음을 짐작할 수 있다.

이러한 상황에서 근대적 교육을 받은 지식인이 고소설을 접했을 가능성은 점차 줄었을 것이다. 이들의 어린 시절에는 고소설이 흔한 것이었지만 30년대에 와서 고소설은 '사라져가는 조선 것'이었다. 윤규섭은 완판본에 대해 조사하면서 어린 시절 보았던 전주 양책방의 완판을 찾아 헤맸는데,[55] 그의 기록은 '사라져 가는 조선 것'으로서 고소설의 상황을 단적으로 보여주고 있다. 30년대 후반 이후 고소설은 골동품의 이미지를 지니게 된 것이다.

『문장』의 창간호부터 매호 '고전'을 주해(註解)하여 수록한 것도 이처럼 고소설이 사라져가는 문화적 상황에서 비롯된 것이다. 『문장』에 주해되어 실린 소설에는 한문소설 〈호질〉, 〈서대주전〉, 〈인현왕후전〉, 〈요로원야화기〉처럼 활자본 소설로 간행되지 않았던 작품들이 다수 포함되어 있다. 또 기존에 여러 번 간행되었던 작품이라도 신재효본 〈토별가〉 등 새로운 이본을 저본으로 하기도 하였고 〈이고본 춘향전〉과 〈고대본 춘향전〉 등 이전에 알려지지 않은 이본을 소개하기도 하였다.

또한 『문장』의 작품선정은 예술적 취향이 강조된 '고전' 개념을 드

러낸다. 가람은 〈한중록〉이나 〈인현왕후전〉을 소개하면서 전아한 한
글 문체를 높이 평가하였으며, 〈요로원야화기〉는 당시 양반의 習氣를
알 수 있는 선비의 말투가 잘 나타난다고 하였다. 역어체가 사용된
고소설보다는 우리말 문장미가 드러난 텍스트를 중심으로 선별하다
보니 작품선정이 기존의 고소설 목록과는 달라졌다. 전체적으로 『문
장』지에서 소설이 차지하는 비중이 낮은 점도 예술적인 미적 취향이
'고전선별'의 기준으로 적용한 결과라고 할 수 있다.[56]

5. 해방 이후 고소설의 교과서 수록

일제 강점기 동안 고소설의 위상과 인식은 출판과 신문 등의 근대
적 매체, 고소설 연구, 문단의 논쟁, 30년대 이후 고전열(古典熱) 등
복잡한 맥락 안에서 변화했다. 이러한 과정을 통해서 고소설은 '지우
고 싶은 과거의 유산'에서 '알아야 할 전통 문학'으로 자리 잡아 갔다.

해방 이후 교과서 편찬시의 텍스트 선정은 이렇게 형성된 알아야
할 고소설 목록의 영향 아래 이루어졌다. 물론 '고전'으로서의 고소설
목록이 해방 이전에 완전히 정립된 것은 아니었다. 그럼에도 불구하
고 해방 직후 과도기부터 3차 교육과정까지 줄곧 교과서에 수록되었
던 고소설은 다음과 같이 큰 변동이 없었다.[57]

---

56 정주아는 골동품을 가려내는 감식안에 비유한 바 있다. 정주아, 「『문장』지에 나타난
'고전'의 의미 고찰」, 『규장각』 31, 서울대 규장각한국학연구원, 2007.
57 박붕배, 『한국국어교육전사 중』, 대한교과서주식회사, 1997 참조.

	초등학교	중학교	고등학교
과도기	흥부와 놀부(4-1) 심청(5-2)	공양미삼백석 (중등국어4)	왕랑반혼전(고등국어3) 춘향전에서(고등국어3)
1차 교육과정	제비와 흥부(4-1) 심청(5-1)	공양미 삼백석 (중학국어3-1)	토끼전(고등국어1) 집 떠나는 홍길동(고등국어2) 춘향전에서(고등국어3)
2차 교육과정	제비와 흥부(4-1) 심청이야기(6-2)	공양미 삼백석 (중학국어3-2)	토끼화상(국어1) 집 떠나는 홍길동(국어2) 춘향전에서(국어3)
3차 교육과정	제비와 흥부(4-1) 심청이야기(6-2)	공양미 삼백석 (중학국어2-1) 박씨부인(3-2)	토끼화상(국어1) 집 떠나는 홍길동(국어2) 춘향전에서(고등국어3)

초등학교(국민학교)의 교과서에 실린 고소설 관련 서사물은 동화 혹은 이야기로 소개되고 있다. 초등과정에서 고정적으로 수록된 것은 '제비와 흥부', '심청'인데 모두 동화 형식으로 재구성된 텍스트이다.

고소설은 중학교 이상의 교과서에 실렸는데, 중학교 교과서에는 특히 〈심청전〉의 '공양미 삼백석'이 고정적으로 수록되었다. 〈심청전〉은 일제시대에 간행된 『조선문학전집』에는 포함되지 않았지만, 이미 신문관 육전소설과 『근대문학전집』으로 간행된 바 있고 고소설을 조명한 조선일보 기획기사에서도 비중 있게 다루었다는 점에서 해방 이전부터 대표적인 고소설로 손꼽히던 작품이라고 할 수 있다. 해방 이후에는 줄곧 "공양미 삼백석"이란 제목으로 수록되었는데, 일제 강점기에 사용된 보통학교 『조선어독본』(4차 교육령기, 1930-1935) 5권에도 동일한 대목이 수록되어 있다.[58] 한편 〈박씨전〉도 『조선문학전집』에

---

58 장경남, 「일제 강점기 조선어과 교과서에 수록된 고전문학」, 『우리문학연구』 39. 우리문학회, 2013 참조.

포함되어 있었고 『조선소설사』에서 비중 있게 다루었기 때문에 해방 이전부터 주요 고소설로 거론되었다고 할 수 있다.

고등학교 교과서에는 〈토끼전〉, 〈홍길동전〉, 〈춘향전〉의 세 작품이 줄곧 빠지지 않고 수록되었는데, 수록된 교재의 해당 학년까지도 동일하다. 〈홍길동전〉과 〈춘향전〉은 육전소설, 『근대문학전집』, 『조선문학전집』에도 포함되어 있으며 『조선일보』의 고전 기획기사에서도 중요하게 다루었기 때문에 해방 이전부터 이미 대표적인 고소설로 인정되어 왔다고 할 수 있다. 또한 〈춘향전〉 중에서도 완판 84장본을 선택한 것은 조윤제의 『교주춘향전』과 김태준의 『원본춘향전』에서 가장 오래된 판본이며 원본에 가까운 이본으로 인정된 점을 반영했다고 할 수 있다. 〈토끼전〉도 『조선문학전집』과 『문장』지에 수록된 것을 보면 해방 이전 이미 고전으로 인정되었다고 할 수 있는데, 특히 교과서에 '토끼화상' 대목이 수록된 것은 『문장』에서 〈토끼화상〉을 소개한 일석 이희승의 영향이 아닐까 한다.[59] 이밖에 〈왕랑반혼전〉은 도남이 졸업논문으로 제출한 〈조선소설의 연구〉에서 언급한 바 있고 김태준은 『조선소설사』에서 소개한 바 있다.

한편 교과서에 수록된 고소설 목록은 해방직후 여러 학자들이 편찬한 '고전독본'의 목록과 상당 부분 겹치고 있다. 1947년에서 1948년 사이에 간행된 여러 종의 고전독본에 수록된 고소설 목록을 정리해 보면 다음과 같다.[60]

---

59 『문장』지의 영향은 〈한중록〉이 수록된 데서도 찾을 수 있다. 『문장』에서 활동한 가람 이병기와 이희승 등의 영향이 좀더 뚜렷하게 나타난 것은 해방 이후 민중서관 등에서 벌인 고전문학전집 간행물이다.(권혁래, 앞의 논문 참조.)

60 이기대, 「교수요목기 고전문학 관련 교과서의 체재에 대한 연구」, 『어문논집』 57, 중앙어문학회, 2014, 235-238면의 주석 참조. 김근수의 『고등국어:국문학고전편』에는

조선고전문학독본 (이명선)	임진록, 홍길동전, 구운몽, 장화홍련전, 장끼전, 토끼전, 심청전, 흥부전, 춘향전
역대조선문학정화 (이희승)	놀부의 포악(흥부전), 말값삼백냥(박씨전), 활빈당(홍길동전), 관음찬(사씨남정기), 양천리주루탁계(구운몽), 광한루(춘향전), 공양미삼백석(심청전), 용궁좌기(토끼전), 허씨의 흉계(장화홍련전), 까토리 해몽(장끼전)
가려 뽑은 옛글 (장지영)	심청전, 홍길동전, 별주부전, 춘향전, 왕랑반혼전
고등국어고대문감 (조윤제)	인도환생(구운몽), 광한루의 결연(춘향전), 희생(심청전), 오호대장기(삼설기), 왕랑반혼전
국문학고전독본 (양주동)	인현왕후전, 한중록, 홍길동전, 심청전, 춘향전, 흥부전

밑줄 부분처럼 당시 여러 국문학자가 편찬한 고소설의 목록은 거의 일치하고 있다. 〈춘향전〉과 〈심청전〉은 모든 독본에 포함되어 있으며, 〈홍길동전〉은 조윤제의 독본을 제외하면 모두 포함되어 있다. 〈토끼전〉은 조윤제, 양주동의 독본에는 포함되지 않았으나 이명선, 이희승, 장지영의 독본에는 들어 있다.

이렇게 보면 해방 직후부터 3차 교육과정까지 교과서에 수록된 고소설의 목록은 이들 국문학자의 시각과 크게 다르지 않음을 알 수 있다. 이는 이들이 교과서 집필에 영향을 미쳤기 때문으로 해석된다. 장지영과 조윤제가 해방직후 교과서 편찬을 담당한 조선교육심의회의 9분과에 속했다는 점에서 그 근거를 찾을 수 있다.[61] 과도기 고등국어 교과서에 일시적으로 수록되었던 〈왕랑반혼전〉은 장지영과 조윤제의

고소설이 없어 거론하지 않는다.
61 김혜정, 「해방 직후 국어에 대한 인식 및 교과형성과정 연구」, 『국어교육학연구』18, 국어교육학회, 2004, 147면.

독본에도 실려 있어서 이들의 견해가 교과서 편찬에 반영되었음을 짐작할 수 있다. 또한 3차 교육과정의 중등교과서에 실렸던 〈박씨전〉은 이희승의 독본에도 수록되어 있는데 교과서 집필위원이었던 이희승의 의견이 반영되었을 가능성이 있다.

이들 고전독본 간행자들은 조선어학회와 경성제국대학 등을 매개로 고전을 연구하던 학자들이며 일제 강점기 고전부흥운동과 관련이 있다. 그러므로 고전독본의 고소설 목록이 교과서의 것과 일치한다는 점으로 미루어 볼 때, 고전부흥운동에서 형성된 고소설의 '정전목록'이 해방이후 교과서 편찬에 영향을 미쳤다고 판단할 수 있다.

6. 결론

이상 살펴본 바, 오늘날 교과서에 수록됨으로써 공식적으로 인정된 고소설의 '고전'으로서의 가치는 상당부분 1930년대 이후 형성된 '전통'의 가치에 기대고 있음을 확인할 수 있었다.

그런데 식민지시기에 형성된 전통의 가치가 여전히 유효한지는 의문이다. '우리 것이기에 소중하다'는 식의 당위는 이제 설득력을 잃고 있기 때문이다. 더구나 '전통'이 강조되면서 고소설은 대중적 흥미와는 거리가 먼 '고전'으로만 존재하고 있다.

'통속성'은 사실 고소설이 오랫동안 지니고 있었던 속성이다. 소설은 경전이나 역사서에 대비되는 '속된 텍스트'였다. 역사를 모방한 이야기, 혹은 현실적이지 않은 황당한 이야기였던 소설은 끊임없이 비판받고 무시당하면서도 사람들의 욕망을 자극하는 마력으로 인해서 계속 살아남았다.

'고전'으로 인정받기 위해서 부정하였던 고소설의 통속성은 이 점에서 재조명되어야 한다. 1910년만 하더라도 고소설은 '고전'이기보다는 통속적인 서사물이었다. 상투적인 서사나 인물의 갈등구도는 통속적 서사물이 지닌 한계이다. 그러나 우리가 주목해야 할 것은 상투성에도 불구하고 소설이 읽혔던 까닭이다.

따라서 통속적인 고전소설에 대한 가치평가를 넘어서 그러한 소설이 읽혔던 문화적 맥락을 주목하고 이를 해석하는 것이 필요하다고 본다. 통속적인 고소설의 특성을 대중적 서사물의 전통 속에서 이해함으로써 고소설의 새로운 가치를 찾을 수 있지 않을까 기대한다.

3부

고전소설의 교육과 수용

-문화적 위상의 정립을 위하여

고전소설 해석의 방법과 윤리

강상순 /고려대학교

1. 머리말

이 글은 애초 한국 고전소설 교육의 이론과 현장을 비판적으로 검토해보라는 과제에 답하기 위해 작성된 글이었다. 하지만 필자에게는 이 주제가 너무 커서 감당하기 쉽지 않았다. 한국 고전소설 연구자로서 고전소설 관련 강의를 맡고 있지만, 고전소설 교육의 문제 전반을 정면에서 다룰 만큼 깊이 고민해보지는 않았기 때문이다.

하지만 돌이켜 보면 고전소설 연구와 교육이 전혀 상이한 방법과 목표를 지닌 별개의 영역이 아니라는 생각도 든다. 이는 단지 고전소설 연구의 성과가 시차를 두고 교육 현장으로 이입된다거나, 고전소설 연구자 대부분이 대학 등지에서 교양교육 혹은 전공교육을 담당하는 교육자이기도 하다는 점 때문만은 아니다. 필자가 보기에 고전소설 연구와 교육은 모두 고전소설이라는 특수한 대상을 중심으로 그것의 역사적 의미를 충실하게 파악하고 이를 현재의 가치체계 속에 통합시켜 이해하는 해석학적 실천과 훈련을 그 핵심 과정으로 내포하고 있다는 공통점이 있다. 물론 상대적으로 볼 때 고전소설 연구는 실증이나 설명을 통해 해석의 주관성을 최대한 배제하거나 유보하려 하는 반면, 고전소설 교육은 학습자의 주체적인 전유(appropriation)를 보다 적극적으로 권장한다는 차이가 있긴 할 터이지만 말이다.

　사실 민족문화의 계승이나 국민-민족적 정체성의 함양 같이 텍스트 외재적으로 부과된 목표를 제외하고 보면, 고전소설 교육과 연구가 지향하는 목표의 많은 부분은 해석의 문제와 직간접적으로 연관되어 있다. 폴 리쾨르는 해석학의 목적 가운데 하나를 "문화적 거리와 싸우는 것"이라고 언급한 바 있는데[1], 고전소설 연구나 교육은 특히 텍스트와 해석주체[2] 간의 현격한 문화적 거리를 극복하고 그 과정에서 새로운 의미를 생산하는 데 초점을 둔다. 즉 텍스트가 기반하고 있는 의미·가치체계와 오늘날 독자들이 기반하고 있는 의미·가치체계 사이의 간극을 중재하고 소통하고자 하는 노력이야말로 고전소설 연구와 교육이 추구하는 주요한 목표이자 양자를 추동시키는 동력이기도 하다는 것이다.[3]

1　폴 리쾨르, 『해석이론』, 김윤성 역, 서광사, 1998, 190면.
2　이 글에서는 텍스트를 감상하고 해석하는 모든 사람, 즉 일반 독자, 연구자, 교육자, 학습자 모두를 해석주체라고 명명하기로 하겠다.
3　여기서 고전소설의 교육적 가치라는 것에 대해 간단히 생각해보자. 사실 한국어의 활용능력이나 문학적 표현능력의 신장을 위해서라면 현대소설이 고전소설보다 더 유용한 교육 텍스트로 활용될 수 있을 것이다. 그리고 한국 전통문화에 대한 이해와 학습의 도구로 고전소설을 활용하는 것도 가능하겠지만, 그것을 고전소설 교육의 핵심적 가치라고 말하기는 어려울 것 같다. 고전소설의 교육적 가치는 무엇보다 그 특수한 텍스트성에서 찾아질 수밖에 없다. 이에 대해 김흥규는 한국 고전문학이 지닌 교육적 가치를 그것의 역사적 타자성에서 찾은바 있다. 즉 고전문학은 타자이기는 하되 역사적으로 우리와 연결되어 있는 타자의 문학이라는 점에서 특별한 의미를 지닌다는 것이다.(김흥규, 「고전문학 교육과 역사적 이해의 원근법」, 『현대비평과 이론』 3, 한신문화사, 1992.) 이를 이어받아 필자는 문학교육의 핵심이 타자를 이해하는 '해석의 기술'을 증진시키는 데 있다고 주장하

그래서 필자는 이 글에서 고전소설 연구와 교육 모두가 공유하고
있는 '해석'의 문제에 대해 검토해보기로 했다. 고전소설 해석의 방법
과 목표, 윤리 등에 대해 검토하는 것은 고전소설 교육과 연구가 디디
고 있는 공통의 지반을 성찰하는 것에 다름 아니라고 생각했기 때문
이다.

언어 기호로 구성된 텍스트의 의미를 최대한 충실하게 이해하고 그
것을 해석주체의 의미·가치체계 속에 통합하고 전유하는 작업 전반
을 '해석'이라고 부를 수 있다면, 그것은 고전소설 연구와 교육의 핵심
에서 암묵적으로든 명시적으로든 항상 실행되고 있는 것이다. 다만
이 과정은 일반적으로 거의 자동적이고 무의식적으로 실행되는데, 이
글에서는 그것을 의식화시켜 비판적으로 검토해보고 여기에 몇 가지
단상과 제언을 덧붙이고자 한다.

그런데 생각해보면 텍스트의 해석 문제는 그동안 거의 모든 문학이
론들이 논의해왔던, 문학연구의 가장 중심적인 주제 아니었던가. 예
컨대 상상력을 통한 텍스트와 해석자의 교감을 강조했던 낭만주의 문
학이론에서부터 해석의 주관성을 비판하고 이를 구조적인 분석과 설
명으로 대체하고자 했던 형식주의−신비평−구조주의 문학이론, 해석
주체의 주관적인 전유에 해석학적 특권을 부여했던 수용미학−독자반
응비평, 해석의 근본적 미완결성과 통약불가능성을 강조하는 해체주
의−포스트모더니즘 문학이론 등에 이르기까지 문학 텍스트의 해석을

고 싶다. 여기서 해석의 기술이란 단순히 타자의 언어를 인식론적 차원에서만 이해하는
것이 아니라, 그것을 타자의 존재론적 전체성과 연관지어 이해하는 능력을 말한다. 이런
측면에서 볼 때 고전소설은 자아와 타자 사이에 놓여 있는 역사적 연속성과 단절성, 동질
성과 차이를 통합적으로 이해하는 능력을 기르는 데 유용한 문학교육 텍스트로 여겨질
수 있다.

둘러싼 기존의 논의들을 두루 검토한다면 아마도 근대 이후 발생한 문학이론 전반을 검토하는 것과 맞먹는 분량의 작업이 요구될 것이다. 물론 이러한 작업은 필자의 능력 밖이다.

그래서 이 글에서는 필자가 평소 관심을 두고 고심해왔던, 고전소설이라는 특수한 텍스트를 대상으로 이루어지는 해석학적 실천에 잠복되어 있는 몇 가지 문제들을 중심으로 간략히 논의를 전개해보려 한다. 즉 지금까지 고전소설 연구와 교육을 실행하면서 부닥치거나 고민했던 몇몇 실천적인 해석학적 문제들을 검토해보고 이를 통해 향후 고전소설 해석이론이 구축되는 데 적게나마 기여하고자 하는 것이 이 글이 노리는 바라고 할 수 있다.

물론 이는 자칫 새로운 지식을 생산하지 않는 이론을 위한 이론, 혹은 누구나 알고 있는 사실을 다시 한 번 확인하는 논의를 위한 논의에 그칠 소지가 크다. 특히 역사적인 실증이나 구조적 분석으로 해석의 주관성을 극복할 수 있다고 믿는 연구자들에게 이는 소모적인 작업으로 여겨질 수 있다. 하지만 필자는 역사적 사실에 대한 실증이나 텍스트에 대한 구조적 분석이 고전소설 해석에 필요하고 생산적인 절차라고 생각하지만, 그렇다고 그것으로 해석의 주관성을 완전히 극복·해소할 수 있다고는 생각하지 않는다. 물론 그렇다고 극단적인 해석의 자유나 임의성을 옹호하는 입장도 아니다. 필자의 입장은 그 중간 어디쯤에 놓여 있다. 아마도 이는 필자뿐 아니라 고전소설 연구나 교육에 종사하는 대다수의 사람들이 서 있는 입장일 것이다.

이 글은 해석을 둘러싼 몇몇 문제들을 의식적으로 드러냄으로써 고전소설 해석에 참여하는 해석주체로서의 각자의 입장을 다시 한 번 점검해보자고 제안하기 위해 작성된 글이다. 너무나 당연한 말이지만, 연구와 교육의 현장에서 누구나 실행하고 있는 해석학적 실천이 무비판적으로 자동반복되는 순간 고전소설 연구나 교육은 독단이나 불임(不姙)의 위기에 빠질 수 있다고 생각한다. 그러므로 반성적으로 성찰하기를 멈추지 않아야 한다.

2. 고전소설 해석의 암묵적 규칙과 몇 가지 방법론적 좌표

1) 문헌학과 해석학, 실증과 해석 사이

먼저 고전소설 연구와 교육에서 의식적으로든, 암묵적으로든 실행되는 '해석'의 성격에 대해 검토해보는 것으로부터 논의를 시작하도록 하자. 해석에 대해서는 다양한 정의가 가능하겠지만, 여기서는 기호들로 구성된 텍스트의 의미를 체계적이고 통합적으로 이해하려는 방법론적 실천 혹은 기술을 '해석'이라고 부르겠다.

우선 해석의 대상이 되는 고전소설 텍스트는 특정한 의미를 담지하고 있는 기호들의 체계로 이루어져있다. 그리고 그 기호들은 시간에 의해서나 해석주체의 의도에 따라 변화될 수 없으며, 민멸되지 않는 이상 그 고정된 형태성을 유지할 것이다.

그런데 텍스트의 고정된 형태성은 역설적이게도 텍스트가 무한히 다양하게 해석될 수 있는 전제조건이 된다. 즉 텍스트가 무수히 많은 해석주체들에 의해 다양하게 해석되기 위해서는 저자의 손을 떠나 그 나름의 자율적인 의사(擬似) 세계를 구축해야 한다는 것이다. 텍스트는 저자의 특정한 의도와 실천의 산물이지만, 자율적인 세계를 구축

하면서 저자에게서 분리되며, 그 순간 그것은 독자들의 무한히 다양한 해석학적 전유에 내맡겨지는 운명에 처한다. 사실 모든 형태의 의사소통이 이와 같은 운명을 겪지만, 글로 된 텍스트의 경우에는 말로 된 텍스트와 달리 그 의미를 이해하는 데 도움을 주는 저자가 부재할 수밖에 없으며 화용론적 상황(context) 또한 그대로 보존될 수 없다. 이러한 저자의 부재[4]와 콘텍스트의 비고정성은 해석에서 다의성을 가중시키는 장애로 작동하기도 하지만, 동시에 텍스트가 그 자체로 자율적인 생명을 부여받아 계속 다양하게 해석되도록 만드는 조건이 되기도 한다.

여기에 더해 고전소설은 오늘날과는 상이한 언어적 표현형식이나 문화적 가치를 그 기호체계 속에 내포하고 있다. 그러므로 이를 해석하기 위해서는 그 시대의 문화적 환경이나 언어적 표현관습 전반에 대한 폭넓은 역사적·문학사적 지식이 필요하다. 장르적 관습이나 문화적 환경 등에 대한 지식은 모든 문학 텍스트의 해석에 필요하지만, 고전소설과 같은 고전문학 텍스트의 해석에서는 더욱 그러하다.

텍스트를 둘러싼 콘텍스트에 대한 정보가 많으면 많을수록 우리는 그만큼 해석의 자의성과 가짜 다의성[5]을 줄일 수 있을 것이고 보다

---

4 여기서 저자의 부재란 저자 불명(不明)을 뜻하지 않는다. 그것은 글로 된 텍스트의 경우에 저자가 독자에게 자신의 의도를 이해시키기 위해 해석 과정에 개입하거나 부가적인 정보를 덧붙일 수 없다는 것을 뜻한다. [반면 구술 텍스트의 경우에 화자는 어조나 몸짓, 표정 등을 통해, 혹은 보충 답변을 통해 자신이 발화한 담론의 의미를 청자가 잘 이해하도록 도울 수 있다.] 물론 '저자와의 대화' 같은 형식으로 저자가 독자들의 해석에 개입하는 경우도 있지만, 그것은 문자 텍스트의 본성에 잘 맞지 않는, 국지적이고 예외적인 구술적인 소통방식일 수밖에 없다.

5 가짜 다의성이란 해석에 참조해야 할 실증적 요소들을 의도적으로 누락시키거나 저자의 의도를 의도적으로 왜곡한 채 해석주체가 자의적으로 생산해낸 텍스트의 다양한 의미들을 말한다. 물론 해석주체의 다양한 해석학적 전유와 가짜 다의성을 구별하기란 쉽지

더 심층적이고 풍부한 해석을 기약할 수 있을 것이다. 뒤에서 다시 논의하겠지만, 이처럼 타자의 담론을 최대한 충실하게 이해하고자 하는 태도, 이를 위해 자신의 주관적인 선입견이나 판단을 최대한 유예하는 태도야말로 해석주체에게 요구되는 윤리적 태도이며 문학교육을 통해 배울 수 있는 주요한 덕목 가운데 하나라고 할 수 있다. 해석이란 무엇보다 타자를 존중하는 소통의 기술인 것이다.[6]

하지만 이미 기존 논의에서도 지적된바 있듯이 이러한 지식의 위상을 너무 높게 평가하고 강조하게 되면 고전소설 연구나 교육에는 "지루한 훈고학과 메마른 실증주의"가 압도하기 쉽다.[7] 여기서 말하는 '훈고학'이란 고전에 대한 지식의 축적과 전수 그 자체를 고전소설 연구나 교육의 목표로 삼는 경향을 지칭하는 것이라고 할 수 있을 것이다. 그리고 '실증주의'란 텍스트에 대한 지식과 정보가 축적되면 텍스트의 의미가 저절로 드러나거나 객관적으로 '설명'될 수 있다고 믿는 이데올로기적인 입장을 지칭한다고 볼 수 있다.[8]

않다. 그럼에도 양자를 구별하자면 전자가 텍스트 의미의 다층성을 인정한 바탕 위에서 얻어지는 것이라면, 후자는 그러한 측면을 무시하고서 얻어지는 것이라는 점에 차이가 있다. 의미의 다층성이란 우리가 해석하고자 하는 텍스트의 의미가 실은 다음과 같은 여러 층의 의미들로 중층적으로 구성되어 있음을 말한다. ①텍스트를 생산한 저자의 [가정된] 의도로서의 의미, ②텍스트의 기호체계 속에 고정되어 있는 문장론적·의미론적 의미, ③작가와 일차 독자 사이의 담화적 맥락에서 발생하는 화용론적 의미, ④텍스트가 수용되면서 축적된 수용사적 의미. 해석학적 전유는 ①~③을 존중하는 바탕 위에서 스스로를 ④의 위치에 놓는다. 한마디로 말해 해석학적 전유에는 텍스트의 역사성에 대한 존중이 전제되어 있다. 반면 가짜 다의성은 이런 측면을 무시한다.
6 이에 대해 허쉬(E. D. Hirsch, Jr.)는 "저자의 의도에 대한 존중"을 "해석을 위한 근본적 윤리적 준칙"이라고까지 주장한다.(김창래, 「유일하게 옳은 해석은 있는가?」, 『해석학연구』 22, 한국해석학회, 2008, 117면 재인용.)
7 김흥규, 앞의 논문, 42~6면.
8 이 글에서 필자는 '설명'이라는 개념을 '대상에 대한 객관적인 인식과 이해'를 뜻하는

그런데 생각해보면 고전소설 연구의 경우 텍스트의 생산과 유통을 둘러싼 구체적인 사실들을 연구의 대상으로 삼는 문헌학을 그 주요한 하위 분야로 포섭하고 있는 것은 아닌가. 그렇다면 고전소설 연구에서 객관적인 사실들을 대상으로 하는 문헌학과 [본성상 주관적일 수밖에 없는] 의미나 가치를 대상으로 하는 해석학 사이의 관계는 무엇일까.

필자는 고전소설 연구가 문헌학과 해석학의 양축을 지니고 있으며 양자가 상호보완적인 역할을 한다는 생각에 동의한다. 하지만 후자의 모호함 혹은 다의성이나 주관성이 전자의 실증성과 명료함을 통해 극복되거나 해소될 수 있다고 생각하지는 않는다. 즉 문헌학이 해석학을 대체하거나 실증이 해석을 해소할 수는 없다고 보는 것이다.

고전소설 연구의 두 축인 문헌학과 해석학이 어떤 관계를 맺어야 하는가에 대해서는 보다 심도 깊은 논의가 필요할 것이다. 다만 여기서 말해둘 수 있는 것은 문헌학과 해석학이 완전히 별개의 영역으로 분리되어 있는 것은 아니라는 점이다. 문헌학의 연구 성과가 새로운

용어로 사용할 것이다. 이와 같은 용어 사용은 딜타이에게서 유래하는데, 딜타이는 인간의 정신은 이해의 대상으로, 자연은 설명의 대상으로 파악한바 있다.(딜타이, 『정신과학의 정초로서의 해석학의 시도』, 리차드 E. 팔머, 이한우 역, 『해석학이란 무엇인가』, 문예출판사, 1988 재인용.) 즉 그에 따르면 정신적 대상에 대한 주관적 '이해'와 자연적 대상에 대한 객관적 '설명'은 구별되는 것이다. 하지만 딜타이처럼 '설명'을 자연적 대상에게만 적용되는 개념으로 보면, 문학 텍스트에 대한 해석에서는 '설명'이라는 용어를 사용할 수 없게 될 것이다. 그런데 리쾨르는 문학 텍스트의 해석에도 '설명'의 과정이 필요하다고 보며, 특히 텍스트에 대한 언어적·구조적 분석을 '설명'의 과정으로 파악했다. 즉 그가 보기에 해석은 '구조적 설명'이라는 객관화의 과정을 거쳐서 궁극적으로 자기이해에 도달해야 완성된다. 그러므로 그는 해석에서 '설명'을 필수적인 한 과정으로 이해하는데, 그에 따르면 "더 많이 설명할수록 더 잘 이해하기" 때문이다.(윤성우, 『폴 리쾨르의 철학』, 철학과현실사, 2004, 105~6면.) 필자는 해석주체의 주관성을 최대한 절제한 구조적 분석뿐 아니라, 텍스트에 관한 문헌학적 사실들을 밝히는 실증적 연구 또한 해석의 과정 중 하나인 객관적 '설명'에 해당한다고 생각한다.

해석을 촉발하거나 기존의 해석을 강화 혹은 규제하는가 하면, 해석이 문헌학적 연구를 추동하거나 그 의의를 재평가하게도 한다.

예컨대 작자나 원전에 대해 문헌학적 고증이 이루어진다면, 이는 텍스트의 원초적인 의미―앞서 주5)의 구분에 따르자면 ①~②층의 의미가 여기에 해당할 것이다―를 해석하는 데 매우 유용한 정보를 제공할 수 있을 것이다. 작가나 원전에 대한 구체적인 정보는 텍스트 해석에 구체적인 지침들을 제공하고 새로운 해석에의 욕망을 촉발할 수 있다. 그리고 그것은 작가나 원전에 대한 잘못된 가정에서 출발하는 해석들을 걸러내는 규제의 역할도 할 것이다.

물론 작가나 원전에 대한 실증적 사실들을 밝히는 문헌학적 연구가 텍스트를 향유하고 해석하는 일을 대체할 수는 없다. 이와 마찬가지로 텍스트에 관한 실증적 사실들을 해명하는 문헌학적 연구는 텍스트의 의미를 다루는 해석학적 연구와 결합되지 않으면 그 자체로는 어떤 완결된 의미를 지닐 수 없다.

문헌학적 연구와 해석학적 연구의 관계는 해석학자 리쾨르가 제시한 설명과 해석의 관계에 근사하다. 리쾨르의 말처럼 우리는 텍스트에 관한 사실들을 더 많이 포섭하고 그를 통해 텍스트를 더 많이 '설명'하면 할수록 텍스트에 대해 더 잘 이해하고 더 풍부하고 심층적인 '해석'을 생산할 수 있게 될 것이다.

이상의 논의를 통해 우리는 문헌학과 해석학, 혹은 실증과 해석 사이의 관계에 대해 매우 간단한 규칙 하나를 도출해낼 수 있다. 필자가 보기에 문헌학을 통해 밝혀진 객관적 사실들은 고전소설 해석에서 해석주체들에게 어떤 일정한 내재적 제한들을 암묵적으로 부과하는 것 같다. 즉 고전소설 해석은 문헌학을 통해 밝혀진 실증적 사실들을 최대한 포괄해야 하거나(적극적 제한 규칙) 혹은 최소한 그것들에 위반되는 해석을 내놓지 않아야 한다는(소극적 제한 규칙) 암묵적인 규칙을 부과 받는다는 것이다.[9]

실제로 거의 모든 해석은 이 두 규칙 중간 어디쯤에 위치할 것이다. 객관적·실증적 사실들을 완전히 포괄하는 해석은 원리상으로는 가능해도 실제로는 불가능할 것이다. 해석이 텍스트에 관한 모든 측면들을 다 포괄할 수는 없기 때문이다. 문헌학을 통해 밝혀진 실증적 사실은 해석의 모험에 나서는 해석주체들에게 방향을 제시하는 지표 역할을 하지만, 동시에 임의로 벗어날 수 없는 경계점을 표시하는 역할도 한다. 완강하게 고정되어 요지부동하는 이러한 점—실증적 사실—들을 선택적으로 연결하면서 다양한 그림을 그려내는 것이 바로 해석학적 실천이라고 할 수 있다.

그런데 누구나 다 알고 있으면서도 곧잘 잊기 쉬운 것은 객관적 사실에 대한 실증에서와 달리 문학 해석에서는 다양한 해석들의 옳고 그름을 판별할 외재적인 기준이 없다는 점이다. 교육 및 연구를 지탱

---

9 예컨대 〈구운몽〉을 새롭게 해석하고자 하는 해석주체가 있다고 가정해보자. 이 경우 그는 「구운몽」에 대해 기존에 밝혀진 문헌학적 정보들—작가나 창작시기 등—을 최대한 포섭하는 해석을 제출하거나 혹은 최소한 그것에 위반되지 않는 해석을 제시해야 할 것이다. 극단적으로 생각하자면 〈구운몽〉의 작가나 창작시기 등 텍스트에 관해 밝혀진 구체적이고 실증적인 정보들을 지워둔 채 오로지 텍스트 내재적인 요소만을 바탕으로 해석을 진행할 수는 있다. 이 경우에도 최소한 '소극적 제한 규칙'을 위반한 것은 아니라고 할 수 있다. 하지만 어떤 문헌학적 근거도 없이 「구운몽」을 16세기의 어느 여성작가가 창작한 작품으로 가정하고 해석을 진행한다면 이는 해석의 암묵적 규칙을 위반한 것이라고 볼 수 있을 것이다. 실증적 사실을 더 많이 포섭하면 할수록 더 풍부하고 설득력 있는 해석을 생산할 가능성이 높아지겠지만, 그렇다고 반드시 그것을 보장하는 것은 아니다. 이보다는 사실들을 엮어 텍스트의 의미를 구성해내는 해석주체의 역량에 따라 풍요로운 해석과 빈약한 해석이 나누어질 가능성이 더 클 것이다.

하는 제도와 자격이 어떤 해석에 특별한 권위를 부여해주는 것은 사실이지만, 그렇다고 그것이 다른 방식의 해석의 가능성을 봉쇄할 수는 없다.[10]

사실 우리는 거의 모든 고전소설 해석에서 해석주체의 실존적 관심, 감정, 욕망 등을 발견할 수 있는데, 이는 연구에서뿐만 아니라 교육에서도 마찬가지이다. 해석주체의 실존적 관심이나 욕망은, 해석을 특정한 방향으로 편향되기 쉽게 만든다는 점에서, 공정하고 설득력 있는 해석을 생산하는 데 방해가 되는 위험요소라고 말할 수도 있을 것이다. 하지만 동시에 이는 풍요롭고 개성적인 해석을 생산하는 데 필요한 긍정적인 요소이기도 하다. 뛰어난 창작물이 그러하듯이 훌륭한 해석이란 해석주체의 병리성을 완전히 제거한 상태에서 산출되는 것이 아니라, 오히려 그것을 관통하여 동시대적 문제의식으로 확대시킬 때 생산되는 것이기 때문이다.

그러므로 고전소설 연구나 교육의 현장에서 해석주체의 자유롭고 다양한 해석을 가로막고 표준적인 해석을 강요할 수는 없다. 그리고 불가피한 해석의 다양성을 회피하기 위해 실증적인 연구에만 머물거나, 문헌학적 지식만을 교육의 대상으로 한정할 수도 없을 것이다.

---

10 여기서 간략히 텍스트에 대한 해석에서 '합의'가 생산되는 과정에 대해 생각해보자. 사실 문학 텍스트에 대한 해석에서 완전한 합의를 기대할 수는 없지만, 그렇다고 무한정한 해석의 상대성을 옹호할 수도 없다. 무한정한 해석의 상대성은 해석의 자의성을 부추기고 해석의 윤리를 무너뜨리며 궁극에는 [소통의 기술로서의 해석의 목표에 반하는] 소통의 불능에 이르게 할 것이기 때문이다. 그렇다고 어떤 제도적 권위가 합의를 강제할 수도 없다. 필자가 생각하기에 고전소설 해석에서 일정한 수준의 합의가 생산되는 데에는 앞서 말한 해석의 최소/최대 제한 규칙을 지켰는가, 타자의 메시지를 존중하고자 하는 윤리적 태도를 견지했는가, 그리고 무엇보다 다른 해석주체들의 이성적·감성적 공감을 불러일으킬 만한 의사소통적 합리성을 갖추었는가 등의 해석학적 기준이 작동하는 것 같다.

하지만 해석의 다양성을 옹호한다고 해서 필자가 해석주체에게 무한정한 해석의 자유가 주어져야 한다고 주장하는 것은 아니다. 무엇보다 해석주체는 자신의 관심, 욕망, 감정에 의해서도 변하지 않는 완강한 실재로서의 세계가 있다는 것을 인정할 필요가 있다.

예컨대 어떤 고전소설 텍스트의 작가나 원전 등에 대한 실증적 사실들은 해석주체의 관심이나 욕망에 따라 변경될 수 있는 것이 아니다. 이를 인정하는 것은 세계가 자아의 거울상이 아니라는 것을 받아들이는, 즉 '해석의 나르시시즘'에서 스스로를 분리하는 첫 출발이다. 실재로서의 세계를 더 많이 인식하면 할수록, 객관적 사실들을 더 충실히 포섭하려고 하면 할수록 해석의 자의성은 그만큼 제한될 것이다. 하지만 그만큼 우리는 텍스트와 콘텍스트, 자아와 세계의 얽힘에 대해 더 깊은 성찰을 얻게 될 것이다.

그러므로 필자는 스스로의 주관성을 제한하는 규칙을 받아들이고 완강한 실재로서의 세계를 받아들이는 것이 해석주체가 취해야 할 윤리적인 태도라고 생각한다. 이것은 우리가 해석이라는 실천을 통해 배울 수 있는 가장 가치 있는 덕목 가운데 하나다.

2) 복원의 해석학과 전유의 해석학, 공감의 해석학과 비판의 해석학 사이

그런데 필자가 보기에 고전소설 해석을 포함하여 일반적인 문학 텍스트의 해석은 다음과 같은 두 가지의 축의 좌표 위에서 그 성격을 표시해볼 수 있을 것 같다. 하나의 축은 복원을 목표로 하는 해석과 전유를 목표로 하는 해석을 양극단으로 하는 축이다.

이 가운데 복원을 목표로 하는 해석이란 텍스트의 원래의 의미를 최대한 그 원형에 가깝게 이해하는 것을 해석의 목표로 삼는 입장, 혹은 텍스트를 통해 저자가 말하고자 한 바를 가급적 '있는 그대로' 재구성하고자 노력하는 입장을 말한다.[11] 물론 원론적으로 말하자면 해석주체의 해석학적 개입 혹은 실천 없이 의미를 재구성한다는 것은 불가능하다. '의미'는 작가와 해석주체 간의 상호주체적인 해석학적 실천 속에서 생성되는 것이지, 그러한 실천 이전에 발견을 기다리는 실체처럼 존재하는 것이 아니기 때문이다. 그리고 앞서도 언급했듯이 글로 된 텍스트는 이미 생산되는 순간부터 자율적인 의사 세계를 구성하며 상이한 화용론적 상황 속으로 미끄러져 들어간다. 그러므로 저자의 의도를 '있는 그대로' 복원한다는 것은 불가능하다.

하지만 저자의 의도를 존중하며 최대한 그것에 점근선적으로 다가가고자 노력하는 해석학적 태도는 가능할 것이다. 이 경우 해석주체는 자신의 취향이나 개성, 가치판단 등의 개입을 최대한 중지하거나 지연시키고 텍스트가 씌어졌을 당시의 문장론적·의미론적·화용론적 언어상황을 고려하여 텍스트의 언어를 현재의 언어로 최대한 손실 없이 번역해내고자 노력하게 될 것이다. 아마도 이러한 해석학적 태도는 고전소설 연구자들이 가장 일반적으로 취하는 방법론적 입장이라고 할 수 있겠다.

이에 비해 전유를 목표로 하는 해석이란 텍스트의 현재적인 의미, 특히 해석주체의 실존적 체험과 능동적 참여에 초점을 두는 해석을 말한다. 물론 이는 앞서도 언급했듯이 해석의 자유를 무한대로 옹호

---

11 아마도 『문화의 해석』에서 기어츠가 말한 '두터운 기술(記述 thick description)'이 이러한 해석이 지향하는 방법론적 태도를 근사하게 표현한 용어이지 않을까 싶다.

하는 입장을 말하는 것이 아니다.[12] 우리는 해석주체의 실존적 관심에 와 닿지 않는 텍스트 해석이란 무용하거나 가치가 없다고 보고, 해석주체의 능동적 참여와 자기화를 옹호하는 입장을 여기에 상정해볼 수 있을 것이다. 이러한 입장은 아마도 학습자들의 능동적 수용을 중시하는 고전소설 교육에서 상대적으로 더 두드러지게 강조되는 입장이지 않을까 싶다.

이처럼 하나의 축이 '복원'과 '전유'라는 양극의 방향을 지닌 축이라면, 다른 하나의 축은 텍스트와의 공감을 지향하는 긍정적 해석과 그것과의 비판적 거리를 강조하는 부정적 해석으로 대별되는 축이다.

먼저 '공감'을 지향하는 긍정적 해석이란 해석주체가 텍스트의 저자나 텍스트 속 인물과 같은 입장에 서보고자 노력하고 나아가 텍스트의 문면에 완전히 표현되지 못한 무의식적 충동과 동기까지 최대한 공감해보고자 노력하는 해석학적 태도를 말한다. 물론 해석주체가 과도하게 텍스트에 감정이입하거나 동일시하게 되면, 텍스트와의 최소한의 해석학적 거리를 확보하지 못한 채 텍스트에 고착되어서 텍스트를 '해석'하는 것이 아니라 그것을 증상처럼 무의식적으로 '반복'하게 될 위험성이 있다.[13]

하지만 서사문학의 일종으로서 고전소설을 해석할 때 해석은 해석

---

12 해석의 자유를 오용할 때 나타날 수 있는 극단적 사례로, 텍스트를 임의로 절단하여 자신이 구축한 망상의 재료로 사용하는 편집증적 독서를 들 수 있다. 그처럼 텍스트를 파편화하여 절취하는 해석이 텍스트에 대한 폭력이며 비윤리적인 해석임은 두 말할 나위 없을 것이다.

13 예컨대 드라마에 너무 몰입하여 동일시하는 인물과 자신의 거리를 확보하지 못하는 시청자의 경우를 생각해보자. 그/그녀는 텍스트의 한 지점에 고착되어서 이를 의식화하고 주체화할 해석학적 여유 공간을 확보하지 못할 수 있다. 그리고 스스로 텍스트의 한 지점에 고착되어서 텍스트적 경험을 '해석'하지 못하고 증상적으로 '반복'하기 쉽다.

주체의 무의식적 '전이(轉移)'와 공감을 통해 발전할 수밖에 없는 측면
이 있다. 저자의 의도나 텍스트 속 인물들의 내적 동기, 당대 독자들
의 수용의미 등을 보다 잘 이해하기 위해서는 해석주체가 텍스트 속
에 이입하여 저자나 작중 인물과 스스로를 동일시하고 그것에 자신의
무의식적 욕망이나 감정을 투여해볼 수밖에 없기 때문이다. 공감을
지향하는 긍정적 해석은 텍스트의 세부나 잠재된 의미까지 최대한 풍
부하게 읽어내기 위해 방법론적 도구이자 과정으로서 전이와 공감을
활용하는 것이다.

이에 비해 비판적 해석이란 텍스트에 은폐되어 있는 갈등이나 균열에
주목하고 이러한 균열을 봉합하는 당대의 이데올로기를 폭로하는 데
관심을 두는 해석학적 태도를 말하는 것으로, 여기서는 텍스트와의
비판적 거리가 강조된다. 그런데 생각해보면 고전소설 텍스트는 오늘날
과 다른 가치체계, 이데올로기를 기반으로 산생된 것이기 때문에 이에
대한 비판적 거리를 확보하는 것은 쉬운 편이라고 할 수 있다. 오히려
어려운 것은 해석주체가 스스로의 언어나 시각 속에 내재해 있는 우리
시대의 가치체계나 이데올로기를 비판적으로 성찰하는 것이다.

예를 들어보자. 우리는 고전소설 텍스트를 읽고 그 속에서 중세적
이데올로기를 비판적으로 판별해내기는 쉽다. 하지만 그러한 중세적
이데올로기를 비판적으로 인식하게 만든 해석주체 자신의 근대주의
적 이데올로기를 비판적으로 성찰하기란 쉽지 않은 일이다. 그러므로
고전소설에 대한 비판적 해석은 프레드릭 제임슨이 말했던 '두제곱된
사고'[14] 같은 것이 필요하다. 즉 고전소설이 지니고 있는 전근대적·가

---

14 프레드릭 제임슨은 변증법적 사유의 특징을 "두제곱된 사고, 즉 사유 자체에 대한
사고"에서 찾은바 있다.(프레드릭 제임슨, 여홍상, 김영희 역, 『맑스주의와 형식: 20세기

부장적 요소에 대한 비판적 거리뿐 아니라, 오늘날 연구자들이 지니고 있는 이데올로기적 입장에 대한 비판적 거리 또한 필요하다는 것이다.

　이상의 거친 분류에서 어느 정도 드러났듯이 우리가 실제로 실행하는 해석은 이 가운데 어느 한 측면만을 지니고 있지 않다. 예컨대 우리는 텍스트가 애초 의미했던 바를 충실히 '복원'하기 위해 텍스트를 최대한 '공감'의 시각에서 읽어낼 수 있으며, 이를 통해 재구성된 저자의 의도와 텍스트의 의미를 '비판적'으로 재평가하고 그 속에서 새로운 의미화 가능성을 찾아내어 나름의 방식으로 '전유'할 수 있는 것이다.[15]

　아마도 일반적인 고전소설 해석은 위의 경우처럼 복원과 공감의 태도에서 출발해서 비판과 전유로 순차적으로 진행하는 경로를 택할 것이다. [아마도 이런 해석의 절차가 가장 정형화되어 있는 것이 학위논문의 형식이지 않을까 싶다.] 때로는 순차적으로, 때로는 동시 교차적으로 실행되는 이러한 해석학적 방법들을 여기서 굳이 변별해본 것은 텍스트 해석에는 하나의 접근방식만이 존재하는 것이 아니라는 점을 다시 한

───────────

의 변증법적 문학이론』, 창비, 2014, 68면.) 그런데 일반적으로 비판적 해석은 이데올로기 비판의 형식을 취하게 될 터인데, 여기서 주의할 점은 어떤 텍스트의 이데올로기를 비판하는 것은 동시에 해석주체의 이데올로기를 드러내는 것이기도 하다는 점이다.

15 여기에서 필자는 '의도'와 '의미', '의의'를 각각 구별해볼 필요가 있다는 생각이 든다. '의도'는 저자가 말하고자 한 바로서, 텍스트 해석을 통해서만 유추 가능한 일종의 해석학적 가정이라고 할 수 있다. 그리고 '의미'는 텍스트의 기호체계 속에 구현되어 있는 일체의 내용으로서, 원리상 저자의 '의도'보다 더 포괄적일 수밖에 없다. 그것은 텍스트의 의미가 저자의 의도를 핵심으로 포함하되, 그 의도에 완전히 흡수되지 않는 잔여, 무의식, 침묵 등을 포함할 수밖에 없기 때문이다. 그리고 '의의'는 텍스트의 의미가 해석주체에게 전유되면서 발휘하는 의미효과라고 할 수 있다. 사실 이러한 개념적 구분에도 불구하고, 의도, 의미, 의의는 해석 과정에서 그렇게 명시적으로 구분되기 어려울 수 있다. 하지만 그럼에도 이러한 개념의 구분은 해석의 실천 과정에서 생기는 개념상의 혼란을 정리하는 데는 일정한 도움이 된다.

번 확인하기 위해서이다. 우리는 텍스트에 대한 다양한 접근방식, 태도가 존재할 수 있으며, 그것은 그 나름의 장점과 한계를 지니고 있다는 점을 인식할 필요가 있다. 그리고 이러한 좌표 속에서 텍스트를 해석하는 자신의 특유한 태도나 관점을 살펴봄으로써 스스로의 해석학적 성향이나 위치를 다시 한 번 점검해볼 필요가 있다.

3. 텍스트와 해석주체의 이중적 위상과 교사의 역할

1) 텍스트와 해석주체의 이중적 위상

다음으로 논의해보고자 하는 것은 텍스트와 해석주체 간의 관계에 대해서이다. 텍스트와 해석주체 간의 관계 혹은 위상 문제는 해석학의 오랜 문제라고 할 수 있다. 앞서 머리말에서 열거했던 많은 문학이론들이 모두 텍스트와 해석주체 간의 관계에 대해 논의했고 제각각 다양한 논리들을 제시했다. 여기서 이를 다시 검토하는 것은 매우 복잡한 논의를 필요로 하는 일이고 또 필자의 역량에서 벗어나는 일이다. 다만 여기서 필자는 텍스트와 해석주체 중 어느 한 편에 특권을 부여하는 [신비평이나 구조주의 같은] 텍스트주의와 [수용미학이나 포스트모더니즘 같은] 해석학적 상대주의를 극복하기 위해 정신분석학적 통찰을 부분적으로 원용하여 텍스트 지향적이면서도 텍스트주의에 갇히지 않는, 독자의 다양한 전유 가능성을 인정하면서도 무한정한 해석의 상대주의로 흐르지 않는 하나의 관점을 제시해보려 한다.

이를 위해 필자가 특별히 정신분석학에서 원용하고자 하는 개념은 '알고 있다고 가정된 주체'와 '병리적 주체'라는 개념이다. '알고 있다고 가정된 주체'와 '병리적 주체'란 정신분석 임상에서 분석가와 분석 주체[16]의 관계를 설명하기 위해 제안된 개념이었다.

우선 '알고 있다고 가정된 주체'란 분석주체에게 있어 분석가가 차지하는 위상을 가리키는 개념이다. 분석주체는 분석가가 자신이 깨닫지 못하는 자신의 내밀한 진실에 대해 알고 있는(혹은 알 수 있는) 사람이라고 가정한다. 아마도 이러한 가정이 없으면 분석주체는 자신의 무의식을 분석가에게 열어놓을 수 없을 것이다. [의사의 능력과 권위를 믿지 않는 환자가 어떻게 자신의 내밀한 상처를 내놓을 수 있겠는가!] 분석주체는 분석가를 자신도 모르는 자신의 진실을 알고 있는 사람이라고 가정하고 그에게 자신의 증상을 드러낸다. 이 경우 분석주체는 자신의 무의식을 알지 못하는 '병리적 주체'의 자리에 놓이게 될 것이다.

그런데 정신분석학에서 말하는 '병리적 주체'란, 넓은 의미에서 사회적 상징계 속에 편입하여 자신에게 주어진 정체성을 받아들인 [우리 대부분을 포함한] 일반적인 주체를 포괄적으로 지칭하는 개념이다. 정신분석학적 인간학에 따르면, 우리 대부분은 사회적 상징계에 진입하기 위해 자신의 성적 만족의 희생을 받아들였지만 그것에 완전히 순응하지는 못하는 신경증적 주체이자, 언어와 문화의 상징계에 포획되면서 의미와 존재의 분열을 감수할 수밖에 없는 무의식의 주체이며, 결여를 채워줄 무언가를 끊임없이 찾아 헤매는 욕망과 환상의 주체이다. 즉 언어를 통해 사회적 상징계 속에 편입되기 위해서는 유아기의

---

16 라캉은 정신분석에서 피분석자(analys)를 '분석주체(analysant)'라고 부르자고 제안한다. 정신분석은 분석가가 피분석자(환자)의 말을 듣고 그의 억압된 메시지를 해석해주고 대신 답을 찾아주는 과정이 아니다. 피분석자는 분석가의 도움을 받아 스스로 증상 속에 감추어진 억압된 메시지를 해독해내어야 한다. 즉 피분석자가 스스로 분석의 주체가 될 때 분석은 끝난다.

나르시시즘적 상태를 벗어나서 무언가를 희생해야-혹은 무언가를 빼
앗겼다는 결핍감을 감수해야- 하는데, 이로 인해 우리 대부분은 분열
과 불만과 환상을 지닌 병리적 주체가 될 수밖에 없다는 것이다. 이처
럼 주체의 병리성이란 다형도착적인 성을 타고난 인간이 문화적 질서
속에서 주체로 재생산되는 과정에서 겪게 되는 불가피한 진통이나 증
상 같은 것이라고 생각해두기로 하자.

그런데 해석에 임하는 해석주체도 저마다 스스로의 병리성을 지닌
채 텍스트를 향유하고 해석할 수밖에 없다. 물론 해석주체의 개인적
욕망이나 환상 등을 해석 과정에 최대한 개입시키지 않으려고 노력할
수는 있겠지만, 앞서도 말한 바 있듯이 풍요로운 해석은 해석주체의
병리성을 완전히 제거한 상태에서 나오는 것이 아니라 오히려 그것을
넓혀 사회적 병리성과 연관지어 성찰할 때 나오는 것이다.

그런데 이처럼 정신분석 임상에서 분석가와 분석주체의 관계를 지
시하는 개념을 텍스트와 해석주체의 관계를 설명하기 위해 가져온 것
은 양자 사이의 구조적 유사성 때문이다. 이제 이 점을 좀 더 자세히
논해 보기로 하자.

우선 해석주체에게 있어 텍스트는 '알고 있다고 가정된 주체'와 '병
리적 주체'의 양면적 성격 혹은 이중적 위상을 지닌다. 해석주체인 우
리는 텍스트를 읽을 때 그것을 의미의 기원이자 최종적 담지자라고
가정하고 읽는다. 즉 텍스트에 대해 알고자 하는 모든 것이 바로 그
텍스트 속에 있다고 우리는 가정해야 한다는 것이다. 그리고 텍스트
를 읽으며 잠정적으로 도출한 우리의 해석이 타당한 것인지 텍스트를
통해 확인받고자 한다.

물론 텍스트는 기호체계로 고정된 채 저자의 손을 떠난 것으로 독

자의 해석에 반응할 수 없다. 하지만 실제로는 텍스트와 독자 사이에 대화적 관계가 형성되는데, 독자는 텍스트를 읽는 동안 끊임없이 텍스트의 의미를 예상하기도 하고 소급적으로 되돌아가 이전의 해석을 수정하기도 한다. 텍스트를 읽고 난 이후에도 이와 같은 해석의 예상과 소급 운동은 멈추지 않는다. 이와 같은 대화적 관계에서 텍스트는 해석주체에게 해석의 기원이자 해석의 타당성을 판가름해줄 최종의 보증자처럼 여겨진다. 말하자면 해석주체가 알고자 하는 모든 것은 이미 텍스트 속에 있다고 가정되어야 한다는 것인데, 이때 텍스트는 해석주체에게 '알고 있다고 가정된 주체'의 역할을 떠맡는다.

하지만 한편으로 텍스트는 해석에 임하는 우리들에게 일종의 '병리적 주체'와 같은 것으로 여겨질 수 있다. 즉 그것은 스스로의 진리를 정확히 발화하지 못하는, 스스로 말하고자 하는 바를 정확히 알지 못하는 병리적·무의식적 주체와 흡사한 것으로 가정될 수 있다는 것이다. 예컨대 텍스트는 자신의 모순과 균열을 볼 수 없을 것이고, 그러한 모순과 균열을 봉합하는 이데올로기를 성찰할 수 없을 것이다. 그런 점에서 텍스트는 마치 진실을 드러내면서도 동시에 그것을 은폐하는 병리적 주체의 증상과 유사한 것으로 여겨질 수 있다. 이 경우 해석이란 텍스트에 표면에 드러난 증상을 통해 잠복되어 있는 무의식적 메시지를 해독하는 것과 흡사한 것으로 비유될 수 있을 것이다.

그런데 이처럼 해석 과정에서 텍스트가 양면적 성격 혹은 이중적 위상을 지닌 것으로 드러나듯이, 해석주체 또한 양면적 성격 혹은 이중적 위상을 지닌 것으로 드러난다.

우선 해석주체는 텍스트를 해석할 때 마치 텍스트의 무의식을 탐구하는 '분석가'와 같은 위상을 차지할 수 있을 것이다. 이 말은 해석주체가 전지적 시점에서 텍스트의 모든 것을 내려다보며 해석에 임해야한다는 뜻이 아니다. '분석가'는 무엇보다 분석주체의 말을 경청하는사람이고 그 뒤틀린 메시지를 해석하고자 열망하는 사람이다. 이와마찬가지로 텍스트를 해석하는 해석주체 또한 텍스트가 말하고자 하는 바를 온전히 해석하겠다는 욕망을 지녀야 한다는 것이다. 해석은이러한 해석주체의 순수한 앎에의 욕망 없이는 발전할 수 없는 것이다.

바로 이처럼 해석주체가 '분석가'의 위치를 차지할 때, 텍스트는 무언가 말하되 그것을 정확히는 표현하지 못하는 병리적 주체와 유사한것으로 가정될 것이다. 만약 텍스트의 의미가 너무나 투명하고 명백해서 조금의 병리성도 찾을 수 없는 것이라면, 아마도 그것은 해석에의 욕망을 불러일으키지 못할 터이고 새로운 해석은 더 이상 생산되기 어려울 것이다. 하지만 우리가 경험하듯이 창조적인 텍스트일수록아직 충분히 해명되지 못한 의미가 더 있어 보이고, 그래서 해석에의욕망을 불러일으키며, 새로운 해석을 끊임없이 촉발시킨다. 거듭 말하거니와 해석주체나 텍스트의 '병리성'은 오히려 풍요로운 해석을 촉발하는 원천이다. 그리고 해석은 그러한 텍스트의 병리적인 메시지를완전히 해독하고 싶다는 해석주체의 해석에의 욕망 없이는 발전하지못한다.

하지만 이와 동시에 해석주체는 텍스트를 해석함에 있어서 스스로'병리적 주체성'을 드러낼 수밖에 없음을 인정해야 한다. 해석주체는객관적이고 공정한 무균의 진공상태에서 해석에 임하는 것이 아니다.해석주체가 사용하는 언어나 관점, 연구방법론 등은 역사적이고 상호주체적인 욕망과 이데올로기에 완전히 오염되어 있다. 언어와 문화의본성이 그러하다. 이 점을 인정할 때 해석주체는 해석의 궁극적 지점에 이르러 텍스트를 해석하는 것이 곧 자기 자신을 해석하는 것이며, 텍스트는 자신을 비춰주는 거울 역할을 했음을 깨닫게 될 수 있을 것이다. 이는 마치 정신분석에서 처음에는 분석가를 모든 것을 알고 있는 주체라고 가정하고 여기에 의지했던 분석주체가 결국에는 분석가가 자신의 욕망을 투여하는 거울임을 깨닫고 스스로 분석의 주체임을 깨닫는 것과 유사하다. 그런 점에서 해석은 타자(의 담론)에 대한 이해이면서 동시에 자신에 대한 이해이기도 하다.

2) 교사는 무엇을 가르칠 수 있는가

고전소설 연구와 교육에서 해석의 위상을 검토하고 있는 이 글에서 다음으로 검토해보고자 하는 것은 해석학적 실천에서 '교사'가 맡아야 할 역할에 대해서이다. 연구자인 우리도 동시에 한 명의 교사(교육자)이다. 이 점을 염두에 두면서 학생이나 일반시민들이 고전소설을 감상하고 해석할 때 교사로서 우리는 어떤 역할을 맡아야 하는지에 대해 잠시 고민해보기로 하자.

앞서 고전소설 해석에는 어떤 표준적인 정답이 없다고 했다. 필자가 보기에 해석은 정해진 답을 찾아가는 과정이 아니다. 그래서 필자는 고전소설 해석을 마치 고고학적 탐색처럼 비유하는 것은 그리 적절하지 않다고 생각한다. 앞서 '복원의 해석학'을 거론하기는 했지만, 복원 그 자체를 목표로 삼는 해석은 학생이나 시민들에게 큰 공감도 주지 못하고 해석에의 열망을 불러일으키기도 어려울 것이다. 그래서 필자는 해석을 차라리 미지의 목적지를 향해 떠나는 모험에 가까운 것으로 비유해보자고 제안하고 싶다. 반드시 참고해야 할 지표들과 암묵적인 규칙들은 있지만, 그 최종의 목적지는 미리 정해져 있지 않은 모험의 여정. 이 모험의 여정에서는 해석주체의 역량과 심리적 에너지의 투여에 따라 저마다 다른 몫의 결과를 얻게 될 것이다.

그런데 이처럼 해석을 정답이 없는 과정이라고 파악하자고 제안한다고 해서, 필자가 고전소설 해석의 무한정한 자유방임을 주장하거나 교사의 역할을 객관적인 정보나 지식을 제공하는 정도로 제한하자고 주장하고 싶은 것은 아니다. 앞서도 거듭 밝혔거니와 해석의 무한정한 자유방임은 타자의 담론을 경청하지 않게 만들고 결국은 소통의 불능을 가져온다. 필자는 해석이 타자의 말을 경청하는 소통의 기술이며, 그 자체로 윤리적 태도를 기르는 교육적 효과가 있다고 생각한다.

그렇다면 도대체 구체적인 고전소설 교육 현장에서 교사는 어떤 역할을 떠맡아야 할까. 우선 먼저 명확히 해 둘 것은 교사 또한 특정한 욕망과 편향을 지닌 병리적 주체일 수밖에 없다는 점이다. 그리고 그/그녀는 또한 텍스트의 의미를 완전히 알고 있는 진리의 담지자가 아니라는 점도 분명하다. 많은 경우 텍스트에 대해 교사가 알고 있는 것은 기존의 연구 성과에 기댄, 스스로도 완전히 공감하지는 못한 단편적 지식이거나 혹은 스스로의 해석을 통해 얻은 부분적인 이해일 뿐이다. 고전소설 교육이 교사지침서를 통해 배운 지식을 다시금 학생들에게 전수하는 것이라면, 혹은 교사 자신의 개인적이고 병리적인 해석을 전수하는 것이라면 그것이 학생들에게 의미 있는 해석적 경험을 생산해낼 수 있을까.

필자는 교사가 텍스트에 관한 모든 것을 다 알아야만 하거나 절대적으로 객관적 지식을 소유해야 텍스트 해석을 이끌 수 있다고 생각하지 않는다. 해석은 텍스트에 관한 객관적 지식을 전수하듯이 이루어질 수 없는 것이다. 필자가 주장하고자 하는 것은 교사가 학생들에게 '알고 있다고 가정된 주체'의 역할을 떠맡아야 한다는 것인데, 이는 교사가 자신의 지식을 전면에 내세우지 않고 학생들이 스스로 해석의 주체임을 자각하도록 이끌면서 정답 없는 해석의 모험에 나설 수 있도록 격려하는 역할을 맡아야 함을 의미한다.

교사 또한 답을 가지고 있지 않지만, 학생들은 자신들이 모르는 해석의 진실을 교사가 알고 있다고 생각할 수 있다. 이러한 신뢰는 교사가 학생들이 독단적인 해석에 빠지거나 특정한 해석에 고착될 때 그것을 극복하도록 유도하는 데 도움을 줄 수 있을 것이다. 교사는 텍스트에 관한 완벽한 지식으로 학생들을 압도하려 해서도 안 되며, 무지를 드러내고 학생들과 같은 수준으로 내려와 해석의 경쟁을 벌이는 친구가 되어서도 안 된다. 전자에서 교사는 완벽한 해석의 권위를 지닌 채 정답을 내리누르듯 제시하는 사람이 되기 쉽고, 후자에서 교사는 무한정한 해석의 자유방임을 통제할 수 없는 위치에 처하기 쉬울 것이다.

그런 점에서 필자는 교사의 역할이, 매우 상투적인 비유이긴 하지만, 화두를 던지는 선사의 역할과 비슷한 것이어야 한다고 생각한다. 화두를 던지는 선사가 반드시 정답을 알고 있는 사람일 필요는 없으며, 화두 그 자체도 정답이 아니다. 다만 그는 제자가 스스로의 욕망과 무지에 사로잡혀서 교착상태에서 벗어나지 못할 때 그 교착에서 벗어날 수 있도록 질문을 던지는 자이며, 화두는 다양한 해석을 촉발하여 스스로 발전하도록 돕는 질문일 뿐이다.

이와 유사하게 해석 과정에서 학생들은 특정한 유형의 앎에 고착되거나 혹은 무지에의 욕망에 사로잡힐 수 있다. 예컨대 근대적 국가주

의·민족주의에 대한 고착이나 여성주의에 대한 회피 등을 그 예로 들
수 있겠다. 문학 교육, 혹은 고전소설 해석에서 교사란 이러한 고착에
서 벗어나고 회피에 맞설 수 있도록 학생들에게 질문을 던지는 역할
을 수행하는 존재라고 할 수 있지 않을까.

4. 고전소설 해석의 목표와 윤리 : 맺음말을 대신하여

1) 문학을 통한 '치료'의 가능성과 한계

이 절에서는 고전소설 해석의 목표와 윤리라는, 감당하기 힘들지만
직면하지 않을 수 없는 주제에 대해 필자가 평소 품고 있었던 제언
몇 가지를 거칠게나마 제시해보고자 한다. 이 가운데 우선 논의해 보
고 싶은 것은 고전소설 해석의 목표에 관한 것이다. 사실 고전소설
해석의 목표를 무엇으로 설정할 것인가 하는 질문에는 여러 층위에서
다양한 대답이 제시될 수 있을 것 같다. 앞서 필자는 해석을 타자의
말을 잘 이해하는 기술이라고 간단히 정의하였는데, 타자의 말을 잘
이해함으로써 우리는 세계에 대한 인식을 성장시킬 수도 있고 자아의
폭과 깊이를 확장할 수도 있으며 타자와의 공감과 연대성을 발견할
수도 있을 것이다. 필자는 이러한 것들이 모두 해석의 목표가 될 수
있다고 생각한다.

그런데 해석의 목표와 관련해서 필자는 특히 최근 부상하고 있는
고전소설의 '문학치료학'적 해석에 초점을 맞춰 논의를 전개해보고 싶
다. 필자가 보기에 이는 현재 유행하는 다양한 고전소설 연구방법론
들 가운데 가장 도전적이고 급진적이며 구체적인 목표를 내세우고 있

는 해석학적 실천인 것 같다. 또한 고전소설 해석이 동시대적 고민과
조류에 매우 민감하게 반응하고 있음을 보여주는 흥미로운 사례라고
도 여겨진다.

　고전소설에 대한 문학치료학적 담론의 유행을 분석하기 위해서는
우선 2000년대 이후 한국 인문학의 담론 경향을 거시적으로 조망해볼
필요가 있을 것 같다. 2000년대 접어들면서 한국 사회에서는 '웰빙담
론'이 유행하기 시작했고, 이것이 시들해질 즈음 '힐링담론'이 그 뒤를
이었다. 김진호는 웰빙담론이 소비적 욕망을 긍정하는 신자유주의적
긍정심리학을 바탕으로 한, 성공을 위한 자기계발의 담론이었다면, 힐
링담론은 이러한 웰빙의 실패와 중산층의 위기를 겪으며 나타난 실패
를 견디는 자기관리의 담론이었다고 양자를 거시적으로 조망한바 있
다. 그리고 중산층의 몰락과 함께 빠르게 소멸해버린 웰빙담론과 달리
힐링담론은 타인과의 '고통의 연대성'을 통해 이타적이고 공공적인 대
안적 힐링으로 발전할 가능성을 여전히 남겨놓고 있다고 진단했다.[17]

　그런데 한국 고전소설 연구와 교육에서도 2000년대 이후 '힐링담
론'의 물결이 미치기 시작했다고 여겨진다. 이른바 '문학치료학'의 유
행이 그 증거이다. 문학치료학은 최근의 고전소설 연구와 교육에서
가장 활발하게 그 영역을 확장해가는 연구방법론으로, 고전소설 해석
의 목표와 관련해서도 같이 논의해볼 만한 쟁점들을 많이 내포하고
있다.

　고전소설의 문학치료학적 연구를 선도했던 정운채에 따르면 문학
치료학의 목표는 해석주체의 심리적이고 정신적인 건강성을 회복하

17 김진호, 「'힐링 담론'이 지나간 뒤 골목길에서」, 『기독교세계』 3·4월호, 기독교대한
감리회, 2014.

는 것이다.[18] 그런데 문학을 통한 '치료'란 결국 해석주체의 인식론적인 성찰과 성숙을 통해서 실현될 수밖에 없다.[19] 그런 점에서 보면 문학치료학이 내세운 목표는 기존의 문학교육론이 제시해왔던 문학교육의 목표 혹은 서사교육의 목표와 크게 다르지 않다.[20]

해석이란 결국 해석주체의 내면에서 이루어지는 작업일 터이다. 좋은 해석학적 실천은 해석주체에게 자신과 세계를 동시에 성찰할 수 있는 역량을 키워줄 것이다. 뿐만 아니라 그 과정에서 해석주체는 자신의 정신적 병리성을 '치유'하는 효과를 얻을 수도 있을 것이다. 여기서 우리는 '해석'과 '인식의 성장'과 '치유'가 상호관련성을 지닐 수 있다는 점을 인정할 수 있다.

그런데 필자는 문학치료학이 자칫 어정쩡한 유사(類似) 과학 혹은 의사(擬似) 심리학에 머물지 않기 위해서는 보나 근본적인 차원에서 고전소설의 치료적인 효과에 대해 반성적으로 검토하고 앞으로의 방향에 대해 모색해볼 필요가 있다고 생각한다.[21] 이 점에서 볼 때 문학치료학에서 무엇보다 문제적인 것은 바로 '치료'라는 개념 자체일 것이다.

필자는 자기와 타자의 고통에 민감하게 반응하고 이를 치료하고자

18 정운채, 『문학치료의 이론적 기초』, 도서출판 문학과 치료, 2006.
19 "환자로 하여금 자기 성찰을 하게 하고 인식의 전환을 이루게 하여 치료의 효과를 가져 오는 것이다."(이강옥, 「우울증 치료 텍스트 『구운몽』의 가치」, 『구운몽의 불교적 해석과 문학치료교육』, 소명출판, 2010, 209면.)
20 우한용은 서사교육의 이념적 지표로 서사적 존재로서의 자아 확립, 세계 발견 능력의 고양, 세계 해석 능력의 함양, 세계 창조 등을 제시한바 있다.(우한용, 『서사의 위상과 서사교육의 지향』, 우한용 외, 『서사교육론』, 동아시아, 2001.)
21 김석회는 문학치료학의 한계로 '사회적 시각의 결여', '문학 텍스트 구조 및 맥락 이해 결여', '텍스트 실현 조건 무시' 등을 지적한 바 있다.(김석회, 「문학치료학의 전개와 진로」, 『문학치료연구』 1, 한국문학치료학회, 2004.)

하는 마음을 품는 것에 대해 매우 긍정적으로 생각한다. 타자의 고통에 대한 공감각 없이는 타자와의 진정한 소통이 불가능하다. 맹자가 말한 '측은지심'이나 레비나스가 말한 '고통스런 타자의 얼굴'은 모두 타자의 고통에 대한 공감이야말로 진정한 윤리적 주체가 탄생하는 첫 출발점이라는 것을 지시하고 있다.[22] 필자 또한 타자의 고통에 대한 공감, 이를 통한 [자아의 거울상으로서의 타자가 아니라] 진정한 타자성의 인식, 인간적 연대감과 책임감의 공유 등이 고전소설을 비롯한 문학 해석의 주요한 목표라고 누군가 주장한다면 이에 대해서 충분히 동의할 수 있다.

하지만 문제는 타자의 고통에 대한 공감, 진정한 타자와의 만남이 과연 좁은 의미의 '치료'라는 개념으로 수렴될 수 있는 것인가 하는 점이다. 일단 고전소설을 통한 '치료'를 논하기 전에 먼저 치료의 대상이 되는 '고통'에 대해서부터 논의해보기로 하자. 곧 문학치료의 대상이 되는 고통이란 무엇이며 어디에서 오는가. 그것은 주체 내면에 존재하는 어떤 인식의 왜곡으로부터 오는가, 혹은 호르몬과 같은 생리학적 물질의 과다/과소에서 오는가, 아니면 타자나 사회로부터 오는 것인가. 주체의 정신-신체적인 고통은 아마도 복합적인 발생 원인을 가지고 있을 것인데, 그 대부분은 자아와 타자의 관계로부터 발생하는 것일 터이다. 이미 자아와 타자의 관계가 상호적인 것이고 신체와 정신 사이의 관계 또한 상호적인 것이기에, 우리는 주체가 겪는 정신적 고통의 대부분이 개인적이면서 동시에 사회적인 것이라고 말할 수 있다.

---

22 레비나스에 따르면 우리는 고통 받는 타자의 얼굴을 직면할 때 비로소 존재론적 폐쇄성을 극복하고 타자의 고통에 책임을 느끼는 윤리적 주체로 탄생할 수 있다.(강영안, 『타인의 얼굴-레비나스의 철학』, 문학과지성사, 2005, 125~162면.)

그런데 문학치료의 담론은 이 가운데 사회적인 것을 사상시키거나 지나치게 축소하고, 치료의 대상이 되는 고통을 개인적인 차원의 정신적 미성숙이나 병리성 탓으로만 환원시키고 있는 것은 아닌가. 그런 점에서 그것은 최근 우리 사회에 유행했던 힐링담론의 문제를 그대로 안고 있는 것 같다. 그것은 문학치료를 개인 차원의 인식론적 전환에서만 찾음으로써 사회의 실패를 개인의 실패 탓으로 전가할 위험성이 크다.

이와 함께 과연 고전소설을 통해 기대할 수 있는 치료 혹은 치유란 어떤 것인가에 대해서도 다시 한 번 고민해볼 필요가 있을 것 같다. 치유를 넓게 이해하면 텍스트의 해석 과정 그 자체를 곧 치유 과정으로 볼 수 있다. 그것은 자신을 타자와 세계 속에서 동시적으로 성찰할 수 있는 기회를 제공한다. 이를 통한 인식의 성장을 치유라고 부른다면, 우리는 모든 형태의 해석학적 실천을 통해서 자신을 성장시킬 수 있고 치유를 경험할 수 있다.

하지만 치유를 우울증과 같은 정신-신체적인 병리현상을 감소시키는 것이라고 좁게 해석한다면, 과연 고전소설 텍스트가 그러한 치유 효과를 가져올 수 있는 좋은 도구인가에 대해서 의문이 든다. 음악도 미술도, 심지어는 가벼운 걷기나 운동도 치유의 효과를 가져올 수 있다. [우리는 넘쳐나는 힐링의 기술들과 힐링에의 강박 때문에 오히려 고통 받는 시대를 살고 있는지도 모른다.] 고전소설 텍스트 또한 그러한 치료의 도구로 활용될 수 있을 것이다. 하지만 그것은 텍스트 해석이 지닌 전체성의 경험을 포기하고 텍스트의 특정 국면을 절취하고 비틀어야 성취될 수 있는, 얻는 것보다 잃는 것이 많은 해석학적 실천 아닐까.

게다가 필자는 문학 텍스트를 통한 인식의 성장이 반드시 도덕적인

개인을 기약하지도, 대인관계에 뛰어나거나 원만한 개인을 기약하지
도 않는다는 점을 여기서 다시 한 번 강조해두고 싶다. 사실 창조적인
문학 텍스트는 그것을 해석하는 주체들에게 더 큰 고민을 유발할 수
있고 사회와의 불화를 더욱 심화시킬 수도 있다. 물론 그러한 고통과
불화는 성찰을 통해 의식화된 것이라는 점에서 무의식적인 증상의 반
복과는 구별될 것이다. 아무튼 이러한 불화를 회피하고 개인을 사회
속에 적응시키는 것을 목표로 삼는다면, 이러한 치유는 근본적인 의
미에서 치유라기보다 오히려 증상의 전환에 불과한 것이라고 말할 수
있을 것이다.

2) 해석의 윤리

다음으로 해석의 윤리에 대해 간단히 생각해보도록 하자. 필자는
이 글 곳곳에서 해석의 윤리에 대해서 말했다. 그런데 해석에서 요구
되는 윤리란 무엇인가. 앞서 해석을 정답찾기에서 해방시켜야 한다고
주장했지만, 정작 윤리라는 이름으로 해석의 자유를 다시 옥죄고 있
는 것은 아닌가. 이와 같은 질문들이 충분히 제기될 수 있을 법하다.

일단 해석의 윤리를 논하기에 앞서 필자는 이 글에서 윤리(ethics)와
도덕(morality)을 개념적으로 구별해서 사용하고 싶다.[23] 필자가 생각

---

[23] 여기서 필자는 윤리(ethics)와 도덕(morality)에 대한 들뢰즈의 구분을 참조했다. 들
뢰즈는 도덕을 행위와 의도의 선악을 판단하는 강제적인 규칙의 집합으로 규정한 반면,
윤리는 세계 속에서 존재하는 방법에 대한 화용론적인 성찰의 산물로 이해했다.(들뢰즈,
박기순 역, 『스피노자의 철학』, 민음사, 2001.) 그런 의미에서 전자가 공동체에 의해 선험
적으로 부과되는 것이라면, 후자는 화용론적 상황에서 주체 스스로 결단하여 선택한 것이
다. 필자는 고전소설 해석 경험이 주체의 윤리성을 성장시킬 수 있다고 보지만, 주체의
도덕성을 함양하는 것과는 별 관련이 없다고 생각한다.

하는 윤리란 상황적이고 자유로운 선택들의 계열인 반면, 도덕이란 선험적이고 외재적인 규범의 합이다.

이렇게 양자의 개념을 구분해놓고 보면 문학 텍스트는 해석주체의 도덕성을 함양하는 데에 그리 좋은 교재가 아닐 수 있다. 그것은 다음과 같은 이유들 때문이다. 우선 좋은 문학 텍스트란 항상 기성의 도덕률을 어느 정도 넘어서고 교란시킨다. 예컨대 「춘향전」의 윤리적 가치는 기녀에게 요구되던 공동체적 의무를 춘향이 거부했을 때, 즉 그녀가 스스로 삶을 결정할 수 있는 진정한 윤리적 주체라고 선언했을 때 발생한다. 지금이라면 진부하게 여겨질 수도 있을 그녀의 선언이 당시에는 기성의 도덕률을 교란시키는 것이었고, 그만큼 해석주체들의 윤리성을 제고시키는 데 기여했을 것이었다. 다음으로, 위의 논의의 매우 당연한 귀결이지만, 도덕은 시대에 따라 변하기 쉽고 또 정치적으로 이용되기 쉽다는 점에서도 그러하다. 그러므로 국가나 사회가 요구하는 도덕률을 문학 해석의 목표로 삼는 것은 매우 불안정하고 이데올로기적으로 이용되기 쉬운 토대 위에 자신을 세우는 것이 될 터이다.

여기서 필자는 고전소설 해석이 공동체에 의해 주어지는 '도덕'이 아니라 주체 개인에 의해 선택된 '윤리' 위에 서야 한다고 주장하고 싶다. '도덕'과 대립되는 '윤리'는 밖으로부터 부과되는 것이 아니라 안으로부터 도출되는 것이다. 즉 그것은 사회로부터 정해져 부과되는 정답의 목록이 아니라, 성찰을 통해 도출되는 자유로운 결정의 산물인 것이다. 그런 점에서 필자는 주체의 자유에 기반한 해석만이 진정으로 윤리적인 해석이라고 생각한다. 앞서 해석을 정답이 없는 모험의 여정이라고 묘사한바 있는데, 이러한 자기 성찰을 통해 얻어진 해석만이 윤리적인 것이라고 필자는 주장하고 있는 것이다.

그런데 이 글 전체에서 필자는 고전소설 해석의 윤리성과 관련하여 두 층위에서 논의를 펼쳐왔다. 우선 해석에 임하는 자세나 목표와 관련된 윤리성이 있다. 바로 위에서 제기한 논의가 이 층위에 해당되는 것인데, 여기서는 어떤 외부의 권위나 지식에 전적으로 의지하지 않는 해석주체의 주체적 태도, 규범적인 도덕률의 잣대로 타자를 평가하지 않고 구체적이고 실존적인 화용론적 맥락을 살필 줄 아는 해석주체의 섬세한 윤리적 감각 등을 필자는 '윤리성'이라는 이름으로 강조하고자 했다.

다음으로 필자는 과정 혹은 방법으로서의 윤리성을 곳곳에서 제기했었다. 타자의 말을 경청하고자 하는 태도, [해석학적 가정으로서] 저자의 의도를 존중하는 태도, 텍스트를 둘러싼 사실적 정보들을 최대한 포섭하려는 태도 등을 필자는 해석의 윤리라는 이름으로 옹호하고자 하였다. 이상 열거된 것들을 통해서도 드러나듯이 그것은 구체적인 해석 방법을 알려주는 지침이라기보다 오히려 해석에 임하는 해석주체의 태도를 점검하는 지침에 가깝다. 필자는 어떤 해석이 윤리적이고 어떤 해석이 비윤리적인지를 평가하기 위해 윤리성의 문제를 제기한 것이 아니라, 해석에 임하는 우리 각자의 태도를 스스로 반성적으로 성찰해보자는 뜻에서 이 문제를 제기했다.

이상으로 거칠게 해석의 윤리에 대해 논의해 보았다. 그런데 논의의 끝에서 다시금 해석에서의 윤리성이란 자아와 타자에 대한 상호 이해에 다름 아니라는 생각이 든다. 그리고 해석의 윤리성을 추구하는 것이 해석의 목표와 그리 멀지 않다는 것을 깨닫게 된다. 해석의 목표가 타자와 나에 대한 윤리적 성찰이 아니라면 다른 무엇이겠는가.

고전소설교육 실행과 연구의 과제

서유경 /서울시립대학교

1. 서론

근간 고전문학, 좁게는 고전소설 관련 연구나 교육적 실천이 여러 영역에서 어려움에 처해 있는 것으로 판단된다. 인문학의 위기가 거론될 때 고전문학 영역 전체가 관련되고, 국어교육에서도 고전문학교육, 고전소설교육은 축소, 소멸의 위기를 맞이하고 있다. 인문학의 위기를 논하기 시작했을 즈음에는 고전소설교육은 상대적 안도감을 가졌다고 하는 것이 솔직한 고백이다. 그러나 현 시점에서 볼 때에는 고전소설교육뿐만 아니라 국어교육 전체가 위기의식을 가질 정도의 변화가 일어나고 있다. 이러한 상황에서 고전소설 연구와 고전소설[1] 교육 연구 및 실행[2]의 관계와 그 거리를 살피는 일은 상생의 길을 찾

---

1 그간 '고소설'이나 '고전소설' 등의 우리나라 근대소설 이전의 소설을 지칭하는 용어에 대한 논의가 있었고, 그에 따라 '고소설'로 어느 정도 합의된 것으로 보인다. 그런데 국어교육의 영역에서는 '고소설'보다는 '고전소설'이 적절하다고 판단되어 이 글에서는 '고전소설'로 사용하도록 하겠다(김광순, 「고소설의 개념」, 『한국고전소설론』, 새문사, 1996, 15-31면 참조).

2 '실행'이라는 용어는 사전적으로 '실천'과 다를 바가 없다. 굳이 '실행'을 쓸 때에는

는 의의를 지닌다.

고전소설교육에 대한 연구와 실행, 고전소설 연구 모두 각각의 분야로 존재해 왔다. 그렇지만 이는 서로 교차될 수 있는 관계로 보이기도 하는데, 그것은 고전소설교육 실행을 전제로 한 고전소설교육 연구와 고전소설 연구가 가능하기 때문이다. 이미 고전소설 연구 분야에서 고전소설교육[3]을 탐색한 경우도 있고 고전소설교육 연구라 할지라도 고전소설 연구 범주로 포괄될 만한 것도 있다. 고전소설교육 연구와 고전소설 연구의 주체를 놓고 보면, 범박하게 말해 같은 영역에 속한다고 할 수도 있겠다. 고전소설을 연구 대상으로 한다거나 고전소설을 가치 있게 다룬다는 것, 비록 가르치는 범위와 대상은 다르지만 고전소설을 가르친다는 등의 점에서 그러하다.

그런데 고전소설 연구자가 고전소설교육을 논하고자 할 때 혹은 반대의 경우, 고전소설 연구와 고전소설교육 연구가 동일하지 않다고 생각하게 되는 어떤 부분이 있다. 이 부분이 이들 영역의 거리라 할 수 있는데, 이는 고전소설교육 연구와 고전소설 연구가 완전히 동일한 분야가 아님을 말해준다. 고전소설교육 연구는 고전소설을 연구 대상으로 삼기는 하지만 '교육'으로 실행되는 단계를 염두에 두거나 실제로 적용할 때의 차원을 다루는 반면, 고전소설 연구는 고전소설 자체를 중심으로 하기 때문이다. 고전소설 연구는 근본적으로 고전소설교육 실행의 바탕이 되지만, 고전소설 연구의 결과가 직접적으로

교육과정과의 관련을 좀더 염두에 두었음을 밝힌다.

3   이 글에서 '고전소설교육'은 주로 국가 차원에서 이루어지는 초·중등교육 제도 내로 그 범위를 한정하고자 한다. 고전소설이 교육의 내용이나 대상으로 다루어지는 경우는 모두 고전소설교육으로 볼 수 있겠으나 이 글에서 주된 논의 대상으로 삼는 범위는 제도적 국어교육이라는 의미이다.

고전소설교육의 실행으로 연결되지 않는다는 점에서 고전소설교육 연구와 거리가 있는 것이다.

그렇지만 고전소설교육 연구의 범주 내에 있는 모든 접근들이 고전소설교육의 실행과 직접적 연관성을 지니는 것은 아니다. 고전소설 연구와는 달리 고전소설교육의 구체적 실행에 초점을 맞춘 경우도 있지만, 고전소설 연구와 마찬가지로 고전소설 작품이나 역사 문화적 맥락을 고구하는 고전소설교육 연구들4도 있다. 이런 경우, 고전소설 연구와 고전소설교육 연구는 직접적이고 실제적인 고전소설교육이 아닌 이론적 탐색이라는 점에서 동일한 성격을 지니고, 고전소설교육 실행과는 이론과 실제의 차이라는 거리를 가진다는 점에서 고전소설교육의 실행에 대해서 같은 입장이라 할 수 있다. 여기서는 고전소설 연구와 고전소설교육 연구를 고전소설교육 실행에 대해 동일한 이론적 바탕을 제공하는 영역으로 보고, 고전소설교육 실행의 문제를 다루어 보고자 한다.

원론적으로 본다면 당연히 고전소설 연구, 그리고 고전소설교육 연구가 바탕이 되어 고전소설교육이 실행되어야 할 것이다. 그러나 현행 초·중등교육 제도 속에 있는 국어과 교육 내에서 고전소설교육의 실행은 그렇지 못한 측면이 있다. 어떻게 보면 이러한 문제들은 기왕의 연구 성과로 정리된 "고전소설 교육의 과제와 방향"에 거의 모두 논의되었다고도 할 수 있는데5, 거의 십년이 지난 현재 상황으로 볼

---

4 고전소설교육에 대한 '내용론적 연구'가 여기에 속한다고 할 수 있을 것이다(고전문학교육 연구의 범주에 대해서는 졸고, 「고전문학교육 연구의 새로운 방향」, 『국어교육』 123, 한국어교육학회, 2007, 131-161면 참조).

5 고전소설교육 실행과 고전소설 연구의 상관성과 거리에 대한 기왕의 논의를 볼 때, 어떤 의미 있는 새로운 논의와 제안을 할 수 있을지에 대한 걱정이 앞선다. 그런데 거의 십 년의 시간을 두고 그간 변한 것과 변화하지 못한 것에 대해 짚어보는 것 역시 의미

때 문제가 해결되기는커녕 심각해지고, 새로운 문제가 생기고 있는
것으로 보인다.

이에 이 연구에서는 고전소설교육 연구와 고전소설 연구, 고전소설
교육의 실행을 서로 관련지으며, 거리를 어떻게 좁혀 나갈 수 있을지
에 대해 기존 논의와 고전소설교육의 현실을 바탕으로 모색해 보고자
한다. 이를 위해서 우선적으로 고전소설교육 연구와 실행, 고전소설
연구가 어떻게 관련될지 짚어보고, 현재 고전소설교육이 당면한 문제
들을 분석함으로써 고전소설교육 실행과 고전소설교육 연구, 고전소
설 연구의 상생적 관계를 탐구할 것이다. 이 글은 고전소설교육의 관
점에서 고전소설 연구와 고전소설교육 연구의 소통을 시도하고, 고전
소설교육의 실행에 대해 고전소설 연구의 이해와 도움을 구하는 맥락
을 지닌다고 할 수 있다. 궁극적으로 고전소설교육이 잘 이루어지는
방향으로 나아가기 위해 고전소설 연구와 고전소설교육 연구에서 인
식해야 할 바를 공유하고자 한다.

2. 고전소설교육 연구와 실행, 고전소설 연구의 상관성

고전소설교육 실행과 고전소설교육 연구, 고전소설 연구가 서로 상
관은 있지만, 거리도 있으며 고전소설 연구와 고전소설교육은 엄연히
다른 분야일 수 있음은 선행 연구에서도 거론된 바 있다. 여기서 대표
적으로 다음 부분만 인용해 본다.

있을 수 있을 것이라는 데에서 용기를 내어 보았다.

(가) 고전소설 연구와 교육의 관계도 마찬가지이다. 국어교육이 민족 문화의 한 분야로서 국문학(고전소설)에 대한 지식 전수를 담당해야 한다면, 고전소설 연구 성과 중 중요한 것들을 가르치면 된다. 무엇이 중요한 것인가는 고전소설학계에서 정하면 된다. 그러나 인간의 서사 능력의 발달을 국어교육(문학교육)이 담당해야 한다면 고전소설의 서사적 특징은 중요한 학습 내용이 될 수 있으나 그것 자체만 교육의 목적이 될 수는 없다. 나아가 고전소설 작품을 하나의 언어 자료로 보고 그것을 국어교육의 다양한 목표를 달성하기 위한 제재로 활용하는 데에 이르면 고전소설 연구 성과는 직접적으로 교육될 가능성이 더욱 작아진다.[6]

(나) 이야말로 고전산문 연구와 국어교육 사이의 '거리'라 하겠는데, 자연스럽게 고전산문 연구자는 대부분 작품의 장르적 성격이나 그 역사성을 아주 중시하는 것이다.(중략) 물론 이러한 거리는 당분간은 좁히기 어려울 것이다. 고전산문 연구자가 문학 작품을 '언어 자료'로 연구할 리가 없고, 교육 현장에서는 이미 교육과정에서 그것이 중요한 목표로 되어 있어 그렇게 가르치지 않을 수가 없기 때문이다.[7]

(가)와 (나) 모두 고전소설 연구와 고전소설교육 연구를 구분하지 않고, 고전소설교육이라 할 때에는 실행 단계를 염두에 두고 지칭하고 있는 것으로 보인다. (가)와 (나)[8]에서 적시하고 있는 고전소설교육 실행과 연구, 고전소설 연구의 공통점은 '고전소설'을 대상으로 한다는 것이고, 다른 점은 '고전소설'이 대상화될 때의 내용과 방식이다. 즉 고전소설 연구와 고전소설교육 실행의 상관성을 고전소설이라는 텍스트가 공통적으로 관련된다는 점에서 찾고, 고전소설 연구의 결과

6　김종철, 「고전소설교육의 과제와 방향」, 한국고소설학회, 『고전소설교육의 과제와 방향』, 월인, 2005, 20-21면.

7　서인석, 「고전산문 연구와 국어교육」, 한국고소설학회, 위의 책, 42면.

8　(나)에서 고전산문 연구는 고전소설 연구에, 국어교육은 고전소설교육에 대응시켜 볼 수 있다.

가 고전소설교육의 기반이 된다는 점을 들고 있다.

그러나 고전소설교육 실행과 연구가 동일할 수 없는 것은 동일한 텍스트 '고전소설'이 대상임에도 불구하고, 그 접근 방식이 매우 다르기 때문이다. (가)에서도 언급되고 있듯이, 우리나라의 제도적 초·중등교육에서 고전소설교육은 '국어과 교육과정'의 제약 내에서 실행되어야 하는 문제가 있다. 그리고 국어과 교육과정 중에서도 국민공통기본교육과정 기간 내에서 고전소설교육은 그 자체로 고유성을 지니면서 존재하기 어려운 형국이다.

왜냐하면 현행 국어과 교육과정상으로 국민공통기본교육과정(초등학교 1학년~중학교 3학년) 기간에서 국어과는 '국어' 과목 하나인데, 이는 듣기·말하기, 읽기, 쓰기, 문법, 문학 등의 5영역으로 이루어지고, 여기서 고전소설은 '문학' 영역의 하위 텍스트일 때만 문학 작품으로 다루어지기 때문이다. 다시 말해, 교육과정의 구현체인 교과서로 놓고 보면, 문학 영역의 성취 기준이 목표로 설정된 단원에서 고전소설을 주 제재로 다루었을 때에만 문학 작품으로 교육된다. 문학 영역 단원이 아닌 경우에는 설령 고전소설 작품이 주 제재라 할지라도 문학 작품이 아닌 언어 자료로 다루어지는 것이다. 위에서 '언어 자료'로 다루어지는 고전소설에 대한 언급은 바로 이러한 경우에 해당한다.

다른 한편으로 고전소설교육과 고전소설 연구의 거리는 '고전소설교육'이 무엇인가를 정의할 때 더욱 분명해진다. 교육을 구성하는 변인은 교육 목표, 환경, 교육 자료 및 매체, 교수자와 학습자와 같은 주체 등을 든다. 이를 고전소설과 관련지어 보면, 고전소설교육은 고전소설을 통해 교육 목표를 달성하거나, 고전소설을 교육 자료로 활용하거나, 고전소설을 매개로 교수자와 학습자가 교육적 의사소통을 하는 것이라 할 수 있다. 그래서 고전소설 자체는 교육 자료로 고정되어 있는 듯이 보이지만, 고전소설 작품이 어떤 교육 목표와 만나고, 어떤 환경에서 어떤 교수자를 만나, 어떤 학습자를 대상으로 가르쳐지는가에 따라 고전소설은 문학 작품이 될 수도 있고, 일상 언어 자료도 될 수 있으며, 특정 시대 문화의 표상이 될 수도 있다. 고전소설은 교육 목표와 관련되기도 하고, 교육의 내용이 되기도 하며, 평가 자료가 되기도 한다. 그리고 교육 자료로서의 고전소설은 이외의 다른 변인과의 관계에 따라 고전소설교육의 현상과 문제도 달라지고, 성패와 결과 역시 달라질 것이다.

정리하자면, 제도교육 내에 있는 고전소설교육 실행은 국가 차원의 공식 문서인 교육과정에 따라 그 양상이 달라지고, 교과서와 같은 국가 공인 교재에 고전소설이 얼마나, 어떻게 실리는가에 따라 달라지며, 초·중등학교 교육의 주체가 어떠한가에 따라서도 달라진다. 여기서 고전소설교육을 결정짓는 텍스트 이외의 변인이 고전소설교육 실행과 고전소설 연구가 동일할 수 없는 변별점이라 할 수 있다.[9]

이러한 고전소설교육 실행과 연구의 거리에 대해 (나)의 필자는 '교육과정상의 목표에 따른 거리: 국민공통기본교육과정과 문학 과목의 차이, 고전소설 본질적 접근 차이'와 함께 고전산문 연구자와 국어교육 담당자 사이의 대화 부족[10]을 들었다. 고전소설 연구자와 국어교육 담당자 사이의 소통은 오래 전부터 지적되어 온 문제이기도 한데 아직까지도 여전한 문제로 남아 있는 것은 이런 소통이 쉽게 일어날 수

---

9 고전소설교육 연구자는 고전소설 연구자이면서, 고전소설교육 실행의 주체일 수도 있고 아닐 수도 있어 초·중등 고전소설교육의 실행과 직접적으로 관련짓기는 어렵다.
10 서인석, 위의 글, 39-45면.

없는 다차원적이고 복합적인 사태 때문으로 보인다.

단적으로 어떤 고전소설 연구자가 고전소설교육에 참여하고자 하거나 국어교육 담당자와 소통하고자 할 때 그러한 장이 흔하지 않고, 설령 소통이 이루어진다할지라도 그 소통의 결과가 당장 고전소설교육의 위상을 바꾸거나 실행에 변화를 일으키기 힘든 현실이 있는 것이다. 고전소설교육의 연구자나 고전소설 연구자가 고전소설교육의 실행에 참여할 수는 있으나 직접적 실행에 관여하기 어려운 현실 역시 문제이다. 넓게는 국어교육 좁게는 고전소설교육 실행과 연구자의 거리를 따지자면 고전소설 연구자가 가장 멀고, 고전소설교육 연구자는 그 중간 정도에 있다고 할 수 있다. 그러나 그럼에도 불구하고 고전소설교육 연구자 역시 고전소설교육의 실행과는 거리가 있기 때문에 이러한 소통의 부족은 마찬가지로 보인다.

3. 고전소설교육 실행의 당면 문제

이렇게 고전소설 연구, 고전소설교육 연구와 거리를 갖고 있는 고전소설교육의 실행은 요즘 국어교육 내에서 본질적인 부분부터 현상 차원까지 여러 문제를 안고 있는 것으로 보인다.[11] 이런 문제는 고전

---

11 기존의 고전소설 연구와 고전소설교육을 관련지으면서 '고전'문학교육의 용어 문제, 학습자 문제, 길찾기 등이 논의되기도 하였고(김성룡, 「고전 문학 교육과 고전 문학 교육학」, 『국어교과교육연구』 8, 국어교과교육학회, 2004, 1-23면), 교과서 고전소설 수록과 내용에 관한 문제가 제기도 하였고(심치열, 「'문학' 교과서에 나타난 고전소설 교육의 현황과 문제」, 『돈암어문학』 18, 돈암어문학회, 2005, 113-155면), 새로운 고전소설교육 방법이 제기되기도 하였다(권순긍, 「문제제기를 통한 고소설 교육의 방향과 시각 -『고등학교 국어』 교과서 소재 〈구운몽〉, 〈춘향전〉, 〈흥부전〉을 중심으로-」, 『고소설연구』 12, 한국

소설 연구를 통해 해결될 수도 있는 것이지만 아직까지 과제로 남아 있는 것이거나, 반대로 국어교육과의 관계에서 해결되지 못한 것이기도 하다. 고전소설이 문학 작품으로서가 아니라 고전표현론[12]의 관점에서 언어 문화 자료로 다루어진다든지, 고전소설교육의 내용으로 작품이 총체적으로 다루어지지 못한다든지, 수용자에게 외면당하는 등의 문제는 여전한 것으로 보인다.

기존에도 논의된 이런 사항에 대해 국어교육 내에서 몇 가지로 범주화하여 그 해결 방향과 난점을 살펴보고자 한다. 고전소설교육이 당면하고 있는 문제를 정리해 보자면, 1)국어과 교육과정에서 비롯되는 고전소설교육의 정체성 문제와 국어교육에서 고전소설교육의 위상이 약화되고 있는 문제, 2)교과서 개발의 측면에서 제대로 된 고전소설 텍스트를 충분히 다룰 수 없는 문제와 교육 내용 선정의 적절성 문제, 3)정책 판단 주체, 교육 수요자인 교사와 학습자들의 관심 문제 등이다.

1) 국어과 교육과정 변화로 인한 고전소설교육 실행의 문제

국어과 교육과정은 현재까지 10차례 정도 개정[13]되었으며, 올해 다

고소설학회, 2001, 415-444면).

12 이는 김대행에 의해 주창된 것으로 국어교육 내에서 고전문학교육의 지향점으로 새로이 모색된 것이라 할 수 있다(김대행, 「고전표현론을 위하여」, 『선청어문 20집』, 서울대 국어교육연구소, 1992, 31면). 고전표현론이 무엇인지 한마디로 정의하기는 무리지만, "고전문학 작품을 문학 작품으로서보다는 언어 자료로서의 특성에 주목하고, 언어적 구동 즉 내용의 구조화, 표현 방식이나 언어 자질에 근거하여 고전문학교육의 원리"를 다루는 관점이라 할 수 있다(졸고, 위의 글, 131-161면).

13 미군정기에 만들어진 교수요목 이후 1차 교육과정부터 7차 교육과정까지 7번의 개정이 있었으며, 이후 2007, 2009, 2011 개정 교육과정 등 3번의 총론 차원 개정이 있었다. 국어과에서 볼 때에는 2009 개정에서는 국어과 교육과정의 내용이 고시되지는 않아 실제적인 개정으로 보지 않을 수도 있다.

시 교육과정 개정[14]을 위한 연구팀을 운영하고 있다. 그런데 고전소설 교육의 관점에서 우려를 갖게 되는 것은 7차 국어과 교육과정 개정 이후 국어과교육의 편제나 과목 구성, 교육 내용 등의 변화가 기존의 전제나 관점을 뒤흔드는 정도이기 때문이다. 그러한 변화의 큰 방향은 필수 교육과정기의 축소, 선택과목 다변화, 국어과 시수 축소 등 당연시되었던 국어과의 존재에 대해 물음을 갖게 하는 위협적인 것이다.[15]

7차 국어과 교육과정부터 전체 초·중등학교 교육과정을 국민공통기본교육과정기와 선택교육과정기로 나누기 시작했는데, 7차 교육과정에서는 고등학교 3학년 시기만 선택교육과정이었던 것이 2009 개정 국어과 교육과정에서는 고등학교 전체 시기가 선택교육과정으로 바뀌었다. 국민공통기본교육과정 기간의 축소는 우리나라 모든 학생이 국어를 배우는 기간이 줄어든다는 것을 의미한다. 그리고 선택교육과정 기간은 그야말로 학교나 학생의 선택에 따라 과목이 선정되기

---

14 2013년도에 2017학년도 대입제도 발표 시 제시된 새로운 교육과정(융합형 교육과정) 개정 일정은 다음과 같다(김창원 외, 『문·이과 통합 국어과 교육과정 재구조화를 위한 전문가 토론회 자료집』, 2014. 5. 17, 4면).

〈향후 교육과정 개발 일정(안)〉

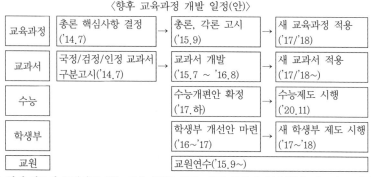

교육과정	총론 핵심사항 결정 ('14.7)	→	총론, 각론 고시 ('15.9)	→	새 교육과정 적용 ('17/'18)
교과서	국정/검정/인정 교과서 구분고시('14.7)	→	교과서 개발 ('15.7 ~ '16.8)	→	새 교과서 적용 ('17/'18~)
수능			수능개편안 확정 ('17.하)	→	수능제도 시행 ('20.11)
학생부			학생부 개선안 마련 ('16~'17)	→	새 학생부 제도 시행 ('17~'18)
교원			교원연수('15.9~)		

15 현재 새로이 준비하고 있는 교육과정의 경우, 총론 차원에서 '융합'을 강조하고 있어 '융합'의 방향과 방식에 따라 변화의 수위가 어떠할지 예사롭지 않다.

때문에 경우에 따라 문학 과목을 전혀 배우지 않고 고등학교를 졸업할 수도 있게 된다. 물론 이는 비단 문학 과목에만 해당되는 것은 아니지만, 국어과 내의 다른 영역이나 다른 과목과 선택에 대한 경쟁과 교육 가능성의 축소라는 위기가 커지는 방향으로의 변화이다.[16]

　문학 과목 내로 시선을 돌려도 이러한 경쟁과 위기의식은 마찬가지이다. 이 문제는 현대 문학과 고전 문학과의 작품 선정, 비율, 고전 문학 내에서도 시가와 산문 선정, 비율 등으로 구체화할 수 있다. 이러한 작품 선정과 비율의 문제는 교육과정보다는 교과서와 더욱 밀접한 관련이 있지만, 근본적으로는 교육과정 편제와 내용 구성에서 비롯된다고 할 수 있다.

　국민공통기본교육과정의 국어 과목에서는 고전소설교육의 문제가 더욱 심각하다. 외연상으로는 국민공통기본교육과정 운영 시기가 초등학교와 중학교 9년이나 되고, 필수 교육 시간을 확보하고 있어 안정적이라고 할 수 있을지는 모르지만, 초등학교의 경우에는 고전소설을 다룬다기보다는 옛이야기를 다루기 때문에 본격적인 고전소설교육은 중학교 기간 3년만 해당한다고 할 수 있다. 그리고 이 3년 동안에도

---

16 다행히 아직까지는 문학 과목이 다른 과목에 비해 선호도가 높은 것으로 여러 설문조사를 통해 확인된다. 고교 국어교육에서 가장 필요한 과목 세 가지를 조사한 결과는 다음에서 보듯 문학이 가장 높다(김창원 외, 위의 글, 35면). 그렇지만 실제 문학 과목 운영에서 고전소설을 제재로 하는 시간은 그리 많지 않은 것으로 보인다.

비교사(교수)	교사	종합
① 문학(9표)	① 독서와 문법(9표)	① 문학(17표)
② 국어Ⅰ(6표)	② 문학(8표)	② 독서와 문법(14표)
③ 독서와 문법(5표)	③ 화법과 작문(6표)	③ 국어Ⅰ(12표)
③ 국어Ⅱ(5표)	③ 국어Ⅰ(6표)	④ 화법과 작문(9표)
⑤ 화법과 작문(3표)	⑤ 국어Ⅱ(2표)	⑤ 국어Ⅱ(7표)
⑥ 고전(1표)	⑥ 고전(0표)	⑥ 고전(1표)

문학 영역 이외의 다른 내용 영역 즉 듣기·말하기, 읽기, 쓰기, 문법 등을 함께 다루기 때문에 고유한 의미의 고전소설교육이 이루어지는 부분은 매우 적은 편이다.[17]

그렇지만 국민공통기본교육과정에서 고전소설교육의 위기는 보다 근본적으로 '성취기준' 중심의 교육 내용 구성과 관련 있다고 본다. 국어과 교육과정의 하위 학교급별, 영역별 교육 내용 서술에서 '수준'을 고민하기 시작한 때는 7차 교육과정이었다. 7차 교육과정에서는 '내용'을 학년별 내용으로 다음과 같이 서술하고 있다. 하나의 교육 내용에 대해 '기본'과 '심화'로 수준을 나누어 성취기준을 제시하는 방식이다.

> (7) 작품의 역사적·사회적·문화적 상황에 나타난 그 시대의 가치를 이해하려는 태도를 지닌다.
> 【기본】 ○ 작품에서 역사적·사회적·문화적 상황을 찾아 보고, 그 시대의 가치를 말한다.
> 【심화】 ○ 작품에 드러난 그 시대의 가치를 역사적·사회적·문화적 상황과 관련지어 토의한다.

2007 개정 국어과 교육과정에서부터는 '내용' 항목의 서술이 '내용'이 아닌 '성취기준'으로 제시되고 있다. 이는 교육과정상의 교육 내용이 별도로 설정되지 않고 달성해야 할 성취기준으로 정해짐을 의미한

---

17 앞 절에서 살핀 기존 연구에서 고전소설교육의 문제로 제기한 고전소설 작품을 언어 자료로 다루는 경향은, 국어과가 6대 영역의 통합으로 구현되는 과정에서 고전문학교육의 활로 모색 차원에서 생긴 것이라 할 수 있다. 다시 말해, 교육과정의 내용 구성상으로 고전소설교육의 위치는 국어-문학영역-소설 텍스트-고전소설 텍스트의 단계에 있기 때문에 이렇게만 고전소설교육을 생각하면 아주 적은 부분, 좁은 범위에서만 고전소설을 다루게 된다. 또한, 국어과 교육과정의 문서에는 고전소설을 적시하지 않고 있어서 최악의 경우 전혀 다루지 않을 수도 있는 구조이다.

다. 그래서 성취기준 중심 교육과정에 의하면 작품 기반 교육은 없어
지고 오직 성취 기준의 달성 여부만 강조되는 것이다. 달리 말해 어떤
문학 작품, 좁혀서 어떤 고전소설을 다루는지가 교육 내용을 결정짓
는 기준이 아니라 성취기준을 달성하는지의 여부가 교육 내용을 결정
한다는 뜻이다. 이렇게 되면 국어과 교육 내에서는 더 이상 특정한
고전소설 작품을 가르치는 것이 고전소설교육이 아니라 고전소설을
통해 성취기준을 달성하는 것과 관련되는 내용만 고전소설교육의 내
용으로 한정된다.[18]

〈2007 개정 국어과 교육과정, 7학년 문학 영역 성취기준〉

성취 기준	내용 요소의 예
(3) 역사적 상황이 문학 작품에 어떻게 나타나는지 이해한다.	ㅇ작품에 드러난 시대 상황 파악하기 ㅇ작품에서 인물이 시대 상황에 대응하는 방식 파악하기 ㅇ작품 속에 드러난 시대 상황과 오늘날의 현실 상황 비교하기

〈2011 개정 국어과 교육과정, 문학 영역 성취기준〉

내용 성취 기준
(6) 사회·문화·역사적 상황을 바탕으로 작품의 의미를 파악한다. 한 편의 문학 작품은 사회·문화·역사적 상황을 바탕으로 창작된다. 사회·문화·역사적 상황은 작품에 직접 드러날 수도 있고, 작품 창작의 배경으로 작용할 수도 있다. 이런 점을 고려할 때, 사회·문화·역사적 상황에 대해 작품의 창작 배경으로 접근하는 방법, 작품에 등장하는 인물이나 사건과 관련지어 접근하는 방법 등이 가능하다. 작품에 등장하는 인물의 말과 행동, 인물들 간의 관계, 다양한 사건 등을 통해 사회·문화·역사적 상황을 파악하도록 하며, 이를 바탕으로 작품 전체의 의미를 파악할 수 있도록 한다.

---

18 예를 들어 동일한 〈홍길동전〉을 가르친다 할지라도 어떤 성취기준과 관련시키는가에
따라 교육 내용은 당대의 사회 문화적 상황을 파악하는 것이 될 수도 있고, 주인공 길동의
갈등과 극복을 파악하는 것이 될 수도 있으며, 영웅의 일생과 같은 소설 구조에 대한
것이 될 수도 있다.

위에서 보듯이, 성취기준으로 제시되는 국어과 교육과정의 내용 진술에서는 특별히 고전소설교육으로 명시된 서술을 찾을 수 없다.[19] 특히 국민공통기본교육과정의 국어에서 문학 영역 텍스트 유형은 시, 소설, 극, 수필, 비평 등으로 고전과 현대는 구분하지 않고 있어[20] 고전소설교육의 내용을 교육과정 차원에서 확인하는 것이 불가능하다.[21] 현행 국어과 교육과정의 이러한 진술 체계에 따르면 고전소설교육을 당연한 것으로 주장하기도 어려운 현실인 것이다.

2) 고전소설의 교재화 빈도와 방식 문제

국어과 교육과정으로 인해 비롯된 고전소설교육의 문제는 교육과정 내용이 교재화되는 과정에서 더욱 심각해진다. 학교교육에서 대표적인 교재는 교과서인데, 7차 교육과정 이후로 개정이 거듭되면서 생긴 문제 현상은 교과서에 게재된 고전문학 작품수가 전반적으로 줄어들었다는

---

19 김현정도 "문학교육의 계획 속에 '고전문학교육'은 성취기준이나 작품 사례 등을 통해 변별되지 않는다"고 지적한 바 있다(「중등학교 고전문학교육의 위계성 검토(1)」, 『국어교육연구』 32, 서울대학교 국어교육연구소, 2013, 459면).

20 〈2011 개정 국민공통기본교육과정 국어 문학 영역 내용 체계〉

실제 • 다양한 갈래의 문학 – 시(시가), 소설(이야기), 극, 수필, 비평 • 다양한 매체와 문학		
지식	수용과 생산	태도
• 문학의 본질과 속성 • 문학의 갈래 • 문학 작품의 맥락	• 작품의 이해와 해석 • 작품 감상 • 작품 비평과 소통 • 작품 창작	• 문학의 가치와 중요성 • 문학에 대한 흥미 • 문학의 생활화

21 과연 갈래 구분이 고전과 현대의 구분보다 우선하는 것, 고전과 현대를 구분하지 않는 것이 적절한지에 대해서는 검토가 필요해 보인다.

것이다. 국어과 교육과정의 진술 방식을 검토하는 과정에서 예견된
문제가 실제 교과서 개발에서 현실화되고 있음을 보여주는 것이다.

> 고전문학 작품의 전체 빈도와 권당 작품수를 보면, 중학교 교과서에
> 고전문학 작품 수록 비율이 매우 낮음을 알 수 있다. 총 96책인 중학교
> 교과서에 고전문학 작품은 권당 0.74편이 실려 있다. 권당 1편의 작품도
> 채 실려 있지 않은 것이다. 중학교 국어교과서가 6권임을 감안한다면, 학
> 생들은 중학교 3년 동안 평균적으로 총 4.44편의 고전문학 작품을 읽게
> 된다.[22]

위에서는 고전소설이 아닌 고전문학 작품 수록을 기준으로 한 것이
니 고전소설로 국한하여 보면 문제는 더욱 심각하다 할 수 있을 것이
다. 초등학교와 중학교 국어과의 경우에는 고전문학이 별도로 지정되
지 않아 교과서 저자의 선택[23]에 따라 고전소설은 아예 게재되지 않을
수도 있기 때문이다. 특히 2009 개정 국어과 교육과정의 이후 이러한
현상이 이전의 교육과정기에 비해 심화된 것으로 판단된다. 중학교
교과서에 가장 많이 수록된 〈홍길동전〉의 경우 16종 중 11종에 수록되
어 있고, 다음으로 많이 수록된 〈토끼전〉은 7종에 그치고 있는 상황
이니 고전소설 작품 종류의 빈약함은 차치하고서라도 고전소설 수록
빈도 자체가 낮아진 문제가 있는 것이다.

---

22 김현정, 위의 글, 470면.
23 중학교 국어교과서의 경우 2007 개정 교육과정 적용 시기부터는 검인정 교과서로
바뀌었기 때문에 교과서 집필진의 선택에 따라 고전소설의 비중이 확연히 달라진다. 예를
들어 천재교육(노미숙 외) 국어교과서로 배울 경우 중학교 3학년 기간 동안 총 3편(〈홍길
동전〉, 〈박씨전〉, 〈양반전〉)을 배우고, 금성출판사 교과서로 배울 경우 고전소설은 중학
교 2학년 때 〈흥보가〉 1편 읽게 된다. 중학교 전체 기간 동안 배우는 고전소설 작품이
1편일 수 있다는 사실이 놀랍다.

　이렇게 보면 우리나라 중학생들은 고전소설을 7-9학년 3년간은 평균 3작품 이하 정도를 교과서에서 배우고,[24] 고등학교 기간 동안에는 문학 교과서[25]를 배울 경우, 선택한 교과서에서 게재하고 있는 고전소설을 접하게 되는 정도가 우리나라 중등학교에서의 고전소설교육 경험이라 할 수 있을 것이다. 여기에 더하여 수능 대비 문제집이나 EBS 수록 작품들(문항 출제를 위해 제시되는 2000자 정도의 고전소설 작품 부분)

---

24 2011 개정 국어과 교육과정을 기반으로 한 중학교 교과서는 모두 16종 96책인데, 수록된 고전산문작품들을 들자면, 〈홍길동전〉, 〈심청전〉, 〈토끼전〉, 〈박씨전〉, 〈홍보가〉, 〈양반전〉, 〈최척전〉 정도가 고전소설이고, 그 외에 〈호동왕자와 낙랑공주〉, 〈아기장수우투리〉, 〈규중칠우쟁론기〉, 〈눈먼 암탉〉, 〈이옥설〉 등이 있다(구체적인 작품별 수록현황에 대해서는 김현정의 논의 참조). 16가지의 교과서에 실린 작품이라고 하기에는 종류가 매우 적다. 그렇지만 학습자들은 이 중에서도 2-3 작품 정도만 배운다는 사실을 고려하면 고전소설교육의 위기가 어느 정도인지 파악된다.

25 2011 개정 국어과 교육과정에 기반한 〈문학〉 교과서에 수록된 고전소설 작품을 목록화하면 다음과 같다.

작품	작가	출판사	빈도	작품	작가	출판사	빈도
광문자전	박지원	신사고, 해냄에듀	2	임진록		천재교과서	1
만복사저포기	김시습	상문, 지학사	2	최척전	조위한	미래엔	1
사씨남정기	김만중	비상교과서, 비상교육, 신사고, 천재교과서, 천재교육, 해냄에듀	6	춘향전		비상교육, 신사고	2
소대성전		지학사	1	허생전	박지원	상문	1
심생전	이옥	상문	1	호질	박지원	지학사, 창비	2
운영전		천재교육	1	홍계월전		두산동아, 신사고, 미래엔	3
유충렬전		비상교육	1	홍보전 (흥부전)		천재교과서, 상문	2
이생규장전	김시습	두산동아, 비상교과서, 비상교육, 신사고, 천재교과서, 해냄에듀	6	심청가	정권진 창	천재교육	1
춘향가	성우향 창	창비	1	적벽가		지학사	1
홍보가		비상교과서, 신사고, 미래엔, 해냄에듀	4				

을 만나는 정도가 있을 수 있다.[26] 고등학교의 경우 〈국어Ⅰ〉, 〈국어
Ⅱ〉, 〈문학〉이 있으니 좀더 나은 상황이라고 생각할지 모르나, 이 과
목들이 모두 선택과목이기 때문에 그야말로 선택이 되지 않으면 가르
칠 수도 배울 수도 없다.

기존 연구에서 고전소설이 작품으로 온당하게 다루어지지 않는 문
제가 종종 거론되기도 하였다. 그러나 현재 국어교육의 상황으로 볼
때에는 어떤 방식으로든 고전소설이 다루어지기만 한다면 좋겠다는
생각을 할 정도이다. 고전소설 수록 현황[27]이 이렇게 빈약한 문제가
있다 보니, 교과서에 수록될 때 전문을 실을 수 없다는 문제나 학습활
동 구성이 어렵다는 문제, 현대어 번역의 적절성 문제 등은 부차적으
로까지 느껴진다. 고전소설이 수록될 수 있는 방법을 고민해야 할 때
인 것이다. 이제는 수록된 고전소설 작품이라도 잘 가르칠 수 있는
방법을 고민하고, 그 작품이라도 수록된 것을 다행으로 여겨야 하는
지 고민하게 된다.

더욱 심각한 문제는 국어과 내에서 문학 영역이 존재할 수 있다 할
지라도 제재 선정이나 문학 과목의 작품 수록 과정에서는 현대문학과
경쟁해야 하는 현실까지 부가되고 있는 것이다.[28] 게다가 2011 개정

---

26 수능과 같은 국가 수준의 평가에서 고전소설 작품이 존재한 방식에 대해서는 '조용기,
「대입 국가고사 국어시험의 변천 연구」, 고려대학교 대학원 박사학위 논문, 2013, 1-258
면'을 참조.

27 긍정적 수용자의 양성을 위해 국어교과서에 특정 고전소설 작품이 편중되어 수록되는
것에 대한 경계(임치균, 「고전소설의 이해 확산을 위한 교육 방안」, 한국고소설학회, 위의
책, 83면)가 있기도 하고 다수의 연구자들이 고전소설 작품이 다양하고 풍성하게 다루어
지지 못하는 점에 대해 문제점으로 지적한 바 있다.

28 김현정에 의하면 2011 개정 중학교 국어교과서 기준으로 볼 때 현대문학이 고전문학에
비해 4.5배 정도 더 수록되어 있다(김현정, 위의 글, 470-471면).

국어과 교육과정에서 새로이 추가한 선택과목 중에는 '고전'이 있는데, 이 과목은 우리나라 고전문학이 아닌 동서양 고전을 통틀어 다루고 있어 여기서도 우리 고전은 소수, 부분적으로만 수록된다.

실제 국어교육의 현장에서 고전소설이 교재화되는 또 하나의 방식은 국어교육 평가 상황이다. 어떻게 보면 교과서 수록보다 대학수학능력시험과 같은 국가 차원, 필수적으로 거쳐야 하는 평가 문항에 수록되는 것이 강력한 영향을 끼친다. 단적으로 만약 수능 언어 영역 지문에 더 이상 고전소설이 활용되지 않는다면 고등학교 수업 시간에까지 부정적인 영향을 끼칠 것이다. 이런 점에서 대학수학능력시험의 변화 과정, 언어영역 문항 구성 변화 경향은 고전소설교육의 활성화 측면에서 관심을 가져야 할 부분이다.

3) 고전소설교육과 관련된 실행 주체 문제

교육과정이나 교과서가 실제적으로 실행되는 것은 교실에서 수업을 통해서이다. 여기에 관여하는 가장 중요한 변인이 교사와 학생이라는 주체이다. 고전소설의 현대어 번역이나 교재 수록 부분의 적절성, 교수·학습 활동, 교수·학습 방법 등이 고전소설교육의 논의 대상이 되는 것도 고전소설교육의 실천이 이들 주체에 의해 이루어지기 때문이다. 고전소설교육의 당면 문제가 실행 주체와 관련되는 부분은 특히 학습자이다. 다시 말해 고전소설교육이 맞은 가장 큰 위기는 학습자의 관심에서 멀어지고, 교육 수요자라고 할 수 있는 주체들에게 호응하지 못하는 것이다.[29]

---

29 그렇다고 하여 교사와 관련한 걱정거리가 없다고 할 수는 없다. 학습자에 비해 덜할

군이 조사를 하지 않아도 학습자들이 일반적으로 고전소설을 흥미 없어 한다는 것은 추측할 수 있다.[30] 그야말로 학교 현장에서는 '고전 (古典)'이 '고전(苦戰)'하는 영역이다. 그 이유는 '고전소설'이 가진 근본 문제, 즉 '고전'이라는 것에서 출발한다고도 할 수 있을 것이다. 그것 은 학습자에게 고전은 "오래된 것", "낡은 것" 내지 "시효를 상실한 것" 과 등치의 것"[31]이기 때문일 것이다. 그래서 학습자에게 고전소설교육 은 즐거워서 하게 되는 문학 수용이나 학습이 아니라 학교에서 가르 치기 때문에 억지로 배우는 당위가 되기 쉽다. 실상 이 문제는 고전소 설교육이 시작될 때부터 있었던 것일지도 모르지만, 시간이 흐를수 록, 당대와의 거리가 멀어질수록 심각해지는 양상이다.

이와 관련하여 고전소설 연구나 고전소설교육 연구에서 고전소설 과 현대의 거리를 좁히는 다양한 방법들, 매체를 활용하거나, 학습자 수준을 고려하여 고전소설 작품을 새롭게 번역하거나, 학습자의 삶을 중심으로 수용하는 활동을 강화하는 등이 논의되기도 하였다. 최근 들어 활성화된 문화콘텐츠나 스토리텔링 관련 연구도 여기에 포함할 수 있다.

그런데 현대의 학습자들을 고려하여 이렇게 고전소설에 대해 문화 적 확장을 시도하게 되면 고전소설이 가진 특성을 온당하게 다루지

뿐이지 고전소설교육의 필요성에서부터 회의를 갖고 있는 교사들이 있다.

30 중고등학교 학생들이 고전소설에 대해 가진 인식을 조사한 결과를 보아도 학생들에게 고전은 관심 없고 재미없는 것이다(경일남, 「대전지역 중고등학생의 고전소설에 대한 인식과 교육적 활용 방안」, 『인문학연구』 78, 충남대학교 인문과학연구소, 5면; 전영숙, 「중학교 교실에서 한국 고전문학 읽기」, 『고전문학과 교육』 16, 한국고전문학교육학회, 2008, 29-63면).

31 김성룡, 위의 글, 6면.

못하거나 작품의 지나친 현대화로 원본과 미적, 의미 차원에서 달라
지거나, 작품 감상을 위해 기본적으로 필요한 읽기 시간이 확보되지
못하는[32] 등의 문제가 발생한다. 이러한 문제들은 어떻게 보면 고전소
설교육이 당면한 문제 현상들일 수 있어서 문제를 해결하고자 한 것
이 오히려 새로운 문제를 양산하는 결과를 얻을 우려가 있다.

  고전소설교육의 당면 문제에서 실행 주체와 관련한 문제는 총체적
인 것이라 할 만큼 중요하다고 판단된다. 교육이라는 것이 본질적으
로 그러하지만, 아무리 좋은 고전소설 작품이라도 교사가 제대로 가
르치지 못하면 의미가 없고, 학습자가 읽지도 않을 뿐더러 읽을 필요
도 느끼지 못한다면 제대로 학습이 될 리가 없다. 현재의 고전소설교
육은 수용자로서의 학습자와 관련하여서는 어찌해야 할 바를 모르는
상황으로 보인다.

4. 고전소설교육 실행과 연구의 상생을 위한 조망

  고전소설교육 실행과 연구가 거리가 있으면서도 상관있다고 하고서
는 고전소설교육의 심각한 현실 문제들을 줄줄이 읊으니, 고전소설교
육 연구자뿐만 아니라 고전소설 연구자들에게 같이 멍에를 메자고 하

---

32 이 문제는 비단 고전소설의 현대화, 문화적 확장 때문에 생긴 것이라 할 수는 없다.
학교 현장의 제약, 교과서 분량의 제약, 학습자의 연령 고려, 시간 운영의 한계 등의
측면 때문에 어떤 문학 작품이든 교과서에는 작품의 특정 부분만 수록되는 문제가 발생한
다. 이에 대해 문제제기(심치열, 위의 글, 113-155면; 장경남, 「고등학교 교과서로 본
고전소설 교육의 문제와 제언」, 『우리문학연구』 제31집, 2010, 177-204면)가 있기도 했
고, 반대로 작품 이름이라도 교과서에 거론하자는 의견이 있기도 했다.

는 것 같기도 하다. 그렇지만 긍정적으로 보면, 고전소설 연구자들이 고전소설교육에 필요한 목소리를 낼 수 있는 부분이 어디인지를 밝힌 것이기도 하다. 그리고 이렇게 고전소설교육 연구와 고전소설 연구가 손을 맞잡고 고전소설교육을 고민하는 것이 상생의 길일 것이다. 국어교육 내의 고전소설교육 연구자들이 이 문제들을 모두 감당할 수 없는 것이기도 하고, 고전소설 연구자들이 고전소설교육에 대한 이런 문제들을 인식하지 않고서는 해결에 동참할 수 없기 때문이다.

앞서 고전소설교육의 당면 문제들을 살펴보면서 알 수 있었던 고전소설교육을 어렵게 하는 요인은 고전소설 자체이기도 하고, 현대문학, 국어교육의 다른 영역들이기도 하며, 고전소설이 도구화될 수밖에 없도록 하는 국어과 교육과정이기도 하고, 갈수록 줄어드는 국어시간, 국어교육의 현실이기도 하다. 이런 상황이면 초·중등학교에서의 국어교육 내에 고전소설이 존재하는 것만으로도 감사해야 하는 것이 아닌가 생각하게 된다.

제도교육으로서의 국어교육을 고려하면 성취기준 중심의 국어과 교육과정이 바뀌기만을 기다려야 하는 현실이지만, 여전히 고전소설교육에서 필요로 하는 연구가 엄연히 존재한다. 그 첫 번째가 정전 논의이다. 기존의 연구에서 고전소설교육의 문제로 지적, 정책적으로 제언되었던 고전소설 수록 작품 확대, 다양화에 대한 논의가 현실화되기 어려운 이유는 정전도 제대로 다룰 수 없는 국어교육, 교육 현실의 문제가 있기도 하다. 정전도 심지어 작품 전체를 읽기 어려운 현실인 것이다.

그렇지만 이러한 상황 때문에 학교급에 따라 혹은 전체 국어교육에서 정전으로 다루어야 할 고전소설 작품에 대한 논의와 합의가 필요

하다. 고전소설 연구는 더욱 다양한 작품을 발굴하고 외연을 확대해
갈 필요가 있겠지만 이와 달리 고전소설교육은 필연적으로 정전을 중
심으로 할 수밖에 없는 조건이 있는 것이다. 그리고 정전을 중심으로
교육의 필요성을 찾아 홍보하고, 실제적인 교육의 내용과 방법을 구
안할 수 있어야 한다.

정전 논의와 함께 해야 할 작업이 필독 작품 선정이다. 학교급별,
학년별, 전체 우리나라 학생들이 읽어야 할 고전소설 작품에 대한 선
별 작업이 필요한 것이다. 여기에는 교과서와 같은 국가 수준 교육과
정에 포함시켜야 할 정전의 목록과 학습자의 생활 차원에서 감상, 자
기화가 필요한 작품들의 목록이 포함된다.

다음으로는 교육용 고전소설 작품의 교육 자료화가 필요하다. 기초
적인 수준은 고전소설 원전을 번역하는 것이고 이후 교육용 자료로
수정, 개작, 재창작하는 과정이 될 것이다. 이 과정에는 기존의 연구
에서 거론된 이본의 문제나 발췌 부분의 선정 문제, 전체 작품 수록
대신 줄거리로 제시하는 문제 등에 대한 검토가 아울러 필요하다.

세 번째로는 고전소설 중심의 범교과적 통섭을 모색할 필요가 있
다. 지금의 국어교육 현실에서는 고전소설이 중등교육에서조차 위상
찾기가 어렵고, 제도교육 외의 교양도서 목록으로 혹은 대학교육 이
상의 교양교육 자료로만 존재하게 될 가능성도 있어 보인다. 고전소
설이 갖고 있는 근본적 난점인 사회 문화적 거리감이나 텍스트의 곤
란도 문제가 해결되지 않아 이런 불안감마저 생기는 것이다. 그런데
이런 부정적 상상이 아니더라도 초·중등 국어교육에서 고전소설을
더욱 풍부하게 다루기 위해서 교양교육[33]처럼 범교과적 활용 가능성
을 탐색할 필요가 있다.

고전소설을 통한 교양교육 가능성이나 범교과적 접근은 최근 교육부에서 교육과정 개정의 방향을 고려해 볼 때에도 필요하다고 판단된다. 새로운 교육과정에 명명된 '융합'은 매우 다차원적일 수 있어서 경우에 따라 국어교육 내의 영역 통합뿐만 아니라 타교과와의 융복합까지 시도될 수도 있을 것 같다. 고전소설의 범교과적 활용가능성은 고전소설교육을 통해 학습자들이 기를 수 있는 역량을 발굴함으로써 확보[34]될 수 있을 것이다.

네 번째로 고전소설교육 실행 주체들이 가진 관심과 교육 수요에 대해 지속적으로 귀기울일 필요가 있다. 고전소설교육의 무용론은 고전소설교육 연구자나 고전소설 연구자들의 요구가 아닌 고전소설교육의 실행 주체의 요구일 것이기 때문이다. 그래서 고전소설교육에 대한 요구와 필요, 기대에 부응할 수 있는 교육 내용을 마련하여 제공할 수 있어야 할 것이다. 여기에는 고전소설을 왜 초·중등학교 교육에서 다루어야 하는가에 대한 실제적, 구체적 근거도 필요하다. 예를들어 최근 학교 교육 현장의 실제적 문제라 할 수 있는 인성 교육과 관련하여 고전소설을 통한 치유, 인성 함양, 사회화 등이 가능한 교육 내용과 방법을 모색, 제시한다면 고전소설교육의 필요는 자연스럽게

---

33 고전소설이 초·중등학교 국어교육에서 위치하고 있는 바를 고려하면, 초·중등교육에서나 대학 교양교육에나 동일한 조건에 처한 것으로 보인다. 조현우의 지적대로 교양교육으로서의 고전소설교육은 고전소설에 대한 전문적 지식을 쌓는 것이 아니라 고전소설을 이야기로 재미있게 경험하도록 하는 것이기 때문이다(조현우, 「고전소설의 현재적 가치 모색과 교양교육」, 『한국고전연구』 22, 한국고전연구학회, 2010, 76면).

34 이런 접근에 대해서는 반론의 여지가 있을지 모르겠다. 기존에 있었던 언어 자료로서의 활용에 대해서도 비판의 시각이 있었음을 고려하면 범교과적 활용가능성은 더욱 파격적인 변화를 요구하는 것이기 때문이다. 그렇지만 초·중등학교 교육 내에서 고전소설이 다루어질 수 있는 가능성을 넓히는 차원에서 충분히 고려해야 할 방법이라고 판단된다.

확보될 것이다. 이러한 접근에는 고전소설의 근본 특성을 유지하면서도 응용을 동시에 추구해야 하는 어려움이 내재해 있다. 고전소설 본연의 특성에 충실하면서도 방법적, 관점의 선진성 또한 추구해야 하는 어려움이 있는 것이다.

5. 결론

이 글의 출발은 고전소설교육의 실행이 고전소설 연구나 고전소설교육 연구와 얼마나 거리를 갖고 있는지에 대해 짚어보고 해결 방향을 모색해보고자 한 것이었다. 그런데 고민을 정리하다 보니, 정작 중요한 것은 고전소설교육 실행과 연구, 고전소설 연구가 다르다는 것을 확인하는 것이 아니라 서로 거리가 있는 이 두 영역이 어떻게 상호 교차적으로 만나고 거리를 좁힐 것인가라는 점을 깨닫게 되었다.

한편으로 고전소설교육 연구와 실행, 고전소설 연구는 이미 서로 조응해 온 관계가 있지만, 최근 실제 교육 현장에서 달라지고 있는 고전소설교육의 위상과 현실적 문제에 대해 인식을 공유하는 것이 필요하다는 판단을 하게 되었다. 최근 국어과 교육과정으로 인하여 야기된 고전소설교육의 문제에 입각하여 보면, 기존 연구에서 보인 고전소설교육에 대한 접근 방향과 달라져야 할 부분들이 있다. 예를 들면, 국어과 교육과정의 성취기준과 고전소설교육 내용의 관련성을 중심으로 그 적절성을 판단하는 연구들은 오히려 성취기준이 고전소설 작품 교육의 풍부함을 제한하고 있지는 않은지, 성취기준을 어떻게 바꾸어야 하는지, 여기서 나아가 국어과 교육과정의 진술 방식이나 체계를 어떻게 개선해야 할지를 논하는 방향으로 선회할 필요가 있다.

그리고 이 글을 통해 그간 고전소설 연구에서 제기된 고전소설교육에 대한 문제제기에 부분적으로나마 응답해 보고 싶기도 했다. 기존에 고전소설 연구에서 제기되었던 고전소설교육의 문제가 실행 단계에서 해결되지 못한 것도 있지만, 고전소설교육 연구 차원에서 다루어지고 성과가 축적되어야 하는데도 그렇지 못하여 여전한 측면도 있다. 이 부분은 고전소설교육 연구에서 반성해야 하는 것으로, 고전소설 연구 성과를 고전소설교육 실행에 수용하는 방안을 모색하고 고전소설 연구에도 함께 매진함으로써 해결할 수 있을 것이다.

현재 초·중등학교 국어과에서 고전소설교육이 처한 상황으로 판단해 볼 때, 그 어떤 때보다도 고전소설교육 실행과 연구, 고전소설 연구의 협력이 필요하다고 판단된다. 양적으로든 질적으로든 서로 거리가 있는 고전소설교육 실행과 연구, 고전소설 연구의 관계 맺기와 도와주기가 필요한 것이다. 이 글이 이러한 고전소설교육과 연구의 협력과 나아가 상생을 모색하는 데 긍정적으로 기여할 수 있기를 기대한다.

고전소설 연구와 교육의 소통

– 대학 고전소설 교육의 개선을 위하여

정선희 /홍익대학교

1. 서론

본고는 대학에서의 고전소설 교육의 현황을 살핀 뒤 그 문제점을 파악하고 개선 방안을 마련하는 것을 목표로 한다. 특히 고전소설 전공 학자들의 연구는 매년 축적되어가고 있지만 이것이 교육에는 적용되지 않고 연구자들만을 위한 연구에 그치고 있는 점, 단편적인 지식이나 교훈만을 추출하는 식의 교육에 그치고 있는 점 등에 문제를 제기하고 고전소설 연구와 교육이 소통하면서 함께 발전할 수 있는 새로운 방향을 모색해보고자 하는 것이다. 현재의 소통 부재 상황에 대해 고전소설 연구자들이 반성적으로 고찰하여 대학생들이 고전소설을 읽고 감상하면서 자신과 자신이 속한 사회의 문제를 확인하고 해결하는 현재적인 텍스트로 바라볼 수 있도록 하는 교육 방법을 고민하면서 강의 계획을 수립하고자 하는 것이다.

'대학에서의 고전소설 교육'에 대한 연구는 중고등학교에서의 교육에 대한 연구들에 비하면 매우 미미하다. 2005년에 한국고소설학회에서 기획한 연구들 중에서 고전소설의 이해 확산을 위한 교육 방안을 논의하는 중에 장래의 교사, 연구자, 일반인이 될 대학생의 역할에 주목하여 이들의 교육에 좀 더 관심을 가져야 한다는 제언이 있었고[1], 대학 고전소설 교육의 현실을 진단하고 앞으로의 방향과 과제를 제시하는 논의가 있었다[2]. 특히 고전소설론 강의를 중심으로 하여 논하였는데, 고전소설작품론이 그 본령이 되었으면 하는 제언을 하면서 강의에서 텍스트로 사용할 수 있는 꼼꼼한 교감 선본(善本)과 잘 윤문된 현대어 번역본이 출간되는 것이 병행되어야 한다고 하였다. 또 다른 연구자[3]는 그 당시의 고전소설 관련 교과목 개설 현황과 교재 현황을 살핀 뒤에 몇 대학의 국문학과 학생의 설문조사 결과를 통해 학생들의 고전소설에 대한 관심과 인식에 대해 보고하면서 고전소설에 대한 분석적 재미와 감상적 재미를 함께 느낄 수 있도록 해야 할 것이라고 하였다. 그렇게 하기 위해서는 학부 강의를 위한 균형 잡힌 시각의 교재가 공동개발·집필되어야 하고, 강의 대상 작품이 확대되어야 하며, 원전에 충실하면서도 읽기 쉬운 번역 및 역주본이 나와야 한다고 하면서, 현대의 다양한 문화장르와의 비교나 재창작에 대한 관심을 제고해 줄 수 있도록 참신한 작품 해석 시각도 보여주어야 한다고 하였다.

이후, 2007년에 한국고전연구학회에서 기획하여 대학에서의 고전문학 교육에 대해 논의한 연구들[4] 중에서 고전소설 분야를 담당한 경우가

---

1 임치균, 「고전소설의 이해 확산을 위한 교육 방안」, 한국고소설학회편, 『고전소설 교육의 과제와 방향』, 월인출판, 2007.
2 정병설, 「대학 고전소설 교육의 현실, 방향, 과제」, 한국고소설학회편, 『고전소설 교육의 과제와 방향』, 월인출판, 2007.
3 김기형, 「대학 고전소설 교육의 현황과 전망」, 한국고소설학회편, 『고전소설 교육의 과제와 방향』, 월인출판, 2007.

있었는데, 특히 지방사립대학에서 국문학과 졸업생들의 취업률 향상을 위해 문화·예술과 접목할 수 있도록 안내하는 쪽의 강의 방향과 방법을 제안하였다. 고전소설론, 고전소설강독 등의 전공과목을 교육할 때에 변화된 대학 교육 환경에 어떻게 발맞출 것인가를 고민하여 문화콘텐츠로 만드는 것을 수업하는 식의 실용적 활용을 주로 다룬 것이다.

한편, 대학에서의 교양교육에 고전소설을 활용해 보자는 논의도 있었다. 2010년도에 한국고전연구학회에서 기획되어 고전문학의 각 분야의 학자들이 각 영역의 명작을 교양교육에서 활용하는 방법을 제안하는 논문들이 제출되었는데5, 그 중 고전소설을 담당한 연구자 중 한 명은 〈방한림전〉을 활용하여 가족 간의 관계와 의미를 탐색할 수 있음을 말하였고, 또 한 명은 국문장편 고전소설을 활용하여 조선시대 여성들의 생활과 문화, 의식세계에 대해 교육할 수 있음을 논하였다. 대학 교양 교육에서 고전소설을 활용할 필요성과 효용에 대해서는 충분히 공감하게 하였지만 현실적인 방안을 모색하는 데에는 한계가 있었다. 또 교양교육에 활용하는 방안에 관한 것이므로 본고에서 대학 전공과목

---

4   정병헌, 「대학 고전문학 교육의 현상과 전망」, 『한국고전연구』 15집, 2007. 6. ; 권순긍, 「대학 고전소설교육의 지향과 방법」, 『한국고전연구』 15집, 2007. ; 신동흔, 「21세기 구비문학 교육의 한 방향-"신화의 콘텐츠화"수업 사례를 중심으로」, 『한국고전연구』 15집. 2007. ; 최규수, 「대학생을 위한 고전시가 '교육'의 몇 가지 키워드」, 『한국고전연구』 15집, 2007.

5   김종철, 「대학 교양교육으로서의 한국고전문학교육의 과제」, 『한국고전연구』 22집, 2010. ; 신상필, 「대학 교양교육으로서의 한문교육과 동아시아 한자문화권」, 『한국고전연구』 22집, 2010. ; 조현우, 「고전소설의 현재적 가치 모색과 교양교육」, 『한국고전연구』 22집, 2010. ; 정선희, 「고전소설 속 여성생활문화의 교육적 활용방안 연구-국문장편소설을 중심으로」, 『한국고전연구』 22집, 2010. ; 이수곤, 「인문교양으로서의 고전시가 강좌의 한 예-'이중자아'와 '금지된 사랑, 불륜'모티프를 대상으로」, 『한국고전연구』 22집, 2010. ; 강성숙, 「구비문학 관련 강좌의 현황과 교양 과목으로서의 구비문학」, 『한국고전연구』 22집, 2010.

으로서의 고전소설 교육에 관하여 논하려는 바와는 다소 거리가 있다.

　이상과 같은 연구사적 흐름과 대학 교육 현장의 실태와 경향에 대해 문제의식을 가지고 좀 더 적극적으로 대학 고전소설 교육에 대해 고민하고 연구할 필요성을 제기하고자 한다. 이에 각 대학에서의 전공과목으로서의 고전소설 과목 개설 현황과 교육 내용을 점검하고, 변화된 대학 교육 환경과 고전소설 수용자인 대학생들에게 어떻게 맞추어 교육하면 좋을지, 어떤 방향으로 교육 목표를 설정하면 좋을지 등을 논의할 것이다.[6] 이는 고전소설 연구자들의 연구 성과가 교육 현장과 연계되지 못하는 현실을 벗어나 활발하게 소통하고 발전하는 방안을 모색하는 자리이기도 하다.[7] 고전소설 연구의 성과가 교육 현실에 충실하게 반영될수록 교육의 질과 효율이 높아질 것이므로 고전소설 연구와 교육의 소통이 곧 대학 고전소설 교육의 개선 방안이 될 수 있을 것이다.

2. 대학에서의 고전소설 교육의 현황

　본고에서는 앞에서 말한 바와 같이 연구의 필요성을 제기하면서 바람직한 고전소설 교육의 방향을 제시하고자 하는 목적을 달성하기 위

6　이 논문은 "고전소설의 교육과 수용 – 문화적 위상의 정립을 위하여"라는 대주제하에 기획된 논문이다. 또 다른 연구자가 「고소설 교육과 연구의 거리」라는 제목으로 이론적인 측면과 초중등교육의 실상을 논의하므로 필자는 대학 교육 현장을 중심으로 논의한다.
7　따라서 이 자리는 고전문학 연구자와 고전문학 교육 종사자의 만남이 아니다. 본고에서 다루고 있는 '대학 전공과목으로서의 고전소설 교육'은 고전소설 연구자가 바로 교육자가 되는 경험을 말하는 것이기에 교육자가 고전소설 연구자든 고전소설교육 연구자든 간에 큰 차이가 없다고 생각한다.

해 먼저 대학에서의 고전소설 교육의 현황을 파악하였다. 2014년 4월 전국의 90여 개 4년제 대학의 국어국문학과와 국어교육과의 고전소설 관련 교과목 개설 현황을 조사하였다.

고전소설 관련 교과목 개설 현황

- 조사 범위 : 전국 4년제 대학 중 '고전소설'과 관련된 교과목이 개설된 국어국문학과, 국어교육과
- 조사 대상 : 전국 93개 대학, 81(캠퍼스 포함 86)개의 국어국문학과[8], 39개의 국어교육과[9]에 개설된 '고전소설' 관련 교과목 289강좌

- '고전소설'과 관련된 과목명으로 개설

국어국문학과		국어교육과	
교과목명	개설 학교 수	교과목명	개설 학교 수
고전소설론[10]	56	고전소설론[11]	15
고전소설 강독[12]	29	고전소설 교육론[13]	14
고전소설의 이해[14]	19	고전소설 강독[15]	3
고전소설 서사 분석 연습	1	고전소설 작품론	2
고소설 작품 연구	1		
한국 고전소설 연구	1		
고소설론과 작가	1		
한국 고전소설사	1		
고전소설과 이야기	1		
판소리계 소설과 매체	1		
판소리와 조선후기 문예	1		
고전문학의 이해	1		

---

8 한국어문학부/과, 한국언어문학, 한국어학과, 한국어전공을 포함함.
9 한국어교육과, 한국어교원학과, 한국어교원전공, 한국어교육전공을 포함함.
10 '한국 고전소설론, 고소설론, 한국 고소설론, 이야기문학과 한국 옛 소설론, 고전소설론 입문, 한국 고전소설'로 개설된 과목 포함.
11 '한국 고전소설론, 한국 고대소설론, 고소설론'으로 개설된 과목 포함.

■ '고전산문'이 들어간 관련 교과목

국어국문학과		국어교육과	
교과목명	개설 학교 수	교과목명	개설 학교 수
고전산문 강독[16]	6	고전산문 교육론[17]	11
고전산문의 이해[18]	2	고전산문론	5
고전산문론[19]	2	고전산문 강독[20]	5
고전산문 세미나	1		

■ '서사'가 들어간 관련 교과목

국어국문학과	
교과목명	개설 학교 수
고전 서사문학[21]	3
한국 서사문학 특강	1
한국 서사문학의 세계	1
고전서사와 스토리텔링	1
고전서사문학 강독	1

---

12 '한국 고전소설 강독, 고소설 강독, 옛 소설 강독, 이야기문학과 옛 소설 읽기, 고소설 감상, 고전소설 읽기, 조선후기 소설 강독, 한글 고전소설 읽기, 고전소설 텍스트 읽기, 고전문학 강독(교과개요에 소설 〈춘향전〉을 지정함/상지대-국문과)'으로 개설된 과목 포함.

13 '한국 고전소설 교육론, 고소설 교육론, 한국 고소설 교육론, 고대소설 교육론, 고전소설의 이해와 지도, 고전문학 교육 연습(교과개요에 소설 작품을 지정하고 있음/홍익대-국어교육과)'으로 개설된 과목 포함.

14 '고전소설의 세계, 고소설의 이해, 옛 소설의 이해, 한국 고전소설의 이해, 명작 소설의 이해'로 개설된 과목 포함.

15 '고소설 강독, 고소설 교육자료 강독'으로 개설된 과목 포함.

16 '한국 고전산문 강독, 고전명작 읽기'로 개설된 과목 포함.

17 '한국 고전산문 교육론'으로 개설된 과목 포함.

18 '고전산문의 세계'로 개설된 과목 포함.

19 '고전산문'으로 개설된 과목 포함.

20 '한국 고전산문 강독, 고전산문 교육 작품 강독, 고전산문의 미학'으로 개설된 과목 포함.

21 '전통서사론, 전통문학론'으로 개설된 과목 포함.

이상 총 93개 학교의 국어국문학과와 국어교육과의 상황을 다시 정
리한 것이 다음의 표이다.

고전소설 관련 교과목

국어국문학과[22]			국어교육과[23]		
	교과목명	개설 학교 수		교과목명	개설 학교 수
고전 소설	고전소설론	33	고전 소설	고소설 교육론	4
	한국 고전소설론	8		한국 고소설 교육론	1
	고소설론	9		고대소설 교육론	1
	한국 고소설론	2		고전소설 교육론	5
	고대소설론	1		고전소설의 이해와 지도	1
	이야기문학과 한국 옛 소설론	1		한국 고전소설 교육론	1
	고소설론과 작가	1		고소설 교육자료 강독	1
	한국 고전소설	1		고전문학 교육 연습	1
	한국 고전소설사	1		고소설 강독	1
	고전소설 강독	14		고전소설 강독	1
	한국 고전소설 강독	3		고전소설론	10
	고소설 강독	2		한국 고전소설론	3
	옛 소설 강독	1		한국 고대소설론	1
	이야기문학과 옛 소설 읽기	1		고소설론	1
	고소설 감상	1		고전소설 작품론	2
	고소설 작품 연구	1	고전 산문	고전산문 교육론	10
	고전소설 읽기	1		한국 고전산문 교육론	1
	조선후기 소설 강독	1		고전산문론	5
	한글 고전소설 읽기	1		고전산문 교육 작품 강독	1
	고전소설의 세계	1		고전산문 강독	2
	고전소설의 이해	14		한국 고전산문 강독	1
	고소설의 이해	1		고전산문의 미학	1

---

22 한국어문학부/과, 한국언어문학, 한국어학과, 한국어전공을 포함함.

	옛 소설의 이해	1		기타	고전문학 교육론	1
	한국 고전소설의 이해	1				
	고전소설 텍스트 읽기	3				
	고전소설 서사 분석 연습	1				
	고전소설과 이야기	1				
	명작 소설의 이해	1				
	고전문학 강독	1				
	한국 고전소설 연구	1				
	고전소설론 입문	1				
	판소리계 소설과 매체	1				
	판소리와 조선후기 문예	1				
	고전문학의 이해[24]	1				
고전 산문	고전산문 강독	4				
	한국 고전산문 강독	1				
	고전 명작 읽기	1				
	고전산문의 이해	1				
	고전산문의 세계	1				
	고전산문론	1				
	고전산문 세미나	1				
	고전산문	1				
고전 서사	한국 서사문학 특강	1				
	한국 서사문학의 세계	1				
	고전 서사문학	1				
	고전 서사문학 강독	1				
	고전 서사와 스토리텔링	1				
	전통서사론	1				
	전통문학론	1				

---

23 한국어교육과, 한국어교원학과, 한국어교원전공, 한국어교육전공을 포함함.
24 한남대학교 국문과, 교과목개요-방각본, 필사본 소설 읽기를 통한 이해와 감상.

이상을 보면, 현황의 특징은 크게 몇 가지로 정리할 수 있다.

고전소설론 관련 과목은 81개의 국문학과 중 78개의 학과에서, 39개의 국어교육과 중 29개의 학과에서 개설하였고, 고전소설 강독 관련 과목은 81개의 국문학과 중 32개의 학과에서, 39개의 국어교육과에서 5개 학과에서 개설하였다. 고전산문이나 고전서사문학에 고전소설이 큰 비중으로 들어가는 경우가 많으므로 이것까지 합한다면 숫자는 조금 늘어날 것이다.

요컨대, 고전소설론 과목은 이름만 조금 다르게, 고전소설의 이해, 한국 고전소설 연구, 고소설론과 작가, 고전소설사라는 과목명으로 거의 모든 국문학과에 개설되어 있다. 그러나 고전소설강독 과목은 소설론의 반에도 못 미치는 32개 학교에만 개설되어 있는 것이 특징적인 현상이다. 그런데 고전소설론 수업은 고전소설에 대한 전반적인 특성(세계관, 작가, 독자, 유통방식, 서사구조 등) 이해, 하위 유형별 특성과 사적 흐름의 이해에 초점이 맞추어져 있는 듯하다. 이렇게 개괄적으로 고찰하는 방식의 수업이 전개되므로 작품을 원전으로 읽는다거나 작품을 어떤 방법론을 적용하여 읽는 등의 시간은 마련되기 힘들다. 그래서 고전소설강독 과목이 별도로 개설되어 있는 학교가 30여 개 정도 되며, 여타의 더 많은 학교들에서는 소설론 시간에 약간의 시간을 할애하여 강독의 경험을 하도록 하고 있다.

이런 상황에 대해 대학생들은 어떻게 생각하고 있는지, 고전소설 작품에 대한 선지식은 어느 정도인지, 어떤 작품을 선호하는지 등에 대해 알아보고자 2014년 5월에 약 50명의 학생들(고전소설원전강독 수강생임. 국문학과 1학년 30명, 그 외의 학년 20여 명)에게 물었다.

먼저 고전소설을 원전으로 읽는 수업의 필요성에 대해 물으니 83%

의 학생이 필요하다고 답하였다. 이들이 원전 강독이 필요하다고 느낀 이유를 주관식으로 물었는데, 한글 고어에 흥미가 생겼고 고전소설이 재미있다는 것을 느꼈다는 것이 가장 큰 이유였다. 다음으로는 옛 소설을 그 당대의 분위기와 정서를 실감하며 읽을 수 있어서라고 했으며, 국문학과생으로서의 자부심을 느끼게 되어서라는 답도 많았다. 하지만 20% 정도의 학생은 어렵고 지루하다고 느꼈다고 했다. 그런데 주목할 점은, 학생들이 소설을 원전으로 읽어 보니 고전소설을 현대역본으로 읽을 때보다 부분 부분에 좀 더 집중하여 생각하고 상상하고 느낄 수 있었다고 한 점이다. 현대역본은 쉽게 읽히기 때문에 줄거리 위주로 빨리 책장을 넘기게 되므로 주인공이나 인물들의 입장이 되어 천천히 음미하지 못 하는 경우가 많았다고 한다. 하지만 고어로 읽으니 마치 그 시대의 그 인물이 된 것처럼 느낄 수 있었다고 한다.

또 고전소설에 대해 배우면 자신의 어떤 능력이 함양되리라 생각하는지 묻는 질문에는, 한자나 고어 실력, 옛 생활문화 지식, 사고의 다양성과 깊이, 현대문학이나 예술의 창작 능력 순으로 응답자가 많았다. 수강생 중 고전소설을 소재로 하여 현대 문학으로 재창작하거나 문화콘텐츠로 창작하는 일에 관심이 있다고 한 학생은 반 정도 되었으며, 다른 고전문학 장르에 비해 고전소설이 가독성이 높고 흥미롭기에 학습의 효용성이 있다고 답하였다.

이 과목을 수강하기 전에 고전소설 작품 전체를 읽어본 것은 〈춘향전〉, 〈홍길동전〉, 〈구운몽〉, 〈박씨전〉, 〈이생규장전〉만 5명 정도씩 있을 뿐이었다. 만화나 어린이용을 제외하였더니 생각보다 적은 작품이 나왔으며 읽어본 학생 수도 적었다. 그만큼 고전소설의 독서는 폭넓게 이루어지지 않고 있는 것이 현실이다. 이번 학기에 강독하는 작품이

〈홍길동전〉, 〈숙향전〉, 〈춘향전〉, 〈이생규장전〉 등인데, 이 중에서 〈홍길동전〉을 가장 선호했으며 다음으로 〈숙향전〉, 〈춘향전〉 순이었다. 그래서인지 외국인에게 우리나라의 대표작이라고 소개하고 싶은 소설 1위도 〈홍길동전〉이 차지했다. 다름으로 〈춘향전〉, 〈심청전〉 순이었다. 앞으로 원전으로 읽어보고 싶은 소설로는 〈심청전〉, 〈구운몽〉이 꼽혔으며, 〈허생전〉과 〈금오신화〉가 그 뒤를 이었고, 〈박씨전〉, 〈장화홍련전〉, 〈사씨남정기〉, 〈최척전〉, 〈흥부전〉 등이 거론되었다.

그런데 〈홍길동전〉을 원전으로 강독해 보지 않은 국문학과 학생들은 외국인에게 소개하고 싶은 작품으로 〈춘향전〉을 가장 많이 꼽았으며, 〈구운몽〉과 〈호질〉이 그 다음이었고 〈홍길동전〉은 4위였다. 이 결과로 보아도 같은 작품을 현대역으로 읽었거나 줄거리로만 읽은 학생들보다 원전으로 읽은 학생들의 공감도와 선호도가 높음을 알 수 있었다.

위의 결과를 본다면, 대학에서의 고전소설 교육은 작품을 원전으로 읽는 경험을 함으로써 당대인의 심리와 생활, 역사 문화적 배경, 분위기 등을 실감할 수 있도록 하는 것이 중요함을 다시 한 번 느낄 수 있다. 그런데 문제는 고전소설 관련 과목 개설을 한 과목 이상 배정하기 힘들다는 점이다. 또 한 가지는 학생들이 대학 입학 이전 또는 고전소설 관련 교과목을 수강하기 이전에 고전소설 작품을 완독한 경험이 아주 적으며, 그 작품의 수도 5개 정도로 제한적이라는 점도 알 수 있었다. 따라서 대학생들이 고전소설 작품을 좀 더 폭넓고도 깊이 있게 읽고 분석해낼 수 있도록 해야 할 것이다. 이러한 현 상황을 인식하면서, 다음 장에서는 대학에서의 고전소설 교육의 문제점에 대해 좀 더 구체적으로 논의하도록 하겠다.

3. 대학 고전소설 교육의 문제점과 사례

앞에서 살핀 것처럼 대학에서의 고전소설 교육은 주로 '고전소설론' 유형의 과목을 통해 주당 3시간 1학기 동안 이루어지며 30% 정도의 학교에서만 '고전소설강독' 유형의 과목을 더하여 총 6시간 2학기에 걸쳐 이루어지고 있다. 따라서 고전소설론 수업에서는 주로 고전소설의 유형과 특징, 역사를 개괄하는 내용과 작품 분석론을 다루고 있다.[25] 이렇게 제한된 시간 내에 고전소설에 대한 많은 정보를 교육하다 보니 고전소설에 대한 다양하고도 깊이 있는, 최신의 연구 결과들이 반영되기 어려운 실정이다. 그렇다면 이 같은 상황은 어떻게 극복할 수 있을까?

국문학과나 국어교육과 학생들에게는 고전소설에 대한 포괄적인 지식 전수가 중요할까, 다각적인 작품 해석이나 새로운 분석 방법 제시가 중요할까? 포괄적인 지식은 혼자서 책을 읽고도 어느 정도는 가능하리라 생각한다. 그래서 필자는 고전소설론 수업을 반 정도로 나누어 수업한다. 반은 포괄적인 지식을 설명하는 시간, 반은 학생들이 작품을 읽어 오고 수업 시간에는 발표와 토의로 작품에 대한 이해를 돕는 시간으로 구성한다.

작품을 읽고 분석하고 토의하는 수업을 위해 학기 초반에는 필자가 몇 가지의 시범적인 분석을 통해 작품을 해석하는 방법을 전수하기도 하고, 특별한 방법론을 사용한 작품 분석 논문을 읽어 오게 하고 논평

---

[25] 필자가 앞에서 조사한 90여 개의 대학의 국문학과와 국어교육과의 개설 교과목 소개의 내용과 몇몇 강의계획서에 의거한다. 이것이 그대로 수업에 반영되지 않는 경우도 있겠지만 큰 틀은 그 설명대로일 듯하다.

하게 한다. 이를 토대로 학생들이 실제로 고전소설 작품을 분석해 보도록 하는 것이다. 이렇게 하면 학생들이 그동안 줄거리 위주로 알고 있던 작품을 꼼꼼히 뜯어보게 되고 고어나 한자 해석에도 궁금증을 가지고서 더 찾아보고 다각적으로 해석해 보려는 태도가 생기는 것을 경험할 수 있었다. 예를 들어, 〈운영전〉을 읽어 오게 하고 대표 발표조가 그 작품을 읽으면서 가장 인상적이었던 장면, 인물 해석에 있어 중요하게 생각한 장면, 함께 이야기해보고 싶은 장면이나 한시들을 선택해서 발표하게 하고 이에 대해 조별로 토의한 뒤 수강생 전체가 다시 토의하는 방식으로 진행하였다. 그 결과 운영, 김 진사, 안평대군 등 인물에 대해 심도 있는 토의가 이루어졌는데 특히 안평대군을 단순히 사랑의 방해자로만 생각하던 데에서 나아가 당시의 시대상황이나 궁궐의 삶, 여성 교육, 사랑에 대한 여러 가지 국면을 고려하면서 평가하는 데에까지 나아갈 수 있었다. 또한 궁녀들의 시들을 전고나 숨은 뜻을 알아가며 감상하는 방법도 익힐 수 있었다.

두 번째 문제는, 학생들이 고전소설을 문학 작품으로 느끼면서 읽을 수 있도록 해주고 있는가 하는 점이다. 학생들이 고전소설을 좋아하게 하려면, 그들이 흥미를 느끼고 주목하는 부분을 잘 알고 그 부분을 자극해야 할 것이다. 예를 들어 〈홍길동전〉의 경우 학생들이 어떤 부분에 가장 감동을 받거나 인상 깊다고 느낄까? 중고등학교에서 배웠던 영향인지 이 작품의 사회비판적인 면과 그 한계를 드러내는 율도국 건설 관련 부분에 주목하고 있었다. 그러면서 조선의 개선이 아니라 왜 여기는 버려두고 새로운 나라를 건설했는지 문제를 제기하면서 그 모순적이고 개인적인 해결 방법에 실망스럽다고 했다. 병조판서로 제수 받는 장면은 자신의 신분적인 한계를 뛰어넘어 꿈을 실현하는 장면이므로 인상적이었다고도 했다. 또 길동이 첩의 자식으로 출생하여 차별에 울분을 토하면서 슬퍼하는 장면, 홍판서와 길동의 부자 관계 등을 꼽았다. 〈홍길동전〉을 원전으로 읽고 새로운 재미를 느꼈으며 가장 자랑스러운 우리 고전소설로 소개하고 싶다고 하는 등 긍정적인 반응이었지만 작품에서 주목한 부분이 새롭지는 않았다.

이에 비해, 학생들의 〈춘향전〉 감상은 현대적인 시각이나 세태가 조금 더 반영되었다. 수강생들이 꼽은 〈춘향전〉에서 가장 인상적인 장면은, 춘향이 절개를 지키는 부분이었다. 그런데 이 부분을 해석하는 방식은 새로웠다. 적극적이고 진취적이며 당찬 여성인 춘향이 당대의 지배적인 이념인 절개 지키기를 통해 행복을 얻는 모습이 좋았다고 했다. 그런 당찬 모습의 연장선에서 이별 장면도 인상적이라고 했는데, 춘향이 순종적이거나 참하기만 한 숙녀의 모습이 아니라 발악을 하면서 끝까지 기다리겠다고 말하는 부분이 나중에 변사또의 수청을 거부하는 완강한 저항을 보이는 부분과 맞닿아 그녀의 주체성을 보여주므로 중요하다고 여겼다. 그러면서도 이도령이 거지꼴로 돌아왔을 때에 그를 박대하지 않고 진심으로 걱정해 주면서 어머니에게 잘 해주라고 부탁하는 등 변함없는 사랑과 따뜻한 마음을 보이는 점이 인상적이었다고 했다.

이도령과 관련해서는 관심이 덜했는데, 주로 만남 부분에서 인상적이었다고 했다. 이도령이 춘향을 기생의 딸이니 마음대로 불러도 될 사람으로 여긴 점에서 신분의 한계를 드러낸다고 느꼈고 이때에도 춘향이 곧바로 간 게 아니라 일단 거절한 점에서 그녀의 주체성이 느껴졌다고 했다. 이도령이 춘향에게 미혹하여 천자문을 바꿔 읽는 장면이나 구애하는 장면도 재미 있었다고 했다. 〈춘향전〉 전체에서 두 주인공의 만남에서 사랑 부분이 많은 분량을 차지하는 점과 관련하여 이 작품이 춘향의 절개 지키기가 우선이 아니라 둘의 사랑 지키기가 우선이라고 느꼈다는 평이 많았다.

〈박씨전〉의 경우, 병자호란이라는 전쟁을 체험한 여성들의 기억을 담고 있으며 남성적인 지배질서의 허위의식에 대한 비판의 면도 담고 있어 학생들의 흥미를 끌었다. 현대의 소설이나 영화들에서도 전쟁은 자주 다루어지는 소재이며 이를 겪으면서 일어나는 인간 군상들의 여러 가지 면들, 그에 따른 상흔들, 문학을 통한 치유 등이 공감을 불러일으켰다. 또한 현대의 외모지상주의에 대한 반감, 남성이나 시댁 중심적인 가족 구조 등에 대한 비판과도 연결하여 다양한 토의가 이루어졌다.

전쟁의 참담함과 그에 따른 고통 등은 〈김영철전〉을 통해 실감나게 읽을 수 있었으나, 김영철이 여러 중국인들의 도움을 받거나 도망하고 구출되고 하는 부분들이 지나치게 우연적인 행운으로 느껴졌다는 의견이 많았다. 학생들은 〈박씨전〉처럼 아예 드러내놓고 환상적으로 독자들의 욕망을 충족시키거나 위로하는 소설은 인정하지만, 〈김영철전〉처럼 사실적으로 그리는 소설에서 구출과 도움 부분만 행운으로 처리하는 것은 인정하지 못하는 듯했다. 〈강도몽유록〉과 같이 전쟁으로 인해 억울하게 죽을 수밖에 없었고 기막힌 사연들을 갖고 있던 여성인물들의 이야기에는 공감하면서 당대 사회의 부조리와 차별 등에 대해 비판할 수 있었다.

〈옥루몽〉이나 〈구운몽〉을 읽고 나서는 인간의 욕망과 실제 삶의 괴리, 소설을 통한 대리만족, 활약하는 여성들에 대한 감탄과 같은 반응이 나왔으며, 〈오유란전〉이나 〈이춘풍전〉과 같은 세태소설을 읽고 나

서는 성(性)이나 남녀 관계와 관련한 달라진 풍속도를 이야기하면서
재미있다는 반응을 보였다.

이상에서 살핀 바와 같이 대학생들이 고전소설 작품에서 어떤 점에
흥미를 느끼고 주목하는지를 파악하여 이를 어느 정도 충족시켜주는
방향으로 고전소설 교육의 제재를 선택하고 교육 방법을 설계해야 할
것이다. 그러면서도 교육적 가치가 있으며 소설사적, 문학사적으로
중요한 작품들에 대한 중요한 논의들을 포함해야 한다는 데에 우리의
어려움이 있다.

4. 고전소설 연구와 교육의 소통
- 교육의 개선을 위하여

앞에서 필자는 현재 대학에서의 전공과목으로서의 고전소설 교육
의 현황을 살피고 나서, 대학생들의 고전소설에 대한 인식과 선호도
를 알 수 있는 설문조사, 수업 시간의 반응, 과제물 등을 통해 알 수
있었던 현 상황에 대한 진단을 하였다. 거의 모든 대학의 국문학과와
국어교육과에는 고전소설론이나 고전소설교육론 등 1강좌 정도가 개
설되어 있어서 고전소설론과 고전소설사를 강의할 시간은 마련되어
있지만, 작품을 읽고 분석하거나 토의할 수 있는 시간은 부족하였다.
그런데 대학생들은 고전소설 작품을 고어로 읽는 데에도 흥미를 보였
고 그 감동의 정도가 높았다고 고백할 만큼 큰 관심을 갖고 있었다.
따라서 이 관심을 키우면서도 우리가 목표로 삼아야 하는 학문적 성
장과 인격적 성장, 현실적 활용 등에 도움을 주는 방법을 모색해야

할 듯하다. 이렇게 교육의 질을 높이면서도 학생들의 요구에 부응하기에 가장 좋은 방법은 당연히 고전소설 관련 과목의 증설이다. 학계에 축적된 연구의 다양한 성과들을 반영하면서 작품 강독 시간도 늘리고 충분히 토의하면서 학생들 자신의 생각으로 소설을 감상하고 분석하게 되는 데에까지 나아갈 수 있을 것이기 때문이다. 하지만 각 대학의 현실상 그렇게 하기는 어려우니 제한된 시수 안에서의 개선 방안을 고민하도록 한다.

한편, 대학생들의 고전소설 교육에 있어서의 문제점 중 하나인 독서 경험과 선지식의 부족은 중고등학교에서의 교육에서 기인했으리라 생각된다. 그런데 이 문제는 교사가 될 대학생들의 교육, 중고등학교의 교과서 집필 등이 얽혀 있는, 즉 고전소설 연구자와 고전소설교육 연구자, 고전소설 교육자의 활동 영역·역학관계 등과 관련되는, 복잡하고 민감한 사안이라 할 수 있다. 하지만 중고등학교든 대학교든 간에 고전소설 교육의 질을 높이고 학생들의 요구에도 부응하기 위해서는 학계의 의미 있는 연구 성과들이 교육 현장에서도 충분히 반영될 수 있도록 하는 것이 최선의 해법일 것이다. 반대로 고전소설 연구자들도 교육 현장에서 활용될 수 있거나 방향타가 될 수 있는 연구 논문을 많이 발표했으면 한다. 이는 연구자나 교육자 개인의 노력과 부지런함과 더불어 공적인 부분에서의 소통과 협력이 요구되는 일이다.

고전소설을 교육함에 있어 '고전'에 중심을 둔다면 당대의 삶의 모습을 담고 있는 자료로서 문화의 원형을 보여준다는 점을 부각하게 될 것이고, '소설(문학)'에 중심을 둔다면 인간의 보편적인 삶에 대한 체험을 확대하고 자기실현에 도움이 된다는 점[26]을 부각하게 될 것이

다. 이 두 가지 면을 조화롭게 교육하면서도 요즘 대학생들에게 필요
한 실용 교육적 측면까지 고려하여 고전소설을 교육할 수 있는 방안
에는 무엇이 있을지를 제안하면서 글을 맺고자 한다.

첫째, 고전소설 연구의 성과를 반영하여 다양한 방법론으로 작품을
분석하는 방법을 알려 주었으면 한다. 이는 문학을 교육할 때에 메타
텍스트적 지식[27]을 중시하는 태도이다. 메타텍스트적 지식은 작품의
본문 자체를 해석하는 텍스트적 지식, 창작과 향유에 관련된 콘텍스
트적 지식과 아울러 중요하게 교육해야 할 부분이라고 생각하는데,
중등 교육에서는 중요하게 다루어지지 않기에, 대학에서는 이 부분이
좀 더 강조되었으면 한다. 이는 고전소설의 가치를 새롭고 흥미롭게
해석한 연구 성과들을 교육 현장에서도 활용할 수 있는 방안이 될 것
이다. 여성주의적으로 작품을 해석하는 방법론은 십여 년 전부터 꾸
준히 있어왔는데 고전소설 분야는 최근에 주춤하는 듯도 하다. 하지
만 장편고전소설, 여성영웅소설 등에서 여성들의 욕망과 삶 등을 고
찰하는 연구나 소설사적으로 중요한 작품들을 여성 주인공을 중심으
로 하여 독해하는 논문이나 저서[28] 등을 소개할 수 있다. 〈소현성록〉,
〈하진양문록〉, 〈홍계월전〉, 〈운영전〉, 〈강도몽유록〉 등의 작품이 교
육 제재로 첨가될 수 있으며, 남녀 관계에 민감한 학생들의 호기심과

---

26 김중신, 「고전시가의 문학교육적 자질」, 『문학교육의 이해』, 태학사, 1997.
27 문학 지식은 텍스트적 지식, 콘텍스트적 지식, 메타텍스트적 지식 등 셋으로 나눌
수 있는데, 이 중에서 메타텍스트적 지식은 작품의 내재적 요소를 설명하거나 감상할
때 동원되는 전문적인 용어의 개념 등에 대한 지식을 가리킨다.(류수열, 「문학교육과정의
경험 범주 내용 구성을 위한 시론」, 『문학교육학』 19, 2005. 135~136면.)
28 정출헌외, 『고전문학과 여성주의적 시각』, 소명출판, 2003. ; 조혜란, 『옛 여인에
빠지다』, 마음산책, 2014. ; 학술지 『한국고전여성문학연구』의 논문들.

호응도 끌어 낼 수 있을 것이다.

최근에는 문학으로 마음을 치유하려는 문학치료적 연구들이 이루어지고 있는데, 특히 고전소설의 서사가 독자 자신의 자기서사와 겹쳐질 수 있도록 지도하면서 독자의 내적인 상처를 치유하고 질적인 변화를 가져오기를 유도하는 방법론을 지향하고 있다[29]는 면에서 대학생들의 고전소설 읽기에 현실적인 자극을 줄 수 있을 것이다. 또한 특별한 방법론은 아니지만 전문 연구자가 텍스트의 서사전략과 표현 방식을 꼼꼼하게 읽어내면서 작가의 세심한 배려와 의도, 기교를 분석하여 소설 작품 읽는 재미를 느끼게 해 줄 수 있는 안내자의 역할을 하는 논문이나 저서[30]를 활용하도록 한다.

둘째, 대학생들이 관심 있어 하는 주제를 택하여 주제론적으로 접근하는 방법을 활용하는 것이다. 현행 문학교과서도 큰 범주에서는 그러하지만 해당 항목 설정이 작품의 실상이나 주안점과는 다소 거리가 먼 경우[31]도 있다. 따라서 작품에 대한 정확한 독해와 연구사적 정리를 바탕으로 한 작품 선택과 주제론적 분석을 한다면 효과적인 교육법이 될 것이다. 예컨대, 〈숙영낭자전〉을 통해 가족관계와 출세관을, 〈윤지경전〉, 〈주생전〉, 〈포의교집〉 등을 통해 사랑을, 〈남궁선생

---

29 김수연, 「〈최고운전〉의 '이방인 서사'와 고전 텍스트 읽기 교육」, 『문학치료연구』 23, 2012.

30 전성운(「〈구운몽〉의 서사전략과 텍스트 읽기」, 『문학교육학』 17호, 2005. 99~125면.)의 논문을 비롯하여 소설문학교육에 대한 고민과 실제적 독해가 섬세하게 들어 있는 연구들을 참고할 수 있다. 특히 〈소현성록〉, 〈완월회맹연〉, 〈임화정연〉 등 소설사적으로 매우 중요하지만 독해나 수업 현장에서의 적용은 힘든 고전 장편소설에 대해서는, 2015년에 출간된 이화여대의 『국문장편 고전소설 감상사전』 들을 참고할 수 있을 것이다.

31 예컨대, 7차 교육과정 고등학교 국어에는 〈구운몽〉이 능동적 의사소통 항목에, 〈허생전〉은 정보의 조직과 활용 항목에, 〈춘향전〉은 전통과 창조 항목에 수록되어 있는데, 〈구운몽〉과 〈허생전〉이 들어 있는 대목의 제목과 작품의 실상은 다소 거리가 있는 듯하다.

전〉, 〈김영철전〉을 통해 자신의 욕망이나 행복과 어긋나는 인생을, 〈흥부전〉을 통해 재물관, 형제애 등을 생각하게 한다. 이렇게 현재에 도 관심 있는 주제를 고전소설을 중심으로 하여 설명하되 현대소설에 까지 범위를 넓혀 한국소설의 사적 맥락과 연계성[32]을 알려줄 수도 있을 것이다. 그런데 이 경우는 한정된 시간에 많은 책을 독서해야 한다는 부담감이 있다. 거의 모든 독서와 토의 관련 과목의 딜레마이듯 고전소설을 읽고 토론하는 방식에서도 주의할 부분이다. 특히 고전소설은 많은 한자어와 생소한 고어와 전고, 낯선 시대배경과 사상 등의 면에서 학생들이 쉽게 이해하기 힘든 부분이 많아 여전히 고전소설은 어렵다는 거부감을 확대시키거나 겉핥기식 독서에 그치게 할 우려가 있다. 따라서 학생들이 선호하는 한두 주제만 택하여 하되, 천천히 읽으면서 탐구하고 성찰하는 개인적인 독서 시간을 거친 후, 자신에게 다가온 그 소설의 의미, 가장 감명 깊었던 장면과 대사, 가장 공감한 인물 등에 대해 구체적으로 메모하거나 글을 써 오게 하여 조별 발표와 토의를 거쳐 마무리하도록 한다.

셋째, 인문학적 소양과 안목을 키우고 더 나아가 고전소설을 바람 직한 방향으로 계승할 수 있도록 교육하는 방법이다. 이렇게 하기 위 해서는 대학생들이 고전소설을 현대소설처럼 친근하고 재미있는 문

---

32 이재선의 『한국문학 주제론-우리 문학은 어디에서 왔는가』(서강대 출판부, 2009. 재판)을 참고할 수 있다. 이 책에서는 기형적 탄생, 금기와 수행, 변신, 악(惡), 거울, 수수께끼, 꿈, 몸, 길, 술, 죽음, 금전, 집, 동물 등의 주제별로 그 문학적 연원을 찾아보고 현대문학에서의 형상을 논의하였다. 그러나 고전문학은 신화와 설화, 춘향전과 흥부전 등 극히 제한된 작품에 한정되어 있어 아쉽다. 한편, 최근에 여성과 관련된 주제어별로 고전문학과 현대문학을 통시적으로 고찰한 『한국어문학 여성주제어사전』 1~5권(김미현 외, 보고사, 2013.)을 참고할 수도 있는데, 좀 더 폭넓게 고전문학 작품이 다루어지기는 했으나 여성주의적 시각으로 유의미한 것들로만 구성되어 있다.

학으로 감상하고 이에 담긴 미학과 표현, 의식 세계 등에 정서적으로 감동하고 체득할 수 있도록 안내해야 할 것이다. 따라서 그 소설이 탄생된 시대에 대한 문화적, 역사적 이해가 가능하도록 역사·사회적 자료들을 보조 자료로 사용하여 설명하며, 시청각 자료들도 적극적으로 활용할 필요가 있다. 이는 고전소설을 통한 교양교육의 문제33와도 연결될 수 있는데, 최근에는 고전소설과 영화와의 연계성을 탐구하는 연구34, 고전소설과 그림의 연계에 대한 연구35, 고전문학의 글쓰기 방법을 찾아 글쓰기 지도 자료로 활용하는 방안 연구36 등이 이루어지고 있다. 그러나 고전소설 연구자들이 이 분야에 좀 더 관심을 가지고 적극적으로 방안을 모색할 필요가 있다. 그래야만 보다 전문적인 교육이 가능할 것이기 때문이다.

넷째, 현대문학이나 문화 예술 분야의 작품 재창작에 도움이 되도록 하는 것이다. 그런데 이 경우에는 고전소설 작품의 재해석과 정체

---

33 대학 교양교육에서의 고전소설의 역할과 의의를 부각시킬 필요가 있다. 이에 필자는 고전소설작품을 교육제재로 삼아 인문교양과목을 개설하거나 부분적으로 활용하는 방법을 제안하는 논문도 발표할 예정이다. 고전소설을 읽기·말하기·쓰기 교육의 제재로, 한국문학의 전통과 통시성 교육의 제재로, 현대문학과 문화예술작품 창작교육의 제재로 활용하는 방안을 제시할 것이다.

34 권순긍, 「고전소설의 영화화-1960년대 이후〈춘향전〉을 중심으로」, 『고전소설의 교육과 매체』, 2007, 197~224면. ; 김지혜, 「영화〈달콤한 인생〉속 욕망과 삶-〈조신전〉, 〈구운몽〉과의 주제론적 대화를 중심으로」, 『영화와 문학치료』 7집, 2012, 111~133면.

35 간호윤, 『그림과 소설이 만났을 때-한국 고소설도 특강』, 새문사, 2014.

36 김철범, 「한문고전의 글쓰기 이론과 그 현재적 의미」, 『작문연구』 1집, 2005. ;강혜선, 「조선후기 소품문과 글쓰기 교육」, 『작문연구』 5집, 2007. ;심경호, 「한문산문 수사법과 현대적 글쓰기」, 『작문연구』 5집, 2007. ;박수밀, 「〈상기〉(象記)에 나타난 박지원의 글쓰기 전략」, 『국어교육』 122집, 2007. 등 주로 한문학 작품들을 활용하는 방안이 제시되었으며, 2011년에는 대학작문학회에서 "대학 작문, '고전에게 말 걸다'라는 주제를 기획특집으로 다룬 바 있다.

성 문제가 대두될 수 있다. 현대적으로 재창작했을 때에 서사의 일부
와 주인공 이름이나 관계 설정 정도만 가져왔지 주제의식이나 인물의
성격 등이 완전히 바뀐다면 고전소설을 소재로 했다는 점 외에는 큰
의미가 없을 것이다. 따라서 고전소설의 고유한 정신세계와 서사적
특질을 담고 있으면서도 공감대를 형성할 수 있도록 현대화된 소설[37]
이나 문화·예술 콘텐츠들을 창작하는 방법을 고안할 수 있도록 지도
해야 할 것이다. 한 학기 중에서 한두 시간을 시범적으로 할애한 뒤
과제로 작성하여 발표하고 공유하면서 수정하는 방식으로 진행하는
것이 효과적이다. 영화나 연극, 드라마 등의 문화콘텐츠에서 무엇보
다 중요한 것은 서사 구조의 탄탄함과 등장인물의 캐릭터성이다. 그
런데 우리 고전소설 작품들은 민족의 원형적인 심상과 문화를 담고
있으면서도 환상적이고 독특한 것들이 많이 있다. 타자성의 문제, 왕
과 민중의 상호소통의 문제, 삶과 사랑의 문제 등을 생각하게 하는
것들도 있다.[38] 따라서 대학생들의 고전소설 교육을 활성화한다면, 지
금까지 잘 알려져 있지 않았던 고전 장편소설이나 한문소설들까지 독
서하고 감상하는 인구가 늘어 새롭고도 흥미로운 현대의 이야기, 문
화 콘텐츠들도 많이 창작될 수 있을 것이다.

　이상에서 필자는 현재의 대학 고전소설 교육이 다소 효과적으로 활

37　황혜진, 「고전서사를 활용한 창작교육의 가능성 탐색-〈수삽석남〉의 소설화 자료를
　　대상으로」, 『문학교육학』 27집, 2008, 79~105면. 이 논문에서는 건국대학교 국문학과의
　　학생들을 대상으로 하여 교육한 사례를 보고하고 있다. 고전서사는 인지적 낯설음과 시공
　　간적 거리감이 있기에 학생들이 스스로 답을 찾아가며 서사를 납득할 만하게 재구성하고
　　채워갈 만한 창작 재료로서 의의가 있었다고 하였다.

38　정선희, 「문화콘텐츠 원천소재로서의 고전서사문학-〈삼국유사〉와 한문소설 활용을
　　중심으로」, 『우리말글』 60집, 2014, 191~215면. 실제 수업의 사례도 제시하였다.

성화되지 못하고 있음에 대해 문제를 제기하고, 이를 개선하기 위해 서는 고전소설 분야의 전문화되고 다양화된 연구들이 교육 현장에 적 용되며 아울러 고전소설 연구자들도 교육 현장을 좀 더 적극적으로 고려한 연구 논문을 발표하여 '소통'의 장이 마련되어야 함을 역설하 였다. 그 구체적인 방안들도 몇 가지 생각해 보았다. 하지만 이 모든 것은 교육의 두 주체인 학생과 교수의 긴밀한 협조 하에서만 가능하 며 특히 교수의 자세가 중요하다. 교수는 가르치고 학생은 수동적으 로 받기만 하는 존재가 아니라, 교수는 학생의 멘토이고 하이킹 동료 이며 스포츠 동아리의 팀원이며 저녁 식사의 동반자이고 친구다. 따 라서 가르침은 사랑의 행위[39]라는 말을 되새기게 된다.

---

39 로렌 포프 저, 김현대 역, 『내 인생을 바꾸는 대학』, 한겨레출판, 2008, 13면.

교과서 속 고소설의
정전화(定典化) 양상과 교수·학습 방향

− 2009 개정 교육과정에 따른 11종 고등학교 『국어』 교과서를 중심으로

김용기 /중앙대학교

1. 서론

고소설 전공자를 제외하면, 현재 고소설을 가장 많이, 가장 간절하게 읽는 대상은 고등학교 학생들이다. 수능시험이라는 목적성 때문이기는 하지만, 현재 고등학교 학생들은 고소설의 가장 중요한 독자라고 할 수 있다. 그러므로 이들이 배우는 교과서 속 고소설의 수록 양상과 교수·학습 상황을 살펴보는 일은 매우 중요하다. 그리고 교육과정의 목표에 맞게 『국어』교과서에서 학습활동이 이루어지고 있는지를 확인해 보는 것도 중등교육과정의 현실을 점검한다는 차원에서 필요한 활동이다.

따라서 이 글은 2009 개정 교육과정에 의거하여, 2014년부터 전국의 고등학교에서 사용되는 『국어』교과서 소재 고소설의 정전화(定典化) 양상과 교수·학습 방향을 살펴보는 데 1차적 목적을 둔다. '국정

(國定)'에서 '검인정(檢認定)'으로의 변화, 그리고 다시 '필수 교과'에서 '일반 선택 교과'로의 변화를 겪은 국어 교과 속 '고소설'의 정전화[1] 양상을 살펴보고, 이에 따른 교수·학습 방법의 문제도 함께 고민해 보고자 한다.

7차 개정 교육과정에서 시도한 '국정'에서 '검인정'으로의 변화는 국가 주도의 집체적인 국어교육이 학생의 수준을 고려하고, 내용의 다양성을 꾀하는 방향으로 전환될 수 있도록 하였다는 의미를 지닌다. 그리고 2009 개정 교육과정에 따라 '필수 과목'에서 '일반 선택 과목'으로의 변화는, 단위학교 차원의 유연하고 창의적인 교육과정 운영을 통해 학생들의 학습부담 경감 및 학교교육 정상화를 도모하기 위해 시도되었다.

이러한 큰 변화의 줄기 속에서 『국어』 교과서 속 우리의 고소설은 어떤 선택과 배제의 원리가 작동되어 수록되었는지를 탐색하고, 교육과정의 변화에 따른 교수·학습의 방법도 함께 고민해 보고자 하는 것이 필자의 의도이다. 이는 굳이 고소설에 국한할 문제는 아니고, 고전문학 전방위적 차원에서 검토가 필요하다고 본다.[2]

---

1   일반적으로 '정전'이라고 하면, 영어의 canon을 의미하는 '정전(正典)'으로 사용하는 것이 일반적이다. 그러나 필자가 본고에서 사용하는 '정전'은 영어의 canon을 의미하는 '정전(正典)' 대신, '선택되다, 확정하다'는 의미의 '정전(定典)'으로 사용하고자 한다. 이는 굳이 생소하거나 어려운 단어를 사용하려는 의도가 아니다. 필자는 현재 문학사에서 중요 작품으로 소개되고 있는 대부분은 '正典'의 자격을 가진다고 본다. 그런데 이것이 교과서 내에 편입될 때에는 교과서 집필진들이 교육과정과 개인 및 출판사의 성향을 고려하여 취사선택되어진 '定典'의 의미를 가진다. 따라서 교과서 내에 수록된 작품들은 '正典' 이라는 용어보다 '선택되었다'는 의미의 '定典'이 더 적절하다는 필자의 자의성에 따라 사용된 용어임을 밝혀 둔다.
2   이와 같은 차원에서 연구자는 개정된 교과서에 나타난 시조문학 교육의 실태와 고소설 교육의 양상을 점검한 바 있다. 김용기, 「고등학교 7차 개정 〈국어〉 교과서의 시조 문학교

 이러한 연구는 개정된 『국어』 교과서 속 고소설의 실태를 총체적으로 파악할 필요가 있고, 그 작품들이 국어과 교육과정 속에서 정전(正典)으로의 자격과 성격에 맞게 선택(定典)되었는지, 그러한 선택과 배제에서 파생되는 문제는 없는 것인가를 점검하기 위해 필요하다고 본다.

 지금까지 고소설 교육이나 문제점에 대한 연구는 수없이 이루어졌다. 각 교육대학원에서 현장의 경험을 반영한 수많은 석사학위 논문들은 나름의 분석과 체계를 통해 고소설 교육의 문제점과 교수·학습의 방법에 대한 논의를 한 것으로 안다. 여기서 일일이 거론하지 않아도, 약간의 수고를 통해 방대한 연구결과를 확인할 수 있다.

 그러한 교육대학원에서의 연구결과가 아닌, 전문 학술지를 통해 소개된 고소설 교육 관련 논문도 상당히 축적된 상태다.3 이들 선행연구는 우리의 중등학교 교육에서 고소설 교육의 문제점이나 개선방안을 제시하고 있다는 점에서 상당히 고무적이다.

육 실태」, 『시조학논총』제34집, 한국시조학회, 2011, 111~139면; 「2009 개정 〈문학〉 교과서의 시조 수록 실태와 문학교육」, 『시조학논총』제37집, 한국시조학회, 2012, 65~98면; 「2009 개정 문학교과서의 正典 속 定典의 문제」, 『우리문학연구』 37집, 2012, 57~87면.

3 인권환, 「고등학교 고소설 교육의 문제점」, 『한국교육문제연구』 3집, 동국대학교 교육연구원, 1985, 43~51면.; 천민정, 「고소설 교육 평가론」, 『한국어교육』 4집, 고려대학교 한국어문교육연구소, 1990, 113~126면.; 김수봉, 「고소설에 대한 고등학교의 수준별 교수·학습방법 연구」, 『문창어문논집』 36집, 문창어문학회, 1999, 1~33면.; 장석규, 「고소설 교육 현실의 진단과 처방-초·중·고등 학교를 중심으로」, 『고소설연구』 7집, 한국고소설학회, 1999, 377~408면.; 권순긍, 「문제제기를 통한 고소설 교육의 방향과 시각-고등학교 국어 교과서 소재 〈구운몽〉, 〈춘향전〉, 〈흥부전〉을 중심으로-」, 『고소설연구』 12집, 한국고소설학회, 2001, 415~444면.; 임치균, 「고전소설의 대중화 문제」, 『정신문화연구』 제25권 제1호, 한국정신문화연구원, 2002, 209~227면.; 조윤형, 「고소설 제재 언어영역 평가문항 연구-평가원 주관 대입수능 및 모의평가 시험을 중심으로-」, 『국어교육』 125집, 한국어교육학회, 2008, 659~687면.; 이병찬, 「고전소설 교육의 전제와 실제-〈구운몽〉과 〈춘향전〉을 중심으로-」, 『반교어문』제27권, 반교어문학회, 2009, 281~310면.

이에 필자는 이러한 선행연구에서 제기한 문제점과 개선방안을 염두에 두되, '국정→검인정', '필수 과목→일반 선택 과목'으로 변화와 같은 국어교과의 위상과 변화하는 상황을 고려하여, 국어 교과 내에서 고소설의 정전화 양상과 교수·학습 방안에 대해 천착해 보고자 한다.

2. 『국어』 교과서 속 고소설의 정전화(定典化) 양상

최근의 교육과정 변화를 통해서 본다면, 『국어』 교과의 정체성은 많이 흔들리고 있다고 생각된다. 우리 교육에서 수준별 교육과정이라는 새로운 패러다임을 선보인 7차 교육과정 이후에 국한해서 본다면 이는 더욱 분명해 보인다.

2000년 초에 초등학교 1,2학년에게 적용되기 시작한 제7차 교육과정은, 2004년 고등학교 3학년에 적용된 것을 끝으로 초등학교부터 고등학교까지 모두 적용되었다. 이어서 2007년 7차 개정 교육과정에서는 기존에 국정교과서였던 고등학교 1학년『국어』교과서가 16종의 검인정교과서로 바뀌어 2011년부터 전국에서 사용되었다. 그리고 다시 2009 개정 교육과정에 따라 새롭게 편찬된『국어』교과서가 2014년부터 전국의 고등학교에서 사용되고 있다. 교과서만 새로워진 것이 아니라, 그 전까지 필수 교과였던 국어 과목이 일반 선택과목으로 바뀌게 됨으로써 그 위상에도 변화가 생겼다. 당연히『국어』교과서에 수록될 고소설의 작품 총량이나 내용에도 변화가 있었으리라는 점을 짐작할 수 있다.

일단 그 기준으로 삼을 수 있는 것은 서울대학교 국어교육연구소에서 편찬한, 7차 『국어』 교과서이다. 이는 국정교과서로 발행된 마지막 『국어』 교과서이다. 여기에는 『국어』 상, 하에 걸쳐 총 3편의 고소설이 수록되어 있다. '상'에는 김만중의 〈구운몽〉 절정과 결말 부분이 수록되어 있다. '하'에는 박지원의 〈허생전〉과 판소리계 소설인 〈춘향전〉이 수록되어 있다.

이러한 수치는 7차 개정 교육과정에 따라 16종의 검인정교과서로 바뀌면서 그 상황이 많이 달라진다. 일단 16종 『국어』 '상'에 수록된 고소설의 총수가 7작품뿐이어서, 각 출판사별 교과서에 수록된 고소설의 수가 평균 0.44작품에 그치고 있다. 그리고 『국어』 '하'의 경우도 16종의 교과서에 수록된 고소설은 10작품이며, 평균치로는 0.62작품에 불과하다. 거기다가 중복된 것을 제외하면 6작품에 그치고 있다는 점에서 작품의 총량이 절대적으로 줄어들었음을 알 수 있다. 그렇다면 2009 개정 교육과정에 따라 새롭게 편찬되어 사용되고 있는 『국어』 교과서에는 얼마만큼의 고소설이, 어떤 작품들이 수록되어 있을까? 논의의 편의를 위해 작품명과 출판사별 고소설 수록현황을 정리해 보기로 한다.

2009 개정 11종 『국어Ⅰ』에 나타난 고소설 수록 양상

NO	작품명	본문 수록 -〈출판사명〉-	학습활동란[4] 수록 -〈출판사명〉-	갈래
1	구운몽 (김만중)	천재교육(김종철 외), 103~111면		환몽소설, 애정소설, 영웅소설
2	사씨남정기 (김만중)		비상교육(한철우 외), 54면	가정소설
3	유충렬전	미래엔(윤여탁 외), 120~130면		영웅소설

4	운영전		천재교육(박영목 외), 108~110면	애정소설
5	임진록		지학사(이삼형 외), 30면	역사소설
6	춘향전	지학사(이삼형 외), 213~220면 / 해냄에듀(조현설 외), 138~147면		판소리계소설
계	6작품	4개 출판사 교과서	3개 출판사 교과서	

위의 도표에서 알 수 있듯이, 11종의 『국어Ⅰ』교과서에서 본문이든 학습활동이든5 어디라도 소속되어 있는 고소설 작품은 6편에 불과하다. 이를 본문에 국한시키면 3작품에 그친다. 평균치로 환산하면 1개 교과서마다 0.27편이 수록되었다는 의미가 된다.6 11종 중에서 7종의 교과서에서 고소설을 단 1편도 수록하지 않았다.

이와 같은 고소설의 축소 편찬은 교육과정별 주요 갈래별 작품 증감 추이를 비교해 보면 보다 확연하게 드러난다. 이를 간단하게 도표로 제시하여 비교해 보면 다음과 같다.

---

4 본고에서 사용하는 '학습활동란'은 본문이 아닌 단원 구성을 통칭하는 용어이다. 각 교과서마다 학습활동에 해당하는 명칭이 다르고, 또 본문 앞에 제시되는 단원의 길잡이의 명칭도 달라서 이와 같이 명명하였음을 밝혀둔다.

5 본고에서 사용하는 '학습활동'이라는 용어는 '본문'의 상대적 개념으로 사용하기로 한다. 즉 '본문' 이외의 영역에 포함되어 있는 작품은 모두 '학습활동' 영역에서 다루어지는 것으로 간주한다.

6 〈춘향전〉을 수록하고 있는 교과서가 2종의 교과서에 3편이 수록되어 있으며, 해당 출판사는 4개의 출판사이다. 여기서는 편의상 작품의 편수를 기준으로 하였을 때, 11종 중에서 3편이 수록되었다고 보고, 0.27이라는 수치를 제시하였다.

7차 ~ 2009 개정 교육과정기 『국어 상, I』 교과서 속 갈래별 작품 증감 추이

교육과정 \ 갈래	본문수록 고소설		본문수록 현대소설		본문수록 시조		본문수록 현대시	
	총수[7]	평균	총수	평균	총수	평균	총수	평균
7차 『국어』상(국정)	1	1	4	4	1(연시조4수)	1(4)	3	3
2007 개정 16종 『국어』상	11	0.69	29	1.8	23	1.44	54	3.38
2009 개정 11종 『국어』 I	3	0.27	20	1.81	9	0.82	22	2.0

위의 도표에서 확인할 수 있듯이, 마지막 국정교과서였던 『국어』 '상'에서 평균 '1'이었던 고소설 총량이, 검인정으로 바뀌었던 7차 개정 교육과정에서는 '0.69'편으로 하락하였고, 필수였던 국어 교과가 일반 선택과목으로 바뀐 2009 개정교육과정에서는 0.27로 그 수치가 하락하게 된 것이다.

이는 '소설'이라는 갈래 측면에서 '현대소설'과 비교해 보면 축소 편찬 양상이 훨씬 도드라진다. 7차 『국어』'상'에서는 현대소설 작품이 4작품[8] 수록되어 있다. 그리고 검인정으로 바뀐 2007 7차 개정 『국어』 '상'에서는 16종 교과서에 총 28작품이 수록되었다. 2개 출판사에 중복된 것을 합치면 29작품이다. 평균 4에서 평균 1.81편으로 줄었다. 그러다가 2009 개정 『국어 I』에서는 11종에 14작품이 수록되었다. 2개 출판사에 중복된 것을 합치면 20작품이다. 전자로 환산하면 평균 1.27편

---

[7] 갈래별 작품 총수는 각 출판사별 중복 작품을 합친 수치이다. 가령 3개의 출판사에 〈춘향전〉이 수록되었다면, 이는 작품 총수에서 3으로 반영하였다. 이는 다른 갈래도 마찬가지다.

[8] 7차 『국어』'상'에서는 〈그 여자네 집〉(박완서), 〈봄·봄〉(김유정), 〈장마〉(윤흥길), 〈삼대〉(염상섭) 등 총 4작품이 수록되어 있다.(서울대학교 국어 교육 연구소, 『국어』'상', (주)두산, 2004 참조)

이며, 후자로 환산하면 1.81편이다.

고소설이 '1편→0.69편→0.27편'의 변화를 보임에 비해, 현대소설의 경우에는 '4편→1.81편→1.27편(1.81편)'의 변화를 보인다.

이를 통해서 보면 현대소설은 적어도 평균 수치가 '1'이상이라는 점과, 어떤 교과서에서도 현대소설을 수록하지 않는 것이 없다는 것이다. 따라서 고소설이 상대적으로 선택을 덜 받게 되었으며, 현대소설보다 더 많이 배제되었음을 알 수 있다. 즉 2009 개정 교과서에서 고소설을 수록하지 않은 교과서가 7종임에 비해, 현대소설의 경우에는 미선택된 교과서가 '0'이라는 점은 고소설의 배제 실상을 잘 드러내준다고 할 수 있다.

이러한 점은 고전과 현대의 대표적 운문 갈래인 시조와 현대시와 비교해 보아도, 고소설이 훨씬 더 크게 배제되었음을 알 수 있다. 위의 도표가 이를 증명하고 있다.

이는 보다 나은 방향으로 교육과정을 바꾸고자 했던 교육과정 개정의 취지를 고려해 볼 때, 그러한 교육과정상의 변화가 결국에는 국어과의 위상을 흔들게 되었고, 동시에 고소설이 설 수 있는 자리를 줄였다고 볼 수 있다.

이러한 면은 각 출판사별로 고소설의 수록 양상을 정리해 보면 보다 확연하게 드러난다. 이해의 편의를 위해 각 출판사별 고소설 수록 양상을 정리해 보면 다음과 같다.

NO	출판사	본문 수록 작품수	학습활동 수록 작품수	본문+학습활동
1	미래엔(윤여탁)	1	0	1
2	비상교육(한철우)	0	1	1
3	지학사(이삼형)	1	1	2
4	천재교육(김종철)	1	0	1
5	천재교육(박영목)	0	1	1
5	해냄에듀(조현설)	1	0	1
	계	4	3	7

위의 도표를 통해서 알 수 있듯이, 11종 『국어Ⅰ』 교과서 중에서 본문에 고소설을 수록하고 있는 교과서는 모두 4종이다. 본문과 학습활동 모두에 고소설이 수록되어 있는 경우는 지학사 교과서 1종 뿐이다. 그리고 비상교육(한철우)과 천재교육(박영목)의 경우에는 학습활동에만 고소설을 수록하고 있다. 심각한 것은 11종 『국어Ⅰ』 교과서 중에서 본문에 고소설을 수록하지 않은 교과서가 7종이라는 것도 문제지만, 본문과 학습활동 모두에서 고소설을 수록하지 않은 교과서가 5종이나 된다는 점은 매우 심각한 현상이다.[9] 전체의 50%가 넘는 『국어Ⅰ』 교과서에서 고소설을 그 어디에도 수록하지 않았다.

이러한 면은 검인정 체제로 전환하여, 국가 중심의 집체적이고 획일적인 국어교육에서 벗어나 학생의 수준을 고려하고, 내용의 다양성을 꾀하는 방향으로 전환하고자 한 교육과정 개정의 취지를 제대로 살리지 못한 결과라고 판단된다. 선택과 배제의 논리에서 고소설이

---

9 11종 『국어Ⅰ』 교과서 중에서 본문과 학습활동 어디에도 고소설이 수록되어 있지 않은 교과서는 다음 출판사에서 발행된 교과서이다. 신사고(이숭원 외), 비상교육(우한용 외), 창비(문영진 외), 교학사(김중신 외), 두산동아(신동흔) 등 5종이다.

상당부분 배제되었다는 반증이다.

『국어Ⅰ』의 이러한 사정은 『국어Ⅱ』에서 개선된 듯 보이나, 전체적인 측면에서 보았을 때는 마찬가지 현상이다. 대략적인 상황을 정리하면 다음과 같다.

2009 개정 11종 『국어Ⅱ』에 나타난 고소설 수록 양상

NO	작품명	본문 수록 -〈출판사명〉-	학습활동란[10] 수록 -〈출판사명〉-	갈래
1	박씨전	해냄에듀(조현설 외), 200~207면		여성영웅소설
2	심청전(경판, 송동본)		천재교육2(김종철 외), 249면	판소리계 소설
3	예덕선생전 (박지원)		해냄에듀(조현설 외), 59~61면	풍자소설
4	조웅전		두산동아(신동흔 외), 51면	영웅소설
5	춘향전(열녀 춘향수절가 포함)	두산동아(신동흔 외), 236~245면 / 천재교육(박영목 외), 23~31면	비상교육(한철우 외), 204면	판소리계소설
6	토끼전		창비(문영진 외), 10면	판소리계소설
7	허생전 (박지원)	비상교육(한철우 외), 5~67면 /지학사(이삼형 외) 39~49면 /신사고(이승원 외), 42~54면		풍자소설
8	홍길동전 (허균)[11]	창비(문영진 외), 174~175면		영웅소설
9	흥부전 (흥보전, 박흥보전 포함)	비상교육(우한용외),78~189면 /교학사(김중신 외), 24~31면 / 창비(문영진 외),19~23면/천재교육(김종철 외),250~252면	두산동아(신동흔 외), 42면 / 신사고(이승원 외), 197면 / 지학사(이삼형 외), 202~203면	판소리계소설
계	9작품	10개 출판사 교과서	7개 출판사 교과서	

---

10 본고에서 사용하는 '학습활동란'은 본문이 아닌 단원 구성을 통칭하는 용어이다. 각 교과서마다 학습활동에 해당하는 명칭이 다르고, 또 본문 앞에 제시되는 단원의 길잡이의

위의 도표를 통해서 보면, 11종의 『국어Ⅱ』에서 본문과 학습활동 어디라도 고소설이 소속되어 있는 작품은 유사하게 중복되는 것[12]을 포함하여 총 9작품이다. 이중에서 본문에 수록된 고소설은 5편에 불과하다. 평균 0.45편이다. 마지막 국정교과서의 『국어』 '하'에서 2작품이었던 것이, 7차 개정교육과정에서 0.63으로 떨어지고, 다시 2009 개정교육과정에서 0.45로 그 수치가 하락하였음을 알 수 있다.

역시 교육과정별 주요 갈래별 작품 증감 추이를 비교해 보면, 『국어Ⅱ』 역시 고소설의 배제 양상이 보다 확연하게 드러난다. 이를 간단하게 도표로 제시하여 비교해 보면 다음과 같다.

7차 ~ 2009 개정 교육과정기 『국어 하, Ⅱ』 교과서 속 갈래별 작품 증감 추이

갈래 교육과정	본문수록 고소설		본문수록 현대소설		본문수록 시조		본문수록 현대시	
	총수	평균	총수	평균	총수	평균	총수	평균
7차 『국어』하(국정)	2	2	1	1	0	0	0	0
2007 개정 16종『국어』하	10	0.63	26	1.63	9	0.56	30	1.88
2009 개정 11종『국어』Ⅱ	5	0.45	14	1.27	5	0.45	23	2.09

『국어Ⅱ』에서도 고소설이 선택 받는 수치가 개선되지 않았다는 점은 위의 도표에 제시된 갈래별 증감 추이를 통해 확인된다. 이는 산문 갈래의 대표 양식인 현대소설과의 비교를 통해 확인해 볼 수 있을 뿐

명칭도 달라서 이와 같이 명명하였음을 밝혀둔다.

11 창비 『국어Ⅱ』에 수록되어 있는 〈홍길동전〉의 경우에는 고소설 자료로 제시되어 있는 것이 아니라, 근대국어 자료로 활용되는 것을 목적으로 수록되었다.

12 유사하게 중복되는 작품이라 함은, 같은 종류의 작품으로 분류되는 작품들을 말한다. 가령, 〈춘향전〉과 〈열녀춘향수절가〉, 그리고 〈흥부전〉과 〈흥보전〉, 〈박흥보전〉 등이다.

만 아니라, 시조와 현대시와의 비교를 통해서도 구체적으로 살펴볼
수 있다.

　애초 7차『국어』'하'에서는 1편의 현대소설이 수록되었다. 그리고
2007 개정『국어』'하'에서는 16종 21작품이 선택되었으며, 2개 이상
출판사에 중복 선택된 것을 합하면 26작품이다. 전자로 환산할 경우
1.3편이며, 후자로 환산할 경우 1.6작품이다. 그리고 2009 개정『국
어Ⅱ』에서는 11종 13작품이 수록되었으며, 2개 출판사에 중복된 것을
포함하면 14작품이 된다. 전자로 환산할 경우 1.18편이며, 후자로 환
산할 경우 1.27편이 된다.

　고소설의 경우 평균 '2편→0.63편→0.45편'의 변화를 보임에 비해,
현대소설의 경우에는 '1편→1.3편(1.6편)→1.18편(1.27편)의 변화를 보
인다.

　또한 각 출판사별 고소설 수록 현황을 정리해 보면 보다 쉽게 확인
할 수 있다.

NO	출판사	본문 수록 작품수	학습활동 수록 작품수	본문+학습활동
1	교학사	1	0	1
2	두산동아	1	2	3
3	미래엔	0	0	0
4	비상교육(우)	1	0	1
5	비상교육(한)	1	1	2
6	신사고	1	1	2
7	지학사	1	1	2
8	창비	2	1	3
9	천재교육(김)	1	1	2
10	천재교육(박)	1	0	1
11	해냄에듀	1	1	2
	계	11	8	19

11종 『국어Ⅱ』교과서 중에서 본문에 고소설을 수록하고 있는 교과서는 10종이며 총 11작품이다. 대부분의 교과서에서 1편 정도의 고소설을 수록하고 있으나, 미래엔의 경우에는 본문과 학습활동 어디에도 고소설을 포함시키지 않았다.

이를 통해서 볼 때, 『국어Ⅱ』역시 학습자들의 학습량을 줄이고자 했던 교육과정 개정작업에서 '선택'보다는 '배제'의 논리가 강하게 작용한 것으로 짐작된다. 이러한 면은 국어 교과가 비문학과 문법까지 아우르는 교과라는 점을 감안해도 그 수치가 낮다는 점은 부인할 수 없다.[13]

따라서 고소설이 현행 교과서에서 예전에 비해 상대적으로 많이 배제되었다는 것을 알 수 있다. 이는 2009 교육과정 개정에서 학습량을 줄이는 방향과도 어느 정도 관련이 있을 것이다. 하지만 다른 영역에 비해 고소설의 증감 폭이 크다는 점을 감안한다면 고소설이 상대적으로 많이 배제되었다는 점을 부인할 수 없다. 그리고 다른 영역, 예컨대 시조나 현대소설, 현대시에 비해 상대적으로 더 크게 배제된 데에는 여러 가지 이유가 있을 수 있겠지만, 이는 각 출판사별 교과서 집필자들의 균형 있는 시각 결여에서 나온 현상이라고 조심스럽게 진단하고자 한다.

그렇다면 이렇게 수록된 고소설 작품은 학습자들에게 유익한 작품들이 선택된 것일까? 즉 정전(正典)의 정전화(定典化) 양상을 점검하지 않을 수 없다. 연구자가 생각하기에, 현전하는 고소설 텍스트는 모두

---

13 우리의 이러한 현실은 중국의 경우와 매우 대조적이다. 중국 교과서의 경우 중·고등학교 모두 고전의 비율이 절대적으로 높다고 한다.(최옥산, 「중국의 문학교육과 정전」, 『국어교육연구』 22집, 서울대학교국어교육연구소, 2008, 170면)

정전의 자격을 가지고 있다. 여기서 正典(canon)이란 말은 상대적으로 높은 가치를 부여받고 보존되는 텍스트들을 총칭하며, 위대하다고 간주되는 작품들의 총합이라는 의미를 가진다.[14]

그런데 이 정전이 국어 교육과정 속에 수용될 때에는 선택과 배제의 원리가 작용된다. 문학적 총체로서의 정전(正典)이 아니라, 국어교과서 집필자들이 국어 교육과정의 실현을 위해 취사선택하였다는 점에서 정전(定典)으로서의 성격이 강해지는 것이다.

이는 특정 작품의 正典의 상태를 보다 현실적으로 구현해 주는 것이 교육과정 상의 교수요목, 즉 실라버스(syllabus)이고, 이 실라버스는 교과서의 집필진과 출판사의 성향에 따라 취사선택되어진 작품들의 목록이라는 성격이 강하다. 연구자는 이를 正典의 개념에 대응하여 定典이라는 용어로 사용하고자 한다. 따라서 필자가 사용하는 정전화(定典化)라는 말 속에는 선택과 배제의 문제를 내포하고 있다.

그렇다면 이렇게 선택과 배제의 원리에 의해 정전화된 『국어』 교과서 내 작품들은 적절한 것들인가? 마지막 국정교과서였던 『국어』 '상, 하'에서는 김만중의 〈구운몽〉과 연암 박지원의 〈허생전〉, 그리고 판소리계 소설인 〈춘향전〉이 수록되었다. 그리고 이러한 선택은 7차 개정교육과정기의 16종 『국어』 '상, 하'에서도 그대로 답습되고 있으며, 2009 개정 교육과정에 따른 11종 『국어 I, II』에서도 그대로 재현되고 있다. 즉 최근 3차에 걸친 교육과정상에 나타난 『국어』 교과서 본문에 수록된 고소설 작품들은 연암의 작품 아니면 판소리계 작품이 전체의 50%를 넘게 차지한다. 중복되는 출판사를 포함한다면 그 이상의 비율

---

14 정재찬, 「사회·문화적 맥락 중심의 문학교육과정 내용체계」, 우한용, 박인기 외 공저, 『문학교육과정론』, 삼지원, 1997, 209~210면.

이다. 물론 이들이 문학사적으로 차지하는 위치나 작품성을 고려한다
면 누구도 부인할 수 없는 중요 작품들이지만, 선택과 배제가 어느
한쪽으로 편향된 것은 재고해 볼 필요가 있다. 이러한 점은 임치균
교수가 '교과서에 수록하는 작품을 판소리계 소설 중심에서 벗어나 다
양화를 추구해야 12년 학교를 다니는 동안 불과 8종의 고소설을 읽게
되는 현실에서 벗어날 수 있다'[15]고 하면서 '소설 유형의 편식성은 재
고되어야 한다'[16]고 한 말을 깊이 새겨 받아들여야 할 부분이다.

따라서 『국어』 교과내 텍스트를 체계화하는 문제는 일차적으로 정
전(正典)을 정전화(定典化) 한다는 의미와 통한다고 볼 수 있으므로, 다
양한 작품들이 선택될 수 있도록 시야를 넓힐 필요가 있다. 그리하여
보다 중요한 위치를 점하는 몇몇 작품 때문에 문학사적으로나 작품성
의 차원에서 의미 있는 작품들이 너무나 쉽게 배제되어서는 안 된다
고 생각한다. 선택된 작품들을 대상으로 학습내용의 층차에 따라 위
계화하는 과정은 그 다음의 문제다.

그렇다면 『국어』 교과서에는 어떤 고소설 작품이 정전화되어야 하
며, 그 기준은 무엇일까? 여러 가지가 있겠지만, 일단 작품의 문학적
완성도가 높아야 한다. 그리고 문학사적으로 의미 있는 작품이라야
한다. 이때의 의미란, 장르적 변화를 이끈 작품, 주제적 참신성을 가
진 작품, 시대와 사회에 대한 비판과 통찰을 가능하게 하는 작품 등,
뚜렷한 특징이 있어야 한다. 그리고 시대와 세대, 성별을 넘나들면서
정서적 공명을 줄 수 있는 작품이면 더 좋겠다는 생각이 든다. 이러한

---

15 임치균, 「고전소설의 대중화 문제」, 『정신문화연구』 제25권 제1호, 한국정신문화연구
원, 2002, 219면.
16 임치균, 상게논문, 219면.

작품에는 감동이 있다. 따라서 『국어』 교과서에 수록될 작품의 주요
한 기준 중의 하나는 학생들에게 감동과 재미를 함께 줄 수 있어야
한다는 점이다. 물론 이 '감동'과 '재미'라는 말도 실체가 모호하고 독
자에 따라서 그 기준이 달라질 수 있지만, 보편적인 감동과 재미를
줄 수 있으면 좋겠다는 말이다.

3. 학습목표와 작품 유형별 교수·학습 현황

『국어』과목이든 『문학』과목이든 간에, 학습목표에 십분 부합하는
작품을 배치시켜 교수·학습활동이 이루어지게 한다는 점은 쉬운 일
이 아니다. 선택된 제재는 작품 내용의 전달 문제나 주제의 문제, 그
리고 구사되는 언어상의 문제 등으로 인해 파생되는 교수·학습의 방
향이 달라질 수 있기 때문이다. 그렇다면 앞서 제시한 2009 개정 『국
어』교과서의 학습목표와 작품 유형별 교수·학습 상황을 간단하게 정
리해 본 후, 이들 교과서의 학습목표와 교수·학습 상황이 국어과 교
육과정을 얼마나 충실하게 반영하고 있는지를 검토해 보고, 문제점을
점검해 보기로 한다.

다음에 제시한 도표의 학습목표를 보면, 〈구운몽〉의 경우는 대단원
과 중단원 모두 문학이 언어로 형상화된 예술이며, 사회적 소통 활동
이라는 데 중심을 두고 있다. 이는 서울대학교 국어교육연구소에서
편찬한 7차 『국어』 교과서에서의 학습목표와 큰 차이가 없다. 당시
국정교과서였던 7차 『국어』 교과서의 대단원명은 '5.능동적인 의사소
통'이었고, 대단원의 학습목표는 '문학적 의사소통의 특성을 파악하

2009 개정 11종 『국어Ⅰ』에 나타난 고소설의 학습목표

NO	작품명	본문수록 〈출판사명〉	대단원명과 학습목표	중·소단원명과 학습목표
1	구운몽	천재교육 (김종철)	3.세상을 일구는 말과 글 - 문학은 가치 있는 내용을 언어로 형상화한 예술이며 사회적 소통활동임을 이해한다.	(1) 문학의 가치 - 문학이 가치 있는 내용을 언어로 형상화한 예술임을 이해하기 - 문학의 생산과 수용이 사회적 소통 활동임을 이해하기
2	유충렬전	미래엔 (윤여탁)	3.문학의 갈래 - 문학 갈래의 개념을 알고 각 갈래의 특징을 이해할 수 있다	(2) 유충렬전 - 서사갈래의 개념 알기 - 서사 갈래의 특징 파악하기 - 영웅소설의 사사구조 파악하기
3	춘향전	1)지학사 (이삼형)	6.문학의 숲을 거닐다 -서정·서사·극·교술 갈래의 주요 특징과 그 체계에 대해 살펴본다. -대표적인 작품들을 통하여 각 갈래의 내용과 형식상의 특징을 이해하고 작품 수용과 생산의 원리에 대해서 알아본다.	(2)서사갈래의 이해 -서사갈래의 개념과 특징, 체계 알기 -서사갈래의 하위 갈래에 대해 알고 작품 감상하기
		2)해냄에듀 (조현설)	4.문학 갈래와 읽기 방법 - 문학 갈래의 개념을 알고 각 갈래의 특징을 이해한다. -여러 가지 독서 방법을 이해하고 상황에 맞는 독서 방법을 적용하여 글을 읽는다	(2)춘향전 -서사 갈래와 극 갈래의 개념과 특징을 이해한다. -서사 갈래와 극 갈래의 특징을 생각하며 작품을 감상한다.

여 글을 능동적으로 읽고 쓸 수 있는 능력과 태도를 기르는 활동을 한다'[17]였다. 교육과정과 대단원명은 바뀌었지만 학습목표의 변화는

---

17 교육인적자원부, 고등학교 『국어』상, ㈜두산, 2004, 192면.

없는 것이다. 실제로 두 교과서에 수록된 작품의 내용이나 줄거리도 거의 동일하다.

이를 보면 〈구운몽〉을 선택한 집필진들의 경우에는 이 작품이 '문학적 의사소통'의 제재로 적절하다고 생각하여 배치한 것 같은 인상을 준다.[18] 하지만 실제로 학생들은 교과서에 제시된 〈구운몽〉의 결말 부분을 가장 어려워하고, 이해하는 데 어려움을 겪는다. 물론 큰 재미도 느끼지 못한다. 제시된 부분의 어휘도 매우 어렵고 생소할 뿐만 아니라, 한창 성장기에 있는 학생들에게 현실의 삶이나 '부귀공명'의 덧없음을 이야기 하고, 불교의 空사상과 관련된 주제를 이야기 할 때, 학생들이 온전하게 '능동적인 의사소통'의 학습목표에 맞게 교수·학습할 수 있을지 의문이 간다.

다만 능동적 의사소통이라는 것이 작자뿐 아니라 작자의 의도를 적극적으로, 또 나름대로 이해하고 해석하는 독자에게도 해당되는 것으로 본다면 이를 달리 해석할 여지는 있다고 본다. 가령, 〈구운몽〉의 결말을 통해 독자나 학습자가 환몽구조를 어떻게 이해하고, 꿈을 꾸고 나서 성진의 생각이 어떻게 변화했는지, 육관대사의 호통을 통해 성진의 생각이 또 다시 어떻게 변화했으며, 그것이 지닌 의미는 무엇인지 나름대로 수용하고 해석하는 것은 능동적 의사소통을 위한 중요

---

18 필자는 처음에 이 교과서의 집필자들이 교육과정과 대단원의 학습목표, 학습활동에 대한 심각한 고려를 하지 않은 것으로 판단했다. 최고의 전문가들이 어떻게 그럴 수 있을까 하고 생각했다. 그런데 학술대회장에서, 이 교과서의 대표 저자의 설명을 듣고서 오해가 풀렸다. 천재교육(김종철)의 집필자는, 교육과정을 고려하여 하나의 교과서에 특정 작품을 배치시키는 것은 1개 영역의 전공자 한 사람만 고려할 수는 없다고 했다. 국어학, 비문학, 현대소설, 현대시, 고전시가 등의 전공 영역을 고려해야 한다고 한다. 그러한 상황에서 가장 위대하다고 생각되는 고소설 한 작품을 넣어야겠는데, 이것이 교육과정이나 대단원의 학습목표와 어긋날 수 있는 인상을 주게 되었다고 한다.

한 활동일 수도 있다.

다만 연구자가 생각하기에는 〈구운몽〉은 그러한 학습목표보다는 '전통 서사 문학의 구조'나 '인물의 삶에 대한 태도 변화' 혹은 '인물의 세상에 대한 이해'와 같은 학습목표 구현에 더 적절할 것이라 생각한다. 왜냐하면 〈구운몽〉을 제재로 교수·학습을 하는 경우에는 학습활동에 제시된 내용이나 이와 비슷한 재료들을 가지고 수업을 할 것이지, 학습목표에 제시된 '사회적 소통 활동'이나 '능동적인 의사소통'을 염두에 두고 학습활동을 설계하지는 않는다고 본다. 만약 필자가 '능동적인 의사소통'이라는 학습목표를 염두에 두고 고소설 제재를 선택한다면, 〈홍길동전〉과 같은 개혁적 성향의 작품이나 규방소설 같은 작품들을 염두에 두었을 것이다. 왜냐하면 이들 작품 속 주인공이나 주요 인물들이 세상을 위하여 외치고 싶은, 세상과 진정으로 소통하고 싶은 생각들이 많을 것이기 때문이다.

이와 달리 〈유충렬전〉과 〈춘향전〉을 수록하고 있는 교과서들은 모두 '문학의 갈래'와 관련된 학습목표를 제시하고 있다. 학습활동은 각 작품의 주요 내용을 재확인하고 구성하여 이 작품을 이해하는 데 필요한 강화활동으로 채워져 있다.

대단원과 중단원의 학습목표로 제시된 '갈래 학습'을 위해 우리의 전통 고소설을 활용하고 있다는 점은 고무적이다. 그리고 이에 대한 보완책으로 학습활동의 끝 부분에 '적용학습'을 따로 두고, 여기에 고소설과 비교하는 차원에서 현대소설을 제시하여 '서사갈래'에 대한 이해를 돕고자 했다는 점에서 집필진의 고심한 흔적이 충분히 감지된다.

이들 교과서의 학습목표는, 2009 개정 〈국어과 교육과정〉의 『국어 I』의 '목표'를 그대로 재현한 것들이다. 가령 『국어 I』의 '목표'에서

"'문학'영역에서는 교양인으로서의 문학적 능력을 갖추기 위해 문학의
기본 갈래를 이해하고 이를 바탕으로 하여 작가의 개성을 이해하고
작품을 감상하며, 나아가 문학 자체가 사회적 소통 활동의 하나라는
사실을 이해하도록 한다'[19]는 것을 충실하게 따르고 있는 것이다. 이
는『국어Ⅰ』의 '내용체계' 중, '문학' 부분의 내용체계와 세부 내용에
도 잘 부합된다. 이를 간단히 살펴보면 다음과 같다.

4. 내용의 영역과 기준
가. 내용 체계[20]

화법	* 대화 원리의 이해	* 공감적 듣기와 문제 해결	* 바람직한 의사소통 문화
독서	* 독서 특성의 이해	* 독서 상황과 독서의 방법	* 자율적 독서의 생활화
작문	* 작문 특성의 이해	* 정보의 선정과 내용 조직	* 바람직한 글쓰기 습관
문법	* 음운과 어휘의 이해	* 음운과 어휘 지식의 활용	* 올바른 국어 사용의 생활화
문학	* 문학 갈래의 이해	* 작가의 개성 이해와 작품 감상	* 문학과 사회적 소통

이에 대한 세부 내용은 '(14) 문학 갈래의 개념을 알고 각 갈래의
특징을 이해한다.', '(15) 문학 작품에 나타난 작가의 개성을 이해하고
작품을 감상한다.', '(16) 문학은 가치 있는 내용을 언어로 형상화한 예
술이며 사회적 소통 활동임을 이해한다.'[21]이다.

따라서 〈구운몽〉, 〈유충렬전〉, 〈춘향전〉과 관련한 학습목표는 2009
개정 〈국어과 교육과정〉의『국어Ⅰ』의 목표, 내용체계, 세부내용을 충

---

19 교육과학기술부고시 제2012-14호[별책5], 『국어과 교육과정』, 교육과학기술부,
2012, 72면.
20 교육과학기술부고시, 상게서, 73면.
21 교육과학기술부고시, 상게서, 77면.

실히 따랐다고 볼 수 있다. 고소설을 활용하여 갈래론을 교수·학습하고자 하는 시도는 신선하나, 간혹 대단원 학습목표와 학습활동 등에서 교수·학습의 괴리가 엿보인다는 점은 아쉬운 부분이라 하겠다.

『국어 I』과 달리『국어 II』에서는 좀 더 다양한 학습목표의 제시와 교수·학습 활동이 이루어지고 있다. 이해와 논의의 편의를 위해 해당 작품과 관련된 대단원 및 중·소단원의 학습목표를 제시하면 다음과 같다.

2009 개정 11종 『국어 II』에 나타난 고소설의 학습목표

NO	작품명	본문수록〈출판사명〉	대단원명과 학습목표	중·소단원명과 학습목표
1	박씨전	해냄에듀(조현설)	**5. 우리 문학과 글의 전통** 시대에 따라 글쓰기의 관습이나 독서 문화가 다름을 이해한다 전승 과정에 유의하여 한국문학의 흐름을 이해한다	**(2) 박씨전** 한국문학의 전통과 그 흐름을 이해한다 한국문학에 나타나는 서사구조의 전통을 이해한다
2	춘향전	1)두산동아(신동흔)	**6. 문학, 세계, 나** 문학이 정서적·심미적 삶을 고양함을 이해하고 작품을 수용·생산할 수 있다 문학의 수용과 생산활동을 통해 가치를 비평적으로 이해하고 실현할 수 있다	**(4) 춘향전** 작품의 정서적·심미적 가치를 이해할 수 있다 작품을 수용하고 생산하는 활동을 통해 다양한 가치를 이해하고 실현할 수 있다
		2)천재교육(박영목)	**1. 문학과 전통** 다양한 문학 작품을 통해 한국 문학의 전통 계승에 대해 이해한다 한국 문학의 전통을 자신의 관점에서 주체적으로 해석할 수 있다	**(2) 춘향전** 춘향전의 전후 계승관계를 이해한다 춘향전을 자신의 관점에서 주체적으로 해석할 수 있다

3	허생전	1)비상교육 (한철우)	2. 문학의 창에 비친 삶의 다양한 가치 소설의 이해와 감상 등장인물의 갈등을 통해 삶의 다양한 가치 파악 등장인물을 통해 당대 사회에 대한 비평적 이해	(2) 허생전 문학 작품에 나타난 등장인물의 갈등을 통해 삶의 다양한 가치를 파악할 수 있다 문학 작품의 등장인물을 통해 당대 사회를 비평적으로 이해할 수 있다
		2)지학사 (이삼형)	1. 문학에서 삶을 찾다 문학이 정서적·심미적으로 삶을 고양함을 이해한다 다양한 가치를 비평적으로 이해하면서 작품을 수용·생산할 수 있다 문학을 통해 가치를 실현하고 삶을 통찰하는 태도를 지닌다	(3) 문학과 삶의 다양성-허생전 작품에 드러나는 사회 현실의 문제와 다양한 삶의 가치에 주목하며 감상해 보자
		3)신사고 (이승원)	1. 출발, 문학 세계여행 문학의 효용을 이해하고, 이를 바탕으로 문학 작품을 수용·생산한다 문학 작품의 수용과 생산을 통해 다양한 가치를 비평적으로 이해하고 실현한다	(2) 문학을 보는 눈-활동 : 허생전 〈중단원 목표〉 문학 작품 속의 다양한 삶의 가치를 비평적으로 이해한다 문학 작품의 수용·생산 활동을 통해 갈등 극복 방안을 모색한다 〈활동 목표〉 사건의 흐름을 파악하고, 인물 간 갈등, 배경 등을 살펴보기 작가가 드러내고자 하는 당시의 사회적 모순과 그 대안 찾기 작품 속 인물에 대해 근거를 들어 평가하기 작품 감상을 바탕으로 현대 사회의 갈등 극복 방안 모색하기
4	홍길동전	창비	4. 우리말이 걸어온 길	(2) 우리말의 변천 - 3. 근대국

		(문영진)	한글의 제자 원리와 가치를 이해하고 우리말과 우리글을 사랑하는 태도를 기른다 국어의 변천을 이해하고 국어의 발전 방향을 탐구한다	어-홍길동전 국어가 변해 온 모습을 이해할 수 있다 국어의 역사가 반영된 자료를 읽고 그 안에 담긴 선인들의 사고를 파악할 수 있다 바람직한 국어 사용의 방향을 모색할 수 있다
5	흥부전	1)비상교육 (우한용)[22]	5. 과거에서 현재로 통하는 길 전승 과정에 유의하여 한국 문학의 흐름을 이해한다 시대에 따라 글쓰기의 관습이나 독서 문화가 다름을 안다	(1) 흥보전-한국문학의 전승 과정이해(문학) 〈중단원 목표〉 한국 문학의 전통적 특질 이해하기 한국 문학의 전통이 유지되고 변형되는 과정 이해하기 〈작품 학습 목표〉 고전소설에 담긴 한국 문학의 전통을 이해하고, 전통이 계승되는 과정을 안다
		2)교학사 (김중신)	우리 글 우리 문학 한국 문학의 특징과 전통의 계승 과정을 이해한다 전통의 계승과 발전의 양상을 파악하며 문학 작품을 감상할 수 있다 선인들의 글쓰기 관습과 독서 문화의 차이를 알고 글을 읽을 수 있다	02 흥부전-문학 한국 서사 문학의 전통을 이해한다 한국 서사 문학의 계승과 발전을 이해하며 작품을 감상한다
		3)창비 (문영진)	1. 문학 전통의 계승과 독서 문화 전승 과정에 유의하여 한국 문학의 흐름을 이해한다 시대에 따라 글쓰기의 관습이나 독서 문화가 다름을 이해한다	(2) 흥부전 문학 전통의 계승 관계를 통해 한국 문학의 흐름을 이해할 수 있다 오늘날의 관점에서 과거의 작품을 새롭게 수용할 수 있다
		4)천재교육	6. 시대를 넘어	(1) 한국문학의 전통-제재[2]

			전승의 과정에 유의하여 한국 문학의 흐름을 이해한다. 시대에 따라 글쓰기의 관습이나 독서 문화가 다름을 이해한다 글의 전달과 사회적 파급력과 연관된 매체의 효과와 특성을 고려하여 책임감 있게 인터넷 상에 글을 쓴다.	**(가) 박흥보전** 전승과정에 유의하여 한국 문학의 전통 이해하기 한국 문학의 흐름에 나타나는 긍정적·부정적 계승의 의미 이해하기
		(김종철)[23]		

위의 도표를 통해서 알 수 있는 것은 『국어Ⅱ』의 경우 전체적으로 '한국문학의 전통과 흐름, 계승(전승)'을 학습목표로 제시하고 있는 부분에 고소설이 수록되어 있다는 점이다. 그러면서도 작품별로 그 특색에 맞는 학습목표를 제시하고 있다. 가령, 〈허생전〉의 경우는 이 작품을 수록하고 있는 3개 교과서 모두 '다양한 삶의 가치'를 학습목표로 제시하고 있고, 동시에 '학습활동'에서도 '다양한 삶의 가치'를 중요한 활동으로 다루고 있다.

비상교육(한철우)의 학습활동 중 눈에 띄는 것은, 작품 속에 드러난 갈등 양상을 바탕으로 등장인물이 추구하는 삶의 가치를 알아보거나, 이 소설이 그리고 있는 당대 사회를 정치, 경제, 사회·문화적 차원에서 비평적으로 이해하는 활동, 그리고 허생의 행동 중에서 비평하고 싶은 부분을 찾아보고, 자신이 지향하는 삶의 가치가 잘 드러나도록 〈허생전〉에 대한 비평문을 써보는 활동, 허생과 현대소설인 이남희의 〈허생의 처〉와 같은 인물에 대한 평가가 조선시대와 오늘날에는 어떻

---

22 비상교육(우한용)의 『국어Ⅱ』에 수록된 원 작품명은 〈흥보전〉이다. 계열이 같은 작품으로 보아 별도로 구분하지 않고 〈흥부전〉에 포함하여 다루기로 한다.

23 천재교육(김종철)의 『국어Ⅱ』에 수록된 원 작품명은 〈박흥보전〉이다. 계열이 같은 작품으로 보아 별도로 구분하지 않고 〈흥부전〉에 포함하여 다루기로 한다.

게 다른지 말해 보는 활동24으로 이루어져 있다.

신사고의 경우에는 작가가 드러내고자 하는 사회적 모순과 대안 살펴보기, 작품의 배경을 바탕으로 당대의 문제를 파악하고, 이에 대해 작가가 작품 속에서 어떠한 대안을 제시하고 있는지 찾아보기, 작품 속에 제시된 삶의 가치를 비평적으로 수용하기25 등으로 이루어져 있다.

지학사의 경우에는 작품 속에 나타난 갈등을 통해 인물들이 중요하게 생각하는 가치를 파악하기, 허생의 행위와 이를 통해 드러나는 작가의 인식 파악하기, 현대소설 이남희의 〈허생의 처〉를 읽고, 허생과 허생의 처를 어떻게 평가할 수 있을지 말해보기26 등에 대한 활동으로 구성되어 있다.

이렇게 본다면 〈허생전〉의 경우에는 '학습목표 – 텍스트 – 학습활동'이 하나의 큰 맥락을 이루면서 다양한 교수·학습 행위가 이루어지고 있음을 알 수 있다. 이러한 '목표'와 '활동'이 일치하는 수업은 학습자나 교수자 모두에게 만족감을 주는 수업이 될 확률이 높다는 점에서 매우 바람직한 설계라고 할 수 있다.

또 〈홍길동전〉의 경우에는 문학 단원에 편성되지 않고, 어학 단원에 편성되어 근대국어 자료로 활용되고 있다. 기존에 어학 자료로 사용되던 일기나 어학서적이 아닌, 교수자와 학습자 모두에게 익숙한 고소설 작품을 통해 근대국어를 학습할 수 있도록 학습목표를 세우고 본문에 배치하였다는 점에서 상당히 고무적인 일이다. 제시된 분량이 제한적이라는 단점이 있으나, 고소설 자료 활용의 다양화라는 측면에

---

24 한철우 외, 『국어Ⅱ』직원 교육용 도서, 비상교육, 2014, 69~71면.
25 이숭원 외, 『국어Ⅰ, Ⅱ』검토용 도서, 좋은책 신사고, 2014, 56~57면.
26 이삼형 외, 『국어Ⅰ, Ⅱ』전시용 도서, 지학사, 2014, 50~53면.

서 이 방법 또한 적극적으로 고민할 필요가 있다.

〈춘향전〉을 수록하고 있는 두 교과서는 각기 다른 학습목표를 내세우고 있다. 두산동아 출판사의 교과서는 '다양한 가치', '작품의 수용과 생산', '작품의 정서적·심미적 가치'를 학습목표로 하고 있고, 학습활동 또한 이러한 점을 염두에 두고 이루어져 있다. 제시된 학습활동의 내용을 살펴보면, 각 대목(옥중상봉, 생일잔치, 어사출두)에 드러난 작품의 분위기와 인물의 심리 파악하기, 주요 인물의 말이나 행동을 통해 성격과 특성 파악하기, 인물들의 갈등 양상을 통해 다시의 사회상 파악하기, 갈등이 해결되는 장면을 찾아보고, 당시 민중들이 그 장면을 보면서 느꼈을 심정 짐작하기, 인물들의 갈등 해결 과정을 통해 창작자가 전달하고자 하는 바가 무엇인지 이야기하기[27] 등으로 이루어져 있다.

이와 달리 천재교육(박영목)의 경우에는 '한국 문학의 전통과 계승'과 관련된 학습목표를 제시하고, 학습활동 또한 근원설화와 현대시까지 활용하여 학습목표 구현을 위해 할애되고 있음을 알 수 있다. 가령, 『삼국사기』에 실려 있는 〈도미의 아내〉 줄거리를 제시하고, 전통 계승의 관점에서 춘향전을 비교하여 감상하는 활동[28]이 이에 해당된다.

가장 많은 교과서에 수록되어 있는 〈흥부전〉의 경우에는 4개 교과서 모두 '한국 문학의 전통, 계승, 전승, 흐름' 등과 관련된 학습목표를 제시하고 있다.[29] 〈박씨전〉도 같은 맥락이다. 〈흥부전〉을 수록하

---

27 신동흔 외, 『국어Ⅱ』전시용 도서, 두산동아, 2014, 246~247면.

28 박영목 외, 『국어Ⅱ』검토용 도서, 천재교육, 2014, 33면.

29 우한용 외, 『국어Ⅰ, Ⅱ』직원교육용 도서, 비상교육, 2014, 190~191면 참조; 김중신 외, 『국어Ⅰ, Ⅱ』전시용 도서, 교학사, 2014, 32~35면 참조; 김종철 외, 『국어Ⅰ, Ⅱ』검토용 도서, 천재교육, 2014, 258~260면 참조; 문영진 외, 『국어Ⅰ, Ⅱ』참고서 집필자용 도

고 있는 교과서는 대부분 〈홍부전〉과 관련된 근원설화나 현대적 전
승, 그리고 판소리와 관계되는 리듬감, 풍자와 해학 중 하나 이상을
중요한 학습활동의 요소로 구성하고 있다.

『국어Ⅱ』에 나타난 이러한 학습목표와 학습활동 역시 2009 개정
〈국어과 교육과정〉의 『국어Ⅱ』의 '목표'를 충실히 반영한 것이다. 가
령 『국어Ⅱ』의 목표에서, '문학 영역에서는 한국 문학의 전승과 흐름
을 이해하고, 문학에 내재된 다양한 가치를 고려하여 작품을 수용·생
산하며, 이를 바탕으로 문학 활동을 생활화하여 공동체의 문화 발전
에 능동적으로 이바지하도록 한다.'라고 밝히고 있다. 이와 관련된 내
용 영역의 기준과 내용 체계를 제시하면 다음과 같다.

4. 내용의 영역과 기준
가. 내용 체계[30]

화법	*발표와 토론의 이해	*비판적 듣기와 평가	*매체 자료의 활용
독서	*독서 문화의 이해	*독서와 문제 해결	*매체 자료의 분석과 비판적 태도
작문	*작문 맥락의 이해	*정보의 조직과 논거의 이해	*매체의 특성과 글쓰기의 원리
문법	*문장과 담화의 이해	*국어의 변천과 발전 방향	*한글의 가치와 국어 사랑
문학	*한국 문학의 전승과 흐름	*문학의 효용과 문학 활동	*문학 활동과 비평적 태도

이에 대한 세부 내용은 '(13) 전승 과정에 유의하여 한국 문학의 흐
름을 이해한다.', '(14)문학이 정서적, 심미적 삶을 고양함을 이해하고

서, 창비, 2014, 24~27면 참조.
30 교육과학기술부고시, 전게서, 87면.

작품을 수용·생산한다.', '(15)문학의 수용과 생산 활동을 통해 다양
한 가치를 비평적으로 이해하고 실현한다.'[31]이다.

따라서 〈박씨전〉, 〈춘향전〉, 〈허생전〉, 〈홍부전〉 등과 관련한 학습
목표는 2009 개정 〈국어과 교육과정〉의 『국어Ⅱ』의 목표, 내용체계,
세부내용을 충실히 따랐다고 볼 수 있다. 다만 〈홍길동전〉의 경우에
는 『국어Ⅱ』의 내용체계와 세부 내용에 없는 단원학습목표라는 점에
서 달리 보아야 할 성질이다. 그러나 이 또한 조금 궁색한 근거를 찾
는다면, 『국어Ⅱ』의 목표 중, '국어 활동과 국어와 문학을 심층적으로
이해하고, 성숙한 교양인으로 갖추어야 할 전문적인 능력을 신장시켜
국어의 발전과 국어 문화 창조에 이바지할 수 있는 능력과 태도를 기
르는 것을 목표로 한다'에 적용시킬 수는 있다. 이 경우에는 〈홍길동
전〉 자체에 대한 교수·학습이 우선 사항이 아니라는 점과 전문의 제
한이 있다는 것이 문제로 지적될 수 있다. 한마디로 정리한다면, 『국
어Ⅱ』에 수록된 고소설 작품은 우리의 문학적 전통 문화의 전승과 계
승 및 현대적 관점에서의 재해석에 중점을 둔 학습목표와 교수·학습
활동이 중심이 되었다고 볼 수 있다.

4. 문학적 전통문화 자료로서의 고소설 활용과
교수·학습 방법의 모색

교육과정이 변화되었다는 것은 거기에 따른 교수·학습의 방법이나

---

31 교육과학기술부고시, 전게서, 91면.

내용의 변화도 동시에 요구된다는 것을 의미한다. 그러나 실제 교육 현장의 상황은 그러한 교육과정의 변화를 담아내지 못한다. 수없는 교육과정의 변화가 있었지만, 실제 국어과 수업은 연구수업이나 수업 공개를 제외하면 평상시의 변화는 그리 크지 않았다. 특히 고소설과 같은 고전문학 수업은 더더욱 그러하다. 10년 전이나 지금이나 여전히 고전문학 수업은 독해를 잘 해주는 수업이 가장 선호되고 있다. 토론식 수업이나 활동식 수업도 독해가 전제되었을 때 가능하다.

이런 교수·학습 방법의 문제가 있음에도 불구하고 고소설은 현대인의 삶에 유용하게 작용할 수 있는 문학 갈래 중 하나이다. 우리 선조들의 삶의 가치관과 소통 방식, 인간과 사회에 대한 주요 관심사를 학습하기에 매우 좋은 자료가 되기 때문이다.

그렇다면 국어과 교육과정의 목표와 교과서 속 학습목표도 동시에 구현할 수 있는 고소설 교수·학습 방법은 없는 것일까? 그것은 바로 고소설 작품을 창작관습이나 향유방식, 그리고 그 속에 담긴 당대 민중들의 원망(願望)까지 포함하는 '문학적 전통문화'의 측면에서 접근하는 것이다. 그리고 앞서 논의된 〈홍길동전〉처럼 고전문학 속 인물들의 삶의 모습을 통해 언어의 변화를 가늠해 보는 자료로 활용할 수도 있다. 고소설을 언어 자료로 다루면서 자연스럽게 고소설(문학) 수업을 설계하는 방법도 고려해 볼 수 있다는 것이다. 고소설을 거창하고 까다로운 과거의 문학으로 치부하여, 복잡하게 분석하고 따져야만 이해 가능한 것으로 인식시켜서는 곤란하다.

이러한 문제를 개선하기 위해서는, 애초에 고소설을 문학적 전통문화로 다룰 수 있도록 교육과정과 성취기준을 마련해야 한다. 그리고 이에 근거해서 작품을 선정하고 학습목표를 세우고, 구사되는 단어도 최대한 쉽게 풀어서 제공할 필요가 있다. 원작을 고집하여 고소설을 읽는 재미를 반감시켜서는 안 된다. 원작의 묘미를 고려한 고소설 수업은 『문학』교과서에서 최소화하여 하면 된다. 『국어』에서 고소설 교수·학습의 목적이 고소설 전문가를 배출하는 것이 목적이 아니라면 말이다.

이런 점에서 국어 교과서 속 고소설 교수·학습은, 우리 조상들의 세상사는 이야기, 창작관습을 엿볼 수 있는 대상, 인간과 세계에 대한 이해를 재미있게 학습할 수 있는 읽을거리로 유통 문화의 대상, 이동식 문화, 대중의 유행을 선도한 재료라는 인식을 바탕으로 교수·학습을 설계해 보면 어떨까 한다. 이렇게 할 경우, 고소설과 현대 대중소설과의 연결고리도 쉽게 찾을 수 있다.

필자의 이러한 생각은 20세기 초에 전통 고소설을 동화화하여 문학 문화적 차원에서 향유한 조상들의 지혜에서 그 단초를 확인할 수 있다.[32] 이는 특정시기 잠깐 유행한 문화 현상으로 인식할 것이 아니다. 고소설을 상황에 맞게 응용하여 슬기롭게 향유한 살아 있는 지혜로 보고 적극 수용할 필요가 있다. 그래서 국어 교과서 속 고소설 작품은 어려운 고어를 그대로 쓸 필요가 없다고 생각한다. 다른 대체 어휘가 없다면 교과서 좌우 여백에 지금보다 더 충분한 주석을 달아서 학습자들이 독해하는 데 어려움이 없어야 한다. 그리하여 서사문학의 한 제재로서 고소설을 다룰 것이 아니라, 문학적 전통문화의 차원에서

---

32 이와 관련하여 다음과 같은 연구가 참고가 된다.

이민희, 「1920-1930년대 고소설 향유 양상과 비평 연구」, 『순천향 인문과학논총』제28집, 순천향대학교 인문과학연구소, 2011, 113~147면.; 조혜란, 「20세기 초 고소설 동화화와 그 의미」, 『고소설연구』제37집, 한국고소설학회, 2014, 91~117면.

장르별 최초, 전환기의 작품, 우리 민족의 역사와 밀접한 관련이 있는 사건을 형상화한 것과 같은 작품, 시대를 선도해 나간 작가와 작품, 그 옛날 진보적으로 생각하고 행동한 우리 조상들의 말과 행동 양식을 배울 수 있는 대상, 새롭게 생성되는 정신문화를 담고 있는 정신문화의 재료로서 국어 교과에 수용될 필요가 있다. 그렇게 된다면 어려운 훈고주석 작업식의 재미없고, 기피하는 고소설 수업은 자연스럽게 개선될 수 있다. 학습목표의 조정과 이에 따른 제재의 선정과 가공이 이루어진다면 교수·학습 방법의 변화는 학교 현장 내부에서 자연스럽게 이루어질 것이라 기대한다.

5. 결론

이상에서 논의된 결과를 간단하게 제시하면서 마무리하면 다음과 같다.

첫째, 최근의 교육과정 변화를 보면 국어 교과의 정체성이 많이 흔들리고 있다. 동시에 고전문학 혹은 고소설의 위상도 많이 위축되었다. 그 결과 최근 3회에 걸친 교육과정 개정에 따라 편찬된 국어 교과에서 고소설의 수록 빈도는 다른 갈래에 비해 상대적으로 더 많이 줄어들었다.

둘째, 국어 교과서 속에 고소설이 수용될 때에는 선택과 배제의 논리가 작용하는 데, 문학적 총체(고소설의 총체)로서의 정전(正典) 중에서 교과서 집필진에 의해 취사선택된 고소설 작품들을 定典이라 보기로 한다. 그리고 그 정전(定典)들은 연암의 작품이거나 판소리계 소설로 편향되어 있는 것이 사실이다. 그러므로 국어 교과서 속 고소설 유형의 편식성은 재고되어야 한다.

셋째, 『국어 I, II』에 제시된 학습목표는 2009 개정 국어과 교육과 정의 『국어 I, II』의 목표를 충실하게 반영한 것이다. 다만 『국어 I』 에서 학습목표와 학습활동의 괴리가 엿보이는 부분은 수정되어야 한 다. 그리고 국어 교과에서 고소설 작품을 통해 갈래론을 교수·학습하 고자 하는 시도는 신선하나, 간혹 대단원과 학습목표와 학습활동 등 에서 교수·학습의 괴리가 엿보이는 부분은 아쉽게 생각된다. 하지만 적용학습을 따로 두어 문제를 최소화하고자 한 집필진들의 고심 흔적 은 충분히 감지된다.

넷째, 『국어 II』에서 고소설 작품들이 우리 전통의 문학 문화, 문학 문화의 전승과 계승 및 현대적 관점에서 재해석되는 특징이 있는 부 분은 바람직하며, 교수·학습 활동도 이에 맞게 잘 설계되었다.

따라서 『국어 II』 교과서 속 고소설 작품은 문학적 전통문화의 차원 에서 접근하는 것이 좋지 않을까 생각하며, 다루는 언어도 고어보다 는 쉬운 언어로 번역하여 훈고주석식 교수·학습에서 해방되게 할 필 요가 있다.

참고문헌

근대 초기 고소설의 전변 양상과 담론화 | 권순긍

• 자료

박영만 지음, 권혁래 옮김, 『조선전래동화집』, 한국국학진흥원, 2006.

申采浩, 『단재 신채호전집』, 한국독립운동사연구소, 2008.

심의린 저, 신원기 역해, 『조선동화대집』, 보고사, 2009.

李人稙, 『鬼의 聲』上, 廣學書鋪, 1907.

李泰俊, 「조선의 소설들」, 『무서록』, 깊은샘, 1994.

李海朝, 『自由鐘』, 博文書館, 1910.

조선총독부, 『조선동화집』, 집문당, 2003.

• 논문 및 단행본

권순긍, 『활자본 고소설의 편폭과 지향』, 보고사, 2000.

권순긍, 「고전소설의 영화화」, 『고소설연구』 23집, 한국고소설학회, 2007.

권순긍, 「고전소설의 동화적 변모」, 『고소설연구』 27집, 한국고소설학회, 2009.

권혁래, 「조선동화집의 성격과 의의」, 『조선동화집』, 집문당, 2003.

金基鎭, 「大衆小說論」, 『東亞日報』, 1929년 4월 14일~4월 20일.

김남석, 『한국 문예영화 이야기』, 살림, 2003.

方定煥, 「새로 개척되는 '童話'에 관하야」, 『開闢』 31호, 개벽사, 1923.

승일, 「라디오, 스포츠, 키네마」, (『별건곤』, 1926, 12월호), 『서울에 딴스홀을 許하라』, 현실문화연구, 1999.

安自山, 『朝鮮文學史』, 韓一書店, 1922.

염희경, 「소파 방정환 연구」, 인하대 박사논문, 2007.

영화진흥공사, 「한국시나리오사의 흐름」, 『한국시나리오선집 1권』, 집문당, 1986.

윤병로 편, 『朴鍾和의 삶과 문학』, 서울신문사, 1992.

원종찬, 「한국 동화 장르에 관한 연구」, 『민족문학사연구』 30호, 민족문학사연구소, 2006.

이윤경, 「고전의 영화적 재해석」, 『돈암어문학』 17집, 돈암어문학회, 2004.

이은숙, 『신작 구소설 연구』, 국학자료원, 2000.

林和 저, 임규찬, 한진일 편, 『신문학사』, 한길사, 1993.

정종화, 『자료로 본 한국영화사』, 열화당, 1997.

조동일, 『신소설의 문학사적 성격』, 서울대 한국문화연구소, 1973.
천정환, 『근대의 책 읽기』, 푸른역사, 2003.

근대 초기 〈임진록〉의 전변 | 장경남

권순긍, 『활자본 고소설의 편폭과 지향』, 보고사, 2000.
성봉현, 「일제시기 문집간행과 출판검열」, 『서지학보』 31, 한국서지학회, 2007.
숭실대 한국기독교박물관 편, 『공소산음』, 숭실대 한국기독교박물관, 2012.
이주영, 『구활자본 고전소설 연구』, 월인, 1998.
이중연, 『'책'의 운명, 조선~일제강점기 금서의 사회·사상사』, 혜안, 2001.
장경남, 「이순신의 소설적 형상화에 대한 통시적 연구」, 『민족문학사연구』 35, 민족문학사
    연구소, 2007.
장경남, 「신채호 역사전기의 형상화 방식과 의미」, 『민족문학사연구』 41, 민족문학사연구
    소, 2009.
장경남, 『임진왜란의 문학적 형상화』, 아세아문화사, 2000.
정근식, 「식민지적 검열의 역사적 기원」, 『사회와 역사』 64, 한국사회사학회, 2003.
정근식·최경희, 「도서과의 설치와 일제 식민지 출판경찰의 체계화 1926~1929」, 『식민지
    검열, 제도·텍스트·실천』, 소명출판, 2011.
조선총독부 경무국 도서과, 『조선출판경찰개요』, 1934.
조희웅, 『고전소설 연구보정』, 박이정, 2006.
조희웅, 『고전소설 이본목록』, 집문당, 1999.
최원식, 『제국 이후의 동아시아』, 창비, 2009.
한기형, 「식민지검열의 한문자료 통제」, 『민족문화』 40, 한국고전번역원, 2012.
한만수, 「식민지시기 한국문학의 검열장과 영웅인물의 쇠퇴」, 『어문연구』 34권 1호, 2006.

근대 초기 활자본 소설의 전래 서사 수용 및 근대적 변전(變轉) 양상 연구 | 강현조

• 자료

고전문학실 편, 『한국고전소설해제집 하』, 보고사, 1997.
박승옥, 〈한월 상〉, 대한서림·중앙서관·광학서포, 1908.8.
심우택 저작 겸 발행, 〈화수분〉, 광학서포, 1914.1.25.
전광용 외 편, 『한국신소설전집』 7권 및 8권, 을유문화사, 1968.

조희웅, 『고전소설 연구자료 총서 Ⅳ : 고전소설 줄거리집성 1~2』, 집문당, 2002.

장효현 외 교감, 『校勘本 韓國漢文小說 민족문화자료총서 1 : 영웅소설 1』, 高麗大學校 民族文化硏究院, 2007.

지송욱 저작 겸 발행, 〈육선각〉, 신구서림, 1913.1.25.(초판)

지송욱 저작 겸 발행, 〈단발령〉, 신구서림, 1913.6.20.(초판)

지송욱 저작 겸 발행, 〈금상첨화(錦上添花)〉, 신구서림, 1913.10.28.(초판(부전), 5판 ; 1920.10.11)

金島苔水, 〈韓文日本豪傑桃太郞傳〉, 大阪 : 靑木嵩山堂, 1905.

• 논문 및 단행본

강진옥, 「야담소재 신소설의 개작양상에 나타난 여성수난과 그 의미 : 〈천연정〉과 〈우중기 연〉을 중심으로」, 『이화어문논집』 15, 이화여대 이화어문학회, 1997.

강현조, 「번안소설 〈박천남전(朴天男傳)〉 연구」, 『국어국문학』 제 149호, 국어국문학회, 2008.

강현조, 「신소설 연구를 위한 시론(試論) -신자료 〈한월 상〉(1908)의 소개 및 신소설의 저작자 문제에 대한 고찰을 중심으로-」, 『현대소설연구』 제 47호, 한국현대소설학회, 2011.

강현조, 「이야기의 소설적 각색에 대한 일고찰 – 〈화산중봉기(華山重逢記)〉와 〈단발령(斷髮嶺)〉, 〈소설인규옥소선(掃雪因窺玉簫仙)〉과 〈금상첨화(錦上添花)〉, 〈삼쾌정(三快停)〉 제 2화와 〈고의성(鼓의聲)〉의 비교를 중심으로」, 『제 60차 열상고전연구회 학술발표회 자료집』, 2013.3.30.

권순긍, 「1910년대 활자본 고소설 연구 -그 개작·신작의 역사적 성격」, 성균관대 박사, 1991.

권순긍, 『활자본 고소설의 편폭과 지향』, 보고사, 2000.

김경미, 「조선 후기 한문소설의 의론적 대화 양상과 그 의미 : 〈정생전〉·〈삼한습유〉·〈옥 선몽〉을 중심으로」, 『고소설연구』 제 8권 제 1호, 한국고소설학회, 1999.

김경숙, 「〈김윤전〉 이본고」, 『열상고전연구』 22호, 열상고전학회, 2005.

김기동, 「玉仙夢攷」, 『國語國文學 論文集』 3호, 東國大學校 국어국문학부, 1962.

김기성, 「〈장국진전〉의 이본 연구」, 『청람어문교육』 10권 1호, 청람어문학회, 1993.

김미선, 「〈최보은전〉 연구」, 교원대 석사, 2005.

김성철, 「새 자료 필사본 〈양보은전〉과 〈보심록〉의 소개와 그 의미」, 『어문논집』 제 66호, 민족어문학회, 2012.

김태준 저, 박희병 교주, 『증보조선소설사』, 한길사, 1995.

민선애, 「임호은전 연구」, 국민대 석사, 2007.

박상석, 「〈추풍감별곡〉 연구 - 작품의 대중성을 중심으로-」, 연세대 석사, 2007.

서경희, 「〈옥선몽〉연구 : 19세기 소설의 정체성과 소설론의 향방」, 이화여대 박사, 2004.

서혜은, 「이해조의 〈소양정〉과 고전소설의 교섭 양상 연구」, 『고소설연구』 30, 한국고소
　　설학회, 2010.

서혜은, 「이해조 〈구의산〉의 〈조생원전〉 개작 양상 연구」, 『어문학』 113, 한국어문학회,
　　2011.

성현자, 「신소설 〈구마검〉 연구 - 晩淸譴責小說 〈掃迷帚〉와의 관련을 중심으로-」, 『중어
　　중문학』제 5호, 한국중어중문학회, 1983.

손병국, 「韓國古典小說에 미친 明代話本小說의 影響 : 특히 〈三言〉과 〈二拍〉을 中心으로」,
　　동국대 박사, 1990.

손병국, 「벽부용 연구」, 『한국어문학연구』 제 43호, 한국어문학연구회, 2004.

송민호, 「동농 이해조 문학 연구 : 전대(前代) 소설 전통의 계승과 신소설 창작의 사상적
　　배경을 중심으로」, 서울대 박사, 2012.

송재용, 「〈마원철녹〉 소고」, 『국문학논집』 14호, 단국대 국문과, 1994.

이은숙, 『신작 구소설 연구』, 국학자료원, 2000.

이상택, 「〈金允傳〉 硏究」, 『진단학보』 83호, 진단학회, 1997.

이재선, 『한국개화기소설연구』, 일조각, 1972.

이주영, 『구활자본 고전소설연구』, 월인, 1998.

이헌홍, 「〈옥중금낭〉과 〈정수경전〉」, 『어문연구』 41, 어문연구학회, 2003.

전용문, 「〈장국진전〉의 소설사적 위치」, 『어문연구』 34호, 어문연구학회, 2000.

전용문, 「곽낭자전 이본의 연구」, 『한국언어문학』 49호, 한국언어문학회, 2002.

정준식, 「〈김희경전〉의 이본 계열과 텍스트 확정」, 『어문연구』 53호, 어문연구학회,
　　2007.

주형예, 「여성 이야기를 통해 본 20세기 초 소설 시장의 변모 - 이해조 〈원앙도〉, 〈모란병〉
　　을 중심으로 -」, 『한국고전여성문학연구』 22, 한국고전여성문학회, 2011.

최원식, 『한국근대소설사론』, 창작사, 1986.

홍형숙, 「〈玉仙夢〉 硏究」, 이화여대 석사, 1990.

활자본 고전소설 〈미인도〉의 성립과 변모 양상 연구 | 서보영

• 자료

「미인도」, 『개화기문학신소설전집』, 9권, 계명문화사, 1997.

「절세미인도」, 세창서관, 1952.

「홍백화전」, 김광순 편, 『김광순소장필사본고소설전집』 50권, 경인문화사, 1994.

• 논문 및 단행본

경일남, 「〈美人圖〉의 書誌的 實態와 文學的 實相」, 『어문연구』 제25집, 어문연구학회, 1994.

경일남, 「미인도의 인물대립양상과 의미」, 『어문연구』 제30집, 어문연구학회, 1998.

권순긍, 『활자본 고소설의 편폭과 지향』, 보고사, 2000.

김귀석, 「미인도 연구」, 『한국언어문학』 제48집, 한국언어문학회, 2002.

김병국, 「춘향전의 문학성에 관한 비평적 접근 시론」, 김병국 외 편, 『춘향전 어떻게 읽을 것인가』, 박이정, 1993.

김종철, 「〈美人圖〉 연구」, 『인문논총』 제2집, 아주대 인문과학연구소, 1991.

김현우, 「〈미인도〉의 변모양상과 그 의미」, 『한국어문연구』 제15집, 한국어문연구학회, 2004.

엄태웅, 「회동서관의 활자본 고전소설 간행 양상」, 『한국고소설학회』 제29집, 한국고소설학회, 2010.

윤세순, 「홍백화전 연구」, 성균관대학교 박사, 2003.

이상택, 「낙선재본소설 연구(I)」, 『한국소설문학의 탐구』, 일조각, 1978.

이상택, 「〈보월빙연작〉의 구조적 반복원리」, 이수봉 외, 『한국가문소설연구논총』, 경인문화사, 1992.

이주영, 『구활자본 고전소설 연구』, 월인, 1999.

정종대, 「염정소설 구조의 역사적 변천」, 성오소재영교수환력기념논총간행위원회 편, 『고소설사의 제문제』, 집문당, 1993.

조동일, 『신소설의 문화사적 성격』, 서울대학교출판부, 1973.

차충환, 「〈강상월〉과 〈부용헌〉 : 고소설의 개작본」, 『인문학연구』 제6집, 경희대 인문학연구소, 2002.

차충환, 김진영, 「고소설 〈보심록〉 계열의 형성 과정과 그 사적 의미」, 『동양학』 제47집, 단국대 동양학연구소, 2010.

최윤희, 「〈홍백화전〉 연구의 쟁점과 과제」, 우쾌제 외, 『고소설 연구사』, 월인, 2002.

〈춘향전〉 초기 번역본의 변모 양상과 의미 | 전상욱

구자균, 「서평: Horace N. Allen 저 『Korea: Fact and Fancy』」, 『아세아연구』 6-2, 고려대 아세아문제연구소, 1963.

김신중 외, 「나카라이 도스이 역 〈계림정화춘향전〉 연구」, 『일본어문학』 17, 한국일본어문
    학회, 2003.
김윤식, 「홍종우와 춘향전의 프랑스어 번역」, 『한국학보』 40, 1985.
김태준, 『조선문학사』, 청진서관, 1933.
니시오카 켄지, 「〈계림정화 춘향전〉 해제」, 『고소설연구』 17, 한국고소설학회, 2004.
니시오카 켄지, 「桃水野史 譯『鷄林情話春香傳』の原テキトについて」, 『大谷森繁博士還曆
    記念朝鮮文學論叢』, 杉山書店, 1992.
니시오카 켄지, 「일본에서의 〈춘향전〉 번역의 초기양상」, 『어문론총』 41, 한국문학언어학
    회, 2004.
모리스 쿠랑(이희재 역), 『한국서지』, 일조각, 1994.
박상득 역, 「계림정화 춘향전」, 『고소설연구』 17, 한국고소설학회, 2004.
박진영, 『번역과 번안의 시대』, 소명출판, 2011.
박현규, 「1906년 대만 이일도 한문본 〈춘향전〉 고찰」, 『열상고전연구』 37, 열상고전연구
    회, 2013.
사성구·전상욱, 「춘향전 이본연구에 대한 반성적 고찰」, 『춘향전 연구의 과제와 방향』,
    국학자료원, 2004.
송재용·추태화 역, 『조선의 설화와 전설』, 제이앤씨, 2007.
오윤선, 「〈춘향전〉 영역본의 고찰」, 『판소리연구』 23, 판소리학회, 2007.
오윤선, 「근대초기 한국설화 영역자들의 번역태도 연구」, 『동화와 번역』 23, 건국대 동화
    와번역연구소, 2012.
오윤선, 『한국 고소설 영역본으로의 초대』, 지문당, 2008.
유석호, 「홍종우의 춘향전 불역의 문제점」, 『번역문학』 1, 연세대 번역문학연구소, 1996.
이문성, 「판소리계소설의 해외영문번역 현황과 전망」, 『한국학연구』 38, 고려대 한국학연
    구소, 2011.
이상현, 「〈춘향전〉 소설어의 재편과정과 번역」, 『고소설연구』 30, 한국고소설학회, 2010.
이상현, 「알렌 〈백학선전〉 영역본 연구」, 『비교한국학』 20-1, 국제비교한국학회, 2012.
이상현, 『한국 고전번역가의 초상』, 소명출판, 2013.
이윤석, 『남원고사 원전 비평』, 보고사, 2009.
이응수 외, 「일본에서의 〈춘향전〉 수용 연구」, 『일본언어문화』 19, 한국일본언어문화학
    회, 2011.
이응수 외, 「일본에서의 〈춘향전〉 수용의 전개양상」, 『일본문화연구』 22, 한국일본언어문
    화학회, 2012.
전상욱, 「〈춘향전〉 관련 자료 몇 종에 대하여」, 『국문학연구』 23, 국문학회, 2011.
전상욱, 「〈춘향전〉 외연의 한 양상」, 『열상고전연구』 34, 열상고전연구회, 2011.

전상욱, 「방각본 춘향전의 성립과 변모에 대한 연구」, 연세대 박사논문, 2006.

전상욱, 「프랑스판 춘향전 Printemps Parfumé의 개작양상과 후대적 변모」, 『열상고전연구』 32, 열상고전연구회, 2010.

정대성, 「〈춘향전〉 일본어 번안 텍스트의 계통학적 연구」, 『일본학보』 43, 한국일본학회, 1999.

프레데릭 불레스텍스(이향·김정연 역), 『착한 미개인 동양의 현자』, 청년사, 2001.

근대 초기 신문의 야담 활용 양상과 고전소설의 변모 | 김준형

• 자료

李義平, 『溪西雜錄』, 성균관대본·연민본·일사본.

편자 미상, 『紀聞叢話』, 연세대본.

편자 미상, 김동욱·정명기 역, 『청구야담』, 교문사, 1996.

편자 미상, 이신성·정명기 역, 『양은천미』, 보고사, 2000.

민속학자료간행위원회, 『古今笑叢』, 油印本. 1959.

정명기 편, 『한국재담자료집성』 1-3. 2009.

신채호, 『개정판 단재 신채호 전집』, 형설출판사, 1998.

조희웅, 『고전소설 이본 목록』, 집문당, 1999.

抱甕老人, 『今古奇觀』 上,·下, 人民文學出版社, 1988.

『한성신보』, 연세대 도서관본.

• 논문 및 단행본

김영민, 『한국근대소설사』, 솔, 1997.

김영민, 『한국 근대소설의 형성과정』, 소명출판, 2005.

김영민, 『한국의 근대신문과 근대소설 1 - 대한매일신보』, 소명출판, 2006.

김영민, 『한국의 근대신문과 근대소설 2 - 한성신보』, 소명출판, 2008.

김영민·구장률·이유미, 『근대계몽기 단형 서사문학 자료전집』 상·하, 소명출판, 2003.

김준형, 「19세기말-20세기초 야담의 전개양상」, 『구비문학연구』 20, 한국구비문학회, 2005.

김준형, 「근대전환기 야담의 전대 야담 수용 태도」, 『한국한문학연구』 41, 한국한문학회, 2008.

김준형, 「근대전환기 패설의 변환과 지향」, 『구비문학연구』 34, 한국구비문학회, 2012.

김찬기, 「한성신보 소재 야담계 기사의 서술시각과 인물형상」, 『우리문학연구』 38, 우리문학회, 2013.

민족문학사연구소 편역, 『근대계몽기의 학술·문예 사상』, 소명출판, 2000.

박수미, 「개화기 신문소설 연구」, 성균관대 박사학위논문, 2005.

박용규, 「구한말 일본의 침략적 언론 활동 – 한성신보를 중심으로」, 『한국언론학보』 43, 한국언론학회, 1998.

설성경, 『신소설 연구』, 새문사, 2005.

양문규, 「1900년대 신문잡지 미디어와 근대소설의 탄생」, 『한국 근대서사양식의 발생 및 전개와 매체의 역할』, 소명출판, 2005.

유광수 외, 『쟁점으로 본 판소리 문학』, 민속원, 2011.

이강옥, 『한국야담연구』, 돌베개, 2006.

이신성, 『한국고전산문연구』, 보고사, 2001.

이유미, 「근대 초기 신문소설의 여성 인물 재현 양상 연구」, 『한국근대문학연구』 16, 한국 근대문학회, 1987.

임형택, 「야담의 근대적 면모」, 『한국한문학연구』 특집호, 한국한문학회, 1996.

임형택, 『실사구시의 한국학』, 창작과비평사, 2000.

임형택, 『한문서사의 영토』 1·2, 태학사, 2012.

임형택 외, 『전통 근대가 만들어낸 또 하나의 권력』, 인물과 사상사, 2010.

정명기, 『한국야담문학연구』, 보고사, 1996.

조상우, 「十八子花日風 해제」, 『동양고전연구』 19, 동양고전학회, 2003.

채백, 「한성신보의 창간과 운용에 대한 연구」, 『언론정보연구』 27, 서울대 언론정보연구회, 1990.

최준, 『한국신문사』, 일조각, 1970.

최준, 『한국신문사론고』, 일조각, 1976.

한원영, 「한국 개화기신문 한성신보에 연재된 소설고」, 『국어교육』 61, 한국국어교육학회, 1987.

한원영, 『한국 개화기 신문연재소설 연구』, 일지사, 1990.

에비슨, 황용수 역, 『구한말 40여년의 풍경』, 대구대, 2006.

제임스 게일, 장문평 역, 『코리언 스케치』, 현암사, 1970.

20세기 초 고소설 동화화와 그 의미 | 조혜란

• 자료

권혁래, 『조선동화집』, 집문당, 2003.

다카하시 도루(저), 이시준 외(편), 『조선이야기집과 속담』, 제이앤씨, 2012.

박영만(저), 권혁래(역), 『조선전래동화집』, 안동:성심, 2006.
심의린(저), 신원기(역해), 『조선동화대집』, 보고사, 2009.

• 논문 및 단행본
권순긍, 「〈콩쥐팥쥐전〉의 형성과정 재고찰」, 『고소설연구』 34, 한국고소설학회, 2012.
권순긍, 「전래동화 콩쥐팥쥐의 형성과정」, 『민족문학사연구』 52, 민족문학사학회 민족문
    학사연구소, 2013.
권순긍, 「고전소설의 동화적 변모」-〈흥부전〉을 중심으로, 『고소설연구』 27, 한국고소설
    학회, 2009.
권순긍, 「딱지본 고소설의 수용과 1920년대 소설대중화」, 『도남학보』 10, 도남학회, 1987.
권순긍, 「토끼전의 동화화 과정」, 『우리말교육현장연구』 6, 우리말교육현장학회, 2012.
권혁래, 『일제 강점기 설화·동화집 연구』, 고려대 민족문화연구원, 2013.
김경희, 「심의린의 〈조선동화대집〉의 성격과 의의」, 『겨레어문학』 41, 겨레어문학회,
    2008.
김수경, 「최남선의 '소년'과 방정환의 '어린이' 사이의 거리」, 『한국문화연구』 16, 2009.
김용희, 「〈아이들보이〉, 〈새별〉지에 나타난 육당과 춘원의 '이약이' 의식」, 『아동문학평론』
    38, 아동문학평론사, 2013.
박숙경, 「신문관의 소년용 잡지가 한국 근대 아동문학에 끼친 영향」, 『아동청소년문학연
    구』 1, 한국아동청소년문학학회, 2007.
박영기, 「1910년대 잡지 〈새별〉 연구」, 『한국아동문학연구』 22, 한국아동문학학회, 2012.
박영희, 「장편가문소설의 향유집단 연구」, 『문학과 사회집단』, 집문당, 1995.
박진영, 「어린이 잡지 〈아이들보이〉의 총목차와 폐간호」, 『민족문학사연구』 42, 민족문학
    사학회 민족문학사연구소, 2010.
서혜은, 「〈박씨전〉 이본 계열의 양상과 상관관계」, 『고전문학연구』 34, 한국고전문학연구
    회, 2008.
이경현, 「1910년대 신문관의 문학 기획과 한국 근대문학의 형성」, 서울대 박사논문, 2013.
임상석, 「1910년대, 국역의 양상과 한문고전의 형성-최남선의 출판 활동을 중심으로」,
    『사이』 8호, 국제한국문학문화학회, 2010.
정출헌, 「판소리 향유층의 변동과 판소리 사설의 변화」, 『판소리연구』 11, 판소리학회,
    2000.
조상우, 「심의린의 〈조선동화대집〉에 나타난 우의의 유형과 그 의미」, 『동양고전연구』
    39, 동양고전학회, 2010.
지정향, 「조선시대 유학의 아동관과 교육적 함의」, 한국학중앙연구원 박사학위논문,
    2009.

진선희, 「1910년대 아동 신문 〈붉은 져고리〉 연구」, 『한국아동문학연구』 22, 한국아동문
학학회, 2012.

최기숙, 「'옛 것'의 근대적 소환과 '옛 글'의 근대적 재배치」, 『민족문학사연구』 34, 민족문
학사학회, 2007.

최호석, 「신문관 간행 육전소설에 대한 연구」, 『한민족어문학』 57호, 한민족어문학회,
2010.

한기형, 「최남선의 잡지 발간과 초기 근대문학의 재편」, 『대동문화연구』 45, 성대 대동문
화연구원, 2004.

한용택, 「샤를 페로와 동화 서사의 특성」, 『인문학연구』 44, 계명대 인문과학연구소,
2010.

일제 강점기 고소설의 '고전' 형성 맥락 | 이지영

• 자료

『소년』(영인본), 역락, 2001.

『개벽』(역사정보통합시스템 http://www.koreanhistory.or.kr/)

『별건곤』(역사정보통합시스템 http://www.koreanhistory.or.kr/)

『삼천리』(역사정보통합시스템 http://www.koreanhistory.or.kr/; 영인본, 한빛, 2008)

『문장』(영인본), 문장영인간행회, 1981.

『동아일보』(http://www.naver.com/)

『조선일보』(http://archive.chosun.com)

신명균·김태준 편, 『조선문학전집』 5~6, 1937, 중앙인서관.(국립중앙도서관 소장)

『교주춘향전』, 을유문화사, 1957.

『이광수전집』(http://www.krpia.co.kr/)

『계명』 19호, 계명구락부, 1927.(국립중앙도서관 소장)

김태준, 박희병 교주, 『(교주)증보조선소설사』, 한길사, 1990.

조선총독부 경무국 편, 『조선출판경찰개요』(국립중앙도서관 http://www.dibrary.net/)

• 논문 및 단행본

권두연, 「신문관 출판활동의 구조적 특성에 관한 연구1」, 『현대문학의 연구』 40, 한국문학
연구학회, 2010.

권두연, 「신문관출판활동의 구조적 측면 연구2」, 『민족문학사연구』 44, 민족문학사학회,
2010.

권순긍, 「딱지본 고소설의 수용과 1920년대 소설대중화」, 『도남학보』 10, 도남학회, 1987.

권혁래, 「한국고전문학전집의 간행 양상에 대한 비판적 고찰」, 『고전문학연구』 40, 고전
    문학회, 2011.

김영민, 『한국 근대소설의 형성과정』, 소명출판, 2005.

김영민, 「구한말 일본인 발행 신문과 한국의 근대소설」, 『현대문학의 연구』 30, 한국문학
    연구학회, 2006.

김용직, 「국민문학과 평가문제」, 『관악어문연구』 1, 서울대 국어국문학과, 1976.

김윤식, 『한국현대문학비평사』, 서울대학교출판부, 1982.

김윤식, 『한국 현대문학 비평사론』, 서울대학교 출판부, 2002.

김종수, 「일제 강점기 경성의 출판문화 동향과 문학서적의 근대적 위상」, 『서울학 연구』
    35, 서울시립대학교 서울학연구소, 2009.

김준형, 「근대 전환기 글쓰기의 변모와 구활자본 고전소설」, 『고전과 해석』 1, 고전문학한
    문학연구학회, 2006.

김혜정, 「해방직후 국어에 대한 인식 및 교과형성과정 연구」, 『국어교육학연구』 18, 국어
    교육학회, 2004.

김효은, 「유성기음반에 나타난 고전소설의 극화 양상과 그 의미」, 『문학과 언어』 31, 문학
    과언어학회, 2009.

류준필, 「형성기 국문학 연구의 전개과정과 특성」, 서울대 박사논문, 1998.

류준필, 「식민지 아카데미즘의 '조선문학사' 인식과 그 지정학적 함의」, 『한국학연구』 32,
    인하대학교 한국학연구소, 2014.

박붕배, 『한국국어교육전사 중』, 대한교과서주식회사, 1997.

박붕배, 『한국국어교육전사 하』, 대한교과서주식회사, 1997.

박숙자, 「1930년대 명작선집 발간과 정전화 양상」, 『새국어교육』 83, 한국국어교육학회,
    2009.

박숙자, 「로컬리티의 재구성:조선/문학/전집의 사상」, 『한국문학이론과 비평』 56, 한국문
    학이론과 비평학회, 2012.

박양신, 「다이쇼 시기 일본 식민지 조선의 민중예술론」, 『한림일본학』 22, 한림대 일본학
    연구소, 2013.

박진영, 『번역과 번안의 시대』, 소명출판, 2011.

박진영, 「편집자의 탄생과 세계문학이라는 상상력」, 『민족문학사연구』 51, 민족문학사학
    회, 2013.

박희병, 「천태산인의 국문학연구 상」, 『민족문학사연구』 3, 1993.

박희병, 「천태산인의 국문학연구 하」, 『민족문학사연구』 4, 1993.

송민호, 「1910년대 초기 『매일신보』의 미디어적 변모와 '소설적 실감'의 형성」, 『한국문학
    연구』 37, 동국대 한국문학연구소, 2009.

유춘동, 「한성도서주식회사의 도서목록」, 『연민학지』 18, 연민학회, 2012.

이기대, 「교수요목기 고전문학 관련 교과서의 체재에 대한 연구」, 『어문논집』 57, 중앙어문학회, 2014.

이주영, 『구활자본 고전소설 연구』, 월인, 1998.

이주영, 「신문관 간행 육전소설 연구」, 『고전문학연구』 11, 한국고전문학회, 1996.

장경남, 「일제 강점기 조선어과 교과서에 수록된 고전문학」, 『우리문학연구』 39, 우리문학회, 2013.

장덕순, 「도남의 『교주춘향전』에 대하여」, 『문학한글』 6, 한글학회, 1992.

정재찬, 「문학 정전의 해체와 독서현상」, 『독서연구』 2, 한국독서학회, 1997.

정주아, 「『문장』지에 나타난 '고전'의 의미 고찰」, 『규장각』 31, 서울대 규장각한국학연구원, 2007.

조희정·서명희, 「교과서 수록 고전 제재 변천 연구1」, 『문학교육학』 19, 한국문학교육학회, 2006.

조희정, 「고전 정전의 재검토」, 『문학교육학』 25호, 문학교육학회, 2008.

차승기, 「근대문학에서의 전통 형식 재생의 문제」, 『상허학보』 17, 상허학회, 2006.

차원현, 「1930년대 중후반기 전통론에 나타난 민족이념에 관한 연구」, 『민족문학사연구』 24, 민족문학사학회, 2004.

천정환, 『근대의 책읽기』, 푸른역사, 2004.

천정환, 「한국문학전집과 정전화」, 『현대소설연구』 37, 한국현대소설학회, 2008.

최기숙, 「'옛것'의 근대적 소환과 '옛 글'의 근대적 재배치」, 『민족문학사연구』 34, 민족문학사학회, 2007.

최기숙, 「1950년대 대학생의 인문적 소양과 교양 '지'의 형성, 1953-1960년간 〈연희춘추/연세춘추〉를 중심으로」, 『현대문학의 연구』 42, 한국문학연구학회, 2010.

최기숙, 「1950년대 대학의 국문학 강독 강좌와 학회지를 통해 본 국어국문학 고전연구방법론의 형성과 확산-고전텍스트 연구로서의 '이본'연구와 '정전'형성의 맥락을 중심으로」, 『한국고전연구』 22, 한국고전연구학회, 2010.

최기숙, 「언문소설의 문화적 위치와 문자적 근대의 역설」, 『민족문화연구』 60, 고려대 민족문화연구원, 2013.

최호석, 「신문관 간행 〈육전소설〉에 대한 연구」, 『한민족어문학』 57, 한민족어문학회, 2010.

한기형, 「선전과 시장」, 『대동문화연구』 79, 성균관대학교 대동문화연구원, 2012.

한기형, 「최남선의 잡지 발간과 초기 근대문학의 재편」, 『대동문화연구』 45, 성균관대학교 대동문화연구원, 2004.

황재문, 「문학론·문장론·문학사론에서의 전통의 문제」, 『한국학논집』 43, 계명대학교 한국학연구소, 2011.

황종연, 「1930년대 고전부흥운동의 문학사적 의의」, 『한국문학연구』 11, 동국대 한국문학
　　연구소, 1988.

허재영·김경남, 「국어과의 고전교육의 역사를 통해 본 '고전교과'의 지향점」, 『독서연구』
　　27, 한국독서학회, 2012.

허재영, 「과도기의 국어과 교과서」, 『교육한글』 16·17, 한글학회, 2004.

고전소설 해석의 방법과 윤리 | 강상순

강영안, 『타인의 얼굴-레비나스의 철학』, 문학과지성사, 2005.

김진호, 「'힐링 담론'이 지나간 뒤 골목길에서」, 『기독교세계』 3·4월, 기독교대한감리회,
　　2014.

김석희, 「문학치료학의 전개와 진로」, 『문학치료연구』 1, 한국문학치료학회, 2004.

김창래, 「유일하게 옳은 해석은 있는가?」, 『해석학연구』 22, 한국해석학회, 2008.

김홍규, 「고전문학 교육과 역사적 이해의 원근법」, 『현대비평과 이론』 3, 한신문화사,
　　1992.

우한용, 「서사의 위상과 서사교육의 지향」, 우한용 외, 『서사교육론』, 동아시아, 2001.

윤성우, 『폴 리쾨르의 철학』, 철학과 현실사, 2004.

이강옥, 「우울증 치료 텍스트 『구운몽』의 가치」, 『구운몽의 불교적 해석과 문학치료교육』,
　　소명출판, 2010.

정운채, 『문학치료의 이론적 기초』, 도서출판 문학과 치료, 2006.

들뢰즈, 박기순 역, 『스피노자의 철학』, 민음사, 2001.

리차드 E. 팔머, 이한우 역, 『해석학이란 무엇인가』, 문예출판사, 1988,.

폴 리쾨르, 김윤성 역, 『해석이론』, 서광사, 1998.

프레드릭 제임슨, 여홍상, 김영희 역, 『맑스주의와 형식: 20세기의 변증법적 문학이론』,
　　창비, 2014.

고전소설교육 실행과 연구의 과제 | 서유경

경일남, 「대전지역 중고등학생의 고전소설에 대한 인식과 교육적 활용 방안」, 『인문학연
　　구』 78, 충남대학교 인문과학연구소, 2009.

권순긍, 「문제제기를 통한 고소설 교육의 방향과 시각 -『고등학교 국어』 교과서 소재

〈구운몽〉, 〈춘향전〉, 〈홍부전〉을 중심으로-」, 『고소설연구』 12, 한국고소설학회, 2001.

김광순, 「고소설의 개념」, 『한국고전소설론』, 한국고전소설편찬위원회, 새문사, 1996.

김대행, 「고전표현론을 위하여」, 『선청어문 20집』, 서울대 국어교육연구소, 1992.

김성룡, 「고전 문학 교육과 고전 문학 교육학」, 『국어교과교육연구』 8, 국어교과교육학회, 2004.

김종철, 「고전소설교육의 과제와 방향」, 『고전소설교육의 과제와 방향』, 월인, 2005.

김종철, 「대학 교양교육으로서의 한국고전문학교육의 과제」, 『한국고전연구』 22, 한국고전연구학회, 2010.

김창원 외, 『문·이과 통합 국어과 교육과정 재구조화를 위한 전문가 토론회 자료집』, 2014. 5. 17.

김현정, 「중등학교 고전문학교육의 위계성 검토(1)」, 『국어교육연구』 32, 서울대학교 국어교육연구소, 2013.

서유경, 「고전문학교육 연구의 새로운 방향」, 『국어교육』 123, 한국어교육학회, 2007.

서인석, 「고전산문 연구와 국어교육고전소설 교육의 과제와 방향」, 『고전소설교육의 과제와 방향』, 한국고소설학회, 월인, 2005.

심치열, 「'문학' 교과서에 나타난 고전소설 교육의 현황과 문제」, 『돈암어문학』 18, 돈암어문학회, 2005.

임치균, 「고전소설의 이해 확산을 위한 교육 방안」, 『고전소설교육의 과제와 방향』, 월인, 2005.

장경남, 「고등학교 교과서로 본 고전소설 교육의 문제와 제언」, 『우리문학연구』 31, 우리문학회, 2010.

전영숙, 「중학교 교실에서 한국 고전문학 읽기」, 『고전문학과 교육』 16, 한국고전문학교육학회, 2008.

조용기, 「대입 국가고사 국어시험의 변천 연구」, 고려대학교 대학원 박사학위 논문, 2013.

조현우, 「고전소설의 현재적 가치 모색과 교양교육」, 『한국고전연구』 22, 한국고전연구학회, 2010.

한국고소설학회, 『고전소설교육의 과제와 방향』, 월인, 2005.

고전소설 연구와 교육의 소통 | 정선희

간호윤, 『그림과 소설이 만났을 때-한국 고소설도 특강』, 새문사, 2014.

강봉근·김풍기·류수열·오윤선·정충권·한창훈, 『고전소설 교육론』, 역락, 2013.

강상순, 「〈운영전〉의 인간학과 그 정신사적 의미」, 『고전문학연구』 39집, 2011.

권순긍, 「대학 고전소설교육의 지향과 방법」, 『한국고전연구』 15집, 2007.

권순긍, 「고전소설의 영화화」, 『고전소설의 교육과 매체』, 2007.

김기형, 「대학 고전소설 교육의 현황과 전망」, 한국고소설학회편, 『고전소설 교육의 과제와 방향』, 월인출판, 2007.

김대행 외, 『문학교육원론』, 서울대 출판부, 2008.

김미현외, 『한국어문학 여성주제어사전』 1~5권, 보고사, 2013.

김수연, 「〈최고운전〉의 '이방인 서사'와 고전 텍스트 읽기 교육」, 『문학치료연구』 23집, 2012.

김종철, 「고전소설교육의 과제와 방향」, 한국고소설학회편, 『고전소설 교육의 과제와 방향』, 월인출판, 2007.

김지혜, 「영화 〈달콤한 인생〉속 욕망과 삶-〈조신전〉, 〈구운몽〉과의 주제론적 대화를 중심으로」, 『영화와 문학치료』 7집, 2012.

류수열, 「문학교육과정의 경험 범주 내용 구성을 위한 시론」, 『문학교육학』 19집, 2005.

박일용, 「〈포의교집〉에 설정된 연애 형식의 전복성과 역설」, 『고소설연구』 37집, 2014.

서유경, 「고전문학교육 연구의 새로운 방향」, 『국어교육』 123집, 2007.

신동흔, 「21세기 구비문학 교육의 한 방향 – "신화의 콘텐츠화" 수업 사례를 중심으로」, 『한국고전연구』 15집, 2007.

염은열, 『고전문학의 교육적 발견』, 역락, 2007.

이상익외, 『고전문학 어떻게 가르칠 것인가』, 집문당, 2007.

이재선외, 『한국문학 주제론-우리 문학은 어디에서 왔는가』, 서강대 출판부, 2009.

임치균, 「고전소설의 이해 확산을 위한 교육 방안」, 한국고소설학회편, 『고전소설 교육의 과제와 방향』, 월인출판, 2007.

정병설, 「대학 고전소설 교육의 현실, 방향, 과제」, 한국고소설학회편, 『고전소설 교육의 과제와 방향』, 월인출판, 2007.

정병헌, 「대학 고전문학 교육의 현상과 전망」, 『한국고전연구』 15집, 2007.

정선희, 「고전소설 속 여성생활문화의 교육적 활용방안 연구-국문장편소설을 중심으로」, 『한국고전연구』 22집, 2010.

정선희, 『국문장편 고전소설의 인물론과 생활문화』, 보고사, 2012.

정선희, 「외국인을 위한 한국문화·가치관 교육 제재 확장을 위한 시론-〈숙영낭자전〉을 중심으로」, 『한국고전연구』 27집, 2013.

정선희, 「문화콘텐츠 원천소재로서의 고전서사문학-〈삼국유사〉와 한문소설 활용을 중심으로」, 『우리말글』 60집, 2014.

정출헌 외, 『고전문학과 여성주의적 시각』, 소명출판, 2003.

전성운, 「〈구운몽〉의 서사전략과 텍스트 읽기」, 『문학교육학』 17호, 2005.

조현우, 「고전소설의 현재적 가치 모색과 교양교육」, 『한국고전연구』 22집, 2010.

조혜란, 『옛 여인에 빠지다』, 마음산책, 2014.

황혜진, 「고전서사를 활용한 창작교육의 가능성 탐색-〈수삽석남〉의 소설화 자료를 대상으로」, 『문학교육학』 27집, 2009.

교과서 속 고소설의 정전화(定典化) 양상과 교수 · 학습 방향 | 김용기

• 자료

교육과학기술부 고시 제 2009-41호에 따른 『고등학교 교육과정 해설 – 국어』, 교육과학기술부, 2009.

교육과학기술부고시 제2012-14호[별책5], 『국어과 교육과정』, 교육과학기술부, 2012.

교육인적자원부, 고등학교 『국어』상, ㈜두산, 2004.

김종철 외, 『국어Ⅰ,Ⅱ』검토용 도서, 천재교육, 2014.

김중신 외, 『국어Ⅰ,Ⅱ』전시용 도서, 교학사, 2014.

문영진 외, 『국어Ⅰ,Ⅱ』참고서 집필자용 도서, 창비, 2014.

박영목 외, 『국어Ⅰ,Ⅱ』검토용 도서, 천재교육, 2014.

서울대학교 국어 교육 연구소, 『국어』'상,하', (주)두산, 2004.

신동흔 외, 『국어Ⅰ,Ⅱ』전시용 도서, 두산동아, 2014.

우한용 외, 『국어Ⅰ,Ⅱ』직원교육용 도서, 비상교육, 2014.

윤여탁 외, 『국어Ⅰ,Ⅱ』검토용 도서, 미래엔, 2014.

이삼형 외, 『국어Ⅰ,Ⅱ』전시용 도서, 지학사, 2014.

이숭원 외, 『국어Ⅰ,Ⅱ』검토용 도서, 좋은책 신사고, 2014.

조현설 외, 『국어Ⅰ,Ⅱ』전시용 도서, 해냄에듀, 2014.

한철우 외, 『국어Ⅰ,Ⅱ』직원 교육용 도서, 비상교육, 2014.

• 논문 및 단행본

권순긍, 「문제제기를 통한 고소설 교육의 방향과 시각-고등학교 국어 교과서 소재 〈구운몽〉, 〈춘향전〉, 〈흥부전〉을 중심으로-」, 『고소설연구』 12집, 한국고소설학회, 2001.

김수봉, 「고소설에 대한 고등학교의 수준별 교수 · 학습방법 연구」, 『문창어문논집』 36집, 문창어문학회, 1999.

김용기, 「고등학교 7차 개정 〈국어〉 교과서의 시조 문학교육 실태」, 『시조학논총』 제34집, 한국시조학회, 2011.

김용기, 「2009 개정 〈문학〉 교과서의 시조 수록 실태와 문학교육」, 『시조학논총』 제37집,

한국시조학회, 2012.

김용기, 「2009 개정 문학교과서의 正典 속 定典의 문제」, 『우리문학연구』 37집, 2012.

김창원, 「문학교육과정의 구성원리」, 우한용, 박인기 외 공저, 『문학교육과정론』, 삼지원, 1997.

박삼서, 「문학교육과정 내용의 교재화」, 우한용, 박인기 외 공저, 『문학교육과정론』, 삼지원, 1997.

이민희, 「1920-1930년대 고소설 향유 양상과 비평 연구」, 『순천향 인문과학논총』 제28집, 순천향대학교 인문과학연구소, 2011.

이병찬, 「고전소설 교육의 전제와 실제-〈구운몽〉과 〈춘향전〉을 중심으로-」, 『반교어문』 제27권, 반교어문학회, 2009.

인권환, 「고등학교 고소설 교육의 문제점」, 『한국교육문제연구』 3집, 동국대학교 교육연구원, 1985.

임치균, 「고전소설의 대중화 문제」, 『정신문화연구』 제25권 제1호, 한국정신문화연구원, 2002.

장석규, 「고소설 교육 현실의 진단과 처방-초·중·고등 학교를 중심으로-」, 『고소설연구』 7집, 한국고소설학회, 1999.

정재찬, 「사회·문화적 맥락 중심의 문학교육과정 내용체계」, 우한용, 박인기 외 공저, 『문학교육과정론』, 삼지원, 1997.

조윤형, 「고소설 제재 언어영역 평가문항 연구-평가원 주관 대입수능 및 모의평가 시험을 중심으로-」, 『국어교육』 125집, 한국어교육학회, 2008.

조혜란, 「20세기 초 고소설 동화화와 그 의미」, 『고소설연구』 제37집, 한국고소설학회, 2014.

천민정, 「고소설 교육 평가론」, 『한국어교육』 4집, 고려대학교 한국어문교육연구소, 1990.

최옥산, 「중국의 문학교육과 정전」, 『국어교육연구』 22집, 서울대학교국어교육연구소, 2008.

고소설연구총서 11

한국 고소설의 문화적 전변과 위상

2016년 6월 30일 초판 1쇄 펴냄

저 자 고소설학회
발행인 김흥국
발행처 보고사

책임편집 이경민
표지디자인 손정자

등록 1990년 12월 13일 제6-0429호
주소 경기도 파주시 회동길 337-15 보고사 2층
전화 031-955-9797(대표)
　　　 02-922-5120~1(편집), 02-922-2246(영업)
팩스 02-922-6990
메일 kanapub3@naver.com / bogosabooks@naver.com
http://www.bogosabooks.co.kr

ISBN 979-11-5516-571-3 93810
ⓒ 고소설학회, 2016

이 도서의 국립중앙도서관 출판예정도서목록(CIP)은 서지정보유통지원시스템 홈페이지
(http://seoji.nl.go.kr)와 국가자료공동목록시스템(http://www.nl.go.kr/kolisnet)에
서 이용하실 수 있습니다.(CIP제어번호: CIP2016013933)